JAMAIS ESTIVE SÓ

PRISÃO, POLÍTICA *e* MEU POVO

Proibida a reprodução total ou parcial em qualquer mídia
sem a autorização escrita da editora.
Os infratores estão sujeitos às penas da lei.

A Editora não é responsável pelo conteúdo deste livro.
Os Autores conhecem os fatos narrados, pelos quais são responsáveis,
assim como se responsabilizam pelos juízos emitidos.

Consulte nosso catálogo completo e últimos lançamentos em **www.editoracontexto.com.br**.

NATAN SHARANSKY
e GIL TROY

JAMAIS ESTIVE SÓ

PRISÃO, POLÍTICA *e* MEU POVO

Tradução
Margarida Goldsztajn

Copyright © 2020 Natan Sharansky e Gil Troy

Todos os direitos desta edição reservados à
Editora Contexto (Editora Pinsky Ltda.)

Foto de capa
Nathan Roi / Agência Judaica para Israel (CC BY 3.0)

Diagramação
Gustavo S. Vilas Boas

Preparação de textos
Lilian Aquino

Revisão
Bia Mendes

Dados Internacionais de Catalogação na Publicação (CIP)

Sharansky, Natan
Jamais estive só : prisão, política e meu povo / Natan Sharansky,
Gil Troy ; tradução de Margarida Goldsztajn. – São Paulo :
Contexto, 2023.
560 p. : il.

ISBN 978-65-5541-269-7
Título original: Never alone: prison, politics, and my people

1. Sharansky, Natan – Biografia 2. Política – Israel
3. Presos políticos 4. Refugiados
I. Título II. Troy, Gil III. Goldsztajn, Margarida

23-5786   CDD 956.9405

Angélica Ilacqua – Bibliotecária – CRB-8/7057

Índice para catálogo sistemático:
1. Sharansky, Natan – Biografia

2023

EDITORA CONTEXTO
Diretor editorial: *Jaime Pinsky*

Rua Dr. José Elias, 520 – Alto da Lapa
05083-030 – São Paulo – SP
PABX: (11) 3832 5838
contato@editoracontexto.com.br
www.editoracontexto.com.br

Aos nossos pais: Boris Shcharansky, de abençoada memória
(1904-1980)

Ida Milgrom Shcharansky, de abençoada memória
(1908-2002)

Elaine Gerson Troy, de abençoada memória
(1933-2020)

Com votos de uma vida longeva para Bernard Dov Troy

E aos nossos netos já nascidos
Eitan
Yehuda
David
Avigail
Uri
Daniel
Ariel
E aos que irão nascer...

Somos abençoados por pertencer a esta cadeia de transmissão,
de geração em geração, sempre confiando "que uma
nova luz brilhará sobre Sião, e que todos nós tenhamos o
privilégio de ser por ela iluminados".

אור חדש על ציון תאיר ונזכה כולנו מהרה לאורו

Excerto do Sidur

Sumário

Introdução ... 9

PARTE I
NOVE ANOS NA PRISÃO

Vida sem liberdade, vida sem identidade ... 17

Descobrindo a identidade, descobrindo a liberdade ... 47

Tornando-me um *refusenik* ... 65

Aderindo ao diálogo ... 89

Viver livre na prisão ... 121

Meu diálogo com a comunidade judaica:
realidade imaginada? ... 139

PARTE II
NOVE ANOS NA POLÍTICA ISRAELENSE

Tornando-me um israelense ... 177

Preso pela política: mais poder, menos liberdade ... 197

Encontrando um povo dividido por uma religião ... 221

Uma minoria de um homem sobre democracia
e paz no Oriente Médio ... 243

Devastado pelo assassinato de Rabin ... 271

Um dissidente na política ... 301

Observando a deterioração do diálogo na universidade ... 325

O novo antissemitismo visto em 3D ... 361

PARTE III

NOVE ANOS NA AGÊNCIA JUDAICA

Por que a Agência Judaica? 385

Revivendo meu êxodo com os judeus etíopes 395

Reformando a Agência Judaica:
    porque precisamos uns dos outros 417

A construção de pontes chega ao limite: o fiasco do Kótel 443

O Irã e nosso sentimento de traição mútua 479

O antissemitismo nos une ou nos divide? 499

Imaginem um diálogo de um, um diálogo de nós 529

Epílogo 545

Nota dos autores 551

Agradecimentos 553

Os autores 557

INTRODUÇÃO
VIVENDO NA CONTRAMÃO

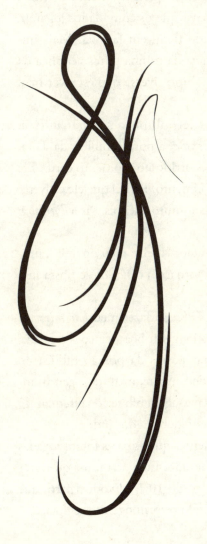

Depois de viver minha vida em sentido contrário, a sequência usual parece superestimada. Sempre que ouço falar de amigos se separando após décadas de casamento, eu penso: "Talvez eles tenham feito isso na ordem errada". Minha esposa, Avital, e eu nos separamos um dia depois de casados. Não nos vimos por 12 anos, e então vivemos felizes para sempre.

Fui circuncidado aos 25 anos de idade, não quando tinha oito dias. Então, ao contrário da maioria, pude dar meu consentimento. E, dois dias depois, quando aderi a mais um protesto de *refuseniks**, a KGB me prendeu por 15 dias. Assim, a polícia secreta soviética permitiu-me

---

* N.T.: Termo derivado do inglês "*refuse*", recusa, referindo-se a indivíduos aos quais era negado o pedido de visto de saída da antiga União Soviética com a finalidade de emigrar. Refere-se típica, mas não exclusivamente, aos judeus soviéticos.

comungar discretamente com Abraão, o primeiro judeu, que se circuncidou aos 99 anos e, pouco tempo depois, hospedou anjos em sua tenda.

Anos mais tarde, depois que eu e alguns outros *refuseniks* libertados fundamos um partido político, pensamos em um *slogan* que fosse adequado. Prometendo que "somos um tipo diferente de partido, vamos para a prisão primeiro", conquistamos mais cadeiras no Parlamento israelense do que o esperado.

Finalmente, aos 65 anos, fiz meu *bar mitzvá* – com 52 anos de atraso. O tradicional rito de passagem judaico para meninos acontece aos 13 anos. Minha cerimônia tardia foi vantajosa: naquele momento eu tinha um esquadrão de netos para recolher as balas que os convidados jogaram em mim para celebrar, de modo que tudo ficou em família. Mais importante, pude apreciar melhor a relevância da minha porção bíblica da Torá e explicá-la a todos, sem que meu rabino tivesse que escrever meu discurso para mim.

Um ano antes, um de meus genros relembrou o seu *bar mitzvá*. Perguntei a ele qual teria sido a minha *parashá*, a porção bíblica da Torá, se a cerimônia do meu *bar mitzvá* tivesse ocorrido no momento certo. Ele pesquisou, com base na minha data de nascimento. Pensei que ele estivesse me provocando quando respondeu alguns minutos depois: "É a *Parashát Bo*", no início do Livro de Êxodo.

Parashát Bo? Quando Moisés diz ao faraó: "Deixe meu povo ir", proferindo aquelas poderosas palavras que se tornaram o *slogan* de nossa luta pela liberdade na União Soviética?

"Não pode ser coincidência", pensei. "Preciso fazer meu *bar mitzvá*." Sessenta e cinco anos parecia uma idade perfeitamente boa – cinco vezes treze.

No dia marcado, li as duas primeiras partes da porção bíblica do Pentateuco, com a cantilação tradicional. Felizmente, meus dois genros intervieram e leram as outras cinco partes e a passagem bíblica de Jeremias:43 que as acompanha – a *Haftará*, que prevê a redenção dos judeus.

No entanto, a provação não acabou depois que as balas foram jogadas e minha jovem equipe de limpeza havia chegado. Eu ainda tinha que fazer aquele discurso. Analisei os versículos de Êxodo 10:1 a Êxodo 13:16, que atingem o pico com a décima praga, matando os primogênitos egípcios.

Perguntei: "O que torna essa praga diferente de todas as outras que os egípcios tiveram que suportar?"

As primeiras nove pragas parecem uma tragédia grega protagonizada por três atores: Deus, Moisés e o faraó. Aarão é um coadjuvante. A massa de escravos judeus não tem individualidade. Suas vozes se fundem em um único coro grego.

Mas, no que diz respeito à décima praga, cada israelita deve agir individualmente. Cada adulto da comunidade tem que se posicionar. Cada israelita deve primeiro decidir ser livre, e então agir livre. Cada um rejeita os deuses egípcios sacrificando um cordeiro, um animal que os egípcios adoravam. Então, os israelitas proclamam publicamente que não desejam mais viver ali, marcando os umbrais das portas com o sangue do animal.

Expliquei que somente ao desafiar o Egito publicamente esses escravos poderiam se tornar livres. E somente por meio de cada declaração individual de independência poderiam se unir no êxodo nacional. A mudança real ocorre quando cada pessoa deixa de ser controlada pelo medo e começa a agir independentemente.

Tudo isso é análogo à luta dos *refuseniks* contra o sistema soviético. À semelhança da escravidão egípcia, o regime comunista foi projetado para intimidar, subjugar. Todo judeu que desejasse emigrar precisava superar o medo opressivo de pedir um convite de Israel, inimigo soviético. Para solicitar o visto, era necessário obter permissão de cada escola e cada local de trabalho soviético, espaços que determinavam sua vida. Em suma, você clamava publicamente: "Não aceito seus deuses. Quero deixar este país".

E qual foi a recompensa? Em Êxodo, Deus oferece ao povo judeu... o povo judeu. Os judeus saem do Egito e sete semanas depois recebem os Dez Mandamentos no Monte Sinai, aceitando identidade e liberdade como um só pacote. Essa se tornaria uma das principais missões do nosso povo: equilibrar nosso direito de pertencer e ser livre.

Três mil e quinhentos anos depois, obtive a grande recompensa ao ingressar naquela jornada. Depois que subi a bordo, nunca mais fiquei sozinho.

TRÊS PERSPECTIVAS

Reconhecidamente, este livro se apresenta como uma autobiografia em coautoria com o historiador americano e ativista sionista Gil Troy. E o livro retrata minha jornada de nove anos em prisões soviéticas, passando pelos nove anos na política israelense e chega depois aos nove anos na liderança comunitária judaica. Mas esse não é exatamente um livro de memórias. Logo após minha libertação do *gulag** soviético em 1986, escrevi minhas memórias da prisão em *Fear No Evil* (Não temerei mal algum). Quanto à minha vida em liberdade, em Israel, acredito que ainda sou jovem demais para resumir tudo. Afinal, fiz o meu *bar mitzvá* há apenas sete anos.

Este livro conta a história da conversa mais importante da minha vida: o diálogo contínuo entre Israel e o povo judeu. Desde as ruas de Moscou, quando me filiei ao movimento para a emigração judaica. É uma conversa eterna, global, significativa e às vezes estridente, que salvou minha vida décadas atrás. Hoje, enriquece a vida de ambos os autores, bem como a de muitas outras pessoas, ao confrontar questões sobre o significado de fé, comunidade, identidade e liberdade. Acreditamos que somente por meio desse diálogo podemos continuar nossa jornada juntos. E é por isso que acreditamos que seja um diálogo que vale a pena defender.

Enquanto usava rótulos diferentes durante minha jornada subsequente – *refusenik*, dissidente soviético, prisioneiro político, líder do novo partido dos imigrantes em Israel, membro do Knesset (Parlamento de Israel), ministro em quatro governos israelenses, defensor dos direitos humanos, presidente da Agência Judaica para Israel –, sempre fui confortado por um imenso sentimento de pertencer a essa conversa em curso.

Meu professor de desenho técnico no ensino médio nos ensinou que, se você visualizar qualquer objeto em três dimensões – frontal, superior e lateral –, poderá ver seu exterior completamente e desenhá-lo com precisão. Concentrar a atenção em cada ângulo destaca aspectos específicos da relação espacial. Tendo observado a relação entre Israel e outras comunidades judaicas a partir de três perspectivas, espero poder desenhá-la com precisão.

Entrei nesse diálogo pela primeira vez ainda quando estava por trás da Cortina de Ferro. Continuei atrás das grades da prisão. Meus contatos eram restritos, meu envolvimento às vezes puramente imaginado, mas esse diálogo sempre me fortaleceu. Ao participar dele, exercitei meus músculos

---

* N.T.: Sistema de campos de trabalhos forçados para criminosos, presos políticos e qualquer cidadão em geral que se opusesse ao regime na antiga União Soviética.

recém-desenvolvidos – meus recém-descobertos compromissos com o meu povo especificamente e com a liberdade para todos.

Mais tarde, como membro do governo israelense, representei o lado de Israel no diálogo e vi os judeus da diáspora como parceiros bem-amados do Estado judeu. Enquanto desfrutava desse trabalho de construção de pontes, descobri que a adaptação de prisioneiro dissidente a político partidário era frustrante.

Mais recentemente, como presidente da Agência Judaica, a maior organização não governamental do universo judaico, mudei novamente de perspectiva. Vi Israel não apenas como o centro do mundo judaico, mas como uma ferramenta para fortalecer os judeus em todo o mundo.

Quando as coisas funcionavam bem – ou quando estávamos sob ataque –, víamos o quanto tínhamos em comum. Contudo, passei muito tempo defendendo Israel frente aos judeus da diáspora e defendendo os judeus da diáspora frente aos israelenses. Atualmente, muitas vezes me vejo defendendo a própria ideia da necessidade do diálogo.

É fácil convocar um diálogo, mas difícil realizá-lo. Para que comecemos a ouvir uns aos outros e conversarmos uns com os outros, não é necessária uma perspectiva tridimensional completa. No entanto, precisamos ver que a soma de nossas preocupações comuns é maior que a soma de nossas muitas divergências.

MINHA ESCOLHA MAIS DIFÍCIL

Durante minha jornada com o povo judeu neste último meio século, tive que tomar muitas decisões difíceis. Ao escolher, repetidas vezes, aderir a uma manifestação ou organizar uma coletiva de imprensa, eu não estava apenas planejando o meu dia ou a estratégia do nosso movimento. Passei 13 anos constantemente ponderando até onde ir em meus confrontos com a KGB, ciente de que minha liberdade e minha vida estavam em jogo. Tive que decidir com minha noiva, Avital, se deveríamos ficar juntos em Moscou ou se eu deveria vê-la se mudar para Israel um dia depois de nos casarmos, nos separando sabe-se lá por quanto tempo. Tive que decidir se combinaria meu ativismo em prol dos judeus soviéticos com meu envolvimento no movimento mais amplo de direitos humanos, desafiando as preocupações israelenses de que a KGB se vingaria dos judeus que solicitassem vistos de saída do país. Tive que decidir se me submeteria às condições soviéticas pela minha liberdade ou prolongaria minha prisão indefinidamente.

Décadas depois, tive que decidir se entraria no duro universo da política israelense para servir como um *insider*, ajudando novos imigrantes russos, ou para promover seus interesses como um ativista *outsider*, mantendo-me acima da política partidária. Uma vez no governo, tive que decidir muitas vezes se manteria minha posição duramente disputada como ministro a serviço dos meus eleitores ou se renunciaria por princípio quando o governo tomava uma direção para mim inaceitável.

Então, como presidente da Agência Judaica para Israel, tive que decidir como trabalhar com o governo de Israel no fortalecimento das comunidades judaicas em todo o mundo e quando desafiar esse mesmo governo em nome daquelas comunidades. Em alguns momentos dolorosos, tive que decidir como confrontar agressivamente meu velho amigo, o primeiro-ministro Benjamin Netanyahu, em prol dos judeus da diáspora, depois de ele ter sido meu mais confiável parceiro político na construção de pontes que unem a comunidade judaica mundial por 30 anos.

Ainda assim, nenhuma dessas decisões me aterrorizou tanto quanto minha escolha, em 1973, de solicitar uma simples carta do meu gentil chefe, certificando onde eu trabalhava. Esse foi meu primeiro passo público ao pedir um visto de saída para Israel. Ao assumi-lo, ingressei abertamente no diálogo judaico.

Para entender o quão agonizante foi aquele ato, devemos retornar ao distante e assustador mundo em que nasci, atrás da Cortina de Ferro, no vazio totalitário do comunismo soviético.

PARTE I
NOVE ANOS NA PRISÃO

VIDA SEM LIBERDADE, VIDA SEM IDENTIDADE

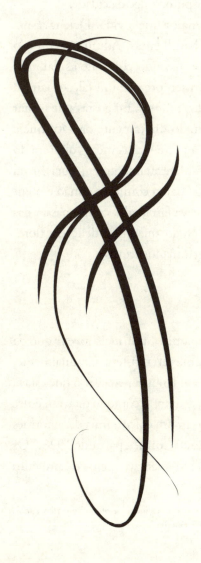

Minhas lembranças mais antigas são de uma visita ao campo nas férias de verão quando eu tinha 3 ou 4 anos de idade. Nasci em 1948 em Stalino, um centro industrial e de mineração de carvão na Ucrânia. Quando qualquer um dos 500 mil habitantes da nossa cidade olhava para o horizonte, parecia que estávamos cercados por montanhas produzidas em massa. De perto, a poucas quadras da minha casa e espalhadas pela cidade, podíamos ver que essas colinas eram montes de lixo. Parecia que esses *terrikons* – depósitos de resíduos de carvão em forma de cone – estavam respirando ao se estufarem devido aos gases nocivos. Eles se fundiam tanto na paisagem que as pessoas subiam nos próximos ao estádio para assistir gratuitamente aos jogos de futebol. Sempre que saíamos, nossas camisas brancas ficavam enegrecidas com uma fina camada de fuligem de poluição do chão e da fumaça que tantas fábricas expeliam.

Para mim e meu irmão mais velho, Leonid, nosso refúgio no campo era mágico. Isso combinava com o nome russo da aldeia, Neskuchnoye, que significa "não enfadonho" ou "aprazível". Não possuíamos uma *dacha*, uma casa de veraneio. Apenas a elite das elites desfrutava de tais luxos. Meus pais conseguiram juntar alguns rublos extras para alugar um cômodo na pequena casa de um camponês, que deslocou sua família para nos acomodar. Meus pais tiravam férias longas, acumulando uma atrás da outra, para que nós, crianças, pudéssemos passar mais tempo respirando ar puro, longe da cidade.

Eu amava cada momento dessa vida maior que a vida. Deleitava-me em acordar cedo e alimentar as galinhas barulhentas. Admirava como o galo começava a cacarejar misteriosamente, fazendo com que as galinhas entrassem no galinheiro para se protegerem sempre que um falcão pairava acima, ameaçando descer e arrebatar um dos filhotes. Eu gostava de tomar uma xícara de leite quente pela manhã, tirado diretamente da vaca que a proprietária tinha acabado de ordenhar, e, à noite, ver as vacas voltarem do pasto, perguntando-me como cada uma sabia exatamente em qual curral entrar para pernoitar. Eu adorava passear de barco com meu irmão e meus pais e tocar nas enormes vitórias-régias. Ficava fascinado, com o passar das semanas, em ver as macieiras florescerem, e então, quando as delicadas flores murchavam, aparecerem os vigorosos e perfumados frutos.

VIDA SEM LIBERDADE

No entanto, mesmo nesse cenário romântico, por mais jovem que eu fosse e por pouco que entendesse, eu sentia uma certa tristeza. Gradualmente, os comentários ocasionais de meus pais me ajudaram a perceber o que estava acontecendo. Os camponeses dos quais alugávamos o cômodo estavam entre as dezenas de milhões de soviéticos vivendo em um colcoz, uma das enormes fazendas coletivas que a União Soviética criou, à força, a partir de 1928.* Os fazendeiros eram desesperadamente pobres e irremediavelmente desprovidos

---

* N.T.: Em um colcoz, os camponeses formavam uma cooperativa e os meios de produção pertenciam ao Estado, a quem eram obrigados a dar uma parte do que produziam.

de liberdade. Quando um bezerro nascia, tinham que decidir se iriam abatê-lo para comer sua carne – e pagar altos impostos por ela – ou dá-la à administração do colcoz, uma vez que era permitido que cada família possuísse apenas uma vaca. O que nos parecia ser a adorável e pastoril visão de camponeses arrastando carrinhos à mão – mesmo quando cheios de itens extremamente pesados –, refletia o fato de que o colcoz era proprietário de todos os cavalos. Os agricultores precisavam de permissão especial para usá-los. E tão logo as macieiras floresciam, as autoridades tributárias chegavam. Os impostos refletiam a estimada produção agrícola dos camponeses. Mesmo que a natureza se recusasse a cooperar e arruinasse a colheita, eles tinham que pagar.

Lembro-me vagamente de uma conversa longa e silenciosa em um dia de verão, noite adentro, que terminou com rostos sombrios. Finalmente, meu pai me explicou que nosso anfitrião havia perguntado se meus pais tinham as conexões certas para levar sua filha à cidade, para que trabalhasse como nossa babá. Essa parecia ser sua única chance de deixar aquela vida que era praticamente uma escravidão.

Em nossa família, crescemos privados de muitas coisas, mas certamente não de amor. Nesta foto, de 1951, estou com meus pais, Ida e Boris, e com meu irmão mais velho, Leonid.

O maior obstáculo que a adolescente deveria enfrentar era o acesso aos seus documentos de identidade, que o colcoz detinha. Todo cidadão soviético com idade acima de 16 anos precisava de um certificado de identidade para viajar. Sem isso, não era possível registrar-se ao chegar ao seu destino, ação que era obrigatória sempre que visitávamos qualquer lugar – para negócios ou para lazer, por alguns dias ou alguns meses –, ou era arriscar a prisão.

Nas cidades, sempre levávamos conosco nossos passaportes internos. Enfrentávamos também outras restrições, como a impossibilidade de mudar para um local popular, como Moscou. As autoridades soviéticas entendiam que Moscou não poderia se tornar a vitrine comunista para o mundo – cheia de mercadorias especiais – que desejavam que fosse se não restringissem o acesso à maioria dos cidadãos soviéticos. Mas a União Soviética era grande o suficiente para fornecer alternativas a nós, gente da cidade. Os membros dessas fazendas coletivas, que compunham quase metade do país, não tinham tais opções. Sem acesso fácil aos seus documentos de identidade, eram como servos, presos ao colcoz.

Meu pai, solidário, mas impotente, suspirou: "Essas pobres pessoas. Temos muito mais sorte do que eles". É sempre bom sentir que você tem mais liberdade do que outros.

SEMPRE REESCREVENDO A HISTÓRIA

Embora as restrições ao movimento físico variassem, as restrições sobre viajar no tempo – estudando história – eram impostas de modo uniforme. Os soviéticos coletivizavam o passado, tratando-o como propriedade do Estado, para ser moldado à sua vontade.

Nasci 100 anos depois que Karl Marx e Friedrich Engels publicaram o *Manifesto Comunista*, de 1848, que expressava o sonho socialista de igualdade das massas imposta pela luta de classes, e 30 anos após a Revolução de Outubro de 1917, quando os bolcheviques começaram a implementar esse sonho marxista impiedosamente. Meus pais, Ida Milgrom e Boris Shcharansky, nasceram antes da revolução – ele em 1904, ela em 1908. Casados em 1929, não tinham filhos quando meu pai foi enviado para lutar contra os nazistas, em 1941, ficando em combate por quatro anos, até 1945. Meu irmão mais velho, Leonid, nasceu em 1946. Cheguei dois anos depois.

Meu pai tinha uma grande biblioteca com alguns milhares de livros. Em quase todo dia de pagamento do salário, ele comprava um ou dois livros para espremer em nosso pequeno apartamento de dois cômodos, confinando-nos cada vez mais. Minha mãe nunca soube quão caros eram esses livros. Mesmo com um pai que trabalhava como jornalista e uma mãe que trabalhava como economista sênior, ficávamos sem dinheiro na maioria dos meses – assim como quase todo mundo que conhecíamos.

À semelhança da *intelligentsia* russa, e especialmente da intelectualidade russa judaica, os clássicos russos, franceses, alemães e ingleses não banidos pelos censores eram nossa válvula de escape. Esses livros permitiam mais liberdade intelectual, especialmente aqueles escritos séculos antes da Revolução Industrial e da Revolução Bolchevique. Meus primeiros favoritos foram *Robinson Crusoé* e *As viagens de Gulliver*.

Além dos clássicos que proliferavam, começaram a chegar a nossa casa, tão cedo quanto me lembro, os majestosos e lindamente encadernados volumes em azul-escuro da segunda edição da *Grande Enciclopédia Soviética*.

As autoridades divulgavam e elogiavam essa conquista em altos brados. De 1950 a 1958, 50 volumes, com 100 mil verbetes, seriam publicados a fim de "mostrar a superioridade da cultura socialista sobre a cultura do mundo capitalista". Esses volumes grandes e grossos – nossa *Enciclopédia Barsa*, ou talvez, para os leitores de hoje, nossa Wikipedia – me impressionaram quando criança, cheios de verbetes explicativos de História e Geografia, Matemática e Ciências. Eu sabia que, se tivesse paciência o suficiente, no devido tempo chegariam os volumes certos e me ensinariam tudo o que eu queria saber. Entrementes, eu aprendia o que podia, apreciando nossos livros. Eles eram muito grossos e eu era muito baixinho. Muitas vezes usei um ou dois volumes para me apoiar na cadeira e poder alcançar a mesa para fazer minha lição de casa com mais conforto.

Infelizmente, os editores soviéticos – cientes de que as autoridades usavam a educação para desenvolver "a moralidade comunista, a ideologia e o patriotismo soviéticos" e "inspirar um amor inabalável pela pátria soviética, pelo Partido Comunista e seus líderes" – tinham um problema. Ao reduzirem a História à propaganda, os funcionários mudavam continuamente os livros para adequá-los à visão do partido em constante evolução. Da noite para o dia, os líderes podiam se transformar de socialistas progressistas a lacaios sectários do imperialismo. Pessoas mortas havia muito tempo podiam ser promovidas ou rebaixadas, dependendo da última reviravolta em algum debate doutrinário. Áreas inteiras do conhecimento, da cibernética à genética, poderiam passar de "falsas ciências burguesas" ilegais a temas exemplares com uma mera canetada de um burocrata – ou pela simples mudança, por um capricho, de algum autocrata. As reputações de políticos vivos eram, é claro, particularmente voláteis.

Enquanto os líderes comunistas expurgavam as pessoas e mudavam de tática, os atormentados editores continuavam atualizando esses imensos livros enciclopédicos. Especialmente desafiador era o trabalho de escrita sobre as pessoas cujos sobrenomes começavam com as letras iniciais do alfabeto. Mas, à medida que a impressão da enciclopédia foi se tornando mais lenta, nomes mais à frente na ordem alfabética puderam ter seu papel na História mudado inúmeras vezes, sem necessidade de reimpressões.

Uma das primeiras correções de que me lembro veio depois de 1953, quando Nikita Kruschev subiu ao poder e expurgou Lavrenti Beria, o brutal chefe da NKVD*, a polícia secreta comandada por Stalin. Meu pai logo recebeu uma carta do editor, endereçada a cada assinante, instruindo-o a recortar o artigo de três páginas elogiando Beria no volume B, destruí-las e substituí-las por alguns novos verbetes sob a letra B enviados para preencher o espaço. Meu pai sorriu, deu de ombros e seguiu as ordens. Posteriormente, quando políticos ascendiam ou caíam em desgraça, quando cientistas eram exilados ou reabilitados, cada leitor tinha que se esforçar para acompanhar a mudança do posicionamento oficial.

Para aqueles de nós que vivem hoje em democracias, a imagem de meu pai sentado em casa e cortando com uma lâmina uma página para colar a substituição recém-atualizada pode parecer ridícula. Os funcionários não iriam bater à porta e verificar. Ainda assim, ele pensava, por que arriscar?

Desde cedo, meu pai nos ensinou que "as paredes têm ouvidos". A polícia secreta recrutava milhões de pessoas como informantes. Só depois da queda do comunismo percebemos quão extensa era a rede de informantes. Durante o interminável inverno do regime soviético, nunca se sabia quem poderia denunciá-lo:

---

* N.T.: Acrônimo de Narodniy Komissariat Vnutrennikh Diel, Comissariado do Povo para Assuntos Internos.

um vizinho nos apertados apartamentos comunais, um colega invejoso, até mesmo um amigo desesperado. Você não sabia quem poderia chegar de visita e abrir um dos volumes da enciclopédia por engano – ou intencionalmente.

Portanto, não querendo se arriscar, meu pai fazia o papel do verdadeiro crente, tratando a História como massa de vidraceiro.

A VIDA NO "PARAÍSO" SOVIÉTICO

Além desses temores, havia as irritações, grandes e pequenas, do dia a dia. Éramos uma das três famílias que dividiam dois cômodos em um apartamento comunal, cada cômodo não maior que 15 m². Dezessete de nós compartilhávamos, com desconforto, uma única cozinha. Esperávamos infinitamente na fila para o único banheiro. A cada família era designado um dia para tomar banho. Esse ritual semanal incluía ferver água no fogão, depois transportá-la rapidamente para a banheira.

Brigas sobre bobagens, quem limparia o quê e quem usaria o quê, eram inevitáveis. Aplicando suas habilidades organizacionais na qualidade de economista sênior no ministério de carvão ucraniano, minha mãe criou um gráfico, distribuindo os afazeres proporcionalmente. Então, como era previsível, surgiam discussões sobre como seu cronograma deveria ser seguido.

Fora de nossa pequena casa, havia muita espera e frustração. O dia típico começava com um membro da família saindo apressadamente de casa às seis horas da manhã para esperar na primeira de muitas filas, essa para o leite. Decorrida a primeira hora, o suprimento diário de leite desapareceria. Continuávamos, muitas vezes garantindo um item de consumo por vez – ovos, repolho, sabão – de uma fila interminável após outra. Roupas modernas ou um carrinho de bebê exigiam ter conexões com a elite. Nesse mundo de espera constante, o próprio gerenciamento da fila se convertia em uma ciência.

No entanto, apesar das cãibras, das picuinhas e da espera, sabíamos que estávamos no paraíso – ou pelo menos agíamos como se soubéssemos disso sempre que alguém nos observava. Crescemos expostos à perpétua propaganda oficial, na escola e na rua. Slogans do partido, alimentando-nos com as palavras que deveríamos proferir, estavam sempre presentes, como a fuligem. Deveríamos "agradecer ao camarada Stalin" por nossa infância feliz.

Não tínhamos apenas sorte, éramos as pessoas mais sortudas da História por termos nascido na União Soviética.

Então, sob Nikita Kruschev, sucessor de Joseph Stalin, o Congresso do Partido Comunista introduziu novos slogans, impulsionando seu "Novo Programa" para acelerar a revolução. Agora papagueávamos a frase que éramos as pessoas mais sortudas porque "A GERAÇÃO ATUAL DO POVO SOVIÉTICO VIVERÁ SOB O COMUNISMO". Cartazes proclamando esse slogan nos seguiam por toda parte, parecendo tão altos quanto aqueles *terrikons* tóxicos que envolviam nossa cidade.

Estávamos chegando ao fim da História, proclamava o partido, a culminação da longa luta da humanidade por justiça e felicidade proletária. O comunismo estava agora pronto para nos levar ao estágio final da luta de classes que durara séculos, garantindo a máxima: "De cada um, de acordo com seus recursos; para cada um, de acordo com suas necessidades".

O comunismo era um sonho produzido em massa, uma passagem rápida para o paraíso que conquistava a imaginação de milhões de pessoas que sofriam da mesma forma que seus antepassados. A promessa socialista de igualdade era sedutora. Entretanto, inevitavelmente, o comunismo implementou essa ideia utópica com mão pesada, da "irmandade do povo" à "ditadura do proletariado" – sob a mira de uma arma da KGB.

Embora fosse uma religião peculiarmente sem Deus, o comunismo tinha seus próprios apóstolos: Karl Marx, Friedrich Engels, Vladimir Lenin, Joseph Stalin. Fundíamos seus nomes sagrados: MarxEngelsLeninStalin. Seus quatro rostos pareciam se confundir em muitos dos superdimensionados cartazes de propaganda que nos cercavam. Era como se os quatro estivessem nos observando o tempo todo.

A ideia romântica de igualdade em massa e do comunismo como o estágio final da redenção veio envolta em um pacote de violência diretamente de Marx. Ao contrário da falsa nostalgia que cerca suas ideias socialistas atualmente, Marx enfatizou que o paraíso tinha que ser construído fazendo uso de todos os meios necessários, por mais vis ou violentos que fossem. "Só há um meio para abreviar, simplificar, concentrar as terríveis dores da agonia da velha sociedade e as sangrentas dores do nascimento da nova sociedade", escreveu ele em 1848, "e esse meio é o terror revolucionário".

Enquanto Marx imaginava a revolução proletária que criaria uma sociedade sem classes, Lenin e Stalin a trouxeram à vida – matando as pessoas. Para que os indivíduos fossem iguais, o Estado tinha que remover todas as diferenças, fossem elas materiais, religiosas ou nacionais. Então o Estado esmagou todo individualismo e toda criatividade. Nacionalizou todas as propriedades, controlou a economia, se tornando proprietário de tudo e fazendo a distribuição dos bens de forma supostamente justa. O partido zombava da religião como o ópio das massas enquanto o Estado destruía muitas igrejas, mesquitas e sinagogas, confiscando seus bens. O Estado proibiu quaisquer expressões nacionalistas "desviantes".

As pessoas naturalmente resistiram. Elas queriam seus próprios negócios e suas próprias identidades, religiosa e nacional. Em resposta, o maquinário da repressão floresceu. No início, Lenin esperava matar algumas centenas de capitalistas. O número de mortos aumentou rapidamente para milhares, depois milhões.

Quando Stalin subiu ao poder em meados da década de 1920, o ataque do regime totalitário à liberdade se intensificou. Algumas identidades foram extirpadas brutalmente. Stalin insistia que não poderia haver diversidade, nem individualidade, nem classes. Ele procurou converter a todos no "Novo Homem Soviético", purificado de quaisquer lealdades, exceto para com o Partido Comunista. Esperava-se que os cidadãos soviéticos fizessem eco, com grande orgulho, a variações da frase favorita de Stalin sobre "quão felizes estamos em servir como engrenagens em uma grande máquina comunista".

A cidade em que nasci foi renomeada abruptamente para Stalino na década de 1920. Em 1961, quando eu tinha 13 anos, o pessoal de Kruschev expurgou o nome da cidade, de forma igualmente abrupta, eliminando qualquer ligação com aquele assassino em massa. Disseram-nos que era para denominá-la Donetsk.

Na época em que nasci, a ditadura soviética havia imposto seu absoluto poder sobre nós. Ela havia destruído as instituições tradicionais, nacionalizando-as e coletivizando-as. Havia assassinado massivamente, aprisionado no *gulag* ou exilado na Sibéria, aos milhões, a burguesia e outros "inimigos de classe", junto com aqueles pertencentes a "nações reacionárias", como os tártaros da Crimeia ou os chechenos. Industriais, engenheiros, clérigos, intelectuais, políticos locais – qualquer pessoa suspeita de deslealdade ou pertencente à classe ou à nação errada – desapareceram. Os historiadores estimam que sob o regime stalinista cerca de 25 milhões de pessoas foram engolidas no *gulag*. Esta palavra assustadora, o acrônimo de *Glavnoe Upravlenie Legarei*, que significa "Administração Central dos Campos", caracterizava a sufocante teia soviética de campos de trabalhos forçados, campos de prisioneiros e prisões.

Para justificar seu controle, um regime repressivo precisa de inimigos externos, não só de traidores internos. A União Soviética tinha um fundamento lógico, em constante evolução, para a guerra: defender o proletariado dos países capitalistas e promover a Revolução Comunista mundial. No devido tempo, isso seria chamado de "a luta das forças progressistas pela paz" contra o mundo capitalista, liderado pelos Estados Unidos.

Cresci ouvindo que os Estados Unidos eram um monstro grande e mau. Um desenho animado típico mostraria um Tio Sam faminto de poder, ganancioso e grotesco segurando um cassetete em uma mão (para espancar os afro-americanos) e um punhado de mísseis na outra (para atingir nações progressistas como a Coreia do Norte, a República Popular da China, a República Democrática da Alemanha Oriental e a pátria soviética).

Nessa Guerra Fria propagandística entre a União Soviética e os Estados Unidos, o povo soviético que vivia no "paraíso comunista" tinha que ser protegido da influência capitalista. Por essa razão, as autoridades fecharam fronteiras, proibiram a emigração, baniram o contato com estrangeiros e interferiram eletronicamente nas transmissões de rádio estrangeiras em russo. A Cortina de Ferro separou o mundo livre do mundo comunista.

Ditadores não precisam usar terror, expurgos e assassinatos em massa para sempre. Após a tomada do poder, a principal missão do regime passou a ser a manutenção do controle. Transformou a vida em um teste permanente de lealdade. Você tinha que expressar sua devoção constantemente, em voz alta e de forma ostensiva. Cada discurso agendado, cada desfile organizado, cada aula ministrada, cada exame aplicado e cada conversa iniciada era uma oportunidade para provar sua lealdade. Qualquer bem do Estado, grande ou pequeno, estava em jogo. Poderia ser um dia extra de folga do seu chefe ou uma escapada para um *resort* fornecido pelo seu sindicato. Ou poderia ser sua carreira, seu *status*, seu futuro ou sua liberdade.

A KGB – a polícia secreta – mantinha o controle pelo medo. Você temia se desviar da linha partidária. Você temia a rede misteriosa de informantes. Você temia não demonstrar suficiente lealdade. Você temia que algo em que acreditasse pudesse escapar por um erro acidental ao falar. Você temia ouvir o *lapsus linguae* de outra pessoa e ser inquirido sobre ele. Você temia não comparecer à reunião certa, não dizer a coisa certa, não demonstrar a quantidade certa de lealdade.

A consciência inquietante de um mundo paralelo no qual você poderia cair instantaneamente alimentava o medo. Basta dizer a coisa errada, discutir o assunto errado, fazer o gesto errado, quebrar a regra errada, e você também pode desaparecer, como havia acontecido com seus vizinhos e com pessoas da sua família.

Nós chamávamos o *gulag* casualmente, até mesmo levianamente, de *mesta-nyestol-odalyonniye*: "o lugar que não está muito longe". Você não precisava ver alguém desaparecer ou conhecer as vítimas pessoalmente. Como a neblina enfumaçada que pairava sobre a cidade, você simplesmente sabia que o mundo dos campos e das prisões, embora na verdade distante milhares de quilômetros, estava a apenas um passo em falso de distância. Você poderia ir para lá a qualquer minuto, por qualquer motivo, sem entender o porquê.

CRIADO NO ANTISSEMITISMO: VIDA SEM IDENTIDADE

Crescer como judeu na União Soviética não oferecia nada de positivo. Nenhuma tradição judaica. Nenhuma instituição judaica. Nenhuma cultura judaica. Nenhuma história judaica. Nenhuma festividade judaica. Nenhum livro judaico. Nenhuma circuncisão. Nenhum *bar mitzvá*. Nenhuma língua judaica. Meus pais às vezes usavam o iídiche como um código secreto na frente das crianças, porém nunca tentaram nos ensinar o idioma. A única verdadeira experiência judaica que tive foi a de enfrentar o antissemitismo.

Eu poderia ter recebido um nome judeu. Meu avô queria que me chamassem Natan, em memória de seu pai. Contudo, sobrecarregar uma criança com o nome hebraico de um profeta bíblico no auge do antissemitismo stalinista era provocador demais. Em vez disso, meus pais me deram o nome neutro de Anatoly. Mesmo assim, vovô Moshe me chamava de Natanchik.

Como bons duplipensadores, meus pais haviam feito um grande gesto para nos lembrar e aos nossos parentes que éramos judeus. Eles possuíam uma réplica de 45 cm de altura da escultura de David de 1899, de Hermann Prell, em pé, triunfante, com seu estilingue na mão e um pé na cabeça decepada de Golias. (Recentemente descobrimos que muitas vezes a escultura é chamada erroneamente de "Prometheus".)

Essa estátua era grande demais para o nosso pequeno apartamento, muito mais chique do que qualquer outra coisa que possuíamos e muito explícita para nós quando crianças. Eu acordava todas as manhãs com a visão da nudez de David.

A irmã da minha mãe, que tinha uma situação financeira um tanto melhor, havia comprado a escultura em um mercado local e nos presenteou; imaginamos que tinha sido saqueada em algum lugar da Europa quando a Segunda Guerra Mundial terminou. Na década de 1440, o Donatello original foi o primeiro nu de bronze de uma figura em pé por si só feito por um artista desde os tempos greco-romanos.

A relíquia constrangedora e sem vida representou minha primeira exposição à história judaica. Meu pai tentava. Ele nos contava histórias de heróis bíblicos, dizendo: "Não temos nada do que nos envergonhar – não somos covardes –, mas tenham cuidado, não falem muito sobre isso".

Certamente não, sobretudo porque os raros lembretes de que eu era judeu geralmente me faziam estremecer. Na escola, quando os professores periodicamente faziam uma chamada formal, eles liam o nome, o sobrenome, a data de nascimento e a nacionalidade dos alunos – aquela temida designação na quinta linha de nossas carteiras de identidade. É verdade que o comunismo verdadeiro e cosmopolita em sua forma mais pura descartava a nacionalidade, mas durante a Segunda Guerra Mundial Stalin descobriu que o orgulho nacional era um motivador útil.

A maioria das crianças da turma era russa ou ucraniana. Ser russo significava pertencer à nação mais progressista. A Rússia unia a todos nós em nossa jornada rumo ao comunismo. Os heroicos soldados russos haviam derrotado Hitler na Grande Guerra Patriótica. Ser ucraniano significava ter orgulho local e ser o irmão mais próximo dos russos. Na Ucrânia, brindávamos constantemente ao que as autoridades insistiam que fosse uma forte

Não havia nada de judaico na minha infância, exceto o antissemitismo e a estátua de Davi e Golias, de 45 cm de altura, que era grande demais para o nosso pequeno apartamento.

parceria voluntária com a Rússia desde três séculos antes. Se alguém tivesse me dito que, em seis décadas, uma guerra brutal atingiria minha cidade natal, eu teria previsto que uma colisão entre a Terra e Marte seria mais provável do que um conflito entre a Rússia e a Ucrânia.

Outras nacionalidades raramente eram mencionadas e geralmente esquecidas – armênios, lituanos, cazaques. Mas quando a palavra "judeu" era pronunciada, depois do meu nome e de dois ou três outros alunos durante a chamada, isso provocava um silêncio constrangedor, uma careta do professor e uma piada maldosa sobre judeus chorões por parte do palhaço da turma. Às vezes, um professor poderia intervir, alegando: "Nós, soviéticos, não discriminamos." Mas, em geral, ser apresentado como judeu era como ser diagnosticado com alguma doença debilitante.

Da mesma forma, éramos frequentemente alvo de muitas piadas étnicas que as crianças contavam no pátio da escola. Os russos podiam ser ingênuos e bêbados, mas eram nobres. Os ucranianos podiam ser estúpidos e bêbados, mas eram sinceros. Os judeus, embora sóbrios, eram astutos, gananciosos, parasitas covardes. Inclusive amigos íntimos às vezes comentavam: "Você é um cara tão legal. Pena que seja judeu".

Tudo o que recebi por ser judeu foi desconforto e vulnerabilidade, alimentados pelo grosseiro antissemitismo da rua e pelo antissemitismo sistêmico do Estado. A rua continuava a alimentar o velho preconceito russo contra os judeus como pessoas gananciosas e assassinos de Cristo. O Estado sobrepôs a essa tradição um novo ódio comunista aos judeus como cosmopolitas, cuja lealdade ao regime soviético era sempre questionada. Não podíamos discutir o preconceito que enfrentávamos porque, no paraíso dos nossos trabalhadores, o antissemitismo oficialmente não existia.

Uma das minhas primeiras lembranças é caminhar orgulhosamente com meu pai, de mãos dadas, pelas ruas da nossa cidade. Era o Dia da Vitória, celebrando o triunfo soviético na Segunda Guerra Mundial. Estava orgulhoso porque o peito do meu pai estava coberto de medalhas e condecorações conquistadas em quatro anos de luta no Exército Vermelho, do Cáucaso a Budapeste e Viena.

"Ei, *kike**, onde você comprou essas medalhas?", gritou um transeunte. "Em Tashkent?". O significado é claro, mesmo para uma criança de 5 anos: enquanto os russos defendiam vocês de Hitler, vocês judeus estavam se escondendo covardemente em lugares distantes e seguros como o Uzbequistão.

"Ele é apenas um rufião bêbado", disse papai, apertando minha mão com mais força enquanto nos apressávamos.

Nem todos os estereótipos sobre os judeus eram negativos, embora sempre nos sentíssemos caricaturados. Certa vez, o pai de um amigo do colégio me disse: "Muitas vezes digo ao meu filho: 'Fique com seus colegas judeus e suas famílias'". Ele explicou: "Os pais deles não são bêbados, não espancam suas mulheres e seus filhos estudam o tempo todo".

Havia nisso uma certa verdade. À noite, após os dias de pagamento, realizado duas vezes por mês, podia-se ver muitos bêbados deitados em bancos do parque ou roncando nas calçadas. Outros corriam para beber tanta vodca quanto possível no caminho de casa, antes que as esposas pegassem o restante do dinheiro para as necessidades domésticas. A polícia

---

* N.T.: Em inglês, termo extremamente pejorativo para designar um judeu.

fazia patrulhas extras nesses dias, levando muitos homens para dormir em celas especiais para bêbados.

Obviamente, nem todos os judeus eram sóbrios e nem todos os não judeus eram bêbados. Contudo, a tendência deles de nos caricaturar publicamente alimentava nossa tendência de caricaturá-los em particular.

À semelhança da maioria das famílias judias que conhecíamos, as pressões do mundo exterior nos uniam. Em nossa família crescemos sentindo falta de muitas coisas, porém certamente não de amor. Mesmo as tensões financeiras ou as explosões que não esperávamos de imediato, mas que sempre sabíamos que aconteceriam, não removiam o amor profundo que havia em nosso pequeno apartamento.

Embora nunca tenham falado sobre isso, meus pais estavam de luto. Os nazistas haviam matado muitos parentes e amigos. Os anos dos expurgos de Stalin – quando iam dormir à noite sem saber se acordariam em casa ou a caminho da prisão – deixaram sua marca no rosto de meus pais, mesmo que eu só tenha compreendido isso anos mais tarde.

Essas cicatrizes silenciosas apenas reforçavam a mensagem central: trabalhe em dobro para ter sucesso. As pessoas ouvem isso hoje e pensam que estávamos sob pressão para fazer com que nossos pais parecessem bons. Não era isso. Ser bem-sucedido profissionalmente – em especial nas Ciências – era a única proteção possível contra a incerteza constante. Carreiras políticas eram impossíveis. Carreiras militares eram impossíveis. O caminho judaico para a respeitabilidade envolvia disciplinas mais objetivas, como Engenharia e Medicina.

O amor dos meus pais não dependia do meu desempenho. Esperava-se que eu me distinguisse, mas eu sabia que o amor deles era garantido, independentemente do meu sucesso.

BRINCAR PERTO DA PROVA DE UM HOLOCAUSTO QUE NUNCA ACONTECEU

Ao remover a identidade judaica, a história judaica e a educação judaica, o Estado também nos privou do conhecimento sobre o Holocausto, que ocorrera apenas alguns anos antes, precisamente onde morávamos.

Nasci dois anos e meio depois do fim da guerra, no coração de um dos principais campos de extermínio dos alemães. De 1941 a 1944, os *Einsatzgruppen** nazistas, trabalhando com seus colaboradores ucranianos, assassinaram quase um milhão de judeus, quase sempre os pulverizando com tiros de metralhadora. Embora muitos de meus parentes tenham morrido em Kiev, Odessa e mesmo em nossa cidade, jamais ouvimos nada sobre isso.

Quando crianças, os sinais da Grande Guerra Patriótica estavam ao nosso redor. Havia constantes referências em casa, na escola, no rádio e na rua à longa, dolorosa e sangrenta vitória da União Soviética sobre Adolf Hitler e os nazistas. Participávamos frequentemente de cerimônias de celebração à heroica derrota do fascismo em 1945 pelo comunismo. Brincávamos em tanques enferrujados e abandonados por muitos anos em nossa cidade. Brincávamos constantemente de jogos de guerra, competindo pela honra de "pertencer" ao nobre Exército Vermelho, as forças da luz que derrotaram as forças nazistas das trevas. Fazíamos comparações entre as versões infantis das histórias de guerra de nossos pais, discutindo sobre quem havia enfrentado o maior perigo e ganhado mais medalhas.

No entanto, ainda que falássemos incessantemente sobre a guerra, não podíamos falar sobre a guerra contra os judeus. Documentos oficiais mencionavam judeus muito abaixo na longa lista de vítimas, depois de soldados soviéticos, *partisans* soviéticos**, prisioneiros soviéticos de guerra, civis soviéticos inocentes e ciganos. Apenas décadas mais tarde descobri que estávamos vivendo – e brincando – perto de uma prova monstruosa do Holocausto que oficialmente nunca aconteceu. Nossos parques haviam sido alguns dos locais mais sangrentos da história judaica – da história humana.

A apenas alguns quilômetros de nosso prédio havia um poço na mina Rykovskaya. Depois de Babi Yar, é a segunda maior vala comum na Ucrânia de civis assassinados pelos nazistas. Com 365 m de profundidade e 15 m de largura, é provável que seja a pilha mais profunda de cadáveres que os nazistas abandonaram.

---

* N.T.: Esquadrões compostos principalmente por membros das SS alemãs e das forças policiais. Tinham dentre suas tarefas o assassinato daqueles considerados inimigos, raciais ou políticos, encontrados atrás das linhas de combate alemãs na União Soviética ocupada pela Alemanha.

** N.T.: Grupo de guerrilheiros que participaram da resistência à ocupação nazista na União Soviética, tendo tido fundamental importância na atuação contra os invasores.

Os nazistas e seus simpatizantes locais muitas vezes levavam as pessoas para aquela vala em grupos, depois atiravam nelas quando estavam paradas nas bordas, para que os corpos caíssem sem que as mãos dos assassinos ficassem sujas. Jogavam a maioria das crianças na vala enquanto ainda estavam vivas – gritando e chorando e morrendo uma morte lenta enquanto outros corpos se empilhavam sobre elas, sufocando-as. Muitos acreditam que a maioria dos 75 mil civis ali enterrados era de judeus.

A União Soviética, contudo, não reconheceu a sistemática matança dos judeus pelos nazistas. Portanto, ela não existira, assim como o antissemitismo em si. Nossos pais não queriam falar sobre todos os amigos e parentes que haviam desaparecido. Era muito doloroso lembrar a verdade, e ridículo demais participar da autocensura que a nova Grande Mentira soviética exigia.

No mesmo bairro em que brincávamos tão inocentemente, 75 mil pessoas – possivelmente mais – foram assassinadas da forma mais brutal. Soldados alemães despejaram soda cáustica para desinfetar, selar e mascarar essa vala da morte do lado de fora de onde morávamos. Os nazistas fizeram com que os cadáveres desaparecessem, reduzindo seus corpos a biomassa. Os soviéticos ajudaram a encobrir a verdade, fazendo com que as memórias de quem eram as vítimas e por que morreram também desaparecessem.

O encobrimento foi intencional. Quando o Exército Vermelho libertou o território do domínio nazista a partir de 1943 – depois de dois anos de ocupação cruel –, os vitoriosos soviéticos prenderam colaboradores nazistas, coletaram evidências e levaram vários assassinos à justiça. Os primeiros julgamentos foram muito emocionantes. Os espectadores gritaram em agonia e alguns desmaiaram ao ouvirem os relatos incompreensíveis das testemunhas sobre o inferno nazista que incinerara seus entes queridos. Entretanto, mesmo ao processar os nazistas e seus colaboradores, os soviéticos obscureciam cada vez mais a dimensão judaica dos crimes de guerra nazistas.

Stalin impediu a publicação de *The Black Book of Soviet Jewry* (O Livro Negro dos Judeus Soviéticos), repleto de depoimentos de testemunhas oculares, que Ilya Ehrenburg e Vasily Grossman compilaram em 1944. Suas testemunhas enfatizaram a obsessão antijudaica dos nazistas. A KGB também apreendeu arquivos que detalhavam a guerra contra os judeus, enterrando quaisquer documentos relacionados e rotulando-os de ultrassecretos. Livros memoriais especiais da comunidade narrando o Holocausto, cidade por cidade, foram proibidos. Como a biografia de Beria em nossa enciclopédia soviética, o Holocausto teve que ser cortado das páginas da História e substituído.

No momento em que eu brincava naqueles campos de matança, o regime totalitário quase eliminara dos bancos de memória coletivos o assassinato em massa de judeus pelos nazistas. O poder soviético de moldar a opinião pública – ou pelo menos uma conversa pública – era surpreendente. Mês após mês, o governo erigia um monumento de guerra após outro. Sendo parte dos Jovens Pioneiros*, eu participava regularmente de cerimônias solenes em comemoração ao heroísmo de um *partisan*, ao sacrifício de um oficial, ao assassinato em massa dos nazistas, àquele local de sofrimento civil. Tais homenagens proliferavam sem mencionar os cerca de 1,3 milhão de judeus assassinados nesses mesmos lugares em toda a União Soviética.

O que aconteceu?

Um dia, Stalin decidiu que era a vez dos judeus se converterem no alvo. Os historiadores discutem sobre o que o motivou. A solidariedade global que os judeus experimentaram como povo claramente o enfureceu. A ideologia comunista menosprezava quaisquer laços além de sua versão interseccional: que todos os trabalhadores compartilhavam histórias de opressão e uma lealdade primordial ao Estado soviético.

Ainda assim, durante a guerra, Stalin explorou o senso de nacionalidade dos judeus. Logo depois que os nazistas invadiram a Rússia, em 1941, Stalin criou o Comitê Antifascista Judaico. Ele esperava que a ênfase dada às atrocidades nazistas contra os judeus solidificaria sua estranha nova aliança com as democracias ocidentais. O sucesso do comitê em arrecadar mais de US$ 30 milhões, principalmente de judeus americanos e britânicos, acabou por deixá-lo desconfiado. O presidente do comitê, o ator e diretor Solomon Mikhoels, discursava para grandes multidões no Ocidente. Ele alegava que a União Soviética não era antissemita, mas acabou sendo assassinado durante o expurgo antissemita de Stalin em 1948.

---

* N.T.: Organização juvenil compulsória que existiu entre 1922 e 1991 na União Soviética, para crianças e adolescentes de 9-14 anos, cuja finalidade era desenvolver lealdade ao Partido Comunista.

Em outubro de 1948, Stalin enfureceu-se quando os judeus de Moscou gritaram "*Am Israel Hai*" – o povo judeu vive – em uma recepção eufórica à primeira embaixadora do novo Estado de Israel, Golda Meyerson, depois Golda Meir. Hostil a identidades particularistas, comprometido com a destruição do orgulho judaico e procurando provar que os judeus não eram uma nação, Stalin decidiu reduzir a "influência" judaica. Para tal intuito, mobilizou quaisquer pretextos possíveis. Em uma narrativa deprimente e consagrada pelo tempo, usou a propaganda nazista ao mesmo tempo que desnazificava áreas libertadas. Sendo um jornalista bem relacionado, meu pai teve conhecimento de uma diretriz emitida logo após a guerra pelos escalões superiores do Partido Comunista, insistindo que, em virtude de os nazistas terem demonizado o regime soviético como sendo dominado pelos judeus, estes não deveriam retornar a posições de poder.

Especialmente após o inverno de 1948-1949, Stalin transformou, agressivamente, os líderes culturais judeus em alvo. Enquanto o governo perseguia atores, escritores, intelectuais e médicos judeus, mencionar a dimensão judaica do Holocausto tornou-se inconveniente. Oficialmente, a propaganda de Stalin não podia visar aos judeus, porque a União Soviética era progressista demais para ser antissemita. Ele apenas atacou "cosmopolitas desenraizados" e "sionistas nacionalistas burgueses", código comunista para os judeus.

O antissemitismo é um ódio de muita plasticidade – flexível, moldável e durável. Ao mesmo tempo que havia aqueles que tradicionalmente atacavam os judeus como sendo Rothschilds* e marxistas, capitalistas e comunistas, houve também Stalin, que atacou os judeus como universalistas e particularistas.

Stalin foi um pioneiro no uso da retórica antissionista para propagar o antissemitismo. Quando ele e seus propagandistas atacaram "agentes sionistas", os cidadãos soviéticos entenderam que seus vizinhos judeus eram alvos, não obstante o fato de a maioria dos judeus soviéticos não ter nenhuma conexão com Israel e nenhuma ideia do que o sionismo significava. Cinquenta anos depois, quando o antissionismo se tornou global, eu viria a desenvolver critérios específicos que distinguem a crítica legítima

---

* N.T.: Família judia Rothschild, que estabeleceu uma enorme rede financeira na Europa no século XIX e que desde então é alvo das mais absurdas teorias da conspiração.

a Israel do tipo da taquigrafia antissemita que os sucessores modernos de Stalin usaram tão habilmente.

Quando Joseph Stalin morreu, em 1953, eu tinha 5 anos. O déspota de 74 anos estava no auge de sua campanha antissemita, torturando médicos judeus falsamente acusados de tentar assassinar líderes soviéticos no "Complô dos Médicos". O julgamento-espetáculo resultante tinha a intenção de lançar uma cruzada mais ampla, com alguns *insiders* propondo demissões em massa de judeus e até mesmo deportações em massa das principais cidades.

Não tínhamos a menor ideia dessas conspirações. Eu tampouco sabia que Stalin tinha morrido no dia de uma festividade judaica, Purim. A festa de Purim celebra nossa libertação de um político perverso que tinha em mente o assassinato em massa dos judeus, neste caso Hamã. Meu pai jamais mencionaria uma coincidência cósmica como essa para mim. Talvez ele não soubesse. Mesmo se ele tivesse relacionado os dois salvamentos, isso não teria significado nada para mim.

Naquele dia de março, fora do alcance do ouvido de qualquer vizinho, meu pai disse ao meu irmão mais velho e a mim: "Hoje é um grande dia, do qual vocês sempre devem se lembrar. Essa é uma boa notícia para nós, judeus. Esse homem era muito perigoso para nós. Lembrem-se por toda a vida que esse milagre aconteceu quando estávamos ameaçados de extinção. Mas", acrescentou, "não contem isso a ninguém. Façam o que todo mundo faz". No dia seguinte, no jardim de infância, enquanto cantávamos canções em homenagem a Stalin, "a esperança de todo o povo", e lamentávamos sua morte, eu não fazia ideia de quantas crianças choravam sinceramente e quantas apenas seguiam as instruções de seus pais.

DUPLIPENSAMENTO

O fim da vida de Stalin, portanto, marcou o início de minha vida consciente como um duplipensador. Essa farsa pública, que durava 24h por dia, definiria minha vida pelos 15 anos seguintes. Isso não me tornava especial. A maioria dos cidadãos soviéticos no final acabou entrando nessa atitude fingida de duplipensadores.

O principal divertimento do meu pai nessa vida dupla era ouvir a Voz da América em russo e outras estações de rádio do mundo livre. Os soviéticos reagiam tentando bloquear a frequência. Em outubro de 1956, ele estava ouvindo rádio com tanta concentração – o ouvido colado no alto-falante e o volume bastante alto – se bem que não alto demais, para não chamar a atenção dos vizinhos – que estava praticamente dentro do receptor.

Ele não estava ouvindo para saber o que acontecia com a Guerra do Sinai de Israel contra o Egito naquele mês. Ele queria ouvir sobre a resistência dos húngaros ao poder soviético. "Ah", disse ele, calmamente. "Se eles conseguissem vencer". Mais tarde, quando nosso vizinho veio em casa, meu pai repetiu: "Ah, se eles conseguissem vencer". Mas o "eles" a quem meu pai se referia agora eram os tanques soviéticos.

Nessa teia de mentiras, sua principal tarefa é se encaixar. Aos 10 anos você entra nos Pioneiros, proclamando seu patriotismo. Então você se afilia ao Komsomol, a Kommunisticheskiy Soyuz Molodiozhi ou União da Juventude Comunista, proclamando seu patriotismo. Você murmura as banalidades deles, faz o papel de bom cidadão, para poder progredir.

O DEGELO DE KRUSCHEV

Meu pai adivinhou corretamente que a pressão diminuiria depois de Stalin. Em 1956, o novo líder, Nikita Kruschev, denunciou o "culto à personalidade" do antigo ditador. Dando início ao evento histórico conhecido como Degelo, o novo regime libertou prisioneiros. Ele reabilitou a reputação de muitos inocentes executados. Reconheceu "erros" históricos. O nível de medo diminuiu.

Gradualmente, à medida que o Degelo foi soltando as línguas, alguns segredos de família emergiram. Nomes que eu nunca tinha ouvido antes, fotos que eu jamais vira, reapareceram. A fotografia surpreendente de meu avô com quatro filhos, não três, me apresentou um tio que meu pai nunca mencionara e que vivia no exterior. Seu irmão mais velho, Shamai, mudara-se para a Palestina durante os primeiros anos da revolução, realizando o sonho do meu avô para todos os seus filhos.

Quando seu irmão se mudou, meu pai não acreditava no sonho sionista. Atraído pela promessa de plena igualdade, confiando em que o universalismo comunista eliminaria o antissemitismo, ele não conseguia se imaginar abandonando aquele experimento recentemente colocado em prática no

Leste Europeu para trocá-lo por um gueto do Oriente Médio. Passados alguns anos, no entanto, meu pai enterrou suas ilusões junto com seus amigos vítimas do expurgo. (Quando, no final dos anos de 1970, minha esposa, Avital, viajou pelo mundo para me libertar e finalmente conheceu meu tio Shamai Sharon, ele estava orgulhoso de seu sobrinho, o sionista.)

À medida que mais memórias fluíam, coisas que nunca fizeram sentido para mim passaram a fazer. Descobri por que meu pai havia abandonado sua promissora carreira de roteirista em um estúdio de Odessa para um trabalho de jornalismo discreto cobrindo a mineração em uma cidade de fim de mundo. Quando profissionais rivais publicaram um artigo no jornal de sua cidade natal, Odessa, denunciando-o como um intelectual pequeno-burguês, com um irmão sionista, ele teve medo de ser expurgado. Descobri também que o cunhado forçadamente silencioso de minha mãe, Matvei Isaiahyevich, passou um ano em uma prisão da KGB em 1937 e ainda não conseguia falar sobre o que havia sido obrigado a suportar. Descobri que outro tio, Munya, irmão da minha mãe, que havia morrido de repente em 1953, havia se suicidado. O fato de ter servido durante a guerra em uma *troika* (um tribunal militar especial que decretava sentenças de morte sem o devido processo legal) havia deixado esse outrora bem-sucedido advogado tomado pela culpa e pelo desânimo. Minha mãe considerava seu irmão mais uma vítima de Stalin e seus expurgos. Descobri inclusive parentes mortos no Holocausto e familiares que ainda sofriam suas consequências. Paulina, a irmã do tio que havia sido aprisionado, nunca se recuperou de ver a maior parte de sua família morta a tiros na sua frente, tendo escapado desse destino por pura sorte.

Assim como meus pais começaram a contar nossos segredos de família, muitos cidadãos começaram a revelar as verdades ocultas da União Soviética. Quando os líderes começam a falar mais abertamente sobre os abusos do passado, tudo transbordou. De repente, as pessoas começam a falar ostensivamente também sobre os problemas atuais. À medida que a autocensura enfraquecia, aumentava a vontade de falar.

A intelectualidade russa, havia muito reprimida, se agitou. Artistas, poetas, dramaturgos, romancistas, jornalistas e estudantes testaram os novos limites do debate com particular ardor. As autoridades reconheceram rapidamente o crescente perigo. Mesmo que criticar os erros de ontem fosse aceitável, o regime não podia tolerar desacordo público com a linha do partido.

O momento mais perigoso para qualquer regime totalitário é quando as massas perdem o medo e os indivíduos passam do duplipensamento particular à discordância pública. No entanto, o terror persistiu, e as autoridades não precisavam repetir a repressão em massa de Stalin. Elas simplesmente lembraram os cidadãos que a dissidência não seria tolerada. Os limites permaneceram em uma União Soviética pós-Stalin, ainda totalitária.

O fim das mais violentas perseguições antijudaicas de Stalin havia alertado a minha família que o Degelo estava começando, e, da mesma forma, vimos também que o Degelo estava terminando através de uma lente judaica. Se "Babi Yar", poema de Yevgeny Yevtushenko escrito em 1961, se limitasse ao massacre dos judeus pelos nazistas em 1941, os líderes soviéticos provavelmente teriam tolerado sua intenção de reintegrar os judeus à história da Segunda Guerra Mundial. Mas, encorajado a dizer a verdade, Yevtushenko condenou o antissemitismo russo, dos czares aos soviéticos. O poema começa com amargura: "Nenhum monumento se ergue sobre Babi Yar".

Somente em um regime que não tolerava nenhuma crítica, um poema de 311 palavras poderia tornar-se tão difundido e influente. Sua honestidade levou muitos judeus a acreditarem que, finalmente, a verdade sobre o antissemitismo – e outras verdades – poderia ser dita. No entanto, sua franqueza contundente ajudou na verdade a aniquilar o Degelo. Decorridos alguns dias, lacaios do Estado escreveram seus próprios poemas e lacaios jornalísticos escreveram seus próprios editoriais, todos defendendo o comunismo sem quaisquer reservas. *Quem são esses poetas mundanos para nos ensinar?*, questionaram, indignados, os jornalistas charlatães do partido. *Como se atrevem a acusar o grande Estado soviético de antissemitismo? Nós derrotamos os nazistas antissemitas e salvamos o mundo!*

Então, quando algumas pessoas finalmente começaram a falar sobre o Holocausto em termos judaicos, as autoridades entraram em pânico e contra-atacaram. Fecharam o cerco ao redor de Yevtushenko e de antigos duplipensadores que avançavam por aquela estrada inevitável em direção ao pensamento livre, à liberdade de expressão e à dissidência. A verdadeira história era volátil demais; a exposição dos crimes do passado colocava em risco que também as mentiras do presente fossem expostas.

Quando completei 15 anos, o medo voltou. Éramos todos novamente duplipensadores. Quando os soviéticos finalmente ergueram um memorial aos mortos em Babi Yar, a palavra "judeu" ainda não constava do monumento. Pelo fato de haver saboreado alguma liberdade, esse retrocesso foi especialmente amargo. Sentíamos agora, com mais intensidade, a nossa escravidão. Quanto mais aprisionado você se sente pelo pensamento totalitário, mais se sente compelido a escapar. No entanto, alguns efeitos do Degelo permaneceram. A linha de corte havia mudado. Agora, para ser um alvo visado, você realmente tinha que ser um opositor e, pouco a pouco, um movimento dissidente emergiria.

Ainda que as mais duras perseguições antijudaicas de Stalin tivessem cessado, o antissemitismo básico do regime persistia. No ensino médio, eu estava dolorosamente familiarizado com a frase "ele tem um problema na quinta linha". Isso significava que você estava sendo discriminado porque a referida quinta linha, que definia nacionalidade nos documentos de identidade soviéticos, o identificavam como judeu – significando traidor, incorrigível, inassimilável, desleal, entre outros. Significava que meu irmão Leonid poderia ser aprovado em seus exames escritos, mas ouviria em uma entrevista, "Por que você está tão feliz por ter sido aprovado? Não vou permitir que judeus sejam admitidos na *minha* escola". Apesar de despojados de sua liberdade e de sua identidade, os judeus continuavam a ser bodes expiatórios convenientes. Toda ditadura precisa de um inimigo, e os judeus foram um alvo favorito.

O ódio, no entanto, fomentou a solidariedade judaica. Muitos de nós confiávamos uns aos outros nosso profundo segredo: odiávamos o regime em particular enquanto o amávamos publicamente. Raramente mencionávamos tais assuntos fora de nossos círculos internos; havia informantes por toda parte. Perguntávamos "*Yid**?" ou "*Nostrum est*?" (Ele é um de nós?), nosso código para descobrir quem era judeu e possivelmente confiável. Usávamos a frase em latim com tanta frequência que eu acreditava que fosse iídiche.

---

* N. T.: Em iídiche, "judeu".

"VOCÊ É JUDEU. TEM QUE SER O MELHOR": BUSCANDO UM ESCAPE

Quanto mais velho eu ficava, mais eu enfrentava o sofisticado antissemitismo do sistema em vez do violento antissemitismo das ruas. As discussões familiares giravam constantemente em torno de discriminação, restrições, insultos e fardos injustos. Aprendemos onde um judeu poderia estudar e quais instituições jamais aceitariam judeus, por mais qualificados que fossem. Aprendemos quais cargos eram impossíveis para um judeu conseguir e quais carreiras eram possíveis. Aprendemos sobre promoções conquistadas pelos judeus, porém ainda não efetivadas, ou promoções conquistadas por não judeus, porém não merecidas. Recebi a mensagem: você é judeu, então deve ser o melhor em Física, ou Matemática, ou xadrez, ou em qualquer coisa que faça, para ter uma chance de sucesso nesse sistema. E você terá que se retorcer e se revirar de todas as formas apenas para sobreviver.

Uma vez por ano, o jornal publicava a lista dos laureados do Prêmio Stalin, mais tarde chamado de Prêmio Lenin, por excelência em Ciência, Literatura, Arte, Arquitetura e Tecnologia. Toda a família examinava a lista. Sempre que alguém reconhecia um nome judeu, vibrávamos. Isso significava que mais um judeu obtivera êxito, não obstante toda a discriminação. Isso nos encorajava a trabalhar mais, porque também nós poderíamos progredir. Foi assim que nos acostumamos a sobreviver àquele fardo com o qual nascemos, o de sermos judeus.

Quando eu tinha 5 anos, minha mãe me ensinou a jogar xadrez. "Aqui você pode pensar livremente", disse ela. "No xadrez, você pode voar." Tentei jogar e me apaixonei imediatamente: os pensamentos voam, riscos são assumidos, a inteligência e a coragem são valorizadas, não punidas. O xadrez se converteu no meu primeiro passaporte para o mundo do pensamento livre, meu primeiro grande escape.

Eu adorava o jogo porque podia vencer, derrotando inclusive pessoas muito mais velhas ou maiores do que eu. Minha teoria era que, quanto mais alto fosse o sujeito, mais rápido eu o venceria. Eu adorava jogar às cegas, sem olhar para o tabuleiro. Adorava jogar simultaneamente com vários adultos. E adorava acreditar que um dia eu poderia ser o campeão mundial.

Na verdade, quando entendi, depois de competir em nível nacional, que provavelmente não iria tão longe, comecei a procurar outra carreira na qual pudesse brilhar – e foi assim que me tornei um preso político.

Mas estou me adiantando na história.

Crescendo na União Soviética nas décadas de 1950 e 1960, muitos judeus-não-judeus como eu fugiram para o mundo do xadrez. Fomos despojados de nossas identidades. Não sabíamos o que significava ser judeu, além do fato de oferecer outra razão para temer as autoridades e fornecer mais um conjunto de restrições naquele mundo não livre.

Ouvimos estimativas de que os judeus estavam limitados a 5% do corpo discente em uma universidade provinciana, a não mais de 2% em um lugar como Moscou e apenas a 1% nas melhores universidades. Mas, em um clube de xadrez, parecia que as cotas impunham dificuldades aos não judeus: 70%, 80%, 90% dos enxadristas eram judeus.

Somente décadas mais tarde percebi o quão profundamente programados os judeus eram para amar esses clubes de xadrez. Eu já vivia em Israel quando visitei pela primeira vez uma *yeshivá*, um seminário rabínico, com seu imenso *bet midrash*, ou sala de estudos. A sala estava repleta de centenas de *hevrutot*, pares de estudantes estudando juntos, discutindo juntos, tentando ser mais esperto que o outro e aperfeiçoando o aprendizado de um sistema de pensamento, o Talmude e a lei judaica.

Ao ouvir o zumbido familiar em todo o *bet midrash*, me dei conta de como as duas instituições se assemelhavam, com duplas de pessoas debatendo em um vaivém. No xadrez competitivo, existem poucas aberturas e finais, porém inúmeros lances intermediários; os argumentos nunca terminam. No mundo da *yeshivá* existem 613 mandamentos e alguns textos definidores, mas igualmente inumeráveis interpretações, explicações, ambiguidades e posições, juntamente com infinitos "por um lado" e "por outro lado".

Em ambos os universos, ao mesmo tempo que os participantes das duplas competem um contra o outro intensamente, eles também trabalham juntos, buscando um *hidush*, uma descoberta, um novo movimento, um gambito inovador. Quando a União Soviética proibiu o tradicional diálogo que revigorara os judeus por séculos, mudamos de marcha. Começamos o

O xadrez foi o meu primeiro passaporte para o mundo do livre pensamento, meu primeiro grande escape. Esta foto foi tirada em 1961, quando eu tinha 13 anos.

"por um lado" e o "por outro lado" sobre o xadrez em vez da *Halachá**, a lei judaica.

Infelizmente, embora o xadrez pudesse libertar minha mente e aguçar minha inteligência, era apenas um jogo. Faltava-lhe a profundidade e a majestade moral do judaísmo. Não oferecia sabedoria, nenhuma visão de mundo ideológica, nenhum modo de vida, nada maior do que eu mesmo e minhas habilidades. Era um grande divertimento, que me libertava do duplipensamento por algumas horas todos os dias, mas não era real. Era uma fuga para um mundo paralelo em preto e branco de 32 peças em um tabuleiro de oito por oito.

A Ciência e a Matemática pareciam prometer um escape melhor da sufocante realidade soviética. Embora tão objetivo e criativo quanto o xadrez, o método científico iluminava o mundo real. O cientista recorria a quaisquer talentos que possuísse para entender como o universo funcionava.

---

* N.T.: Jurisprudência judaica conforme o Talmude e obras interpretativas posteriores.

Dominar esses campos também parecia oferecer o melhor caminho para uma vida melhor. Ser aprovado em todos os exames, por mais difíceis que fossem, obter as notas mais altas e ser aceito em uma das melhores universidades tornaram-se minha grande ambição. Era o sonho que impulsionava toda mãe judia.

Quando, em 1966, fui aceito no MFTI, o Instituto de Física e Tecnologia de Moscou, o MIT soviético, senti como se tivesse alcançado o meu objetivo. Eu havia atingido o ápice do duplipensar, o maior sucesso que eu poderia esperar. Esse mundo representava quão longe eu poderia chegar como judeu. Tive sorte; fui um dos últimos judeus a serem ali admitidos.

Agora, eu poderia começar a aproveitar a grande recompensa depois de anos aprimorando meu portfólio para provar que era academicamente capaz e ideologicamente puro. No ensino médio, estudei muito para uma prova após outra, a fim de supercompensar minha deficiência judaica. Afogando-me em conjuntos de problemas, trabalhando ininterruptamente para tirar a nota máxima em cada uma das disciplinas cursadas durante os últimos três anos do ensino médio, ganhei a medalha de ouro acadêmica. No que tange a atividades extracurriculares, participei das olimpíadas de Matemática e Física nos níveis municipal, provinciano e "em toda a União", aprimorando minhas habilidades enquanto me exibia para potenciais recrutadores. Dominei o xadrez, vencendo campeonatos locais e nacionais. Também segui o roteiro para obter das autoridades locais do Komsomol as boas referências sobre o meu caráter. Eu dizia os bordões corretos, participava das atividades juvenis certas e cantava as músicas certas.

Finalmente, eu estava dentro. Eu havia cruzado "a Zona de Assentamento Judeu".* Imagino ter sentido a mesma alegria que os raros e sortudos judeus sentiram séculos antes quando obtiveram permissão para morar em Moscou, escapando da enorme região ocidental de cerca de 1,5 milhão de km² que a Rússia czarista transformara no maior gueto do mundo de 1791 a 1917.

Vagando por Moscou, uma cidade de mais de 5 milhões de habitantes, experimentei meu degelo pessoal. Ao me concentrar em Ciência no

---

* N.T.: Correspondente a uma determinada região exclusiva do Império Russo que era designada aos judeus, sendo proibida a sua residência no restante da Rússia.

instituto, eu era agora um *insider* em um trajetória rápida para o sucesso. Eu esperava ser capaz de pensar mais sobre a verdade pura, enquanto jogava menos o desmoralizante duplipensar. Para degustar a vida além da estufa das crianças-prodígio, alguns de nós, estudantes, gostávamos de explorar a metrópole em expansão, que era mais livre e ousada do que nossas cidades natais sonolentas e sufocantes.

Mês após mês, eu gastava a maior parte da minha bolsa de estudos comprando ingressos para shows nos três teatros de Moscou, entre dezenas que testavam lenta, mas obstinadamente, as fronteiras culturais e políticas impostas pelo comunismo. Dois anos haviam decorrido desde a queda de Kruschev, e membros da *intelligentsia* soviética ainda tentavam preservar alguns vestígios da breve abertura do Degelo. Por vezes, o Instituto recebia grandes artistas, poetas e importantes intelectuais. Artistas inteligentes, mas intimidados, resistiam de forma sutil e indireta. Suas peças, poemas, piadas e canções muitas vezes carregavam "um figo no bolso" – o equivalente russo a mostrar o dedo médio enquanto parece saudar.

Aos 18 anos, concluí o ensino médio, tendo trabalhado com afinco redobrado para buscar meu segundo escape, o sucesso nos universos acadêmicos da Matemática e das Ciências.

Estudando as primeiras versões da inteligência artificial, ensinando o que são agora considerados computadores primitivos a jogar xadrez, mergulhei na república da Ciência. Esse mundo parecia isolado do duplipensar que eu havia dominado em casa. Meus professores mundialmente famosos diziam aos alunos o que queríamos ouvir: com nossa inteligência e nossos métodos de trabalho, poderíamos viver uma vida intelectual plena. Poderíamos ter sucesso. Tínhamos apenas que manter o foco em um disciplinado mundo interior de teorias e teoremas matemáticos. Esses professores, uns dos melhores do mundo, exortavam-nos a ignorar as pseudoverdades em constante mudança na política, repleta de ambiguidades e enganos. Atenham-se ao conhecimento eterno da Ciência, eles recomendavam, e ignorem o resto. As leis de Newton e Einstein, de Euclides e Galileu são eternas; os ventos ideológicos atuais são inconstantes.

Continuamos a falar da boca para fora dos deuses soviéticos, como todo mundo o fazia. Continuamos a fazer provas de doutrina marxista a cada semestre, mesmo durante o pós-doutorado. Décadas depois, eu me divertiria quando, durante meus interrogatórios, avistei meus algozes da KGB estudando seus manuais comunistas sempre que podiam, e soube que essas provações intermináveis continuaram a atormentá-los.

Incentivados por nossos professores, deixamos esses aborrecimentos de lado. Éramos a elite, eles nos diziam, correndo em direção a um futuro dourado. Eu me sentia particularmente bem, tendo superado os obstáculos extras do antissemitismo. Agora, tudo valia a pena. Eu estava me deliciando no santuário da Ciência, um abrigo protegido da insanidade diária que os soviéticos impuseram a quase todos os demais.

Não demorou muito, no entanto, para que os acontecimentos revolucionários externos abalassem minha ilusória fortaleza interna.

DESCOBRINDO A IDENTIDADE, DESCOBRINDO A LIBERDADE

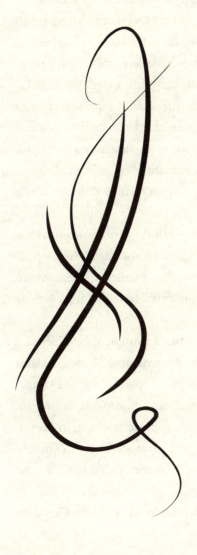

A Guerra dos Seis Dias irrompeu durante minha primeira rodada de exames finais no Instituto em Moscou. A vitória de Israel em junho de 1967 – com o pequeno e aguerrido Estado judeu superando adversidades esmagadoras – transformou-se em um momento decisivo para mim, ainda que eu demorasse para percebê-lo.

Em Donetsk, Israel não fora o centro da minha vida. Estava no plano de fundo, um dos tópicos de conversa que nos unia como judeus. Como pessoas preocupadas com o nosso problema judaico, éramos admiradores do Estado judeu. Porém, demonstrando a solidariedade do sofredor, nós o tratávamos como um time de futebol totalmente judeu, algo pelo qual torcer. Era muito menos importante e envolvente do que a vida familiar, as amizades e as preocupações com a carreira. Vivendo na ignorância forçada, também sabíamos pouco sobre esse pequeno país que nasceu no mesmo ano que eu, em 1948. Só sabíamos o suficiente para nos sentirmos sobrecarregados pelos constantes ataques dos jornais contra ele.

Então, bum. A surpreendente vitória militar de Israel zombou de meses de propaganda soviética prevendo uma vitória histórica das "progressistas nações árabes" sobre os "lacaios do imperialismo americano", os "colonialistas sionistas nacionalistas burgueses". Para muitos duplipensadores, assistindo de longe, nos divertimos com a facilidade com que Israel derrotou esses supostamente poderosos exércitos árabes abarrotados de armas soviéticas e treinados por oficiais soviéticos. Como judeus, ficamos muito felizes. Nosso time havia vencido.

À medida que as autoridades proferiam discursos inflamados na mídia e convocavam uma reunião após outra a fim de condenar o imperialismo americano e sionista, pude sentir que estranhos, colegas e amigos passaram a me olhar de modo diferente. No início, fiquei surpreso. Eu era um cidadão soviético leal, igual a eles. Contudo, pessoas que sabiam que eu não tinha ligação com Israel pareciam pensar que eu merecia algum crédito por essa vitória relâmpago. Em vez de perguntar "Como os israelenses conseguiram?", as pessoas indagavam "Como vocês fizeram isso?". Gradualmente, me ocorreu que amigos e inimigos me conectavam a Israel muito mais do que eu próprio me associava ao Estado judeu.

Inclusive as piadas antissemitas mudaram. Os judeus foram promovidos. De parasitas gananciosos e covardes a rufiões gananciosos e agressivos – perigosos aos vizinhos e ao mundo também. Em última análise, aqueles que nos amavam e nos odiavam concordavam em uma coisa: Israel era uma espécie de superestado.

"Certa manhã", riam os brincalhões, "o primeiro-ministro Levi Eshkol e o ministro da Defesa Moshe Dayan acordaram entediados. 'Vamos declarar guerra à China!', propôs Eshkol. 'Mas o que faremos à noite?', divagou Dayan."

Uma mensagem confusa estava embutida em outra piada, sobre um judeu na cabine telefônica, monopolizando o tempo ao telefone, inserindo repetidamente moedas na abertura, ligando para parentes em toda Moscou. Ele ouvira falar das vitórias de Israel na Voz da América ou na BBC, apesar das interferências na transmissão, e relatava: "Nossos tanques tomaram as colinas de Golã". Então, "Nossos soldados estão nadando no Canal de

Suez!". Cidadãos leais na fila, na esperança de que o judeu soubesse que ele deveria fazer apenas uma ligação curta porque outros estavam aguardando, o empurram para o lado. O judeu zomba: "Nós não interferimos na *sua* guerra. Não interfiram na nossa."

Aí está. Em só uma piada, é descrito um judeu ganancioso, egocêntrico, manipulador e inassimilável. O patético covarde que se amedrontara em Tashkent ou em outro lugar durante a Grande Guerra Patriótica soviética contra Hitler agora se vangloria de heroísmos que nunca alcançou, tentando tomar para si crédito de outros, lutando na guerra errada contra o inimigo errado pelo motivo errado.

Inicialmente, a maioria dos judeus não sabia se ficava orgulhosa, preocupada ou assustada. Como vítimas maltratadas do paraíso comunista, nos perguntamos se uma guerra a 4.000 km de distância prejudicaria nossas carreiras. Entrementes, queríamos saber mais sobre esse país, Israel, que, aos olhos das pessoas ao nosso redor, era nosso. Fiz o que era natural. Comecei a ler mais sobre a herança imposta a mim.

É uma velha história. Os judeus muitas vezes se veem mais claramente através de olhos não judeus. A percepção de como os outros me conectavam a Israel me ligou ao Estado judeu e ao povo judeu. Ver como a palavra "Israel" havia se tornado algo que poderia nos encorajar – não apenas nos menosprezar – me encheu de um orgulho e de uma dignidade que eu jamais experimentara. Perceber o quão pouco eu sabia sobre esse país sobre o qual tantas pessoas estavam agora perguntando me deu vontade de aprender mais.

LIBERTADO PELO *EXODUS*

Passei a ver o mundo com novos olhos, como quem se apaixona. As histórias bíblicas que meu pai havia contado sobre heróis judeus, como Davi derrotando Golias, de repente ganharam vida; agora, os israelenses estavam repetindo seus feitos no Oriente Médio. Sempre que possível, transformei os museus de arte de Moscou em meu próprio museu judaico ou museu de Israel. Aprendi pela primeira vez sobre a festa judaica de Purim ouvindo um guia do Museu Pushkin explicar a famosa pintura de Rembrandt, *Assuero e Hamã no Banquete de Ester*.

Faminto pelo jejum cultural de décadas de comunismo, fiz o que pude a fim de aprender sobre Israel e minha herança judaica. Algumas das leituras eram *samizdat* – literatura ilegal, autopublicada, às vezes fotocopiada, outras vezes impressa grosseiramente, de distribuição clandestina. Esses panfletos circulavam somente entre amigos de confiança. Alguns eram velhos livros empoeirados escritos em russo e ainda encontrados em bibliotecas. Alguns eram livros que o pai de um amigo tinha em sua biblioteca pessoal. Continuei a visitá-lo mesmo depois que ele se mudou para cerca de 1.000 km de Moscou. Manter distância de qualquer possível informante no *campus* justificava a viagem.

Um dos primeiros livros relacionados ao judaísmo que li, em *samizdat,* foi uma tradução russa do *Exodus,* o romance histórico de Leon Uris que reconta a fundação de Israel. Ao lê-lo hoje, é difícil acreditar como um romance tão pesado e sentimental foi capaz de influenciar tantos intelectuais judeus russos, geralmente obstinados e céticos. Mas o livro foi uma revelação. Ele me atraiu para a história judaica e a história de Israel, por meio das minhas raízes russas. O livro me ajudou a me enxergar como parte da História.

Eu não tinha me dado conta até então que muitos judeus russos da geração do meu pai – como meu tio desaparecido – haviam moldado o movimento sionista e fundado Israel. Fiquei impressionado que em 1948, heróis da minha idade estabeleceram o país, fazendo história em vez de estudar para exames. Ao ver aquela famosa foto dos três soldados que ajudaram a libertar o Muro das Lamentações em 1967, percebi que eles também tinham a minha idade. Poderia ter sido eu.

Acionei um interruptor em minha mente. A história já não era distante e alienante. Agora era minha. Em vez da curta e sangrenta história soviética, que começou com a Revolução de Outubro em 1917 e não deu em nada, eu me juntei a uma história que remonta ao êxodo do Egito, que me levou ao *Exodus* de Leon Uris e logo me conduziria ao meu próprio êxodo.

O romance de Uris era tão popular que uma família após outra tomava emprestada uma cópia e passava a noite inteira lendo, repassando o livro de mão em mão. No dia seguinte, o entregariam à próxima família na longa fila de pessoas que esperavam para lê-lo. Então, elas se sentiriam envergonhadas e dariam um suspiro de alívio. Ninguém queria guardar em casa um material tão perigoso.

Alguns anos depois, quando eu era um porta-voz dissidente, minhas amizades com diplomatas e jornalistas fez de mim uma espécie de câmara de compensação para ativistas. Eu distribuía livros e outros materiais contrabandeados para Moscou de organizações judaicas americanas via mala diplomática. Enviava uma mensagem a um contato em Nova York informando: "Mandenos 100 exemplares do *Exodus* e teremos uma revolução sionista aqui!"

Turistas judeus que começaram a nos visitar contrabandeavam outros livros. "Ah, seu pai é de Odessa. O meu também", diriam alguns. "Poderíamos estar em seu lugar", eles suspiravam. "Somos uma só família. Como podemos ajudar?".

Agora, o *"Nostrum est?"* não se baseava apenas no fato de todos os judeus serem perseguidos, mas também no fato de que todos nós éramos uma só família, de um *shtetl** global. Poucos anos antes, as fronteiras eram tão assustadoras que eu nem tinha ouvido falar de um tio que se mudara. Agora, esses viajantes estavam cruzando fronteiras com facilidade.

Senti um novo senso de história, um sentimento caloroso de família e uma enorme gratidão por esse Estado que, segundo minhas leituras, definia como um de seus objetivos principais ajudar a mim e a pessoas como eu. Cada vez mais eu sabia que essa era a História, essas eram as pessoas, aquele era o país, aos quais eu queria pertencer.

Quanto mais conectado eu ficava com esse novo universo paralelo, mais claramente pude ver as muitas maneiras pelas quais meus companheiros judeus e eu nos contorcemos para permanecer escravizados ao mundo comunista. Quanto mais eu percebia isso, menos fé eu tinha no abrigo que havia muito buscara na torre de marfim da ciência, que me manteve preso em duplipensamentos exaustivos e desmoralizantes.

Não fui exposto apenas a livros judaicos. *Samizdat* e contrabando amigável me apresentaram a muitos clássicos que moldariam minha nova visão de mundo. Meus favoritos incluíam *Doutor Jivago*, a grandiosa homenagem de Boris Pasternak ao individualismo e ao romance; a sóbria exposição de Arthur Koestler sobre os expurgos de Stalin em *O Zero e o Infinito*; e, principalmente, as sufocantes evocações do poder do Grande Irmão, *A Revolução dos Bichos* e *1984*, de George Orwell.

---

* N.T.: Cidadezinha de população judaica no Leste Europeu.

JAMAIS ESTIVE SÓ

Lembro-me de ter ficado impressionado com *A Revolução dos Bichos*. "Meu Deus", pensei, "entendemos a novilíngua que nos foi imposta. Mas como esse escritor britânico pôde entender tão bem, há décadas, o que estamos vivendo bem aqui, agora mesmo, na Rússia?". A façanha literária de Orwell, ao reduzir os revolucionários comunistas a uma série de animais de fazenda, foi apenas mais um bônus. Anos depois, descobri que Orwell teve um gostinho do comunismo quando os mentores soviéticos de Stalin sequestraram a Guerra Civil Espanhola, na qual Orwell e outros idealistas haviam ingenuamente se oferecido para lutar.

Estava ficando cada vez mais difícil bancar o bom cidadão soviético. Após 1967, a União Soviética rompeu relações diplomáticas com Israel e fechou o cerco sobre os judeus. A admissão de um judeu em meu Instituto passou a ser algo quase impossível. Mesmo aqueles dentre nós que descobriam esses novos e excitantes elos com Israel e com nossa extensa família judia ainda se apegavam ao que era familiar: nossas ambições de sucesso.

Uma piada daqueles tempos confusos, provavelmente improvisada por um judeu cínico, conta que um tal Rabinowitch volta para casa deprimido. O Partido Comunista o expulsou por não condenar o sionismo e Israel. Ele adormece e sonha que um Israel superforte conquista a União Soviética. O vitorioso general caolho israelense, Moshe Dayan, e a lendária ex-embaixatriz de Israel em Moscou (a caminho de se tornar primeira-ministra), Golda Meir, entram na Praça Vermelha em cavalos brancos. Eles se detêm em cima do Mausoléu de Lenin, enquanto judeus de toda a União Soviética se reúnem embaixo para celebrar.

"Judeus da União Soviética", proclama Meir, "depois de anos de perseguição, aqui está sua oportunidade de se vingar. O que vocês querem como despojos de guerra? Devemos enviar os russos para a Zona de Assentamento na qual nos aprisionaram por tantos anos?", ela pergunta. "Não", respondem os judeus. "Devemos impor cotas aos russos, limitando sua admissão a universidades e empregos como fizeram conosco?", pergunta o general Dayan. "Não", gritam os judeus.

"Então o que vocês querem?", indaga Golda, surpresa. Todos os judeus gritam em uníssono: "Queremos Rabinowitch de volta ao Partido Comunista!".

A crescente pressão do governo continuou testando a lealdade dos judeus. Em Donetsk, Yisrael Yaakovolevitch, meu professor favorito do ensino médio, uma lenda local que por décadas preparou talentosos estudantes de Física para serem aceitos nas melhores instituições, recebeu uma ordem mesquinha e insultuosa. O diretor da escola, um *apparatchik** comunista de carreira, semianalfabeto, cuja função de administrar nossa escola provavelmente representava um grande rebaixamento, escolheu como alvo o professor, cujo nome significa "Israel, filho de Jacó". "Se você quiser continuar lecionando, mude seu primeiro nome", lhe ordenaram. Aparentemente, incomodava o diretor ouvir seus alunos pronunciando a palavra "Israel" com amor e respeito. Yisrael tornou-se Ilya.

A rendição do meu professor me irritou no começo. Porém, ao ouvir de amigos mútuos o quanto ele se torturava sobre o que fazer, moderei minha atitude. "A batalha não vale a pena", a maioria aconselhou. Eu entendi. Eu também era Anatoly, não Natan.

"Isso ilustra o nosso destino", pensei. Eu estava cada vez mais farto das concessões feitas por ele, as que nós fazíamos – as humilhações que absorvemos. "Pelo menos ele faz isso para continuar lecionando para jovens estudantes", suspirei. "Eu o faço somente por mim, pela minha preciosa carreira."

Olhar para ele me forçou a reexaminar os ajustes que fiz para me manter neste mundo sem identidade. Eu estava percebendo, intrusão por intrusão, que, mesmo quando as autoridades nos tratam como prodígios, nós alunos ainda nos sentimos submetidos a um escrutínio. Em um instituto acadêmico avançado é natural ficarmos preocupados: "Sou bom o suficiente?" e "Serei expulso por não acompanhar o ritmo dos estudos?" Não era natural, no entanto, preocupar-se com outras coisas, como "Sou bom o suficiente em esconder meus verdadeiros pensamentos?" e "Serei expulso por não ser leal o suficiente?".

Gradualmente, você se dá conta de que a Ciência não pode salvá-lo de sua câmara permanente e portátil do medo. Você se preocupa com que as autoridades duvidem de sua lealdade ou decidam que você simpatiza com um dissidente, ou peguem você lendo algo que eles consideram político. Mesmo que você não seja preso, pode ser expulso do Instituto ou ter sua carreira bloqueada – sem doutorado, sem pós-doutorado, sem emprego. Em

---

* N.T.: Termo coloquial russo que designa um funcionário em tempo integral do Partido Comunista da União Soviética.

vez de um futuro brilhante, você pode acabar definhando. Vivendo com medo, escravizado por suas ambições – e assim em dívida para com os mestres que controlam sua carreira –, você permanece atolado no duplipensamento.

ANDREI SAKHAROV
ESTOURA MINHA BOLHA CIENTÍFICA

O heroísmo de Israel na guerra de junho de 1967 me ajudou a descobrir o quanto eu estava perdendo por viver em um mundo sem identidade. Um ano depois, a bravura de um cientista me ajudou a perceber quão pouca liberdade eu teria, mesmo se eu me sobressaísse na bolha artificial de superestrela da ciência soviética na qual eu tanto havia lutado para entrar.

Meus colegas e eu reverenciávamos Andrei Sakharov. Ele era o nosso modelo e exemplo, sentado no pico da pirâmide que cada um de nós tentava escalar obstinadamente. Aos 32 anos, ele se tornou a pessoa mais jovem eleita para a Academia Soviética de Ciências. Físico brilhante, ajudou a desenvolver a bomba de hidrogênio soviética. Ganhou inúmeros prêmios, sendo inclusive nomeado três vezes "herói do trabalho socialista" – a maior honra do Estado.

Em maio de 1968, esse cientista famoso fez circular um manifesto de dez mil palavras com um título brando que lançou a segunda bola de demolição contra as paredes da minha vida complacente. "Reflexões sobre o Progresso, a Coexistência Pacífica e a Liberdade de Pensamento" alertava que a repressão soviética ameaçava o avanço científico do Estado e a sobrevivência do mundo. Em essência, Sakharov expôs o mundo ao redor no qual eu construíra a minha vida como uma ilusão.

"A liberdade intelectual é essencial para a sociedade humana", declarou Sakharov, exigindo "liberdade para obter e distribuir informações, liberdade para debates abertos e destemidos e liberdade em relação à pressão do oficialismo e dos preconceitos". Exercendo essas liberdades, ele bravamente denunciou o controle oficial soviético do pensamento, zombando "do dogmatismo ossificado de uma oligarquia burocrática e sua arma predileta, a censura ideológica".

Alguns de meus professores podem ter rejeitado essa crítica política considerando-a distração frívola na busca pelas verdades científicas eternas. Mas Sakharov advertiu que, sem "a busca da verdade", a ciência soviética estava em perigo. Imagine "dois esquiadores percorrendo a neve espessa", sugeriu Sakharov. Enquanto o esquiador soviético havia começado a alcançar o americano – que primeiro abrira a trilha –, nossa sufocante ausência de liberdade nos manteve "não apenas atrasados, mas... também progredindo mais devagar". Na época, havia poucas pessoas capazes de entender quão profunda era essa crítica. A União Soviética não estava apenas contando com que seus magos científicos desenvolvessem armas nucleares; agora sabemos que a pesquisa ocorria em conjunto com uma elaborada operação de espionagem que roubava o maior número possível de segredos atômicos americanos.

O ensaio subversivo começou a circular em cópias datilografadas, *samizdat*. Duplicadas secretamente, espalhadas informalmente, lidas com avidez, as palavras de Sakharov passavam de casa em casa, de céticos confiáveis a céticos confiáveis, interrompidas esporadicamente, mas infrutiferamente, como gato e rato, por repetidas incursões da KGB.

Diante de nossos olhos, o cientista mais condecorado da União Soviética estava se convertendo no seu mais proeminente dissidente. Li sua inquietante, porém libertadora, mensagem como se fosse dirigida diretamente a mim. "Você quer fugir de sua vida de duplipensamento e medo fazendo uma carreira científica", eu imaginava ele me dizendo, "mas isso é impossível. Não funcionou para mim, não vai funcionar para você. Não há avanço científico que irá libertá-lo, se você for escravizado por esse duplipensamento imoral. Conhecer a verdade e colaborar com as mentiras do regime só produz má ciência e almas alquebradas. Você será incapaz como cientista, ficando sempre para trás, como um segundo esquiador nas pistas do pioneiro".

Arriscando tudo o que tinha mesmo sem chance de sucesso, Sakharov me inspirou e me confundiu com sua coragem. Ele expôs as esperanças ingênuas que eu nutria de mergulhar na ciência. Percebi que, se nem mesmo ele, em sua posição elevada, estava resolvido consigo mesmo, eu estava afundado. Apenas começando, sem chance de chegar à sua altura, eu poderia passar décadas perseguindo interminavelmente o próximo avanço, a próxima cimeira. Então, depois de uma vida inteira de labuta, eu descobriria que o que ele estava dizendo e eu estava sentindo era verdade: eu jamais seria livre. Sakharov alertava que a vida em uma ditadura oferece duas escolhas: ou você supera seu medo e defende a verdade ou você permanece escravo do medo, por mais requintados que sejam os seus títulos, por maior que seja a sua *dacha*. No final das contas, eu não poderia escapar de mim mesmo ou da minha consciência.

O heroico manifesto de Sakharov estimulou o crescimento de um movimento dissidente que brotava havia pouco tempo em um mundo pós-stalinista, no qual falar a verdade ao poder praticamente garantia que você seria abatido a tiros. A leitura de Sakharov me ensinou que ficar obcecado com minha carreira era um mecanismo de enfrentamento, uma habilidade para sobreviver, porém não um modo de viver. Vivendo o momento, para mim era difícil acreditar que houvesse algo maior do que minhas preocupações diárias, algo mais duradouro do que meu último sucesso, qualquer coisa significativa nesse vazio. Quando progredir profissionalmente é a coisa mais importante na sua vida, você fica disposto demais a aceitar tudo. Por que correr riscos? Por que contrariar o sistema?

Assim como o xadrez não poderia me dar a profundidade que a ciência deveria fornecer, a ciência não poderia me dar a âncora de que eu precisava. A fim de ser livre, transcender o duplipensamento, você deve primeiro superar o medo que sempre o acompanha. Deve haver algo mais importante do que sua carreira. Porém, em um mundo sem identidade, esses valores mais elevados não haviam existido para mim.

Livro por livro, revelação por revelação, encontrando minha identidade, minha história, meu povo e meu país, Israel, examinei minuciosamente minha prisão psicológica do sobrevivencialismo soviético. Quanto mais eu aprendia sobre Israel, judaísmo e história judaica, mais eu percebia que poderia fazer parte de algo maior do que eu mesmo, buscar missões mais importantes do que obter a nota certa ou o grande emprego.

Coincidindo com a rebelde Primavera de Praga na Tchecoslováquia, as palavras de Sakharov fizeram com que alguns de nós, que ansiávamos por uma reforma, nutríssemos a esperança de que a mudança estivesse no ar. Alexander Dubček, líder do Partido Comunista da Tchecoslováquia, estava tentando realizar reformas a partir do interior, gradual e pacificamente. Sua visão mais suave do "socialismo com um rosto humano" era paralela às esperanças ingênuas de Sakharov na época. Mas a coragem de Dubček desencadeou mais uma colisão. A violenta invasão soviética da Tchecoslováquia em agosto de 1968 esmagou nossas esperanças, junto com as reformas de Dubček. Agora, eu tinha vergonha de ser um cidadão soviético.

Oito cidadãos soviéticos que se sentiram igualmente envergonhados foram à Praça Vermelha para denunciar a invasão e acabaram na cadeia. Embora eu não os conhecesse, os invejei. Eles tinham algo de que mesmo os privilegiados e bem-sucedidos cientistas careciam: a liberdade de seguir sua consciência.

No entanto, permaneci aprisionado pelo meu medo. Um aluno do MFTI demonstrou publicamente sua simpatia pelos manifestantes. Enfrentando a expulsão, ele primeiro teve que suportar ser denunciado em uma reunião do Komsomol. O *apparatchik* do Komsomol me convidou intencionalmente, embora eu pertencesse a uma faculdade diferente. Era óbvio que ele queria testar minha lealdade. Em vez de tomar uma posição e dando-lhes inutilmente outra pessoa para expulsar, eu me esquivei, dizendo: "Estou doente".

Aquele ato de covardia me deixou realmente doente. Minhas dúvidas foram crescendo. Mas eu ainda não estava pronto para abandonar o meu sonho – e o de meus pais – de encontrar refúgio na ciência. Quanto mais eu ficava paralisado, mais autorrespeito eu perdia.

Todos os dias, você acorda e se arrasta para o Instituto, porém à semelhança de um ator que segue um roteiro elaborado, você sempre precisa se concentrar. Você não quer violar as regras, mas também não quer abraçar o regime. O *timing* é crítico. Você sente uma pressão interna constante para não dizer a coisa errada – especialmente não dizer para a pessoa errada e na hora errada. A sorte também ajuda. Você não quer estar perto de alguém que critica e deprecia o regime, porque você pode ter que discordar mais do que deseja, ou pode acidentalmente concordar mais do que deveria. Você nunca tem certeza. Alguém que concorda com você pode, no entanto, se irritar com algo que você diz, sem saber se o está testando, o que o deixa desconfiado. Afinal, talvez ele esteja realmente testando você.

TESTANDO OS LIMITES

Apesar de toda essa pressão, não pude deixar de ultrapassar cada vez mais os limites, assim como os cantores, poetas e dramaturgos que estavam sendo igualmente subversivos durante aquelas apresentações a que eu assistia, o que praticamente me levou à falência. Noite após noite, eu esperava pelas linhas facilmente decodificadas que zombavam do regime em alguma comédia francesa de salão de épocas passadas. Rindo juntos dessas zombarias, nós na plateia exercitávamos nossos pensamentos críticos de forma secreta, segura e covarde.

Sakharov continuou a passar dos limites impostos. Em 4 de novembro de 1970, ele e dois outros dissidentes criaram o Comitê de Direitos Humanos na URSS. Ouvi falar sobre isso na Voz da América, não obstante a interferência. Eu sabia que a maior parte dos estudantes, meus colegas duplipensadores, também tinham ouvido a notícia. Mas ninguém ousou discuti-la no Instituto. Seria como acordar um dia e confessar publicamente: "Ouço secretamente as mentiras burguesas – e acredito nelas", que era o que a maioria de nós fazia.

Certa manhã naquele outono, eu estava praticando meu inglês como de costume, dessa vez lendo o *Morning Star*, o único jornal britânico permitido na União Soviética. Esse órgão de propaganda do Partido Comunista criticava os esforços de Sakharov. A condenação rompeu o silêncio oficial. No Ocidente, os comunistas tinham que denunciar Sakharov; por trás da Cortina de Ferro, tentaram ignorá-lo.

Aqui estava a minha oportunidade de ser astuto. Eu poderia quebrar o tabu com cuidado. Permanecendo dentro da lei, eu divulgaria o próximo passo de Sakharov em sua fuga do duplipensamento. Eu poderia admitir que sabíamos o que todos nós sabíamos, e discutir o que todos queríamos discutir, sem sermos acusados de ouvir o que todos nós ouvíamos. Depois de traduzir meticulosamente o artigo, palavra por palavra, eu o postei no quadro de avisos do nosso dormitório e esperei a reação.

Incapaz de tolerar tal desafio ou tais sutilezas, o sistema reagiu. O representante da KGB no Instituto me convocou para o seu escritório. Nosso encontro se tornou meu primeiro interrogatório. As sutilezas legais que justificavam minha ação não o interessavam. Ele continuou a me perguntar sobre minhas relações com Sakharov, como essa ideia subversiva me ocorrera, quem me ajudou a traduzir o artigo, quem conspirou comigo para afixá-lo. Eu não conhecia Sakharov. Não tinha nada para admitir. Entretanto, a KGB jamais deixava passar uma oportunidade de manipular mais um cidadão soviético, usando preocupações carreiristas e ameaças de humilhação profissional para recrutar informantes.

E eu estava apavorado. Em retrospecto, minhas tentativas de tranquilizar o oficial da KGB acerca da minha lealdade me deixam envergonhado.

Eu estava tentando afirmar minha liberdade e dignidade, ao mesmo tempo que evitava o confronto. Eu ainda queria estudar, ainda queria ter sucesso.

As coisas ficaram bastante claras naquele dia, tanto para o chefe do departamento da KGB quanto para mim. Após rodadas de vai e vem, ele entendeu que não conseguiria obter de mim nenhuma informação útil. Eu não tinha futuro como informante. Entretanto, também entendi que não iria mais longe na minha carreira científica. Eu não tinha futuro na torre de marfim científica controlada pelos soviéticos.

Durante as raras visitas à minha casa, a cada seis meses, mais ou menos, minha família discutia os novos rumores sionistas entre os judeus soviéticos. As conversas geralmente se concentravam na velha questão: "Isso é bom para os judeus ou ruim para os judeus?" Nessa nova fase emocionante e enervante, isso significava "Trará mais restrições ou menos, mais pressão ou menos, mais obstáculos dos quais escapar pelo carreirismo ou menos?".

Ao confessar meu crescente fascínio pela questão judaica, meus pais pareceram presos no cruzamento de orgulho e medo. Senti que eles apreciavam essa reviravolta em nossas vidas. Minha casa era um dos raros lugares no qual eu podia falar sobre minhas novas descobertas: nossa história, nossa identidade, nossa nação. Eu estava me conectando com a vida da qual eles haviam sido forçados a se desligar. Eles tinham fugido da identidade, empurrando-nos em direção ao profissionalismo, pelo nosso bem. Agora, eu estava fugindo do profissionalismo, de volta a uma identidade que eles não haviam rejeitado voluntariamente.

Por fim, o medo deles falou mais alto. Enquanto eu falava sobre a história judaica, eles perguntaram se isso estava dificultando meu progresso no Instituto. Quando compartilhei com eles meu sonho de me mudar para Israel, eles me alertaram contra novos expurgos.

A situação se agravou. Quanto mais eu me envolvia no movimento, mais meus pais se preocupavam. "Você não se lembra de Stalin", dizia meu pai. "Você era muito jovem. Você tem que ser muito cuidadoso. É tão fácil para eles fazerem com que você desapareça desta vida". Ao longo dos anos, quando comecei a pensar em emigrar para Israel, as negociações tornaram-se mais práticas e desenvolvidas. "Não podemos lhe dar permissão para solicitar um visto enquanto ainda estivermos trabalhando", diziam.

"Espere que nos aposentemos." "Talvez não nessa temporada. Você pode esperar um pouco mais?"

Meu pai sempre me alertava sobre o impacto que minhas atividades causariam na saúde da minha mãe. Mas o coração dele reagiu pior. Ele sofreu um ataque cardíaco imediatamente depois da minha prisão em 1977 e nunca mais se recuperou. Nunca mais o vi; ele faleceu em 1980. Minha mãe viveria para lutar por muito mais tempo: primeiro com a KGB até o dia da minha libertação, depois comigo e com minha esposa sobre a forma correta de educar as netas. Ela viveu feliz conosco até os 94 anos.

Minha primeira entrevista na KGB foi humilhante, porém libertadora. Comecei a sentir que os soviéticos não tinham mais o controle, e lentamente me libertei da influência que o carreirismo tinha sobre mim. Eu estava me esquivando do controle do regime, cansado de estar algemado pelo medo. Por quase três anos, eu vivenciara uma realidade diferente e desfrutara daquela minha nova identidade nesse mundo paralelo, fora do alcance das autoridades. Os totalitaristas podiam prescrever a história soviética, modificando-a com tanta facilidade como haviam substituído as páginas da enciclopédia. Mas a história judaica que descobri era independente deles, tornando-a – e depois a mim – não mais sujeita aos seus caprichos.

A ESCOLHA MAIS DIFÍCIL QUE JÁ FIZ

Quebrar os grilhões é a coisa mais difícil de fazer como duplipensador. Uma vez feito, a energia liberada proporciona um ímpeto jamais experimentado. A cada passo libertador, eu estava correndo em direção à liberdade.

Em 1973, tornei-me um *refusenik*, aquela pessoa que solicita um visto para emigrar a Israel e seu pedido é recusado. Dois anos depois, eu era um ativista e o porta-voz internacional informal do movimento *refusenik* e do movimento de direitos humanos. Nessa altura, eu trabalhava de perto com meu novo amigo e mentor, Andrei Sakharov. Nós nos conhecemos durante uma das muitas vigílias ao lado do fórum das quais ele participou, a fim de atrair a atenção do mundo para a repressão do regime soviético.

Em 1976, fui um dos ativistas que criou o Grupo Helsinque de Moscou, tentando reunir várias organizações dissidentes em um grande ariete contra o império soviético. Um ano depois, fui preso por alta traição e espionagem – crimes capitais – e estava a caminho do que acabou sendo nove anos na prisão. Até então, eu tinha aprendido que viver uma vida de pertencimento e liberdade envolvia o confronto constante com dilemas, sempre fazendo minhas próprias escolhas, em vez de deixar que o Grande Irmão me dominasse.

Nenhuma escolha que fiz – ou faria no futuro – seria tão difícil quanto minha decisão em 1973 de solicitar um certificado de trabalho. Não deveria ser nada, algo processual que, como bom carreirista, eu já fizera muitas vezes na vida. Eu somente tinha que caminhar pelo corredor muito familiar do Instituto de Petróleo e Gás, no qual eu trabalhava como especialista em informática, e falar com meu chefe, com quem eu me dava bem. Mas isso me causou tanto estresse que tive que tomar um tranquilizante naquela manhã, pela primeira e única vez na minha vida.

Dar esse pequeno passo burocrático foi devastador, porque eu precisava do certificado para dar início ao longo e tortuoso processo de inscrição para fazer *aliyá*, aquela palavra hebraica especial que significa "ascensão", para designar que a emigração a Israel é um avanço espiritual. Agora eu estava dizendo que não pertencia mais ao mundo dos soviéticos e cometendo suicídio profissional no sistema soviético.

A burocracia me obrigou a obter todo tipo de documentos assinados do meu local de trabalho, residência e família. Esse processo moroso fez com que eu continuasse a admitir publicamente que eu não queria mais ser um leal cidadão soviético, sujeitando-me às reações de amigos, colegas, familiares e chefes. Eu sabia que, ao fazer isso, meu futuro seria limitado a trabalhar como zelador aqui, tutor ali ou porteiro de um edifício de apartamentos acolá.

Naquela manhã, eu estava tão nervoso que não fui trabalhar. Eu não sabia quais amigos estava prestes a perder, por quais interrogatórios eu estava prestes a passar, que preço eu teria que pagar, por quanto tempo eu teria que esperar ou se alguma vez conseguiria.

Eu havia solicitado a reunião. Meu chefe provavelmente pressupôs que seria mais uma conversa de rotina sobre nosso trabalho. Era óbvio para mim que ele era um duplipensador como eu, e raramente lhe enviavam cientistas tão bem treinados. Nunca falamos sobre isso, mas parecia que ele entendia que eu tinha ficado preso a um emprego inferior por causa daquela quinta linha no meu documento de identidade: *evrey*, judeu.

Minhas mãos tremiam. Meu estômago roncava. Talvez estivesse um pouco zonzo por causa do sedativo que minha tia me dera na noite anterior. "Sei que essa será uma notícia desagradável para você, Maxim Maximovich", comecei a falar, espantado com a rouquidão da minha voz. "Mas eu gostaria de me reunir aos meus parentes em Israel. Para solicitar o visto de saída, preciso de sua carta certificando meu emprego."

As mãos do meu chefe começaram a tremer, como as minhas. Ele estava muito confuso, sua voz também ficou rouca. Meu problema era agora o problema dele. Ele não sabia o que dizer. Ele não sabia como as autoridades reagiriam. Nem eu.

Naquele momento, minha vida como um leal cidadão soviético terminou. Minha vida de duplipensador, que eu havia começado conscientemente aos cinco anos de idade, no dia em que Stalin morreu, chegou ao fim. O mundo profissional que eu construíra para mim, meu castelo de ciência, desmoronou instantaneamente. Agora eu poderia dizer o que pensava, fazer o que dizia e dizer o que eu fizera. Finalmente – 13 anos antes de ser solto da prisão e da minha mudança para um Israel livre e democrático –, fui libertado. Tendo feito a escolha mais difícil, todas as outras que se seguiram seriam mais fáceis.

PERTENCER E SER LIVRE

Tive sorte. Na União Soviética, cresci privado de liberdade e de identidade. Então, depois de 1967, descobri ambas. Ao abraçar meu judaísmo, herdei uma identidade de 3.900 anos – a história, os valores, as ideias e o país que me moldariam. Essa descoberta me impulsionou a acabar com uma vida de duplipensamento – o constante malabarismo de manobras e mentiras apenas para sobreviver, o impulso para seguir em frente sem realmente ir a lugar nenhum. Apenas depois de finda aquela vida estéril, eu poderia falar livremente. Quando me dei conta de que não tinha mais medo, percebi como era agradável ser livre.

62

O encontro com esses dois profundos desejos humanos, pertencer e ser livre, me ensinou que eles estão interligados. Ter um deles me daria força para lutar pelo outro. Na minha vida pré-histórica, o valor mais elevado era a sobrevivência física, e a melhor ferramenta para consegui-la era uma carreira profissional de sucesso. Eu não tinha identidade, nem valores, nada pelo que viver, nada pelo que morrer. Ao me juntar ao povo judeu, descobri que quando você tem uma identidade, quando você faz parte de algo maior do que si próprio, o medo pelo seu bem-estar não o aprisiona mais. Minha reinserção na história do meu povo, na nossa comunidade, me libertou para lutar por meus direitos, pelos direitos de meus irmãos judeus e pelos direitos de todas as pessoas ao meu redor.

Posteriormente, fui desafiado repetidas vezes a escolher entre esses dois impulsos: minha primeira lealdade é para com meu povo ou para com meus ideais de liberdade? Hoje, o mundo inteiro parece dividido entre aqueles que escolhem primeiro a sua identidade e aqueles que escolhem primeiro a sua liberdade. Essa é uma escolha falsa. Desfrutar de uma vida livre e significativa de acordo com nossas identidades, deixando que os outros façam o mesmo, deve ser nosso objetivo compartilhado na busca comum pela felicidade.

TORNANDO-ME UM *REFUSENIK*

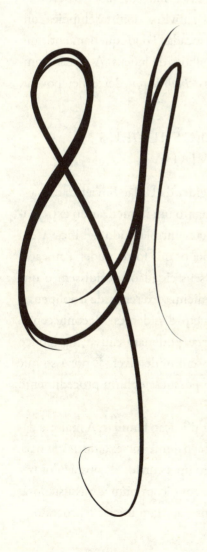

Depois que saí da torre de marfim do duplipensamento, me converti em uma pessoa livre que vive em uma terra sem liberdade. Eu sabia que estava aderindo a uma luta sem garantia de um final feliz. Tinha certeza, porém, de que minha vida seria plena de senso de propósito, de um sentimento de pertencimento e de bênçãos de liberdade – mesmo que eu nunca alcançasse o mundo livre. O que eu não sabia era que receberia um bônus especial. Muito rapidamente, encontrei-me no centro de um dos movimentos mais empolgantes e desafiadores da história judaica.

Cresci em um mundo no qual a solidariedade judaica era expressa apenas por meio de insinuações codificadas e acenos secretos. Estudei em uma escola em que eu nem mesmo podia admitir para o seleto grupo de colegas de quarto que se amontoavam comigo ao redor do rádio à noite, ouvindo secretamente a Voz da América, que estava pensando em me mudar para Israel. Então, de repente, decorridas algumas semanas, me vi abertamente, excessivamente, ligado aos judeus. Ao aderir à luta, entrei em um mundo estimulante e exaustivo que me unia aos meus companheiros judeus soviéticos, israelenses e judeus de comunidades em todo o mundo de uma forma menos discreta e mais exposta.

A luta para salvar os judeus soviéticos era única. Era global, envolvendo comunidades judaicas em ambos os lados da Cortina de Ferro. Era pluralista, mobilizando comunistas franceses e aristocratas britânicos, rabinos devotos e advogados assimilados, patriotas americanos e ativistas sionistas, hippies contraculturais e líderes do *establishment*. E era focada. Todos queriam abrir um buraco na Cortina de Ferro para libertar milhões de judeus. A missão compartilhada se resumia a três palavras hebraicas: *shlah et ami*, deixe meu povo ir.

UMA HISTÓRIA DA LUTA PELOS JUDEUS SOVIÉTICOS: EDIÇÃO ABREVIADA

Como em todo regime totalitário, a rigidez da União Soviética causava grande instabilidade. Era tão vulnerável quanto um homenzarrão extremamente alérgico a uma pequena abelha. Tentar controlar tudo significava, em última análise, que qualquer desvio, por menor que fosse, poderia ameaçar tudo. O regime não podia permitir que seus cidadãos decidissem o que ler ou o que dizer, temendo que seus obedientes exércitos de duplipensadores estivessem prestes a se transformar em dissidentes. Reconhecendo as deserções em massa que fronteiras abertas poderiam causar, tampouco podia permitir que seus cidadãos escolhessem onde viver. É por isso que essa sociedade de comando e controle não possuía nenhum procedimento oficial para a emigração.

Só havia uma saída legal: pleitear a reunificação familiar. A maioria das pessoas, no entanto, temia admitir que tinha parentes no exterior. Ademais, solicitar um visto de saída colocava você em uma corrida de obstáculos burocráticos com pouca chance de sucesso. As condições eram tão assustadoras que as autoridades presumiram que poucos ousariam iniciar o processo.

É por isso que o despertar da identidade dos judeus pós-Guerra dos Seis Dias surpreendeu os soviéticos. De repente, dezenas, centenas, depois milhares de judeus outrora quiescentes declararam que queriam partir. Explorando a brecha de reunificação familiar, as autoridades israelenses ajudaram todos os judeus interessados em emigrar a encontrar "familiares" israelenses que certificassem seu parentesco e seu urgente desejo de reunificação.

Sentindo-se ameaçado, o regime reagiu com cautela. Na década de 1950, teria sido simples: qualquer pessoa suspeita de tal pensamento criminoso enfrentaria prisão imediata e possível execução. Mas na década de 1970, as elites comunistas não queriam um banho de sangue stalinista. Olhando de dentro, elas aprenderam que todo esse expurgo e assassinato em massa era arriscado demais; o assassino de hoje tornava-se o assassinado de amanhã com muita facilidade. Olhando de fora, a União Soviética, desesperada para que o Ocidente ajudasse sua economia falida, agora fingia respeitar as normas internacionais. À medida que o regime tentou, nas palavras de Andrei Sakharov, seguir economicamente nas trilhas de neve abertas pelo esquiador americano, tornou-se politicamente vulnerável à pressão ocidental.

O contra-ataque aos judeus soviéticos, aprovado no mais alto escalão, seguiu uma estratégia de duas partes. Ao permitir que um número limitado de judeus se reunisse com suas famílias, o sistema comunista fingiu ser humanitário para impressionar o Ocidente. Ao mesmo tempo, processou alguns ativistas judeus em julgamentos espetaculares enquanto recusava em massa os pedidos de visto. Os judeus soviéticos entenderam a mensagem violenta: qualquer um que desse início a esse processo de emigração poderia perder tudo sem nenhum ganho claro para a luta.

Atualmente, a palavra *refusenik* descreve jovens israelenses que se recusam a servir ao exército, bebês cujas mães biológicas se recusam a tirá-los do hospital e levá-los para casa, e até mesmo adolescentes que o bar se recusa a atender, a despeito de suas identidades falsas. Há meio século, Michael Sherbourne, um modesto professor londrino de língua russa, cunhou o termo para descrever a classe de pessoas no purgatório que essas novas táticas soviéticas criaram. Essa única palavra de Michael, que descreve aqueles cujo pedido de permissão para emigrar foi recusado pelas autoridades soviéticas,

JAMAIS ESTIVE SÓ

converteu-se em uma marca global. Por fim, a dezenas de milhares de *refuseniks* foi negado o direito de emigrar.

O rótulo assumiu um significado mais profundo para um pequeno subconjunto, que resistiu aos ditames do regime duas vezes: primeiro, solicitando vistos e depois recusando-se a aceitar a recusa silenciosamente. Inspirados sobretudo nos eventos de 6 de agosto de 1969, quando membros de 18 famílias judias georgianas apelaram às Nações Unidas solicitando ajuda para deixar a União Soviética, os *refuseniks* protestaram nas ruas, fizeram circular petições em todo o mundo e se transformaram na voz dos judeus soviéticos. No entanto, o número de ativistas disposto a enfrentar as autoridades raramente ultrapassava 200. Em todos os anos que organizei petições, não me lembro de ter coletado mais de 130 assinaturas.

Privados de uma boa educação judaica, a maioria de nós, *refuseniks*, só agora estava descobrindo nossas raízes. Ao passar do duplipensamento à dissidência, também invadimos o repositório da história judaica. Desenvolvemos uma narrativa abrangente que refletia nossa paixão ativista mais do que qualquer erudição acadêmica. Nossos apelos muitas vezes conectavam nossa causa à luta pela liberdade dos judeus que conhecíamos: do êxodo do Egito aos macabeus na antiga Judeia, aos fundadores do sionismo e aos pioneiros do Israel moderno.

Os soviéticos tentaram bloquear sistematicamente a mensagem dos *refuseniks*. As autoridades encenaram coletivas de imprensa estreladas por matemáticos, cientistas, escritores, bailarinas e enxadristas judeus – alguns mundialmente famosos. Todos deram declarações cuidadosamente ensaiadas, afirmando quão felizes estavam no paraíso soviético. Entretanto, o mundo não se deixou enganar. Esses judeus "oficiais" eram obviamente duplipensadores que divulgavam propaganda soviética. Em contraste, as palavras de alguns poucos judeus, bem menos famosos, eram mais sinceras. O mundo levou muito a sério o pequeno grupo de *refuseniks* – que teve a ousadia de falar em nome de 3 milhões de judeus silenciados. Tendo abandonado a vida das mentiras soviéticas, os *refuseniks* disseram o que eles – e a maioria dos judeus soviéticos – realmente pensavam.

Os julgamentos espetaculares de Moscou em 1970 e 1971 contra ativistas judeus também foram um tiro que saiu pela culatra. Eles catalisaram protestos globais. O florescente movimento internacional obteve uma de suas primeiras grandes vitórias quando o regime comutou duas sentenças de morte impostas em dezembro de 1970, após o primeiro julgamento de Leningrado. O recuo soviético demonstrou uma nova sensibilidade à opinião pública mundial e uma vulnerabilidade ao movimento, incentivando ainda mais o ativismo.

Mas, por mais ruidoso que fosse, o pequeno grupo de *refuseniks* soviéticos judeus nunca teria sobrevivido sozinho. Dia a dia, minuto a minuto, nossa luta só funcionou porque nos juntamos a outra mais ampla, pela liberdade. Embora judeus e não judeus do mundo todo tenham ajudado, a contribuição de Israel para a causa foi incomparável, tanto simbólica quanto concretamente.

A fundação do Estado em 1948 – e sua luta para sobreviver em 1967 – desencadeou o movimento judaico soviético. Israel estava determinado a abrir os braços para os judeus atrás da Cortina de Ferro. Afinal, foi por esse motivo que os sionistas fundaram o Estado judeu. Salvá-los era uma prioridade tão grande que, desde 1951, uma organização secreta para promover esse objetivo operava a partir do gabinete do primeiro-ministro israelense.

Recebendo um nome oficial enganosamente genérico – *Lishkat Hakesher*, Escritório de Ligação –, o programa Nativ foi dirigido de 1970 a 1980 por Nehemiah Levanon. Levanon era tão formidável que nós, ativistas, sussurrávamos seu nome em admiração. Devoto sionista e *kibutznik**, um personagem tirado diretamente de um romance sionista, Levanon levou seus colegas a aproveitarem-se do poder do Estado de Israel para ajudar a campanha judaica soviética. Eles coletavam qualquer informação possível sobre os judeus soviéticos, mesmo na década de 1950, quando a Cortina de Ferro parecia impenetrável. Enviavam milhares de turistas ao longo dos anos para encorajar os *refuseniks*, executavam complicadas manobras diplomáticas e coreografavam o processo de emigração, encontrando "familiares" sempre que necessário.

A dedicação de Golda Meir aos judeus soviéticos fez dela a "mãe do movimento". Em 1969, essa líder do Partido Trabalhista (e primeira

---

* N.T.: Membro de um *kibutz*.

embaixadora de Israel na União Soviética), nascida na Ucrânia e educada nos Estados Unidos, era a primeira-ministra de Israel. Por mais ocupada que estivesse, ela com frequência recepcionava pessoalmente aviões que pousavam em Israel com imigrantes soviéticos. "Não estou apenas dando as boas-vindas a esses recém-chegados", ela dizia. "Estou fazendo isso por eles", isto é, aqueles de nós ainda presos na URSS. "Quero que os judeus soviéticos saibam que são importantes para nós".

Sionismo significava que um país a milhares de quilômetros de distância, que a maioria dos judeus soviéticos jamais visitara, nunca deixaria de lutar por nós; Israel fez com que aquela ideia absurda parecesse normal. O melhor exemplo de quão longe Israel iria para salvar os judeus ocorreu em 4 de julho de 1976. Naquela noite, 100 comandos israelenses voaram secretamente mais de 4 mil km para Entebbe, na Uganda, reabastecendo no ar, para resgatar 12 tripulantes da Air France e 94 passageiros judeus – a maioria israelenses –, cujo avião havia sido sequestrado por terroristas pró-palestinos.

Os judeus soviéticos consideraram essa bem-sucedida operação uma mensagem pessoal de Israel. Assim que pude encontrar uma foto de Yoni Netanyahu, comandante da unidade de elite israelense morto na operação Entebbe, a pendurei na minha parede. Mais tarde, ao longo dos meus anos na prisão, sempre que ouvia um avião sobrevoando, meu pulso acelerava, lembrando-me que Israel e o povo judeu nunca, nunca me abandonariam, e a nenhum de nós.

A rede global do povo judeu ampliou a voz dos *refuseniks* e nosso poder. Uma nova geração de judeus surgiu. A maioria se sentia confortável como cidadãos livres e cada vez mais prósperos no Ocidente. Muitas vezes eram fortalecidos pelo corajoso Novo Judeu no Oriente Médio. Porém, seu grito desafiador de "nunca mais" era tingido de culpa. Prometiam que judeus livres não mais deixariam de se empenhar ao máximo para salvar seus irmãos em perigo.

Elie Wiesel tornou-se o elo vivo que ligou os horrores do Holocausto, a generosidade dos Estados Unidos e a maior comunidade judaica ainda em perigo, a dos judeus soviéticos. Wiesel viajou pela primeira vez à União Soviética em 1965 como jornalista do jornal israelense *Haaretz*.

O desespero judeu que encontrou o deixou em choque, 20 anos depois de sua libertação do campo de concentração de Buchenwald. Seu livro de 1966, *The Jews of Silence* (Os Judeus do Silêncio), desafiou o mundo a falar sobre o nosso isolamento. Esse profeta moderno, ao deixar os judeus americanos envergonhados, os persuadiu a entrar em ação. Mais tarde, com todas as suas conquistas como romancista, memorialista do Holocausto, ativista dos direitos humanos, fascinante palestrante e ganhador do Prêmio Nobel da Paz, Wiesel me disse que esperava ser mais lembrado por dar voz aos milhões de judeus que viviam atrás da Cortina de Ferro.

Graças a Wiesel e a outros, notícias sobre os soviéticos "judeus do silêncio" se difundiram por todo o mundo judaico na década de 1960. Comitês foram formados. Organizações, desenvolvidas. Em 1971, organizações de todas as correntes ideológicas se reuniram na Bélgica. Superando muitas diferenças profundas, os 800 delegados da primeira conferência de Bruxelas concordaram em torno de uma ideia central: deixe meu povo ir. Esse movimento judaico pelos direitos humanos se converteu em uma *cause célèbre* internacional, uma das mais bem-sucedidas campanhas de direitos humanos da história.

Judeus do mundo livre pressionaram seus líderes como *outsiders* preocupados e, ocasionalmente, como *insiders* políticos. Turistas que viajavam para a Rússia – e que não faziam muito turismo – tornaram-se pontes vivas entre os *refuseniks* e o mundo exterior. Eles continuavam a chegar, por mais que informantes da KGB disfarçados de guias do Intourist os ameaçassem. Eles continuavam a telefonar, por mais linhas telefônicas que a KGB cortasse. Eles criaram uma rede de comunicação global, atualizando judeus soviéticos e outros ao telefonarem e entregarem correspondências pessoalmente, décadas antes da invenção da internet.

Como de praxe, os judeus seguiam muitos caminhos diferentes para nos visitar em Moscou ou lutar contra Moscou conosco. Alguns ativistas, jurando "nunca mais", eram judeus nascidos em solo americano, envergonhados pelo *sha-shtil**, pela atitude de seus pais e avós, de não arranjar

---

* N.T.: Em iídiche, "cale-se".

problemas, mantendo-se em silêncio enquanto 6 milhões morreram durante o Holocausto. Alguns, que clamavam "Liberdade agora", eram ativistas de direitos civis aplicando as habilidades que haviam aperfeiçoado no Alabama e no Mississipi para ajudar seu povo na luta pelos direitos humanos. Alguns, cantando *Am Israel Hai* (O Povo Judeu Vive) e proclamando: "Nós somos um", eram judeus ortodoxos ou sionistas agindo de acordo com seus valores como nacionalistas judeus.

Mas, acima de tudo, as demandas legais soviéticas o contextualizaram bem: era um projeto mundial de reunificação familiar. Um ramo da minha família, os Lantsevitskys, tinha chegado ao Canadá havia décadas, antes da Primeira Guerra Mundial. Todo contato entre nós fora cortado por anos. Quando meu caso saiu no noticiário, o patriarca da família, Noah, disse: "Esse sujeito deve ser nosso parente. Nós também costumávamos nos chamar Shcharansky. Quando eles contataram Avital, descobriu-se que isso era verdade. A família, cujo sobrenome agora era Landis, mergulhou fundo, ajudando na luta de muitas maneiras, desde hospedar Avital até recrutar outros para a luta. Irwin Cotler, meu advogado que vivia no Canadá, usou minha nova conexão canadense para convencer o primeiro-ministro Pierre Trudeau de que o Canadá tinha um interesse real em me libertar, além da luta mais ampla pelos direitos humanos. No magnífico impulso da luta, esse foi apenas mais um episódio relativamente menor. Mas, para mim, o simbolismo foi deveras significativo. Depois de décadas de distância, judeus soviéticos e ocidentais estavam redescobrindo que éramos todos membros de uma grande família.

Alguns turistas vinham bem-informados e instruídos por israelenses ou organizações judaicas. Outros agiam de forma independente. Quaisquer que fossem suas motivações, qualquer que fosse seu nível de envolvimento, nós em Moscou muitas vezes ficamos surpresos com a forma como esses estranhos estavam comprometidos com a nossa causa.

Certa vez, dei a uma jovem da Filadélfia uma cópia de uma carta assinada por 100 *refuseniks*. Ela iria contrabandeá-la, ocultando-a em suas roupas íntimas, do Aeroporto Internacional Sheremetyevo de Moscou, entregando-a a uma organização judaica, que então a repassaria a um de nossos defensores, Henry Jackson, um senador democrata não judeu de

Washington, um Estado com poucos judeus. Observando-a dobrar a carta, percebendo o quanto ela tentava disfarçar o nervosismo, me senti mal. "Não faça isso, se a deixa desconfortável", eu disse. "Sempre podemos encontrar outros meios, por telefone ou mala diplomática."

Fazendo eco a algo que centenas de turistas disseram ao longo dos anos, ela explicou: "Não, você não entende. Eu não estou fazendo um favor a você. É você que está me fazendo um favor. Você está mudando nossas vidas. Você está nos deixando fazer história judaica junto com você".

A vida livre e confortável dos judeus americanos da geração dos *baby boomers* não poderia ter sido mais diferente da nossa existência austera e não livre. Muitos deles estavam se afastando da identidade judaica em direção à qual corríamos. De repente, compartilhamos a emoção comum de retornar à história judaica e mudá-la juntos. Décadas depois, um líder judeu americano me disse: "Vocês, *refuseniks*, salvaram minha geração da assimilação".

As autoridades soviéticas menosprezaram o movimento como um aborrecimento clandestino. Oficiais da KGB zombaram desse "bando de rufiões", que logo se distrairia com alguma causa mais nova e excitante para fazer manchetes. De fato, mais ativistas judeus da diáspora eram banqueiros do que lançadores de bombas. Poucos no poder esperavam que esses cruzados comuns, liderando um movimento de base, seriam tão persistentes – lutando por décadas, às vezes passando a responsabilidade como uma herança de família de pais para filhos ativistas.

As autoridades não conseguiram controlar o problema. Como a água que vaza em um porão, ele ameaçava sua própria fundação. Como recusas em massa e julgamentos espetaculares não conseguiram desencorajar os solicitantes de vistos judeus, os soviéticos tentaram fazer restrições mais abrangentes. Em agosto de 1972, impuseram um "imposto sobre a educação". Qualquer pessoa que se beneficiasse do ensino superior gratuito da União Soviética deveria pagar mensalidades retroativas antes de emigrar. Esse é o tipo de Cavalo de Troia soviético que teria enganado gerações anteriores de ocidentais ingênuos, até porque, nesse caso, os americanos estavam acostumados a pagar muito para enviar os filhos à faculdade. Mas, agora, a maioria dos ocidentais tinha aprendido a olhar para a feia realidade por trás da decorativa fachada comunista, graças à atitude dos *refuseniks*. As taxas que os soviéticos avaliaram eram quase 100 vezes o salário médio mensal, em um mundo no qual poucas pessoas tinham alguma poupança.

A farsa e a repressão saíram pela culatra novamente. O mundo livre provou ser igualmente inventivo e responsivo. A indignação relacionada ao imposto sobre a educação ajudou a construir o apoio para a emenda Jackson-Vanik ao Ato de Comércio de 1974 no Congresso dos Estados Unidos. Quando a União Soviética estava prestes a colher os frutos de sua nova política de *détente* em relação ao Ocidente e ganhar economicamente um *status* comercial benéfico de nação mais favorecida dos Estados Unidos, o senador Henry Jackson e o congressista Charles Vanik intervieram, transformando esses benefícios econômicos dependentes de um regime de concessão de liberdade de emigração.

A associação de Henry Jackson entre as relações exteriores americanas e questões de direitos humanos era controversa. O secretário de Estado Henry Kissinger queria promover a *détente* sem amarras. O debate se intensificou durante as negociações sobre os Acordos de Helsinque em 1975. Poucos perceberam que, ao assinar a cláusula sétima prometendo "respeito pelos direitos humanos e pelas liberdades fundamentais", a União Soviética havia encerrado o debate e assinado sua sentença de morte ideológica. A grande coalizão do movimento judaico soviético, em cooperação com outros grupos dissidentes, pressionou diplomatas para que inserissem considerações sobre direitos humanos em todas as dimensões das relações entre a União Soviética e o Ocidente. Desde manifestações solitárias em Nova York e Londres durante meados da década de 1960 até a marcha de Washington, em dezembro de 1987, que mobilizou 250 mil pessoas, havia uma mensagem clara: judeus de todo o mundo – com seus aliados queridos – não paravam de exigir que os soviéticos "deixassem meu povo ir".

Essa coalizão global, liderada por Israel, continuou a exigir nossa liberdade na década de 1990. Em dezembro de 1991, a União Soviética entrou em colapso. Nessa altura, mais de 2 milhões de judeus estavam se mudando. Mais de 1 milhão finalmente chegou a Israel.

JUNTANDO-ME AO MOVIMENTO EM MEIO À DISCUSSÃO

Um movimento tão grande não poderia ser simples quanto à mensagem que transmitia. No início de 1973, comecei a visitar a rua Archipova regularmente, em frente à sinagoga central de Moscou. Os ativistas judeus se reuniam ali todos os sábados. Antes que eu me desse conta, os ativistas mais radicais me recrutaram. Porém, mesmo esse grupo heterogêneo estava se fragmentando. Ativistas mais jovens, dispostos a arriscar a prisão – ou pior – ao fazer manifestações públicas sem a aprovação dos demais, desafiavam os veteranos mais cautelosos, entre outros atritos. Os judeus do *establishment* descartavam os Jovens Turcos* como *hong weibing*, Guardas Vermelhos, uma sarcástica referência aos fanáticos homicidas da Revolução Cultural de Mao Tsé-tung na República Popular da China.

"É claro que não confiamos neles", bufaram os rebeldes, igualmente desdenhosos dos antigos *bonze* – gíria russa para burocratas rígidos e presunçosos. Enquanto observava os agentes da KGB irritando ambos os lados, intensificando a divisão, eu admirava nossa mudança da rigidez totalitária para o caos democrático. Quando discordávamos, não nos escondíamos por trás do duplipensamento. Expressávamo-nos livremente. Como na maioria das famílias, quaisquer tensões que houvesse entre nós não impediriam que nos uníssemos quando necessário, especialmente quando atacados.

Ao compartilhar essa nova sensação de liberdade, florescente após décadas de restrições sufocantes, nós, ativistas, muitas vezes sentíamos que havíamos nos afiliado a um pequeno e seleto clube. Normalmente, podíamos reconhecer nossos companheiros desbravadores da liberdade no meio da multidão. Na verdade, poder observar outra jovem judia soviética florescer ao descobrir sua identidade e liberdade foi o que primeiro me atraiu em Avital.

Rapidamente me envolvi em muitas atividades que me levaram para além da rua Archipova. Esbocei petições e planejei manifestações. Viajei com outros jovens *refuseniks* a várias cidades, coletando informações sobre

---

* N.T.: Coalizão de diferentes grupos que tinham em comum o desejo de reformar o governo e a administração do Império Otomano.

o assédio antissemita e antissionista de que os judeus sofriam por todo o país. Emitíamos relatórios semestrais acompanhando a repressão oficial aos judeus e a resposta dos judeus. Ajudei a compilar listas de *refuseniks*. A conexão dos *refuseniks* com o mundo exterior passou, cada vez mais, a ser meu trabalho principal.

Eu me vi cruzando uma linha após outra: minha primeira petição, meu primeiro protesto público, minha primeira surra, a primeira vez em que um agente da KGB me seguiu, meu primeiro interrogatório, minha primeira prisão. Naturalmente, eu me apavorava sempre que excedia os limites. Mas, a cada vez, a superação do medo desencadeava um aumento significativo de libertação. E, sempre que possível, eu buscava uma vitória, por menor que fosse, fato que aumentava a minha autoconfiança. Fiquei orgulhoso na primeira vez que ouvi meu nome na rádio BBC, ou frustrei um interrogador, ou descobri como ridicularizar a KGB em vez de deixá-la abusar de mim.

Em Moscou, em maio de 1974, Louis Rosenblum, um dos muitos "turistas americanos" ao longo dos anos. Ele foi presidente fundador do *Union of Councils for Soviet Jews*, juntamente com alguns de nós, "jovens turcos", descartados pelos *refuseniks* mais velhos por sermos *hong weibing*, "Guardas Vermelhos" fanáticos.

No fim das contas, somente descobri minha verdadeira liberdade e identidade quando aderi ao universo dos ativistas judeus. Este sou eu em 1974.

À medida que os agentes da KGB começaram a me seguir por todos os lugares, tentei superar meu nervosismo inicial. Eu os provocava. Ligava para a sede da KGB para relatar sobre uma pessoa que estava me seguindo e envergonhando o Estado por estar bêbada demais para executar sua tarefa adequadamente. Entabulei conversa com outro agente em um ônibus, detalhando como um *refusenik* que ele havia seguido tinha sido libertado e estava agora em Israel, até que um passageiro bisbilhoteiro acusou o agente da KGB de difundir propaganda sionista. Fiz com que dois outros agentes pagassem a metade do custo quando os empurrei para dentro do meu táxi porque temiam me perder de vista. Eu gentilmente agradeci a eles por me protegerem involuntariamente de rufiões quando eu perambulava ao lado de um edifício de apartamentos decadente. E, à medida que meu envolvimento crescia, eu repetia aquele provérbio indiano que li em um manual de xadrez muito tempo antes: "Quando você está montado em um tigre, o mais perigoso é parar".

AVITAL

Também aprendi que, se fizesse as coisas direito, meus acompanhantes da KGB poderiam ajudar a preparar o palco para o romance. Conheci Avital, que então se chamava Natasha Stieglitz, durante um momento de grande tensão e intenso escrutínio da KGB: a Guerra de Yom Kipur em outubro de 1973. A guerra começou quando os exércitos egípcio e sírio surpreenderam Israel no dia mais sagrado dos judeus.

Eu estava no ponto de encontro habitual dos *refuseniks*, em frente à principal sinagoga de Moscou, no *shabat**. Eu pedia às pessoas que assinassem uma petição oferecendo-se para doar sangue ao exército israelense. Depois de uma ou duas horas, planejávamos pedir aos representantes da Cruz Vermelha, que estava a alguns quarteirões de distância, que respeitassem nossos compromissos e aceitassem o nosso sangue, enviando-o a Israel. Estávamos fazendo uma provocação. Os soviéticos inevitavelmente vetariam nosso pedido. Durante essas semanas desafiadoras, só queríamos continuar demonstrando nossa solidariedade para com Israel.

Natasha veio à filial externa dos *refuseniks* porque queria saber o que tinha acontecido com seu irmão Michael "Misha" Stieglitz. Ele e eu havíamos nos encontrado uma semana antes, no Yom Kipur,** quando a guerra começou. Ele queria se juntar às nossas manifestações. Três dias depois do nosso encontro, já estava protestando. Acabou ficando preso por 15 dias.

A tranquila força e a beleza dessa jovem alta, tímida e delicada quase me cegou. Natasha parecia vulnerável, exótica, deslocada, como uma bela flor do sul perdida nessa terra do norte. Fiquei extremamente perturbado ao lhe dar as más notícias: Misha estava preso. Mas também havia boas notícias. Tentando impedir o crescimento do nosso movimento, a KGB passou a facilitar aos novos encrenqueiros o processo rápido de obtenção de vistos de saída. (E foi o que aconteceu. Misha se mudou para Israel no final de novembro.)

Na esperança de impressionar Natasha, me afastei dela e me dirigi a um dos agentes da KGB que nos cercavam. "Veja, esse é o sujeito que

---

* N.T.: Sétimo dia da Criação, quando determinadas atividades são vedadas.

** N.T.: Em hebraico, literalmente, Dia da Expiação, também conhecido como Dia do Perdão, dedicado ao jejum, à oração e à reflexão, ao arrependimento e ao perdão.

fica me seguindo", eu disse orgulhosamente a ela. Então me acerquei dele. Esfregando a lista de voluntários em seu rosto, perguntei: "Você está disposto a doar sangue para o exército israelense?". Ele não reagiu à minha provocação, porém o fato é que eu não estava realmente tentando atrair a atenção dele.

Logo percebi que não era o único interessado. Perguntei a Natasha se ela estava estudando hebraico e me ofereci para ajudá-la a encontrar um grupo de seu nível. Sugerindo que ela se juntasse à nossa turma, perguntei: "Em que nível você está?"

Ela respondeu à minha pergunta com outra: "E você?"

"Conheço cerca de mil palavras", respondi. Ela alegou que era exatamente o nível dela. Quando estudamos juntos alguns dias depois, vi que ela havia errado sua estimativa por cerca de 990 palavras. Fiquei entusiasmado. Percebi que ela queria estudar hebraico comigo.

Quando Misha saiu da prisão, Natasha e eu estávamos ligados para o resto da vida. Sempre que me perguntam se me arrependo do que fiz, do que aconteceu comigo, olho para os interrogadores com curiosidade. Sei que nunca poderia tê-la conhecido na minha vida anterior. Desde o momento em que nos encontramos, pude ver nos olhos de Natasha que ela era uma pessoa livre. Ela nunca poderia ter existido no mundo em que eu fora criado.

Um mês depois de nos conhecermos, decidimos morar juntos, lutar juntos e nos mudarmos para Israel juntos. Mas como isso funcionaria na prática? Eu já era um *refusenik*. Deveríamos apresentar às autoridades um único pedido de visto para que pudéssemos viajar juntos para Israel? Ou ela deveria tentar a sorte e chegar lá antes de mim? Não suportávamos a ideia de nos separarmos naquele momento, então deixamos de lado essa questão urgente.

Alguns meses depois que Natasha e eu nos conhecemos, os ativistas *refuseniks* planejaram um golpe publicitário. Entregaríamos uma carta aberta ao Comitê Central do Partido Comunista, assinada pelo maior número de pessoas possível, exigindo nossa liberdade. Convidamos jornalistas estrangeiros, cientes de que a KGB nos prenderia assim que entrássemos no escritório. Distribuímos cópias da carta aos repórteres e deixamos o original com Natasha. Ela ainda não estava sob o radar da KGB, então achamos que se ela chegasse meia hora depois, poderia entregar a carta original sem ser incomodada.

Natasha seguiu o plano, mas a KGB esperou pacientemente e a pegou. Eles nos levaram à cela para os bêbados em Moscou. Durante meus anos de ativismo, visitei regularmente a Estação de Sobriedade Número 8 de Moscou. Normalmente, a polícia nos levava até lá depois das manifestações, enquanto deslocava os frequentadores habituais. Eles nos colocaram em celas para um interrogatório preliminar e nos libertaram algumas horas mais tarde.

Nos interrogaram um a um. Eu não esperava que Natasha fosse presa, então não a havia preparado. Sendo novata, ela se recusou a dizer qualquer coisa, inclusive seu próprio nome. Enfurecidos, os policiais a deixaram presa a noite toda. Fiquei esperando por ela do lado de fora, hora após hora. No fim daquela noite interminável, eu sabia qual seria a minha decisão. Se houvesse alguma chance de sair da União Soviética, ela deveria aproveitá-la. Quando ela saiu, eu disse: "Decidi que você deve solicitar um visto de saída imediatamente".

Começamos a planejar nosso casamento, mas um convidado importante interferiu em nossos planos. Em 27 de junho de 1974, o presidente Richard Nixon chegou a Moscou para uma reunião de cúpula com o líder soviético Leonid Brejnev. Em 19 de junho, dois homens me abordaram assim que cheguei ao trabalho. Eles me levaram em um Volga preto para uma prisão em Volokolamsk, a duas horas de distância. Fui detido em uma operação preventiva destinada a potenciais encrenqueiros, a fim de garantir uma visita presidencial tranquila, embora a lei soviética considerasse as prisões preventivas ilegais.

Enquanto eu padecia, figurando na lista de agitadores que deveriam ser contidos durante a visita de Nixon, Natasha foi incluída na lista de gestos de boa vontade. No sétimo dia de minha prisão, Natasha recebeu um visto de saída para se juntar a seu irmão Misha em Israel. Os soviéticos queriam parecer generosos quando o presidente estava na cidade.

Natasha pensou em recusar o visto, mas sabia que poderia não ter outra oportunidade por muitos anos. Na noite de 3 de julho, algumas horas depois de Nixon partir, fui libertado. Eu havia passado 15 dias na prisão, sem nenhum julgamento ou sentença. Quando cheguei em casa, minha mãe me disse que Natasha partiria em 36 horas.

Natasha conseguiu que o casamento fosse realizado em nosso apartamento, em 4 de julho. Seria o primeiro casamento judaico que qualquer um de nós já havia assistido. Todo casamento judaico termina com o noivo pisando num copo de vidro, quebrando-o. Isso simboliza a destruição de nosso Templo Sagrado em Jerusalém há dois mil anos. Assim, os casais judeus associam a tristeza do passado à alegria do futuro. Iniciando pelo avesso, misturamos a alegria do nosso passado de oito meses com a tristeza iminente de nossa futura separação.

Foi um casamento sem lua de mel. Como muitos recém-casados, fomos ao aeroporto. Mas apenas um de nós partiu. Deixei ali uma tímida e quieta jovem que não falava outra língua além do russo. Com tudo o que estava acontecendo, ela não havia acrescentado muitas palavras ao seu vocabulário hebraico. Quando eu lhe disse: "Em breve em Jerusalém", não fazia ideia de que "em breve" significaria 12 anos. Mas eu não tinha dúvidas de que ficaríamos juntos, por mais longa que fosse a nossa separação.

Meu pai tirou esta fotografia de Avital (então chamada Natasha), em junho de 1974, alguns dias antes de nos casarmos e de ela partir para Israel.

Segurando a mão de minha nova esposa, tentei tranquilizá-la. "Eu estarei lá dentro de seis meses, no máximo", eu disse. Quando voltei para casa, mergulhei no desespero. Eu temia que não estivéssemos mais avançando em nosso caminho para a liberdade. Depois de toda a emoção do casamento, fiquei sozinho e apavorado.

Na manhã seguinte, acordei com um tipo diferente de ressaca do que a da maioria dos recém-casados. Eu tinha uma crescente sensação

Em 1975, nós, *refuseniks* judeus, celebramos a festa de Sucót* em uma floresta de bétulas, nas cercanias de Moscou, juntamente com atletas israelenses que tinham vindo à Rússia para participar de uma competição internacional. Pouco depois de esta fotografia ter sido tirada, enquanto cantávamos e dançávamos, a polícia, acionada pela KGB, tentou parar a comemoração. Foto cortesia de Sasha Luntz.

* Também conhecida como Festa dos Tabernáculos ou Festa das Cabanas, relembra os 40 anos de êxodo dos hebreus no deserto após a sua saída do Egito, durante os quais eles viviam em pequenas tendas ou cabanas frágeis e temporárias. Como forma de simbolizar esse período, durante a celebração de Sucót, os judeus fazem suas refeições sob folhas e galhos, em uma sucá. A sucá deve ser erguida ao ar livre e ser constituída de palha ou folhagem, que possibilite ver o céu.

de inquietação, me perguntando como manteríamos contato. Fui para o nosso lugar habitual perto da sinagoga. Lá, encontrei uma família de nova-iorquinos a caminho de Israel, Jerry e Jane Stern, com seus dois filhos. Mencionei que tinha me casado dois dias antes e minha esposa já havia me deixado – para ir a Israel. No início, pareceram céticos.

Essas interações entre turistas e *refuseniks* tinham um poder peculiar. Em apenas alguns minutos – sentindo-se tenso, apressado e observado –, frequentemente você compartilhava mais coisas e criava vínculos mais intensos com estranhos do que normalmente acontecia. Quando os Sterns chegaram a Israel, procuraram Natasha. Eles a encontraram em Tiberíades, tiraram fotos e a encorajaram a escrever uma carta para mim. Ao chegarem a Nova York, estabeleceram uma rede de contatos e encontraram outros turistas judeus que me entregariam o pacote.

Isso deu início a um revezamento entre continentes, envolvendo centenas de turistas, atletas, jornalistas e até senadores dos EUA, possibilitando que Natasha e eu mantivéssemos um contato habitual. Fotos, cartas e fitas cassete iriam e viriam perfeitamente, sem nenhuma interrupção, pelos três anos seguintes, até que fui preso. Esses judeus eram nossa própria ponte viva, conectando Natasha e eu, que logo mudou seu nome para Avital. Essa vasta rede de pombos-correios do mundo livre é a razão por que, não obstante todas as suas tentativas de interferência, a KGB nunca nos isolou verdadeiramente.

Em 1975, minha carreira de *refusenik* atingiu o auge. Não tínhamos quaisquer posições oficiais, porém meus camaradas começaram a me chamar, meio de brincadeira, de "o porta-voz". Ganhei o apelido pelo fato de estar em contato com uma intrincada gama de organizações judaicas. Aprendi a respeitar questões de território e sensibilidades ideológicas. Eu me encontrava regularmente com jornalistas e diplomatas estrangeiros, geralmente sob a vigilância da KGB.

Mesmo quando me acostumei a ser seguido aonde quer que fosse, eu recebia regularmente lembretes de o quanto a KGB aterrorizava as pessoas. Quando visitei meus pais, que haviam se mudado para o subúrbio de Moscou, percebi que minha mãe parecia angustiada. Meu pai silenciosamente me pediu para evitar visitas no futuro com minha "comitiva". No final, minha prisão acabou com os jogos de gato e rato, dando início a outros.

NOSSOS PARCEIROS JUDEUS
DA DIÁSPORA BRIGAM ENTRE SI

Embora os judeus da diáspora parecessem unidos em sua adesão aos judeus soviéticos, eles também estavam profundamente divididos, especialmente os americanos. Havia tantas organizações que era difícil manter o controle de todos os seus nomes: o *SSSJ, The Student Struggle for Soviet Jewry* (A Luta Estudantil pelos Judeus Soviéticos); o *Union of Councils for Soviet Jews* (União dos Conselhos pelos Judeus Soviéticos); a *Coalition of Soviet Jewry* (Coligação Nacional dos Judeus Soviéticos); e tantas outras.

Certa vez, recepcionamos dois encantadores jovens casais de Nova York que começaram a comparar suas anotações. Havia sido uma longa tarde e eu não tinha interesse em fazer mais dois *briefings* consecutivos. "O que acham de eu lhes passar as informações e as instruções em conjunto?", sugeri. Os quatro pareceram ofendidos. "Nossa organização precisa de seu próprio *briefing*", cada casal insistiu com irritação.

A maioria dos *refuseniks* não tinha ideia do que distinguia uma organização da outra ou da desconfiança que muitas vezes colocava uma contra a outra. Contudo, a fim de passar informações para o mundo com o máximo de divulgação, eu precisava saber quem era quem. As rixas às vezes ameaçavam nosso trabalho. Com frequência nos forçavam a dobrar nosso risco de exposição e o delas, contrabandeando dois conjuntos de documentos para duas organizações rivais – mesmo que estivessem localizadas a apenas alguns quarteirões de distância no centro de Manhattan.

Demorou muito para que percebêssemos que o caos nos beneficiava. A variedade de organizações nos ajudava a ter acesso a uma grande parte dos judeus americanos. Subjacente à competição havia uma divisão clássica entre grupos ativistas e grupos do *establishment*. Embora não suportassem um ao outro, precisavam uns dos outros. A luta pelos judeus soviéticos necessitava da insistência dos ativistas para começar e dos músculos do *establishment* para ter sucesso.

Essa tensa aliança entre *insiders* e *outsiders* teve origem com o movimento na década de 1960 e continuou durante o colapso da União Soviética. A meta do nosso diálogo se concentrava em como toda essa energia divergente poderia aumentar nosso poder em vez de dissipá-lo. Não há nada como compartilhar um inimigo quando você precisa se relacionar.

Muitos *baby boomers* agradeceram ao movimento judaico soviético por enraizá-los na história judaica e nas causas judaicas. A luta boa contra os sujeitos maus da KGB era significativa. Entretanto, havia algo mais. A miscelânea de ideologias, táticas e organizações judaicas dava boas-vindas a muitas pessoas. Elas não precisavam descartar outros valores, porque as inúmeras diferenças provaram sua utilidade.

O selo de desaprovação da KGB afastou todas as dúvidas e divisões. Cada organização em conflito, supostamente movida pelo ego, conquistou seu lugar na mesma relação de organizações antissoviéticas nos meus arquivos da KGB. Todas elas eram honrosas cúmplices no crime de derrotar a União Soviética.

PROTESTAMOS!

Ainda me lembro do choque – aquela sensação empolgante, avassaladora e emocionante de unidade judaica – que nos empoderou quando uma dúzia de *refuseniks* ficou cinco minutos inteiros em frente ao Kremlin, empunhando cartazes toscos e caseiros, exigindo DEEM-NOS VISTOS DE SAÍDA PARA ISRAEL E DEIXEM MEU POVO IR.

Limitamos o protesto a uma dúzia de pessoas, temendo que, se fosse do conhecimento de muitas, a KGB teria mais chances de descobrir. Conseguimos permanecer ali não mais do que cinco minutos antes de sermos presos. Mesmo que as autoridades não tivessem sido avisadas com antecedência, por quanto tempo poderíamos ter ficado no centro de Moscou, exercendo nossos direitos de liberdade de expressão em um regime que constantemente nos privava de tais direitos?

No entanto, aqueles deliciosos, triunfantes e ilimitados cinco minutos foram todos meus. Observei os transeuntes, assustados ou perplexos, aqueles que "não veem nada". De vez em quando, eu percebia um sorriso surpreso, uma sobrancelha arqueada ou uma das dezenas de pequenos sinais que as pessoas usam para transmitir encorajamento em sociedades totalitárias.

Fiquei ali, parecendo que estava sozinho. Eu sabia que estava em frente à sede de um império que matou dezenas de milhões de seus próprios cidadãos para controlar a vida e a mente de outros 200 milhões. Mas não me senti sozinho; eles não me controlavam mais. Eu me senti exultante. A adrenalina estava sendo liberada, mas também uma incrível sensação quase física: o povo judeu estava por trás de mim. A sensação avassalante era de união empoderadora.

Vi um jornalista estrangeiro solitário à espreita no meio da multidão. Tinha sido uma tarefa e tanto certificar-se de que ele tomaria conhecimento da manifestação sem que a KGB descobrisse. Sua presença significava que, poucas horas depois de minha prisão, a BBC, a Voz da América e o Kol Israel* informariam ao mundo sobre o que acontecia. Consequentemente, no dia seguinte, o breve protesto de nosso grupo desencadearia uma avalanche de atividades: judeus que eu jamais havia conhecido, nos Estados Unidos, na Europa e na Austrália, saíram às ruas nas maiores cidades do mundo, brandindo cartazes semelhantes, gritando os mesmos *slogans*, fazendo lobby com seus senadores e seus membros do Parlamento, seus presidentes e primeiros-ministros, para forçar seus governos a agir.

RINDO JUNTOS DAS NOSSAS DIFERENÇAS

Embora muitos de nós fôssemos estranhos uns aos outros, estávamos todos juntos nessa jornada judaica. O passeio foi emocionante, mesmo quando ficou turbulento. Descobrimos que poderíamos lutar juntos como camaradas, apesar de sermos tão diferentes.

Uma noite, em meados da década de 1970, outro jovem casal americano entrou em nossa sede no centro de Moscou, o apartamento do famoso *refusenik* veterano Vladimir Slepak. Perguntei aos nossos convidados qual era a ocupação profissional deles.

"Sou rabino", respondeu o homem.

Embora eu soubesse pouco sobre judaísmo na época, sabia o suficiente para perguntar: "Então, por que não usa quipá, não cobre a cabeça?".

---

* N.T.: Rádio estatal israelense.

"Somos reconstrucionistas", explicou a esposa.

Olhei para eles intrigado. "Sendo um matemático, adoro a lógica e amo esses termos matemáticos. O que vocês reconstrucionistas estão desconstruindo?"

"Bem, entendemos que Deus não existe", explicou o rabino depois de uma certa hesitação. "Mas 'Deus' é, não obstante, uma grande ideia moral, e nos baseamos nela enquanto desenvolvemos um senso de comunidade através do poder do povo judeu e da grandeza da civilização judaica."

Outra líder dos *refusenik*, Sasha Lunts, minha mentora no universo do sionismo, riu. "Somente os Estados Unidos produzem rabinos que sabem que não existe nenhum Deus."

Todos nós caímos na gargalhada, mas ninguém se sentiu insultado. Estávamos nos divertindo, encantados com os inúmeros e distintos caminhos que cada um de nós percorreu para nos reunirmos nessa luta. Enquanto estivéssemos unidos como camaradas em nossa jornada, por que eu deveria me importar sobre como meus novos parceiros encontraram o caminho para esse apartamento no centro de Moscou? Importava-me se Deus os escolheu ou se eles escolheram "deus"? Bastava olhar pela janela e ver os agentes da KGB que me seguiam para lembrar do quão desprovidas de importância eram tais divergências para o nosso empreendimento mútuo.

Esse senso de unidade judaica era uma força real, como a corrente que ajuda você a nadar rio abaixo. Mas os judeus não nadam sozinhos. Nós nem devemos rezar isoladamente, precisamos de nove outros homens para um quórum, um *minyan*. Quando você pertence ao povo judeu, não ganha apenas uma identidade, com todas as ideias, valores e histórias. Você ganha uma família, com todas essas pessoas e suas personalidades.

ADERINDO AO DIÁLOGO

"Por que dois judeus sobreviveram ao naufrágio do Titanic?" "Porque estavam conversando." Ao contar essa piada, você deve gesticular de forma selvagem, mas ritmada, como se estivesse nadando. Essa era uma das muitas piadas antissemitas soviéticas ouvidas por mim, que zombavam daqueles "*kikes* caspentos". Supostamente, "cheiramos a alho". Cuspimos quando conversamos. E falamos muito intensamente, agressivamente, violentamente. "Como sua camisa rasgou? Passei entre dois judeus enquanto conversavam." "Quando os judeus são perigosos? Quando eles falam." E assim por diante.

Confesso que, das centenas de piadas antissemitas que ouvi na minha juventude, a do Titanic é a minha favorita. Seja qual tenha sido a intenção do criador da piada ou o que sabia sobre os judeus, ela captou algo profundamente judaico. Essa é uma de nossas eternas habilidades de sobrevivência: discutimos apaixonadamente uns com os outros, nos bons e maus momentos, para o bem e para o mal, por 3.900 anos.

Às vezes, essas discussões nos mantinham abençoadamente distraídos. Em um dos nossos momentos mais deprimentes, em 70 d.C., quando os romanos destruíram nosso templo, nossa sagrada cidade Jerusalém e nossa independência, o rabino Yohanan ben Zakai barganhou uma pequena concessão junto ao vitorioso imperador Vespasiano: abrir uma *yeshivá* em Yávne, a cerca de 65 km de Jerusalém. Impedidos de governar nossa pátria, permanecemos vivos como um povo apátrida ao debatermos sobre os textos sagrados.

Ao longo de 1.900 anos de exílio, seríamos martirizados pelos cristãos, humilhados pelos muçulmanos, ameaçados por cossacos, caçados por nazistas e atormentados pela KGB – e mesmo assim continuamos a discutir. Às vezes, as brigas se deviam a grandes questões filosóficas. Às vezes, com o mesmo entusiasmo, a trivialidades.

Essas discussões não apenas nos mantiveram vivos; elas nos ajudaram a prosperar. Uma de nossas maiores realizações coletivas, o Talmude, é uma transcrição de 66 volumes do quê? Discussões. Nossos rabinos então construíram um elaborado sistema de leis específicas baseado naqueles debates intensos e arrebatadores, ainda que muitas das questões filosóficas permanecessem sem solução.

Uma das chaves do sucesso das *startups* do Israel moderno é a rica e controversa cultura de questionar qualquer pessoa, em qualquer lugar, a qualquer hora, independentemente da posição que ocupa ou de sua importância. A gritaria começa no exército israelense – acima e abaixo na cadeia de comando – e prossegue, alimentando a criatividade agressiva, fora da caixa, nas indústrias farmacêuticas e de alta tecnologia.

A clássica discussão judaica é um tipo particular de conflito. Tem a ver com questões que as pessoas levam para o lado pessoal, reagindo com gritos veementes. Respeita poucos limites. Tem tolerância zero para a hipocrisia do duplipensamento ou as sensibilidades do politicamente correto. E gira em torno da dialética, da colisão entre pontos de vista opostos que exige que cada pessoa entenda o outro lado – para aniquilar os contra-argumentos enquanto os absorve parcialmente.

Uma piada clássica diz respeito a um rabino que faz a mediação entre os combatentes. Ele diz, "Você está certo" e "você está certo". Então admite que o grito do *outsider* – "Ambos não podem estar certos!" – também está certo. A conclusão capta a natureza independente, aberta, mas em última instância construtiva da discussão judaica.

A ideia sionista moderna, e por fim o Estado de Israel, surgiu de um profundo debate talmúdico de décadas, começando no final dos anos de 1700, sobre o futuro do povo judeu no mundo moderno. Ao longo dos anos, à medida que vários movimentos se formaram em resposta a essa crise, os reformistas gritaram com judeus ortodoxos que gritaram com judeus conservadores que gritaram com socialistas que gritaram com os bundistas* que gritaram com os sionistas. Mesmo com o desenvolvimento do sionismo, os confrontos entre os sionistas políticos de Theodor Herzl, os sionistas culturais de Ahad Ha'am, os sionistas religiosos de Avraham Isaac Kook, os sionistas revisionistas de Zeev Jabotinsky, e os sionistas trabalhistas de David Ben-Gurion e de Golda Meir eram muitas vezes amargos e quase paralisantes, porém no fim das contas produtivos.

"FOI UMA ÉPOCA TÃO BOA QUANDO VOCÊ ESTAVA NA PRISÃO"

Alguns anos depois que cheguei a Israel, uma vizinha que se mudara de Nova York para Jerusalém me viu brincando com meus filhos no quintal. Melancolicamente, ela disse: "Sabe, Natan, foi uma época tão boa quando você estava na prisão. Naquela época, éramos todos unidos. Todos nós protestamos juntos. Aqueles comícios também eram ótimos lugares para namorar – conheço muitos casamentos que resultaram deles. Havia uma atmosfera tão amorosa entre nós e Israel." Suspirando, ela perguntou: "O que aconteceu com ela?"

---

* N.T.: Membros do Bund, União Judaica Trabalhista da Lituânia, Polônia e Rússia, um partido socialista judeu secular inicialmente formado no Império Russo e ativo entre 1897 e 1920.

Apesar de não ter intenção de retornar ao *gulag*, quase compartilhei essa nostalgia. Nas décadas de 1970 e 1980, aquela sensação de unir nosso povo em uma luta histórica foi tão avassaladora que ofuscou muitas de nossas diferenças. Judeus soviéticos *refuseniks*, judeus da diáspora e israelenses se sentiam como uma grande família combatente.

Nosso movimento representou uma aliança extraordinária. Sionismo e liberalismo, a luta pela identidade judaica e pela liberdade humana, unidos sob uma única bandeira. Sionistas e judeus ortodoxos e defensores dos direitos civis e frios combatentes anticomunistas, todos cooperavam entre si. Só os atores mais marginais no mundo judaico – duros antissionistas e intransigentes comunistas – não conseguiam se encaixar nessa ampla coalizão comunitária.

Como minha vizinha, as pessoas tendem a se sentir nostálgicas com relação ao nosso momento de unidade, foco e eficácia. Mas, naquela época, as coisas não pareciam tão organizadas. Os debates eram às vezes encantadores e às vezes esclarecedores, mas eram em geral irritantes.

No início, as visões de mundo e as sensibilidades conflitantes me pareceram distrações motivadas pelo ego ou orientadas ao território. Por fim, percebi que estávamos discutindo as questões duradouras do mundo judeu e sionista, que continuam a moldar as atuais tensões entre Israel e a diáspora. Atualizamos a luta entre o sionismo cultural de Ahad Ha'am e o sionismo político de Herzl, perguntando: nos concentramos para renovar o judaísmo ou para construir um Estado judeu? Continuamos a explorar o mistério que começou com o Iluminismo nos anos de 1700 e se intensificou depois de 1948, questionando: A assimilação total é inevitável na diáspora, ou é possível adaptar-se apenas o suficiente para ser aceito e ainda assim permanecer judeu? Abordamos uma questão ainda mais antiga: Qual é a missão judaica, melhorar a sina do povo judeu ou melhorar o mundo?

Nosso movimento acabou na década de 1990. Esses debates – e meu envolvimento neles – continua.

SENADORES VISITANTES FICAM PRESOS
EM NOSSA CISÃO POLÍTICO-CULTURAL

Embora a KGB visasse como alvo a nós, *refuseniks*, como membros de uma organização clandestina, que buscava minar o regime soviético, insistimos que nosso movimento era legal, mesmo sob a lei soviética. Nossos métodos e objetivos permaneciam claros. Nossas declarações, coletivas de imprensa e manifestações tinham um objetivo principal: divulgar nossa causa e contrastar a política soviética declarada sobre direitos humanos com nossa infeliz realidade como cidadãos soviéticos. Confesso que o planejamento de protestos públicos, a coleta de assinaturas e a transmissão de mensagens para o mundo livre exigiam sigilo até o último minuto. Caso contrário, as manifestações nunca teriam ocorrido, as petições permaneceriam sem assinaturas e as cartas teriam sido interceptadas.

Esquivando-nos dos grampos da KGB em nossos apartamentos e dos dispositivos de escuta que espionavam nossas conversas nas ruas, muitas vezes usávamos "lousas mágicas" para quaisquer mudanças sensíveis. O apartamento de cada *refusenik* estava abarrotado com esses brinquedos infantis, trazidos por nossos amigos judeus do exterior junto com manuais hebraicos, livros judaicos e *souvenirs* com a estrela de David. Era fácil rabiscar letras com um estilete nessas frágeis e coloridas placas de cera, cobertas por uma folha de acetato. Então – puf! – era igualmente fácil apagar tudo, levantando a folha de acetato. Frequentemente decoradas com personagens de desenhos animados da Disney, como Mickey, Minnie, Pluto e Pateta, essas lousas mágicas eram armas essenciais em nossa guerra contra a KGB. A qualquer momento em que alguém brandia esse brinquedinho infantil, sabíamos que a conversa estava ficando séria.

Um dia, no verão de 1975, o adido diplomático da embaixada americana, Joe Presel, disse-me que a maior delegação de senadores dos EUA chegaria em duas semanas para visitar a União Soviética. O tratamento do tapete vermelho incluiria um encontro com o líder soviético, Leonid Brejnev, no Kremlin. O *timing* era significativo. A aprovação pelo Congresso da emenda Jackson-Vanik em janeiro de 1975 enfurecera a União Soviética. A delegação sugeriu que ambos os países esperavam reconstruir relações.

Joe então pegou a lousa mágica sempre presente, sinalizando que nessa história havia algo mais. Ele rabiscou que dois senadores, Jacob Javits, um republicano, e Abe Ribicoff, um democrata, queriam que a delegação se encontrasse com líderes *refuseniks* antes do encontro com Brejnev.

Fiquei entusiasmado. Nosso movimento tentava constantemente mobilizar membros do Congresso. Normalmente, o melhor que podíamos fazer era escrever uma carta, conseguir um turista para contrabandeá-la e confiar em uma organização judaica ou outra para entregá-la. Encontros presenciais com senadores ou representantes eram raros e arriscados. Mesmo quando um proeminente senador como Ted Kennedy corajosamente quebrou o tabu, ele visitou o cientista *refusenik* Alexander Lerner à meia-noite, somente após a conclusão de todas as palestras programadas. Isso privou os soviéticos da oportunidade de cancelar quaisquer reuniões em protesto caso se opusessem.

Normalmente, quando tais visitantes ilustres chegavam, eu os apresentava aos principais *refuseniks*, então providenciava para que eles se encontrassem com Andrei Sakharov também, em apoio ao movimento mais amplo de direitos humanos. Embora essas reuniões nos animassem psicologicamente, elas ficavam fora dos itinerários oficiais dos dignitários, a fim de evitar um confronto com as autoridades soviéticas.

Agora, pela primeira vez, uma importante delegação de 14 senadores americanos iria inserir um encontro com os *refuseniks* na sua programação. Então, levariam nossas preocupações aos principais líderes soviéticos. Os senadores estavam dizendo claramente ao regime: vocês não podem melhorar as relações com os Estados Unidos se oprimirem os judeus soviéticos.

Joe perguntou: "Você consegue levar cinco ou seis ativistas importantes à suíte do hotel em que o senador Jacob Javits estará hospedado sem que a KGB descubra com antecedência e interrompa o plano?" E mesmo a maioria dos senadores só receberia convites de última hora para o encontro, que segundo o planejamento teria lugar durante suas poucas horas de folga no domingo, antes do encontro com Brejnev.

Sabendo quantas facções e personalidades eu teria que satisfazer, eu precisava de mais lugares à mesa. Insisti: "Você tem 14 senadores. Me permita 14 *refuseniks*". Joe concordou.

Nas duas semanas seguintes, tentei ser o mais discreto possível ao fazer os arranjos. Eu temia que a KGB nos interrompesse a qualquer momento.

No dia anterior ao encontro dos *refuseniks* com os senadores, nos reunimos em nosso lugar habitual, na rua Archipova, em frente à sinagoga de Moscou. Aqueles de nós que estavam a par do que iria acontecer, estavam empolgados, se bem que um pouco nervosos também. Todos nós nos recordávamos como a KGB celebrara a visita do presidente Nixon em 1974, prendendo uma dúzia de nós, potenciais encrenqueiros.

Nosso maior desafio veio de uma fonte inesperada. Vladimir "Volodia" Prestin – um importante *refusenik* e um homem decente e elegante, conhecido respeitosamente como "o conde" – abordou-me naquele sábado. Volodia era um professor de hebraico apaixonado por ressuscitar a cultura judaica na União Soviética. Ideologicamente, nosso pequeno movimento se encontrava cada vez mais dividido entre os *kulturniki*, ativistas como ele, comprometidos com um renascimento cultural judaico dentro da União Soviética, e os *politiki*, os *refuseniks* focados na luta política pela liberdade, centrada no direito de emigrar a Israel.

Eu instintivamente era adepto dos *politiki*, mas não levava o debate a sério. Todos nós assinávamos as mesmas petições. Todos nós participávamos dos mesmos protestos. Todos nós tentávamos aprender hebraico, e alguns inclusive ensinavam a língua. E todos nós compartilhávamos quaisquer textos que pudéssemos encontrar sobre história judaica, herança judaica, cultura judaica, sionismo e Israel. Presumi que a cisão tinha principalmente a ver com egos frágeis e guerras tolas por território, mais um reflexo do sentimento da longa e barulhenta história de nosso povo.

"Natan, quero que você saiba que é ótimo que essa reunião aconteça", disse Volodia naquele sábado tenso. "E não quero desapontá-lo. Mas não iremos participar desse encontro. Nosso grupo solicitará outra reunião, separada, com os senadores."

"Você está brincando comigo!", exclamei. Não se tratava de encontrar um bando de rabinos congregacionais felizes em passear pela cidade e em resolver nossas pequenas desavenças. Tratava-se de 14 dos políticos mais poderosos dos Estados Unidos, presentes para uma visita altamente monitorada e de grande visibilidade. Estávamos prestes a desfrutar de um momento extraordinário de reconhecimento. Agora, arriscávamos a indignação dos senadores, o constrangimento internacional e a zombaria da KGB como a gangue que não era capaz nem de se reunir direito. Eu não conseguia imaginar como explicaria isso ao meu amigo Joe, o diplomata, muito menos aos senadores, que eu não conhecia.

Ao mesmo tempo, Volodia era a última pessoa que eu esperava que fosse mesquinha. Ele se explicou com honestidade. "Natan, você se conhece. Vocês irão dominar a reunião, falando sobre a emenda Jackson, a emenda Jackson, a emenda Jackson – então sobre as cotas de emigração, o que os levará de volta à emenda Jackson."

Afirmei que também falaríamos sobre a libertação dos prisioneiros de Sião – judeus presos por sua atividade sionista –, que incentivavam a emigração, acabando com as rejeições arbitrárias de vistos e o assédio ilegal. "Eu entendo", respondeu Volodia. "Mas quem falará sobre o problema mais importante, o fato de ser quase impossível ter acesso à educação e à cultura judaicas? O futuro dos judeus soviéticos depende disso. Estamos tentando reviver uma rica cultura judaica que os soviéticos dizimaram. Não queremos que nossa agenda cultural seja sequestrada por suas preocupações políticas passageiras."

Sendo assim, alertei, a KGB poderia explorar nossa divisão para fragmentar o movimento. Acrescentei que não tinha ideia de como pedir reuniões separadas. "Tampouco tenho autoridade para fazê-lo", eu disse a ele.

Ele me tranquilizou. Ele faria o pedido por meio de seus contatos jornalísticos. Comecei a trabalhar nos canais alternativos. Tentei acalmar as emoções em ambos os lados, mantendo a reunião secreta.

O senso de humor do senador Jacob Javits nos salvou. Quando um repórter transmitiu o pedido de Volodia para uma reunião separada, Javits não se preocupou. Acostumado aos modos briguentos e pirracentos de nosso povo, o veterano senador judeu de Nova York disse: "Não temos tempo para duas reuniões, porém na minha suíte há dois quartos contíguos. Deixe que cada grupo escolha seu próprio espaço".

No dia seguinte, 10 senadores juntaram-se a Javits e Ribicoff para uma abrangente discussão com os 14 *refuseniks*. Ficamos emocionados que 12 dos 14 membros da delegação participaram. Embora a suíte de Javits tivesse dois quartos, ninguém percebeu nenhuma divisão entre os *refuseniks*. Tivemos tempo suficiente para expor todas as nossas preocupações, para a frustração de muitos membros da KGB, que ficaram do lado de fora do hotel ou em frente à suíte de Javits, incapazes de interferir enquanto preparávamos os senadores para o encontro com Brejnev.

A KGB concordou que essa reunião foi muito importante. Dois anos depois, ela ganhou a medalha de ouro na versão da KGB. Superando centenas de outras reuniões, protestos e petições, ela foi classificada como finalista e incluída pela KGB na minha acusação. A KGB destacou meu papel na organização do evento como um dos 19 episódios a serem classificados como "alta traição" ao "ajudar os países capitalistas em sua luta contra a União Soviética".

NOSSA CISÃO SE TORNA PÚBLICA

Todas as brigas antes da reunião arriscaram expor os conflitos entre os *refuseniks*. Dias depois, um dos meus amigos mais próximos e prestativos, o repórter Robert Toth, do *Los Angeles Times*, me disse: "Vou escrever um artigo sobre a cisão".

"Não faça isso, Bob", implorei. "O artigo irá nos prejudicar, e você é nosso amigo." Acreditávamos que devíamos manter nossas divergências bem abaixo do radar público, a fim de não ajudar a KGB.

Ele respondeu: "Se eu não fizer isso, outra pessoa o fará. Os outros repórteres estão cientes disso e estão conversando. Por que eu deveria ficar parado enquanto eles dão o furo jornalístico? Além disso", ele acrescentou, "confie em mim, seu movimento sobreviverá – e inclusive poderá aprender com isso".

Eu me recusei a cooperar. Bob entrevistou outras pessoas. Seu artigo subsequente foi intitulado "Cisão entre ativistas soviéticos judeus é revelada por causa de conversas com senadores dos EUA". O artigo enfatizava a crescente divergência entre os *refuseniks* no que concerne à "emigração" e à "cultura".

"Você não entende", ele explicou mais tarde. "É bom que essa discussão venha a público. Se for uma cisão séria, artigos como esses podem ajudá-los a debatê-la – e a resolvê-la."

Bob estava certo. A abertura do debate enfatizou as diferenças ideológicas, não as lutas pessoais. E esse foco no *táhlis*, palavra iídiche para ideia central, aguçou os argumentos de ambos os lados.

Volodia e seus aliados *kulturniki* fundamentaram sua argumentação na matemática e na poesia. Pensando estatisticamente, alegaram que a Guerra dos Seis Dias apenas transformou, no máximo, alguns milhares de judeus em ativistas. Nenhum de nós tinha alguma ideia se ou quando estaríamos livres. Volodia padeceria por 18 anos no total. "Hoje, há talvez 30 prisioneiros de Sião e apenas 3 mil *refuseniks*. Em vez de se concentrar na luta política de uma pequena minoria, devemos nos lembrar dos milhões", insistiam Volodia e seus aliados. "Existem 3 milhões de judeus soviéticos privados de educação, conhecimento e identidade." E acrescentavam, "se pudermos inspirá-los com a educação e a cultura judaicas que eles merecem, as massas manterão a chama judaica viva por décadas, por mais longa que seja a luta".

Nós, *politiki*, concordamos que os números eram pequenos. Mas se o preço da emigração não fosse tão alto, e as chances de emigrar não tão pequenas, as comportas se abririam. Então também nós éramos matemáticos e poetas. Estávamos lutando pelas massas em um momento histórico. Poderíamos tirar proveito da energia pós-1967 do mundo judaico enquanto explorávamos cada vez mais as desesperadas tentativas soviéticas de cortejar o Ocidente.

Taticamente, temíamos também que, ao mudar nosso movimento de modo a enfatizar a educação judaica, seria mais fácil aos soviéticos enganar o mundo. As autoridades poderiam alegar que os judeus tinham a mesma liberdade que os cristãos. Poderiam abrir alguma escola judaica a fim de se equiparar com a Igreja cristã oficial, fazer uma ostentosa exibição, convidar jornalistas, enganar os americanos, e privar nosso movimento de sua potência. Era mais difícil falsificar estatísticas sobre emigração ou fingir libertar prisioneiros que permaneciam presos.

Estávamos realmente brigando sobre prioridades e *timing*, não sobre valores essenciais ou missão. Todos em nosso pequeno e sobrecarregado movimento estavam realizando uma tarefa dupla. Cultivávamos nossas almas judaicas recém-descobertas enquanto afirmávamos nosso recém-ativado orgulho sionista.

POLÍTICA *VERSUS* CULTURA

Não sabíamos na época, mas estávamos reencenando uma discussão clássica sobre a melhor forma de fortalecer o povo judeu. Quando o movimento sionista formal começou, no final dos anos de 1800, o sionista cultural Ahad Ha'am desqualificou os sonhos do sionista político Theodor Herzl sobre um Estado grandioso como uma ilusão, que desviava a atenção do renascimento cultural nacional de que os judeus precisavam.

Ambos os pensadores concordavam que, após séculos de perseguição, os judeus estavam em crise. Mas discordavam, como o fizemos na década de 1970, sobre a melhor forma de mobilizar as massas judaicas. Os sionistas políticos de Herzl queriam um Estado judeu o mais rápido possível, a fim de salvar o maior número de vidas judaicas. Ao examinar a causa fundamental da miséria judaica, Herzl articulou sua "principal doutrina": "Quem deseja mudar as pessoas deve mudar as condições sob as quais vivem". Além disso, "todos os seres humanos devem ter um lar".

A ideia de judeus se mudando para a Palestina em massa é "uma fantasia que beira a loucura", zombou Ahad Ha'am. Ele também duvidava que "a terra lhes desse sustento adequado". A "verdade é amarga", ele advertiu, "mas com toda a sua amargura é melhor do que a ilusão".

Os sionistas culturais de Ahad Ha'am enfatizavam a educação judaica. Mais preocupado com o "problema do judaísmo" do que com o "problema dos judeus", ele queria salvar as almas judaicas.

Tal como acontecia com os *politiki* e os *kulturniki*, tanto Herzl quanto Ahad Ha'am estavam corretos e, de muitas maneiras, se sobrepunham. Em ambos os casos, como sempre, enquanto a briga sobre prioridades continuava, o maior problema dos judeus – o ódio a eles – tornou-se o grande nivelador. Na década de 1940, o Holocausto e, depois, a expulsão dos judeus das terras árabes, provaram que precisávamos de um Estado. Seguiu-se o renascimento cultural.

No caso dos judeus soviéticos, a KGB visava a ambas as facções. A perseguição contra ativistas políticos que se intensificou na década de 1970 ampliou-se na década de 1980, enquanto a KGB assediava professores de hebraico e outros *kulturniki*. O debate sobre salvar o corpo judeu levando-o a Israel ou salvar a alma judia educando-a onde quer que esteja continua até hoje.

Quase 35 anos depois da minha conversa com Volodia na rua Archipova, tornei-me presidente da Agência Judaica para Israel. Desde 1948, a organização trouxe cerca de 3,5 milhões de judeus para Israel de dezenas de países. Quando me tornei presidente, menos judeus precisavam de uma "*aliyá* de resgate". Após a queda da União Soviética, a maioria dos judeus vivia em liberdade. Mudar-se para Israel, portanto, tornou-se menos uma questão de fuga de perseguições e mais uma questão de livre escolha.

Nesta nova era de uma "*aliyá* por opção", eu acreditava que o fortalecimento da identidade judaica deveria ser a missão central da Agência Judaica. "Vamos nos concentrar na reconexão dos jovens judeus com sua história, cultura, herança, comunidade e Israel", declarei. "Decidir fazer *aliyá* agora é uma consequência dessa conexão."

Quando os tradicionalistas resistiram a essa reforma, meu velho amigo Volodia me telefonou. "Parabéns", ele me alfinetou. "Bem-vindo ao clube. Finalmente, você entende que a educação judaica vem em primeiro lugar."

Eu não queria discutir com ele sobre *timing* e prioridades. Em vez disso, descrevi uma experiência recente: minha primeira tentativa na Agência Judaica de mediar dois grupos de emissários de Israel que havíamos enviado à antiga União Soviética. Embora ambos os grupos trabalhassem para nós, os *hinuch shlihim*, os educadores, e os *aliyá shlihim*, os recrutadores de emigração, não conseguiam trabalhar juntos.

Eu os reuni em uma sala. Fazendo o papel de pacificador, eu disse: "Somos da mesma organização. Temos o mesmo objetivo. Vamos ver como podemos unir nossos esforços".

Todos começaram a gritar.

"Que cultura judaica? Humf", zombaram os recrutadores da emigração. "É uma condescendência, como pintar as unhas dos pés de um cadáver. Traga-os para Israel: é assim que aprenderão sobre o judaísmo e a cultura judaica."

"Basta!", responderam os educadores. "Vocês se importam com o corpo, não com a alma. Vocês não se importam se eles são judeus ou não – só querem quantidade".

"Isso soa familiar?", perguntei a Volodia.

Nós dois rimos. Volodia acrescentou: "Pelo menos a KGB não está à espreita deles. Deixe-os discutir".

"E 2 milhões de judeus já deixaram a União Soviética", eu disse.

REUNIÃO DE EXILADOS OU LIBERDADE DE EMIGRAÇÃO?

No começo, tudo parecia simples. Israel ajudou os judeus soviéticos a redescobrirem nossa identidade. Israel nos enviou convites para nos juntarmos a nossos parentes. Mesmo se esses parentes fossem fictícios, a possibilidade de reunificação com nossa família judia era muito real.

Na letra de uma canção escrita por um jovem judeu de Belarus, Israel Reshel, celebramos as cores de Israel. Cantamos: "Kahol velavan, ein tzéva aher". (Azul e branco, não há outra cor).

O azul e o branco
não tenho outras cores
O azul e o branco
Estou apenas voltando para casa.

Essa canção simples, com pouco mais de uma dúzia de palavras, captou nossa sensação de renascimento. Estávamos iniciando nosso caminho de volta ao nosso povo, nossa língua, nosso país. Virou nosso hino.

Aqueles que tiveram a sorte de receber permissão para emigrar rapidamente juntaram seus pertences e se despediram de amigos no Aeroporto Internacional de Sheremetyevo. Essas despedidas eram sempre dramáticas. Ninguém sabia se se veriam novamente. Ninguém sabia quem seria o próximo na fila para obter um visto – ou ir para a prisão.

Sem voos diretos possíveis para Tel Aviv – porque a União Soviética havia rompido relações diplomáticas com Israel após a guerra de 1967 –, a pessoa sortuda viajava para Viena. Lá, um representante da Agência Judaica recebia todos os judeus soviéticos. Depois de um ou dois dias de processamento, o emigrante soviético fazia *aliyá*, ganhando automaticamente a cidadania. Mais uma pessoa, mais uma família, chegava à pátria.

Os judeus que iam a Viena de trem ou avião logo perceberam que eram então pessoas livres. Poderiam escolher: prosseguir para Israel ou "desistir" e se mudar para outro lugar. Tão logo informavam a Agência Judaica que desejavam ir aos Estados Unidos, a HIAS, *Hebrew Immigrant Aid Society* (Sociedade de Ajuda ao Imigrante Hebreu) intervinha.

Fundada na cidade de Nova York depois dos *pogroms* russos antissemitas em 1881, a lendária HIAS ajudara a reassentar muitos dos 2 milhões de judeus da Europa Oriental que chegaram aos Estados Unidos até a década de 1920. A organização resgatou mais de 300 mil judeus deslocados nos anos caóticos após a Segunda Guerra Mundial. Posteriormente, ajudando os judeus expulsos da Europa comunista, dos países árabes muçulmanos e da Etiópia, a HIAS continuou sendo o melhor amigo do imigrante judeu americano.

Na década de 1970, a HIAS pensou em fechar seu escritório em Viena. Restavam poucos judeus na Europa para emigrar para qualquer lugar. Então, à medida que o número de *noshrim* (hebraico para desistentes) começou a crescer, a HIAS desenvolveu uma nova missão: levar os judeus soviéticos para os Estados Unidos.

A HIAS procurou por parentes americanos ou representantes das comunidades judaicas americanas que estivessem dispostos a patrocinar esses judeus soviéticos. Se fossem bem-sucedidos, os emigrados poderiam obter do governo o *status* de refugiados. A HIAS passou a financiar generosamente escritórios em Viena e em Roma, ajudando os judeus soviéticos a encontrar o caminho para a *goldene medine**, os Estados Unidos.

O número crescia a cada mês. Por volta de 1976, pelo menos metade dos judeus soviéticos que fugiram com vistos para Israel estava desistindo do processo de *aliyá* em Viena. Essas desistências decepcionaram a maioria de nós, ativistas. Às vezes, amigos que haviam lutado para retornar à "nossa pátria histórica" só admitiram no aeroporto que haviam decidido não ir para Israel. Eu não podia deixar de me sentir decepcionado.

Por mais frustrados que estivéssemos em Moscou com os desistentes, os israelenses se sentiram ainda mais traídos. Eles acreditavam que esses

---

* N.T.: Em iídiche, "país de ouro".

"ingratos" estavam abandonando a missão sionista e zombando de todos os recursos investidos para levá-los a Israel. Além disso, os desistentes colocavam em risco toda a luta. Como, argumentavam os israelenses, os soviéticos poderiam tolerar cidadãos que usavam dessa artimanha de reunificação familiar para emigrar aos Estados Unidos, o maior inimigo da União das Repúblicas Socialistas Soviéticas?

Os líderes de Israel se ressentiram das organizações judaicas americanas por "roubar os judeus de nós" e desperdiçar um visto precioso que poderia ter chegado às mãos de um futuro israelense. Eles exigiram que seus aliados judeus americanos fechassem os escritórios europeus da HIAS e parassem de atrair judeus soviéticos para os Estados Unidos. Pediram ao governo americano que deixassem de conceder *status* de refugiado aos desistentes. "Com um Estado judeu aberto a todos os judeus", alegavam os israelenses, "não pode haver refugiados judeus".

A maioria dos avós e bisavós dos judeus americanos havia partido da Rússia para os Estados Unidos, não para a Palestina. "Não podemos fechar nossos portões para nossos primos", eles explicaram. "Não podemos fechar as organizações que nos ajudaram. E certamente não podemos pedir ao governo americano que pare de acolher como refugiados nossos irmãos judeus oprimidos".

Tendo fracassado em convencer os judeus americanos diretamente, as autoridades israelenses pediram aos *refuseniks* que aderissem à sua campanha. Mesmo antes que o Escritório de Ligação de Israel interviesse, muitos ativistas judeus haviam criticado o fenômeno dos desistentes. Dezenas de *refuseniks* – que incluíam alguns prisioneiros de Sião – assinaram apelos emocionais pedindo a seus companheiros judeus que tivessem um senso mais amplo de responsabilidade com a luta do "deixe meu povo ir – para Israel". Eles consideravam a imigração uma responsabilidade comunitária, não apenas um veículo para as ambições individuais dos emigrados.

Eu simpatizava emocional e ideologicamente com os israelenses. No entanto, por mais difícil que fosse negar o pedido de denunciar os desistentes, eu não poderia dizer sim. Um pequeno grupo de nós, *politiki* – que incluía Vladimir Slepak, Dina Beilin, Sasha Lunts, Alexander Lerner e Vitaly Rubin –, enviou uma carta discordando da posição oficial do governo israelense. Nós a escrevemos como sionistas sem remorso lutando por nosso direito de ir a Israel. Afirmamos que Israel era o único lugar para nós. Ainda assim, acreditávamos que o papel de Israel era acolher os judeus em casa, não os impedir de ir para outro lugar.

Acreditávamos no projeto sionista o suficiente para manter nosso compromisso com a emigração livre e a livre escolha. Seria prejudicial ao nosso movimento se os judeus soviéticos comparassem os comissários do comunismo, que forçavam os judeus a permanecer na União Soviética, com alguns supostos comissários do sionismo, obrigando os judeus a irem para a pátria.

Também duvidamos da afirmação israelense de que os soviéticos se importavam se os emigrantes se mudariam para os Estados Unidos ou para Israel. Hoje, os historiadores que pesquisaram os arquivos soviéticos confirmam que estávamos corretos. A fúria do Kremlin estava centrada na emigração judaica *do* "paraíso" soviético, não *para* os Estados Unidos em vez de para Israel.

Durante esse diálogo tenso, o presidente da Agência Judaica, Arye Dulzin, exigiu que os judeus americanos parassem de ajudar os desistentes. Quando ele alegou estar falando em nome dos judeus soviéticos, não apenas de Israel, os ativistas americanos judeus exibiram nossa carta, encerrando abruptamente o debate.

Os telefonemas e as mensagens de turistas de Israel repreendendo a nós, dissidentes, incluíam algumas advertências não oficiais: "Depois de tamanha deslealdade, não esperem conseguir um lugar nos centros de absorção escolhidos em Tel Aviv ou nas colinas de Jerusalém. Nós os enviaremos aos confins do universo, à recém-criada cidade em desenvolvimento de Arad".

Então, antes de ser ameaçado de exílio na Sibéria, fui ameaçado de exílio para o Neguev.

O ESPECTRO DA ASSIMILAÇÃO

As tensões relacionadas aos desistentes continuaram até o início dos anos de 1990, quando a decadente União Soviética permitiu a emigração para todos os países e voos diretos para Israel. Mas em 1986, quando cheguei a Israel, a luta estava no seu auge. Enquanto eu me preparava para minha primeira visita aos Estados Unidos, a fim de agradecer a muitos de nossos aliados que lutaram pela nossa liberdade, incluindo o presidente Ronald Reagan e a liderança do Congresso, as autoridades israelenses e os ativistas judeus me instruíram. Estávamos todos nos perguntando como continuar a impulsionar o movimento.

Recebi dois pedidos extraoficiais. O primeiro-ministro Shimon Peres solicitou que eu arrefecesse minhas críticas às autoridades soviéticas; irritá-las demais poderia pôr em risco a emigração futura. O ministro das Relações Exteriores Yitzhak Shamir solicitou que eu pedisse aos líderes norte-americanos que parassem de conceder *status* de refugiados aos judeus soviéticos desistentes. Eu era um novo imigrante, agradecido por tudo o que Israel fizera por mim. Senti-me particularmente grato pelos empenhos de Peres e de Shamir. Mas recusei os dois pedidos.

Moshe Arens, o ministro responsável pelos judeus soviéticos, também me abordou. "Entendo", disse ele. "Entendo sua posição e respeito a livre escolha. Fiz *aliyá* dos Estados Unidos. Também prezo os direitos humanos. Mas, lembre-se", ele acrescentou, "somos responsáveis pelo futuro do povo judeu. Observe o que já está acontecendo. Quem vai para os Estados Unidos se assimila rapidamente. Eles desaparecerão como judeus. Você lutou tanto para que os judeus soviéticos se juntassem ao povo judeu. Você não sente alguma responsabilidade em ajudar a mantê-los judeus?"

As palavras de Arens foram particularmente convincentes e sérias. Essa ameaça era real. No futuro, eu leria pesquisas após pesquisas mostrando que o número de judeus nos Estados Unidos que abandonava o judaísmo aumentava com rapidez. Cada vez mais, filhos de judeus que haviam deixado a União Soviética eram os primeiros a fazê-lo.

Por quê? As instituições judaicas americanas definidoras não significavam nada para eles. A identidade judaica soviética era de natureza diferente e assumia outras formas. As sinagogas eram religiosas demais para essas pessoas, em sua maioria não religiosas e orgulhosamente nacionalistas. As muitas organizações de arrecadação de fundos também davam orientações aos judeus soviéticos, que chegaram sem nada, de uma economia de privação dependente de financiamento estatal, não privado. Embora a comunidade judaica americana os ajudasse generosamente, poucos dos judeus soviéticos que chegavam se afiliavam a quaisquer organizações existentes.

Ainda hoje, nos meus encontros com as grandes comunidades de judeus russos emigrados no Brooklyn, em São Francisco e Chicago, os jovens muitas vezes me perguntam se é verdade que Israel não queria que seus pais viessem aos Estados Unidos. Descrevo a batalha relacionada aos desistentes e cito Arens. Então digo: "É sua a obrigação, também minha, provar que ele está errado. Vocês judeus irão construir um futuro judaico".

Ainda acredito que não haja atalhos para a reunião dos exilados. Não se pode separar o sionismo da liberdade de escolha. Os judeus só se mudarão para Israel, e ali permanecerão, se quiserem fazê-lo, não porque são forçados.

Mas eu me pergunto se poderíamos ter feito melhor. Será que os líderes em Israel e no restante do mundo judaico não poderiam ter debatido mais, pensando um passo à frente? Ao ajudar os imigrantes a se reassentar, não poderiam ter criado programas para ajudar os recém-chegados a se integrarem à sua nova comunidade judaica segundo seus próprios modos de proceder? Poderíamos ter desenvolvido um programa como o Birthright* ou qualquer outro similar 30 anos antes.

Infelizmente, a atmosfera carregada em torno da questão dos desistentes tornou impossível manter o diálogo construtivo de que precisávamos. Os israelenses teriam que aceitar a realidade, debatendo como ajudar os judeus soviéticos, não os deter. Os judeus americanos teriam que aceitar que suas formas de "fazer judaico", nascidas nos Estados Unidos, não eram universais e não se adequavam a esses imigrantes. As organizações judaicas teriam que entender que suas responsabilidades não terminavam com a concessão de subsídios e aconselhamento sobre procura de emprego. Eles deveriam ter desenvolvido programas de construção de identidade adaptados a esse novo fenômeno de judeus russos americanos.

Em vez disso, os israelenses estavam ocupados demais lamentando os emigrados como maus judeus, e os americanos estavam ocupados demais recebendo-os como bons americanos. Passaram-se décadas antes

---

* N.T.: Organização educacional sem fins lucrativos que patrocina viagens gratuitas de dez dias para Israel, para jovens judeus com idade entre 18 e 26 anos.

que começasse um diálogo construtivo sobre novos tipos de identidades russas judaicas.

Em 2015, quando os judeus franceses se sentiram ameaçados pelo terrorismo e pelo antissemitismo, conversei com o primeiro-ministro Benjamin Netanyahu sobre os motivos que os desencorajavam de fazer *aliyá*. Como presidente da Agência Judaica, mencionei os altos preços dos apartamentos, o não reconhecimento de diplomas franceses e outras questões que deveriam enfrentar em Israel. Muitos, portanto, estavam escolhendo outros destinos, como o Canadá e a Austrália.

"Hoje em dia, temos um ótimo relacionamento com os canadenses e os australianos", disse Netanyahu. "Podemos pedir a cada governo que não deixe os judeus entrarem – dizendo-lhes para tentarem Israel primeiro."

É óbvio que nem os canadenses nem os australianos restringiriam a liberdade de escolha dos cidadãos franceses. Além disso, fiquei desapontado que essa atitude de "proprietário" persistisse. Bibi* não era um rigoroso socialista bengurioniano, mas um dos sionistas ocidentalizados mais sofisticados, que viveu nos Estados Unidos por anos. No entanto, também ele, como a maioria dos liberais do Likud** que eu conhecia, estava profundamente comprometido com o individualismo democrático, mas ainda acreditava que, se Israel pertence aos judeus, os judeus, de muitas maneiras, pertencem a Israel.

A LUTA PELOS DIREITOS JUDAICOS OU PELOS DIREITOS HUMANOS?

Embora as relações com os israelenses se tornassem difíceis às vezes, as disputas relacionadas aos desistentes não ofuscavam nossa cooperação no dia a dia. Minhas relações com nossos "chefes" israelenses só ficaram tensas quando associei a luta judaica pela livre emigração com a luta mais ampla dos dissidentes democráticos por direitos humanos na União Soviética.

---

* N.T.: Apelido pelo qual é conhecido Benjamin Netanyahu.

** N.T.: Partido sionista de direita no espectro do mapa político israelense, fundado em 1973 como coalizão de outros partidos de ideologia semelhante. Menachem Begin foi eleito líder do partido, que esteve pela primeira vez à frente do governo em 1977, depois de cerca de 30 anos de hegemonia do Partido Trabalhista. Benjamin Netanyahu é membro do Likud e seu líder atual.

Entre os ativistas judeus soviéticos, minha conexão com dissidentes democráticos fazia de mim uma pessoa não convencional e independente. Para os israelenses, isso me transformava em alguém suspeito. É muito fácil simplificar essa disputa em retrospecto. Não era um conflito entre os mocinhos altruístas e defensores dos direitos civis contra os egoístas vilões nacionalistas judeus. Não era uma luta entre ingênuos sonhadores democráticos e sionistas realistas e intransigentes. Ao contrário, era o tipo de debate tático que cada movimento enfrenta sobre foco, alianças e expansão da missão além dos objetivos originais. Em nosso caso, representava um debate judaico de longa data sobre como melhor salvar a nós mesmos, ao mesmo tempo que tentamos salvar o mundo.

A maioria dos ativistas judeus soviéticos simpatizava com os dissidentes democráticos. Todos nós desprezávamos o totalitarismo e o antissemitismo soviéticos. Aplaudíamos qualquer um que desafiasse esses faraós modernos. Muitos de nós reverenciavam Andrei Sakharov, quer o conhecêssemos, quer não. Ele mostrou a todos nós, judeus e não judeus, como defender aquilo em que acreditamos, mesmo que isso significasse sacrificar uma posição no topo da pirâmide soviética.

No entanto, a maioria dos ativistas judeus acreditava que nosso movimento deveria manter distância dos dissidentes. Muitos argumentavam que, tendo anunciado que queríamos deixar a União Soviética, seria desonesto dizer aos russos como deveriam viver.

Para muitos ativistas, a distância entre os dissidentes e os problemas da União Soviética muitas vezes andavam de mãos dadas com o despertar judaico. O sionismo criou uma nova etapa na história judaica. Finalmente, estávamos trabalhando para nós mesmos. Estávamos resolvendo nossos problemas em nossa pátria ou lutando para chegar lá. "Não devemos nos distrair com outras causas, pois isso pode atrapalhar o foco na construção de nossa nação", advertiram muitos sionistas.

Os ativistas judeus na URSS sentiram isso profundamente, porque ao longo dos séculos muitos judeus estiveram envolvidos em muitas causas nacionalistas e cosmopolitas. Fomos czaristas e nacionalistas ucranianos. Fomos bolcheviques e mencheviques. Fomos leninistas, trotskistas e stalinistas. No final, o que se conseguiu? Nada.

Em uma das muitas coletivas de imprensa que organizei para os *refuseniks* e os dissidentes democráticos, um grupo de *kulturniki* e cientistas realizou um simpósio internacional de cultura judaica na União Soviética. Contudo, antes de a conferência começar, as autoridades prenderam a maioria dos organizadores – enquanto barravam o acesso de quaisquer convidados estrangeiros.

Desde o surgimento da modernidade, essas causas muitas vezes serviram para os judeus como saídas de emergência do judaísmo e do povo judeu. Quando o problema eclodiu, a proeminência de tantos judeus nesses movimentos muitas vezes foi um tiro que saiu pela culatra. Em vez de angariar boa vontade, eram frequentemente culpabilizados, intensificando o antissemitismo. Os judeus estavam super-representados entre os revolucionários e entre as vítimas da revolução. Judeus lideraram muitos departamentos da KGB durante os anos mais sangrentos dos expurgos de Stalin e judeus lideraram a longa lista das inúmeras vítimas.

Os israelenses compartilharam essa cautela histórica. Viram quantos judeus idealistas invocaram suas causas universais favoritas para justificar o abandono do povo judeu. Para os israelenses, a história recente – a angústia do Holocausto e o surgimento de Israel – ditava a ordem do dia. O povo judeu não deveria se desviar das prioridades mais prementes: a construção do Estado e a reunião dos exilados.

De forma mais prática, os líderes do Escritório de Ligação de Israel temiam que a KGB encarasse a causa dos direitos humanos como uma ameaça a todo o empreendimento soviético. Como eles próprios eram agentes obscuros do governo, acreditavam que tinham um entendimento informal com a KGB. Os sionistas deveriam se concentrar em resgatar judeus enquanto se distanciavam de atividades subversivas. Os russos poderiam então tolerar surtos ocasionais de emigração dessa pequena minoria marginal, especialmente se pressionados pelo Ocidente. A aliança com dissidentes democráticos, no entanto, seria uma declaração de guerra contra todo o sistema soviético.

Eu acreditava que os israelenses estavam sendo ingênuos. Não havia como jogar limpo com a KGB, especialmente no que dizia respeito à emigração. Deixar que os cidadãos soviéticos sentissem que tinham a liberdade de escolher qualquer coisa, ainda mais onde viver, ameaçava a estabilidade do regime. O sistema comunista era rígido demais para tal autonomia: tinha que controlar a vida de milhões de duplipensadores.

Além disso, nós, ativistas, não queríamos alguns milhares de judeus fora hoje e mais alguns milhares amanhã. Queríamos um êxodo em massa do povo judeu da terra da opressão. Queríamos abrir um buraco na Cortina de Ferro e libertar milhões.

Tendo dito que desejávamos partir, concordei que não fazia sentido que nós, *refuseniks*, lutássemos por um modo de vida diferente na União Soviética. Mas eu fazia amizade com dissidentes por um motivo diferente. Os dissidentes passaram a fazer parte da minha vida de homem livre tão logo abandonei o mundo do duplipensamento.

Ganhei força para ser uma pessoa livre descobrindo meu povo. Falar o que eu pensava era essencial para essa nova liberdade. A nova pessoa em que me transformei não seria mais simplesmente inspirada pelo exemplo moral do ensaio de Andrei Sakharov ou dos protestos dos partidários da Primavera de Praga na Praça Vermelha. Eu falaria em nome deles.

Para mim, foi um processo gradual. À medida que você se liberta do duplipensamento, passa a lutar por sua própria liberdade. Naturalmente, você simpatiza com os demais, diz o que sente, começa a lutar pelos direitos deles, porque você não tem mais medo de dizer o que pensa.

Além de sua própria libertação individual, você entende que agora pertence ao mundo livre. Você quer que ele seja forte. Quanto mais pessoas o acompanharem na liberdade, fugindo do mundo do duplipensamento, mais seu novo mundo, o mundo livre, pode ser fortalecido por todos.

Ainda assim, nunca achei que, ao apoiar os dissidentes, eu corria o risco de ser excomungado da minha luta nacional, que me libertara em primeiro lugar.

Fiz também um cálculo mais tático. Vi quão importantes apoiadores como Sakharov eram para nós. Ninguém jamais atraiu tantas câmeras e jornalistas quanto ele, e seu ativismo lhe renderia o Prêmio Nobel da Paz em 1975. Depois que me aproximei de Sakharov, os líderes judeus americanos frequentemente começaram a me pedir o endosso de Sakharov nisso, seu envolvimento naquilo. Como ocorre tantas vezes, a coisa certa a fazer era também a coisa sagaz a ser feita.

Em 1975, me ofereci como voluntário para ajudar Sakharov em suas relações com correspondentes estrangeiros e outros visitantes importantes. Ele e sua esposa, Yelena Bonner, prezavam minha fluência em inglês e o fato de eu me sentir à vontade com jornalistas. Tendo trabalhado como porta-voz do nosso movimento, aprendi a traduzir nossa mensagem. Ao relatar histórias, os jornalistas tinham maneiras particulares que funcionavam para eles e seus editores.

Ao longo dos anos, conheci muitas pessoas supostamente ótimas. As qualidades dessas pessoas frequentemente encolhem quando você as vê de perto. Com Sakharov ocorreu o oposto. Minha admiração por ele só aumentou. Sua humildade, sua sinceridade e sua generosidade o tornavam ainda maior em particular do que parecia em público.

Vitaly Rubin, mais um *refusenik*, também era próximo dos dissidentes. Graças a ele, conheci outras figuras lendárias, entre as quais Yuri Orlov, um físico que também cumpriria nove anos de prisão; Andrei Amalrik, o corajoso escritor que publicou um ensaio em 1970 perguntando o impensável, *Will the Soviet Union Survive Until 1984?* (1984: Chegará a URSS Até Lá?); Alexander Ginzburg, o poeta que ajudou Alexander Solzhenitsyn a distribuir as receitas dos *royalties* de *O Arquipélago Gulag* e alguns dos fundos do Prêmio Nobel de Solzhenitsyn para prisioneiros políticos; e

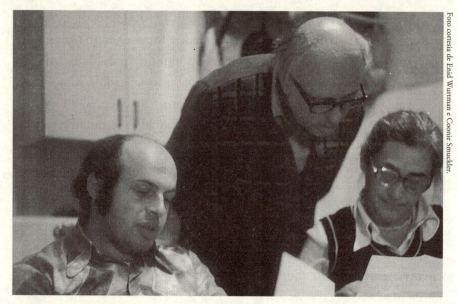

Meu mentor, o importante cientista soviético Andrei Sakharov, sua esposa, Yelena Bonner, e eu editamos outro apelo aos direitos humanos dirigido ao Ocidente, que duas "donas de casa" da Filadélfia, Enid Wurtman e Coonie Smuckler, contrabandearam para nós.

Lyudmila Alexeyeva, uma proeminente historiadora russa, expulsa do Partido Comunista em 1968, que lutou pelos direitos humanos russos até o dia de sua morte, aos 90 anos de idade, em 8 de dezembro de 2018.

Inicialmente, nossos parceiros israelenses toleraram minha ligação com os dissidentes como meu pequeno *hobby*. Ocasionalmente, alguns israelenses me advertiram a não ir longe demais com essa distração. Então veio Helsinque.

Quando a União Soviética e outras 34 nações assinaram os Acordos de Helsinque em 1975, as autoridades soviéticas celebraram o fato como uma vitória. Muitos dissidentes o lamentaram como uma perda. Desde que assumira pela primeira vez o controle do Leste Europeu e dos Estados Bálticos após a Segunda Guerra Mundial, a União Soviética tentava dar legitimidade às suas fronteiras recém-expandidas. A "primeira cláusula" dos acordos, formalmente chamada de *Conference on Security and Cooperation in Europe* (Conferência sobre a Segurança e a Cooperação na

Europa), proporcionou essa aprovação internacional. A União Soviética também queria maior cooperação econômica com o Ocidente. A "segunda cláusula" prometia essa recompensa. Em troca, os soviéticos tiveram que aceitar a "terceira cláusula", que incluía promessas de respeitar direitos humanos básicos, facilitar a reunificação familiar e permitir intercâmbios culturais. Entretanto, todos os compromissos liberais e democráticos não eram vinculativos. As autoridades soviéticas eram muito habilidosas em defender esses direitos da boca para fora, nas Nações Unidas e por toda parte. Em 1975, o Ocidente tinha um longo histórico de engolir as mentiras soviéticas.

Os dissidentes temiam que a União Soviética enganasse o Ocidente mais uma vez. Yuri Orlov, Andrei Amalrik, Lyudmila Alexeyeva e eu tivemos muitos debates acalorados, imaginando o que poderíamos fazer para que a União Soviética mantivesse esses novos compromissos. Propus que escrevêssemos cartas convidando políticos, organizações de mídia e de direitos humanos ocidentais para um diálogo sobre a forma de cumprir o "espírito de Helsinque". Ao mostrar como vários países honravam os acordos, eu esperava criar uma atmosfera pública que desencorajasse os soviéticos a ignorar nossos direitos.

Orlov temia que as cartas não passassem de palavras ao vento. Com inteligência e coragem, ele propôs a criação de um grupo de monitoramento, pressupondo que um órgão permanente desencadearia um tipo de reação soviética contra nós que forçaria o Ocidente a perceber as constantes violações desse acordo recém-assinado.

Liderados por Orlov, 11 de nós fundamos o *Public Group for Monitoring the Fulfillmnent of the Humanitarian Articles of the Helsinki Final Act* (Grupo Público para Promover o Cumprimento dos Artigos Humanitários dos Acordos de Helsinque) na URSS, que tinha por objetivo atualizar o Ocidente sobre a conformidade soviética. Ele se tornaria famoso como o Grupo de Monitoramento de Helsinque ou o Grupo Helsinque de Moscou. Vitaly Rubin e eu éramos os dois ativistas judeus envolvidos. Quando os soviéticos apressaram a emigração de Vitaly e ele partiu para Israel, Vladimir Slepak o substituiu. Eu também me converti no porta-voz não oficial desse grupo, responsável por compartilhar os relatórios que redigíamos e as evidências que encontrávamos com jornalistas e políticos ocidentais.

O fato de ser membro desse grupo levou ao meu conhecimento a luta travada por diferentes grupos em toda a União Soviética. De repente, me vi falando em nome dos tártaros exilados da Crimeia, dos pentecostais perseguidos por ensinar aos seus filhos sua religião, dos padres lituanos, dos nacionalistas armênios e tantos outros. Do meu ponto de vista, era óbvio que todas essas lutas estavam interligadas. Em última análise, cada um de seus sucessos contribuía com o nosso objetivo mútuo de abrir um buraco cada vez maior na Cortina de Ferro que separava o totalitarismo soviético do mundo livre.

No intervalo de dez meses, cada um dos monitores fundadores seria preso ou exilado. A essa altura, havíamos feito com que a opinião sobre Helsinque e direitos humanos mudasse. Nosso grupo publicou mais de 20 documentos. Os relatórios detalhavam os constantes ataques do império soviético aos direitos humanos. Destacamos a opressão dos dissidentes, a repressão da emigração judaica, o sofrimento dos presos políticos e a perseguição dos sacerdotes católicos na Lituânia, dos pentecostais na Sibéria, dos tártaros da Crimeia no Cazaquistão e muitos outros grupos-alvo.

Grupos públicos dedicados a monitorar os acordos de Helsinque começaram a surgir em muitos países de ambos os lados da Cortina de Ferro. No Capitólio, o Congresso criou a *Commission on Security and Cooperation in Europe* (Comissão de Segurança e Cooperação na Europa), inicialmente envolvendo oito membros da Câmara dos Representantes e oito senadores, juntamente com três representantes do governo. Essa iniciativa bipartidária única escrutinou nossos documentos, amplificando as vozes das vítimas da crueldade comunista.

As violações soviéticas da terceira cláusula não compulsória de Helsinque obscureceram todas as negociações futuras entre a URSS e o Ocidente. Esse escrutínio contínuo colocou a União Soviética sob pressão imprevista e sem precedentes. Exigências de respeito a esses compromissos perseguiram o regime até que entrou em colapso uma década e meia depois.

Descobriu-se que, em 1975, a União Soviética havia assinado sua própria sentença de morte.

MINHA SITUAÇÃO
FICA TENSA COM OS SOVIÉTICOS
E OS ISRAELENSES

Mas, em 1976, a situação parecia diferente. Eu tinha certeza de que estava fazendo exatamente o que precisava ser feito, não apenas para a luta mais ampla pelos direitos humanos, mas para promover nossa agenda judaica. Essa crescente coalizão de forças da liberdade só poderia beneficiar a causa da emigração judaica.

O Escritório de Ligação de Israel discordou. Atividades sionistas e iniciativas antissoviéticas pareciam estar se sobrepondo pela primeira vez. Líderes sionistas e dissidentes estavam assinando documentos antissoviéticos, e os israelenses temiam genuinamente a reação soviética. "Como podemos dizer às contrapartes russas que não interferimos em seus assuntos internos?", eles indagavam com rispidez. Concluíram que o perigo para o movimento sionista era tão grande que tiveram que me excluir.

Quando a KGB começou a atacar os membros do Grupo Helsinque de Moscou, um dos líderes do Escritório de Ligação convidou Avital para uma conversa franca e extraoficial.

"Seu marido cruzou todas as linhas vermelhas", disse ele. "Ele se tornou um dissidente. Não faz mais parte do nosso movimento sionista e o comportamento dele coloca o movimento em risco. Em breve ele será preso. E nós, o Estado de Israel, não iremos defendê-lo."

Ele então deu alguns conselhos paternais a Avital: "Esqueça-o. Ele está arruinando a vida dele e acabará arruinando a sua também. Você ainda é jovem. Vamos ajudá-la a começar uma nova vida."

Essa conversa desencadeou dois telefonemas urgentes entre mim e Avital. Nossas discussões foram tensas. Sabíamos que a KGB estava gravando cada palavra. Ela não podia me dizer com quem havia falado e o que lhe fora dito exatamente. E eu não podia dizer a ela quais seriam meus próximos passos. Ainda assim, Avital transmitiu a mensagem que os israelenses queriam que eu ouvisse: "Você foi longe demais. Seu envolvimento com o Grupo Helsinque de Moscou e com o movimento dissidente é perigoso para você e para a causa dos *refuseniks*. Pare com isso."

Muitos turistas já haviam feito advertências semelhantes inúmeras vezes. Dessa vez, porém, não pude ignorar a mensagem, porque o mensageiro era Avital. Ela estaria simplesmente transmitindo a mensagem ou acreditava nela? Se ela acreditava, tínhamos um problema.

Felizmente, recebi o esclarecimento de que precisava com muita rapidez. De alguma forma, Avital providenciou outra ligação para Moscou no dia seguinte. E, de algum modo, transmitiu a mensagem onde eu deveria estar quando ela telefonasse. O segundo telefonema foi simples. "Esqueça o que falei ontem. Foi um momento de fraqueza. Acredito no que você está fazendo", disse ela. "Estou do seu lado."

Pouco tempo depois, em 4 de março de 1977, um artigo de página inteira foi publicado no jornal soviético *Izvestia*. Ele acusava a mim e a outros importantes ativistas judeus de espionagem para os Estados Unidos. Como sempre, era mentira. Entretanto, dessa vez, as autoridades estabeleceram padrões mais elevados, de atividades antissoviéticas a alta traição, que implicam sentença de morte.

Imediatamente, oito homens da KGB me cercaram. Sua gaiola ambulante me aprisionava aonde quer que eu fosse. A mensagem era clara: "Não há para onde ir e a prisão é iminente".

Avital sabia que não fazia sentido pedir ajuda ao Escritório de Ligação de Israel. Em vez disso, ela apelou aos seus amigos íntimos e mentores espirituais, o rabino Tzvi Tau e sua esposa, Hannah Tau. Desde que se mudara para Israel, Avital havia descoberto o mundo do judaísmo na casa deles. Com seus ensinamentos e treinamento, ela se transformou em uma judia devota.

Embora fosse tarde da noite, o rabino Tau levou rapidamente Avital e seu irmão Misha à casa de seu mestre, o rabino Tzvi Yehuda Kook. Filho do lendário rabino-chefe da Palestina, Abraham Isaac Kook, o "jovem" rabino Kook já tinha 85 anos de idade e estava doente. Quando lhe traduziram o artigo do *Izvestia* e ele ouviu que estavam sendo cogitadas acusações de espionagem, entendeu imediatamente a ameaça. Apesar da hora tardia, chamou os discípulos à sua casa. "Mais uma vez, os judeus soviéticos estão em grande perigo", disse ele. "Se um judeu é acusado de espionagem, todo judeu está em perigo. Lembrem-se. Somos os guardiões de nossos irmãos. Chegou a hora de fechar os livros e lutar."

No dia seguinte, os seguidores do rabino Kook fundaram o que se tornou a sede de uma rede global de solidariedade, chamada Sou Guardião de Meu Irmão. Centenas de discípulos de Kook começaram a se organizar, dar palestras e escrever para promover a solidariedade com os judeus soviéticos em perigo. Graças a eles e a centenas de milhares de pessoas em todo o mundo, religiosas e não religiosas, Avital nunca esteve sozinha em suas viagens. Alguns dos seguidores do rabino Kook, que muitas vezes mobilizou apoio local onde quer que ela fizesse campanha durante os nove anos em que estive na prisão, sempre a acompanhavam.

Muito antes de nosso mundo se tornar digital, havia uma internet judaica. Todas as diferentes sub-redes do mundo judaico usavam todos os tipos de "roteadores" para conseguir para Avital os números de telefone necessários, contatos influentes, dar conselhos estratégicos, assistência financeira, hospitalidade e apoio moral de que ela necessitava. Nos anos seguintes, essa rede mundial de relacionamentos a ajudaria a ter acesso a quase todos os líderes importantes do mundo livre.

Mesmo depois da minha prisão, o Escritório de Ligação de Israel não interrompeu suas tentativas de "salvar a pureza do movimento sionista". Um dos líderes da organização Sou Guardião de Meu Irmão, o rabino Oded Wolanski, era muito respeitado pelas sofisticadas aulas de religião que ministrava em todos os tipos de locais, de *yeshivot** ao exército.

O rabino Wolanski foi chamado para um encontro com o homem número 2 do Escritório de Ligação, em um dos locais fora do circuito turístico de que os administradores, com seu treinamento de espionagem, gostavam. "Sharansky não é sionista", disse o grisalho representante do governo ao jovem rabino. "Você deveria parar de trabalhar em benefício dele. É perigoso para o nosso movimento." O rabino Wolanski discordou. Ele disse que conhecia Sharansky muito bem por intermédio de Avital. De mais a mais, muitos alunos estavam lendo suas cartas para aprender sobre o sionismo em ação.

A conversa ficou feia. "Você pensa que é o Estado", disse o representante do Escritório de Ligação. "Nós somos o Estado. Você acha que sabe quem está defendendo. Você não sabe nada. O que você está fazendo agora é colocar em risco os judeus soviéticos. É melhor você parar. Imediatamente. Ou *anahnu nashmid ethem*" (nós iremos destruir vocês).

---

* N.T.: Plural de *yeshivá*.

Entrementes, o Escritório de Ligação enviou cartas aos diplomatas israelenses e líderes de organizações do *establishment* judaico em cidades-chave aconselhando-os a se abster de apoiar Avital. As cartas implicavam um "nós sabemos algo que vocês não sabem" e enfatizavam que ninguém sabia por que a KGB havia detido o marido dela.

O Escritório de Ligação também interveio quando dois jovens advogados, estrelas em ascensão no universo internacional dos direitos humanos, começaram a montar a minha defesa. Tanto Irwin Cotler, da McGill University, quanto Alan Dershowitz, da Universidade de Harvard, receberam mensagens diretas para ficar longe de mim. Eles não obedeceram.

Ficou rapidamente óbvio que Israel era muito maior do que alguns poucos burocratas. Nenhum órgão do governo poderia limitar a solidariedade judaica, não no Estado judeu e não em qualquer outra comunidade judaica ao redor do mundo.

Os protestos contra a minha prisão ganharam força, dia a dia, mês a mês. Inevitavelmente, o Escritório de Ligação teve que aderir à luta. Uma vez envolvido, o governo israelense provou ser essencial durante todas as fases do esforço que finalmente me libertou.

A LUTA EM RETROSPECTO

Encontrei Nehemiah Levanon pela primeira vez quando participávamos de uma conferência em Nova York sobre a luta judaica soviética, dois anos após minha libertação. Levanon havia se aposentado em 1982, depois de trabalhar no Escritório de Ligação por três décadas e o chefiado por 12 anos.

Levanon foi um verdadeiro pioneiro sionista. Apesar de todo o seu heroísmo, ele se aposentou para viver em Kfar Blum, *kibutz* que ajudou a fundar em 1943. Ali fazia as tarefas como todos os demais membros, trabalhando no centro cultural e no refeitório comunitário.

Depois de conversarmos, eu o convidei para um café da manhã no dia seguinte. Ele foi amistoso, mas circunspecto. Eu lhe disse: "Ontem, ficou claro para o público que somos aliados na mesma guerra, do mesmo lado, lutando em diferentes frentes. Então eu me pergunto. Nos primeiros e mais difíceis dias depois da minha prisão, a KGB debateu se abriria um processo contra todo o movimento sionista. Era óbvio que a decisão deles dependia da reação mundial. Quando todo tipo de pessoas, inclusive o presidente Jimmy Carter, zombou das acusações de espionagem contra mim como uma óbvia mentira, por que você enviou cartas às organizações judaicas desencorajando-as de trabalhar com Avital e insinuando que eu poderia ser um espião?".

Levanon ficou surpreso. Depois de pensar por um longo e constrangedor momento, ele respondeu cuidadosamente: "Eu não enviei as cartas. Foi Tzvi Netzer", o segundo homem de Levanon, que não estava mais vivo. Netzer era famoso por sua abordagem brusca e impiedosa. "Mas nunca suspeitamos de você pessoalmente", acrescentou Levanon. "Temíamos que alguns jornalistas e diplomatas ao seu redor pudessem ser agentes da CIA. Também nos preocupamos com Misha, o irmão de Avital. O inglês dele era perfeito demais. Apenas os russos que se formaram na escola de espionagem da KGB falavam inglês tão bem."

De fato, Misha falava um inglês gramaticalmente correto. O que quer que o irmão de Avital fizesse, ele o executava com mestria: arqueologia, história, serviço militar, estabelecendo uma rede de ativistas para a nossa luta ou aprendendo idiomas. Na época, meu extraordinário cunhado desfrutava de uma carreira militar de sucesso e logo seria o primeiro adido militar de Israel em Moscou. Em 1996, um dia depois de escoltar generais russos pelas colinas de Golã, ele faleceu de um ataque cardíaco aos 48 anos.

Durante nosso café da manhã, Levanon deu desculpas esfarrapadas. Era óbvio que, se a história se repetisse, ele faria a mesma coisa de novo. Ele acreditava que manter uma linha de separação entre o movimento de emigração judaica e o movimento dissidente era do interesse de Israel. Se isso significava sacrificar quaisquer peões do lado judeu, então que assim fosse.

No entanto, em 1988, o quadro geral era levado em conta. O império soviético estava em colapso. Todos os prisioneiros de Sião estavam sendo libertados. Muitos *refuseniks* finalmente ficaram livres, alguns depois de décadas de espera. O cheiro de vitória estava no ar, e Levanon e eu tínhamos motivos para celebrar nossa vitória mútua.

VIVER LIVRE NA PRISÃO

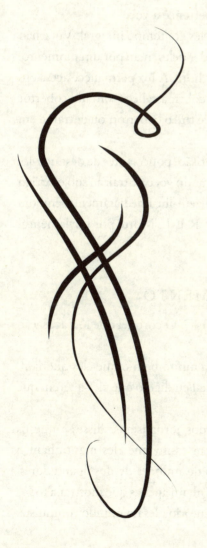

Saí do centro de nossa luta pelos judeus soviéticos tão rapidamente quanto nela entrei. Em 1973, desisti de ser um duplipensador solitário e um dissidente enrustido e mergulhei no coração do movimento. Quatro anos depois, minha saída foi ainda mais abrupta.

Em um minuto, você está no meio de coletivas de imprensa, telefonemas e aulas de hebraico. No minuto seguinte, um mar de mãos o puxa para fora de um elevador e quatro agentes da KGB o empurram direto para dentro de um carro.

Eles espremem você no meio do banco de trás do carro, colocando homens suficientes para que você não possa fazer o último e fugaz contato visual com os amigos e repórteres, com quem estava interagindo momentos antes.

As duas portas de ferro da prisão de Lefortovo se fecham em você.

Primeiro, uma delas se fecha com estrondo, depois, a outra. Você olha para cima e vê a focinheira em cada janela, uma gaiola de malha de arame que o prende aqui. É 15 de março de 1977. A partir de agora, até mesmo um raio de sol solitário será um visitante raro em sua vida.

Eles desnudam você. Vasculham todos os orifícios, de cima a baixo. Não faz nenhum sentido. Eles sabem que você não tem nada escondido. Oito deles estiveram perseguindo você, seguindo você o tempo todo por semanas. Entretanto, ao ficar ali nu, diante de três sargentos e uma idosa paramédica, estremecendo involuntariamente a cada cutucada, você sabe qual é a mensagem que estão transmitindo: "De agora em diante, nada pertence a você. Nem mesmo seu corpo pertence a você".

Agora, você viverá diante dos olhos deles em tempo integral. Você não terá privacidade. Você não poderá se esconder deles, nem por um momento.

Eles podem vir e revistá-lo a qualquer hora. A luz permanece acesa em sua cela dia e noite. E, se à noite você tenta cobrir a cabeça com um cobertor para bloquear a luz, eles irão exigir que você tire o cobertor, ou entrarão em sua cela e o removerão eles mesmos.

No momento em que o levam para a prisão, pouco antes de desnudá-lo, eles leem a acusação em voz alta. Estão acusando você de traição sob o Artigo 64A: alta traição. Esse é um crime capital, dizem-lhe imediatamente, embora você já saiba disso. A punição: R-A-S-S-T-R-E-L. Morte por fuzilamento.

TENTANDO ME INTIMIDAR
DE VOLTA AO DUPLIPENSAMENTO

"Não haverá mais coletivas de imprensa". O coronel que lê a acusação sorriu. "Agora tudo depende de você".

Eu sabia o que eles queriam. Eu sabia muito bem o que eles queriam. Eles queriam me reenviar ao mundo no qual eu digo o que eles querem que eu diga. Ao mundo do duplipensamento.

Eles queriam que eu ficasse diante dos jornalistas e dissesse que os soviéticos estavam certos e eu, errado. Era assim que eles mantinham o controle em um país repleto de centenas de milhões de duplipensadores. Não precisavam matar mais dissidentes. Tinham apenas que mostrar a todos que não havia como ser independente das autoridades no mundo comunista.

Mas esse tipo de rendição não era mais uma opção para mim. Eu não podia retornar àquele mundo; eu já vivera ali. Eu sabia o que era viver como um duplipensador. Então, me vi parado ali, nu, tentando não demonstrar meu nervosismo. Eu disse a mim mesmo: "Eles não podem me humilhar. Somente eu posso me humilhar".

Nas primeiras semanas, a equipe de interrogatório cresceu para 17 policiais, enquanto focavam como alvo o movimento *refusenik* em toda a União Soviética. O interrogador-chefe, um coronel, gostava de dizer: "Não somos sanguinários". Todos eles continuavam a insistir: "Você pode se salvar cooperando conosco".

O coronel me lembrou que havia libertado dois dissidentes famosos havia alguns anos. Viktor Krasin e Pyotr Yakir haviam repudiado suas "atividades antissoviéticas" em uma coletiva de imprensa em 1973, traindo seus camaradas. "Prometi a eles que seriam libertados", disse, "e, veja bem, mantivemos nossa palavra".

Bem, isso foi um erro. Fazer com que eu me recordasse dessas duas pessoas, heróis caídos do movimento dissidente, foi um tiro que saiu pela culatra. Sim, eles foram libertados, e alguns de seus camaradas presos como consequência. Lembro-me de ouvir rumores sobre como Krasin e Yakir foram infelizes depois de terem confessado. Era muito difícil voltar a viver uma vida de mentiras como um duplipensador enquanto se carregava o peso da culpa de ser um traidor. Eu já ouvira falar que Yakir estava bebendo, e em 1982 ele bebeu até morrer. Em 1975, a KGB ajudou Krasin e sua esposa a emigrarem. As autoridades estavam preocupadas com o estado mental deles; homens alquebrados não podem ser confiáveis e manter suas confissões. Ao chegar em Paris, Krasin deu uma segunda coletiva de imprensa para se retratar do ato de repúdio em sua primeira e forçada coletiva.

Em 1984, Krasin escreveria sobre sua confissão: "O que senti naquelas horas? Nada. Minha alma estava vazia... Eu queria pensar em como viveria depois de tudo que eu havia feito". Todos disseram que, ao sair da prisão, era possível ver o vazio nos seus olhos.

Respondi ao coronel, que ficou surpreso por eu saber sobre Krasin ter desdito o que havia afirmado antes. "Você quer que eu dê duas entrevistas coletivas. Prefiro não dar nenhuma."

Jamais estive só

Assim como não podiam tirar minha liberdade, eles não podiam tirar o sentimento de fazer parte de uma luta histórica. Ao me conectar com o passado e o futuro, essa luta deu sentido e profundidade à minha vida. Os soviéticos me isolaram fisicamente. Eles me arrancaram de minha casa, dos meus amigos, das minhas rotinas e dos meus pequenos confortos. Mas será que me tiraram da luta?

Continuei a rememorar o que acabou sendo meu último telefonema para Israel. Eu estava ansioso pelo contato, pois temia que pudesse ser minha última oportunidade de ouvir a voz de Avital. Quando foi publicado aquele artigo do *Izvestia* me acusando de traição e Avital começou a mobilizar aliados em Jerusalém, as coisas ficaram tensas em Moscou também. Os dias após a publicação do artigo pareceram um velório. Cada telefonema parecia o último e cada encontro, uma despedida, com sorrisos forçados e falsas garantias. Escrevi minha carta de "adeus" a Avital e a dei a um jornalista americano de confiança, para que entregasse a ela.

Em meio a toda essa atividade, recebi uma mensagem. Avital tentaria me telefonar em um determinado momento, para uma das casas de um novo *refusenik*. A maioria dos telefones dos *refuseniks* veteranos muito tempo antes havia sido desconectada, de modo que sempre contamos com uma nova safra, cujas vidas ainda não haviam sido totalmente paralisadas.

O telefone tocou na hora. Mas, depois de toda aquela expectativa, em vez de ouvir Avital, ouvi uma voz masculina jovem na linha. Um rabino de Jerusalém, de 29 anos de idade, que se apresentou como Eli Sadan, relatou que Avital e seu irmão Misha já haviam partido para Genebra, a fim de começar a luta contra a minha prisão iminente. O artigo também os havia alarmado. "E abrimos nossa sede: *Shomer Ahi Anohi*, Sou Guardião de Meu Irmão", disse ele, descrevendo brevemente os esforços ininterruptos do grupo para apoiar Avital e alfinetar a consciência do mundo.

"Estamos todos lutando por você", disse Sadan. "Você é nosso herói."

O professor de Sadan, rabino Tzvi Tau, entrou na linha. "O mundo todo está observando o que acontece com os judeus em Moscou", disse ele. "O que acontece com vocês afeta a todos nós. Vocês estão agora no centro, influenciando todo o mundo judaico. Toda a luta depende de vocês." E Tau acrescentou: "*Hazak veematz*", a tradicional bênção judaica, seja forte e corajoso.

Na época, mal ouvi as palavras, de tão chateado que fiquei por ter falado com os rabinos e não com Avital. Mas, no vácuo da prisão, repassei cada interação. Refleti sobre suas palavras, das quais brotou um novo significado: "Vocês estão agora no centro, influenciando todo o mundo judaico". A distração dos rabinos, antes frustrante, agora me conferia um novo senso de responsabilidade.

Comecei a refletir. "O que realmente mudou?", perguntei a mim mesmo. Eu estivera no meio da luta, conectado a tantas pessoas ao redor do mundo. Eu havia me mudado a apenas três quilômetros de distância: do apartamento moscovita de Slepak para a prisão Lefortovo da KGB. Mas agora eu estava ainda mais no centro. O mundo me observava. Cada palavra que eu dissesse, cada ação que fizesse, seria mais importante do que antes.

Mas não basta se sentir importante. Também foi bom saber que eu tinha tropas atrás de mim.

QUEBRANDO O ISOLAMENTO DA KGB

Dia após dia, interrogatório após interrogatório, a KGB tenta fazer com que você se sinta sozinho no mundo. Além de isolar, amordaçar e violar, eles tentam desmoralizar você. No primeiro interrogatório depois da minha prisão, eles gritaram: "Basta! Chega de calúnia! Ninguém pode ouvi-lo aqui, exceto nós".

Nos mais de 100 interrogatórios no ano seguinte, eles seriam muito mais sutis. Eles pararam de gritar. Em vez disso, tentaram raciocinar comigo. Ofereceram-me todo tipo de explicações, de todas as formas, para me mostrar o quão solitário eu estava, o quão desconectado. Disseram que todos haviam me abandonado e que o movimento *refusenik* estava se desmantelando.

Eles pensaram que poderiam me convencer porque controlavam todas as informações. Não havia rádio. Nenhum encontro com parentes. Nenhuma carta. Os interrogadores tentaram ser lógicos e específicos. Usaram cada pedacinho de informação coletada durante os anos de monitoramento das vidas dos *refuseniks*: sobre brigas mesquinhas, lutas pelo poder, viagens do ego. "Você sabe como A dispensou B", diziam. "Quão invejoso é C e ganancioso é D. Eles já têm problemas suficientes entre si sem você."

E prosseguiam: "Você conhece essas chamadas organizações judaicas soviéticas, sabe que elas não se suportam. Quanto tempo você acha que esses pirralhos mimados no exterior permanecerão leais à causa? Eles têm sua própria vida para viver. Mas nós, nós temos todo o tempo do mundo".

Eu disse a mim mesmo: "Não tenho escolha. Preciso romper o isolamento e posso confiar somente na minha memória".

Tentei com todas as minhas forças não escutar meus interrogadores, não os ouvir. Em vez disso, retornei ao mundo em que eu vivera, que conhecia bem. Lembrei-me de cada reunião, de cada conversa que entabulei com meus colegas *refuseniks* em Moscou. Tentei pensar sobre o que cada pessoa poderia estar fazendo naquele momento. Lembrei-me de discussões, acusações e suspeitas. Porém, o que tudo isso significava agora? Parecia tão trivial.

Da minha cela, a comunidade nunca pareceu tão unida. A KGB continuou a enfatizar nosso caos interno. Mas se um companheiro de prisão tivesse me perguntado: "De quem você é mais próximo, dos *politiki* ou dos *kulturniki*? Da Direita ou da Esquerda? Do Likud ou do Partido Trabalhista? Dos reformistas ou dos ortodoxos? Da *Union of Councils for Soviet Jews* (União dos Conselhos pelos Judeus Soviéticos) ou da *National Conference on Soviet Jewry* (Conferência Nacional sobre os Judeus Soviéticos)?", eu teria zombado. O diálogo marcado por divergências havia desaparecido. Em seu lugar estava meu diálogo de uma só pessoa. É verdade, apenas na minha mente, mas também era o diálogo de um só povo, unido em uma única luta.

As organizações judaicas, sempre envolvidas em brigas e altercações, estavam agora em sintonia, listadas como antissoviéticas no meu arquivo da KGB. Isso provava quão sem sentido haviam sido as divergências. Então revivi, repetidamente, a emoção de cada manifestação, o poder de cada coletiva de imprensa, a convicção de cada assinatura em cada petição. Ressuscitei aqueles sentimentos alegres de solidariedade, liberdade e responsabilidade mútuas que sentíamos uns pelos outros.

Pensei em todos os judeus do estrangeiro que conheci durante a luta. O que cada um estaria fazendo agora? Eu me perguntei sobre aquela dona de casa de Miami, aquele advogado de São Francisco, aquele estudante de Toronto e aquele professor londrino de língua russa.

Pensei em todas as pontes vivas que me conectaram com Avital. Todos aqueles que ocultaram nossas cartas em suas roupas íntimas antes de cruzar a fronteira. Todos aqueles que trabalharam tanto para evitar que nossa comunicação fosse interrompida. Tentei imaginar o entorno em que viviam, suas vidas cotidianas, seu ativismo político. Eles não iriam esquecer. Eles não me abandonariam. Eles não deixariam de lutar. Eu confiava neles agora como havia confiado antes. Eu acreditava – eu sabia – que eles continuavam a luta. E nossa luta era minha principal arma.

Esse quadro imaginado e ideal era confrontado diariamente pela realidade miserável que a KGB tentava impor. Todas as discussões, ciúmes e emoções mesquinhas que preenchiam nossos dias e os arquivos da KGB se tornaram irrelevantes.

Então, havia Avital.

UM PONTO FIXO

Quando estudei a teoria dos jogos, aprendi que sempre existe uma ótima estratégia para minimizar perdas. A prova da sua existência baseia-se no fato de que, quando você se move de um sistema de coordenadas para outro no globo, sempre haverá um ponto fixo. A KGB se especializou na mudança de coordenadas, tentando nos desmoralizar ao mudar perspectivas e contextos, fazendo com que nos sentíssemos impotentes e semeando dúvidas. Até minha libertação, meu único ponto fixo era Avital. Ela me manteve centrado, são e focado na comunidade que me apoiava, não no iminente desconhecido.

Para me manter ancorado, compus uma oração no meu hebraico primitivo. Antes e depois de cada interrogatório, eu dizia: "Bendito és Tu, *Adonai*, Soberano do Universo. Conceda-me a boa fortuna de viver com minha esposa, minha amada Avital, na Terra de Israel. Conceda a meus pais, à minha esposa e à minha família toda a força para suportar todas as adversidades até nos encontrarmos. Conceda-me a força, o poder, a inteligência, a boa fortuna e a paciência para sair desta prisão e chegar à Terra de Israel de forma honesta e digna".

Foi assim que tentei me restabelecer como pessoa livre na prisão: como participante da luta imaginada de uma comunidade judaica global imaginada. Isso fez com que eu recuperasse minha autoconfiança e meu otimismo.

QUEM É VERDADEIRAMENTE LIVRE?

Assim como eu uma vez provoquei meus guardas da KGB enquanto eles me seguiam por toda parte em Moscou, percebi que também poderia fazê-lo com meus interrogadores. Isso lembrava a eles e a mim quem é realmente livre e quem é um atemorizado duplipensador.

Era fácil. Tudo o que eu devia fazer era contar uma piada sobre o líder soviético, Leonid Brejnev. Graças a Deus, havia muitas histórias sobre sua arrogância, sua grosseria, sua senilidade. É claro que se tratava de piadas da clandestinidade. Um jogo de palavras em russo sobre ele confundir o embaixador britânico com o francês. Outra contava sobre ele forçar os cosmonautas soviéticos a superar os astronautas americanos que pousaram na lua bombardeando o sol, assegurando-lhes que não seriam incinerados porque as bombas seriam lançadas durante a noite.

Eu contava uma piada aos meus interrogadores. Eu dava risada. E eles tinham vontade de rir, mas não podiam, especialmente se havia dois deles. Isso acabaria com suas carreiras. Eles encobriam essa vontade com um acesso de fúria, batendo na mesa e gritando: "COMO VOCÊ OUSA!!!"

"Vejam", eu lhes diria, calmamente, "vocês nem sequer podem sorrir quando querem sorrir. E afirmam que estou na prisão e vocês estão livres?" Eu fazia isso para irritá-los, porque eles passavam muito tempo tentando me irritar. Mas, principalmente, eu estava me lembrando de que eu era livre, desde que pudesse rir ou chorar conforme sentisse.

Eu também comparava a imagem deles do que estava acontecendo para além do arame farpado com minha visão da luta atual, e os desafiava. Fingia saber o que estava ocorrendo, geralmente encontrando um significado adicional a algo que haviam dito ou não haviam dito. "Hum, é bom saber que você não conseguiu dobrar nem mesmo um *refusenik*, já que não tem ninguém que possa trazer para meu contrainterrogatório." Ou, "Uau, apesar do que você afirmou, e não obstante todos os seus esforços, ouvi dizer que essas organizações judaicas continuam lutando por nós."

Então avaliei o quão confusos eles pareciam. Eles não queriam negar ou confirmar o que eu dissera, porém queriam saber como eu obtivera aquela informação. Eles me revistaram novamente. Interrogaram meus companheiros de cela de forma mais agressiva. Todo o nervosismo deles provava uma coisa: que o universo imaginário que eu estava projetando do meu passado era muito mais real do que aquele que eles estavam tentando me impor no presente.

Frustrados, eles retomavam sua única arma, seu ponto fixo, R-A-S-S-T-R-E-L, morte. "Você está apostando todas as suas fichas", eles zombaram. "Elas não têm nada a ver com a realidade. Você está perto de desistir da sua vida como um cientista talentoso, com uma jovem e bela esposa esperando por você, para continuar contando suas piadas e fazendo seus joguinhos? Você será levado a julgamento. Você enfrentará a pena de morte. É nisso que você deve pensar, Anatoly Borisovich", disseram os interrogadores.

Nunca recebi tantos elogios da KGB enaltecendo minhas habilidades científicas e minha esposa maravilhosa. Mas a vida à qual eles queriam me reenviar não seria a vida que eu desejava ou da qual necessitava. Seu objetivo era me convencer de que nada era mais importante do que a sobrevivência física. Porém, eu sabia que não conseguiria controlar isso. "Se a sobrevivência física é o meu objetivo, estou acabado", raciocinei comigo mesmo. "Porque a sobrevivência física depende totalmente da boa vontade deles. Meu objetivo deveria ser outro: viver como uma pessoa livre até meu último dia."

Esse objetivo era realista. Porque só dependia de mim.

O QUE AVITAL E EU SABÍAMOS QUE OS OUTROS DESCONHECIAM

Alguns anos atrás, quando Michael Oren era embaixador de Israel nos Estados Unidos, ele me ligou. "Você não vai acreditar no que Max Kampelman está dizendo", disse Michael. O embaixador Kampelman havia representado o presidente Ronald Reagan durante inúmeras negociações com a União Soviética na década de 1980. "Kampelman me disse que sua esposa era uma religiosa tão fanática de direita, que impediu que você fosse solto por motivos de saúde em 1983, três anos antes de você finalmente ser libertado."

Eu ri. Mesmo 30 anos após a nossa vitória, alguns dos nossos mais empenhados aliados não conseguiam compreender o quão total era nossa luta ou o que realmente nos motivava. Confusos, eles recorreram a clichês primitivos. Era mais fácil acreditar em bichos-papões religiosos ou políticos do que na eficácia de nosso idealismo.

Foto cortesia da Ronald Reagan Library.

Pouco tempo depois que Avital se encontrou com Ronald Reagan pela primeira vez, em maio de 1981, ele escreveu no seu diário pessoal: "Malditos todos esses monstros desumanos", referindo-se aos comunistas soviéticos. "Prometi que faria tudo ao meu alcance para conseguir a libertação dele e o farei."

Avital não tentou impedir minha libertação. Pelo contrário, ela lutou com persistência pela minha liberdade todos os dias durante meus nove anos de prisão, nunca perdendo a esperança de que no dia seguinte eu seria libertado.

Em meados de 1983, Max Kampelman e Lawrence Eagleburger, dois importantes diplomatas estadunidenses, convidaram Avital à Casa Branca. A essa altura, funcionários da administração, diplomatas do Departamento de Estado e muitos líderes do Congresso estavam frustrados. Apesar de todos os seus esforços, a Rússia não se mexia e a minha situação estava piorando. Uma avaliação interna da Casa Branca de outubro de 1982, que tive a oportunidade de ler quando foi publicada décadas depois, alertava: "As chances de libertar Anatoly são realmente sombrias".

Nove meses depois, entretanto, Kampelman e Eagleburger estavam exultantes. Eles acreditaram que tinham transformado o impossível em possível. Orgulhosamente, informaram Avital que a intensa pressão do governo Reagan havia finalmente forçado um recuo russo. Os soviéticos estavam dispostos a me libertar. Eles desistiram da exigência de que eu reconhecesse meus "crimes" ou pedisse um indulto. Eu tinha apenas que assinar uma declaração de uma linha, solicitando que o regime me libertasse por razões humanitárias, "por motivo de saúde precária".

Eu havia terminado recentemente uma greve de fome de 110 dias. Os guardas da prisão me alimentaram à força 34 vezes. Eu pesava 35 quilos, muito menos dos 65 quilos pouco antes de ser preso. As considerações de saúde eram justificadas. Avital respondeu a Kampelman e Eagleburger imediatamente: "Ele não fará isso".

Ambos os diplomatas se afastaram, ansiosos e perplexos. O que ela entendia que eles não entendiam? Ela e eu sabíamos que não se tratava somente de uma luta pela minha sobrevivência física. Era uma luta para abrir os portões da União Soviética. Minha libertação, se viesse, não poderia acontecer às custas da luta. Só poderia ser graças a ela.

Como eu poderia contribuir para a luta na prisão? Ao lembrar o mundo que o regime era mau e hipócrita. Ao mostrar que as acusações de alta traição contra mim foram baseadas apenas em reuniões abertas e declarações públicas como ativista judeu e dissidente democrático. E ao explicar que essa sinistra acusação de espionagem era apenas decorrente do fato de eu compartilhar uma lista amplamente divulgada de *refuseniks*, enviada às organizações judaicas e a figuras públicas.

Como eu poderia enfraquecer a luta? Ao reconhecer a autoridade moral do regime e sua legitimidade.

No primeiro dia após minha prisão, me preparando para o que eu esperava ser rodada após rodada de interrogatórios da KGB, decidi pela abordagem que me guiou durante nove anos. Meus objetivos seriam me recusar a cooperar, usar cada interrogatório para aprender algo sobre os interrogadores e seus métodos e desmascarar suas mentiras e charadas sempre que possível.

É por isso que, após um ano de interrogatórios, me preparei para o meu julgamento, estudando minuciosamente as 15 mil páginas do meu processo. É por isso que rejeitei o advogado que eles escolheram para me representar, a fim de que eu pudesse aproveitar todas as oportunidades para provar que as acusações eram falsas. É por isso que minhas primeiras palavras dirigidas ao tribunal foram: "Sou inocente e todas as acusações contra mim e contra o nosso movimento são absurdas". E é por isso que minhas últimas palavras para o tribunal, antes que me sentenciassem a 13 anos no *gulag*, aquela rede sombria de prisões e campos, foram: "E para o tribunal, que somente deve ler uma sentença que foi preparada há muito tempo, a vocês não tenho nada a dizer".

Eu não estava realmente me dirigindo ao tribunal. Estava antecipando minha missão de expor a verdadeira natureza desse julgamento para o mundo. Depois do julgamento, recusei-me a falar com qualquer oficial da KGB novamente, tratando-a como a organização ilegal que era. A resposta deles era previsível: impuseram condições físicas cada vez mais rígidas, puseram-me na solitária, cancelaram encontros com minha família e confiscaram as cartas que escrevi.

Durante os nove anos no *gulag*, fiquei no campo por menos de um ano no total. Nos campos, você pode interagir com cerca de uma dúzia de pessoas e tomar um pouco de sol. Durante os outros oito anos, passei metade do tempo em uma cela com um ou dois companheiros e a outra metade do tempo na solitária.

A solitária parece pior do que era, quando a alternativa eram companheiros de cela que poderiam ser informantes da KGB. Sempre achei a solitária confortável, se ali eu pudesse ler ou escrever, se estivesse quente e se houvesse comida. Se eu não poderia ficar com outros dissidentes, do que mais eu precisava?

A solitária, no entanto, era desumana. Essa câmara de privação sensorial em que passei 405 dias no total, era pequena, fria e escura. Havia poucos estímulos – sem luz, sem móveis, nada para ler, ninguém para conversar e quase nada para comer.

Depois, houve as greves de fome.

Ao confiscarem as cartas que escrevi, as autoridades ocasionalmente me entregavam cartas de minha mãe de 74 anos, que perguntava assustada: "Você está vivo?" e "O que aconteceu com você?" Os fragmentos de informação que meus algozes mais gostavam de transmitir tinham a ver com a pressão arterial elevada e as hospitalizações periódicas dela. "Veja o que você está fazendo com sua mãe", disseram eles. "Fale conosco. Aceite as regras do nosso diálogo. Então, você pode enviar uma carta para ela."

Passei cerca de um ano neste campo de trabalho, o Perm 35, uma "colônia de regime rigoroso", aqui retratado sob uma luz atraente, sem guardas, cães policiais ou os montes de neve que ali existem durante oito meses do ano.

Passei cerca de metade dos meus 405 dias de solitária exatamente nesta cela, dentro do campo de prisioneiros Perm 35.

GREVE DE FOME

Eu não tinha escolha. Tive que usar a arma mais poderosa que me era disponível: uma greve de fome ilimitada, exigindo meu direito de enviar cartas. Contudo, para que ela contribuísse para a luta, minha família e o mundo tinham que estar cientes.

Uma coisa de que eu dispunha na prisão era tempo. Esperei pacientemente por meio ano, procurando uma oportunidade para enviar a mensagem. Finalmente, um dos prisioneiros políticos estava prestes a ser libertado. Por me comportar mal, consegui que me enviassem para a solitária, bem embaixo da cela dele. Enviei uma mensagem para ele em código Morse. Então esperei mais dois meses por um sinal de que minha família tinha recebido a mensagem.

Comecei a greve de fome no Yom Kipur de 1982. Meu *timing* era proposital. Significava que, quando comecei, milhões de judeus estariam jejuando comigo. Eu precisaria desse sentimento de unidade nos dias seguintes, enquanto definhava na fronteira entre a vida e a morte, vivendo de uma alimentação forçada para outra.

Era um ciclo de três dias. No início, eu perdia lentamente contato com o tempo, até ficar deitado ali, quase inconsciente, sem saber se estava acordado ou dormindo. Então, eles me atacariam violentamente com seus grampos e mangueiras. Antes que eu percebesse, o sangue pulsava com força ao redor da minha cabeça. Parecia que meu coração saltava para fora do peito. Sentia meu estômago inchado. Então, meu corpo não estava mais em marcha acelerada, mas havia começado essa lenta deterioração para o próximo ciclo.

Minuto a minuto, enquanto eu reduzia a marcha novamente, enquanto tudo de vital vazava do meu corpo, eu só tinha força suficiente para me ater a um sentimento: a confiança de que eu nunca estava sozinho. Avital e minha família e meu povo estavam comigo. À medida que eu ficava cada vez mais tonto, sentia que tinha feito o que me era possível; havia passado o bastão nesse revezamento existencial. Agora, era a vez deles.

No quadragésimo quinto dia da minha greve de fome, não foi o meu coração que falhou, mas o de Brejnev. "Avital está fazendo um bom trabalho. Brejnev não aguentou", brinquei comigo mesmo. O novo líder supremo era Yuri Andropov, o chefe da KGB que me mandou para a prisão ao assinar os primeiros documentos que deram início ao meu processo criminal.

O pessimista em mim sabia quão cruel ele podia ser. O otimista esperava que ele pudesse se sentir pressionado a mostrar uma face diferente para o Ocidente ao assumir seu novo cargo. Logo em seguida, ele deixou o Ocidente saber que estava aberto para rever o meu caso.

No 110º dia da minha greve de fome, fui autorizado a enviar uma carta para minha mãe. Na verdade, entreguei a carta ao diretor da prisão, que me xingou por tratá-lo como um mero carteiro. Mas eu insisti no comprovante de entrega, ou seja, receber uma carta de volta. Essa demanda desencadeou mais gritos e maldições acerca do meu desrespeito.

Uma resposta chegou uma hora depois. Minha mãe estava em outra parte da prisão, negociando desesperadamente com as autoridades. Eles ainda proibiam qualquer visita. No entanto, permitiram, finalmente, a troca de cartas, como era meu direito sob a lei soviética. Por isso, em 14 de janeiro de 1983, terminei minha greve de fome.

Enquanto isso, teve início outra rodada de negociações para monitorar o cumprimento dos Acordos de Helsinque, desta vez em Madri. O presidente Reagan, que se envolvera emocionalmente com nossa história ao conhecer Avital, continuou encorajando sua campanha. Ele instruiu seus negociadores a não assinarem um comunicado conjunto, a menos que eu fosse libertado. Foi quando os soviéticos propuseram seu nobre compromisso de saúde. E foi aí que os americanos caíram na armadilha comunista.

A INTERLIGAÇÃO DE ALMAS

Fiquei sabendo das manobras diplomáticas e campanhas públicas em julho de 1983, cinco meses após o fim da minha greve de fome, quando a KGB permitiu que minha mãe e meu irmão me visitassem na prisão. Depois de serem tão obstinadas acerca da proibição de visitantes, as autoridades haviam aprovado a visita, a fim de que minha família me entregasse a proposta americana que Kampelman e Eagleburger negociaram.

"Não", respondi imediatamente. "Não cometi nenhum crime. Os crimes foram cometidos pelas pessoas que me prenderam e me mantêm na prisão. Portanto, o único apelo que posso dirigir ao *Presidium** é uma exigência para minha libertação imediata e a punição daqueles que são os verdadeiros culpados. Pedir às autoridades que demonstrem humanidade significa reconhecer que representam uma força legítima que administra a justiça."

Vi como era difícil para minha mãe perder as esperanças. Decidi usar meu privilégio duramente conquistado, depois de semanas morrendo de fome, para explicar minha lógica. Enviei longas cartas para minha família em Moscou e Jerusalém. Minha carta em manuscrito para Avital tinha 12 páginas, com espaço simples. Lembrei-me de como um dos meus primeiros companheiros de cela, que claramente cooperava com a KGB quando eles estavam me interrogando, mencionou Galileu Galilei. A Inquisição em 1633 forçou esse grande cientista a retratar sua verdadeira teoria de que a Terra girava em torno do Sol. Contudo, no final de sua vida, ele proclamou: "Sim, ela gira", restaurando a verdade.

"Esse era um homem inteligente", disse Timofeev, meu companheiro de cela. "Ele se retratou perante a Inquisição e pôde continuar suas pesquisas científicas que tanto beneficiaram a humanidade." Essa era a constante mensagem da KGB: "Apenas diga que estamos certos. Seja libertado e então faça o que quiser".

O que concluí dessa conversa foi que, quase 400 anos após o momento de fraqueza de Galileu, a importância desse lendário cientista ainda poderia ser usada para me pressionar. Isso provou que o que fazemos realmente importa, que todos nós estamos interconectados. Eu certamente não queria que a polícia secreta usasse meu nome para enfraquecer qualquer outra pessoa.

Em minha carta a Avital, escrevi: "Além da lei de Newton da atração gravitacional existente entre dois corpos dotados de massa, existe também

---

* N.T.: Um dos órgãos de governo mais importantes da URSS, o Presidium exercia, de forma coletiva, a chefia do Estado soviético. Era composto por um presidente, um secretário, um deputado representando cada uma das 15 repúblicas soviéticas e 20 membros ordinários. Os deputados eleitos para o Presidium tinham mandatos de 4 anos.

uma atração gravitacional universal de almas, do vínculo entre elas e a influência de uma sobre a outra. Com cada palavra que proferimos e com cada passo que damos, tocamos outras almas e exercemos um impacto sobre elas. Por que um pecado deveria pesar sobre minha alma agora?".

Conectando esse momento àquele em que cruzei a linha de leal cidadão soviético a dissidente, continuei: "Já consegui uma vez escapar, rompendo com a difícil vida do duplipensamento e fechando a lacuna entre pensamento e palavra. Como é possível agora recuar um único passo em direção à situação anterior?".

Era assim que eu me sentia naqueles dias. Eu estava interconectado com milhares de membros do meu povo. Eu tinha plena confiança na determinação deles. E eu sabia que eles tinham total confiança na minha. Eu não iria enfraquecê-los.

MEU DIÁLOGO COM A COMUNIDADE JUDAICA

Realidade imaginada?

Em 11 de fevereiro de 1990, exatos quatro anos depois da minha soltura, o governo sul-africano libertou Nelson Mandela. Ele ficou 27 anos na prisão. Ao longo de quase três décadas, alguns no Ocidente o honraram, outros o denunciaram. Agora, parecia que o mundo inteiro o saudava com entusiasmo.

Algumas semanas depois, recebi um telefonema de Abe Foxman, diretor da Liga Antidifamação. Desde que nos encontramos em Moscou em 1974, durante a festa de Hanuká*, Abe foi meu cúmplice de confiança. "Mandela sabe quem você é", ele disse entusiasmado. "Ele leu seu livro na prisão e quer conhecê-lo quando visitar os Estados Unidos."

---

* N.T.: "Festa das Luzes", que celebra a vitória dos macabeus – combatentes hebreus – sobre os gregos.

Eu também estava curioso para conhecer Mandela, imaginando como ele havia enfrentado sua penosa experiência na prisão. Eu planejava viajar aos Estados Unidos. Abe, que esperava que eu ajudasse a defender Israel para Mandela, providenciou que eu viajasse a Los Angeles numa sexta-feira, 29 de junho.

Quando cheguei ao Biltmore Hotel, no centro da cidade, no qual Mandela estava hospedado, sua esposa, Winnie, me disse que seu marido, de 71 anos de idade, que era levado de festa a festa e de uma entrevista para outra, estava dormindo. Compreendi perfeitamente como ele devia se sentir, lembrando-me da minha própria turnê de liberdade, exaustiva e emocionante. Mas era uma sexta-feira. Como o *shabat* se aproximava, pensei em reagendar. Tudo em Los Angeles fica muito longe de tudo; se Mandela descansasse tempo demais, eu não conseguiria chegar na hora certa à casa dos meus anfitriões nos subúrbios. Mas a espera valeu a pena. Por fim, me encontrei com Mandela, revigorado e expansivo, depois de sua soneca.

Ele me disse que, em 1988, Helen Suzman, a única parlamentar sul-africana que havia lutado com obstinação pelo direito de visitá-lo na prisão, lhe dera uma cópia de *Fear No Evil*. Mandela estava em seu vigésimo quinto ano de prisão. Olhando para minhas memórias da prisão, um livro de 400 páginas, ele disse a ela: "É enorme. Não terei tempo de ler tudo". Assim que começou, porém, Mandela disse que leu o livro do começo ao fim. "Os interrogatórios me eram familiares", disse-me ele, "mas, rapaz, você sofreu muito."

"Eu sofri?", perguntei, surpreso. "Você sofreu três vezes mais, 27 anos!"

"No entanto", respondeu Mandela com orgulho, "meu povo estava comigo. E você estava sozinho."

Fiquei surpreso com o quão agitado suas palavras me deixaram. Parecia que ele estava insultando meus companheiros de luta, o povo judeu. "No entanto, meu povo estava comigo também", proclamei, igualmente orgulhoso.

Mandela sorriu. "Li o seu livro. Tudo estava na sua imaginação. Meu povo estava comigo na vida real, o tempo todo."

Confrontamos nossas análises. Embora nós dois estivéssemos encarcerados em um lugar chamado de prisão, eram instituições extremamente diferentes. Mandela explicou que, durante sua longa pena cumprida na ilha Robben, ele se reunia regularmente com seus camaradas. Eles conduziram sua luta revolucionária de suas celas. Recebiam relatórios da linha de frente, definiam estratégias, tomavam decisões táticas e enviavam instruções para o campo. Ele não precisava jogar xadrez em sua cabeça.

Porventura o mundo da minha luta fora apenas imaginado? Eu estava realmente tão sozinho? Para mim, meu diálogo com meu povo na prisão não foi menos real que o de Mandela.

MEUS DIÁLOGOS NA PRISÃO

Na prisão, os sonhos propiciam uma fuga bem-vinda da realidade deprimente. A imaginação geralmente ajuda a manter viva a esperança. Porém, para os presos políticos, essas fantasias são arriscadas. Se você se torna dependente demais de seus sonhos, isso dá aos seus captores outra vantagem. Eles sabem como despedaçar seus delírios. Quando eles o abalam, destacando até que ponto sua imaginação está longe da realidade, a inevitável decepção enfraquece sua resistência ainda mais.

Em minha mente, eu estava fazendo o possível sob circunstâncias extremamente difíceis. Queria construir o meu próprio mundo, com minhas próprias visões, que eles não podiam controlar. Mas eu não podia deixar que meus sonhos ou esperanças me levassem para muito longe da realidade.

Tão logo você constrói um mundo interior no qual controla tudo, você tenta escorá-lo com quaisquer fragmentos de informação que possa acumular. Você reencena os interrogatórios em sua mente, analisando cada palavra e gesto para ver se seus captores sabem algo que você quer saber, se eles deixam escapar algo significativo. Você se vê analisando cada interação, buscando dicas, sinais do que está acontecendo, ou não, no mundo exterior.

Foi significativo, por exemplo, que além de dois informantes revelados antes da minha prisão, nenhum dos ativistas judeus que eu conhecia havia me traído. Se isso tivesse ocorrido, a KGB teria nos colocado uns contra os outros em um interrogatório cruzado, ou utilizado informações internas obtidas do informante para me enganar. A ausência de quaisquer traidores me provou que o que eu imaginava era verdade: o movimento continuava forte e unido.

Da mesma forma, eu ficava tranquilo quando eles recuavam no último minuto, diminuindo as pressões físicas que impunham, sempre que minha saúde se deteriorava a ponto de colocar minha vida em perigo. A preocupação deles, de me manter vivo, demonstrava que pessoas muito além da minha pequena cela estavam cuidando de mim.

Quando eu não estava na solitária – onde me privavam de qualquer conversa e material de leitura –, lia religiosamente o *Pravda*, o jornal oficial do Partido Comunista. Eu lia cada linha e nas entrelinhas. Queria ver se o movimento havia atraído alguma atenção ou atrapalhado a ditadura de qualquer maneira.

Foi por isso que as palavras do presidente Reagan, condenando o regime da União Soviética como o "império do mal", foram tão relevantes para todos nós no *gulag*. Havia um líder ocidental que não se deixava enganar pela máquina de propaganda soviética. Mais tarde descobri que seus críticos americanos condenaram o discurso como "o pior discurso de um presidente em todos os tempos". Eles alegaram que ele intensificara as tensões mundiais ao ameaçar outra superpotência. Para nós, prisioneiros, entretanto, foi um grande alívio. Provou que o mundo real estava compreendendo e confrontando os mentirosos soviéticos.

Mês após mês, meus privilégios relacionados com a correspondência foram violados e nenhum visitante permitido. Sempre que eu ficava detido no campo de trabalho em vez de encarcerado na prisão, eu tinha direito, segundo a lei soviética, a uma reunião de três dias com parentes a cada ano. Devido ao que as autoridades chamavam de minha "má influência sobre os outros", tive apenas dois desses encontros, limitado a um dia de cada vez, nos nove anos de detenção. Nenhuma delas com Avital, claro, porém minha mãe e meu irmão me visitaram. Essas raras interações me deram grandes quantidades de informações que eu poderia estocar e usar para alimentar minha imaginação por muitos anos.

Durante décadas, meus pais, meu irmão Leonid e sua esposa, Raya, viveram como cidadãos soviéticos leais. Minha prisão, entretanto, os transformou em verdadeiros lutadores. Apesar de estar na casa dos 70 anos, minha mãe fazia o longo trajeto para a prisão, às vezes em temperaturas próximas de 40° abaixo de zero. Certa vez, ela teve que caminhar os quilômetros finais atravessando um rio congelado, apenas para partir decepcionada quando, mais uma vez, não deixaram que ela me visse.

Após a segunda visita de minha mãe, o major Osin, chefe do campo Perm 35, aproximou-se dela ameaçadoramente. Como sempre, a administração penitenciária tinha ouvido nossa conversa. "Tenha cuidado para não discutir sobre o que você ouviu de seu filho", disse ele, sem vergonha de quão óbvio era que ele tinha escutado. "Isso não vai melhorar a situação dele."

Minha mãe, baixinha e mordaz, ergueu os olhos para aquele alto e malvado major e disse baixinho: "Você não precisa se preocupar. Só vou dizer a verdade". Naquele momento, ele encolheu e ela agigantou-se. Assim que ela voltou a Moscou, conversou com os repórteres que a esperavam na estação de trem.

MEU EXÉRCITO DE ALUNOS E DONAS DE CASA

Eu sabia sobre as manifestações e vigílias e esforços para pressionar minha libertação durante esses nove anos? Obviamente não. Mas vi um protesto em fita de vídeo, o que foi suficiente para alimentar minha imaginação.

Antes do meu julgamento, enquanto eu lia as 15 mil páginas que a KGB havia juntado para usar contra mim, me deparei com algumas citações de um filme que provava minha "atividade criminosa". Era um documentário de televisão de 1977, filmado pela rede britânica Granada após minha prisão, *The Man Who Went Too Far*.

Exigi ver o filme. "Negar-me o direito de escolher meu próprio advogado me obriga a atuar como meu próprio advogado de defesa", expliquei. "Portanto, tenho que entender tudo o que está sendo usado contra mim."

A KGB recusou. Eu insisti. Recusei-me a assinar uma declaração admitindo ter visto todas as evidências. Pouco tempo depois, vi meu primeiro videocassete quando o aparelho japonês foi levado ao escritório do interrogador-chefe.

Primeiro, mostraram outro filme da Granada que estavam usando contra mim, *A Calculated Risk*. Isso me levou de volta a 1976, quando contei a história dos *refuseniks*, movendo-me sorrateiramente por Moscou com uma simpática equipe britânica de filmagem.

Então eles colocaram a segunda fita. O filme abordava uma manifestação que exigia a minha libertação em frente à embaixada soviética em Londres. escrutinizando a multidão, reconheci alguns de meus companheiros de luta e alguns turistas que conheci em Moscou. Havia também muitos jovens desconhecidos, agitando cartazes com meu rosto estampado, gritando *slogans* que exigiam a minha liberdade.

Meu coração ficou acelerado. Lá estava Avital, liderando a manifestação. Ela falava um hebraico perfeito e um bom inglês. Ela era determinada, resoluta, enquanto marchava direto do centro de Londres para minha prisão infernal. Os 20 minutos de filme passaram rápido demais.

Exigi vê-lo novamente.

"O que, você gostou?", zombou um investigador da KGB. "Uma vez é suficiente. Um prisioneiro sob investigação não pode assistir à televisão."

Insisti: "Tenho o direito de entender cada palavra que está sendo usada contra mim". Continuei a inventar motivos adicionais: perdi isso, não entendi aquilo. Qual era mesmo aquela palavra em inglês?

Depois de termos assistido ao filme três vezes, o coronel Viktor Ivanovich Volodin, chefe da equipe dos meus interrogadores, explodiu. "Chega! O que você acha, que seu destino está nas mãos dessas pessoas, e não nas nossas? Elas não passam de estudantes e donas de casa!"

Obrigado, coronel Volodin. Acho que você deveria entrar para a história com essas palavras. Você deu a melhor definição possível do nosso exército.

O modesto protesto londrino de estudantes e donas de casa, liderado por Avital, tornou-se para mim a base de todas as manifestações. Ele tipificou os milhares de protestos que aconteceriam no meu mundo imaginário nos anos seguintes.

Estudantes e donas de casa. Esses eram os bons soldados que haviam me acompanhado antes de eu ser preso. Esses eram os camaradas que permaneciam comigo no meu mundo imaginado. Essas eram as pessoas que jamais me abandonaram no mundo real que eu não podia ver. Eu estava pensando nelas, e em tantas outras, quando usei qualquer fragmento de evidência que recebi para me convencer de que esse mundo imaginado era real. E eu tinha razão.

Estudantes e donas de casa. Bem, tecnicamente, havia alguns professores, como Michael Sherbourne, um instrutor do idioma russo. Quando ele afirmou no filme que tivemos milhares de conversas telefônicas sobre a situação dos direitos humanos na União Soviética ao longo dos anos, a KGB o citou como mais uma prova de minha atividade criminosa.

Nos primórdios do movimento, Michael começou a ligar de Londres para *refuseniks* em Moscou. Ele nunca parou até que estivéssemos em

144

Michael Sherbourne, um modesto professor de língua russa em Londres, que ajudou a compartilhar nossas histórias com o mundo, telefonando-nos milhares de vezes, noite após noite, durante anos.

liberdade. Ele se tornou uma central telefônica humana, conectando-nos, *refuseniks*, com o mundo judaico. Quando fiquei mais envolvido no movimento, ele e eu conversávamos duas, três, quatro vezes por semana.

Michael passava a maior parte de suas noites conversando com *refuseniks*, gravando as chamadas, transcrevendo-as e, em seguida, distribuindo as transcrições. Quanto mais telefonemas fazia, mais ele tinha que usar nomes falsos e telefones emprestados. Ele nos tranquilizava. Colocou-nos em contato uns com os outros, interpretando o casamenteiro de Londres. Ele compartilhou nossas histórias com o mundo.

No meu mundo imaginado, Michael continuava a discar, a conversar e a atualizar. Ele se recusou a deixar que qualquer um de nós se sentisse esquecido e nunca parou de pressionar os soviéticos, que se deram conta de que ele não deixaria nenhum *refusenik* ser ignorado ou negligenciado.

Enquanto isso, no mundo real que eu não conseguia ver, no início do meu julgamento em 1978, um estudante britânico chegou a Moscou e alugou um quarto em um dos hotéis mais luxuosos da cidade – protegido e vigiado pela KGB –, o Metropol. Todas as noites, meu irmão Leonid, o único parente autorizado a comparecer ao meu julgamento, visitava o jovem estudante. Usando as linhas telefônicas protegidas do acesso da KGB, Michael, em Londres, ligaria para seu jovem amigo no Metropol. Leonid então pegava o telefone e descrevia em detalhes os procedimentos do dia, a fim de que Michael pudesse divulgar a notícia globalmente.

Outro educador, o rabino Haskel Lookstein, de Nova York, estrelava a lista da KGB de meus cúmplices. Nós nos conhecemos em Moscou em 1975 e ficamos amigos quando caminhamos juntos quilômetros por toda a cidade num *shabat*. Foi a primeira vez que descobri esse preço particular que o judeu deve pagar, a proibição de dirigir um dia por semana. Caminhamos e caminhamos e caminhamos para que ele pudesse ministrar sua palestra sobre o heroísmo judeu, tanto espiritual quanto físico, para diferentes grupos de guerreiros *refuseniks*.

Em minha imaginação, esse princípio popular continuou a conduzir gerações de estudantes de Ramaz, a escola de sua sinagoga, a manifestações na praça Dag Hammarskjöld, instando as Nações Unidas a agir.

No mundo real, o rabino Lookstein havia mobilizado estudantes e donas de casa, advogados e magnatas do mercado imobiliário em sua magnífica sinagoga, Kehilath Jeshurun, no Upper East Side de Nova York. Tendo calculado o número de sábados em minha sentença de 13 anos, toda semana ele postava na East 85th Street quantos dos 679 sábados eu já passara na prisão e quantos me restavam. Ele colocava uma cadeira vazia na *bimá*, o púlpito, durante as Grandes Festas* "para lembrar aos fiéis que, enquanto rezavam confortavelmente, os judeus soviéticos não tinham essa oportunidade".

À semelhança de centenas de outros rabinos, ele se tornou um ícone da moda e um casamenteiro. Encorajava os fiéis a usar pulseiras de metal baratas, nas quais estavam gravados os nomes dos "prisioneiros de consciência". E colocou em contato congregantes mais jovens com judeus soviéticos de 12

---

* N.T.: Celebrações do Ano Novo Judaico (Rosh Hashaná) e do Dia da Expiação (Yom Kipur).

e 13 anos, que não eram livres para ter cerimônias similares de *bar ou bat mitzvá** e que se transformaram em amigos por correspondência.

A sinagoga de Lookstein converteu-se em um centro de distribuição de braceletes e de apoio para o movimento "deixe-meu-povo-ir, e nunca mais". O rabino e sua equipe educacional formaram gerações de alunos do Ramaz para que entendessem que "salvar os judeus soviéticos" era tão fundamental para sua educação quanto Matemática, Ciências e estudos bíblicos. Estender a mão para os judeus por trás da Cortina de Ferro era tão importante quanto ser aceito na Ivy League.**

Quanto às donas de casa, também eram inúmeras: Irene Manikovsky, de Washington, DC; Lynn Singer, de Nova York; Connie Smukler e Enid Wurtman, da Filadélfia; e June Daniels, de Des Moines. Eu as conheci quando visitaram Moscou com seus cônjuges, e se tornaram as linhas telefônicas vivas dos *refuseniks*.

Na minha imaginação, elas continuavam visitando e se conectando e pressionando seus representantes no Congresso, conquistando lugares respeitáveis na lista de meus cúmplices dentro do meu arquivo da KGB.

No mundo real, algumas delas abusaram tanto da hospitalidade do regime que foram banidas para sempre da União Soviética. Connie Smukler foi detida por 24 horas e ameaçada com uma passagem só de ida para a Sibéria. Ao retornar à Filadélfia, ela e suas companheiras criaram uma rede internacional de hospitalidade, hospedando famílias dos prisioneiros de Sião que cruzavam o mundo, como Avital, indo de casa em casa, de cidade em cidade e de país a país, defendendo a liberdade de seus entes queridos.

E havia os estudantes. Em 1964, quatro estudantes da Universidade de Colúmbia fizeram a primeira manifestação em prol dos judeus soviéticos. Posteriormente, criaram a *Student Struggle for Soviet Jewry* (SSSJ) e continuaram a ser entusiastas parceiros.

Na minha imaginação, eles se mobilizavam em momentos-chave, perturbando delegações empresariais e culturais soviéticas que chegavam aos

---

* N.T.: *Bar mitzvá* – celebração da maioridade religiosa judaica para meninos aos 13 anos. *Bat mitzvá* – celebração da maioridade religiosa judaica para meninas aos 12 anos.

** N.T.: Grupo formado por oito das mais prestigiadas universidades dos Estados Unidos: Harvard, Princeton, Columbia, Yale, Pennsylvania, Brown, Dartmouth e Cornell.

Estados Unidos, recusando-se a deixar as autoridades soviéticas em paz até que o regime permitisse que nosso povo pudesse sair da União Soviética.

No mundo real, o rabino Avi Weiss, líder do SSSJ a partir de 1982, fez greve de fome em frente ao consulado soviético em Nova York, assim que comecei minha greve de fome na prisão de Chistopol. Por anos, o rabino Weiss viajou com Avital por todos os Estados Unidos, mobilizando apoio para a nossa causa.

Meu mundo imaginado aproximava-se impressionantemente do mundo real. Às vezes, esses mundos paralelos se encontravam. Durante meus anos na prisão, sempre que eu lia ataques de jornal zombando de minha esposa, eu me emocionava. Artigos satirizando as "viagens daquela aventureira" ou condenando americanos intrometidos por se encontrarem com a esposa de um espião me eletrizavam. O sangue me subia à cabeça. Meu coração começava a bater forte. Aqui estava mais uma pista de que, talvez, em lugar de meus sonhos me enganarem e aumentarem injustamente minhas esperanças, eles eram muito cautelosos e restritos. Comecei a me perguntar se o que acontecia no mundo exterior era ainda maior e melhor do que eu imaginava.

O EXÉRCITO DE AVITAL

A estudante de arte com quem me casei e vi partir para Israel algumas horas depois, era quieta e tímida. As pessoas pensaram erroneamente que isso significava que ela fosse também frágil. No entanto, nem Avital nem eu imaginávamos que ela passaria anos liderando marchas, inspirando centenas de milhares de pessoas em comícios e fazendo lobby com presidentes e primeiros-ministros.

O primeiro círculo de apoiadores de Avital consistia nos seguidores do rabino Kook. Por intermédio da organização Sou Guardião de Meu Irmão, eles a acompanhavam sempre que viajava. Seu segundo círculo era formado pelos estudantes e pelas donas de casa: a crescente rede global de turistas, amigos por telefone, escritores de cartas e manifestantes. Além disso, ela aprendeu a trabalhar com as organizações judaicas soviéticas, apesar de suas guerras territoriais, e com o governo israelense, apesar sua ambivalência inicial.

Desde o momento da minha prisão, Avital partiu para a batalha com vigorosa determinação. Para ela, cada dia era crítico. Inicialmente, quando se deparava com pessoas que não compartilhavam seu senso de urgência, ela chegava até as lágrimas. Em uma de suas primeiras viagens a Washington, ela encontrou alguns dos membros do Congresso que eu havia conhecido em Moscou. Ela esperava que eles entendessem o perigo iminente em que eu me encontrava e agissem de imediato.

Em vez disso, reagiram com cautela. "Não conhecemos as circunstâncias reais da prisão", disse um. "Devemos ter cuidado", disse outro. "Vamos fazer as coisas devagar", disse um terceiro.

Frustrada com o fato de os legisladores serem tão lentos quando o perigo era tão premente, Avital foi para a sala ao lado e começou a chorar. "Não fique triste, *meidele*", disse Jacob Javits, veterano senador de Nova York, enquanto a consolava, usando o cativante termo iídiche para "criança doce". "Eu entendo. Você tem um enorme trabalho a realizar. Você terá que crescer com o caso. Mas lembre-se: não dê apenas um golpe. Pense grande."

No início da campanha global para me manter vivo, obtivemos um grande sucesso. Dois meses depois da minha prisão, quando corriam rumores sobre mim, o presidente Carter declarou em uma coletiva de imprensa que havia "perguntado no Departamento de Estado e na CIA sobre se o sr. Sharansky tivera ou não qualquer relacionamento conhecido, de forma subversiva ou não, com a CIA... A resposta", declarou ele, "é não".

Essa declaração marcou uma mudança importante na política americana. Presidentes geralmente se mantinham em silêncio sobre as alegações soviéticas de espionagem. Negar qualquer acusação implicava o risco de que outros pudessem ser culpados.

No entanto, uma cadeia de influências transmitira a mensagem para Carter de que se tratava de uma questão de vida ou morte. Começou na rua, com Avital recebendo o apoio de estudantes e donas de casa. Através da rede jurídica dos professores Irwin Cotler e Alan Dershowitz, chegou ao antigo estudante de Dershowitz, Stuart Eizenstat, principal conselheiro de política interna de Carter. Eizenstat convenceu o presidente.

Essa declaração sem precedentes, distanciando nosso movimento de alegações de espionagem, não era novidade para os soviéticos. Eles sabiam a verdade. Entretanto, a declaração de Carter ajudou a neutralizar a propaganda soviética oficial e os rumores não oficiais contra mim disseminados no Ocidente e na comunidade judaica.

Embora eu estivesse convencido de que o mundo judaico não me abandonaria, jamais imaginei que uma coalizão global tão imensa surgiria. Não creio que teria crescido ou persistido sem a energia, o idealismo e a fé profunda de Avital de que tudo acabaria bem.

Anos mais tarde, quando me encontrei com o presidente francês François Mitterrand, ele disse: "Sabe, ao longo dos anos, sua esposa se sentou muitas vezes nessa mesma cadeira em que você está sentado. Ela sempre pedia ajuda e eu sempre fazia o que podia. Eu não podia dizer não a ela". Ele relembrou a fé pura de Avital, como ela dizia a todos que o dia seguinte poderia ser o dia em que eu estaria livre e começaríamos a nossa família. "Francamente, não acreditei nela", admitiu. "Era a União Soviética. Sabíamos o que eles faziam com seus inimigos."

Mitterrand, como a maioria dos demais, pensava de fato: "Seja lá o que for necessário para você aguentar mais um dia". Se essa mulher precisava acreditar em seus delírios para se manter mobilizada, por que não a satisfazer? "Tenho que dizer agora", ele confessou, "ela estava certa. Ela provou isso para aqueles de nós que tinham dúvidas. Ela nunca parou e sempre acreditou. Eu ajudei, mas não acreditei." Mitterrand fazia parte de um amplo exército de céticos de bom coração, que muitas vezes se viram ajudando mais do que sua parte racional pensava que deveria.

Um amigo americano em Washington foi ainda mais longe. Ele disse que Avital frequentemente afirmava que libertar a mim e a outros prisioneiros seria como desarrolhar uma garrafa; o sistema nunca sobreviveria. Porém, naquela época todos sabiam que o mundo estava dividido em duas superpotências estáveis e inabaláveis: a União Soviética e os Estados Unidos. Poucos levaram a sério o delírio de Avital.

Um dos primeiros telefonemas que Avital fez após minha prisão foi para o líder da oposição em Israel, Menachem Begin. Em vez de repreendê-la pela hora tardia, ele agradeceu e perguntou: "Como posso ajudar?" Dois meses mais tarde, em maio de 1977, Begin foi eleito primeiro-ministro, depois de quase três décadas na oposição. Ele ajudou como pôde.

Yehiel Kadishai, assistente pessoal de Begin, uma vez abordou o primeiro-ministro com um pedido incomum. A Bezeq, companhia telefônica de Israel, reclamara que a conta telefônica internacional de Avital era cada vez mais alta. As ligações internacionais eram incrivelmente caras naquela época, especialmente no Israel socialista, que tinha o monopólio da telefonia. Kadishai perguntou a Begin se o governo poderia pagar a conta, que chegava a milhares de shekels.

"Não, o governo não pode pagar a conta", disse Begin. "Mas eu posso". E tirou seu talão de cheques pessoal.

Líderes do partido de oposição também ajudaram. Avital conheceu Mitterrand por intermédio de Shimon Peres, que a apresentou à sua rede de líderes através da Internacional Socialista.

Quando o primeiro-ministro Begin, o presidente Carter e o presidente Anwar Sadat assinaram o Tratado de Paz Egito-Israel em março de 1979, Begin convidou Avital a se juntar à delegação israelense em Washington. Na celebração oficial no gramado da Casa Branca, Avital estava sentada longe do centro no qual os três líderes se encontravam, cercados por seguranças. Nunca disposta a perder uma oportunidade, Avital caminhou em direção a eles e começou a falar.

Felizmente, os seguranças israelenses de Begin a reconheceram e a deixaram se aproximar. "Menachem, e o caso do meu marido?", ela perguntou. Houve uma pausa constrangedora, enquanto todos desviavam o olhar, sem saber o que fazer com relação a essa quebra de protocolo. Sadat, o sempre encantador egípcio, foi o primeiro a recebê-la de braços abertos. Ele disse: "Ah, sra. Sharansky, seu marido é um verdadeiro herói no Egito".

Naturalmente, Avital usou a rede judaica tanto quanto possível, ainda que às vezes encontrasse resistência também ali. Durante minha greve de fome, sabendo pouco e imaginando muito, Avital estava desesperada. Ela passava muito tempo no exterior, principalmente nos Estados Unidos. Certo dia, ouviu que um alto funcionário soviético se encontraria com Margaret Thatcher. Em 1980, Thatcher, a primeira-ministra britânica, oferecera-se para ajudar, dizendo a Avital: "Sua situação exemplifica o grande sofrimento infligido àqueles na União Soviética que se atrevem a falar o que pensam".

Tendo em mãos um número de telefone importante fornecido por um apoiador, Avital ligou para o chefe de gabinete de Thatcher, David Wolfson. Quando ele atendeu, ela disse: "Meu marido está em sério perigo. Estou voando para Londres imediatamente. Quero falar com a sra. Thatcher amanhã".

Houve um silêncio gélido do outro lado. "Minha cara, a senhora olhou para o seu relógio? Sabe que horas são?", perguntou Wolfson com arrogância. Já passava da meia-noite, horário de Londres.

"Desculpa. Fiquei confusa", admitiu Avital. "Mas amanhã estarei em Londres."

"Quem a senhora pensa que é?", Wolfson começou a gritar. "Encontros são marcados com meses de antecedência. Líderes de países aguardam e não fazem esse tipo de solicitação de última hora. A senhora acha que o mundo gira ao seu redor e de seu marido? A senhora não pode acordar as pessoas no meio da noite só porque tem uma causa!"

Era a coisa errada a dizer, da maneira errada. Avital, que costuma ser uma pessoa de fala mansa, parou de se sentir culpada por perturbar Wolfson. Calmamente, porém com firmeza, ela disse: "Sim, na verdade o mundo inteiro gira em torno disso. Há judeus na União Soviética que estão sendo mantidos na prisão simplesmente devido ao seu desejo de serem judeus e vir para a pátria judaica, apenas algumas décadas depois do Holocausto. Não temos escolha a não ser trabalhar dia e noite a fim de lutar contra isso".

Fazendo uma pausa para efeito dramático e retomando com sua parte mais espiritual, ela acrescentou: "Quem sabe, esse não seja o seu papel na história agora, garantir que eu me encontre com Margaret Thatcher e apresse o fim dessa tragédia?".

O telefonema terminou mal. Avital voou para Londres de qualquer maneira. Quando pousou no aeroporto de Heathrow no dia seguinte, uma limusine que Wolfson havia enviado a esperava para levá-la ao chá das cinco com a primeira-ministra Thatcher. Avital e Wolfson pediram desculpas um ao outro. No dia seguinte, a Dama de Ferro, como Thatcher era conhecida, convocou o embaixador soviético na Grã-Bretanha por meio do Ministério das Relações Exteriores e disse que o governo britânico se opunha ao tratamento dispensado pela URSS aos dissidentes, inclusive a mim.

Uma emergência de nove anos corre o risco de se transformar em rotina. Repórteres bocejam diante da injustiça persistente. Jornalistas dariam de ombros aos apelos de Avital por mais uma história de "meu marido está preso injustamente", bufando: "Ele está morto? Ele está livre? Se não, desculpe, não há história". Isso forçou Avital a ser mais criativa.

No Dia Internacional dos Direitos Humanos, 10 de dezembro de 1984, Avital e 11 outros ativistas de direitos humanos foram convidados para um encontro com o presidente Reagan na Casa Branca. Os assessores de Reagan os instruíram a apertar a mão do presidente brevemente e seguir em frente. A essa altura, Avital seguia as diretrizes de modéstia do judaísmo ortodoxo, que proíbem homens e mulheres que não são casados um com o outro de se tocarem.

Ignorando os responsáveis e confiando na permissão judaica para quebrar uma lei religiosa quando vidas estão em jogo, Avital segurou a mão de Reagan, dizendo: "Tenho que falar com o senhor". No dia seguinte, uma fotografia comovente do preocupado presidente olhando com ternura para a mulher determinada foi estampada na primeira página do *The New York Times* e muitos outros jornais. O gesto de Reagan transmitiu uma mensagem essencial aos russos: o presidente simpatizava com a causa. E os russos estavam percebendo isso.

Apenas algumas semanas depois, em janeiro de 1985, as autoridades americanas tentaram retirar Avital de uma tensa reunião de cúpula

Em uma das inúmeras vigílias de "donas de casa e estudantes" em prol dos judeus soviéticos, organizadas por vários grupos judaicos, Avital, trajando roupas de prisioneira, está sentada ao lado do rabino Avi Weiss, presidente do Students Struggle for Soviet Jewry, em pé à direita dela.

diplomática entre o secretário de Estado George Shultz e o ministro das Relações Exteriores soviético Andrei Gromyko. Um amigo a ajudara a entrar na sala de imprensa cerca de dez minutos antes que os membros da delegação americana dessem as instruções habituais. Jornalistas que buscavam uma história sobre as tensões durante as negociações de paz pularam das cadeiras. Avital acabou falando para o mundo sobre a nossa causa. Os diplomatas soviéticos ficaram furiosos.

Em uma reunião naquela tarde, os diplomatas americanos expressaram sua desaprovação diante da mencionada interrupção. Eles temiam que seus colegas soviéticos os culpassem e considerassem o apelo de Avital como uma provocação americana. A interrupção dela ofendeu particularmente um representante do Estado-Maior das Forças Armadas dos Estados Unidos. As autoridades começaram a sugerir formas de mandar Avital embora como uma punição pública que poderia acalmar os soviéticos.

O secretário de Estado Shultz interrompeu seus subordinados. "Esperem", disse ele. "Não toquem nela. Quero acreditar que, se minha esposa estivesse livre e eu estivesse no *gulag*, ela estaria ocupando uma sala para realizar uma manifestação a meu favor."

As negociações entre os Estados Unidos e a União Soviética finalmente resultaram na primeira cúpula entre os dois países desde 1979, também realizada em Genebra. Em novembro de 1985, o presidente Reagan conheceu o novo jovem líder soviético, Mikhail Gorbachev, cuja franqueza os ocidentais elogiavam. Trajando um uniforme de presidiário, Avital tentou entregar uma carta à esposa de Gorbachev, Raisa Gorbachev, aproveitando todo o estardalhaço em torno do carismático casal.

Pressionada pelos soviéticos, a polícia suíça deteve Avital por duas horas. De acordo com outros manifestantes presos, os policiais passaram o tempo todo gritando com ela "de modo abusivo". Na carta, que ela distribuiu à imprensa, lia-se: "Cara sra. Gorbachev: a senhora é esposa e mãe. Permita-me ser esposa e mãe. Liberte meu marido, meu Anatoly". E acrescentou: "Sempre que seu marido viaja, você quer vê-lo quando ele volta para casa – eu também".

Na cúpula, o presidente dos Estados Unidos disse ao secretário-geral do Partido Comunista da União Soviética: "O senhor pode continuar afirmando que Sharansky é um espião americano, porém meu povo confia naquela mulher. E enquanto o senhor o mantiver e a outros presos políticos na prisão, não conseguiremos estabelecer uma relação de confiança".

Três meses depois, sem nenhum dos pré-requisitos anteriores, tornei-me o primeiro preso político que Gorbachev libertou.

ZIGUEZAGUEANDO PARA A LIBERDADE

Havia um longo caminho entre as mansões de conto de fadas da cúpula de Genebra, em que o presidente Reagan exigiu minha liberdade, e o pesadelo do campo de trabalhos forçados nos Montes Urais, onde o regime soviético havia me aprisionado. No sistema *gulag*, diferentes instituições penais constroem uma pirâmide de privações. Dos campos de trabalho para as prisões, dali para as prisões dos campos de trabalho, e então para a solitária, você está cada vez em maior isolamento, recebe menos correspondência, menos visitas de entes queridos, exposição cada vez mais limitada ao ar puro e nutrição reduzida. Havia 18 nessas chamadas dietas. Os níveis das porções de comida iam de Ia a 9b, que era a porção especial da solitária: três pedaços de pão e três xícaras de água quente por dia. Em novembro de 1985, quando Reagan e Gorbachev finalmente se encontraram na primeira cúpula EUA-URSS em oito anos, eu receberia a porção de comida mais reduzida, aquela da solitária.

Algumas semanas depois, comecei a experimentar interrupções sem precedentes na rotina infinita da prisão do *gulag*. Meus captores me levaram diretamente da solitária para o hospital, aumentando minha porção de alimento de 9b para Ia durante a noite, pulando os 16 níveis intermediários. Eles foram de repente generosos nas porções, servindo-me alimentos dos quais eu quase me esquecera, como ovos. Começaram a me injetar vitaminas e glicose, como se eu fosse um cavalo de corrida, claramente tentando me fortalecer. Permitiram que eu caminhasse do lado de fora duas horas por dia, para que eu pudesse redescobrir o ar fresco, a neve e o sol, depois de ter sido privado da natureza por tanto tempo.

Até as menores alterações na monotonia totalitária desencadeiam a imaginação do prisioneiro, geralmente criando falsas esperanças. Mas essas dramáticas violações das regras clamavam por explicação.

Nove anos de confinamento treinam você a limitar seus meandros mentais, ou arriscar a depressão quando suas esperanças forem frustradas novamente. Então, eu disse a mim mesmo: "Eles devem estar me preparando para algum encontro com pessoas do alto escalão".

O sinal mais claro de que algo acontecia surgiu quando o barbeiro pulou a minha vez. Os barbeiros vinham regularmente raspar nossas cabeças para que pudéssemos parecer esqueletos ambulantes. Eles nunca deixaram escapar nenhum de nós. Obviamente, as autoridades não queriam mais que eu parecesse um prisioneiro. Aquela foi a prova mais convincente de que eles queriam me exibir para alguém, em algum lugar.

Os milagres se acumularam. Eventos que apareciam em meus sonhos mais loucos começaram a se tornar realidade. Um comboio de três carros com sirenes estridentes me levou embora do campo de trabalho. Atravessamos rapidamente aldeias e florestas até chegarmos ao aeroporto mais próximo. Embarcamos em um avião a jato grande o suficiente para transportar mais de 100 passageiros, mas era só para mim e os quatro escoltas da KGB. Aterrissamos em Moscou. Voltamos então à minha *alma mater*, a prisão de Lefortovo.

Passei alguns dias na prisão da KGB em Moscou, sem nenhuma explicação, obviamente. Então, numa certa manhã, substituíram meu uniforme da prisão por trajes civis, grandes demais para o meu corpo ainda abaixo do peso. O único toque não civil era um cordão para manter minhas calças no lugar. A prisioneiros não são permitidos cintos ou cadarços.

Tudo aconteceu de forma abrupta e dura, mergulhado no costumeiro silêncio da KGB. Tudo o que eu tinha a fazer era observar o desenrolar do sonho e lembrar de protestar de vez em quando, para não aceitar passivamente o roteiro da KGB. Como sempre, a brutalidade dos soviéticos facilita. Continuei a protestar sempre que eles insistiam para que eu deixasse tudo para trás, inclusive meu livro dos Salmos, um presente de Avital que recebi alguns dias antes de minha prisão. Eu havia passado semanas em greve de fome e fui mantido na solitária por ter insistido em preservar esse presente, que ela conseguiu enviar para mim por intermédio de um turista judeu de Jerusalém, que servira como pombo-correio. Desde então, meus encontros regulares com o rei Davi, autor dos Salmos, me entretiveram, me acalmaram e melhoraram o meu hebraico. Não era hora de nos separarmos.

Pouco antes de eu ser preso, alguns turistas judeus me entregaram este livro dos Salmos enviado por Avital. Lutei muitas vezes para mantê-lo em minha posse durante os nove anos no *gulag*.

Então, me atirei na neve e gritei bem alto, onde quer que estivesse, para garantir que minha única posse fabricada em Israel continuasse viajando comigo. E eles cederam rapidamente, a fim de suavizar as coisas.

Como as eclusas, que permitem que embarcações subam ou desçam os rios ou mares em locais onde há grandes desníveis, eu alcancei a liberdade em etapas. Um segundo avião ainda maior decolou, novamente com apenas cinco de nós. Eu ainda me recusava a acreditar no que estava acontecendo, realmente acontecendo. E, a julgar pelo sol, vi que estávamos voando para o Oeste. Comecei a calcular exatamente quando cruzaríamos a fronteira.

Quando a atravessamos, o líder dos quatro homens da KGB surgiu de trás da cortina na frente do avião. Ele me informou rigidamente que, por especial decisão do governo soviético, devido ao mau comportamento, estava sendo despojado de minha cidadania soviética e exilado da União Soviética.

Agora não podia mais me enganar. Eu me rendi à constatação: Estava livre.

Ele fez uma declaração, então eu também fiz uma, mesmo que ele tentasse me interromper, dizendo: "Não precisamos da sua declaração". Mesmo assim, insisti em dizer nossa verdade, expressando a esperança de que a liberdade chegaria em breve para muitos outros que eu estava deixando para trás.

Finalmente, depois de nove anos, pude recorrer ao rei Davi em busca de elogios, não apenas conforto. Li o salmo que havia escolhido anos antes, quando minha libertação ainda era um sonho impossível. É o Salmo 30, uma canção de graças no *hanukat habayit*, a consagração da casa de Davi: "Senhor, fizeste subir a minha alma da sepultura; conservaste-me a vida para que não descesse ao abismo".

Aterrissamos em Berlim Oriental, capital da República Democrática Alemã, uma cidade de pontes e com aquele muro infame que dividia o leste do oeste. Berlim me pareceu um lugar estranho para um judeu obter sua liberdade.

"Você vê aquele carro, Anatoly Borisovich? Vá direto até ele, sem nenhum desvio", disse um dos meus acompanhantes calmamente, buscando ficar fora de vista da câmera e na cabine quentinha do avião enquanto eu saía para o inverno congelante. "Está combinado?"

"Combinado?". Ainda estava no mundo da KGB e, portanto, não podia concordar. "Desde quando faço acordos com a KGB?", perguntei. "Você sabe que eu nunca concordo com a KGB sobre nada. Se você me disser para fazer um percurso reto, eu farei um percurso tortuoso."

"Não é possível que você esteja falando sério. Não podemos lidar com você", ele disse rispidamente, enquanto os guarda-costas resmungavam. Como resultado, dois deles saíram primeiro do avião e flanquearam-me em ambos os lados. Como prometido, fiz ziguezagues na pista, do avião russo ao veículo da Alemanha Oriental. Enquanto dei uma guinada para a esquerda, depois para a direita, as câmeras de TV estavam filmando e os agentes da KGB gritaram para que eu caminhasse em linha reta. Um cinegrafista confuso acabou batendo na janela do carro enquanto filmava.

No dia seguinte, na fase final da minha libertação, fui levado para a ponte Glienicke, coberta de neve, a temperatura abaixo de zero. Fui então escoltado para a liberdade por Richard Burt, embaixador americano na República Federal da Alemanha.

Não precisei ziguezaguear aqui. Não estava mais nas mãos da KGB. Além disso, tinha uma preocupação mais premente: aquelas calças grandes e

O final feliz: reunido com Avital,
para começar nossa lua de mel –
com 12 anos de atraso.

aquele cordão frágil. Perguntei ao embaixador Burt: "Onde exatamente fica a fronteira?" Ele apontou para uma linha de dez centímetros que os alemães gentilmente riscaram na neve. Como queria assinalar minha entrada para a liberdade, pulei de alegria – o cordão arrebentou e eu entrei no mundo livre segurando as calças antes que elas caíssem.

O FIM DE UM LONGO DIA

Em algum lugar do aeroporto de Frankfurt, entrei em uma sala esquecida por Deus. Ali, vi a mesma garota que levara ao aeroporto de Moscou doze anos antes, poucas horas depois do nosso casamento. Eu tinha prometido à minha nova esposa que nos reuniríamos em breve. Agora, tentando controlar as lágrimas, disse a ela em hebraico, "*Silchí li sheihárti kzat*" – desculpe, estou um pouco atrasado. Estava vivendo dentro do meu sonho, e não resistindo a ele. Continuei a me agarrar a Avital porque tinha medo de que o sonho terminasse. Segurar a mão dela me impediria de acordar na solitária.

O pequeno avião enviado por Israel pousou no Aeroporto Ben-Gurion, nos arredores de Tel Aviv. A porta se abriu. "Aqui está nosso primeiro-ministro, Shimon Peres", disse Avital, fazendo as apresentações. "E aqui está o nosso ministro das Relações Exteriores, Yitzhak Shamir. E aqui estão os dois rabinos-chefes*...".

Pouco tempo depois, eu estaria falando por telefone com o presidente Ronald Reagan, e em seguida com seu secretário de Estado, George Shultz. Agradeci por tudo o que fizeram, lembrando-os de que a luta continuaria.

"Como você pôde estar tão calmo?", as pessoas me perguntam hoje, depois de assistir aos vídeos dessas conversas. Naquela altura, nada poderia me irritar. Eu estava vivendo meus sonhos. Se, naquele momento, me tivessem dito que o próximo telefonema seria do próprio rei Davi, teria feito tanto sentido quanto tudo mais. Afinal, não teria sido natural para mim trocar as novidades com meu camarada de luta, depois de passarmos tanto tempo juntos?

Eu não tinha mais a capacidade de me surpreender. Tinha me mudado diretamente do inferno para o paraíso em um piscar de olhos. O dia que começou nas mãos dos meus captores terminou no Muro das Lamentações, nas mãos de milhares de judeus alegres que cantavam e dançavam, celebrando nosso reencontro. "Foi apenas um longo dia", Avital suspirou mais tarde naquela noite, em nossa nova casa em Jerusalém. "Eu cheguei a Israel pela manhã. Você chegou à noite. Transcorreu apenas um dia muito longo."

O COTIDIANO NO PARAÍSO

De uma vida de poucas decisões diárias de caráter amplo – sim ou não, render-se ou resistir –, minha vida ficou repleta de pequenas decisões. Eu tinha que fazer milhares das mais mundanas escolhas, grandes e pequenas: chá ou café? Uma camisa branca ou uma azul? No começo, isso me irritou. "Por que preciso pensar sobre tudo isso?", resmunguei. Repassei muitas dessas pequenas escolhas para minha esposa. Aos poucos, a liberdade me

---

* N.T.: Em Israel, há dois rabinos-chefes: um para a congregação asquenazita, o outro para a sefardita.

Uma calorosa acolhida
em Jerusalém, no Kótel, o
Muro das Lamentações.

mimou o suficiente para aproveitar essas opções, para escolher meu café da manhã, meu chá da tarde, uma camisa favorita.

A paisagem de Israel, a luz de Israel, tornou-se parte da minha vida muito naturalmente. Em uma de suas primeiras cartas de Israel, Avital, com seu olho artístico, dissera que a luz ali era diferente, brilhante, enquanto em Moscou era cinzenta. Ela não estava apresentando um boletim meteorológico. Ela estava se banhando na luz da velha-nova Jerusalém – e na luminosidade da liberdade.

Depois de uma semana de reuniões ininterruptas, entrevistas, abraços e cumprimentos nas ruas de Jerusalém sempre que saíamos de nosso novo lar, Avital e eu fugimos para o norte, para Safed.

Na manhã seguinte em que chegamos a essa cidade mística e olhamos a paisagem da nossa varanda, ouvindo o chilrear dos pássaros, senti como se tivéssemos chegado ao Jardim do Éden, o próprio paraíso. As amendoeiras floriam e as copas de flores brancas e rosas pareciam nossa escolta pessoal – sinais personalizados da minha volta ao lar. Hoje, sempre que ouço a clássica canção "Hashkediyá Poráhat" (A Amendoeira Está Florescendo) da festividade de Tu Bishvat*, e todo inverno, quando essas árvores florescem, Avital e eu nos deliciamos com esse símbolo do nosso reencontro.

Em fevereiro de 1986, a história à qual eu queria desesperadamente aderir desde 1967 converteu-se em uma parte da minha vida cotidiana. Eu estava mergulhado nela por onde quer que perambulasse. O rei Davi tivera que trabalhar duro, superando uma lacuna de milhares de anos, para chegar a mim através de seus salmos. Agora, ao optar por viver em Jerusalém, a cidade de Davi, fiz do meu antigo companheiro um velho vizinho. Visitei o vale de Elá, no qual um jovem Davi lutou contra Golias, e lembrei-me da estátua nua e intimidante em meu apartamento.

Sendo me dada a oportunidade de tocar a história judaica em seu aspecto mais íntimo, fiz um passeio especial pelos vastos túneis de dois mil anos ao lado do Muro das Lamentações. Parei no local mais próximo de onde estivera outrora o santo dos santos, o centro do Templo. Esse não era somente o lugar no qual tantos judeus, por tanto tempo, desejaram estar. Foi aqui que Avital orou por mim esporadicamente, tendo recebido acesso especial do rabino encarregado do Muro das Lamentações, no auge da minha greve de fome e em outros momentos sombrios daquele longo dia de quatro mil dias.

Pouco depois de chegar a Israel, Avital começou a viver uma vida judaica estritamente tradicional. Sua fé lhe deu grande força ao longo dos anos. Meu movimento em direção à observância tradicional foi mais lento. Essa disparidade em nossa aparência exterior começou a alimentar muita especulação. Muitas pessoas não podiam sequer imaginar como superaríamos nossas diferenças. O tolo debate começou nos jornais: O que vai acontecer primeiro?, riam os fofoqueiros. Natan vai usar uma quipá, um solidéu, ou Avital irá descobrir a cabeça** – e eles irão se divorciar? Claramente, tudo isso era ridículo para nós. Não nos sentimos ameaçados por nossas diferenças.

---

* N.T.: Dia 15 do mês judaico de Shevat; celebração do Ano Novo das Árvores.

** N.T.: Segundo a ortodoxia judaica, mulheres casadas devem cobrir os cabelos.

Como as variações no ritual religioso poderiam nos impedir de ficar juntos quando a KGB não conseguiu nos separar?

Porém, como fanáticos torcedores de futebol, as pessoas ansiavam para que eu me juntasse a elas e vestisse seu uniforme: ficar de cabeça descoberta com os seculares, aceitar a simples quipá preta dos ultraortodoxos ou encontrar a combinação certa de cor, material e tamanho que me aliassem a uma parte ou outra da comunidade religiosa sionista.

Irritado com todos os olhares maliciosos para minha cabeça desnuda, vesti o boné militar verde israelense, que tinha uma aba fina na frente. Eu tinha recebido meu primeiro boné de um americano em visita a Moscou, que me presenteou com ele junto com o emocionante elogio de que nós, jovens ativistas judeus, parecíamos tão corajosos quanto os soldados israelenses. Aquele boné ficou grudado na minha cabeça. Permanece ali até hoje. As Forças de Defesa de Israel (FDI) pararam de produzir esses bonés há muito tempo. Os mais recentes, que se parecem com o original, dizem no forro: "Fabricado na China".

No meu primeiro *shabat* com Avital, fui convidado para um passeio turístico VIP especial por Jerusalém. Avital não disse nada, mas era óbvio que ela preferia que eu não violasse o *shabat*. Desisti do passeio sem hesitar. A coisa mais importante para mim era *shlom bayit*, um lar feliz e tranquilo. Eu cederia a Avital quando se tratasse de escolher as escolas e a trajetória educacional de nossos futuros filhos.

Logo compreendi o tesouro que o *shabat* representava em nossa vida e reclamei por que não tínhamos dois por semana. A adaptação ao grande volume de orações judaicas deu um pouco mais de trabalho. Havia sido fácil na prisão: não conhecendo as orações, eu poderia inventá-las e dizer o que queria, mantendo-as breves. Agora, eu não tinha desculpa; precisei seguir o longo texto.

Contudo, a mudança mais profunda foi que essa nova liberdade realmente me possibilitou viver confortavelmente com minha identidade. De repente, em Israel, eu não era mais um duplipensador judeu. Na minha vida passada, ser judeu sempre implicara um esforço. Fosse um fardo, um direito inato ou um passaporte para o orgulho, fazia com que eu me destacasse. Muitas vezes, eu tinha consciência de que, como judeu, eu representava o povo judeu, mesmo fazendo as coisas mais triviais em público.

Descobri que muitos dos meus amigos nos Estados Unidos compartilhavam esse fardo de duplipensamento judaico, mas era diferente em Israel. Ali, eu não representava os judeus. Não falava por eles. Eu simplesmente vivia como um deles, com minha família. Agora eu poderia relaxar e ser eu mesmo.

Como todos os imigrantes, eu estava desenraizado. Havia deixado parte de mim na Rússia. Ao mesmo tempo que eu me acostumava com as surpresas tecnológicas – como leitores de CD automotivos e telefones em veículos de diplomatas e políticos –, passei igualmente por ajustes culturais. Ao ouvir o noticiário em hebraico, eu compreendia mais a cada dia, mas também entendi que jamais me expressaria em hebraico com a fluência com que o fazia em russo.

Até hoje, sempre que abro um livro novo ou vou ao teatro, sinto uma pontada. Sinto falta daquela empolgação, daquela sensação de antecipação decorrente do encontro com uma obra de arte que flerta com o dissenso, que transmite uma mensagem ou sutilmente tenta desafiar as autoridades. Em contrapartida, tudo em Israel é aberto, direto e muitas vezes sem nenhuma sofisticação. E, ao lamber uma casquinha de sorvete, sinto falta dos sabores e cheiros da minha infância.

Poucos minutos depois da minha libertação, os americanos me disseram que o acordo que fizeram com os soviéticos incluía a concessão de vistos de saída para meus parentes. Mas no verão os soviéticos estavam postergando os vistos, recusando-se a libertar minha mãe; meu irmão, Leonid; sua esposa, Raya; e seus dois filhos, Boris, de 1 ano, e Aleksandr, de 15. As autoridades esperavam fazer uso da minha preocupação com minha família para me forçar a permanecer em silêncio. Mas eu sabia que não podia barganhar com gângsteres.

Em julho, liguei para David Shipler, do *The New York Times*. David apoiara minha mãe e meu irmão durante os difíceis dias do meu julgamento e, posteriormente, como repórter e um ombro amigo. Eu disse a ele que os soviéticos estavam violando seu compromisso. "Eles poderiam brincar comigo; tenho anos pela frente", eu disse. "Porém minha mãe está em tal idade que não posso permitir que eles façam esse jogo por muito tempo."

David publicou minhas palavras e, em poucas semanas, minha velha mãe de 77 anos estava a caminho, junto com Leonid e sua família. Leonid viveu em Israel por alguns anos, depois encontrou trabalho nos Estados Unidos. Hoje, ele e Raya dividem seu tempo entre Des Moines e Pasadena (onde moram seus filhos e netos) e Eilat (onde eles preferem morar).

Minha mãe se estabeleceu em Jerusalém e morou perto de nós como mãe e avó orgulhosa por mais 16 anos. Ambas as nossas filhas cresceram em seu colo até que ficaram maiores.

No entanto, com toda essa emoção, com todas essas adaptações ao paraíso, não esquecemos sequer por um momento que a luta tinha que continuar, por aqueles que tinham ficado para trás.

A MARCHA DOS 250 MIL
DA IMAGINAÇÃO À REALIDADE

Era hora de encerrar esse capítulo da minha vida, quando as fronteiras entre minha imaginação e a realidade permaneciam embaçadas. Por algum tempo, aquele imaginado mundo da unidade judaica continuou a moldar minha vida real. O melhor exemplo disso foi a marcha histórica de Washington em 6 de dezembro de 1987, para libertar os judeus soviéticos. Essa manifestação de massa seria o último grande ato público de nossa luta global para derrubar a Cortina de Ferro.

Avital e eu estávamos lentamente compartilhando nossas experiências durante os "menos 12", os longos anos separados. Não precisávamos fazer isso tudo de uma vez; tínhamos toda a nossa vida pela frente. Continuamos a descobrir novas histórias até hoje.

Apenas algumas semanas após a minha libertação, os médicos nos deram uma ótima notícia: Avital estava grávida. Ficamos muito felizes e bastante aliviados. Temíamos que, quando eu estivesse livre, seria tarde demais para começarmos uma família. Contudo, a notícia veio com um alerta de saúde. Avital teve que ficar de cama durante a maior parte da gravidez. As exigências do médico cumpriram pelo menos um dos desejos de Avital. Ela estava se aposentando. Ela não estava mais interessada em representar o papel público que nosso destino lhe impôs. "Agora você é meu porta-voz", ela me disse.

Passando o bastão para mim, ela sumiu alegremente das telas da TV e das manchetes dos jornais. Entretanto, continuou a compartilhar as principais lições que havia aprendido como uma ativista persistente. Nós dois sabíamos que a luta tinha que continuar. Avital e seus aliados havia muito se recusavam a limitar sua causa a salvar seu marido, algumas dezenas de prisioneiros de Sião, ou mesmo alguns milhares de *refuseniks*. Buscando o êxodo de todo um povo, começaram a falar sobre 400 mil judeus que aguardavam impacientemente os vistos para ir a Israel. Esse número representava todos os judeus que haviam solicitado que o governo israelense enviasse convites para emigrar, menos aqueles que já haviam partido. E esse número provava que a luta em prol dos judeus soviéticos fora uma luta histórica pela liberdade. Apenas uma campanha grande, ampla e ambiciosa poderia funcionar

Aquela visão arrebatadora, ela me disse, tornara-se a última questão polêmica que separava seus amigos ativistas dos líderes da comunidade judaica organizada e dos representantes do governo israelense. Nós os chamávamos de *establishment*.

Instintivamente cautelosos e com medo de fazer com que o problema parecesse assustador demais, os líderes do *establishment* se opuseram a essa inflação "irresponsável" dos números. Eles preferiram falar em, no máximo, 30 mil judeus que acreditavam já haver solicitado um visto para sair da União Soviética e partir para Israel. Os diplomatas israelenses também estavam presos a esse número.

Avital relatou que um *insider* havia discordado: o embaixador de Israel nas Nações Unidas desde 1984, Benjamin Netanyahu. Em seu cargo anterior em Washington, Bibi havia se convertido no principal assessor estratégico de Avital em lidar com o governo americano. Ele era a única autoridade oficial israelense nos Estados Unidos disposta a ignorar as ordens do Escritório de Ligação.

"Uau", eu a interrompi. "Ele tem alguma conexão com Yoni Netanyahu?" – o herói de Entebbe, cujo retrato estava pendurado no meu quarto quando fui preso. Trabalhar com o irmão de Yoni parecia mais um milagre, que fechava magicamente o círculo entre meu velho mundo e meu novo mundo.

Muitos tendem a esquecer isso agora, mas quando exercia o cargo de embaixador de Israel nas Nações Unidas, Netanyahu era a celebridade de Nova York – e do judaísmo americano. O *The New York Times* o elogiou em 1985 "por sua habilidade em falar espontaneamente" com grande "paixão", enquanto aclamava "seu uso eficaz do sarcasmo para demonstrar seu ponto de vista". Em sua eloquência estava subjacente uma verdadeira esperteza. Avital me explicou que logo após o presidente Reagan lançar a

166

Iniciativa de Defesa Estratégica – popularmente conhecida como Guerra nas Estrelas – em 1983, Bibi descobriu como usá-la para a nossa causa. A Guerra nas Estrelas enervava os soviéticos. Eles temiam que isso prejudicasse seu equilíbrio bélico estratégico com os Estados Unidos.

Bibi alertou Avital que ela tinha a oportunidade de ajudar os soviéticos a perceberem que a maneira como tratavam os *refuseniks* somente alimentava a desconfiança que os Estados Unidos nutriam pela União Soviética, o que então reforçava o apoio à Guerra nas Estrelas. Esse argumento fez realmente com que passasse a ser do interesse dos soviéticos tratar os judeus soviéticos de forma mais humana. Complementando a já extensa lista de contatos de Avital, Bibi a ajudou a usar todas as alavancas possíveis em Washington e Nova York a fim de transmitir essa mensagem com clareza.

Avital também se lembra de ter reclamado com Bibi em 1985 sobre a resistência do *establishment* a qualquer discussão sobre os 400 mil judeus.

"Mas o que você acredita ser a verdade?", perguntou Bibi.

"Temos certeza de que 400 mil é o número mínimo de judeus que deseja sair. O número real é provavelmente maior", ela respondeu.

"Então persista na sua verdade", ele a encorajou. "Vamos colocar essa cifra em circulação. Não desista!"

Bibi apresentou Avital a lobistas influentes, especialmente a Marvin Josephson e seu PAC* nacional. Juntos, Josephson e Avital se encontraram com os principais líderes do Congresso e falaram sobre os 400 mil judeus que precisavam de ajuda. Eles exortaram os legisladores a aprovar uma resolução, afirmando que o que o presidente Reagan chamou de "amizade real" e "paz real" com a União Soviética dependia da libertação do nosso povo.

O resultado foi S. J. Res. 161 do Nonagésimo Nono Congresso. Essa resolução conjunta, que se transformou em lei em 6 de agosto de 1985, pedia a minha libertação, junto com a de Yosef Begun e de todos os "prisioneiros de consciência". Destacava antigos *refuseniks*, incluindo Vladimir Slepak e Ida Nudel, que esperavam fazia 15 anos. A resolução original também exigia

---

* N.T.: Acrônimo de *Political Action Committee* (Comitê de Ação Política). Termo comumente utilizado nos Estados Unidos para designar, independentemente de seu tamanho, uma organização privada cujo objetivo é ajudar ou interferir nas eleições, e estimular ou desencorajar a adoção de certas leis.

a libertação da comovente e importante cifra de 400 mil judeus soviéticos que desejavam emigrar.

No entanto, de alguma forma, quando a resolução foi aprovada pela Câmara dos Representantes e pelo Senado, e os *insiders* conciliaram os dois textos, nosso número mágico desapareceu. Em vez disso, houve um vago chamado para "milhares de judeus que desejam emigrar". O *establishment* interviera.

Agora, era minha vez de liderar a luta pelos 400 mil. Antes de minha viagem aos Estados Unidos, Avital detalhou as constantes tensões entre as diferentes organizações judaicas. "Todo mundo vai querer que você se afilie à organização que representam", ela alertou. "Mas não se junte a ninguém. Permaneça independente. E, entenda, nossos primeiros aliados são os estudantes" – melhor representados pelo SSSJ, *The Student Struggle for Soviet Jewry* (A Luta Estudantil pelos Judeus Soviéticos) – "e as donas de casa" – melhor representadas pela UCSJ, *Union of Councils for Soviet Jews* (União dos Conselhos pelos Judeus Soviéticos) e pela *Thirty-Five*, uma organização de mulheres na Inglaterra e no Canadá.

"Você precisa desses ativistas de base para começar a agitar as coisas", explicou Avital. "Ainda assim, o *establishment*" – melhor representado pela *National Conference on Soviet Jewry* (Conferência Nacional sobre os Judeus Soviéticos) – "detém o verdadeiro poder. O *establishment* será o último a aderir. Mas, quando finalmente intervier e tomar para si o crédito, você saberá que venceu."

Foi exatamente o que aconteceu – no final.

Antes da minha viagem, falei com David Makovsky, diretor do WUJS – *World Union of Jewish Students* (União Mundial dos Estudantes Judeus), que havia organizado muitas manifestações de apoio a Avital. David me disse que as pessoas estavam se sentindo confusas, inseguras sobre se deveriam continuar pressionando o cada vez mais popular Mikhail Gorbachev. Elie Wiesel havia aconselhado os alunos: Tomem a iniciativa. Não esperem pelo *establishment*. Vão a Washington. Marchem, pressionem, protestem. Ninguém o fará no seu lugar.

Cheguei a Nova York em maio de 1986 para agradecer e estimular a ação. Em cada reunião – com o presidente, outros políticos, jornalistas, professores, estudantes, líderes judeus e milhares de americanos –, expressei minha gratidão e, então, pedi empenhos renovados para salvar os 400 mil.

Durante uma recepção que o prefeito de Nova York, Ed Koch, ofereceu para dezenas de líderes judeus, tive meu momento de eureca. Pensando nos 400 mil e antecipando que Gorbachev por fim visitaria Washington à medida que as relações EUA-URSS continuassem a melhorar, deixei escapar: "Quatrocentos mil judeus soviéticos estão esperando que ajamos", eu disse. "Quando Mikhail Gorbachev visitar a Casa Branca, vamos ter 400 mil judeus americanos marchando em Washington e gritando: 'Deixe meu povo ir'."

Eu não queria dizer 400 mil manifestantes literalmente. E nenhum encontro havia sido planejado. Eu estava tentando ilustrar a magnitude do problema judaico soviético. Mas, no minuto em que eu disse isso, gostei. A imagem de centenas de milhares de judeus, marchando em Washington, exigindo que os líderes soviéticos libertassem centenas de milhares de judeus, veio direto do meu banco de memória da prisão, do mundo imaginário que me havia sustentado por nove anos. Foi assim que um gracejo rápido se transformou em um plano de ação.

"Natan, as organizações do *establishment* não farão nada", Wiesel me advertiu quando conversamos no dia seguinte. "Não desperdice sua energia com eles. Vá aos estudantes."

A primeira reação do *establishment* confirmou as advertências de Wiesel e de Avital. Os líderes me passaram um sermão. Insistiram que era irresponsável falar sobre 400 mil judeus soviéticos sem provas. E era irresponsável falar sobre 400 mil judeus americanos. "Quantos judeus vivem em Washington?", eles perguntaram. "Não é Nova York."

E se a cúpula dos líderes fosse realizada durante o inverno? Especialistas da Conferência Nacional sobre os Judeus Soviéticos estimaram um máximo de 18 mil manifestantes. Todos nós pareceríamos tolos. Além disso, era irresponsável colocar em perigo os judeus americanos, fazendo-os parecer belicistas. Gorbachev havia deslumbrado os americanos como um agente de mudança. Inclusive os democratas estavam começando a aplaudir Reagan, o republicano de direita, por ter dado uma chance à paz.

Alguns zombaram: "Com todo o respeito" – essa frase capital americana que sempre significa que um ataque é iminente –, "o que você entende de política americana, o que sabe sobre a comunidade judaica ou a organização de protestos aqui?" No entanto, persisti, mês após mês, reunião após reunião.

Tentando me salvar, Morris Abram ofereceu um acordo. Esse exemplar líder da comunidade, que presidiu a *National Conference on Soviet Jewry* e a *Conference of Presidents of Major American Jewish Organizations* (Conferência dos Presidentes das Principais Organizações Judaicas Americanas), prometeu conseguir que os 100 senadores ficassem em pé nos degraus do Capitólio e exigissem liberdade para os judeus soviéticos.

Outro aliado inestimável e novo amigo íntimo, o rabino Avi Weiss, interveio. Na qualidade de líder da SSSJ, ele me alertou: "Não espere nada do *establishment*. Mesmo que digam que o farão, eles não podem fazê-lo". Ele se ofereceu para encontrar 100 rabinos que se acorrentariam aos portões da embaixada russa sempre que Gorbachev viesse de visita, dispostos a serem presos pela causa. Mas eu não queria 100 de coisa nenhuma. Imaginava uma manifestação em massa reverberando meus sonhos de prisão.

Em meados do verão de 1987, mais uma vez verifiquei com David Makovsky como as coisas estavam progredindo. "Não está acontecendo nada", ele relatou. O *establishment* ainda se opunha a uma marcha em massa. A cúpula EUA-URSS ainda não fora programada. Os estudantes estavam distraídos, muitos trabalhando em acampamentos de verão judaicos. "Ninguém está falando sobre isso", disse ele. "Se você quiser que aconteça, precisa vir aos Estados Unidos e falar constantemente sobre isso aqui."

Naquele mês de agosto, Avital, nossa filha Rachel, de dez meses, e eu nos mudamos para Nova York. Em outubro, elas voltaram para casa. Eu fiquei até começo de dezembro, quando Gorbachev finalmente veio a Washington.

Viajei de um lugar a outro, visitando 32 comunidades judaicas no total. Em cada cidade, eu instruía os líderes, dava entrevistas aos repórteres, me reunia com os conselhos editoriais dos jornais, dava palestras em duas ou três sinagogas e recrutava o maior número possível de estudantes.

Para evitar a armadilha organizacional contra a qual Avital me havia alertado, tínhamos uma estrutura. Ari Weiss e Jack Lew, dois ex-assessores políticos importantes de Tip O'Neill, presidente da Câmara dos Representantes, que haviam ajudado Avital, se ofereceram como voluntários. Usando a rede deles em Washington, encontramos uma base: Van Ness Feldman, o novo escritório de advocacia fundado por alguns dos antigos assessores do senador Henry Jackson. Durante meses, tive acompanhantes altamente capazes, trabalhando em revezamento: Ari, Jack, David Makovsky e seu irmão, Michael Makovsky, um estudante na época.

Minha mensagem para as comunidades judaicas era simples: agora é o seu momento de mudar a história. "Nós chegamos tão longe", eu dizia. Arrolei as inúmeras conquistas compartilhadas dos americanos na defesa do judaísmo soviético. "Essa marcha é o último empurrão", implorei.

Onde quer que eu falasse, os recrutas judeus ficavam entusiasmados com a ideia de uma manifestação em massa em Washington. Ninguém fez eco às objeções dos líderes. Eu conhecia a força do povo judeu, seu entusiasmo, sua determinação. Agora o vivenciava, enquanto viajava de comunidade em comunidade, de um *campus* para outro. Todos pareciam tão comprometidos e mobilizados quanto eu sonhara que seriam.

RONALD REAGAN
ESTÁ À ALTURA DA MINHA IMAGINAÇÃO

À medida que a "febre de Gorby" começou a crescer nos Estados Unidos naquele outono, os céticos se tornaram mais ariscos. "Não pode parecer que nos opomos a essa nova *détente* com os soviéticos. É popular demais", disseram. "E não podemos contrariar Ronald Reagan, depois de ele ter sido tão útil."

Ronald Reagan? O Reagan que fez com que eu me sentisse tão feliz na prisão em 1983, quando chamou a União Soviética de "o império do mal"? O Reagan cujas palavras preciosas havíamos repassado de um prisioneiro para outro em código Morse ou sussurrando-as através de nossos "telefones sanitários", mergulhando a cabeça nas privadas para que os vizinhos pudessem nos ouvir através dos encanamentos? Impossível. O Reagan que havia norteado meu universo prisional imaginário não poderia se opor a essa marcha pela liberdade.

No meu mundo absolutista de luta e no de Avital não havia barreiras, muros, protocolos ou sutilezas que pudessem nos deter. Então fomos direto ao presidente dos Estados Unidos no final de setembro. Agradecemos a ele em conjunto por sua ajuda e lhe perguntamos o que ele pensava sobre a realização de uma marcha, quando quer que a cúpula se materializasse. Tentando facilitar a conversa, porque muitos haviam avisado que ele ficaria ofendido, nós lhe asseguramos que quaisquer protestos contra Gorbachev não implicariam uma oposição à política americana, mas à opressão soviética.

"Por que alguém pensaria que desejo ser amigo de uma pessoa que mantém seu próprio povo na prisão?", perguntou Reagan. "Façam o que tiverem de fazer e eu farei o que tenho de fazer."

"Reagan quer esta manifestação", eu disse aos líderes judeus. Morris Abram, entretanto, permaneceu cético. Em outubro, quando o presidente anunciou a visita de Gorbachev, Abram recorreu ao Secretário de Estado, George Shultz.

"Você realmente quer esse comício?", perguntou Abram, como Shultz me relatou mais tarde.

"Não só queremos", respondeu Shultz, "como queremos que seja a primeira coisa que Gorbachev veja em todas as telas de TV nos Estados Unidos quando vier para a cúpula!"

Finalmente, recebi o telefonema. No final de outubro, quando americanos e soviéticos estavam fechando a data de dezembro, ouvi dizer que o *establishment* nos apoiava. David Harris, diretor do escritório em Washington do Comitê Judaico Americano e defensor de longa data dos judeus soviéticos, comandaria a operação.

Como previra Avital, o impacto foi imediato. Quando ministrei uma palestra em uma universidade no dia seguinte, tudo havia mudado. Eu não era mais um profeta solitário, mas um sargento recrutador. Representantes das Federações Judaicas e dos Hillels – os centros estudantis judaicos – compareceram. Havia ônibus para se inscrever e tarefas para as quais se voluntariar. Da noite para o dia, eu tinha sido integrado numa extraordinária operação logística. E sim, como avisara Avital, eles mobilizaram, criaram estratégias, fizeram propaganda, arrecadaram fundos, gastaram generosamente – e levaram o crédito.

Mas funcionou. Aviões foram fretados, ônibus alugados e vagas de estacionamento garantidas. No dia da manifestação, pousaram aviões de Los Angeles, Miami e Toronto. Chegaram trens de Boston, Filadélfia e Chicago. Chegaram ônibus noturnos de Buffalo, Pittsburgh e Cincinnati. Milhares de carros particulares disputavam o estacionamento.

Os manifestantes vieram de diferentes organizações, diferentes sinagogas, diferentes cantos dos Estados Unidos e diferentes perspectivas políticas.

Contando com 250 mil pessoas que gritavam "Deixe meu povo ir", essa marcha em Washington, em dezembro de 1987, programada para ocorrer durante a cúpula entre Ronald Reagan e Mikhail Gorbachev, deu início à batalha final e vitoriosa dos judeus estadunidenses na sua luta de 25 anos para libertar os judeus soviéticos.

Nossa causa continuou a ser uma questão rara, que unia republicanos e democratas na polarizada Washington de Reagan.

Ao todo, 250 mil americanos, em uma operação de precisão militar pulsante com felicidade à moda *hippie*, enfrentaram o frio de Washington para gritar "Deixe meu povo ir". O protesto correspondeu ao tamanho da lendária marcha de Martin Luther King de 1963 pelos direitos civis em Washington. Mais uma vez, minhas fantasias da prisão se tornaram realidade.

Para ser honesto, havia oradores demais. A maioria falou por muito mais tempo do que era necessário. Mas isso não importava. De pé no palanque, vendo esse mar de solidariedade, senti como se pudesse tocar naqueles bons sentimentos de unidade judaica e sentir a vitória iminente.

Os céticos estavam equivocados sobre o clima. Ameaçou chover, mas isso aconteceu somente quando o comício terminou e as pessoas começaram a se dispersar. Quando a chuva congelante começou a cair, três de nós permanecemos no enorme e improvisado palanque no shopping que se esvaziava rapidamente. Esse poderia ter sido um momento constrangedor. Vi que Morris Abram, o líder do *establishment*, olhou hesitante para uma de suas rivais, Pamela Cohen, presidente da *Union of Councils for Soviet Jews*.

De repente, nós três gritamos: "Conseguimos!" Começamos a dar tapinhas um nas costas do outro. Abraçados, dançamos um pouco de *hórra**. Tínhamos conseguido que acontecesse, juntos.

Ainda demorou um ano para que os últimos prisioneiros de Sião e *refuseniks* fossem libertados. Ainda demorou dois anos para a queda do Muro de Berlim. Ainda demorou quatro anos para o colapso da União Soviética. No entanto, sabíamos que a guerra havia sido vencida. Finalmente, em dezembro de 1987, encarei um novo desafio: reiniciar minha vida. Chegara o momento de me tornar israelense.

---

* *Hórra* é uma dança de origem romena e moldava e também a dança nacional de Israel.

PARTE II
NOVE ANOS NA POLÍTICA ISRAELENSE

TORNANDO-ME UM ISRAELENSE

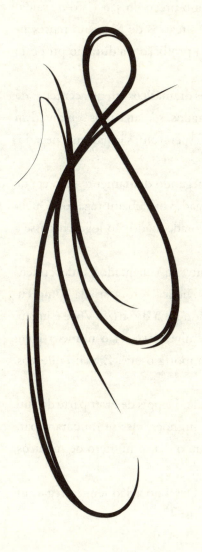

Lá estava eu, em abril de 1993, marchando novamente pelos judeus soviéticos. Essa manifestação não era tão perigosa nem tão dramática quanto dez judeus confrontando o Kremlin. Não foi tão impressionante nem tão global quanto os 250 mil judeus marchando em Washington. Ainda assim, foi tão emocionante e empoderadora como os demais protestos – e mais divertida.

Dessa vez, no lugar de marchar na Colina do Capitólio e atacar o governo soviético, nosso protesto realizou-se em frente ao nosso próprio Parlamento em Jerusalém. Em vez de agitar cartazes e gritar palavras de ordem, empunhamos vassouras.

Quinze mil de nós exigiram que o Knesset aprovasse o *hok tkufat nikayon*, a lei do estágio de limpeza. Ela é paralela ao *hok tkufat nissayon*, a lei de estágio profissional, que impôs

JAMAIS ESTIVE SÓ

um *stazh*, um estágio, para profissionais antes que seu certificado fosse revalidado em Israel. Nossa "lei" adicionava um período de estágio obrigatório de *nikayon*, varrer o cháo ou limpar apartamentos. Quanto mais avançado o seu título, mais longa seria a sua tarefa de limpeza. Para jovens engenheiros, três anos. Outros títulos universitários, cinco anos. Para professores de Medicina, dez anos.

Na verdade, tal proposta não chegou ao Knesset. Estávamos agitando nossas vassouras de forma humorística, e o "protesto" não devia ser tomado literalmente. Estávamos fazendo eco à lei soviética segundo a qual quanto maior o *status* do seu diploma, maior seria o preço do seu visto de saída. Alguns atores, recém-chegados dos maiores teatros de Moscou, representaram burocratas inflexíveis, berrando cada profissão e a duração proposta para os serviços de limpeza.

Essa ação foi um dos muitos momentos dramáticos em que centenas de imigrantes chegavam a Israel em aviões lotados, semana após semana. Em 1993, os 400 mil imigrantes soviéticos que esperávamos já haviam chegado. O total rapidamente ultrapassou um milhão.

Com a quantidade de profissionais chegando diariamente, não era de se estranhar que houvesse tantos desempregados ou subempregados. Quem poderia, racionalmente, obter um emprego adequado tão logo chegasse a um país estrangeiro?

A maioria dos imigrantes russos – como eram chamados, independentemente de onde provinham na União Soviética – fora criada como eu. Totalmente assimilados, eles haviam seguido uma diretriz: "Você é judeu. Para obter sucesso nesse ambiente antissemita, deve ser o número 1 em Física, Matemática, xadrez, música, não importa o quê. É assim que nós, judeus, sobrevivemos".

Sua motivação tornou-se sua identidade. Depois de fazer parte da elite profissional em um país de mais de 200 milhões, eles se mudaram para um país de 5 milhões. Quase da noite para o dia, o número de médicos, engenheiros, músicos e enxadristas dobrou.

"Como você chama um judeu russo que sai do avião sem carregar um violino?, gozavam os israelenses. "Um pianista!"

178

Transformou-se em um estereótipo: o vigia noturno com doutorado, o servente médico, a empregada com medalha de ouro recebida num concerto. A realidade era mais sutil: o professor doutor lecionando no ensino médio, o engenheiro consertando televisões, o violinista clássico dando aulas de música.

Mais irritante do que o problema do emprego era o desdém com que os israelenses o encaravam. A sociedade israelense minimizou quantas pessoas sentiram-se esmagadas pelo deslocamento em massa. Os judeus russos da primeira e da segunda *aliyá*, por volta da virada do século XIX para o XX, haviam trabalhado nos campos, drenando os pântanos. Os 850 mil judeus expulsos dos países árabes e muçulmanos nas décadas de 1950 e 1960, conhecidos como *mizrahim*, padeceram em *maabarot* (campos de absorção improvisados) e depois ajudaram o deserto do Neguev a florescer. "Veja o país que criamos quando viemos e fizemos o que era esperado de nós", disseram-nos. "Por que sua imigração deveria ser diferente?"

A lógica sionista dos israelenses era clara: os pais que sofrem são como a geração perdida de judeus da Bíblia, que vagou por 40 anos pelo deserto. Seus filhos crescerão em Israel e passarão pelo caldeirão cultural das FDI. Então, se converterão em verdadeiros israelenses, como nós!

Os imigrantes soviéticos resistiram a essa sentença de prisão perpétua. Nossa manifestação de varredores de rua foi uma expressão de nossa recusa. O ministro da Absorção, Yair Tzaban, um ativista social do partido Meretz, começou a falar. Mas, sentindo-se fortalecidos pelas vassouras, os manifestantes gritaram: "Não! Queremos a lei da limpeza! Queremos a lei da limpeza!". Uma lição fundamental do teatro moscovita: para tornar seu protesto memorável, leve os absurdos da vida ao nível do grotesco.

CRIANDO O FÓRUM SIONISTA

A manifestação não aconteceu no vácuo. Havia uma organização por trás de tudo. Pouco depois de retornarmos de Washington para Israel em dezembro de 1987, meus amigos e eu mudamos nosso foco. Em 1º de maio de 1988, mais de 100 representantes da nossa *aliyá* se reuniram.

Ex-prisioneiros de Sião, ex-*refuseniks* e imigrantes de longa data fundaram o Fórum Sionista Judaico Soviético para colocar nossas preocupações na ordem do dia. Fui eleito presidente, e Yuli Edelstein, futuro presidente do Knesset, vice-presidente. A manifestação em Washington havia levado o número 400 mil para a consciência dos judeus americanos. Mas Israel estaria preparado para uma imigração tão gigantesca?

Em nossas primeiras reuniões com os líderes de Israel, eles responderam à pergunta: não, não estava. O ministro das Relações Exteriores, Shimon Peres, foi amigável, porém cético. "Claro que eu gostaria que eles viessem", começou Peres, "mas poucos realmente virão. No máximo, de 10 a 15 mil. Por que eles deveriam sair? Agora que a *Perestroika* e a *Glasnost* de Mikhail Gorbachev estão trazendo liberdade, eles podem desfrutar da vida. Por que viriam para um país em constantes guerras? Primeiro, temos que fazer a paz".

Peres liderava o Partido Trabalhista de Israel. Ele e outros românticos sionistas trabalhistas acreditavam que, com as reformas de Gorbachev, a União Soviética finalmente caminhava na direção certa, rumo ao socialismo de sua juventude. Entrementes, se preocupavam com o futuro de Israel, sem paz à vista.

O primeiro-ministro de direita de Israel, Yitzhak Shamir, não tinha ilusões acerca da face humana do socialismo ou de uma via expressa para a paz no Oriente Médio. Ele ofereceu a mesma estimativa, se bem que em uma lógica diferente. "Receberemos de 10 a 15 mil, no máximo. Temos nossas fontes de inteligência", disse ele quando nos encontramos. "Elas relatam que a maioria dos judeus em Moscou está estudando inglês, não hebraico. Eles querem ir aos Estados Unidos." Shamir ainda estava resmungando sobre os desistentes.

Ambos os líderes israelenses, no entanto, ofereceram garantias semelhantes. Se os judeus russos chegassem em tal grande número, quanto mais, melhor. Cada qual insistia, "Israel estará pronto. Você vai ver como o país inteiro irá se mobilizar".

Quando os portões da União Soviética começaram a se abrir em 1989, Israel realmente se mobilizou. Com a queda da Cortina de Ferro, representantes da Agência Judaica espalharam-se por todo o vasto e cambaleante império soviético. Ajudaram de forma impressionante, desde o preenchimento de pedidos de visto até a organização de voos e agilização do processamento no Aeroporto Ben-Gurion. Não há moradia suficiente para tantas pessoas? "Sem problemas, tenha um pouco de *savlanut*", paciência. Em breve, dezenas de milhares de cidades de *trailers* começaram a surgir, de Beer-Sheva a Haifa.

Não há centros de absorção suficientes? "Sem problemas, *smóh alai*", confie em mim. Dentro de pouco tempo, o governo deu início a uma abordagem mais individualizada, a absorção direta. Cada imigrante recebeu um *sal klitá* – uma cesta de absorção, milhares de dólares em subsídios para se instalar. Judeus americanos arrecadaram mais de US$ 1 bilhão para ajudar, graças à extensa campanha das Federações, a Operação Êxodo.

Condições difíceis? "Sem problemas, *yihiyé besseder*", vai ficar tudo bem, eles disseram, dando um tapinha no seu ombro. "Você acha que está em uma situação ruim? Foi muito pior para nós! Tivemos que drenar pântanos, resistir à malária, lutar contra os árabes, esquivar-nos dos ingleses!"

Brincávamos que os imigrantes russos estavam mancando, seus ombros direitos golpeados por todos os gritos de cada israelense: "*Savlanut-smóh-alai-yihiyé-besseder*", como se fosse uma única palavra.

A abordagem sensata e padronizada do governo israelense com relação aos recém-chegados funcionou. Após o estabelecimento de Israel em 1948, ondas de imigração, a começar com os sobreviventes europeus do Holocausto, dobraram a população. Nas décadas de 1950 e 1960, chegaram 850 mil imigrantes expulsos dos países árabes e do Norte da África: os sefarditas, hoje conhecidos como *mizrahim*. Israel sempre enfrentou o desafio. Refugiados de mais de 100 países que falavam dezenas de idiomas tornaram-se israelenses de língua hebraica.

Agora, na década de 1990, Israel teve que absorver uma imigração de um quinto da sua população. No entanto, a abordagem de caldeirão cultural adotada por Israel era paternalista. Os sabras (israelenses nativos) e os primeiros imigrantes acreditavam saber do que os recém-chegados precisavam. Eles já haviam provado que estavam do lado certo da história ao se tornarem israelenses antes da ascensão de Hitler.

A acolhida dos israelenses aos sobreviventes do Holocausto foi heroica. O pequeno, pobre e batalhador país, cercado de inimigos, dobrara sua população, acolhendo em casa estrangeiros com costumes estranhos e línguas estranhas. Contudo, os israelenses viam essas pessoas como vítimas passivas. O apelido que os jovens israelenses davam na rua a esses sobreviventes europeus era arrepiante: *sabonim*, sabonetes, porque era isso que os nazistas fizeram com a pele de alguns judeus mortos.

Por outro lado, os israelenses estavam orgulhosos de fazer história em seu país. Portanto, antes de se juntar a seus companheiros judeus como atores no novo drama judaico, esses recém-chegados tinham que ter a deferência, a opressão e a fraqueza do exílio – *galut* – drenada deles, como os próprios pântanos.

À medida que aviões repletos de judeus expulsos de países árabes chegaram ao país na década de 1950, o paternalismo tornou-se mais problemático. Os líderes sionistas socialistas – judeus russos que chegaram no início dos anos de 1900, na segunda e terceira *aliyá* – decidiram pelos novos imigrantes, não com eles. Sionistas bengurionianos, que lideravam o governo e a Agência Judaica, queriam transformar essas pessoas em novos judeus – israelenses fortes e orgulhosos.

De repente, esses asquenazitas seculares estavam decidindo que tipo de identidade os recém-chegados do Marrocos, Iêmen e Iraque deveriam ter, quanto de sua cultura poderiam manter, quais tradições judaicas deveriam preservar, onde viveriam, que empregos teriam e quais seriam seus novos nomes.

Esse processo deixou cicatrizes psicológicas e sociais. Em 1977, Menachem Begin, do partido Likud – ele próprio asquenazita como todos nós, russos, poloneses e europeus ocidentais – subiu ao poder como o primeiro político israelense tradicional receptivo à raiva dos *mizrahim*.

Seus novos nomes refletiam seu trauma. Antes de se mudarem para Israel, eles eram judeus marroquinos, argelinos, sírios ou líbios. Ainda que compartilhassem liturgia e rituais sefarditas (da Espanha), nenhuma identidade coletiva os unia politicamente como *mizrahim*, ou seja, orientais. O Estado judeu havia conferido aquela identidade a eles. Por fim, os *mizrahim* começaram a expressar sua raiva politicamente. Sete anos após a eleição de Begin, surgiu o partido ultrarreligioso Shas, que prometia fazer uso do poder *mizrahi* a fim de revitalizar a cultura e o orgulho sefarditas.

Na Rússia, nunca compreendemos a profundidade da fúria *mizrahit*. Quando cheguei a Israel, passei a ouvir reclamações constantes sobre o domínio, a discriminação, os insultos e a arrogância asquenazitas. Como de costume, os taxistas acertavam em cheio. Um deles, em 1986, me disse como minha libertação foi emocionante para os israelenses. "Todos nós choramos", disse ele. Então, acrescentou: "Mas você entende que se não fosse asquenazita, se você fosse marroquino como eu, eles nunca teriam organizado tal acolhida".

"Mesmo se alguém tivesse passado nove anos na prisão?", perguntei.

"Claro", ele bufou, apresentando uma relação de judeus *mizrahim* que, segundo sua alegação, o Estado havia negligenciado.

Alguns anos depois, quando a imigração soviética estava no auge, um taxista me disse: "Estou tão feliz em ver como vocês, russos, chegam a Israel em grande número. Juntos, vocês russos e nós sefarditas iremos mostrar a esses judeus asquenazitas quem é o chefe agora".

ABRAÇANDO A VISÃO ROMÂNTICA DE HERZL DO "MOSAICO DE MOISÉS" SOBRE A DE BEN-GURION

Israel era um laboratório único. Normalmente, um Estado-nação produz uma diáspora, à medida que as pessoas vão embora. Aqui, a diáspora distante estava produzindo um novo Estado-nação. Veio sem manual de instruções, exceto a imaginação de seus fundadores.

Ao ler a história, aprendi que o debate contemporâneo sobre como lidar com os imigrantes refletia o embate dos fundadores em relação ao legado da diáspora. O fundador do sionismo moderno, Theodor Herzl, era um orgulhoso nacionalista judeu que amava a cultura europeia. Respeitava as profundas conexões que os imigrantes trouxeram de suas primeiras casas para sua velha-nova pátria. Ele queria acolher judeus de todo o mundo para transpor suas personalidades e habilidades individuais, não as abandonar.

183

Posteriormente, evoluiriam juntos, para serem transformados. Um mosaico requer pedras e cimento. O "mosaico de Moisés" resultante, uma colcha de retalhos judaica, seria fundido pela tradição de Moisés enquanto deslumbrava a todos com sua diversidade mundana.

O primeiro primeiro-ministro de Israel, David Ben-Gurion, imaginava um novo caldeirão cultural israelense, não um mosaico tingido pela diáspora. Ben-Gurion considerava aquela sagrada tarefa sionista, formalmente chamada de "reunião dos exilados", parte de "uma revolução total na imagem de um judeu e em seu modo de vida".

Na esperança de que dois mil anos de fraqueza desaparecessem, Ben-Gurion escreveu: "Ao chegar à sua pátria, esses judeus sem identidade (*avak adam*), vivendo entre estranhos, dependentes da vadiagem e da servidão, se aglutinam em uma unidade nacional independente, vinculada e enraizada em sua grande história". Os israelenses estavam salvando os recém-chegados, não os humilhando. A redenção seria alcançada quando cada imigrante exorcizasse o judeu alquebrado e exilado de seu interior e se transformasse em um israelense orgulhoso e assertivo: o novo judeu.

A visão homogeneizadora de Ben-Gurion dominou por muito tempo a sociedade israelense, orientando os órgãos governamentais responsáveis pela absorção. Então, nos anos de 1990, os imigrantes russos resistiram. Eles não se consideravam judeus sem identidade. Estavam fugindo do sistema soviético, não da cultura russa. Muitos tinham orgulho de sua identidade russa. Recusando-se a ver seu passado como totalmente negativo, exigiram outra abordagem.

Esse conflito foi encenado para mim em 1990, quando alguns atores e diretores famosos de Moscou entraram em contato comigo. Eles estavam pensando em fazer *aliyá*. Perguntaram se Israel consideraria criar um teatro em língua russa. Pensei: "Uau, aqui está a chance de Israel mostrar aos imigrantes em potencial que não é um fim de mundo cultural". Essa velha-nova terra poderia absorver costumes que os judeus russos apreciavam no velho país, especialmente o teatro. Corri ao Ministério da Educação e Cultura com a boa notícia.

No entanto, poucos israelenses compartilharam meu entusiasmo. "O que você quer é contra o sionismo", me disseram. "Não vamos promover o teatro em língua russa. Nunca aprovamos o teatro em alemão, romeno ou búlgaro, nem mesmo em iídiche". E acrescentaram: "Você, como sionista, não reconhece o milagre de trazer uma língua morta de volta à vida? Devemos fortalecer a conexão entre o hebraico e o povo judeu. Todos os imigrantes devem aprender a nossa língua. Sua abordagem impedirá que os recém-chegados se tornem parte de Israel".

Talvez tal rigidez tenha feito sentido durante os primeiros anos da construção do Estado. Eliezer Ben-Yehuda, responsável pelo renascimento da língua hebraica, só conversava com a esposa e os filhos em hebraico, não obstante faltassem muitas palavras necessárias para a vida cotidiana. O primogênito de Ben-Yehuda não falou até completar 4 anos de idade. Um século mais tarde, não precisávamos ser tão inflexíveis.

Fui para a outra capital sionista, Nova York. Nossos amigos da *New York Federation*, a organização filantrópica judaica mais generosa dos Estados Unidos, haviam dado ao *Forum* os primeiros US$ 24.000 para produzir algumas performances em língua russa. Nosso *Soviet Jewry Zionist Forum* (Fórum Judaico Sionista Soviético) encontrou mais dinheiro para o início das atividades do que chamamos de Teatro Gesher. *Gesher* significa "ponte". Ao longo dos anos, atuando em dois idiomas, o teatro conquistou muitos prêmios. É difícil acreditar que sionistas radicais considerassem inicialmente esse bem-sucedido projeto sionista contrário à sua causa.

Organizações de imigrantes frequentemente se alinhavam com partidos políticos. Fundamos o Fórum Sionista para dar aos imigrantes uma voz independente. Seríamos parceiros e concidadãos. Tínhamos muita experiência em lutar por nós mesmos – incluindo o confronto com o *establishment* sionista – e contávamos com amigos na diáspora para financiar nossa independência.

A REUNIFICAÇÃO COM OS JUDEUS AMERICANOS

Agora que todos reconheciam que estávamos às vésperas de uma grande *aliyá*, o Fórum Sionista se pronunciou publicamente e de forma contundente, criticando a Agência Judaica e o governo por não estarem preparados.

Certa vez, depois que fiz alguns comentários ousados no *Jerusalem Post*, o presidente da Agência Judaica, Simcha Dinitz, me convidou para um bate-papo. Dinitz e sua esposa, Tamar, haviam recebido calorosamente Avital quando ele era embaixador de Israel em Washington. "Natan", ele disse com sinceridade, "você e seus amigos do Fórum Sionista são heróis. Nós amamos vocês. Nós respeitamos vocês. Vocês lutaram contra a União Soviética".

Eu sabia o que estava por vir.

"Mas", disse ele, "você não entende como a democracia funciona, ou o que funciona em Israel. Observe as demais organizações de imigrantes. Se você quiser criticar, vá em frente", ele prosseguiu. "É um país livre. Você será popular. Os jornalistas irão entrevistá-lo com alegria. Mas você não irá ajudar nem sequer um novo imigrante, porque não receberá nem um shekel de nós. Em vez disso", ele propôs, "pare de criticar. Trabalhe conosco e terá dinheiro, influência, o que quer que você necessite".

Como veterano do Partido Trabalhista, Dinitz entendia como operava a versão trabalhista da democracia israelense, girando em torno de uma rígida disciplina partidária. A *Association of Soviet Immigrants* (Associação de Imigrantes Soviéticos), organizada pelos trabalhistas na década de 1970, permanecia totalmente dependente do partido.

O mesmo artigo que incomodara Dinitz provocou um telefonema de Nova York. Era de um homem que eu jamais havia encontrado, chamado Joseph Gruss. "Você escreve que o apoio que o governo dá aos novos imigrantes para comprar apartamentos não é suficiente", disse o financista aposentado de Wall Street. "Você propôs um fundo especial para ajudá-los. Quanto dinheiro adicional você acha que será necessário para acomodar aqueles que vierem no próximo ano?"

Estávamos no início de uma *aliyá* cuja dimensão mesmo nós, *insiders*, ainda não tínhamos compreendido. Meu entendimento de negócios e imóveis era mínimo na época. Joguei o que parecia ser uma grande cifra: US$ 20 milhões. Na verdade, era uma gota d'água no oceano.

"OK", disse Gruss, "eu lhe darei US$ 1 milhão. Encontre outros 19 doadores que se equiparem a mim".

Ele ligou duas semanas depois, perguntando: "Você encontrou os outros 19?" Eu havia começado a fazer as contas e a procurar, porém não tinha encontrado nenhum doador adicional. Comecei a balbuciar sobre a necessidade de mais tempo.

Gruss me interrompeu. "Estou velho", disse. Ele tinha 86 anos. "Não tenho tempo para esperar. Eu lhe darei os US$ 20 milhões". Graças à abordagem criativa de David Blumberg, CEO do maior banco hipotecário de Israel, o Bank Tefahot, a doação de Gruss aumentou para US$ 80 milhões o crédito para uma segunda hipoteca, que ajudou 7.500 famílias a comprar apartamentos, e eu ou outros membros do nosso grupo muitas vezes assinamos como fiadores. Muitos israelenses, que conheciam o risco de garantir hipotecas, nos alertaram para que não assinássemos pessoalmente. No entanto, todos pagaram no prazo. Outros bancos, ao verem que os negócios de hipotecas cresciam, logo se apressaram a entrar neles.

Essa se tornou nossa abordagem. Elaboramos um projeto, inspirados na TV russa, de um sistema que oferece assessoria jurídica para novas formas do ensino da Matemática e da Física. Os representantes do *establishment* costumavam dizer: "Não, isso não é necessário. Nós sabemos melhor do que você como absorver imigrantes". Por conseguinte, arrecadamos algum dinheiro de velhos amigos na diáspora para começar o projeto. Éramos apartidários, atraindo apoio de todos os partidos políticos do espectro.

Queríamos acampamentos de verão em que se falava russo para os novos imigrantes. Essa ideia também irritou a sensibilidade do caldeirão cultural, então nos disseram: "Nós falamos hebraico, não russo". Apelei a Charles Bronfman, filantropo canadense cuja esposa, Andrea Bronfman, fora uma das líderes na luta em prol dos judeus soviéticos. Naquele verão, realizamos um acampamento. No verão seguinte, o governo israelense assumiu o projeto.

Pensamos em estimular empreendedores com empréstimos para pequenos negócios. Na época, os burocratas careciam de fundos e de fé no projeto. Abordei Ludwig Jesselson e George Klein, dois empresários de Nova York, que haviam acolhido Avital como uma filha. Mais uma vez, estabelecemos um precedente.

O Fórum Sionista tornou-se um sindicato, uma organização de direitos civis e um laboratório para diferentes iniciativas sociais, tudo reunido em um só pacote. E, por meio da crescente parceria entre os imigrantes e o governo israelense, o Fórum reformulou o diálogo entre a diáspora e Israel.

Em minha primeira viagem aos Estados Unidos, conheci Mort Zuckerman, o magnata do mercado imobiliário nascido em Montreal, que havia comprado o *U.S. News & World Report*. Quando ele me entrevistou, começamos a comparar experiências: a dele como prisioneiro na alta sociedade de Nova York e a minha como um homem livre no *gulag*. Ficamos amigos íntimos.

A empresa de Mort, a *Boston Properties*, desenvolvia e administrava mais de 3 milhões de metros quadrados de edifícios, e ele possuía muitas casas. Eu lhe disse: "Com todas as casas que você tem e constrói, nós encontraremos uma boa casa para você em Jerusalém. Não é hora de você ter também um lar em Israel?". Ele concordou. Foi assim que conseguimos nossa sede.

Mort veio a Jerusalém com uma comitiva de celebridades para a inauguração da Zuckerman House. Enquanto pregávamos a *mezuzá**no batente da porta, aquele bilionário rabugento ficou emocionado. Lembrando como seus avós tinham vindo da Ucrânia para Montreal, Mort disse: "Essa é a primeira vez que, finalmente, sinto ter feito algo por eles".

"Isso valeu a viagem", exclamou a apresentadora de TV Barbara Walters. "Nunca imaginei que veria Mort tão emotivo."

Esse tipo de amigos tornou nosso trabalho possível e preservou nossa independência.

FAZER PARCERIA COM O *ESTABLISHMENT* – E TAMBÉM CRITICÁ-LO

Rapidamente, até a resistência na Agência Judaica arrefeceu. Mendel Kaplan, um líder da comunidade judaica sul-africana que se tornou o primeiro presidente não americano do Conselho de Administração da Agência Judaica, era uma pessoa de mente aberta. "Você pode criticar o processo o quanto quiser", ele me disse. "É saudável para nós. Porém, é necessário

---

* N.T.: Estojo contendo a oração *Shemá Israel* – Ouve, Ó Israel – afixado às portas de entrada.

arrecadar muito dinheiro para absorver o seu povo, e nós precisamos de vocês. Contanto que você também nos ajude a arrecadar dinheiro para a absorção, financiaremos o seu Fórum Sionista."

Esse acordo informal me manteve viajando para os Estados Unidos, arrecadando fundos para a campanha de bilhões de dólares da Operação Êxodo do *United Jewish Appeal*. Em troca, provamos que Simcha Dinitz estava errado. Nosso independente Fórum Sionista ganhou um orçamento substancial de US$ 2 milhões, metade da Agência Judaica, metade de doadores privados.

Os israelenses nunca tinham visto uma organização para imigrantes tão influente. Nosso orçamento era maior do que todas as dezenas de novas organizações de imigrantes em conjunto. Dando continuidade à nossa tradição de ativistas judeus soviéticos, fizemos parceria com o *establishment* ao mesmo tempo que o criticávamos. Às vezes, a situação ficava melindrosa. Frequentemente, depois de nossos protestos ruidosos, alguns ministros resmungavam: "Por que estamos dando a eles dinheiro público? Para que eles possam nos constranger com seus protestos?". Entretanto, éramos cuidadosos. Os dólares da Agência Judaica eram destinados exclusivamente para a absorção de imigrantes. Os dólares de doadores financiavam os protestos.

Quando os boatos começaram a especular que o Fórum poderia se transformar em um partido político, os desacordos se intensificaram. O presidente do Comitê de Imigração e Absorção do Knesset falou sobre "abater as vacas sagradas ao nosso redor, a começar por Sharansky". Em seguida, o principal jornal hebraico, *Maariv*, reciclou as queixas do Escritório de Ligação, de que Avital e eu nunca seguíamos a linha sionista.

Não foi o primeiro artigo crítico sobre mim em minha nova casa, mas foi o primeiro a atacar Avital por sua teimosa independência durante a luta. Fiquei furioso. Parei de falar com o editor do *Maariv*, Dan Margalit. Anos depois, ele me encurralou e perguntou o que havia de errado. Mencionei o artigo. Ele ficou surpreso, dizendo que ele e os leitores sabiam que tais críticas não deviam ser levadas a sério. A essa altura, eu havia entrado na política e aprendera da maneira mais difícil a ser menos sensível aos ataques da imprensa.

As atividades do Fórum Sionista me mantinham ocupado. Rememorando meus anos em Moscou, quando meus amigos e eu estávamos ansiosos para nos tornarmos israelenses, agora eu muitas vezes questionava: pelo que estamos lutando? Em 1967, quando descobri minha identidade, tudo parecia mais simples. Sentindo que não possuía identidade porque havia sido dela despojado pelo comunismo, eu só queria abraçar uma nova identidade. Queria pertencer imediatamente, juntar-me a uma história diferente, um povo diferente, um país diferente.

Meus amigos e eu não conhecíamos o mosaico de Herzl ou o caldeirão cultural de Ben-Gurion, mas éramos instintivamente bengurionianos. Fugindo da escravidão, esperávamos nos encaixar em uma nova vida israelense livre. Depois de chegar em Israel com outros russos, percebi que a identidade não é unidimensional. Não é uma bateria que você pode substituir. É mais como o combustível: quando você reabastece o tanque, o novo se mistura com o que lá estava antes. A visão de Herzl apreendeu essa contradição. Agora eu entendia como podia me sentir tão ligado a Israel, embora fosse ainda mais cômodo falando russo.

No Fórum Sionista, continuamos a avaliar como oferecer aos recém-chegados uma identidade enquanto aceitávamos seu sotaque russo. Buscando um equilíbrio, rompemos o paradigma paternalista do caldeirão cultural. Foi por isso que ressuscitamos o "mosaico de Moisés" de Herzl.

FUNDANDO ISRAEL BA'ALIYÁ: DEFENDENDO UMA *ALIYÁ* DE "MAFIOSOS E PROSTITUTAS"

Mesmo com o rompimento do caldeirão cultural, mesmo com toda a generosidade da diáspora, nosso impacto era limitado. Uma migração histórica nessa escala exigia bilhões de dólares, não milhões. Os ministérios teriam que mudar suas prioridades e o Knesset teria que aprovar novas leis.

Apenas um partido que representasse os interesses dos imigrantes poderia oferecer tudo isso. Ainda assim, resisti por anos à ideia de um partido de imigrantes russos. Eu temia que isso levasse ao surgimento de um gueto russo, assim como o Shas estava criando guetos de *mizrahim*. Parecia violar o ideal sionista que havia muito me motivara, de um povo que retornasse e construísse junto esse Estado. Não seria melhor defender os interesses dos imigrantes divulgando o nosso caso nacionalmente e desenvolvendo a influência dentro de cada grande partido?

Eu também estava pessoalmente relutante. Naturalmente, eu defendia os imigrantes soviéticos. Isso mantinha meu espírito de dissidente, ainda que eu fosse agora um patriota, apoiando meu país democrático em vez de tentar escapar do meu local de nascimento opressivo. Mas conforme me tornei controverso, à medida que os *insiders* do Partido Trabalhista e do Likud paravam de brigar entre si apenas o tempo suficiente para se queixar de mim, me senti desconfortável.

Tão logo me envolvi na política, amigos me avisaram: "Você irá perder seu prestígio com os israelenses. Tudo está muito dividido em facções". Eu tentei não deixar a adulação subir à minha cabeça. Sabia que não poderia ser o herói de todos. Contudo, queria preservar aquele sentimento único que tive no *gulag*, de estar conectado a todo o meu povo. Eu sabia que, ao me tornar um político, essa ligação imaginária corria o risco de ser rompida.

Em última análise, os desafios sociais prementes que os imigrantes enfrentavam fizeram com que eu mudasse de opinião sobre a necessidade de um partido político à parte – e sobre o meu futuro. Era impossível que tantas pessoas instruídas, ambiciosas e dinâmicas se mudassem para o Estado judeu, em um ritmo tão vertiginoso, sem causar tensão. Alguns israelenses, que agora enfrentavam a pressão inesperada de obter trabalho, se perguntavam: "Como todas essas pessoas conseguiram todos esses diplomas de todos esses lugares de que jamais ouvimos falar na Sibéria?" Algumas associações de profissionais israelenses espalhavam boatos sobre médicos e engenheiros que teriam comprado diplomas no mercado negro russo, como tudo o mais na União Soviética.

Enquanto os imigrantes culpavam o governo por seus fracassos, alguns ministros do governo culpavam os imigrantes. Ora Namir, ministra do Trabalho e do Bem-Estar Social no governo trabalhista, chamou os imigrantes russos de fardo social. Ela disse que Israel deveria ser mais "seletivo" ao aceitar futuros imigrantes. Que os judeus russos mais jovens e produtivos enviavam seus parentes idosos a Israel "para poderem se livrar da necessidade de cuidar deles", enquanto eles próprios iam para os Estados Unidos". O ministro da Polícia, de origem iraquiana, considerava a *aliyá* uma "imigração da máfia". Manchetes de jornal berravam sobre prostitutas russas e escândalos de escravidão branca.

Nos anos seguintes ao colapso das economias comunistas, centenas de milhares de mulheres da Europa Oriental foram arrastadas para o tráfico sexual. Primeiro, se mudaram para a Europa Ocidental, mas em seguida vieram a Israel. Uma vez que esse aumento da prostituição coincidiu com a grande onda de imigração russa, havia quem ligasse os dois fatos. Era muito fácil caricaturar a *aliyá* russa como uma imigração de prostitutas e mafiosos.

A mudança na imagem dos judeus soviéticos foi vertiginosa. Uma amiga foi contratada para trabalhar com computação. Em seu primeiro dia no escritório, seu chefe, satisfeito consigo mesmo por contratar um imigrante russo, perguntou: "Por que há tantas prostitutas entre vocês?".

Sorrindo maliciosamente, ela respondeu: "Há muitos de nós russos por toda parte. Se você for ao teatro, você nos verá. Se você for à filarmônica, nos verá. Se você for ao clube de xadrez, nos verá. O lugar que a pessoa frequenta determina o que ela vê".

Com cada entrevista defensiva, com cada coletiva de imprensa, com cada nova e simpática iniciativa estimulando o diálogo entre os recém-chegados russos e os israelenses veteranos, nos sentíamos cada vez mais impotentes. É difícil quebrar estereótipos populares. Finalmente, depois de anos nos contorcendo e nos defendendo, decidimos que já havia explicações suficientes, desculpas suficientes. Era hora de mudar de tática. Queríamos colocar representantes dos novos imigrantes em todos os lugares em que eram tomadas decisões sobre o futuro da nossa comunidade e do nosso país. A melhor forma de combater o preconceito era participar dos Conselhos Municipais e do Parlamento.

Ali, discutiríamos juntos, decidiríamos juntos. Compartilharíamos a responsabilidade no que diz respeito à moradia, à educação e a empregos. À medida que surgisse uma linguagem comum, os estereótipos desapareceriam e amizades se formariam. Ao discutirmos juntos, começaríamos a caminhar juntos.

Os novatos russos tinham que aderir ao diálogo interno israelense. Para isso, precisávamos de um partido político. Então, nós – um bando de ex-dissidentes que se destacara em manifestações de rua, espetáculos públicos e declarações – teríamos que nos converter em políticos. Teríamos inclusive que aprender a arte da transigência.

O PARTIDO CUJO OBJETIVO É DESAPARECER

Nas primeiras entrevistas à imprensa, eu disse que um partido imigrante bem-sucedido não deveria ser perpétuo. Uma vez que o processo de integração começasse a funcionar como deveria, nosso partido, que unia novos imigrantes de diferentes campos ideológicos, não seria mais necessário. Se conseguíssemos, nosso partido e sua agenda seriam irrelevantes. Para provar meu ponto de vista, continuei a afirmar, mesmo na presença de repórteres, que nosso partido esperava cometer suicídio o mais rápido possível.

Meus colegas não acharam graça. "Que tipo de líder você é?", perguntaram. "Como você pode nos matar antes mesmo de nascermos?" Aprendi que fundadores de partidos precisam acreditar que seu novo partido durará para sempre e contribuirá constantemente para o bem público. Eu também estava aprendendo que a política e meu senso de humor irônico não combinavam.

Lançar um novo partido é caro. Os partidos existentes recebiam fundos do governo, uma certa quantia para cada cadeira conquistada na eleição anterior. Não tínhamos dinheiro e nossa base era constituída de imigrantes sem um centavo. Mais uma vez, velhos amigos ajudaram. O US$ 1 milhão de que necessitávamos para nos estabelecermos como força eleitoral veio de um empréstimo do Banco Hapoalim, garantido por Mort Zuckerman e o embaixador Ronald Lauder, filantropo judeu.

Ao contrário de outros partidos recém-criados, estávamos comprometidos com os procedimentos democráticos desde o início. Nossa lista de candidatos para cada eleição do Knesset era determinada por votação secreta, envolvendo centenas de nossos ativistas.

Antes de ir a público, senti que deveria informar um político em particular. A ajuda de Benjamin Netanyahu dada a Avital em Nova York e Washington havia sido fundamental. Como líder do partido de oposição

Likud para a eleição de 1996, ele provavelmente contava com o meu apoio. Eu imaginei que ele ficasse decepcionado por eu estar comandando meu próprio partido, que permaneceria neutro na disputa do cargo de primeiro-ministro, a fim de manter o foco em nosso programa.

Quando o informei sobre nossos planos, Bibi foi extremamente gentil. "Se é sua decisão, desejo-lhe muito sucesso e espero que possamos trabalhar juntos no governo", disse. "Mas quero te dar um conselho. Lançar um partido é difícil e caro. Há muitas questões financeiras e jurídicas envolvidas. E a mescla de política e dinheiro é sempre explosiva. Nunca toque em dinheiro, de jeito nenhum. Não toque em questões financeiras, não assine documentos. Contrate profissionais para cuidar de tudo, das finanças e da contabilidade. Se você não tiver a ficha completamente limpa, seu nome será manchado antes que você perceba. Você será um alvo da polícia, dos repórteres e dos fofoqueiros."

Foi um conselho generoso e oportuno. Hoje, tantos escândalos depois, entendo que muitas pessoas dirão que é irônico. Mas o Bibi que eu conheço sempre se preocupou com o poder, não com o dinheiro. Vi políticos que calculavam quanto mais poderiam ganhar como advogados e usar essa disparidade a fim de justificar suas trapaças financeiras. Bibi não é assim.

Quando o conheci, Bibi tinha 38 anos de idade, era o embaixador de Israel nas Nações Unidas e me disse que um dia seria primeiro-ministro. Menos de dez anos depois, ele se tornou o primeiro-ministro mais jovem de Israel de todos os tempos. Desde então, eu o observei estudar o poder, construir o poder, ficar obcecado com o poder e, às vezes, sacrificar amizades pelo poder. Mas nunca o vi tentar transformar seu poder em uma fonte de renda. Lembro-me também do quão cuidadoso ele era em isolar questões financeiras de assuntos partidários.

Quanto ao nosso partido, depois que vencemos nossa primeira eleição, falsos rumores afirmaram que o dinheiro da máfia russa estava nos financiando, o que era previsível. Seguiram-se investigações policiais. Uma vez que o nosso partido de amadores contava com profissionais para administrar nossas finanças de A a Z, fomos protegidos de muitos erros descuidados que poderiam ter sido usados injustamente contra nós. "Você saiu dessa limpo", declarou com surpresa e respeito o interrogador da polícia.

Desde o início, tínhamos um bom nome para o partido: Israel Ba'Aliyá, um jogo de palavras que enfatizava Israel com imigração e ascensão a Israel. Também tínhamos dois *slogans* perfeitos. Tentando esmagar o paternalista caldeirão cultural, proclamamos: "Não há integração sem representação!" E, graças a um dos nossos jovens voluntários americanos, Ron Dermer, surgiu um segundo *slogan*: "Somos um partido político diferente, vamos à prisão... primeiro."

Depois das eleições de maio de 1996, sete representantes do nosso novo partido ingressaram no Knesset, incluindo dois de nós no Gabinete. Dois anos depois da fundação do partido, uma série de eleições municipais trouxe dezenas de novos imigrantes ao governo, alguns dos quais mal falavam hebraico. Tínhamos vice-prefeitos em cidades de Beer-Sheva a Haifa.

A grande migração russa tornou-se parte da solução, não apenas parte do problema. Finalmente estávamos caminhando junto com nossos companheiros israelenses. A ideia de membros de uma geração perdida observar passivamente o que acontecia a ela foi enterrada, pelo menos no tocante a essa *aliyá*.

PRESO PELA POLÍTICA
Mais poder, menos liberdade

No início da manhã de 18 de junho de 1996, entrei em um edifício enorme e decadente no coração de Jerusalém. Ele havia sido construído em 1928 como o Palace Hotel, sob ordens do grande *mufti*. Agora, abrigava os escritórios do Ministério da Indústria e do Comércio de Israel. Cheguei de ônibus como um cidadão comum. Voltei para casa aquela noite em um Volvo com motorista, como ministro da Indústria e do Comércio, já com uma enorme agenda de reuniões com líderes industriais, banqueiros, prefeitos e embaixadores dos principais parceiros comerciais de Israel pedindo para me encontrar.

Por três semanas, desde as eleições de 29 de maio, Israel estava preso em mais uma crise política sem precedentes. Benjamin Netanyahu, do Likud, derrotou o primeiro-ministro

Shimon Peres, do Partido Trabalhista, por uma margem de 29.457 votos dos mais de três milhões de votos no total. Essa eleição deu início a uma experiência que aconteceu por três vezes e logo deixada de lado, na qual os israelenses elegiam diretamente o primeiro-ministro, e depois votavam em um partido para representá-los no Parlamento, o Knesset.

Todos presumiram que Peres venceria. Eles se lembraram de como a nação se unira em luto pelo assassinato do primeiro-ministro Yitzhak Rabin em novembro de 1995, e Peres era o sucessor de Rabin. As pesquisas mostravam Peres à frente – e pesquisas nunca estão erradas, é claro. Os especialistas estavam tão enganados que a embaixada americana não preparou nenhum material informativo sobre Netanyahu, que ficava me dizendo que as pesquisas mostravam que ele avançava, dia após dia.

O dia da eleição foi emocionante. Viajei pelo país de carro e helicóptero – do centro ao norte, do norte ao sul e do sul de volta ao centro – para visitar o maior número possível de locais de votação. Em todos os lugares, os imigrantes votaram em massa e me cumprimentaram com entusiasmo. Começamos a manhã pressupondo que, se ganhássemos 3 ou 4 cadeiras do Knesset (das 120), seria um milagre. Os primeiros resultados foram anunciados na TV às 22 horas, e obtivemos 7 cadeiras, quase 6% dos votos. Comemoramos até uma hora da madrugada.

Durante a noite toda, Shimon Peres estava à frente, assim como seu Partido Trabalhista. Fui dormir pressupondo que os trabalhistas cortejariam nosso partido para que nos juntássemos à sua coalizão. Avraham Shochat, ministro das Finanças e o *fixer* do Partido Trabalhista, nos havia convidado para uma reunião na manhã seguinte, às sete horas, para começar a negociação preliminar sobre nossa adesão à sua coalizão.

Nós nos encontramos, mas o tom foi menos comemorativo do que Shochat esperava. De manhã, Bibi havia vencido. Shochat gentilmente ofereceu algumas dicas úteis de negociação.

O partido Likud de Netanyahu e seus aliados terminaram com 32 cadeiras no Knesset, duas a menos que seus rivais trabalhistas. Netanyahu formou um governo de coalizão com três partidos religiosos, a Miflagá Datit Leumit (Partido Religioso Nacional), o Shas e a Iahadut Ha'Torá (Judaísmo Unido da Torá); com um novo partido, de centro, que concorreu apenas dessa vez, o Ha'Derech Ha'Shlishit (Terceira Via); e com o nosso partido, Israel Ba'Aliyá. Os demais partidos somaram 59 cadeiras. Nossas 7 deram a Netanyahu e ao Likud a maioria de 66.

O *establishment* político israelense ficou atordoado – e furioso. Muitos repórteres estavam particularmente irritados porque suas previsões haviam sido muito erradas. Eles não podiam aceitar Netanyahu como um vencedor legítimo. Dada a dura demagogia de direita antes do assassinato de Rabin, muitos críticos de Bibi o trataram como se ele tivesse matado o primeiro-ministro e depois roubado a eleição, em uma tentativa maligna de privar Israel da paz. Quando aderi ao governo de Bibi, aquela raiva muitas vezes dificultava governar – e dificultava que rivais e repórteres mantivessem relações civilizadas com os novos ministros.

Era como se estivéssemos retornando ao mundo de oposição aos regimes totalitários, nos quais o bem luta contra o mal. Tendo vivido sob uma ditadura, ainda acho difícil ver a facilidade com que os cidadãos que vivem em uma democracia esquecem que a maioria de seus rivais políticos tem demandas, expectativas e ressalvas legítimas.

Após intensas negociações, nosso partido recebeu 2 ministérios em um Gabinete de 18 pessoas e alguns postos-chave no Knesset. Como recém-chegados, não podíamos acreditar na nossa sorte. Em retrospecto, poderíamos ter exigido mais.

Antes da campanha, quando amigos me perguntavam qual ministério eu desejava, eu lhes dava o que muitos pensavam ser uma resposta cautelosa. "Não tenho certeza se quero ser um ministro. Eu gostaria de ser o principal assessor do primeiro-ministro em questões relacionadas à imigração, absorção e judaísmo mundial", eu dizia. Consciente do meu pobre currículo como administrador ou especialista em política, eu acreditava que os profissionais deveriam ser encarregados de ministérios complexos, tais como Defesa, Finanças e Comércio.

Por fim, *insiders* me explicaram "as leis básicas da gravidade política" israelense. "Seu poder advém de duas fontes principais", eles me disseram. "Ter um assento na mesa do Gabinete com um voto. E ter um ministério com orçamentos reais e nomeações reais. Caso contrário, você é irrelevante".

Assim aconselhado, tornei-me ministro da Indústria e do Comércio, participando igualmente do Comitê de Segurança, o comitê interno que tomava as decisões de vida ou morte mais urgentes de Israel. Eu também chefiaria o Comitê Interministerial de Imigração e Absorção. Pressagiando batalhas futuras, e aproximando-se da minha visão inicial, Netanyahu concordou com que fosse renomeado Comitê Interministerial de Imigração, Absorção e Assuntos da Diáspora. Esses comitês funcionavam de forma independente. Suas decisões convertiam-se automaticamente na política do governo, a menos que outros ministros expressassem objeção aproveitando uma oportunidade única. Yuli Edelstein, meu companheiro, prisioneiro de Sião e ex-vice-presidente do Fórum Sionista, tornou-se ministro da Absorção.

DIA UM

O Volvo era bom, mas o trabalho, assustador. Entrei nos deprimentes, porém intimidantes, escritórios com uma pequena equipe de assistentes que havia trabalhado comigo no Fórum Sionista ou durante a campanha. Todos nascidos na Rússia, exceto por um israelense nativo. Avi Maoz era um jovem israelense, treinado numa *yeshivá*, que usava sandálias e longas *tzitziyót**. Ele viajou ao redor do mundo com Avital nos últimos dois anos de sua campanha. Embora muitos no *establishment* desprezassem esse tipo de pessoa, ele se tornaria um diretor-geral altamente respeitado em vários ministérios durante a década seguinte. Eli Kazhdan, nascido em Moscou, havia emigrado de Boston aos 21 anos. Desde que chegara a Israel, tinha tido apenas um emprego, trabalhando para mim no Fórum Sionista. Ele se tornaria meu chefe de gabinete. Roman Polonsky, músico e diretor de teatro na União Soviética e professor de hebraico na Rússia e mais tarde em Israel, passou a ocupar o cargo de jornalista da imprensa russo-israelense. Ele era meu porta-voz de campanha e especialista em relações com a mídia. Luiza Walitsky estava em Israel havia apenas alguns anos. Seu primeiro trabalho fora na campanha. Ela coordenaria nossas relações com outros ministros e membros do Knesset. Sonja Shebalan, uma *refusenik* veterana, aconselhava novos imigrantes no Fórum Sionista. Ela seria nossa ligação

---

* N.T.: Franjas nos quatro cantos do xale ritual, denominado *talit*.

com os imigrantes russos e o público israelense em geral. Cumulativamente, o número de dias que todos nós havíamos trabalhado no governo israelense, ou em qualquer governo, somava zero.

Recebi informações de Micha Harish, a quem substituí como ministro da Indústria e Comércio. Anos antes, como secretário-geral do Partido Trabalhista, ele havia oferecido a ajuda do partido ao Fórum Sionista desde que enviássemos os imigrantes russos aos seus serviços de saúde, à Kupat Holim Clalit e outras instituições. Dissemos: "Não, obrigado". Agora, ele me mostrava o diagrama do ministério, com os nomes dos principais departamentos e funções centrais. Acrônimos como BaSaSaCh e RaShPaT e novas frases como *hok idud hashkaót hahón* (Lei de Incentivo ao Investimento de Capital) me encaravam.

Fiquei impressionado com todos esses termos hebraicos incompreensíveis: seguro de riscos para o comércio exterior (BaSaSaCh); a autoridade de desenvolvimento do setor industrial (RaShPaT), as leis para apoiar negócios em Israel. Tudo isso deu um nó na minha cabeça. Essa terminologia fazia com que eu imaginasse um perigoso monstro de cauda longa atrás de outro, todos me perseguindo. Tão logo comecei, não consegui parar. BaSaSaCh soa como Babai, o demônio que protagonizava muitas das histórias de fantasmas favoritas da minha mãe, que nos aterrorizavam quando crianças.

Tentando me concentrar, olhei para Eli e Roman. Ambos pareciam igualmente em estado de choque. "Sinto-me como aquele cigano da anedota, que virou rei", eu disse em tom de piada, quando a reunião finalmente terminou. Roman riu. Tendo crescido em uma família de língua russa nos Estados Unidos, Eli não possuía referências culturais do velho país.

Explicamos que era uma piada soviética preconceituosa. Quando perguntam ao cigano: "o que você fará se se tornar um rei?", ele responde: "Vou roubar um cavalo e fugir".

Olhei dramaticamente ao redor do nosso escritório cavernoso neste outrora majestoso edifício e perguntei: "Qual será o nosso cavalo?".

Naquele momento, Avi Maoz entrou e nos informou que centenas de funcionários estavam no auditório do ministério, aguardando orientações de seu novo líder. Minha agenda estava ficando lotada. Minha lista de telefonemas era longa demais para que uma única pessoa a gerenciasse. Avi sugeriu, no entanto, que eu conversasse antes com uma mulher que estava implorando para me ver, à beira das lágrimas.

"*Kvod hassar*", ela começou. Esta era a primeira vez que eu era chamado de "nobre ministro". Reprimi meu instinto de dizer: "Apenas me chame de Natan", embora eu fosse passar boa parte dos nove anos seguintes dizendo isso. Ela se apresentou como zeladora do edifício. "Preciso desse emprego", disse ela. "Sou uma mãe solteira e tenho que alimentar meus filhos."

Confuso, olhei para ela em silêncio. "Por favor, não me demita", ela implorou. "Já comecei a aprender russo."

Meu Deus, percebi, ela morria de medo de mim porque esperava algum expurgo russo. A princípio, fiquei indignado. "Quem havia dito a ela tal absurdo?", perguntei.

Observando-a tremer, lembrei-me de um companheiro de prisão me dizendo: "Para ser um bom interrogador da KGB, você tem que gostar de ver as pessoas assustadas por sua causa". Foi assim que eu soube que não poderia ser um bom interrogador. Nos meus primeiros minutos como ministro, me senti péssimo. Sem dizer uma palavra sequer, eu tinha aterrorizado aquela pobre mulher.

Quando cumprimentei os chefes de departamento, tentei diminuir a tensão enfatizando minhas próprias deficiências linguísticas. Admitindo que eu tinha muito a aprender sobre o ministério, acrescentei com um sorriso: "Vou trabalhar para melhorar meu hebraico também. Espero que seja bom o suficiente, para que vocês não tenham que aprender russo". A risada deles foi forçada. Minha piada foi como um tiro que saiu pela culatra. Eles estavam tão nervosos que o comentário espirituoso do novo chefe soou ameaçador.

Esses temores mútuos não perduraram. Meus novos colegas logo perceberam que não planejávamos grandes mudanças e que contratávamos pessoas com base no mérito, não na etnia ou em conexões. E, embora meus auxiliares pessoais carecessem de experiência profissional, eles compensariam com inteligência, curiosidade e boa vontade.

Durante meus anos no governo, muitos colegas gostavam da atmosfera amigável e alegre em nosso escritório central. Essas boas sensações geralmente irradiavam por todo o ministério, ao contrário da tensão que costuma reverberar nos corredores do poder.

É DIFÍCIL SE ACOSTUMAR A SER POLÍTICO

Foi fácil superar os medos de expurgos imaginários. Também foi mais fácil do que eu esperava me dar bem com outros políticos. Entretanto, me acostumar a ser um político era muito difícil.

No começo, me senti estranhamente nostálgico da simplicidade e clareza da vida na prisão. Na prisão, você se lembra todos os dias do porquê está lá e se convence de que tomou a decisão certa. Você tem tempo de sobra. No final, são poucas as escolhas a fazer. Todas elas se conectam logicamente ao seu propósito central: permanecer livre e manter seus objetivos estratégicos – resistir, aprender, desmascarar. Você controla sua vida e suas decisões. Aquilo que você não pode controlar, incluindo sua sobrevivência física, você põe de lado. Como tudo é tão claro, cada movimento que você faz se torna significativo e compreensível.

Governar às vezes faz com que você se sinta surpreendentemente desamparado: quanto mais poder você tem, menor o seu controle sobre seu tempo e inclusive sobre suas decisões. Ao servir no governo e no Knesset, no cerne da luta política, você é um prisioneiro das agendas de todos os demais, de suas exigências e horários. Muito antes da internet, do Instagram e do Twitter, a vida de um político era ditada por exigências, hora a hora, às vezes minuto a minuto.

Como ministro, como presidente de um partido, como membro do Knesset, como membro de um comitê, tive que responder a acusações, fazer minhas próprias declarações, decidir onde eu me posicionava em centenas de questões simultaneamente e pensar no que eu ia dizer e quem eu iria ver e não ver.

Para ter sucesso, eu devia responder às necessidades e preocupações dos demais. Na minha antiga vida, houve poucas decisões táticas, todas facilmente alinhadas com o objetivo geral. Agora, toda a minha vida se tornara tática: como responder a isso, como resolver aquilo. Eu estava sempre reagindo, muitas vezes automaticamente, com o mínimo de tempo para pensar em estratégia – ou por que eu estava fazendo o que estava fazendo.

Aderi à coalizão governista. Isso facilitou a triagem. Eu escolhia as questões em que deveria me aprofundar, quais avaliar mais superficialmente e quais eu confiaria em outros colegas para que decidissem. Mas eu sabia que compartilharia a responsabilidade por cada decisão. Isso significava que eu precisava de uma excelente equipe de especialistas, consultores e assistentes. No entanto, mesmo com a ajuda, eu mal conseguia respirar – e, mais raramente ainda, "pensar grande". Muitas vezes eu sentia como se estivesse no meio de uma enxurrada, sendo arrastado, tendo que checar novamente se, pelo menos, eu estava sendo levado na direção certa.

Tive sorte. Pude evitar muitas dores de cabeça relacionadas ao partido. Yuli Edelstein, que foi tão central na implementação do nosso programa voltado para os imigrantes como ministro da Absorção, também dirigia as operações do partido, antes e durante eleições. Muitas vezes eu o provocava, dizendo que ele não poderia ser o número 1 em nosso grupo, já que havia passado apenas três anos na prisão. Ele continuou sua vida política, tornando-se presidente do Knesset e uma força poderosa que exigia civilidade no Parlamento ao mesmo tempo que protegia a independência do Knesset.

Quando você se adapta a essa atividade frenética, com todos te tratando como se fosse poderoso, você às vezes também sente que sua liberdade está sob ataque – sua liberdade de dizer o que pensa, de se mover conforme seus caprichos e de agir como quiser.

Com o poder, você pode fazer bem ao mundo, mas o mundo ao seu redor também assume que pode decidir o que é bom para você. Você tem que controlar sua linguagem, seus gestos, suas reações e, principalmente, suas piadas.

Durante a luta dos judeus soviéticos, havíamos sido muito bons em enfatizar o quadro geral que unia o movimento. Ríamos das diferenças entre amigos enquanto descartávamos o inimigo com ironia e sarcasmo. Na política, aquele senso de humor antes útil passou a me colocar em apuros.

Um dia, levei minhas duas filhas a Tel Aviv para ver o visitante Circo de Moscou. Foi divertido compartilhar uma agradável parte da minha infância com elas, graças à melhora nas relações russo-israelenses. Imediatamente após nosso passeio, um repórter me entrevistou. Eu brinquei, dizendo que isso não parecia muito um dia de folga, porque minha nova vida no governo se assemelhava a um grande circo: você deve aprender a andar constantemente na corda bamba. Deve ser um contorcionista, enroscando-se em todos os tipos de posições comprometedoras. Você deve domar alguns leões ferozes,

204

ocasionalmente tendo de colocar sua cabeça na boca deles. E todos sempre olham para o mestre de cerimônias em busca de orientação.

Eu pensei que minha blague era engraçada, até que Bibi me ligou, no término do *shabat*, furioso. "Como você ousa dizer que meu governo é um circo?", ele disse, genuinamente magoado.

"Do que você está falando?", perguntei, sem saber que o repórter tinha transformado minha piada em uma história, afirmando que mesmo os aliados mais próximos de Netanyahu viam sua coalizão como um circo. Minha insistência de que "era só uma piada" não acalmou o primeiro-ministro. "Tenha cuidado com suas piadas", ele se irritou. "Aqui, ninguém as entende."

Muito mais prejudicial foi outra observação casual e irrelevante em 1997. O governo estava administrando um escândalo feio, o caso Bar-On Hebron. Repórteres e rivais acusavam Netanyahu de ter nomeado um lacaio não qualificado, Roni Bar-On, como procurador-geral por razões políticas. Alegaram que a nomeação fazia parte de um acordo elaborado para garantir a aprovação do Partido Shas para se retirar da antiga cidade sagrada de Hebron, em troca de um procurador-geral fraco que pegasse leve no processo do líder corrupto do Shas, Aryeh Deri. Essencialmente, eles estavam acusando o primeiro-ministro de Israel de leiloar a segurança de Israel para um dos seus parceiros de coalizão, no intuito de manter um suspeito criminoso fora da prisão.

Essa teoria da conspiração – divulgada na televisão e vinculando Bibi, Deri, Hebron e Bar-On – me pareceu infundada. No entanto, o clamor foi tão intenso que Bar-On renunciou 48 horas depois de sua nomeação.

Mais tarde, o novo procurador-geral, Elyakim Rubinstein, não encontrou nenhuma prova de qualquer negociação. Os investigadores de Rubinstein usaram o que na época me pareceu uma nova abordagem. Passaram em revista todas as chamadas de celular dos responsáveis. Eu não tinha ideia de que nossos registros de telefones celulares privados poderiam ser rastreados com tanta facilidade.

No entanto, eu estava com raiva de Bibi e do seu ministro da Justiça. Havíamos confiado em nossos principais parceiros de coalizão no que dizia respeito a essa nomeação, exatamente como eles haviam confiado a nós as principais nomeações em nossos ministérios, mas eles nos decepcionaram.

Eles se precipitaram no processo de nomeação, sem que nos informassem acerca das dúvidas em torno das credenciais de Bar-On. Sentindo-me atingido, eu e o ministro das Finanças, Dan Meridor, demos um ultimato, exigindo a formação de um comitê especial de profissionais que avaliasse todas as nomeações importantes e relatasse suas recomendações ao Gabinete. Nossa exigência foi aceita. E esse procedimento ainda é seguido atualmente.

"Ministro Sharansky, o que o senhor acha das acusações?", pergunta-ram-me os repórteres no auge do escândalo. Para ilustrar quão ridícula era mesmo uma insinuação de tal corrupção, eu disse, "Se houver pelo menos 10% de verdade na história da TV israelense, não tem cabimento este governo continuar a governar." Ops.

Outra manhã, outro telefonema de Bibi. "Você percebe o que disse?", indagou. "Se você planeja derrubar o governo, tenho o direito de saber. Caso contrário", ele acrescentou, "você não tem ideia da bagunça que está provocando para si mesmo. E você vai ter que limpar isso sozinho".

Ele estava certo. Os repórteres não me ouviram dizer que as acusações eram absurdas, eles me ouviram dizer que eu renunciaria. Meu "se..., não" foi um presente para aqueles que odiavam Bibi. Eles interpretaram meu discurso como uma firme promessa. Certos de que Bar-On, Bibi e Deri eram 100% culpados, os oponentes do governo consideraram meus 10% um limiar baixo. Minhas palavras alimentaram sua fantasia de que a morte de Yitzhak Rabin seria vingada, a corrupção revelada e de que o governo cairia em desgraça.

Na cabeça deles, eu era a arma perfeita. O herói tombado, agora se redimindo, tinha visto as coisas de dentro e percebeu quão mau era Bibi. Eles não ouviram meu "se", que eu pensei que fosse minha maneira assaz inteligente de mostrar dúvida.

Quando não renunciei, alguns repórteres decidiram que eu os havia traído. Um jornalista me deu meu primeiro emprego em Israel, como editor colaborador do *Jerusalem Report*. Ao longo dos anos, nos aproximamos um do outro, mantendo centenas de conversas sobre inúmeros assuntos. No entanto, ele estava tão cego pelo ódio a Bibi que me criticou em um artigo intitulado "Sr. Dez Por Cento", sem se preocupar em me questionar sobre o que eu havia dito ou o que eu estava pensando.

Nove anos na política israelense

A falta de lógica, o desprezo pela evidência, a recusa em transigir, os julgamentos severos – em suma, a abordagem em preto e branco da política – eram impressionantes.

Além de sentir falta da minha capacidade de falar e fazer gracejos livremente, eu sentia falta da minha liberdade de movimento e de espontaneidade. Na época, os ministros nem sempre tinham guarda-costas permanentes. Isso começou depois que três terroristas palestinos assassinaram Rehavam Ze'evi, ministro do Turismo, em seu hotel em Jerusalém, em 2001. Mas, a partir de 1996, minha família sabia quando as tensões eram altas antes mesmo de ler o jornal, porque os guarda-costas apareciam.

Eu estava acostumado a viver com guardas. Em Moscou, eu tinha descoberto como fazer com que meus seguidores da KGB trabalhassem comigo, forçando-os a pagar a sua parte dos táxis em que pularam e usá-los como segurança privada quando necessário.

"Pelo menos dessa vez", pensei, "eles estão trabalhando para mim". Eu estava equivocado. Aprendi rapidamente que, não obstante meu título chique, eu não era responsável pelos meus guarda-costas, mas sim o Serviço de Segurança.

Avital e eu tentamos acolher esses jovens em nossa família, o que também agradou nossas filhas, Rachel e Hanna. Mas não dependia da nossa decisão. Durante uma noite particularmente tempestuosa de sexta-feira, Avital insistiu que o enorme agente de segurança, que estava do lado de fora da nossa porta, na chuva, e parecia particularmente pálido, entrasse em casa. Ele pediu permissão pelo rádio e recebeu ordem de ficar do lado de fora, mesmo depois que começou a chover granizo.

Naquela noite, enquanto dormíamos, ouvimos um grande baque vindo de fora. Descemos as escadas correndo, abrimos a porta e vimos que o Hulk tinha desmaiado. Avital e eu nos esforçamos para arrastá-lo para dentro. Lá estávamos nós, do lado de fora, com nossos pijamas, em uma tempestade de granizo – um alvo perfeito para terroristas. Eu tinha um telefone especial para ministros que observam o *shabat*. Liguei para a emergência. "O que você está tentando fazer, matá-lo?", gritou Avital, quando o supervisor chegou. "Como isso nos manterá seguros?"

Em seguida, o serviço de segurança construiu uma pequena guarita do lado de fora de nossa casa. Essa tentativa de deixar nossos guardas mais confortáveis nos custou nosso pequeno pátio de pingue-pongue. Hoje em dia, enquanto percorro Israel, muitas vezes encontro nossos ex-seguranças, agora muito mais velhos e não tão bem preparados fisicamente. Seus rostos se iluminam, eles falam com nostalgia dos velhos tempos e mandam lembranças para minha família.

Quando você entra em uma sala cercado por guarda-costas, as pessoas, especialmente os repórteres, gostam de tirar várias conclusões a seu respeito. Alguns jornalistas acusam você de usar os guardas como escora; outros dizem que você está desperdiçando fundos estatais. Esse é o custo de ficar exposto ao olhar público. Por mais que eu desejasse fazer uso de alguns dos meus truques de Moscou para restaurar minha liberdade de movimento, entendi que os guarda-costas eram tão inevitáveis quanto repórteres em uma democracia moderna.

QUEM É O CHEFE?
REPÓRTERES CHANTAGEIAM MINISTROS

Durante o tempo em que atuei como porta-voz dos *refuseniks* e dos movimentos de direitos humanos na União Soviética, a palavra russa *korrespondent* me inspirava. "Natan nos conectará aos *kors*", diziam meus camaradas. Os *kors* – repórteres – foram uma tábua de salvação para nós. Eles viviam em três edifícios de apartamentos especiais, protegidos pela KGB, pelo bem da KGB, é óbvio. Uma visita ao complexo significava desafiar o Estado. A KGB observava e anotava suas informações depois que o repórter registrava a sua entrada. Parecia que estávamos atravessando a fronteira. Mas a recompensa, depois de entrar na casa de um jornalista, era o seu primeiro gostinho de vida em um santuário de liberdade.

Alguns jornalistas se tornaram amigos íntimos. Alguns poucos me ajudaram a contrabandear materiais "antissoviéticos" por correio diplomático – livros sobre história judaica, romances como *Exodus*, publicações em *samizdat* dos escritos proibidos de Alexander Solzhenitsyn e, às vezes, cartas pessoais.

Em troca por ajudar a alimentar nossa vasta rede de distribuição na surdina – entre outros favores –, eu agradecia aos repórteres com dicas internas, citações e outros presentinhos jornalísticos que os auxiliavam a escrever suas histórias, enquanto contavam a nossa.

Apesar de sempre enfatizar nas declarações públicas de ambos os movimentos que nós, ativistas, não tínhamos nada a esconder, mantivemos em segredo nosso relacionamento com a imprensa. Não me arrependi. Estávamos contornando as restrições ilegais de um regime totalitário ao nosso pensamento livre. Eu era grato a esses jornalistas, alguns dos quais permanecem queridos amigos.

Em Israel, tive que aprender a tolerar artigos severos sobre mim como o preço da liberdade. No entanto, eu era amigável com a maioria dos repórteres, alguns dos quais se tornaram meus colegas quando trabalhei para o *Jerusalem Report* de 1990 a 1995.

Uma vez eleito para o governo, fui lembrado da minha vida dupla anterior de uma maneira inesperada. Todas as deliberações do Gabinete deveriam ser confidenciais. Levei a sério meu voto de sigilo. Depois da minha primeira reunião, um dos meus repórteres de TV favoritos, Dan Semama, me ligou para ouvir meus comentários. Nascido na Tunísia, Dan falou em hebraico, lenta e claramente, o que possibilitou que eu entendesse cada palavra. O hebraico idiomático da maioria dos repórteres israelenses soava como rajadas de metralhadora, especialmente para o meu ouvido imigrante.

"E aí, Natan, sobre o que foi esse conflito entre Bibi e Dan Meridor?", ele perguntou.

A pergunta me surpreendeu, até mesmo me ofendeu. "Dan, você está falando sério? Pergunte ao secretário de imprensa do PMO", o escritório do primeiro-ministro, "não pergunte a mim. Acabamos de receber um comunicado enfatizando que, quando as reuniões do governo são confidenciais, elas são confidenciais."

"Sem essa, Natan. Não estou pedindo segredos de Estado. As pessoas têm o direito de saber. E estou a par dessa negociação porque outros me contaram. Não vou usar o seu nome. Só quero sua opinião", explicou ele.

"Natan, quero te dizer como amigo – somos amigos, certo?", ele continuou. "Agora, você é um político. Você quer ter sucesso. Você tem que ser ouvido. Você não existirá como político se não falar conosco, pública e privadamente."

"Sabe, Dan", respondi. "Estou disposto a repetir o que disse nas reuniões do Gabinete sobre tópicos que não são secretos. Mas o que os outros disseram, você terá que perguntar a eles." Era até onde eu poderia ir. Claramente, não era o que ele queria.

Depois de algumas semanas, era óbvio que Dan Semama estava certo. Meus colegas da imprensa podiam ler qualquer artigo e explicar por que uma pessoa fora mencionada aqui em vez de acolá, por que outra fora ignorada, por que uma recebeu boa cobertura e a outra não. Eles adivinhavam com bastante precisão quem havia fornecido as informações. Testemunhei frequentemente políticos importantes correndo para serem os primeiros a entrar em contato com jornalistas tão logo as reuniões terminavam, mesmo depois de algumas das deliberações mais sensíveis.

Vi que, quando seu pessoal emite um comunicado de imprensa sobre alguma conquista no seu Ministério, se você tiver sorte, estará escondido nas páginas da seção de negócios. Caso contrário, a menos que você seja atingido por algum escândalo ou pague aos repórteres com as informações que eles exigem, você sofre o pior destino de um político: a invisibilidade.

Valorizo a imprensa livre como guardiã da democracia. Mas essa troca de favores, por debaixo do pano, entre jornalistas e políticos se tornou entrincheirada demais na maioria das democracias ocidentais. É insidioso.

UM HOMEM LIVRE ESCRAVO DA AGENDA DE TODOS

No momento em que você é eleito para um cargo público, deixa de ser um homem livre e se transforma em propriedade comunitária. De repente, parece que todo mundo está procurando levar vantagem às suas custas, esfregando no seu rosto qualquer informação que tenham a seu respeito.

Logo depois que aderi ao governo de Netanyahu, recebi uma carta conjunta de alguns amigos da *New York Federation*. Eles me lembraram da nossa longa história juntos: como haviam lutado por mim quando eu estava na União Soviética e como me ajudaram a fundar o Fórum Sionista. Preocupados que o novo governo fosse de extrema direita, insistiram que eu retribuísse sua lealdade pressionando Bibi a "fazer a paz no Oriente Médio".

A exigência do tipo "você me deve porque nós o ajudamos" era um remanescente da minha vida anterior. O argumento "você me deve porque votamos em você" era mais comum. Quem quer que se opusesse a qualquer coisa que eu fazia parecia gostar de mobilizar os trabalhadores de língua russa contra mim. Cada vez que eu finalizava um acordo de livre-comércio, os industriais que se sentiam ameaçados organizavam seus funcionários imigrantes para que assinassem ataques na imprensa em língua russa. Suas acusações muitas vezes eram pessoais, e diziam: "Nós não lhe demos nossos votos para que você possa tirar nossos empregos".

Nas rodadas finais de um acordo há muito negociado com a Turquia, os proprietários do principal fabricante de vidro de Israel, a Phoenicia, temiam a concorrência do trabalho turco barato. Depois de retirar os anúncios usuais, levaram funcionários de língua russa da Phoenicia para protestarem diante da minha casa.

Convidei os manifestantes para tomar chá. Nessa atmosfera mais amigável, disse em tom de brincadeira que tudo parecia muito mais fácil na União Soviética. "Ali, todo mundo tinha emprego, sem se preocupar com a concorrência." A maioria sorriu. Uma pessoa, franzindo a testa, cuspiu um provérbio russo: o homem com a barriga cheia nunca pode ser amigável com os famintos. Significava: você já não é mais um de nós. Você não pode nos entender.

A Phoenicia sobreviveu, assim como o acordo de livre-comércio de Israel com a Turquia, não obstante o tenso relacionamento geopolítico entre ambos os países. Em 20 anos, o comércio de Israel com a Turquia aumentou 10 vezes, fazendo da Turquia o quinto maior parceiro comercial de Israel por anos. Hoje, permanece entre os 20 primeiros.

A CAMPANHA DE 1999: GANHANDO VOTOS A QUE PREÇO?

Na minha nova vida, as relações com a imprensa e a opinião pública não eram meus maiores problemas. A transição do esbaforido "você é tão inspirador, tenha um bom dia" para o igualmente esbaforido "você é tão decepcionante, tenha um bom dia" não era a pior parte. Para mim, o pior sobre ser um político era administrar um problema enraizado em democracias multipartidárias: como conciliar a obrigação com seu partido e seus eleitores com seu desejo de se sentir conectado a todos os cidadãos e, no meu caso, ao povo judeu.

Percebi que viver no meu mundo imaginário da unidade judaica tinha sido fácil na prisão. Eu não tinha o luxo de escolher entre os grupos. Como político israelense, eu me sentia constantemente dividido. Normalmente, os interesses partidários vinham em primeiro lugar, o que significava priorizar os direitos dos imigrantes.

Essa dor de cabeça constante ofuscou as eleições de 1999. Nosso enfoque na segunda campanha era ambivalente. Nosso partido obtivera sucesso, levando os problemas dos imigrantes ao topo da ordem do dia de Israel. Tivemos muitas conquistas das quais nos orgulhamos, nos setores da habitação, do emprego e da educação, e ao promover alguns novos imigrantes a posições importantes. Ao mesmo tempo, como eu esperava, quanto mais essa *aliyá* se integrava à sociedade israelense, mais nossos eleitores se sentiam prontos para fazer escolhas ideológicas. Cada vez menos disposto a ignorar a controvérsia do processo da paz e das diferenças seculares em contraposição às religiosas, muitos agora queriam votar com base em questões mais orientadas nacionalmente.

Dessa vez, éramos *insiders*, recebendo financiamento público para administrar uma campanha mais cara e mais sofisticada. Contratamos um jovem consultor político, Moti Morel, um bom ouvinte. Após extensas pesquisas para ouvir o que motivava a base russa, ele escolheu como alvo o Ministério do Interior. Além de ser dominado pelo Shas, o ministério era facilmente caricaturado como uma burocracia sufocante, no estilo soviético, administrado por fanáticos religiosos.

A maioria dos imigrantes russos era secular, privada de qualquer identidade religiosa devido à nossa educação soviética. Por outro lado, mesmo os *mizrahim* não ortodoxos respeitavam seus rabinos. Os adeptos do Shas alegaram que queríamos sobrecarregar Israel com russos não judeus, que venderiam carne de porco nas ruas. Em um anúncio de campanha, Eli Suissa, líder do Shas, chamou os imigrantes russos de "falsificadores, vigaristas e garotas de programa".

O domínio total do Shas sobre o Ministério do Interior desde os anos de 1980 se converteu no ponto de conflito. Pode ter parecido uma tensão religiosa, mas entre os nossos líderes havia judeus religiosos que usavam quipá e judeus seculares que comiam carne de porco. Nenhum deles, entretanto, podia tolerar os burocratas, em geral desdenhosos, rígidos e morosos, do Ministério do Interior.

Moti compreendeu isso. Durante uma reunião com alguns *insiders* russos do partido, incluindo nosso porta-voz David Shechter, Moti, que não falava uma palavra de russo, criou o *slogan* perfeito.

As eleições israelenses são espetáculos públicos. Na época que a televisão prevalecia, nas últimas semanas da campanha, a maior parte do país parava todas as noites para assistir a uma maratona de comerciais vibrantes e muitas vezes sarcásticos. O tempo de TV atribuído a cada partido era proporcional ao seu número de membros no Parlamento. Transmitimos anúncios destacando a história comovente de, digamos, uma mãe russa que não havia sido acolhida em Israel, e sendo, portanto, impedida pelo Ministério do Interior – dominado pelo Shas – de se reunir com seu filho – um soldado ferido – por não ser judia. Cada anúncio terminava com o jingle lírico: "*MVD pod shas kontrol? Nyet, MVD pod nash kontrol*". Que significava: "Esse Ministério do Interior autoritário e opressivo sob o controle do Shas? De jeito nenhum, sob NOSSO controle."

No momento em que nosso primeiro anúncio apareceu na TV israelense, nossa campanha decolou. O *slogan* eletrizou os russos e divertiu a maioria dos israelenses. Em alguns dias, os israelenses aprenderam um pouco de russo. Eles continuaram a repetir o *slogan*, que ganhou vida própria. Nossa campanha começou a receber tanta atenção que eu fazia troça de que me sentia um homem alto, bonito e de cabelos encaracolados.

Infelizmente, as mensagens colocaram os russos diretamente contra os *mizrahim* e os judeus ultraortodoxos. Os comerciais os estereotipavam como fanáticos religiosos ameaçadores, fazendo com que nossa campanha de reeleição parecesse antirreligiosa. Eu podia ver quão eficazes eram os anúncios. Eu sabia que meu trabalho como líder do partido era ganhar o maior número possível de cadeiras. Entretanto, me senti mal. Senti como se me opusesse ao povo judeu, desfazendo toda a unidade na qual acreditava.

Comecei a procurar formas de diminuir as tensões, para re-enjaular as feras.

Moti e membros da minha equipe continuaram a dizer: "Natan, esse é o momento de ganhar votos. Após a eleição, você terá tempo suficiente para fazer as pazes com o Shas, como qualquer outro político israelense".

Como políticos, eles estavam certos. Mas, para mim, foi mais um momento no qual me dei conta de que eu era um político ruim. Sempre que alguém na rua me cumprimentava com entusiasmo, perguntando *"Shas Kontrol?"* e então *"Nyet, nash kontrol"*, eu ficava constrangido. Os transeuntes nos elogiavam. No entanto, eu ouvia suas palavras como se fossem uma acusação; parecia que eu estava traindo a missão da minha vida.

Depois de sonhar tanto tempo com a unidade judaica, não podia tolerar a alimentação do ódio intracomunitário. À medida que o dia das eleições se aproximava, desafiei a maior parte dos meus conselheiros. Fiz com que nossos comerciais fossem refilmados. Os novos anúncios pediam *"nash kontrol"* sem mencionar o *"Shas kontrol"*. Foi a vez de os consultores ficarem constrangidos. Eles alertaram que minhas travessuras nos custariam preciosas cadeiras no Knesset.

Eu podia sentir o desespero na sede do partido devido a todos os problemas que eu estava causando, mas persisti. Em uma das últimas noites de transmissão, anterior ao dia das eleições, em meio à propaganda engraçada e astuta "nós *versus* eles" dos outros partidos, aproveitei parte do nosso precioso tempo de TV. Falando diretamente para a câmera, pedi união. Insisti que não nos opúnhamos a ninguém que trabalhasse para o Shas. Eu queria votos para nós, não votos contra eles.

"Fico feliz que você se sinta bem com o que fez", disse Moti Morel, "porém você não é um político. Ao esfriar os ânimos, você perdeu votos hoje".

Ganhamos seis cadeiras. Uma a menos do que na última eleição, porém muito mais do que as primeiras pesquisas haviam previsto. Passei a atuar como ministro do Interior no governo de curta duração de Ehud Barak. Ainda sou saudado ocasionalmente por israelenses mais velhos com *"nash kontrol"*. Foi o maior momento público do nosso partido, nosso grande sucesso de relações públicas. Poucas pessoas percebem como esse sucesso ainda me envergonha.

QUATRO MINISTÉRIOS EM QUATRO GOVERNOS

Quatro missões continuaram a exigir minha atenção durante meus anos no governo. Primeiro, lembrando-me da base eleitoral do nosso partido, procurei formas de integrar novos imigrantes na sociedade israelense. Em segundo lugar, trabalhei como emissário informal dos judeus da diáspora.

Embora os judeus em todo o mundo não tenham votado, o êxodo dos judeus soviéticos provou como estávamos todos entrelaçados. Era oportuno que Jerry Stern realizasse a festa da maior vitória do Israel Ba'Aliyá, com centenas de ativistas, em sua casa em Jerusalém. Foi Jerry Stern que havia iniciado a salvadora conexão internacional entre Avital e eu durante nossos anos de separação forçada. Terceiro, como membro do Gabinete que apenas havia servido por três semanas em treinamento de defesa civil, eu tinha que pensar qual a contribuição que minhas experiências específicas poderiam dar a questões de segurança e de relações exteriores de Israel. Quarto, e na maior parte das vezes desgastante, na qualidade de ministro eu administrava três burocracias com milhares de funcionários, tomando decisões que poderiam afetar a qualidade de vida de milhões.

De 1996 a 2005, ocupei quatro cargos ministeriais. Depois que nosso partido obteve sete cadeiras em 1996, fui ministro da Indústria e do Comércio por três anos. Em 1999, tornei-me ministro de Assuntos Internos por um ano, até que renunciei em protesto contra as concessões unilaterais do primeiro-ministro Ehud Barak para o terrorista Yasser Arafat. Alguns meses depois, posteriormente à eleição de Ariel Sharon, retornei ao governo. Fui vice-primeiro-ministro e ministro da Habitação e Construção de 2001 a 2003. No segundo governo de Sharon, fui ministro de Assuntos de Jerusalém e da Diáspora. Deixei o Gabinete pela segunda e última vez na primavera de 2005, para protestar contra a retirada unilateral de colonos israelenses da Faixa de Gaza, ordenada por Sharon.

Cercado por caos, enfrentando decisões táticas e dores de cabeça diárias, eu precisava chegar ao primeiro dia com uma visão da situação como um todo e alguns objetivos importantes, especialmente ao liderar um grande ministério. Identifiquei dois grandes e igualmente importantes objetivos estratégicos. Um era continuar liberando a economia da centralização, removendo o maior número possível de obstáculos à concorrência. Outro era tentar superar as disparidades entre os que têm e os que não têm por meio do desenvolvimento econômico, tomando como alvo especialmente as divisões árabe-judeu e imigrante-nativo.

Com esses e outros objetivos em mente, negociei muitos novos acordos de livre-comércio na Europa, na Ásia e nos Estados Unidos; dei início à

JAMAIS ESTIVE SÓ

execução de alguns projetos habitacionais havia muito protelados; e modernizei o Ministério do Interior, desenvolvendo processos mais amigáveis ao usuário para a obtenção de documentos de identidade, naturalização e passaportes. Fui o pioneiro no oferecimento de cursos de treinamento profissional para judeus ultraortodoxos e árabes e redefini algumas fronteiras municipais que impediam injustamente que as cidades árabes israelenses florescessem. Além disso, quando minha equipe e eu desenvolvemos zonas industriais, insistimos que oferecessem acesso igual a todos os setores populacionais e impulsionassem o desenvolvimento em todo o país. Colocando a política de lado, eu acreditava com veemência na construção de uma infraestrutura para a prosperidade de árabes e judeus em toda a terra de Israel, seja em um assentamento judaico no antigo coração de nosso país, seja em uma aldeia árabe na Galileia.

As negociações no Gabinete, no Knesset e nos ministérios para implementar cada iniciativa eram frequentemente exaustivas. A oposição podia ser cruel. Porém, quando as coisas ficavam controversas, percebi que ser membro de um novo partido, sem experiência e conexões, poderia ser uma vantagem.

Israel é um pequeno país similar a um clube. Empresários costumam promover seus interesses fazendo lobby com seus amigos e contatos de longa data, que ainda fazem parte dos comitês centrais dos principais partidos. Como líder de um novo partido, eu estava sob menos pressão. Afinal, que tipo de conexões tinham os membros do comitê central do meu partido? Um emissário da Agência Judaica aqui, um funcionário do Ministério da Absorção ali?

Eu me senti particularmente hábil, por exemplo, durante a longa e complicada batalha que travamos para uma reforma simples e justa: a exigência de que cada produto no supermercado tivesse etiqueta com o preço. Sem etiqueta, os vendedores aumentavam os preços arbitrariamente. Os poderosos grupos de interesse que representavam os monopólios dos alimentos e dos supermercados lutavam muito para manter os consumidores no escuro. A reação da indústria tinha silenciado dois ministros antes de mim por meio dos seus comitês centrais. Devido ao fato de não sermos um partido dominado por *insiders*, poderíamos dar aos consumidores israelenses a Lei de Tarifação Transparente.

Da mesma forma, por anos, os comitês centrais dos partidos haviam impedido a necessária realocação de terras não desenvolvidas da cidade judaica de Rosh Haayin para a cidade árabe de Kfar Kassem, para promover o desenvolvimento industrial. Quando perguntei a um representante do Partido Trabalhista por que sucessivos ministros trabalhistas nada haviam feito para ajudar, não obstante suas políticas de apoio aos árabes, a resposta foi lógica: políticos do Partido Trabalhista de Rosh Ha'Ayin, que desejavam ficar com a terra, usavam sua influência pessoal.

Implementamos o plano. Furioso, o prefeito de Rosh Ha'Ayin me acusou de atividade antissionista. Ele disse que eu estava roubando sua terra, como se eu a tivesse enviado via FedEx para a Arábia Saudita, em vez de simplesmente redesenhar os limites municipais dentro das fronteiras de Israel.

Talvez, o mais importante era que eu poderia desafiar a elite empresarial em um cabo de guerra orçamentário em relação à Lei de Incentivo ao Investimento. Um resquício do passado socialista de Israel, que encantara alguns industriais israelenses, essa lei prometia subsídios estatais que reembolsavam até 32% dos novos investimentos, visando incentivar iniciativas empresariais que gerassem exportações. Ter alguns incentivos para atrair corporações a ajudar a economia faz sentido. Incentivos demais levam à corrupção.

Durante anos, os ministros das Finanças tentaram reduzir esses fundos, a fim de tentar equilibrar o orçamento, enquanto os industriais resistiam porque eram avessos ao risco. Também aqui, sem um comitê central de elites, eu tinha mais latitude do que ministros de partidos maiores. Reduzimos o máximo pela metade, ou seja, 16%, sem que *insiders* nos impedissem.

Ainda assim, não obstante todas essas conquistas, havia necessidade de criar um partido para isso? Definitivamente, não. Entendi que se não fosse eu a ocupar o cargo, teria sido outra pessoa igualmente inclinada a apoiar as reformas.

PROMOVENDO OS INTERESSES DOS IMIGRANTES

No entanto, Israel Ba'Aliyá fez história e uma contribuição única ao dar aos imigrantes voz e assento à mesa. Nossos esforços converteram clientes passivos em cidadãos ativos. Ajudamos a estabelecer a *aliyá* russa de um milhão de pessoas e implementamos programas adaptados às suas necessidades específicas. Colocamos novos imigrantes em dezenas de conselhos de administração e comitês para que decidissem seu próprio futuro, não deixando que outros decidissem por eles, por mais bem-intencionados que fossem.

JAMAIS ESTIVE SÓ

A transformação de ativista pressionador em um detentor de poder é abrupta. É possível entender por que o poder é viciante. Antes de assumir o cargo, você e seus camaradas tiveram que gritar até ficarem roucos em manifestações, exigindo que os médicos fizessem os exames de revalidação de seus títulos em sua língua nativa; de repente, como ministro, é você quem estabelece os critérios. Antes, você tinha que implorar por bolsas especiais para cientistas que precisavam; de repente, você pode financiar incubadoras científicas para empregar dezenas de cientistas imigrantes. Antes, você tinha que fazer pressão sempre que ouvia falar de algum idoso sem-teto; de repente, você pode lançar uma iniciativa para prover habitação a milhares. Antes, você tinha que lutar por aumentos na cesta de *aliyá* recebida pelos imigrantes, cada vez que a inflação e o custo de vida aumentavam; de repente, você pode vincular a cesta de absorção ao índice do custo de vida.

Quanto maior o problema, de mais aliados você vai precisar para exercer o poder com eficácia. Encontrar habitação pública para idosos revelou-se uma questão particularmente desafiante. Além do grande volume de imigrantes que estavam impossibilitados de pagar uma entrada para comprar um apartamento, inúmeros judeus russos mais velhos chegaram sem dinheiro, sem poupança e despojados das pensões que haviam ganhado, mas não conseguiram tirar da Rússia.

Uma força-tarefa especial, criada para abordar essa questão, envolveu quatro ministros. Trabalhei com o ministro da Absorção, Yuli Edelstein, o ministro das Finanças, Dan Meridor, e o vice-ministro da Habitação, Meir Porush. Porush era vice-ministro sem patrão. Ele e outros membros do grupo ultraortodoxo Agudat Israel do Judaísmo Unido da Torá eram ambivalentes demais sobre a existência de Israel como um Estado sionista para servir como membros plenos do Gabinete.

Lançamos uma iniciativa de habitação pública massiva e custosa, de norte a sul, construindo e reformando edifícios que serviriam como albergues especiais para os idosos. Com o financiamento do governo israelense e da Agência Judaica, unimos os esforços de Israel com o povo judeu em todo o mundo.

Porush e eu desenvolvemos um relacionamento cordial. Quando lhe mostrei o livro de Salmos que tinha na prisão, ele o segurou com reverência antes de beijá-lo. Depois, sempre que me via, ele gostava de me chamar de

218

Os russos estão chegando. Eu e Yuli Edelstein, cofundador do partido Israel Ba'Aliyá, conversando com o presidente Ezer Weizman, como ministros recém-empossados, durante a recepção oficial para o novo Gabinete em 1996.

"o homem com o livro de Salmos no bolso". Por outro lado, eu gostava das vívidas histórias de família que aquele jerosolimita de oitava geração contava.

Quando todos brindamos à nossa iniciativa habitacional, Porush agarrou meu boné do exército. Eu agarrei seu grande chapéu de pele. Na imagem resultante de nossa força-tarefa, estou vestindo um *shtreimel** ultraortodoxo e Porush está com meu boné cáqui empoleirado desconfortavelmente na cabeça, foi um grande sucesso. Gostei daquilo. Para mim, simbolizou a facilidade com que podíamos cooperar para o benefício de todos.

Infelizmente, a batalha seguinte sobre "quem é judeu", que logo eclodiu, nos lembrou que compartilhar chapéus é mais fácil do que compartilhar uma agenda política comum. Porush e eu resistíamos a comprometer nossos princípios fundamentais. Além desse sucesso imobiliário e de tantos outros – na verdade, a partir desse sucesso e de todos os demais – permaneci bem ciente do alto preço da política, pessoal e nacionalmente.

---

* N.T. Chapéu de pele usados por alguns grupos de judeus ortodoxos no *shabat* e em datas festivas.

ENCONTRANDO UM POVO DIVIDIDO POR UMA RELIGIÃO

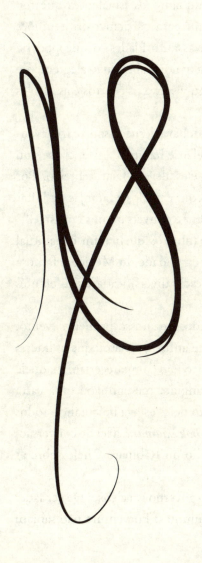

Em meados de setembro de 1997, cheguei à Cidade do México para outras laboriosas negociações relacionadas ao livre-comércio. Eu estava otimista com a nossa estratégia no Ministério da Indústria e do Comércio, que tinha por finalidade a abertura econômica de Israel por meio de tais acordos. Eu havia retomado o ritmo e a dimensão de negociações de meus predecessores. Por fim, propus e assinei acordos de livre-comércio com o Canadá, a República Tcheca, a Eslováquia, a Turquia, a Polônia e a Hungria. Em novembro de 1997, anunciaríamos um acordo de três vias com os Estados Unidos para uma zona industrial de livre-comércio na Jordânia. Duas décadas depois, continua sendo um dos raros projetos econômicos israelenses remanescentes com o mundo árabe.

Sempre que viajava para o exterior, após reuniões políticas e fóruns de negócios, eu agendava reuniões com a comunidade judaica local, visitando escolas, centros comunitários e outras instituições judaicas. Lembrando o quão importante Israel era para nós na União Soviética, eu estava particularmente orgulhoso de representar Israel perante a comunidade judaica mundial. Foi por isso que insisti, no acordo de coalizão, que adicionássemos "Assuntos da Diáspora" ao título do Comitê Interministerial de Imigração e Absorção que eu então presidia.

Ministros israelenses geralmente viajam com delegações de alto nível, incluindo muitos líderes empresariais. Enquanto os israelenses que me acompanhavam frequentemente competiam para participar das reuniões políticas e econômicas mais íntimas com as autoridades, o que poderia ajudar a abrir portas econômicas para eles, a maioria abria mão alegremente das reuniões com outros judeus. Quando eu visitava os centros e as escolas comunitárias, eles iam fazer compras.

Sempre que eu os convidava, a maioria achava desnecessário e irrelevante, e me diziam com a impetuosidade israelense habitual: "Afe, o que vou aprender nessas escolas judaicas nas quais eles alegam falar hebraico? Por que preciso ver fotos nostálgicas de Israel com camelos e laranjas de Jaffa? Se eles realmente nos amam, que façam *aliyá* e conversaremos em Israel".

Nessa viagem, alguns de meus companheiros quebraram o habitual boicote israelense. A comunidade judaica da Cidade do México é famosa por ser particularmente colorida, uma mescla diversificada de diferentes grupos étnicos judeus.

Dessa vez, o boicote veio do outro lado. Em nosso primeiro evento, um grande café da manhã comunitário, meu anfitrião relatou que os líderes da comunidade judaica reformista do México não compareceriam, naquele ou em qualquer outro momento. Constrangido, me entregou uma carta deles, na qual explicaram que o movimento deles estava boicotando todos os ministros que haviam votado a favor da *hok haamará*, a lei de conversão. Esta proposta de lei garantiria o monopólio do Rabinato-Chefe sobre as conversões em Israel.

O quê? Boicotando-me? A voz deles no governo israelense? De verdade? Depois de todas aquelas manifestações conjuntas? Porventura não sabiam qual era a minha posição? Por que não podiam valorizar o quanto eu tinha lutado para encontrar uma forma de defender suas instituições? A princípio surpreso por essa reação defensiva, tentei ficar indiferente, pensando sarcasticamente: "Bem, há tão poucos judeus reformistas no México, talvez seja a maneira de eles tentarem ser notados".

Pensando bem, minha ironia protetora desmoronou. Nos meses anteriores, quer eu estivesse lidando com o ministério, o Gabinete, o Knesset ou questões partidárias, o problema religião-Estado nos assombrava. Em um nível mais profundo, continuei a me perguntar: "É possível que os políticos israelenses representem os interesses dos judeus da diáspora que não votam em Israel sem trair sua obrigação para com os israelenses que o fazem?".

O *STATUS QUO* RELIGIOSO UNE ISRAELENSES E DIVIDE JUDEUS

Apenas algumas semanas antes dessa viagem ao México, a lei de conversão que desagradava o movimento reformista fora aprovada em sua primeira leitura no Knesset. A intensa polêmica em torno do projeto de lei representou a última rodada da crise "quem é judeu", que continua a complicar as relações de Israel com a diáspora ainda hoje.

O problema começou antes mesmo da criação do Estado de Israel. Em 19 de junho de 1947, 11 meses antes de Israel se tornar um Estado, David Ben-Gurion enviou aos representantes do movimento ultraortodoxo Agudat Israel o que ficou conhecido como a "Carta de *status quo*". Ben-Gurion fez determinadas promessas definitivas, que ele implementou como o primeiro primeiro-ministro de Israel. O *shabat* seria o dia nacional de descanso. Todas as instituições estatais, incluindo o exército, manteriam estritamente a *cashrut**. As escolas religiosas seriam financiadas pelo Estado, mas permaneceriam independentes. E – talvez o compromisso mais restritivo – a *Halachá*, a lei judaica, dominaria em esferas pessoais como casamento, divórcio e conversão.

---

* N.T.: Termo que se refere ao conjunto de regras de alimentação do judaísmo.

Por que esse judeu secular, esse líder socialista sionista, fez concessões tão abrangentes e de longo prazo aos rabinos ultraortodoxos? Ele não se deu conta de que isso iria acorrentar o Estado? Ben-Gurion era um pragmático. Em junho de 1947, apenas dois anos após o fim do Holocausto, ele procurou unir o povo judeu profundamente marcado pela necessidade urgente de estabelecer um Estado judeu.

Ben-Gurion presidiu a Agência Judaica, a representante do povo judeu na Palestina. Uma delegação do UNSCOP – *United Nations Special Committee on Palestine* (Comitê Especial das Nações na Palestina) – estava chegando a fim de analisar as opções para o território, que estava mergulhado em uma guerra civil entre judeus e árabes, sob o olhar impotente das autoridades britânicas.

Ben-Gurion estava preocupado. Se judeus antissionistas e ultraortodoxos dissessem à UNSCOP que se opunham a um Estado judeu, isso poderia prejudicar o ímpeto de sua construção. Com seus chapéus pretos e longas barbas, o ultraortodoxo parecia o que a maioria dos não judeus imaginava que fosse a aparência de todos os judeus. Esses "verdadeiros judeus" pareciam mais representativos dos "judeus" do que Ben-Gurion e seus barbeados e modernos sionistas, com suas roupas de trabalho.

A aprovação dos judeus ultraortodoxos na Palestina também convenceria os muitos judeus céticos fora da Palestina de que havia um consenso pró-sionista que reconhecia a necessidade premente de um Estado judeu. Assim, ironicamente, uma das questões que divide os judeus da diáspora dos israelenses atualmente começou como uma tentativa de uni-los!

Ben-Gurion fez um acordo. Ele escreveu uma carta, que nunca formalizou em lei. O apoio ultraortodoxo ajudou nas Nações Unidas, que, em 29 de novembro de 1947, autorizou a criação de um Estado judeu na Palestina. Essa troca criou o precedente: para garantir o apoio ultraortodoxo à existência do Estado, os líderes de Israel fizeram concessões referentes a questões que consideravam menos importantes.

Ben-Gurion não era um mero especialista em tática. Esse arranjo também promoveu sua visão estratégica. Além de criar e defender o Estado, ele estava construindo o Novo Judeu, forjando uma identidade a partir de muitas. Assim como os israelenses falariam uma única língua, o hebraico,

224

teriam uma base religiosa, a ortodoxia. A "Carta de *status quo*" fez da sinagoga ortodoxa a sinagoga na qual israelenses seculares não rezavam.

Ben-Gurion também temia que as lutas denominacionais que viu nos Estados Unidos e na Europa continuassem em seu novo Estado judeu. "Vejo perigo em uma guerra contra a religião e em uma guerra a favor da religião", admitiu Ben-Gurion. O trabalho dele era cultivar a israelidade, não formas criativas de judaicidade.

Como político, Ben-Gurion precisava satisfazer sua minoria ortodoxa, não a maioria liberal estadunidense. Ele percebeu quão poucos eram os judeus reformistas que viviam em Israel. Não houve uma sinagoga reformista em Israel até 1958. Em 1970, quando alguns jovens judeus norte-americanos perguntaram a Ben-Gurion como o judaísmo reformista poderia se estabelecer em Israel, ele deu uma resposta *realpolitik*: se o judaísmo reformista queria reconhecimento, 300 mil judeus reformistas deveriam se mudar para Israel.

Ben-Gurion também pressupôs, incorretamente, que essa barganha seria temporária. Ele presumiu que os judeus ortodoxos se dissolveriam no Estado judeu, e inclusive crianças religiosas nascidas em Israel se tornariam Novos Judeus – pioneiros secularizados como ele.

Em maio de 1948, o Estado foi criado, tendo Ben-Gurion como seu primeiro primeiro-ministro. O velho-novo Estado judeu rapidamente se justificou ao reunir os exilados, oferecendo aos judeus um refúgio, há muito necessário, das perseguições. Dando prosseguimento a essa missão, uma lei fundamental aprovada em 1950, a Lei do Retorno, proclamou: "Todo judeu tem o direito de vir a este país como imigrante".

Inicialmente, a lei não definia quem era judeu. Acolhia todos os judeus como cidadãos, a menos que o ministro da Imigração considerasse que o requerente "estava envolvido em uma atividade dirigida contra o povo judeu" ou "que provavelmente colocaria em risco a saúde pública ou a segurança do Estado". Tendo sido perseguidos, exilados, errantes, sem-teto, os judeus agora tinham um lar.

Contudo, a determinação de quem exatamente é e quem não é judeu converteu-se em uma questão burocrática para as autoridades imigratórias. E enquanto a Lei do Retorno era um tanto vaga, a Carta de *status quo* de Ben-Gurion era específica: siga a *Halachá*. Então, dada a sobreposição histórica entre identidades religiosas e nacionais judaicas, a separação entre sinagoga e Estado tornou-se impossível. Uma colisão política, legal e religiosa era inevitável.

Em 1958, a coalizão de Ben-Gurion vacilou quando ele e seu ministro do Interior, Israel Bar-Yehuda, demonstraram seus verdadeiros sentimentos sobre a questão de "quem é judeu". Seguindo as ordens do ex-ministro, Moshe Chaim Shapiro, do Partido Religioso Nacional, os funcionários do Ministério do Interior passaram a exigir que os imigrantes provassem que eram judeus em conformidade com a *Halachá*. Isso ofendeu Bar-Yehuda e Ben-Gurion. Esses revolucionários socialistas seculares queriam que Israel fosse o mais acolhedor possível para construir o Estado.

O Gabinete de Registro de Habitantes começou a emitir carteiras de identidade israelenses que definiam os imigrantes como judeus com base em declarações de "boa-fé" de que eram judeus. Teoricamente, se você dissesse que era judeu, poderia obter a cidadania.

Essa improvisação radical violou o acordo do *status quo*. Enfraqueceu o controle do Rabinato-Chefe sobre o Ministério do Interior na avaliação da judaicidade do imigrante. Dois ministros do Partido Religioso Nacional se opuseram e renunciaram, ameaçando a coalizão de Ben-Gurion.

Ben-Gurion enfrentava agora um dilema: arriscar-se a perder o apoio religioso e seu próprio poder ou correr o risco de alienar os judeus não ortodoxos da diáspora. Procurando algum apoio, ele deu um passo sem precedentes, que jamais se repetiu. Vendo-se como o líder do povo judeu, enviou cartas a 47 importantes pensadores judeus de todo o mundo perguntando como o Estado de Israel deveria definir quem é judeu. O romancista S. Y. Agnon aconselhou o primeiro-ministro a abandonar a questão, porque religião e Estado são como dois vizinhos que não podem se afastar um do outro, porém cada qual se sente desconfortável um com o outro. Qualquer tentativa de mediação entre os dois só iria causar problemas.

Mas não havia como evitar essa pergunta. Mesmo antes que a maioria dos sábios o aconselhasse a seguir o padrão comum, a *Halachá*, como a única maneira de unir os israelenses, Ben-Gurion, o político prático, já havia tomado uma decisão. Para dar continuidade ao empreendimento sionista, ele cedeu às exigências dos partidos religiosos, garantindo-lhes o monopólio acerca de questões de *status* pessoal. Moshe Chaim Shapiro, do

Partido Religioso Nacional, voltou ao Ministério do Interior e restaurou sua definição mais estrita de judaísmo. Desde então, cada primeiro-ministro replicou a barganha de Ben-Gurion.

Naquele momento decisivo, os políticos ortodoxos mostraram que estavam dispostos a derrubar o governo devido a questões religiosas. E a maior parte dos líderes não ortodoxos mostrou que estava igualmente pronta a se render.

O Knesset acabou atualizando a Lei do Retorno duas vezes porque era muito vaga. Emendas em 1970 afinaram a lógica original, de que todo judeu perseguido por Hitler precisava de um lar. A lei definia judeus pelo padrão tradicional: você tinha que ter nascido de mãe judia ou ter se convertido ao judaísmo. Porém, acrescentava que a imigração estaria aberta a qualquer pessoa com um avô judeu ou seus cônjuges – o padrão de Hitler para atingir os judeus na Alemanha.

Ao não especificar as conversões ortodoxas, a emenda de 1970 enfureceu os ultraortodoxos. Enquanto o *status quo* permitia apenas conversões ortodoxas feitas em Israel, as conversões liberais da diáspora eram agora aceitáveis para a obtenção da cidadania israelense.

Embora o compromisso de Ben-Gurion em unir Israel tenha dividido o povo judeu, ele manteve muito disso em surdina do ponto de vista legal. Exceto pela construtivamente ambígua Lei do Retorno, esses acordos surgiam durante as negociações da coalizão, em reuniões de Gabinete ou dentro do ministério, não como leis aprovadas no Knesset.

Os críticos dizem que Ben-Gurion criou uma bomba-relógio embutida de identidade judaica. Creio que ele entendia o poder da ambiguidade. O Knesset jamais aprovou uma lei que tratasse formalmente como iguais a ortodoxia e o reformismo. Isso teria sido inaceitável para alguns israelenses extremamente influentes. Mas o Knesset tampouco jamais aprovou uma lei que declarasse formalmente que os não ortodoxos eram desiguais. Isso teria alienado a maioria dos judeus da diáspora.

Naturalmente, os combatentes recorreram à Suprema Corte. E os juízes não deixaram dúvidas: se o Knesset não aprovasse leis claras, o tribunal reagiria, tomando decisões que provavelmente não agradariam aos partidos ultraortodoxos.

A LEI DE CONVERSÃO
ASSOMBRA O GOVERNO DE BIBI

Os partidos religiosos começaram a entrar em pânico. Para interromper a tendência impulsionada pelo tribunal em direção a padrões mais liberais, exigiram uma lei que garantisse que, em Israel, apenas as conversões ortodoxas seriam consideradas legítimas para a obtenção de cidadania. É por essa razão que foi chamada de lei de conversão.

Quando Netanyahu formou seu governo em 1996, a luta entre religião e Estado já havia chegado a uma encruzilhada crítica. A Suprema Corte buscou orientação no novo governo para maior clareza. Os partidos religiosos se juntaram à coalizão de Bibi somente depois que ele prometeu aprovar uma lei de conversão. A lei formalizaria um aspecto fundamental do entendimento de Ben-Gurion, dando ao Rabinato-Chefe ortodoxo o monopólio da conversão.

A fúria crescia de ambos os lados. Os partidos ultraortodoxos consideravam quaisquer passos para reconhecer conversões não ortodoxas em Israel como um *guet*, uma carta de divórcio, como prova de que o Estado não mais respeitava o acordo de *status quo*. Muitos líderes liberais na diáspora consideravam quaisquer passos para deslegitimar conversões liberais igualmente insultuosas, prova de que o Estado não mais os respeitava.

Como presidente do Comitê Interministerial de Imigração, Absorção e Assuntos da Diáspora, como presidente do meu partido e como membro do Gabinete, eu precisava de uma posição clara. Mas, Agnon, o romancista, estava certo: o *status quo* funcionava melhor em meio a nuvens de ambiguidade. Concluí que, se um lado ganhasse, todos nós perderíamos – como um povo unido ao redor de Israel. Eu acreditava que tínhamos que manter essa luta fora do Knesset e fora da Suprema Corte. Para isso, precisávamos encontrar um meio-termo.

Eu esperava, ingenuamente, que minha experiência de mediação entre tantos atores durante a luta dos judeus soviéticos pudesse ser útil como ministro do governo. Eu me lembrava do quão facilmente superamos diferenças religiosas enquanto marchávamos em Washington.

Eu havia visitado Cleveland em um dos últimos fins de semana antes da marcha. O local escolhido para o jantar comunitário da noite de *shabat* havia sido a sinagoga reformista, cujos rabinos me convidaram para ministrar uma palestra na manhã do mesmo dia. Enfrentamos dois problemas. Sem um microfone, ninguém me ouviria, porém eu não usaria microfone no *shabat*. E a cozinha da sinagoga não seguia as normas da *cashrut*, mas não havia outros salões grandes o suficiente disponíveis para acomodar a multidão que esperávamos.

Instado por um amigo ortodoxo, Morry Weiss, que atuou como mediador, falei de pé ao lado do microfone, longe o suficiente para que eu não o estivesse usando, mas perto o suficiente para que as pessoas pudessem ouvir. E, pela primeira vez na história, o templo tornou ritualmente pura a sua cozinha para acolher a comunidade. Se conseguimos chegar a tais soluções conciliatórias para a marcha em Washington, eu me perguntei, que tipo de concessões faríamos para continuar nossa marcha juntos através da História?

Para transigir, primeiro é preciso conversar com o outro lado. Não concordar, mas pelo menos ouvir os argumentos do outro e tentar entender a lógica do rival. Eu queria testar alguns dos argumentos ortodoxos menos inflamatórios diante da multidão da minha cidade natal, em uma reunião com líderes judeus liberais recepcionados por meus amigos da Federação de Nova York. Ao abordar o "monopólio ortodoxo", eu disse: "obviamente, há um problema aqui. Mas, quando eles dizem que a *Halachá*, a lei judaica, manteve nosso povo unido por milhares de anos, e os movimentos não ortodoxos não possuem um histórico tão longo, não estarão ele certos, pelo menos em termos históricos? Os movimentos liberais existem apenas há 200 anos. Quando se trata de manter o povo judeu vivo, ainda que discordemos fortemente de algumas políticas ortodoxas, não deveríamos dar-lhes o benefício da dúvida?"

A atmosfera na sala ficou congelada. As pessoas pareciam agitadas. Era como se todos me fizessem uma única pergunta com os olhos: *Et tu, Brute?* (Até tu, Brutos?).

Um amigo da Federação falou rispidamente: "Você também está com nossos inimigos? Esse é o agradecimento que recebemos por todo o nosso apoio a você? Agora, assim que entrou no governo, você está nos traindo".

Terminei minha tentativa diplomática abruptamente. Vi a dor deles. Não estávamos mais brincando sobre a cooperação de ateus russos e reconstrucionistas americanos, enquanto os agentes da KGB nos observavam. Pessoas que haviam dedicado sua vida a Israel, e a quem haviam dito que Israel as representava, agora pareciam rejeitadas por ele. Em tal luta, a maioria das pessoas estava chateada demais para começar a entender o outro lado ou ver algo divertido na situação.

Esse argumento de lealdade, "você nos deve", sempre foi inviável para mim. As primeiras pessoas que tentaram usá-lo, logo depois que cheguei a Israel, foram os seguidores de Meir Kahane. No final dos anos de 1960, o carismático e impetuoso Kahane foi um dos primeiros judeus estadunidenses a chamar a atenção para o sofrimento dos judeus soviéticos, por meio do seu grupo militante, a JDL – *Jewish Defense League* (Liga de Defesa Judaica). Não obstante eu entendesse sua visão, assinei uma carta, com alguns outros *refuseniks*, no auge de nossa luta, condenando seu uso de violência em Nova York contra alvos soviéticos. As táticas da JDL minaram nossa luta moral não violenta. Quando estávamos ambos em Israel, mantive uma distância considerável de Kahane, de seu partido Kach e de seu fanatismo antiárabe.

O movimento judaico soviético incluía todos, de kahanistas à direita aos comunistas franceses à esquerda. Como eu poderia defender qualquer coisa como político se tivesse que tornar todos felizes, o tempo todo?

Em contraste, os seguidores do rabino Kook, liderados pelo rabino Tzvi Tau, nunca tentaram alavancar seu papel único no centro da luta de Avital para me pressionar. Permaneceram contidos, apesar do fato de apoiarem com veemência a lei de conversão. Eles se opunham fervorosamente a que o judaísmo reformista entrasse em Israel e criticaram muito minha posição a esse respeito.

Após minha tentativa fracassada com meus amigos liberais de Nova York, tentei iniciar um diálogo do outro lado. Convidei membros ultraortodoxos do Knesset a ouvir judeus estadunidenses não ortodoxos.

Meu partido, Israel Ba'Aliyá, havia cooperado com partidos ultraortodoxos em outras questões. Juntos, começamos a romper alguns preconceitos. O primeiro sucesso foi a resolução do problema doloroso de famílias judias russas mistas separadas após a morte, porque a sociedade funerária Chevra Kadisha se recusava a enterrar em cemitérios judeus aqueles que eram não judeus segundo a *Halachá*. Isso incluía alguns veteranos das FDI que arriscaram suas vidas defendendo o Estado. Havia sido um assunto muito polêmico em nossa campanha.

Quando aderimos ao governo, insistimos que os rabinos-chefes tratassem dessa questão com urgência. O rabino-chefe asquenazita nos repreendeu, alegando que a pureza dos cemitérios manteve o povo judeu vivo por milênios. "Vejam a Europa", disse ele. "São todos cemitérios agora, mas todos sabem que esses cemitérios são judeus porque os mantivemos judeus. Não se pode começar a distorcer a lei judaica por causa das necessidades de uma pessoa", concluiu.

Continuamos a pressionar. Felizmente, Israel tem dois rabinos-chefes que se revezam nas responsabilidades. Quando o rabino-chefe sefardita Eliyahu Bakshi-Doron assumiu o comando, ele adotou uma abordagem diferente. Incomodado com a infelicidade das famílias, encontrou uma solução no conceito rabínico de *darkei shalom*, caminhos para a paz, na sociedade. Barreiras leves e não muito perceptíveis poderiam separar uma área em cada cemitério, explicou. Isso sutilmente criaria uma seção na qual qualquer um poderia ser enterrado.

O rabino Bakshi-Doron instruiu as sociedades funerárias a respeitarem os desejos de cada família, atendendo a qualquer um que desejasse recitar o Kadish, a oração de luto tradicional, ou quaisquer outros rituais. A afabilidade do rabino resolveu esse problema emocionalmente carregado.

"Posso me converter em sefardita?", perguntei. "Eles parecem se divertir mais." Comem *kitniyot* – leguminosas como milho e amendoim – em Pessach*, tornando as restrições alimentares da festa mais administráveis e seus rabinos são mais compreensivos. Pensando em tópicos mais sérios, eu me perguntava se a flexibilidade nas comunidades sefarditas explicava por que nenhum movimento reformista surgiu em meio a elas. A franqueza dos rabinos poderia ter evitado as rebeliões que a rigidez asquenazita alimentava.

Da mesma forma, desafiamos a sabedoria convencional que afirmava que os judeus ultraortodoxos não tinham interesse em empregos regulares. O rabino Avraham Ravitz, um importante político da Agudat Israel, me abordou com uma proposta para criar cursos profissionalizantes especiais

---

* N.T.: Festa que celebra a saída do cativeiro do Egito.

para judeus ultraortodoxos, que se concentravam em habilidades como contabilidade e computação. Nosso ministério, junto com o *Jerusalem College of Technology*, liderou uma série de tais projetos, entendendo que Israel precisava que mais estudantes de *yeshivá* se tornassem cidadãos produtivos. Atualmente, mais de 10 mil judeus ultraortodoxos estão se formando em programas vocacionais ou acadêmicos a cada ano e os números não param de crescer.

Ao mesmo tempo, políticos ultraortodoxos nos ajudaram a garantir compromissos orçamentais em massa no que tange a iniciativas de habitação para novos imigrantes. No geral, achei os ultraortodoxos muito mais flexíveis do que eu esperava, mesmo em questões religiosas.

Comecei a questionar se poderíamos aproveitar essa boa vontade e encorajar um diálogo entre os políticos ultraortodoxos e os representantes dos movimentos liberais. Eu estava recepcionando no Knesset uma delegação de líderes judeus estadunidenses. Dois deles representavam o movimento reformista. Convidei vários membros de diversos partidos para discutir a lei de conversão.

A primeira reação dos políticos ultraortodoxos foi: "Não, não podemos nos encontrar com eles". Tentando falar nos termos deles, sabendo que a forma como eu estruturaria a questão teria insultado os judeus reformistas se vazasse para os repórteres, eu disse aos parlamentares ultraortodoxos: "Eles são judeus como nós. Fazem parte do nosso povo pelos padrões mais ortodoxos. Ainda que vocês não os considerem rabinos, não podem vê-los como líderes comunitários? E, se vocês não veem a sinagoga deles como uma sinagoga, não podem vê-la como um centro comunitário judaico? Nós, em Israel, não devemos falar com todos os judeus do mundo?".

Dois políticos ultraortodoxos concordaram relutantemente em participar. Eles estavam dispostos a ouvir, desde que não houvesse interação direta com a delegação. A sessão foi confidencial, sem a presença de fotógrafos ou estenógrafos. Os políticos ultraortodoxos não podiam ser vistos se encontrando com "os reformistas".

Começamos sem problemas. Contudo, depois de dez minutos, um visitante fez alguns cálculos políticos. Observando que entre os israelenses que convidei havia membros seculares e de barba feita do Knesset, bem como ortodoxos barbudos, e confiante de que teria uma maioria pró-liberal, um judeu estadunidense propôs, informalmente, ao estilo americano: "Ei, vamos começar fazendo uma votação rápida sobre esta questão de conversão".

Eu pensei, erroneamente: "Por que não?".

Isso levou ao fim do encontro. Os políticos ultraortodoxos saíram. Eles me acusaram de violar nosso acordo. Comparecer educadamente era uma coisa. Mas não podiam permitir que os jornais ultraortodoxos expusessem seu envolvimento ativo em tais reuniões.

Os reformistas não queriam ouvir os argumentos. O ultraortodoxos não queriam se sentar ao lado dos reformistas. Mas e a silenciosa maioria israelense? Todos os partidos religiosos em conjunto obtiveram em média entre 15% e 20% dos votos. No entanto, a maior parte dos políticos israelenses não ortodoxos permaneceu na mesma areia movediça ideológica. Esses tipos de questões não eram suficientemente importantes para que eles ou seus eleitores derrubassem a coalizão sempre que estavam no poder.

Somente quando estavam de fora é que de repente começavam a se preocupar com seus irmãos da diáspora. Como resultado, todos nós afundamos nessa estranha posição de permitir passivivamente que o conflito crescesse.

O CONSELHO POLÍTICO DE SHARON

Fazer parte desse impasse me frustrou. Eu me senti dividido entre o que meus eleitores esperavam que eu fizesse – permanecer no governo – e o que meus amigos da diáspora esperavam que eu fizesse – sair, ou pelo menos ameaçar sair. Ariel Sharon, que estava no Knesset desde 1977, sentiu pena de mim.

Eu tinha o melhor assento na minha primeira mesa de Gabinete. De um lado estava Yuli Edelstein, meu velho companheiro de luta, prisioneiro de Sião como eu, e um dos cofundadores do partido Israel Ba'Aliyá. Sentado do outro lado estava o ex-major-general Ariel Sharon, que atuava como ministro da Infraestrutura Nacional.

Para nós, judeus soviéticos, Sharon tinha sido grande herói da Guerra de Yom Kipur de 1973. Seu contra-ataque no Sinai transformou a derrota

JAMAIS ESTIVE SÓ

certa de Israel em uma vitória histórica, humilhando os soviéticos junto com seus clientes árabes. Essa reviravolta acabou com as provocações de todos aqueles que estavam nos seguindo, jovens ativistas de Moscou, e transformou Sharon no homem que fez a KGB se encolher, exatamente quando eu estava começando a estudar sobre Israel.

Minhas percepções sobre Sharon azedaram durante a primeira Guerra do Líbano em 1982. Na época, eu estava em greve de fome, então só ouvi segmentos de propaganda. Ainda assim, os soviéticos continuaram a chamar Sharon de "açougueiro". Eles o culparam pelos massacres que os falangistas cristãos cometeram contra palestinos em Sabra e Chatila, campos controlados por tropas israelenses. Embora eu soubesse como as notícias soviéticas eram distorcidas, o fracasso moral de Sharon me deixou envergonhado. A Comissão Kahan interna de Israel concluiria que Sharon, embora não fosse culpado de assassinato, era responsável por "não adotar medidas apropriadas para evitar derramamento de sangue".

Quando desembarquei em Israel em 1986, Sharon me recebeu junto com Shimon Peres e Yitzhak Shamir. Mesmo naquele dia eufórico, eu nutria sentimentos confusos a seu respeito enquanto ele me abraçava. Quando me convidou a visitá-lo na sua enorme fazenda no Neguev, hesitei.

Ao longo dos anos, aprendi sobre os empenhos de Arik* para ajudar a me libertar e a outros judeus soviéticos. Então, no momento da grande *aliyá*, ele fez jus ao seu carinhoso apelido, o Buldôzer (escavadeira). Como chefe do Fórum Sionista para os Judeus da União Soviética, descobri que o que poderia levar meses de disputas políticas com outros ministérios, Arik frequentemente resolvia em uma reunião, às vezes em cinco minutos. Ele ultrapassou obstáculos burocráticos para conseguir milhares de *trailers* para imigrantes e oferecer descontos essenciais para que empreiteiros começassem a construir casas permanentes. Parecia que nada poderia detê-lo.

Após a vitória eleitoral de Israel Ba'Aliyá, Sharon nos cumprimentou calorosamente, dizendo que estava contente pelo fato de os imigrantes russos finalmente terem voz. Arik nos conquistou na primeira vez que Yuli e eu começamos a traçar estratégias à mesa do Gabinete falando russo, acreditando

---

* N.T.: Arik, como Sharon era também conhecido, é diminutivo de Ariel, seu primeiro nome.

que era em segredo. "Hum, pessoal", ele nos avisou. "Eu só quero que vocês saibam que eu entendo russo". Era a língua materna de seus pais.

Esse político magistral provou ser um mentor generoso. Passou um dia com os ativistas do Israel Ba'Aliyá, nos guiando pelos territórios além da Linha Verde, as fronteiras de Israel em 1949. Arik conhecia a história de cada comunidade, a geografia, a indústria e a agronomia de cada região, a dinâmica militar de cada setor. Ele agitava mapas de um lado para o outro como se fossem apenas acessórios desnecessários. Nós os consideramos úteis, mas notamos que ele nunca precisou olhar para esses mapas. Estava tudo na cabeça dele.

Arik estava empenhado em ajudar os imigrantes a se integrarem. Ele comparecia regularmente às reuniões do nosso comitê interministerial. Frequentemente, era o único outro ministro que aparecia, além de Yuli e eu. Ele nos deu conselhos, desde sobre como administrar a burocracia do governo até como realizar manobras no Knesset. Vendo que eu estava preocupado com o tema de "quem é judeu" e questões sobre a lei de conversão, Sharon me convidou para um café. Hoje, chamaríamos isso de *coaching*.

"Natan, você sabe que eu quero que você obtenha sucesso", disse ele. "Acho que sou mesmo mais liberal do que você na questão de quem é judeu. Qualquer indivíduo que deseja estar conosco, que poderia ser um bom soldado ou que sofre por estar conectado a nós é judeu e deve ser bem-vindo aqui. Mas", ele acrescentou, "se você quer ser um político de sucesso, primeiro tem que cumprir o que prometeu às pessoas que o trouxeram aqui, seus eleitores. Você também tem que ampliar sua divulgação para os eleitores que não votaram em você dessa vez – mas poderão fazê-lo na próxima eleição. Não se esqueça, mesmo os melhores judeus da diáspora não votam aqui. Eles não irão te ajudar".

Então, Arik acrescentou o "porém": "Estive com você em todas as reuniões sobre o problema da habitação. Você e Yuli acabaram de acertar o alvo ao conseguir essa iniciativa habitacional, tão importante para os imigrantes. Porém, você não poderia ter feito isso sem Meir Porush", o ministro do partido ultraortodoxo Agudat Israel. "Essas pessoas também cooperaram quando você precisou resolver o problema do cemitério. Elas te ajudaram em algo que era importante para você e seu eleitorado. Agora, essas mesmas pessoas estão te perguntando sobre algo que é importante para elas e o eleitorado delas, a questão da conversão. Se você as desapontar nessa questão-chave para seus constituintes, não terá o apoio deles no que diz respeito a questões importantes para os eleitores do Israel Ba'Aliyá. Além disso", Arik finalizou, "você tem que entender. Não estamos fazendo aqui concessões para a KGB. Estamos buscando soluções conciliatórias entre israelenses, a fim de construirmos Israel juntos".

POR QUE OS DISSIDENTES NÃO SOBREVIVEM NA POLÍTICA

Ali estava: o manual de instruções de todo *souk** político. Eu não mais tinha a pureza do dissidente. Eu tinha que ser um político.

Arik sempre mencionava a KGB em nossas conversas, assim como Ehud Barak costumava mencionar o *tsinok*, a minha solitária, quando servi em seu governo. Essas referências eram geralmente o modo dos guerreiros israelenses de olhar para além de nosso corpo fora de forma e de nossos rostos pálidos, saudando-nos como companheiros de luta, heróis sionistas que não eram apenas meros políticos de segunda categoria do partido.

Dessa vez, ao mencionar a KGB, Arik quis dizer algo diferente: é hora de deixar sua utopia idealista, a luta entre o bem e o mal. Em Israel, você não é um *refusenik*; você é um líder. Torne-se um político.

Políticos de sucesso – David Ben-Gurion, Ariel Sharon, Benjamin Netanyahu – nunca sentiram que estavam traindo alguém ou alguma coisa, desde que estivessem ampliando sua base e ganhando poder. Eles definiram a missão do político como o uso do poder para construir o país. Para ser bem-sucedido na política, você deve ver o meio-termo em uma situação confusa, mesmo moralmente carregada, como um passo necessário para solidificar sua posição, para ser possível exercer o poder para o bem comum de forma mais eficaz.

Os dissidentes, porém, pensam sua atividade em termos de luta e traição. Uma campanha moral é soma zero. A conciliação é a ferramenta do regime que visa seduzir e dividir. Quando a luta de um dissidente termina em vitória,

---

* Mercado, feira ou bazar.

o desprezo pelos transigentes geralmente continua. Alguns dissidentes, ainda presos em seu mundo em preto e branco, acabam vendo cada oponente como perverso. Meus colegas dissidentes geralmente acabavam odiando a política.

Em minha atividade de dissidente e em meus anos de prisão, tornei-me amigo de várias pessoas que, após o colapso da União Soviética, atuariam nos parlamentos da Rússia, Ucrânia, Lituânia e Armênia. Como eu, muitos foram primeiro para a prisão. Nenhuma delas durou mais de um mandato no parlamento. Todas ficaram infelizes rapidamente – e também tornaram seus colegas infelizes. Tinham sido ativos políticos tão valiosos durante a primeira eleição, representando o recomeço. Mas tudo rapidamente deu errado: todas logo se deram conta de que ser político exige o talento de conciliar, que lhes faltava.

O dissidente mais bem-sucedido que virou político que conheci foi Václav Havel. Sua extraordinária popularidade o tornou presidente da Tchecoslováquia, depois da República Tcheca, ambos cargos honorários. Havel me confessou que jamais poderia ser primeiro-ministro. Ele não tinha apetite por confusão política; as batalhas políticas diárias e os cessar-fogo não eram para ele.

A declaração de Sharon era axiomática para todos os políticos. Essas são as regras do jogo político democrático: seus eleitores lhe concedem o poder. O conselho dele, contudo, apenas me lembrou que eu não era um bom político. Eu não podia separar minha carreira política da minha luta na União Soviética e dos compromissos que felizmente assumi ali. Entrei no Knesset porque muitas pessoas naquela época se sentiam conectadas à nossa causa, ao nosso povo, à nossa pátria.

Sobrevivi no *gulag* graças a esse grande senso de unidade. Como político, eu não poderia fingir que preservar essas conexões não era da minha responsabilidade. Ao responder a algumas demandas específicas dos judeus da diáspora, eu poderia afirmar: "Obrigado por sua contribuição, mas vocês não são cidadãos de Israel". Mas, quando se tratava de nutrir sua conexão fundamental com o lugar e o Estado, eu os representava também. Israel pertence a todos os judeus, onde quer que vivam. Essa foi a missão do estabelecimento de Israel. Essa é a ideia por trás da Lei do Retorno. E eu senti que era minha missão também.

A demissão sempre foi uma opção. Contudo, depois de ganhar a confiança dos eleitores, renunciar e retirar meu partido da coalizão seriam atos graves. Eu só daria esse mergulho se minha consciência não mais permitisse que eu servisse no governo ou se minha renúncia pudesse criar novas realidades políticas. Meu entendimento em 1997 de que a questão da lei de conversão não era algo em preto e branco, me manteve negociando dentro do governo. Ao mesmo tempo, eu me questionava: "Será que um governo diferente teria uma chance melhor de chegar a um acordo?".

A resposta foi não. Derrubar nossa coalizão liderada pelo Likud não causaria impacto nessa questão religião-Estado. Ao contrário, a história do Partido Trabalhista sugeria que eles fariam os mesmos acordos com os ultraortodoxos.

A tradição de David Ben-Gurion continuou. Em 1993, Yitzhak Rabin havia dado aos ultraortodoxos mais poder do que antes. Ele precisava do seu apoio para promover suas negociações com o ditador da Síria, Hafez al-Assad, sobre a possibilidade de devolver o Golá e aprovar os Acordos de Oslo. Os dois principais partidos seculares estavam sempre dispostos a sacrificar o que consideravam preocupações secundárias sobre Estado e religião, no intuito de mobilizar apoio para seu principal interesse. Para o Partido Trabalhista, tratava-se de garantir a segurança de Israel avançando no processo de paz; para o Likud, era obter a paz, resistindo à pressão por concessões unilaterais, ao mesmo tempo que mantinha as terras históricas e bíblicas de Israel.

Diante de tal impasse, pouco pude fazer, exceto confiar em uma clássica manobra parlamentar. Propostas só se tornam leis se forem aprovadas em três leituras no Knesset. Uma ferramenta política padrão para ganhar tempo era concordar em votar num projeto de lei na primeira leitura, cumprindo assim sua obrigação com o acordo de coalizão que você assinou. Mas então você insiste que a lei proposta seja encaminhada a uma comissão especial para ser revista, porque você não votará em subsequentes leituras para aprovar a lei sem uma concessão aceitável.

Por conseguinte, pouco antes de minha viagem à Cidade do México, quando a lei de conversão teve sua primeira leitura no Knesset, meus colegas de partido e eu votamos a favor. Seguindo essa tradição política israelense, deixamos claro que não votaríamos a favor da proposta uma segunda vez, nem permitiríamos que ela fosse aprovada sem as alterações que buscávamos.

Essa estratégia era sofisticada demais para ser compreendida pela maioria dos eleitores israelenses, e principalmente pelos judeus da diáspora. A gritaria pré-votação continuava ainda após a votação. Foi assim que me encontrei na Cidade do México, enfrentando o final e efêmero boicote reformista.

O COMPROMISSO HISTÓRICO DO COMITÊ NE'EMAN

É óbvio que, assim que termina a primeira leitura, começa o tique-taque do relógio para a segunda. Como poderíamos chegar a uma solução conciliatória? Não obstante o rebuliço em torno da lei de conversão, apenas um punhado de nós no governo se importava com a questão o suficiente para tentar encontrar uma solução conciliatória. Além de Yuli e eu, os únicos políticos realmente engajados eram o procurador-geral Elyakim Rubinstein, Michael Eitan do Likud e Alexander Lubotsky da Terceira Via.

Depois que a lei foi aprovada na primeira leitura, o primeiro-ministro formou um comitê de especialistas para buscar um meio-termo. Não seria fácil mediar os dois lados que mal conseguiam sentar-se na mesma sala juntos.

Em 27 de junho de 1997, Bibi solicitou ao seu ministro das Finanças, Ya'akov Ne'eman, que presidisse o comitê. Um dos primeiros superadvogados de Israel, Ne'eman já havia atuado como ministro da Justiça – e, em outro nível, como meu primeiro advogado em Israel. O respeitado Ne'eman tinha a habilidade para encontrar o caminho de ouro maimonidiano de moderação em relação ao acordo.

O comitê realizou 50 reuniões, ouvindo quase 80 testemunhas. Após a maioria das sessões nós, políticos, nos encontraríamos para debater as possibilidades, buscando "uma solução consensual". Mas continuamos a chegar ao mesmo impasse ideológico. A tentativa de resolver esse problema em abstrato somava zero. Ou os ultraortodoxos venceriam, consolidando seu monopólio sobre as práticas religiosas, ou os liberais venceriam, ganhando alguma legitimidade.

O testemunho da minha amiga Irina "Ira" Dashevsky rompeu o bloqueio. Ira e seu pai, o dr. Zeev Dashevsky, lideravam a Machanaim, uma organização fundada em Moscou em 1979, destinada a realizar o *kiruv*, aproximar os judeus soviéticos do judaísmo. Por volta dos anos de 1990, a

Machanaim estava em Israel ajudando os inúmeros imigrantes russos que chegaram sem documentos adequados para provar que eram judeus. A organização também oferecia aulas de conversão para imigrantes russos que não eram judeus segundo a *Halachá*, mas desejavam se converter.

Ignorando as tecnicalidades legais, Dashevsky deu às realidades sociológicas seu toque caracteristicamente humano. Ela perguntou: "O que você faz com tantos imigrantes da União Soviética, aceitos de acordo com a Lei do Retorno, que estudam, lutam e trabalham em Israel, porém são por fim rejeitados pela sociedade, impossibilitados de se casar, impedidos de serem enterrados em um cemitério judaico?". Ela questionava como a criação de tantos cidadãos de segunda categoria iria afetar o futuro de Israel, enfatizando como era injusto, depois que eles haviam decidido se juntar à família judia, depois que o Estado judeu os admitira, que a religião judaica os rejeitasse.

Dashevsky enfatizou outra anomalia que surpreendeu muitos judeus liberais. A maioria dos imigrantes russos que queria se converter desejava uma conversão ortodoxa. Eles não se importavam com a teologia judaica. Entretanto, apenas a ortodoxa poderia propiciar o que esses imigrantes procuravam: uma conversão que toda a sociedade israelense aceitasse.

Ela propôs leituras mais generosas dos documentos dos imigrantes para acolhê-los como judeus. Também sugeriu um processo mais liberalizado de conversão, especialmente para menores, a quem os rabinos poderiam aceitar com maior facilidade.

Não sei se o quadro abrangente do problema feito por Ira foi tão revelador para Ne'eman como ele afirmou. Talvez, como um bom advogado, ele sabia como convencer seus clientes a substituir expectativas irrealistas por outras mais práticas. Entretanto, Ne'eman aproveitou o momento. Ele redefiniu o objetivo do comitê como a resolução do "difícil problema humanitário" de integrar massas de judeus russos não haláchicos. Diante desse desafio histórico, e não querendo ser responsabilizado por abandonar os imigrantes que Israel tanto lutara para libertar, a maioria dos linhas-duras suavizou sua posição.

Em janeiro de 1998, o Comitê Ne'eman recomendou uma abordagem mais aberta, multidenominacional. Propôs a criação de um instituto de estudos judaicos para ajudar os imigrantes a "se integrar totalmente à sociedade israelense-judaica". Aulas para conversão estariam disponíveis e seriam ministradas por professores de todas as correntes, inclusive a reformista e a conservadora.

Reverberando o discurso de Ben-Gurion, o comitê endossou igualmente um "procedimento de conversão governamental unificado – de acordo com a lei da Torá – que seria reconhecido por todo Israel" e "garantiria a unidade do povo judeu". Citando o estudioso judeu Maimônides, o relatório final aconselhou que os rabinos "não fossem rigorosos" com o convertido. Que utilizassem somente "palavras suaves e aceitáveis".

O acordo pretendia acabar com as batalhas no Knesset e na Suprema Corte, pelo menos temporariamente. Cada lado ganhou algumas concessões. As práticas de conversão ortodoxa continuaram a dominar. Porém, as denominações não ortodoxas ganharam legitimidade como parte do processo educacional, e uma lei formal que concederia aos rabinos ortodoxos o monopólio da conversão foi evitada. Os representantes de ambos, o Rabinato Central e as correntes liberais, não ficaram tão entusiasmados, mas se dispuseram a cooperar, à sua maneira. Oitenta membros o endossaram no Knesset.

Quando anunciou a solução conciliatória no Knesset, Ne'eman afirmou generosamente que dois "padrinhos de casamento" estavam acompanhando "esta noiva" – o acordo – ao altar, Michael Eitan do Likud e eu. O acordo sugeriu que havia esperança de conciliação e alguma grande resolução para essas contínuas dores de cabeça. Mas o Rabinato Central continuaria tentando minar o acordo e desrespeitar as correntes liberais, enquanto os judeus reformistas e conservadores continuariam em campanha pela igualdade.

Essa crise de conversão mostrou a profundidade da crescente tensão entre Israel e a diáspora. Os lados não estavam dispostos a ouvir um ao outro, muito menos falar um com o outro. A piada do *Titanic* não funcionava mais: tínhamos parado de discutir vigorosamente um com o outro, o que havia muito tinha sido nossa melhor garantia para sobreviver a futuras catástrofes.

O acordo do Comitê Ne'eman fez com que ganhássemos algum tempo. O grande conflito acabou sendo adiado por 12 anos. Era essencial que, na inevitável crise seguinte, tivéssemos melhorado nossos canais de comunicação. Mas quando a crise retornou, os canais de comunicação ainda eram disfuncionais. A essa altura, eu enfrentaria a questão de uma perspectiva diferente, representando a diáspora enquanto presidia a Agência Judaica para Israel.

UMA MINORIA DE UM HOMEM SOBRE DEMOCRACIA E PAZ NO ORIENTE MÉDIO

Na política, você se sente forçado a ser um especialista instantâneo todos os dias. Servindo como ministro, participando de comitês do governo, votando no Knesset, você tem que tomar decisões governamentais abrangentes acerca de questões muito complexas, para além da sua base de conhecimento. Em geral, você confia em especialistas particulares, funcionários e nos seus próprios instintos. No entanto, tendo de enfrentar tantos aspectos desconhecidos do meu ainda novo lar, muitas vezes eu tinha que pôr as coisas em dia no que tange a questões orçamentárias ou improvisava quando se tratava de assuntos urbanos, educação, cultura ou esporte.

Havia, no entanto, uma área em que senti que eu era um especialista: como lidar com ditaduras. Na União Soviética, toda questão política era reduzida diante da maior questão existencial: como podemos ficar livres das garras da ditadura. Em Israel, toda questão doméstica é preterida diante da mais importante questão internacional: como sobrevivemos em meio a tantas ditaduras hostis e grupos terroristas que buscam nossa destruição, sem controlar as vidas de milhões de palestinos? Independentemente do partido político ao qual você pertence, seja qual for a sua filosofia política, você continua retornando a esse mistério.

Tendo sido um dissidente na União Soviética, eu sabia por que as ditaduras parecem tão fortes por fora e por que são de fato fracas e instáveis por dentro. Eu reconhecia o processo tranquilo, invisível, porém irreversível de transformar o exército de verdadeiros crentes em duplipensadores. Eu entendia o quão desesperadas estão as ditaduras para continuar controlando seus cidadãos. Eu via o quanto precisavam de inimigos externos para justificar seu próprio poder interno. Percebi a facilidade com que os líderes democratas eram enganados pelos desfiles militares obrigatórios da ditadura e pelas demonstrações forçadas de solidariedade do povo, que não se dava conta de que os regimes totalitários são robustos apenas na aparência, enquanto as democracias são surpreendentemente resilientes. Lembrei-me do quanto esses regimes economicamente disfuncionais dependem da cooperação com o mundo livre.

O CONHECIMENTO DOS DISSIDENTES ACERCA DAS DITADURAS É FREQUENTEMENTE IGNORADO

Na União Soviética, nós, dissidentes, passávamos muito tempo debatendo as vulnerabilidades das ditaduras, especulando como miná-las pacificamente. Passávamos ainda mais tempo testando nossas teorias com nossa própria vida. Continuamos a difundir a advertência de Andrei Sakharov: "Nunca confie em um governo mais do que o governo confia em seu próprio povo". Tentamos explicar para os líderes ocidentais por que a ligação fornece alavancagem, o que significa que suscitar questões sobre direitos humanos ao lidar com ditaduras propicia aos líderes ocidentais uma forte posição moral e um domínio inteligente de seus inimigos naturais.

Por fim, as avaliações e previsões dos dissidentes soviéticos sobre o colapso da União Soviética – que especialistas ocidentais com frequência ridicularizavam – praticamente projetaram a história que se desenrolou. Por outro lado, a ilusão do poder soviético cegava a maioria dos sovietólogos ocidentais. Sentindo-nos justificados, nós dissidentes pressupomos que as democracias confiariam em nossas experiências e *expertise* em navegar no mundo pós-Guerra Fria.

É aí que éramos ingênuos. Não posso me queixar por não ter sido ouvido. Todo mundo parecia feliz em continuar aprendendo sobre a queda da União Soviética a partir de fontes internas. Compartilhei minhas opiniões com muitos líderes nacionais, em Israel e em todo o mundo. Dei inúmeras entrevistas sobre esse tópico e escrevi muitos artigos. O livro que escrevi com Ron Dermer, *The Case for Democracy: The Power of Freedom to Overcome Tyranny and Terror* (O argumento em favor da democracia: o poder da liberdade de derrotar a tirania e o terror), tornou-se um *best-seller* em 2005, especialmente após as amáveis palavras do presidente George W. Bush endossando nossa visão.

Entretanto, a maioria dos políticos tratou essas histórias como História, irrelevantes para os novos desafios do mundo. Como Ariel Sharon disse certa vez: "Suas teorias são boas para as masmorras da KGB, não para as areias do Oriente Médio". Em termos menos vívidos, com diferentes sotaques, e usando todos os tipos de razões, a maior parte dos líderes ocidentais reverberou suas palavras.

O FRACASSO MORAL DE OSLO

Sempre reconheci que controlar a vida de milhões de palestinos é muito ruim para Israel. Quanto mais cedo pudermos abandonar essa prática, melhor. Mas Israel não pode cometer suicídio. Lamento todo ato de violência, toda violação de direitos humanos, todo dia em que os palestinos são privados de amplos direitos democráticos e todo dia em que nossos jovens são forçados, como soldados, a nos proteger impondo sua autoridade sobre nossos vizinhos.

Os postos de controle são de partir o coração. Não quero soldados fazendo buscas ou palestinos sendo revistados. Mas tampouco quero fechaduras nas portas, alarmes e a polícia no meu bairro. Nosso trabalho como líderes e como defensores de direitos humanos é lidar com a realidade, por mais feia que seja, enquanto buscamos soluções justas e duradouras.

Desde minhas primeiras semanas em Israel em 1986, eu já afirmava que era meu desejo que os palestinos tivessem todos os direitos que eu tinha, individual e coletivamente, na condição de que não fizessem uso desses direitos para nos destruir. Nós israelenses podemos encontrar segurança de duas maneiras. Nosso exército pode continuar garantindo nossa segurança diante de nossos inimigos. Ou os palestinos, ao desenvolver uma sociedade civil, podem diminuir a ameaça vinda do seu lado. É por isso que acredito que o verdadeiro processo de paz, o verdadeiro caminho para a paz, requer o surgimento de uma sociedade democrática, e é por esse motivo que critiquei os Acordos de Oslo dos anos de 1990, desde que foram anunciados pela primeira vez.

A motivação israelense em Oslo – de conferir a tantos palestinos o máximo possível de controle sobre suas vidas diárias, o mais rápido possível – era admirável. Entretanto, o método que Israel escolheu foi imprudente, míope e estúpido. Impor Yasser Arafat aos palestinos significava instituir um terrorista como ditador. Fornecer a Arafat 20 mil armas ou mais para fortalecê-lo e pagar-lhe dezenas de milhões de dólares mensalmente, a fim de que ele pudesse ser nosso ditador, na esperança de que nos traria a paz, contradizia tudo o que aprendi sobre a natureza das ditaduras.

Meus temores de que Israel estava confiando em um ditador corrupto e impiedoso para que nos propiciasse a segurança de que precisávamos foram confirmados quando Yitzhak Rabin admitiu, logo após a cerimônia de assinatura de 13 de setembro de 1993: "quando os palestinos [...] forem responsáveis por cuidar de seus próprios problemas internos, eles lidarão com eles mesmos sem uma Suprema Corte, sem [a organização israelense de direitos humanos] B'Tselem e sem todos os tipos de liberais de coração partido".

Em resposta às palavras de Rabin, publiquei um artigo no *Jerusalem Report* naquele mês de outubro, rejeitando sua principal ilusão. Chamado de "O Tipo de Vizinhos de que Necessitamos", o artigo alertava sobre o fato de não podermos obter as coisas de ambos os modos. O empoderamento de Arafat como "nosso ditador" para esmagar o Hamas e outros inimigos da paz voltaria a nos assombrar. Fiquei particularmente alarmado com a alegação do ministro das Relações Exteriores Shimon Peres de que o terrorismo "não será o nosso problema [...]. A OLP [Organização de Libertação da Palestina] irá lidar com isso muito melhor do que jamais poderíamos". Isso era tão delirante quanto perigoso.

A "sociedade que emergiria como resultado não terá nada em comum com a imagem cor-de-rosa de uma Suíça no Oriente Médio", insisti. "Arafat, afinal, não é um mercenário que virá e depois irá embora; a sociedade que emergirá dessa luta, 'sem uma Suprema Corte, B'Tselem, e os liberais de coração partido' será baseada inevitavelmente no medo e na autoridade totalitária ilimitada". Como ditador, Arafat precisaria de nós como inimigos e garantiria que a próxima geração de palestinos nos odiaria ainda mais.

Uma visão distinta de como seria a verdadeira paz estava implícita nos meus temores diante do que estava surgindo. "Devemos tentar garantir a construção de instituições democráticas reais na incipiente sociedade palestina, por mais tentadora que uma 'solução' sem tais instituições possa parecer", escrevi.

O movimento de esquerda Paz Agora ficou eufórico em relação a Oslo. A direita estava desanimada. Mas nenhum dos lados aceitou minha lógica. Para os que acreditavam em Oslo, qualquer ligação com a democracia parecia um pretexto, uma tática de retardamento para evitar que fosse selada a paz. Para os negadores de Oslo, fazer concessões ideológicas, políticas ou territoriais substanciais em troca desses princípios abstratos parecia um absurdo.

É por isso que, em cada um dos quatro governos nos quais servi, me senti sozinho quando se tratava de questões palestinas. O conflito não tinha a ver com ideologia política ou com política partidária. A questão do tipo de sociedade com que deveríamos fazer a paz adentra uma dimensão muito além das disputas acerca de cláusulas específicas de qualquer tratado de paz. No entanto, no universo político de Israel, fui rotulado de direitista.

Admito, eu possuía excelentes credenciais para ser qualificado segundo o estereótipo de um típico, inclusive extremo, direitista:

- Critiquei o processo de paz de Oslo tão logo foi anunciado em 1993, protestando que os palestinos foram colocados à misericórdia de um ditador corrupto, Yasser Arafat.

- Renunciei ao governo de Ehud Barak em 2000 em oposição às suas amplas concessões para os ditadores Yasser Arafat e Hafez al-Assad, da Síria, que incluíam sacrificar Jerusalém por uma paz que não viria.
- Renunciei ao governo de Ariel Sharon em 2005 como contestação da retirada unilateral de Gaza, cuja consequência seria o lançamento de mísseis para nossas casas.

Essas posições aparentemente de direita me tornaram impopular entre muitos formadores de opinião israelenses e estadunidenses, incluindo vários dos meus aliados naturais, os liberais que haviam lutado ao meu lado contra o totalitarismo soviético.

Não levei os ataques para o lado pessoal, nem as falsas acusações, os insultos pessoais, ou as ocasionais amizades perdidas. Nem os ataques da mídia: "Traidor da Paz! [...] Obstrucionista [...] intelectual e politicamente desonesto [...] Algo aconteceu no caminho de Anatoly para Natan" – tudo isso apenas em um único artigo do *The New York Times*. Enquanto eu me mantivesse fiel aos meus princípios, era fácil rir da maioria dos ataques. Depois de anos como dissidente, eu me sentia confortável em ser o contestador da democracia, especialmente na questão da paz e da liberdade.

Às vezes, parecia que os ocidentais gostavam de ser enganados por certas palavras mágicas: "igualdade", "justiça social" e especialmente "paz". A União Soviética era particularmente habilidosa em usar com cinismo a paz como uma clava, a fim de intimidar democracias ocidentais a permanecerem em silêncio, apesar da repressão e da agressão comunistas. "Você fala de direitos humanos", diriam os propagandistas soviéticos. "O direito de viver em paz não é o mais elevado dos direitos humanos?". Seus Conselhos de Paz Mundial e outras frentes comunistas contra o supostamente belicoso Ocidente diziam: "Não arranje problemas, não ouse desafiar nosso regime, ou isso ameaçará a paz".

O apelo às negociações de paz cresceu durante a década de 1960, não obstante a agressão soviética. A era da Guerra do Vietná ensinou *baby boomers* a fazer amor, não guerra. Ao cantarem: "Tudo o que estamos dizendo é para dar uma chance à paz", eles consideravam a "paz agora" o valor mais elevado, a ser alcançado o mais rápido possível, quase a qualquer preço.

248

Nós, dissidentes, tentamos expor a manobra soviética, insistindo que o mundo livre não valorizava a paz a qualquer preço, mas uma vida livre sob condições pacíficas. Essa foi a lição da história da Revolução Americana e da Segunda Guerra Mundial. Por outro lado, no Oriente Médio, ditadores e terroristas estavam repetindo a fraude soviética. Pediam a paz a fim de obter concessões que ajudassem os ditadores a travarem guerra contra as democracias.

Mudanças às vezes levam tempo. Eu confio que, no fim, o mundo perceberá que cultivar uma sociedade civil é a condição necessária para uma paz duradoura. Mas foi perturbador ver quão difícil era passar por cima dos insultos e envolver políticos em qualquer discussão sobre minha visão de paz e seus princípios subjacentes.

Em todos os meus artigos criticando Oslo e em minhas duas cartas de demissão, expressei minha fé no liberalismo e nos direitos humanos para árabes e judeus. A maior parte das minhas mais obscuras advertências, que eu esperava desesperadamente que não se concretizariam, provou ser precisa. Eu disse que essas iniciativas prejudicariam a nós e aos palestinos, e vimos uma perda de vidas de ambos os lados e uma perda de direitos do lado deles, graças à tomada de poder de seus próprios líderes. Aquele pesadelo se converteu em sua realidade – e em nossa realidade – em alguns casos no decorrer de poucos anos, em outros em alguns meses, e outros ainda dentro de dias.

Fui treinado no mundo da Física para verificar teorias por experimentação. Se a sua hipótese se mostrou verdadeira, sua teoria foi confirmada, ao menos parcialmente. Você então identificou qual aspecto da realidade sua ideia capturou. Mas se o experimento produziu resultados contraditórios à sua teoria, é hora de encontrar uma nova teoria. Os verdadeiros crentes na paz, acima de tudo, jamais pareciam prontos para aceitar que a teoria era falha desde o início.

Dez anos após o acordo de Oslo, mostrei à minha nova porta-voz, Iris Goldman, meu primeiro artigo de oposição aos acordos. "Foi exatamente isso que aconteceu, e ainda é isso que você está dizendo agora", disse Iris, surpresa. Jornalista de rádio experiente, ela havia se juntado à nossa equipe, apesar de seu ceticismo sobre minha abordagem. Iris agora lamentou as oportunidades perdidas para uma paz democrática real. Na época, estávamos no auge do que os palestinos chamaram de Segunda Intifada. Gritos para matar judeus eram ouvidos diariamente pelos palestinos, enquanto homens-bomba suicidas palestinos explodiam ônibus israelenses e cafés regularmente. Com um olhar travesso, Iris propôs: "Vamos enviá-lo a alguns jornalistas que eram então pró-Oslo e ver suas reações hoje". Ela também providenciou que meu antigo artigo fosse republicado no *Jerusalem Post*.

A maioria dos repórteres a ignorou. No mundo de hoje, em que são rápidas as mudanças, ninguém se importa com o que aconteceu há dez semanas, muito menos com algo escrito há dez anos.

Quando Nahum Barnea, o colunista veterano do popular diário israelense *Yedioth Ahronoth*, veio me entrevistar logo depois, Iris lhe perguntou sobre o artigo. "Ok, ok, entendi", disse Barnea. "Você quer que eu diga que ele tinha razão. Mas a sua visão mantém a ocupação em funcionamento. Prefiro estar errado, mas me oporei a essa terrível ocupação desumana, que comete crimes de guerra."

O que Barnea estava dizendo? O que a resposta dele implicava? Essencialmente, ele afirmava: "Eu me sinto bem por ser contra a 'ocupação', independentemente dos fatos". Essa abordagem utópica de Oslo refletia uma rendição farisaica. Em vez de testar se a pose moral se encaixava nos fatos, ele descartou qualquer evidência que pudesse minar a postura moral.

Barnea estava certo. É bom aplaudir as nobres intenções de Oslo. Mas e suas consequências? Quem se declarou culpado por impor a ditadura corrupta de Arafat aos palestinos, enquanto ele esmagava qualquer início de uma sociedade civil palestina? Quem assumiu a responsabilidade por Israel ter injetado até US$ 30 milhões todos os meses de fundos fiscais palestinos nas contas bancárias pessoais de Arafat, segundo o acordo internacional formal, como seu suborno por ser nosso ditador?

Todo o esquema foi um tiro que saiu pela culatra. Os palestinos odiavam a cleptocracia repressiva de Arafat. Uma maioria sitiada começou a esperar que o Hamas pudesse ser melhor. Então, Arafat não apenas falhou em confrontar o Hamas, e seus abusos fortaleceram-no. A maioria dos palestinos também começou a nos odiar cada vez mais, com maior incitamento e alienação entre israelenses e seus vizinhos pós-Oslo. Tragicamente, mil israelenses e três mil palestinos morreram pós-Oslo.

Relendo o artigo que escrevi quando Oslo foi assinado, percebi que eu tinha pegado leve porque estava prevendo o futuro. Se o tivesse escrito dez anos depois, minha linguagem teria sido mais dura.

Se há um crime real que o governo israelense cometeu contra os palestinos, trata-se dos acordos de Oslo. Esses acordos impuseram a ditadura terrorista de Arafat sobre os palestinos, em vez de cultivar a liderança democrática mais popular que estava brotando nos anos de 1990 – e tudo recebeu o endosso entusiasmado do mundo livre.

O FAZER A PAZ UTÓPICA DE JIMMY CARTER

Vi pela primeira vez esse estilo irrealista de fazer a paz durante meu primeiro encontro com o presidente Jimmy Carter, alguns anos após a minha libertação. Comecei lhe agradecendo por expressar sua opinião tão rapidamente após minha prisão. Ele havia quebrado a tradição presidencial de nunca comentar as alegações soviéticas, confirmando que eu não era um espião americano.

Antes que eu percebesse, Carter começou a me pregar um sermão sobre a importância de fazer a paz no Oriente Médio, por meio da retirada imediata de todos os "territórios ocupados".

Respondi que era difícil confiar nos ditadores que nos cercavam. Lembrei-lhe que ele colocava os direitos humanos no centro da política exterior estadunidense. "Esses ditadores não acreditam em direitos humanos", eu disse.

"Você está certo", admitiu Carter, "o mundo árabe precisa de democracia. Mas não tente ser racional demais. No momento em que você vê pessoas sofrendo, deve se sentir solidário com elas e tentar ajudá-las sem pensar muito sobre as razões".

Para me convencer, Carter mencionou "um dos poucos amigos pessoais próximos" dentre todos os líderes mundiais que conhecera, Hafez al-Assad, da Síria. "É verdade, Assad é um ditador", ele admitiu. "Mas você pode confiar nele. Ele nunca mentiu para mim. Se você assinar um acordo, ele o respeitará."

Carter lembrou-se de ter visitado a Síria como presidente e confrontado Assad sobre violar "uma de suas obrigações referente à segurança". Assad negou. Carter se queixou com seus assessores sobre quão "decepcionado" ficou, "porque Assad nunca havia mentido para mim antes. Mas, a caminho do aeroporto", Carter me disse com grande satisfação: "Assad ligou para se desculpar. Ele me disse que havia verificado a questão que eu suscitara e que ele estava equivocado. Prometeu corrigir o problema. Então, você vê, ele nunca mente. Se ele assinar um acordo com Israel, ele o respeitará".

O que vi foi algo diferente: como o bom ditador que era, Assad provavelmente havia instalado escutas nos aposentos de Carter. Depois de ouvir a raiva do presidente, correu para desfazer os danos. Ele pressupôs que Carter seria facilmente manipulado. E estava certo.

O conselho de Carter, "siga o seu coração, apenas devolva o território" produziu em mim efeitos negativos. Uma postura aparentemente moral que obviamente fortalece o mal só pode ser *sentida* como moral. Não é. Da mesma forma, quando os líderes apelam ao seu coração de tal modo que ele substitui seu cérebro, estão agindo irresponsavelmente. Carter estava dizendo que depois de decidir qual deve ser a postura moral, você não é responsável pelo que acontece. Chamo isso de me esquivar de responsabilidade, o que é uma postura imoral, especialmente para um líder.

Se Israel tivesse confiado em Assad – ou na fé de Carter em Assad – estaríamos agora enfrentando um inimigo sem escrúpulos sobre o uso de armas químicas contra seu próprio povo, pairando sobre o nosso mar da Galileia, nossos cidadãos no Norte, a partir das colinas estratégicas de Golá.

AS TRÊS QUESTÕES BÁSICAS DOS DISSIDENTES

É certo que meu constante e irritante "eu avisei" sobre o fracasso do processo de paz não prova que minha experiência de masmorra da KGB se aplica ao Oriente Médio. Entendo que muitas pessoas são céticas e duvidam que os palestinos precisem desenvolver uma sociedade civil para que a paz do Oriente Médio crie raízes. Ao longo dos anos, as pessoas continuam fazendo três perguntas básicas sobre minha alegação:

- Por que você acha que os palestinos estão interessados na democracia? Quem diz que eles querem um novo tipo de política? Diferentes civilizações e diferentes culturas têm atitudes diferentes em relação aos direitos humanos.

- Mesmo que os palestinos desenvolvam uma sociedade civil, como isso poderia contribuir à segurança dos israelenses?
- Finalmente, de que modo *outsiders*, como Israel e o Ocidente, podem influenciar esse processo? Não se pode impor democracia a partir de fora.

Em *The Case for Democracy*, Ron Dermer e eu distinguimos entre sociedades livres e sociedades do medo. A linha divisória era o teste da praça da cidade: você pode expressar suas opiniões individuais em voz alta, em público, sem medo de ser punido de alguma forma? Se a sua resposta for afirmativa, você vive em uma sociedade livre; caso contrário, você está em uma sociedade do medo. Essa é uma distinção aproximada. Existem diferentes níveis de liberdade e de medo. Em algumas sociedades, você pode ser punido no trabalho. Outras podem prendê-lo. Nas piores ditaduras, você poderia ser fuzilado.

Toda sociedade do medo produz três grupos distintos: crentes verdadeiros, duplipensadores e dissidentes. Os crentes verdadeiros abraçam a ideologia oficial. Os duplipensadores perdem a fé em suas crenças, mas temem as consequências de falar na praça da cidade. Os dissidentes rejeitam a ideologia, superam seus medos e expressam suas opiniões publicamente.

Existe um processo inevitável, invisível, tão natural quanto a entropia: as pessoas vagam constante e caoticamente da crença verdadeira ao duplipensamento, da adesão ao desligamento. As fileiras dos duplipensadores crescem à medida que as restrições do regime irritam, intimidam e alienam. Nos ruidosos e coloridos desfiles que expressam solidariedade ao grande líder, os crentes verdadeiros e os duplipensadores são gêmeos: parecem semelhantes, porém não pensam mais da mesma forma.

A PRIMEIRA PERGUNTA: TODOS QUEREM LIBERTAR-SE DO MEDO?

Ano após ano, os israelenses veem os palestinos comemorando um ataque terrorista após outro. Isso serve de prova dramática de que eles são nossos inimigos e desejam a nossa destruição. Ao mesmo tempo, ano após ano, os israelenses veem longas filas de palestinos passando lentamente pelos postos de controle. Isso serve de prova igualmente dramática de que são vítimas que sofrem sob o fardo da ocupação.

Assim como muitos outros, vejo ambas as realidades. Ademais, vejo em seus rostos e ouço em suas vozes algo mais que vai além de inimigos ou vítimas: medo e duplipensamento.

Durante meu envolvimento com o Grupo Helsinque de Moscou, conheci todo tipo de pessoas lutando por distintas causas nacionais e religiosas. Contudo, apesar de todas as suas diferentes agendas, elas compartilhavam uma coisa em comum. A primeira barreira que enfrentavam era vencer o medo e libertar-se dos grilhões do duplipensamento.

Creio que todos, inclusive os palestinos, querem viver sem esse medo. Se há uma lei da natureza humana que aprendi ao longo dos anos, é a seguinte: o fenômeno do duplipensar é universal, e o medo que impede que um duplipensador passe para a dissidência, e o desejo de estar livre desse medo é transcultural. Ninguém quer viver com a doentia sensação no estômago do duplipensador dia após dia, o medo de ser exposto como alguém que não é mais um crente verdadeiro. Essas conclusões não são derivadas unicamente da minha experiência e das experiências de meus amigos dissidentes por trás da Cortina de Ferro. Dezenas de dissidentes que conheci, de todas as partes do mundo, passaram por processos semelhantes. Quase todos os testemunhos que já li sobre a vida sob uma ditadura descrevem como lidar com o medo e com o duplipensamento, ponderando se se deve ou não ser um dissidente.

Tire qualquer um desses livros da estante. Poderia ser Nien Cheng descrevendo a Revolução Cultural Comunista Chinesa da década de 1960 em *Vida e morte em Xangai*. Poderia ser Jacobo Timerman descrevendo a ditadura militar argentina dos anos 1970 em *Prisioneiro sem nome, cela sem número*. Poderia ser Azar Nafisi descrevendo a situação atual na "mulacracia" iraniana em *Reading Lolita in Tehran* (Lendo Lolita em Teerã).

Os líderes da Primavera Árabe também falaram sobre o medo com que precisaram conviver e do qual estavam fartos. Em *Voices of the Arab Spring: Personal Stories from the Arab Revolution* (Vozes da primavera árabe: histórias pessoais da revolução árabe, editado por Asaad Alsaleh), Aisha A. Nasef, um hematologista de 45 anos de Bengazi, escreve: "É uma sensação indescritível sentir-se livre do medo, ser capaz de se expressar abertamente contra Gaddafi e seu regime, em plena luz do dia e na frente de todos!". Abduljalil Yousef, um professor de 28 anos de Sanaa, escreve: "Agora a vida não é mais o que costumava ser – não há medo, nem desespero, nem submissão ou rendição. Parece que o povo do Iêmen de repente ressuscitou e viu a verdade".

Talvez de forma mais comovente, Adel Abdel Ghafar, um homem de 32 anos, ativista do Cairo, explica que "as revoluções não são tramadas em salas enfumaçadas ou por ativistas armados com contas no Twitter e no Facebook; as revoluções são feitas por pessoas comuns que não têm mais medo". Ao recordar um confronto com a tropa de choque da polícia, que então fugiu dos manifestantes, ele escreve: "Todos sabíamos que algo profundo acabara de ocorrer. Havia uma consciência coletiva elevada entre nós. Uma realização. Uma epifania. Simplesmente de que não teríamos mais medo [...]. Naquele momento, o regime de Mubarak havia perdido sua arma mais significativa: o medo. Dezoito dias depois, o tirano renunciou". Esse foi o exato "momento em que a barreira do medo se rompeu".

É estranho. A descrição, minuto a minuto, de Abdel Ghafar de como a reunião de duplipensadores egípcios na praça Tahrir se transformou em uma revolução reverbera muitas descrições e vídeos de eventos semelhantes no Leste da Alemanha, Hungria, Romênia, União Soviética. O tsunami da liberdade atingiu Hong Kong em 2019. "As pessoas são feridas por balas de borracha, gás lacrimogêneo, spray de pimenta. Acontece muito", disse Chan, um estudante de 21 anos, ao *Vox*. "Mas eu diria que as pessoas estão ficando cada vez mais corajosas". A ousadia dos manifestantes estava deixando Chan e outros organizadores "mais preocupados com a situação, porque eles não estão mais com medo [...]. As pessoas fazem coisas que estão realmente mudando toda a situação, porque elas não têm medo".

A onda de destemor começa com poucos indivíduos, depois se espalha para dezenas, e então milhares de pessoas cruzam a linha do duplipensamento para a dissidência. Uma vez que é seguida por outra e por outra, em cascata, se converte em uma revolução. Ao mesmo tempo, ocorre uma grande transferência de pavor. À medida que os cidadãos ficam mais ousados e perdem o medo, policiais e agentes de segurança tornam-se tímidos e o herdam.

255

A acumulação de várias memórias, fotografias e depoimentos de testemunhas oculares de diferentes países e culturas revela algo profundamente humano. Todas as diferenças de mentalidade, tradições e estruturas sociais não podem interromper esse processo universal. Se Leon Tolstói, em *Ana Karenina*, disse: "Todas as famílias felizes são iguais; cada família infeliz é infeliz a seu próprio modo", podemos inverter isso em nome da liberdade: "as ditaduras opressivas parecem todas diferentes, mas cada uma morre da mesma maneira".

É verdade que a Primavera Árabe não trouxe a democracia – ainda. Revoluções democráticas, seja no Oriente Médio ou na Europa Oriental ou em qualquer lugar, ainda que seguidas de eleições, não garantem a democracia. Se não há eleições livres em uma sociedade livre, não há democracia. E a construção de uma sociedade livre geralmente leva tempo. Mesmo a mãe das revoluções europeias liberais modernas, a Revolução Francesa, foi seguida por décadas de ditadura e derramamento de sangue até que uma França livre e estável emergisse.

A Primavera Árabe provou que as ditaduras do Oriente Médio são tão impopulares para seu povo como as ditaduras da América Latina e do Leste Europeu. A história se repetiu no final de 2010. As rebeliões em todo o mundo árabe provaram essencialmente o que deveria ter sido aprendido com o colapso do comunismo: confie nos dissidentes democráticos, não nos ocidentais que pedem comedimento. Vozes corajosas no Egito e na Síria – que deveriam ter sido ouvidas com mais atenção – declararam como condenados seus respectivos regimes, mesmo quando os líderes ocidentais continuaram a descrever ditadores como Hosni Mubarak e Bashar al-Assad como parceiros estáveis e confiáveis para fazer a paz.

Os palestinos que vivem sob a Autoridade Palestina (AP) também odiavam seu regime opressivo. Quando servi no Gabinete de Ehud Barak, Shimon Peres me pediu para deixar de chamar Yasser Arafat de ditador corrupto.

"E ele não é?", perguntei.

"Claro que é", respondeu Peres. "Mas ele é o líder dos palestinos. Quando você tenta negociar a paz, não faz sentido insultar a outra parte. E você os está insultando porque eles amam seu líder."

"Eles não amam Arafat mais do que os russos gostavam de Stalin no auge dos expurgos", respondi. Nossa conversa terminou abruptamente.

256

Líderes democráticos na Europa e nos Estados Unidos falam constantemente sobre como ditadores impiedosos são amados por seu povo. Todos nós ouvimos que Saddam Hussein do Iraque, Hosni Mubarak do Egito e Hafez e Bashar al-Assad da Síria eram amados por seu povo. Mais recentemente, o presidente Donald Trump declarou que o brutal Kim Jong Un da Coreia do Norte "ama muito seu país" e que os norte-coreanos também o amam, apoiando-o com "grande fervor". Quando líderes democráticos tentam fazer paz com ditaduras, procuram se sentir menos culpados convencendo a si mesmos de que pelo menos o povo ama seu ditador.

A SEGUNDA PERGUNTA:
POR QUE IMPORTA QUEM SÃO NOSSOS VIZINHOS?

Mesmo que cenas emocionantes da Praça Tahrir ou de Hong Kong inspirem céticos, em seguida eles dizem: "OK, ótimo. Essas pessoas merecem viver em liberdade. Mas como isso aumenta nossa segurança e estabilidade? Vocês realmente acreditam que estamos em melhor situação com regimes mais livres que nos odeiam do que com ditadores que podem nos amar?".

Os dissidentes geralmente constituem uma pequena minoria. Porém, as autoridades entendem que, se as condições mudarem, e tornar-se fácil para as massas passarem do duplipensamento para a dissidência, segue-se a revolução. É por isso que as ditaduras são obcecadas em alimentar constantemente uma atmosfera de repressão. Os autocratas devem continuar intimidando os duplipensadores que não podem ver, mas sabem que estão lá, para impedi-los de se tornarem dissidentes.

Os regimes totalitários têm duas armas principais para reprimir seus súditos e manter seu controle sobre o poder. Um aparato de segurança, lançado contra o povo, persegue o pensamento independente. E um inimigo bem escolhido, real ou imaginário, mantém o país permanentemente mobilizado.

As armas duplas de repressão e agressão do ditador são como as duas lâminas da tesoura: afiando uma à outra e cortando qualquer um no caminho. Como todos os valentões, os ditadores são agressivos por causa de sua fraqueza interior. Mas é isso que torna tão difícil para os duplipensadores atravessarem a linha para a dissidência. Quando sua sociedade está em alerta vermelho contra os inimigos, a dissensão não apenas põe em risco a vida que você conhece, mas também o força a desafiar uma opinião pública exaltada. Você corre o risco de ser chamado de traidor da nação, não só do regime.

A partir da Revolução de Outubro, a União Soviética tentou transformar todos os seus povos em completamente dependentes do regime. Ao confiscar toda propriedade, tornando-se a única fonte de renda das pessoas e liquidando a independência de todas as organizações e instituições, de fábricas a sindicatos, os soviéticos reduziram quase todos economicamente a servos. Ao esmagar qualquer independência política e eliminar a oposição, reduziram politicamente todos a simples peões.

A sociedade soviética estava permanentemente mobilizada para uma guerra de classes ideológica infinita, uma revolução comunista global. Interesses cambiantes e cálculos de forças determinariam se haveria ou não um conflito militar amplo. Entretanto, em um mundo de alerta vermelho, qualquer um poderia a qualquer hora fazer com que isso acontecesse.

A partir do momento em que os israelenses e o Ocidente colocaram Arafat como o líder da Autoridade Palestina, ele usou todas as ferramentas em seu poder para controlar seu povo. Ele não podia fechar hermeticamente as fronteiras palestinas, como haviam feito os soviéticos, mas fez o possível. Declarou guerra à sociedade civil palestina que começara a se desenvolver antes de sua chegada. Fechou ou perseguiu quaisquer jornais independentes, transformando a mídia palestina em sua porta-voz e uma fonte constante de incitação contra Israel. Oprimiu qualquer empresário que tentasse operar fora de sua órbita. Ao invés de melhorar as condições de vida, manteve muitos palestinos vivendo na miséria em campos de refugiados, alimentando seu ressentimento contra Israel.

Arafat centralizou o controle sobre a vida dos palestinos, econômica, cultural e politicamente. Manteve seu povo mobilizado para a guerra, assim como os soviéticos. E também mentiu, como os soviéticos. Ao se dirigir em inglês a Bill Clinton e ao restante do Ocidente, seu discurso era a paz. Mas, ao se dirigir em árabe para seu povo, falou sobre a guerra total contra o inimigo sionista.

Arafat criou um sistema educacional que ensinava crianças de 3 anos a matar judeus, um sistema econômico corrupto que dava tratamento privilegiado a falcatruas estimulando os comparsas da AP e uma máquina de inteligência militar com um duplo propósito: reprimir o povo palestino enquanto atacava Israel sempre que conveniente.

Como ministro da Indústria e do Comércio, embora não fizesse parte do meu trabalho, achei que fosse minha obrigação fazer o possível para fomentar mais empregos para os palestinos. Mas a maioria das minhas propostas sobre empreendimentos conjuntos, que poderiam criar mais oportunidades para os empresários palestinos e mais empregos para os trabalhadores, foi rejeitada. Os líderes palestinos bloqueavam qualquer coisa que pudesse tornar seu povo menos dependente da AP.

A Autoridade Palestina queria que tudo fluísse pelas mãos dos representantes de Arafat, que insistiam em ser os únicos a distribuir os empregos. Como bons extorsionários, exigiam propina de todos os trabalhadores palestinos. Não se tratava de entregar mercadorias aos consumidores ou de fornecer empregos de qualidade aos trabalhadores. Tratava-se de tornar os empregos subordinados às autoridades, que distribuíam os benefícios para quem desejassem favorecer.

O ministro do Planejamento da AP, Nabil Shaath, era meu parceiro palestino nas negociações. Ele não parecia interessado em nenhuma iniciativa que eu defendia. Só despertei seu interesse quando propus alguns empreendimentos de software. Logo descobri que sua família monopolizava os negócios palestinos relacionados a software.

Um grande projeto que herdei do governo anterior era o de construir uma zona industrial conjunta na fronteira de Gaza, o que se tornou o *Karni Industrial Zone*. Nós, israelenses, planejávamos criar 20 mil empregos para os palestinos. Todos os empresários concordaram que sua localização deveria ser em território israelense, perto de Nahal Oz, para garantir a segurança dos investidores e gestores. Israel forneceria a terra e a segurança, e os palestinos forneceriam a administração e os trabalhadores.

Os palestinos insistiram que a construção fosse realizada no seu lado da fronteira de Gaza. Cedemos e investimos muito dinheiro e *expertise* para desenvolver uma zona industrial de primeira classe. Líderes empresariais israelenses estavam particularmente entusiasmados, esperando ganhar dinheiro enquanto faziam a paz. Mas a AP não estava interessada em negócios independentes prósperos que gerassem empregos bem pagos para os palestinos. Arafat procurou controlar as fábricas e os salários dos trabalhadores para manter seu povo dependente dele e de seus capangas.

Quando as tensões eclodiram em 2000 e o terrorismo palestino recomeçou, nossos temores se transformaram em realidade. Karni se converteu em um alvo terrorista fácil. Os negócios ficaram paralisados. Cinco anos mais tarde, pouco depois de Israel se retirar de Gaza, multidões palestinas incendiaram as fábricas. Milhões de dólares de investidores israelenses e ocidentais, do Banco Mundial e de outras instituições, viraram fumaça, provando que a AP preferia lutar contra o inimigo sionista do que melhorar a qualidade de vida dos palestinos.

Obviamente, líderes eleitos democraticamente não podem se comportar dessa maneira. É verdade que os líderes em uma democracia e em uma ditadura compartilham o mesmo objetivo, ou seja, se manter no poder. A diferença está em como o fazem. Em uma sociedade civil desenvolvida, com eleições democráticas livres, os líderes dependem das boas graças do povo. A fim de permanecer no poder, eles devem cumprir o prometido. É por essa razão que a paz e a prosperidade não são meros *slogans* nas democracias, mas a chave para a sobrevivência política dos líderes eleitos. Os ditadores não dependem de seu povo; eles tornam seu povo dependente deles. A paz reduz a pressão que podem usar para manter os cidadãos na linha, enquanto a prosperidade tem que vir do Grande Irmão, não conquistada de forma independente pelos cidadãos. É por isso que não podemos depender de líderes que não dependem de seu povo.

Isso significa que as democracias nunca podem trabalhar com ditadores? É claro que não. As democracias reconheceram ditaduras, cooperaram com ditadores e até fizeram pactos militares com eles. Winston Churchill e Franklin Roosevelt aliaram-se a Josef Stalin durante a Segunda Guerra Mundial. Churchill e FDR entenderam isso como uma aliança tática contra a maior ameaça nazista, sem ilusões de amizade verdadeira. Previsivelmente, assim como Stalin passou do desprezo pelos Estados Unidos e pela Inglaterra à sua aceitação como aliados em 1941, quando a Alemanha nazista entrou em colapso em 1945, o aliado se converteu em inimigo da noite para o dia.

Atualmente, Israel coordena esforços de contraterrorismo com o Egito. Mas o arranjo é tático e deve ser acompanhado por um rótulo de advertência, como os cigarros. Precisamos uns dos outros para combater o islamismo jihadista no Sinai e o Hamas em Gaza. Mas Abdel Fattah el-Sisi é um ditador cruel que aprisiona dissidentes e governa pelo medo, como todos os totalitaristas. Inevitavelmente, ele também será cada vez mais odiado por seu próprio povo.

Israel deve estar preparado. É verdade que nosso acordo de paz com o Egito sobreviveu a Anwar Sadat e Hosni Mubarak. Mas, um dia, Sisi pode mudar abruptamente e fazer de nós o inimigo. Será particularmente fácil porque o Egito manteve sua posição de décadas como um dos principais centros mundiais de ódio aos judeus. Ou o povo egípcio pode derrubar Sisi, assim como depôs Mubarak. Se esse dia chegar, não queremos ser os defensores de Sisi contra a ira do povo egípcio.

Qualquer acordo com os palestinos implica riscos muito maiores porque estamos muito mais próximos geograficamente. Quanto mais interdependentes dois países forem, mais a dinâmica interna de cada nação afeta a outra. A necessidade do ditador de se mobilizar contra um inimigo explica por que, quando uma sociedade tomada pelo medo mora ao lado, é preciso ter cuidado!

A TERCEIRA PERGUNTA: O MUNDO LIVRE TEM UM PAPEL NA PROMOÇÃO DA DEMOCRACIA?

"Tudo bem", meus interlocutores continuam argumentando. "Digamos que eu concorde que os palestinos buscam a estabilidade da sociedade civil. E concordo que tal progresso poderia melhorar nossa segurança. Resta um problema. Eles não querem que Israel ou o Ocidente interfiram em seus assuntos internos. Como *outsiders* podem afetar a governança interna de um país?".

As democracias desfrutam de mais influência sobre as ditaduras do que pensam, porque as ditaduras sempre precisam ser sustentadas de fora. É verdade que os ditadores necessitam de inimigos externos para justificar sua tirania. Mas, como verdadeiros parasitas, conforme vão se decompondo, precisam se alimentar da prosperidade alheia, o que geralmente significa confiar em democracias funcionais.

Três doenças sobrepostas exaurem esses regimes:

- Quando você reduz seus trabalhadores a servos, sua economia perde a criatividade e depois a sua produtividade.
- Quando você trata seus cidadãos como peões, você gasta cada vez mais dinheiro para controlar o crescente número de duplipensadores.
- Quando você mantém sua sociedade em pé de guerra constante contra inimigos externos, sua agenda militar supera tudo o mais.

À medida que essas doenças se espalham, os instintos de sobrevivência dos ditadores se voltam para o exterior. De repente, o mesmo país que é útil como inimigo também é necessário como parceiro comercial. Isso constitui um ponto de pressão que pode ser explorado por líderes democráticos inteligentes, a fim de limitar a repressão e encorajar a sociedade civil em países não democráticos

A União Soviética era um imenso império com recursos aparentemente ilimitados. Tinha petróleo, carvão, o melhor solo do mundo para a plantação de trigo, um mercado enorme e mão de obra barata. Parecia intimidador de longe, com um enorme Exército Vermelho, mísseis balísticos, a KGB, aqueles impressionantes desfiles de vitória e uma ideologia comunista agressiva que parecia mobilizar a todos. De dentro, sabíamos que era improdutiva, corrupta e oscilante. Sabíamos o quanto ela despendia no controle do seu povo.

No final da década de 1950, os líderes soviéticos foram pegos em flagrante. Eles queriam continuar lutando ideologicamente com o mundo imperialista enquanto cooperavam economicamente com seus capitalistas. Começaram a se posicionar, alegando que comércio e boas relações eram fundamentais para a nova luta pela paz mundial. Contudo, enquanto falavam de paz, os soviéticos enviaram mísseis para Cuba, tanques para Budapeste e Praga e soldados para Angola e Afeganistão.

Por meio da política de articulação na década de 1970, alguns visionários ocidentais expuseram essa hipocrisia, condicionando toda cooperação com a União Soviética. A emenda Jackson-Vanik e os Acordos de Helsinque provaram que as democracias possuem ferramentas contra o totalitarismo que podem funcionar. A União Soviética teve que modificar sua retórica de apoio à revolução mundial para um apoio à coexistência pacífica. Então, teve que encontrar oportunidades para exibir sua nova abordagem mais humana.

Praticamente, viu-se obrigada a dar aos cidadãos mais liberdade enquanto se conduzia com menos brutalidade no cenário mundial. Em espiral descendente, cada reforma refletia a crescente fraqueza do regime, até que entrou em colapso.

Logicamente, o mundo livre deveria ter tido muito mais facilidade em impor condições à Autoridade Palestina. Ao aceitar que os líderes da Organização de Libertação da Palestina formariam a AP, Israel concedeu à AP legitimidade, reconhecimento internacional, poder e um montão de dinheiro. Os Estados Unidos armaram e treinaram as forças de segurança de Arafat. No entanto, o Ocidente nunca usou os pontos de pressão que criou. Para começar, o mundo livre poderia ter reconhecido o grupo guerrilheiro de Arafat, a OLP, como o representante oficial dos palestinos somente depois que ela reconhecesse o direito de Israel existir como um Estado judeu em paz. Por que a OLP não teve que eliminar seu chamado para destruir Israel em seu Estatuto e mudar sua retórica, mesmo quando Arafat discursava em árabe? Por que toda a ajuda internacional não foi encaminhada diretamente a iniciativas que melhorariam as condições de vida dos palestinos e estimulariam uma sociedade civil, em vez de encher os bolsos de seus líderes? Por que o sistema educacional que os ocidentais ajudaram a desenvolver não educava para a democracia, e sim para o terrorismo?

Não é só frustrante – é absolutamente criminoso – o fato de que o mundo livre tinha toda essa influência e jamais fez uso dela. Ao contrário, a partir do momento em que Israel e o mundo livre aceitaram a liderança de Arafat, ele se tornou intocável, porque os cortesãos da ortodoxia da opinião pública decidiram que a alternativa seria pior.

E é por isso que os líderes ocidentais se mantiveram em silêncio enquanto Arafat falava de paz para o Ocidente, mas de *jihad* contra os sionistas para o Oriente. Em 10 de maio de 1994, poucos meses depois de assinar os Acordos de Oslo, Arafat, falando em uma mesquita em Joanesburgo, admitiu que a guerra santa "continuará". Não é "o Estado permanente de Israel! Não! É o Estado permanente da Palestina", ele zombou. "Você tem que vir e lutar e começar o *jihad* para libertar Jerusalém."

Quase dois anos depois, em 30 de janeiro de 1996, Arafat se reuniu secretamente com diplomatas árabes no Grand Hotel em Estocolmo. Com a ajuda da Autoridade Palestina de Arafat, o Hamas lançou uma série de bombas suicidas. "Nós, palestinos, assumiremos o controle de tudo, inclusive de toda Jerusalém", prometeu Arafat aos diplomatas. E acrescentou: "Nós da OLP iremos agora concentrar todos os nossos esforços em dividir Israel psicologicamente em dois campos", com o objetivo claro de "eliminar o Estado de Israel e estabelecer um Estado puramente palestino".

CLINTON EM WYE

Um exemplo típico que ilustra como o Ocidente mimou Arafat, protegendo-o de uma pressão construtiva, ocorreu em outubro de 1998. Fiz parte da equipe israelense nas negociações entre israelenses e a Autoridade Palestina mediadas pelos Estados Unidos, em Wye River. No sábado antes do início das negociações, eu estava reunido com o primeiro-ministro Benjamin Netanyahu quando o presidente Bill Clinton veio nos visitar. Bibi me convidou para explicar a Clinton minha visão de democracia.

Clinton, nascido em Arkansas, é um verdadeiro sedutor sulista. Ele foca em você, olha nos seus olhos, sorri, acena, menciona seu nome, cita parte do que você disse palavra por palavra. Ele faz com que você sinta que o que você tem a dizer é a coisa mais importante do mundo para ele. Mas, embora ele possa ser o maior ouvinte do mundo, ele não necessariamente presta atenção no que você diz. Ele é o grande apaziguador. Ele faz com que você sinta que foi ouvido, e então continua a fazer o que planejava.

Naquela tarde descontraída do sábado, tive tempo para explicar minha teoria ao presidente sobre como funciona a ditadura e como o mundo livre poderia influenciar os palestinos a construírem uma sociedade civil como pré-condição essencial à paz. Enfatizei quão importante era parar o discurso ambíguo de Arafat, dizendo que ele deveria proclamar claramente ao seu povo em árabe que a AP estava mudando seu Estatuto e reconhecendo Israel. Era trágico que, cinco anos depois de Israel ter reconhecido Arafat e a OLP ao assinar os Acordos de Oslo, Arafat e a OLP ainda não haviam reconhecido o direito básico de existência de Israel. O que deveria ter sido o primeiro passo palestino no processo de paz ainda estava sendo tratado como uma espécie de exigência israelense maximalista.

Depois de conversarmos por uma hora, o presidente Clinton concordou em pressionar Arafat a dar esse primeiro passo. Encorajada pela promessa

Um momento mais tranquilo durante as tensas negociações em Wye Plantation, na Maryland rural, em outubro de 1998.

do presidente dos EUA, a delegação israelense listou essa exigência em primeiro lugar nas negociações. Clinton pressionou Arafat, que concordou em mudar o Estatuto e reconhecer Israel diante do seu próprio povo se Clinton fizesse uma visita formal a Gaza. Ao sair da sala de negociações, passei pelo assistente do presidente para assuntos de segurança nacional, Sandy Berger. Eu disse a ele: "Veja, Arafat concordou em mudar o Estatuto. Agora, você tem que garantir que isso aconteça".

Em vez de me parabenizar, Berger ficou furioso. Virando abruptamente, ele me perseguiu pelo corredor, acusando freneticamente a nós, israelenses, de termos "colocado uma arma na cabeça de Arafat". Berger jurou que convenceria Arafat a não ir em frente, porque isso o enfraqueceria perante seu rival terrorista islâmico radical, o Hamas. Então, Berger saiu correndo para convencer Clinton que os Estados Unidos precisavam proteger Arafat.

O resultado foi um fiasco. Arafat finalmente conseguiu sua visita presidencial. Seis semanas após as frustrantes negociações de Wye, em dezembro de 1998, Clinton visitou oficialmente Gaza. Com cinco anos de atraso, o Conselho Nacional Palestino votou para eliminar as cláusulas em seu Estatuto prometendo destruir Israel – mais ou menos isso. No que o *Chicago Tribune* chamou de "obra-prima de ofuscação construtiva", Arafat falou ao Conselho Nacional Palestino sobre a mudança do Estatuto. Quando seu discurso de 45 minutos terminou, enquanto aplausos irromperam e muitos se distraíram, mãos foram erguidas para parecer que os delegados estavam aprovando a mudança. Na confusão, Arafat encontrou uma maneira de negar a ocorrência de qualquer coisa significativa, enquanto dava aos americanos algo para comemorar. Porém nós, no governo israelense, não fomos enganados. As declarações públicas de Arafat foram insultuosamente vagas. Seu discurso, que tinha a clara intenção de enganar, continuou o mesmo.

A histeria de Sandy Berger confirmou meus temores de que o mundo livre não pressionaria Arafat para manter quaisquer outros compromissos. O argumento de Arafat – "Se sou obrigado a cumprir as obrigações, isso irá me enfraquecer e serei derrotado pelo Hamas" – sempre bloqueava os americanos.

Anos depois, Berger confessou publicamente: "Eu estava errado!". O mesmo aconteceu com outros funcionários do governo Clinton. "Precisava haver reconhecimento mútuo; isso não estava no Oslo original", admitiu Berger. "Deveria haver uma renúncia ao terrorismo por parte de Arafat; isso não estava no original".

Criticando a estratégia dos americanos, Berger relembrou uma história oral: "Eu sempre disse que, infelizmente, os palestinos não tinham um Nelson Mandela no momento da história em que precisavam de alguém que pudesse deixar de ser um revolucionário e líder de um movimento para ser um estadista e o líder de um país. Arafat simplesmente não era capaz de fazer isso".

Como muitos outros no mundo livre, Berger continuou a acreditar que tudo de que necessitávamos era da personalidade certa no lugar certo: Mandela em contraposição a Arafat. É mais fácil reduzir questões políticas complexas a personalidades do que implementar a estratégia certa em vez da errada.

CONFIE EM UM DISSIDENTE PALESTINO

Entendo que nenhuma teoria unificadora pode navegar por todas as complexidades da vida. O processo de paz não é um exercício de Física ou de lógica matemática. Entretanto, permaneço frustrado. Poucos políticos se dispuseram a debater essas ideias, muito menos tentar implementá-las. Eles não podiam contornar a grande e espessa parede de resistência, construída pelo pensamento coletivo de quase todos os especialistas em segurança, inteligência e diplomacia. Essa parede ainda está de pé.

Ninguém deve confiar em *outsiders*, como eu ou qualquer israelense, para que digam o que os palestinos pensam ou querem. No entanto, ninguém tampouco deve ouvir os ditadores palestinos. Aqueles de nós comprometidos com a paz e a democracia devem ouvir os nossos verdadeiros aliados, aqueles *insiders-outsiders*, os dissidentes, os corajosos palestinos que fugiram do duplipensamento sem fugir de sua pátria.

Bassem Eid, ativista de direitos humanos e meu amigo nos últimos 20 anos, é um modelo de dissidente palestino. Bassem é caloroso, irônico e corajoso. Ele desafiou os serviços de segurança palestinos e a sabedoria convencional do Ocidente ao criticar Arafat quando este estava vivo. Hoje, critica Mahmoud Abbas, também conhecido como Abu Mazen, publicamente em casa.

Em 1995, logo depois que americanos e israelenses aceitaram Yasser Arafat como líder palestino, Bassem começou a contar a verdade inconveniente. Na época um pesquisador sênior do B'Tselem, grupo israelense de monitoramento dos direitos humanos, Bassem já podia detalhar as "punições extrajudiciais da AP, o sequestro de moradores, as prisões ilegais, a detenção prolongada sem qualquer escrutínio judicial, a recusa em permitir representação legal, a recusa em permitir visitas familiares regulares e o uso de técnicas de tortura, como espancamentos, amarras dolorosas, ameaças, humilhação, privação de sono e suspensão de tratamento médico".

Bassem percebeu um padrão interessante. Quando catalogou as violações de direitos humanos de Israel para o B'Tselem, ele era popular: organizações internacionais aceitavam cada relatório. Mas, quando começou a monitorar as violações dos direitos humanos por parte da Autoridade Palestina, muitos amigos estrangeiros o abandonaram.

Bassem pecou ao abalar a autoridade dos líderes palestinos que, segundo decisão dos especialistas, fariam a paz com Israel. Seu testemunho mostrou que a AP exercia o controle pelo medo. Sem minimizar os complexos e dolorosos confrontos entre o exército israelense e os palestinos, ele violou a narrativa usual de outra maneira. No mundo que Oslo criou – e especialmente após a retirada de Israel de Gaza em 2005 –, 90% dos palestinos vivem sob controle diário palestino. Isso limitou as interações dos soldados israelenses com os palestinos, o que significa que o regime que oprime os palestinos mais diretamente havia sido a AP, e mais tarde a ditadura do Hamas, que surgiu em Gaza.

Seguindo os Acordos de Oslo, as FDI se retiraram da maioria das cidades palestinas. Essa ação permitiu que os palestinos fossem tão autônomos quanto possível. A ascensão do terrorismo palestino no início dos anos de 2000 forçou Israel a reimpor algumas restrições, principalmente postos de controle de cidade a cidade e ocasionais ataques dentro das cidades. Mas são os próprios líderes palestinos que tentaram controlar a mente e a alma palestinas. Palestinos que vivem sob o regime militar total de Israel têm a liberdade de criticar Israel duramente, inclusive de acolher, com festejos, terroristas que assassinam crianças judias. É nas praças públicas palestinas que os palestinos devem duplipensar e apoiar um regime que detestam, mesmo que seja considerado seu.

Em 2003, depois de quase três anos vendo Arafat estimular os palestinos a se tornarem homens-bomba, Bassem ficou ainda mais angustiado. "Em vez de falar de paz e de vida, em vez de apoiar a coexistência, em vez de apaziguar a consciência dos seres humanos, Arafat está pedindo a morte", lamentou Bassem. "Parece que os cerca de 2.500 palestinos e mais de 700 israelenses mortos durante esta intifada não são suficientes para cumprir os interesses políticos de Arafat."

É extraordinário. As palavras de Bassem são paralelas às de tantos outros dissidentes sobre a necessidade do ditador de liderar pelo medo e de escorar o regime visando o inimigo ideal.

Bassem e eu nos tornamos próximos ao longo dos anos, participando de várias conferências e escrevendo juntos alguns artigos. Ocasionalmente, tenho também tentado ajudá-lo a garantir financiamento para algumas de suas iniciativas de construção da democracia. Quando ele iniciou um modesto projeto de ensino de democracia em algumas escolas palestinas, os governos da União Europeia estavam investindo em programas de construção da sociedade civil palestina. Um representante do governo italiano me disse o quanto respeitava os dissidentes pelo papel que desempenham como reformadores. Propus que seu governo financiasse o projeto de Bassem.

268

"É uma ideia muito boa", respondeu o diplomata. "Mas qual é a relação do sr. Eid com Abu Mazen?".

"Não sei exatamente", respondi, sabendo que Bassem estava prestes a perder o financiamento. "Mas não consigo imaginar que o relacionamento seja muito cordial. Eid é um dissidente que critica a ditadura da AP."

"Bem, então", disse ele, "isso será um problema. A UE decidiu apenas apoiar os projetos que Abu Mazen apoia, para não o enfraquecer."

Pedir permissão a Abu Mazen antes de financiar projetos que visam à democracia, como os de Eid, seria equivalente à recusa do Ocidente a cooperar com Andrei Sakharov sem a aprovação de Leonid Brejnev.

Mais recentemente, Bassem voltou sua atenção para o governo brutal que o Hamas impõe em Gaza. "As pessoas que morreram em Gaza foram sacrificadas por sua própria liderança: o Hamas", proclamou publicamente em 2015. "Quem impôs três guerras a Gaza foi o Hamas. Em todos os países, os governos usam seus mísseis e foguetes para proteger seu povo, mas o Hamas fez o oposto, usando seu povo para proteger seus mísseis e foguetes".

Bassem afirma: "Não me importo se me chamarem de traidor", entendendo os falsos truques patrióticos do ditador para reprimir a dissidência e demonizar os oponentes. "Qualquer árabe que critica sua própria liderança é chamado de traidor em prol de Israel. Estou tentando encontrar maneiras de melhorar a vida diária do meu povo e garantir um futuro melhor."

Cada conversa que tenho com Bassem reforça minha sensação de que um verdadeiro liberal não pode adorar no santuário de um ditador. Muitas vezes penso sobre isso quando me encontro no impasse da decepção. "Tenho que te dizer quão desapontados nós da esquerda estamos com você", diz um líder liberal israelense. "Quando você veio para cá, era um defensor liberal dos direitos humanos. Mas você nos traiu e à causa dos direitos humanos."

"Tenho que dizer o quanto estou decepcionado com você e com a esquerda", eu respondo. "Quando vim para cá, eu era inseparável do campo liberal na luta contra a ditadura. De repente, descobri que o primeiro sinal de ser um bom liberal israelense era amar Arafat, subornar Arafat, defender Arafat, e dar a ele um passe livre para fazer o que quisesse com seu próprio povo. Foi você quem traiu a causa dos direitos humanos."

DEVASTADO PELO ASSASSINATO DE RABIN

No sábado, 10 de novembro de 1997, assim que o *shabat* terminou, corri para Tel Aviv. Eu estava a caminho de uma dolorosa comemoração pública. Haviam decorrido dois anos desde o assassinato do primeiro-ministro Yitzhak Rabin em 4 de novembro de 1995. Dezenas de milhares se reuniriam no local em que o crime foi cometido, agora renomeado como Kikar Rabin, Praça Rabin.

Israel sofreu muitas tragédias desde que cheguei, em 1986. Mas esse assassinato de nosso primeiro-ministro por um dos nossos pode ter sido o pior momento que testemunhei, e um dos incidentes mais terríveis na história de Israel. Quando ouvi pela primeira vez as más notícias, senti que todo o nosso empreendimento sionista estava desmoronando.

YITZHAK RABIN,
O PRIMEIRO-MINISTRO *SABRA*

Tive uma relação pessoal calorosa com Rabin, embora nunca o tenha idealizado politicamente. Ouvi pela primeira vez "Yitzhak Rabin" como um daqueles nomes mágicos, românticos, sempre tão israelenses, dos heróis da guerra de 1967, como seu parceiro Moshe Dayan. O nome de Rabin chegou até nós na música *"Nasser mehaké leRabin"* – "Nasser aguarda Rabin", que era chefe do Estado-Maior das Forças Armadas de Israel. A música era sarcástica o suficiente para capturar nossa imaginação, e simples o suficiente para que nossos professores a usassem em nossas aulas clandestinas de hebraico.

Muitos de nossos amigos "turistas" judeus americanos nos contaram que conheceram Rabin quando ele era embaixador de Israel nos Estados Unidos, de 1968 a 1973. Ele havia encantado a muitos, jogado tênis com alguns e trabalhado nos bastidores para ajudar a libertar os judeus soviéticos com a maioria deles. Como embaixador, fez amizade com o inimigo dos *refuseniks*, Henry Kissinger, que priorizava a *détente* com a União Soviética sobre os direitos humanos, e com nosso herói, o senador Henry Jackson, que priorizava os direitos humanos, incluindo nossa liberdade de emigração, em contraposição à cordial relação diplomática que a *détente* procurava.

Após a revolta popular contra Golda Meir depois que os exércitos árabes surpreenderam Israel no Yom Kipur de 1973, Rabin tornou-se primeiro-ministro. Foi ele quem aprovou o heroico resgate feito por Israel de reféns em Entebbe. Assim como ligamos magicamente o nome de Rabin depois de 1967 com o de Moshe Dayan, nós, judeus atrás da Cortina de Ferro, depois de 1976, ligamos seu nome a Yoni Netanyahu – irmão de Bibi que morreu lutando para libertar os judeus sequestrados em Uganda.

Quando cheguei a Israel, Rabin não era um daqueles políticos novatos subitamente interessados nos judeus soviéticos. Ele estava feliz em continuar ajudando, quando e se pudesse ser útil – especialmente se não tivesse que socializar muito. Nos conhecemos em um programa oficial, quando eu já estava em Israel havia cerca de três meses. Caracteristicamente, ele não usava gravata nem meias, calçando aquelas sandálias israelenses "bíblicas" de bico aberto.

Depois disso, nos encontramos periodicamente, em eventos oficiais em defesa dos judeus soviéticos e em eventos sociais organizados por amigos americanos em comum. Diferente da maioria dos políticos, ele era informal, discreto, um homem de poucas palavras. Ficava feliz ao conversar com amigos de verdade e infeliz ao trabalhar com multidões. Quando falava, era direto, pé no chão, às vezes abrupto, um verdadeiro *sabra* do *Exodus* de Leon Uris. Quando nosso Fórum Sionista fez pressão para que Israel reconhecesse os veteranos judeus soviéticos que haviam lutado na Segunda Guerra Mundial, Rabin, como ministro da Defesa, entendeu. Ele nos ajudou a financiar um monumento no Monte Herzl.

Ao entrar na política, eu acabaria trabalhando com – e às vezes criticando – Rabin e outros heróis sionistas. Mas, no geral, por mais frustrado que eu pudesse ter ficado a qualquer momento com qualquer um deles, sempre me senti incrivelmente privilegiado por trabalhar lado a lado com esses pioneiros de importância descomunal. Nunca esqueci que pessoas como Rabin, Shimon Peres, Ariel Sharon, Benjamin Netanyahu e Ehud Barak estavam construindo Israel, defendendo-o e liderando-o enquanto eu ainda estava preocupado com minha carreira profissional na União Soviética, consolidado no duplipensamento, hesitando cruzar a linha, rumo a uma dissidência em que eu pudesse abraçar meu judaísmo e minha liberdade.

Em dezembro de 1987, o nome de Rabin estava mergulhado em controvérsia. O que os palestinos rotularam como a Primeira Intifada havia começado, com muitos jovens manifestantes desafiando nossos soldados, principalmente atirando pedras e acendendo fogueiras, em vez de disparar armas ou explodir ônibus. Rabin era ministro da Defesa durante essa primeira e confusa rebelião palestina contra o domínio israelense. Ele declarou que as FDI responderiam com "força, poder e espancamentos". Soldados alegaram que ele lhes ordenou que quebrassem os braços e as pernas dos manifestantes.

Eu não era ingênuo. Sabia que estávamos enfrentando sérias ondas de violência. Era óbvio para mim que pedras podem matar ou mutilar para o resto da vida. E eu sabia que, durante esses confrontos cada vez maiores, ossos podiam ser quebrados e força brutal usada. Mas essa era uma violência decorrente da batalha, não segundo as ordens do líder. Como ministro da Defesa, Rabin não era um sargento falando com seus soldados no calor da batalha. Ele era um dos líderes do país, falando em nosso nome. Suas palavras me constrangeram.

Rabin afirmou posteriormente que não se lembrava de ter usado aquela expressão. Ele alegou que, na pior das hipóteses, pode ter utilizado a gíria do exército para dizer: "Não atire, mas subjugue-os", e que foi ouvido incorretamente. Entretanto, palavras de um ministro da Defesa não são ouvidas com sutileza. Eu tinha conhecimento de soldados disciplinados pelas FDI – alguns expulsos, outros presos – que pensavam que estavam agindo como Rabin ordenara. As mensagens confusas fizeram com que eles se sentissem atraiçoados.

Quando concorreu ao cargo de primeiro-ministro em 1992, Rabin prometeu ajudar os novos imigrantes como parte essencial de sua missão sionista. "A *aliyá* é um braço do meu sionismo", ele nos disse certa vez, levantando o braço para causar efeito, "e a segurança é o outro". Em 1993, frustrados porque o Partido Trabalhista não havia cumprido nenhuma de suas promessas para ajudar os imigrantes, alguns de nós do Fórum Sionista o encontramos depois do nosso grande protesto das vassouras. Ele tentou parecer interessado no que tínhamos a dizer, mas parecia preocupado. Naquele mês de setembro, percebi o que havia acontecido: a segurança superara a imigração. As negociações secretas que culminaram no Acordo de Oslo haviam começado.

Rabin nunca pareceu acreditar na ilusão utópica de Shimon Peres de um "novo Oriente Médio". Em um livro constrangedoramente infantil com esse nome, publicado em novembro de 1993, meses depois de negociar os Acordos de Oslo, Peres previu que os ditadores vizinhos de repente aceitariam o direito de existência de Israel, para que pudessem se concentrar em trazer paz e prosperidade ao seu povo.

Rabin tinha uma ilusão diferente: que Arafat poderia ser "nosso ditador", visando apenas aos inimigos certos, não a nós. Ambas as visões me impressionaram de tão simplistas e perigosas.

Embora ciente de minha crítica, Rabin me convidou para integrar a delegação à prefeitura de Oslo, onde ele recebeu o Nobel da Paz em dezembro de 1994 junto com Shimon Peres e Yasser Arafat. Recusei polidamente. Por mais que eu compartilhasse o desejo de paz, não podia brindar a um processo que eu temia que fosse ocasionar um desastre. E eu não poderia retroceder à minha antiga vida de duplipensamento, juntando-me ao mundo civilizado para aplaudir Arafat, o mestre terrorista ainda trajando uniforme de combate.

No entanto, apesar de não gostar de Oslo, eu desprezava a retórica dura da campanha anti-Oslo. Os infames cartazes – Rabin com uma *keffiyeh** em volta da cabeça, ou o rosto de Rabin sobre um uniforme da SS – eram particularmente desprezíveis. Naqueles primórdios da internet, não estávamos acostumados com esse tipo de *photoshop*. Isso tornava as imagens ofensivas ainda mais memoráveis e inaceitáveis.

Eu sabia que as acusações de que Benjamin Netanyahu estava por trás de tais imagens eram desprovidas de fundamento. Mas nem Bibi nem seu partido, Likud, fizeram o suficiente para denunciar a crueldade dessas imagens ou para distanciar delas a si e à sua campanha política. Eu estava descobrindo que muitos políticos israelenses, quando cruzam os limites, desculpam-se no dia seguinte às eleições, tendo se beneficiado dos votos que sua demagogia atraiu.

NOSSA CATÁSTROFE NACIONAL

O dia 4 de novembro de 1995 tornou absolutamente irrelevantes quaisquer críticas que eu tivesse contra Rabin. Confesso que não estava prestando muita atenção aos debates cada vez mais horríveis sobre Oslo. Nós, da comunidade imigrante, estávamos absorvidos na construção de nosso próprio partido político, que se tornou Israel Ba'Aliyá. Antevendo as eleições que todos sabiam que estavam chegando – e ocorreriam em maio de 1996 –, fomos arrebatados pela empolgação da nova experiência democrática de campanha política. Às noites, poderíamos estar fazendo *brainstorming* sobre *slogans*, estratégia de planejamento ou participação em um seminário sobre organização política.

---

* Tradicional lenço quadrado dobrado e usado em volta da cabeça pelos homens, principalmente para proteger contra a exposição ao sol, comum nos países árabes e muçulmanos na região do Golfo Pérsico, incluindo o Irã, e entre os palestinos e beduínos. Geralmente é feito de algodão ou linho. O *keffiyeh* foi associado ao movimento nacionalista palestino desde a Revolta Árabe (1916-1918) até mais recentemente, devido à sua adoção pelo líder palestino Yasser Arafat.

Durante uma dessas reuniões noturnas, o telefone tocou. A pessoa na linha gritava: "Liguem a televisão!". Foi assim que ouvi dizer que um israelense havia atirado em nosso primeiro-ministro. Foi uma catástrofe. Eu temia que estivéssemos deslizando para o abismo. De repente, nossos esforços eleitorais pareciam desprovidos de importância, todas as nossas divisões políticas, insignificantes. Eu não conseguia me livrar do sentimento de que tudo o que havíamos construído estava sendo ameaçado.

Demorou dois mil anos para passar do sonho e das orações à construção do Estado. Os judeus deram início a um profundo debate, discutindo como fazer com que a nova democracia judaica parecesse um lar seguro para todos. O debate foi difícil e apaixonado, porém não tivemos escolha a não ser lutar. Então, uma pessoa apareceu e decidiu que era Deus. Destruindo todas as regras, encerrou o debate assassinando nosso líder.

Eu não estava interessado em tentar entender os motivos do assassino. Ele merecia um *herem* antiquado, uma excomunhão total, juntamente com prisão perpétua e sem esperança de liberdade condicional. Ainda assim, pensei, somos judeus, especialistas mundiais em transformar tragédias nacionais em oportunidades de construção nacional. Eu esperava que transformássemos esse crime em um senso renovado de unidade, resistente o suficiente para absorver os debates políticos diários com um pouco menos de gritaria, ouvindo mais uns aos outros. Infelizmente, as fúrias partidárias provaram ser muito mais fortes do que minhas esperanças metafísicas.

No funeral de Rabin, os *slogans* não expressaram meu temor apartidário de que a democracia estivesse em perigo; eles enfatizaram o medo da esquerda de que Oslo estivesse em perigo. Ouvir os discursos fúnebres do presidente Bill Clinton e de Shimon Peres me enervaram. "Agora, cabe a todos nós que amamos a paz e todos nós que o amávamos continuar a luta à qual ele deu a vida e pela qual ele deu sua vida", disse Clinton, chamando Rabin de "um mártir pela paz".

O funeral se transformou em um evento de consagração à causa de Oslo. O legado de Rabin tornou-se uma corrida obstinada para a "paz agora", sem reconhecimento das crescentes dúvidas que ele tinha e das pausas que aconselhava. Mesmo de luto, pessoas boas e sinceras politizaram a tragédia. De alguma forma, a única maneira de lamentar Yitzhak Rabin era apoiar cegamente o processo de paz de Oslo.

Em janeiro de 1995, nosso Fórum Sionista para os Judeus Soviéticos organizou um encontro em Jerusalém com a Senator Henry Jackson Foundation, em comemoração ao vigésimo aniversário da Emenda Jackson-Vanik. O primeiro-ministro Yitzhak Rabin, sempre feliz em ajudar à causa, foi o orador principal. Dez meses depois, ele foi assassinado. Nesta foto está Helen, viúva do senador Jackson, membro fundador da Congressional Wives For Soviet Jewry na década de 1970.

A vitória inesperada do Likud em 1996 só fez piorar ainda mais a atmosfera. Na manhã em que todos perceberam que Shimon Peres havia perdido, as acusações se intensificaram. Os apoiadores decepcionados de Peres culparam Netanyahu e o Likud pela retórica que matara Rabin. "*Gam ratzáhta, vegam ganávta,*" alguns partidários de Peres gritaram, fazendo eco à acusação do profeta Elias contra Acabe e Jezebel sobre o assassinato, depois da tomada de terras: "Primeiro você matou, e então você roubou" a eleição.

Embora apenas alguns tivessem feito essa terrível acusação em público, muitos adeptos do campo pró-Oslo acreditavam nisso privadamente. Quase todos os israelenses de esquerda culparam qualquer um da direita israelense pela morte de Rabin – e qualquer coisa mais que dera errado com o processo de paz de Oslo. Essa ortodoxia ignorou as preocupações de Rabin, nas suas últimas semanas de vida, com as bombas do Hamas e as mentiras de Arafat ameaçando a frágil paz. Todas as crescentes dúvidas de Rabin foram enterradas com ele. A versão crédula de paz de Peres tornou-se a única disponível.

Politizar a morte dessa forma foi um presente para os extremistas da direita, um passe livre para aqueles que queriam evitar o exame de consciência. Era mais fácil negar a ridícula acusação de terem matado Rabin do que responder às difíceis perguntas: Será que cruzamos o limite? Desumanizamos nossos oponentes e nossos líderes? Contribuímos para a atmosfera de linchamento? Acredito que uma explicação moral mais completa na época poderia ter evitado alguns dos problemas atuais com a extrema direita, cuja fúria muitas vezes a torna antissionista.

Na cerimônia do primeiro aniversário do assassinato de Rabin, o novo primeiro-ministro Benjamin Netanyahu foi o principal orador, naturalmente. Muitos adeptos de Rabin e Peres demonstraram repulsa, com a mesma naturalidade. Quando a cerimônia oficial terminou no túmulo de Rabin no Monte Herzl, permaneci no local, olhando para Shevah Weiss. Um acadêmico que se tornou político, Shevah preferia conversar comigo sobre a história russa e outros interesses intelectuais a brigar por política. Ele havia atuado como presidente do Knesset no governo Rabin. Eu o respeitava como um dos pensadores mais racionais e positivos do Partido Trabalhista.

Enquanto as pessoas passavam pelo túmulo de Rabin, Shevah ficou ali mais tempo do que a maioria. Parado, aflito, os olhos fixos no vazio. Após a cerimônia, me perguntou, agoniado: "Natan, você também acha que esses discursos, toda essa cerimônia, são uma farsa inacreditável? Não pode ser real. Quem pensou que eles poderiam matar nosso sonho?". Senti náuseas. O "eles" dele me assustou. Esse intelectual analítico, normalmente tranquilo, soava como se acreditasse que havia ocorrido um *coup d'état*.

Meu amigo reflexivo e de pé no chão via nosso governo e a coalizão à qual eu aderira como forças do mal comemorando sua vitória sobre as forças do bem. De Bibi para baixo, fomos lançados nesse enquadramento de nós-contra-eles como os vilões de uma velha-nova tragédia shakespeariana judaica: os Brutus de Israel.

O crime do vil assassino foi monstruoso. Sem dúvida, a histeria da direita em demonizar "os criminosos de Oslo" ajudou a inflamar o assassino. No entanto, em vez de diminuir a tensão e humanizar seus oponentes, muitas pessoas boas estavam aumentando a tensão e desumanizando, tratando seus oponentes políticos como se fossem inimigos, e qualquer debate sobre o processo de paz como uma traição. Mostrando como essa espiral de demonização mútua pode sempre sair do controle, os direitistas começaram a vender teorias de conspiração, culpando o serviço de segurança que protegia Rabin pelo seu assassinato.

Sei que muitas pessoas sentem que o assassino matou a esperança de paz juntamente com Rabin. Acredito que elas estão erradas. A morte de Rabin foi um ato de maldade de proporções históricas, que visava ao fracasso de Oslo. Acredito que os planos do assassino foram um tiro que saiu pela culatra. *Retzah Rabin*, o assassinato de Rabin, estendeu artificialmente o prazo de validade de Oslo.

O processo de paz de Oslo mostrou sua verdadeira natureza como o processo de guerra de Oslo muito antes do assassinato de Rabin. Ao contrário das memórias da maior parte das pessoas, os atentados suicidas do Hamas precederam esse terrível crime. Mas o assassinato tornou Oslo sagrada, intocável. O debate político converteu-se em um debate teológico. Era como se estivéssemos profanando o nome de Rabin e validando seu assassinato sempre que exigíamos progresso dos palestinos, nos protegíamos do terrorismo ou questionávamos as suposições errôneas do acordo.

O debate polarizado me deixou mais dividido politicamente do que nunca. Compartilhei o profundo e generalizado desespero pelo assassinato de Rabin. Mas também compartilhei o ceticismo da direita sobre o regime palestino e o fracasso do processo de paz, que a esquerda rebatizou de "legado de Rabin".

UM NOVO DIA DE JEJUM?

Durante o primeiro ano de luto por Rabin, especialmente depois que entrei para o governo, fiquei imaginando como arrancar o assassinato de Rabin de sua nova órbita partidária. No primeiro Rosh Hashaná que se seguiu, fiquei impressionado mais uma vez ao ver como os judeus religiosos mergulham na alegria da celebração do Ano Novo para um jejum no dia seguinte. Chamado de Tzom Guedaliá, Jejum de Guedaliá, esse pequeno jejum do amanhecer ao anoitecer lamenta um momento, 2.500 anos atrás, quando alguns judeus mataram um líder judeu, um agora esquecido governador de Judá, depois que os babilônios destruíram o Primeiro Templo. O Talmude diz que o jejum ensina "que a morte do justo é comparada ao incêndio da Casa do nosso Deus".

Pensei na sabedoria de nossos rabinos. Poucos se lembram exatamente por que Guedaliá foi morto. Mas o fato de os judeus terem matado seu líder justificava uma advertência, um jejum penitencial. A purificação ensinaria às pessoas aquela lição essencial, eterna.

No *gulag*, nós, presos políticos, também usávamos jejuns como forma de declarações morais e nos lembrarmos do que nos era importante. Todo 10 de dezembro, a União Soviética ignorava o Dia Internacional dos Direitos Humanos. Ao jejuar naquele dia na prisão, nós o tornamos significativo e memorável. Decidi jejuar no primeiro aniversário do assassinato de Rabin, sem esperar a decisão de nossos rabinos. Não atribuí a isso muita importância.

No segundo aniversário em 1997, a polarização havia se intensificado a tal ponto que algumas pessoas não quiseram comparecer às comemorações oficiais, porque nosso governo e nosso primeiro-ministro liderariam os eventos. Os parentes de Rabin e amigos do Partido Trabalhista controlaram o maior ato comemorativo, no coração de Tel Aviv. Nenhum representante do governo israelense foi convidado a discursar naquele evento independente.

Quando um colega do Ministério da Indústria e do Comércio, que também era ativista do Partido Trabalhista, descobriu que jejuei no dia do aniversário, ele perguntou: "Então por que você não vem à nossa manifestação?".

"É lamentável", respondi, "mas ninguém do governo foi convidado a participar".

Meia hora antes do início do *shabat*, recebi um telefonema dizendo que Leah Rabin me convidava a participar da manifestação como "um amigo da família".

Então, lá estava eu, dirigindo para Tel Aviv, pensando no que dizer. Deveria falar em nome do governo? Eu não tinha esse poder. Deveria falar como "amigo da família" e reverberar a politização de Oslo? Claro que não. Deveria criticar a abordagem pró-processo de paz? Sim, mas com cuidado, delicadamente.

Então me ocorreu voltar ao resgate de Entebbe em 1976, que ligou os dois nomes poderosos de Rabin e Netanyahu na história e no heroísmo. Eu

280

falaria sobre como nossas tragédias, não apenas nossas vitórias, deveriam nos unir. A única crítica que eu faria seria dizer que muitas pessoas de luto hoje, de todo o espectro político e em todo o país, não se sentiram bem-vindas nessa manifestação.

Nenhuma dessas sutilezas importava. No momento em que foi anunciado que o ministro da Indústria e do Comércio do governo Netanyahu iria falar, começaram as vaias. Ao me aproximar do pódio, de frente para uma das maiores multidões da história de Israel – mais de 200 mil pessoas – vaias, assobios e apupos me receberam.

Há quem insistisse posteriormente que apenas uma minoria dos participantes gritou. Olhando em meio à escuridão que envolvia o público, eu só podia ver uma primeira fila de rostos e ouvir um tremendo ruído. Eu mal conseguia ouvir minha própria voz. Parecia que 200 mil pessoas queriam me afogar e me fazer calar.

Um dos oradores principais, Ehud Barak, correu para ajudar. Pedi a ele que se afastasse. Eu não queria aparentar que precisava de resgate ou que temia meu próprio povo, meus compatriotas israelenses. Fiz o meu discurso.

Falei muito devagar, tão deliberadamente quanto em meu discurso de encerramento no tribunal em Moscou em 1978. Naquela época, eu queria ajudar meu irmão Leonid a memorizar cada palavra, esperando que o mundo me ouvisse. Dessa vez, eu queria falar mais alto que as vaias, esperando que alguém pudesse ouvir minhas palavras.

Estive na frente de centenas de milhares de pessoas em manifestações de solidariedade e me senti empoderado. Estive diante de pequenas, barulhentas e hostis multidões, que gritavam palavras de ordem, em uma manifestação organizada pela KGB que insuflava a raiva das pessoas, e também me senti fortalecido. Agora, de pé diante dessa enorme multidão israelense, me senti esgotado. Fiquei preocupado. Porventura o assassino de Rabin havia matado nosso diálogo? Será que algum dia seríamos capazes de chorar juntos, ou mesmo de conversarmos juntos novamente?

Assim que terminei, Barak se aproximou do pódio. Tentando ser meu advogado, ele enfatizou meu tempo no *tsinok*, a solitária, que sempre o fascinava. Mas sua reação sugeriu que os ataques eram dirigidos pessoalmente contra mim, quando não eram.

"Você não está arrependido de ter vindo?", jornalistas me perguntaram assim que desci do pódio.

"Pelo contrário", respondi. "Isso nos lembra quanto trabalho tem que ser feito".

As pessoas ficavam perguntando se eu tinha ressentimentos. Eu me sentia triste. Uma tragédia acontecera com nosso povo e não estávamos aprendendo com ela.

No dia seguinte, a irmã de Rabin, Rachel Rabin Yaakov, me ligou. O filho de Rabin, Yuval Rabin, me visitou com seu movimento juvenil Dor Shalom, ou Geração da Paz, para discutir como renovar nosso diálogo democrático.

De sua parte, meu primeiro-ministro me alfinetou. Naquela manhã de domingo, participei da reunião semanal do Gabinete. Bibi me enviou um bilhete: "Natan, você está flertando com a oposição?". Eu sabia o que ele estava fazendo. Ele era muitas vezes desconfiado, testando a lealdade até mesmo de velhos amigos. Suas suspeitas aumentariam com os anos. Naquela época, ele as expressou em um jeito sutil.

Respondi secamente, enfatizando uma palavra: "Bobagem".

Eu ainda marco o aniversário da morte de Rabin participando de discussões sobre construção de pontes com ativistas e estudantes. Os esforços educacionais muitas vezes ecoam nossa abordagem de Tishá BeAv, o dia religioso nacional de luto que comemora a destruição dos Templos Sagrados em 586 a.C. e em 70 d.C. Em Tishá BeAv, muitos judeus também jejuam.

Meu medo é que, se o assassinato de Rabin continuar ligado ao processo político de paz de Oslo, será esquecido quando a questão da paz se tornar irrelevante em 20, 30 ou 50 anos. Em 1977, todos pareciam saber o que foram os Acordos de Helsinque. Mas a União Soviética caiu. Hoje, se você menciona Helsinque, a maioria das pessoas te encara fixamente ou corre para pesquisar no Google.

Em vez de fazer da tragédia em torno dos acontecimentos políticos atuais um evento de proporções bíblicas, deveríamos ritualizar a memória, como os rabinos fizeram com o assassinato de Guedaliá. Vamos nos concentrar na eterna lição de moral sobre como continuar a erguer nossas vozes, agitar nossos braços e entesar nosso corpo ao debatermos, sem ficarmos violentos ou mesmo desistirmos um do outro.

Enquanto isso, jejuo todos os anos, esperando que esse dia se torne um dia de jejum nacional, unindo judeus seculares e religiosos, de esquerda e de direita, "para estabelecer que a morte do justo é comparada ao incêndio da Casa de nosso Deus".

AS TENSÕES DE PAZ
FAZEM ISRAEL PARECER BELICOSO

Qualquer primeiro-ministro israelense eleito em 1996 teria que reequilibrar Oslo, incluindo Yitzhak Rabin, se estivesse vivo. A essa altura, a maioria dos israelenses reconhecia os perigos decorrentes desse processo. Terroristas palestinos iriam assassinar mais israelenses nos cinco anos após Oslo do que nos cinco anos que o precederam. O atentado ao ônibus na Rua Dizengoff em Tel Aviv, o ataque ao ônibus em Kfar Darom e o bombardeio do ônibus 26 em Jerusalém precederam o assassinato de Rabin. Dois atentados suicidas no ônibus 18 em Jerusalém, juntamente com outro bombardeio no Dizengoff Center e vários outros ataques, precederam a eleição de Netanyahu. Se você ignorasse tais fatos, seria mais fácil culpar Israel, especialmente de longe.

Netanyahu, entretanto, foi eleito para limpar a bagunça. Depois de ganhar a eleição por uma margem de apenas 30 mil votos em 3 milhões de votantes, Netanyahu enfrentou o dilema do destronador democrático. A oposição vitoriosa toma o poder com uma vassoura para varrer algumas velhas políticas. No entanto, a maioria das políticas são como mofo, não poeira: você não pode simplesmente varrê-las.

Era um ato de malabarismo impossível. Nosso novo governo tinha que cumprir as obrigações legais de Israel para com o processo de paz de Oslo, com os palestinos e com a comunidade internacional. Porém, nenhum de nós ao redor da mesa do Gabinete acreditava em Oslo, mesmo que por razões distintas. Concordávamos, contudo, no que dizia respeito a um objetivo: queríamos neutralizar os perigos novos e crescentes.

Em 1996, ao formar seu governo, Netanyahu acreditava que a única maneira de escapar dessa armadilha de Oslo seria desacelerar o processo. Ao examinar cada obrigação que o governo anterior havia assumido – uma a uma, um passo de cada vez – poderíamos ver se havia reciprocidade por parte dos palestinos. Por necessidade, o governo foi forçado a ser tático, não estratégico.

Apesar de parecermos todos unidos contra Oslo, nos bastidores era óbvio que os membros da coalizão estavam divididos. Eu era um daqueles que lamentavam o controle de Israel sobre milhões de palestinos e queria que acabasse da forma mais rápida e segura possível. Cada vez mais, até mesmo muitos falcões* tradicionais aceitavam a inevitabilidade de um Estado palestino no final do processo, desde que permanecesse não ameaçador e desmilitarizado.

Outros da direita acreditavam que, com mais de 20 Estados árabes já existentes, não havia motivo para criar outro Estado árabe ameaçante, especialmente nas terras históricas e bíblicas de Israel. Mas levada ao seu extremo lógico, essa postura exigiria que milhões de palestinos vivessem permanentemente sob controle israelense – ou abandonassem seus lares.

Membros de ambas as facções, é claro, consideravam ingênuo meu discurso sobre democracia. Contudo, os falcões defensores da segurança e eu compartilhávamos pelo menos uma linguagem comum e um objetivo comum. Para mim, aqueles que se opunham com veemência a um Estado palestino passavam dos limites. Se Israel controlasse permanentemente milhões de pessoas, sem lhes conceder plenos direitos democráticos, nós de fato perderíamos nosso direito de chamar Israel de democrático.

Essa tensão explodiria em público após as negociações de Wye River, em 1998, acabando por condenar o primeiro governo de Bibi. Hoje, com os extremistas que se opõem a um Estado palestino cada vez mais marginalizados, esse debate irrompe novamente sempre que nos aproximamos de qualquer tipo de negociação.

Frustrada com o assassinato de Rabin e a derrota apertada de Peres, a mídia internacional criticava Netanyahu sempre que ele resistia à pressão ocidental. Como Oslo era considerada sagrada, estávamos sob escrutínio ainda maior. Repórteres rotulavam qualquer cético desse processo fracassado como antiprocesso de paz. Era mais fácil para os críticos culparem a intransigência de Netanyahu do que imaginar Rabin seguindo um caminho semelhante.

---

* N. T.: Pessoas que, diante de uma situação de tensão ou disputa, especialmente em política externa, tendem a optar por uma retórica mais agressiva ou pela solução militar.

Cada vez mais, os críticos viam nossa falta de estratégia como uma ausência de valor. Não tínhamos fé em Oslo, então eles perderam a fé em nós.

Em sua busca pela paz, muitas pessoas sinceras deixaram se enganar pelas manipulações palestinas, transformando a fórmula de Oslo, de "terra por paz", em uma via de mão única. Israel cedeu território. Arafat não cumpriu suas promessas, porém sua pressão sobre o governo israelense aumentou. A negociação com Arafat era similar a um lojista que paga por proteção: quanto mais você paga, mais os bandidos exigem – ou então!

"O que vocês querem dele?", diziam os apologistas de Oslo. "Vocês não podem esperar mais. Yasser Arafat arriscou sua vida ao assinar o Acordo de Oslo. Israel é o poderoso. Israel deve acabar com a ocupação e acabar com o conflito". Ano após ano, aquela sagrada cerimônia de rememoração do assassinato de Rabin tornou-se um dia de recriminações em Israel e na diáspora.

A exasperação mútua cresceu, mesmo quando o consenso pró-Israel dos judeus americanos se manteve e seu apoio a Israel aumentou. Junto com suas contrapartes israelenses, muitos judeus americanos liberais tiveram dificuldade em acreditar que, finalmente, havia uma chance de paz, mas Israel não a estava perseguindo com entusiasmo e proatividade. Embora minoritários, esses críticos internos tornaram-se mais barulhentos, mais ousados e a probabilidade de receberem cobertura da mídia era maior. Muitos israelenses se ressentiram de que, depois de terem assumido tantos riscos pela paz, alguns judeus no exterior não podiam dar crédito a Israel por tentar.

VAMOS JOGAR XADREZ, NÃO DAMAS

Passamos muitas horas de Gabinete discutindo sobre como redirecionar a pressão crescente sobre Israel aos palestinos. Lembrando como o Grupo Helsinque de Moscou monitorava as políticas soviéticas de direitos humanos na década de 1970, propus a criação de um comitê trilateral de americanos, israelenses e palestinos para monitorar o comportamento violento de todas as partes. O comitê reuniu-se regularmente até que Ehud Barak o desvalorizou. Pouco depois, a campanha palestina de atentados suicidas fez com que toda a iniciativa parecesse ridícula.

Mas o tiro saiu pela culatra muito antes disso. No lugar de expor o rejeicionismo palestino, o processo de monitoramento expôs a relutância do mundo livre em distinguir entre democracia e ditadura. Sempre que detalhávamos o incitamento palestino oficial no mais alto nível ou em currículos educacionais contra Israel, os palestinos citavam a retórica antipalestina das bordas mais marginais da ala direita de Israel. "Vocês se dão conta?", dizia o pessoal de Arafat. "Os dois lados têm seus extremistas." Confundindo debate democrático com doutrinação ditatorial, ocidentais cheios de culpa assentiram humildemente.

Tal equivalência moral era uma farsa. Comparar a propaganda oficial que um ditador usa para incitar o ódio com as vozes marginais que uma democracia deve tolerar para ser livre é como um júri que absolve um conhecido incendiário porque faíscas aleatórias também podem iniciar incêndios. Para manter a ilusão, você tem que comparar palavra por palavra, desconsiderando que algumas palavras vêm dos líderes no centro do regime e outras são oriundas de extremistas marginais impopulares.

Eu me opus a fazer mais concessões sem um parceiro de paz comprometido. Insisti em vincular as retiradas ao progresso palestino. Essa postura me colocou à direita de Bibi em alguns debates. Inclusive votei contra uma etapa de retirada territorial.

"Como podemos decidir o que estamos oferecendo e o que estamos mantendo sem um objetivo?", questionei. "No xadrez, você constrói sua estratégia desde o início, entendendo aonde quer chegar e determinando quais movimentos o levarão até lá."

Quando expliquei minha abordagem no Gabinete, Raful Eitan, o antigo chefe do Estado-Maior das Forças Armadas de Israel, brincou: "É tão complicado. Em vez disso, vamos jogar damas".

"Esse é precisamente o nosso problema", eu disse. "Arafat está jogando xadrez, disposto a sacrificar alguns peões – fazer algumas concessões – enquanto ainda busca a destruição de Israel. Estamos apenas jogando damas, pensando a curto prazo e taticamente, esperando que de alguma forma tudo acabe bem."

Do ponto de vista do Exterior, temi que Israel e nossos críticos amigáveis estivessem assistindo a dois filmes concorrentes. Os israelenses se sentiram presos em um recorrente espetáculo de horror e violência, perpetrado por bandidos palestinos. Os críticos de Israel viam uma tragédia evitável, provocada por um extremista israelense assassinando o santo Yitzhak Rabin e agravada pelo fato de os israelenses terem elegido governos de direita intransigentes, dominados pelos verdadeiros vilões, os colonos. Muito antes que os duros debates sobre Barack Obama, depois sobre Donald Trump, dividissem a comunidade judaica, a falta de um diálogo saudável entre a diáspora e Israel alimentou essas tensões crescentes.

Netanyahu acabou ficando em uma posição difícil. A direita continuava a pressioná-lo para cancelar os Acordos de Oslo – cegamente, como se os líderes de Israel não se sentissem obrigados pelos acordos internacionais de seus predecessores. A esquerda continuava a pressioná-lo para continuar apoiando os Acordos de Oslo – cegamente, como se os líderes palestinos se sentissem obrigados pelo acordo. O primeiro mandato de Bibi como primeiro-ministro terminou após três anos em meio a esse impasse político. Quando Ehud Barak, o general mais condecorado de Israel, derrotou Netanyahu em 1999, os especialistas declararam que a carreira de Bibi havia terminado; ele jurou que voltaria.

O LABORATÓRIO DE EHUD BARAK

Quando aderi ao governo de Ehud Barak, me encontrei em um laboratório singular, um Gabinete de amplo espectro político, da direita à esquerda. O próprio Barak era uma mescla cultural interessante. O soldado número 1 de Israel – como sua biografia de grande sucesso comercial o chamava – também estudou Física, Matemática e Economia na Universidade Hebraica e em Stanford. Esse habilidoso e corajoso herói de guerra, que liderou muitas operações contraterroristas espetaculares, também era um pianista refinado e uma pessoa dotada de lógica perspicaz que amava desmontar e remontar relógios, sem nenhum esforço.

Barak era famoso por amar quebra-cabeças e ver a realidade como uma série de códigos a serem decifrados ou quebra-cabeças a serem montados. Todo o tempo que eu havia passado na solitária jogando xadrez em minha cabeça atraíam sua imaginação. Eu podia ver que sua mente disciplinada continuava tentando descobrir o que ele faria em uma situação semelhante.

Barak montou um Gabinete incrivelmente diversificado. O Partido Religioso Nacional estava à direita do Likud. Os ultraortodoxos asquenazitas e os *mizrahim* do Judaísmo Unido da Torá e do Shas estavam, do ponto de vista religioso, à direita dos sionistas religiosos do Partido Religioso Nacional. E o Meretz estava à esquerda do Partido Trabalhista de Barak.

Nesse laboratório único de construção de pontes, gostei de encontrar ideias em comum com aliados de todo o espectro político. O Ministério do Interior era um ministério enorme, envolvido em quase tudo em Israel que tinha a ver com terra, prefeituras e o *status* pessoal de cidadãos e não cidadãos. Foi, portanto, um bônus do meu trabalho no governo de Barak trabalhar de perto com quase todos os ministros.

Quando eu facilitava o processo para entrar em Israel e obter a cidadania para aqueles não cobertos pela Lei do Retorno, quando eu redesenhava os limites municipais para ajudar as aldeias árabes a se tornarem mais funcionais ou quando removi as restrições que impediam muitos árabes que haviam trabalhado no exterior por muitos anos de retornar às suas casas em Jerusalém, os esquerdistas no governo aplaudiram. E quando o ministro da Educação Yossi Sarid, do Meretz disse que queria construir novas escolas para beduínos em "aldeias não reconhecidas", em 24 horas minha equipe e a dele já estavam traduzindo essa proposta política em realidade. Yossi também era o raro ministro que não revirava os olhos em descontentamento e realmente se animava sempre que eu relacionava a busca pela paz com democracia e direitos humanos.

Ao mesmo tempo, os membros de direita do governo aplaudiram quando ajudei a estabelecer e melhorar as comunidades em toda a Terra de Israel. Em 1999, fiquei surpreso ao descobrir que não havia tido nenhum novo assentamento civil estabelecido no deserto de Neguev em 15 anos. Trabalhamos duro para planejar, desenvolver e estabelecer novas comunidades ali, no sul e no norte também. Meus aliados da direita e eu sabíamos que tínhamos que desacelerar Barak em sua azáfama para fechar acordos com os palestinos e os sírios a quase qualquer preço.

O fato de todos esses campos diferentes estarem juntos ao redor de uma mesa criou uma oportunidade única de diálogo. Ao mesmo tempo, ajudou a definir os limites da tenda democrática sionista. Era óbvio que, pelo menos para alguns dos meus parceiros de esquerda, o Estado judeu

As negociações sobre a coalizão do nosso partido com Ehud Barak depois de sua primeira vitória como primeiro-ministro em 1999, que resultaram em nossa adesão ao seu governo. Acrescentamos uma carta ao acordo padrão, que acredito ser o único documento formal na história governamental de Israel contendo tópicos acerca de democracia e direitos humanos em toda a região como um fator a ser levado em conta nas negociações de paz.

era somente uma ferramenta improvisada para escapar da perseguição. Eles viam o caráter judeu de Israel como uma fase passageira, rumo a um Estado comum para todos os seus cidadãos. Para eles, até mesmo a Lei do Retorno, o símbolo central que liga Israel a todos os judeus no mundo, era uma medida temporária que acabaria por desaparecer na irrelevância.

Para alguns de meus parceiros de direita, o caráter democrático de Israel era a ferramenta opcional, improvisada, para estabelecer o Estado, que deveria permanecer apenas se fosse conveniente. Afinal, eles argumentavam, existem muitas democracias no mundo, mas há apenas um Estado judeu.

Enquanto a maioria de nós, ministros, à semelhança da maioria dos israelenses, permanecia totalmente dentro da tenda judaico-democrática, pudemos ver como, para alguns, "judeu" era um adjetivo temporário, não um substantivo definidor, e para outros "democrático" era o adjetivo. Em última análise, então, minhas experiências como membro do governo de Barak também destacaram alguns dos limites do nosso diálogo.

Ainda assim, esse laboratório poderia ter continuado a experimentar, a testar para ver quais questões permitiriam que as diferentes vozes sionistas construíssem algum tipo de consenso. Mas esse governo durou pouco, condenado pela impaciência de Barak em tentar desmontar e remontar o quebra-cabeça do Oriente Médio em tempo recorde.

LIGANDO OS DIREITOS HUMANOS E A PAZ COM A SÍRIA

Com o presidente Bill Clinton prestes a deixar o cargo em janeiro de 2001, Barak manteve os olhos no calendário político. Ele fixou a convenção democrata no verão de 2000 como seu prazo para selar a paz, antes que Clinton se transformasse em uma figura decorativa em final de mandato. Tentando consertar o Oriente Médio de maneira técnica – de uma forma inteligente demais e um tanto desprovido de alma, assim como ele consertava seus relógios –, Barak estava ansioso para chegar a acordos de paz rápidos e abrangentes com Hafez al-Assad e Yasser Arafat.

Entendendo as aspirações de Barak, durante as negociações da coalizão insisti para que uma carta especial fosse anexada ao acordo de coalizão. A carta especificava a posição de Israel Ba'Aliyá de que as concessões israelenses à Síria exigiam abertura, transparência e democracia no país. Acredito que seja o único documento formal na história dos governos israelenses que exige que qualquer tipo de retirada territorial ou outro progresso diplomático seja contingente a que nosso oponente alcance progressos substanciais no tocante aos direitos humanos.

Todos, da esquerda à direita, zombaram da ingenuidade do meu partido. Mas Barak sabia que se um tratado de paz fosse submetido à votação, ele teria um problema comigo e com meu partido. Eu o observei tentando descobrir como nos convencer a participar.

No início de meu mandato como ministro do interior de Barak, S. Daniel Abraham, confidente de Shimon Peres, me abordou. Abraham – generoso bilionário por esforço próprio, que fundou o SlimFast – era um entusiasta de Oslo. Eu tinha ouvido falar que muitas vezes ele emprestara seu avião particular para transportar a equipe de Peres secretamente à Noruega para as negociações que resultaram nos acordos.

"Quero que você conheça o futuro líder da Síria, que ajudará a modernizar o mundo árabe", disse Abraham. "Ele pensa exatamente como você. Quer trazer a democracia para o mundo árabe rapidamente. Ele acredita nos direitos humanos. É moderno e sofisticado. Estudou em Londres. Navega na internet." Abraham queria me levar a Paris secretamente para conhecer esse prodígio e vislumbrar o novo Oriente Médio a que ele, Peres, e agora Ehud Barak estavam dando à luz.

"Como você sabe que esse cara é o próximo líder da Síria?", perguntei maliciosamente.

"Bem, ele vai herdá-la de seu pai", respondeu Abraham.

Eu estremeci. Lá se vai a democracia. Depois que seu pai morreu, Bashar al-Assad "venceu" a eleição em julho de 2000 com 99,7% dos votos. Hoje, ele é conhecido como o açougueiro da Síria, que cometeu assassinato em massa e expôs seu próprio povo à ação de gases tóxicos.

Optei por pular Paris.

A BUSCA INDIVIDUAL DE EHUD BARAK PELA PAZ

Barak parecia invejar o sucesso de Peres, que havia negociado secretamente o acordo original de Oslo na Europa quando era ministro das Relações Exteriores, apresentando-o totalmente pronto para seu primeiro-ministro e colega do Partido Trabalhista, Yitzhak Rabin, e ao presidente dos Estados Unidos, Bill Clinton. Na primavera de 2000, uma fonte confiável em Washington me advertiu que Barak estava negociando secretamente um novo acordo na Europa. Não obstante eu atuasse como ministro do Interior e fizesse parte do Comitê de Segurança, não tinha ouvido falar dessas negociações.

Senti que tinha que fazer algo. Desafiei o primeiro-ministro durante uma reunião de Gabinete. Barak rejeitou os rumores como insensatos. Concordei que muitas das ideias que eu estava ouvindo pareciam inverossímeis. No entanto, várias fontes haviam me fornecido detalhes sobre propostas preocupantes que já tinham sido apresentadas. Elas envolviam a divisão de Jerusalém, entregando a maior parte da Cidade Velha, incluindo o Monte do Templo, e a retirada de quase todos os territórios de 1967.

Segundo as propostas de Barak, o bairro judeu e o Muro das Lamentações estariam cercados. Se os palestinos controlassem o Monte do Templo, o Kótel seria um prisioneiro solitário, cercado pela esquerda, pela direita e por cima, uma vez que o complexo de Al-Aqsa paira sobre o Muro das Lamentações. Os devotos judeus ficariam vulneráveis a pedras que seriam lançadas sobre eles de cima. Um projeto até incluía levar judeus de ônibus para visitar nosso local mais sagrado, sob os auspícios das Nações Unidas ou de uma comissão internacional.

No Gabinete, eu disse a Barak que, embora tivesse cumprido nove anos de prisão por ser um espião americano, as acusações eram falsas, então nunca me incomodou o fato de eu não ter dominado o que os agentes chamam de técnicas, métodos e tecnologias usados na espionagem. "Nunca pensei que um dia eu precisaria dessas habilidades como ministro em meu próprio governo, a fim de construir uma rede internacional para descobrir o que meu próprio primeiro-ministro está propondo aos palestinos."

Depois de verificar novamente os detalhes das propostas com minhas fontes, escrevi uma carta ao primeiro-ministro, com cópia para outros ministros-chave, especificando as concessões a Arafat que Barak já havia feito.

Encurralado, Barak de repente veio a público. Ele disse que estava indo a Camp David a convite dos americanos, a fim de concluir um acordo com os palestinos. Tentando me aplacar, ele propôs que eu me juntasse a ele nos Estados Unidos. "Veja, Natan, nós estamos muito divididos no país", disse ele. "Mas, se se tudo der certo, trarei a paz. Mesmo que você e seus amigos não gostem dela, será uma paz real e final que o povo israelense deseja. E, se Arafat se recusar, pelo menos nosso povo estará unido e com apoio total do restante do mundo."

"Não há como você trazer a paz demonstrando o quão desesperado está e oferecendo nossos bens mais preciosos, especialmente Jerusalém", eu o adverti. "A disposição para dar tudo a um ditador, quando ele precisa travar uma guerra contra nós para a sua própria sobrevivência, é um grande sinal de fraqueza. Você só irá fazer com que a guerra fique ainda mais próxima".

Além das questões prementes de estratégia militar e diplomacia, isso tinha a ver com identidade. Jerusalém não é apenas um pedaço de terra. Tem sido nossa capital por três mil anos e é tão central para a nossa história que o próprio movimento de retorno a Israel, o sionismo, tem seu nome derivado do Monte Sião, em Jerusalém.

NOVE ANOS NA POLÍTICA ISRAELENSE

Em 1967, quando o coronel israelense Mordechai Gur anunciou que suas tropas haviam reunificado Jerusalém, ele disse: "O Monte do Templo está em nossas mãos", e repetiu a frase uma segunda vez em sua excitação. Esse *tikun* (reparo) da história judaica foi tão poderoso que nos despertou na Rússia. Não sabíamos o que era o Monte do Templo. Mal sabíamos o que era Jerusalém. Mas, de repente, a mais nova manchete de nossa antiga história nos levou de volta, os judeus perdidos da Rússia, à nação judaica.

Anos depois, aprendi que a libertação de Jerusalém não foi um evento significativo apenas para os judeus soviéticos sitiados. Também despertou os judeus americanos, dos ambivalentes aos engajados. A emoção que sentiram com a reconquista de Jerusalém surpreendeu muitos dos judeus mais americanizados. O triunfo de Israel aprofundou "um senso existencial muito pessoal da particularidade do que é ser judeu, a especificidade de ser judeu como membro de uma comunidade étnica", explicou em 1977 o teólogo reformista Eugene Borowitz. Quando "a Velha Jerusalém foi capturada e de alguma forma, para usar essa palavra maravilhosa, se tornou 'nossa'", escreveu ele, "isso nos atingiu com um impacto que ultrapassa o poder da imaginação, e de repente percebemos a profundidade das raízes que tínhamos em um lugar muito específico".

"Tem havido um poder misterioso na história judaica que, reiteradamente, esmagou a indiferença ocasional para com Sião e Jerusalém". Assim escreveu o rabino Abraham Joshua Heschel, o místico e professor que marchou com Martin Luther King Jr., em *Israel: An Echo of Eternity*, narrando sua viagem a Jerusalém semanas após a reunificação. "Sempre que tendemos a ser esquecidos, a história nos envia um lembrete [...]. Naqueles grandes dias descobrimos um esconderijo espiritual nos corações dos judeus dos Estados Unidos."

A guerra chocou os judeus: eles pensavam que eram universalistas, mas de repente se sentiram orgulhosamente particularistas. Pensaram que eram individualistas, mas de repente sentiram que eram um – unidos, interconectados, não sozinhos. Heschel relembrou: "Sentimos a ligação entre os judeus dessa geração e o povo da época dos Profetas".

Jerusalém, o Monte do Templo e o Muro das Lamentações, todos desempenham papéis fundamentais em nossa história. Eles têm sido os pilares

293

da nossa identidade nos últimos três mil anos, conectando judeus através do tempo e do espaço, fundindo passado, presente e futuro. Os judeus poderiam viver por milhares de anos, unidos na tristeza pela história de terem sido exilados à força, e unidos na esperança de retornar. Nossa história está no centro de nossa identidade. Eu não estava disposto a jogar isso fora.

O fato de Ehud Barak estar fazendo um movimento tão indiscriminado unilateral e secretamente me desconcertou. Eu o repreendi por tentar ignorar o Comitê de Segurança, o governo, o Knesset e o povo judeu. "Esse é um processo perigoso que você está colocando em risco", alertei, "e acredito que uma grande maioria do povo judeu, em Sião e no exterior, não será capaz de aceitá-lo".

Embora confiante em minha posição ideológica sobre Jerusalém, eu estava novamente preocupado com minha responsabilidade para com meu partido. Nós tínhamos nos unido no tocante a questões de qualidade de vida dos imigrantes, deixando de lado quaisquer desacordos que pudessem existir sobre filosofia ou o processo de paz. Finalmente, estávamos dirigindo o importantíssimo Ministério do Interior, enquanto outro membro fundador de Israel Ba'Aliyá, Marina Solodkin, ocupava o papel decisivo de vice-ministra de Imigração e Absorção. Meus colegas estariam dispostos a arriscar nosso tão almejado poder prático por mais uma luta pelo processo de paz?

Discutimos e todos nós concordamos, da direita à esquerda: a renúncia era a única opção. Marina, nosso membro esquerdista e apaixonada defensora dos imigrantes, leu minha correspondência com o primeiro-ministro Barak. Ela disse: "Concordo com cada palavra".

Fomos os únicos parceiros da coalizão a renunciar antes do início das negociações de Camp David, em julho de 2000. Na época, eu me perguntava por que nós, o partido dos novos imigrantes, fomos os primeiros a abandonar o governo, antes mesmo de partidos ideológicos mais estabelecidos, como o Partido Religioso Nacional, o Shas e o partido Guesher, de David Levy. Acho que é porque nós, imigrantes, éramos recém-chegados à história judaica. Para nós, a conexão entre nossa identidade e a libertação de Jerusalém e do Muro das Lamentações era recente. Não estávamos por aqui tempo suficiente para subestimá-la. Talvez também fôssemos os que mais protegiam a centralidade de Jerusalém para a história judaica.

Afinal, nossa identidade renovada, nossa velha-nova conexão com a antiga capital do nosso povo, tinha impulsionado cada um de nós na jornada de volta para casa.

TROCANDO UM LUGAR NO GOVERNO POR UMA TENDA DE PROTESTO

Antes de Barak partir para Washington, a caminho de Camp David, eu o informei que Marina e eu estávamos nos demitindo do Gabinete e nosso partido estava deixando sua coalizão. Quando a cúpula chegou a um impasse, Barak começou a fazer inúmeros telefonemas, tentando salvar sua coalizão. Ele me ligou e disse: "Estou sentado aqui sozinho e pensando em você sozinho na sua solitária no *gulag*. Penso em todas aquelas decisões sobre a vida e a morte que você teve que tomar. E eu mesmo sinto um grande senso de responsabilidade para tomar essas decisões sobre guerra e paz".

"Acabei de ouvir no rádio que Arafat afirmou que, antes de fazer quaisquer concessões relacionadas a Jerusalém, ele consultará os líderes do mundo muçulmano e árabe", respondi. "Porque", disse ele, "'Jerusalém pertence a todos nós'. Por que você não vai para Nova York e tem a uma conversa com os judeus de lá? Pergunte-lhes o que eles pensam sobre desistir do coração de Jerusalém, que é tão central para a nossa identidade".

Barak não tinha interesse em ouvir ninguém. Ele não consultou os judeus de Nova York. Ele não consultou seu próprio governo. Ele não consultou mais ninguém. Tentou negociar sozinho.

Arafat sequer respondeu com uma contraoferta. Acreditando que Barak fosse fraco e os judeus estivessem divididos, Arafat reagiu com aquele horrendo ataque de terrorismo que os palestinos chamaram de Segunda Intifada e que matou mil israelenses. Quando me demiti, avisei Barak que, assim como a vitória de 1967 fortalecera o povo judeu e aprofundara o vínculo com Israel, as mudanças por ele propostas enfraqueceriam o povo judeu e diminuiriam sua capacidade de identificação com Israel.

Mudei-me para uma tenda de protesto em frente à residência do primeiro-ministro em Jerusalém. Exigi um governo de unidade nacional. Todo tipo de pessoas visitava a tenda, algumas para me apoiar, outras para tentar me convencer. Uma impressionante delegação de generais pressionando pela paz apareceu. Liderados por Shlomo "Tchitch" Lahat, ex-prefeito de Tel Aviv e major-general, os generais me disseram: "Você e seus amigos venceram uma batalha heroica na União Soviética, mas nós vencemos as batalhas aqui. Conhecemos muito bem nossos inimigos. E sabemos que Barak trará a paz. Você deve ajudá-lo".

"Sei como funcionam as ditaduras", retruquei. "Arafat precisa da guerra para sua própria sobrevivência. Tudo o que estamos mostrando a ele é nossa extrema fraqueza neste momento. Não há como Barak trazer a paz com suas propostas."

Os generais vieram bem equipados, com câmeras da TV israelense filmando seus esforços de negociação por toda Jerusalém, a Cidade da Paz. Depois que seu segmento foi ao ar, o âncora de notícias mais amado de Israel, o "Sr. Televisão", Haim Yavin, veio me visitar para observar de perto o que estava acontecendo. Ele chegou no final da tarde de uma sexta-feira. Todos meus colegas manifestantes tinham ido para casa, a fim de se preparar para o *shabat*. Eu estava prestes a partir.

"O que aconteceu com você?", perguntou Yavin com simpatia, orientando o cinegrafista a filmar a tenda vazia. "Lembro-me do dia em que você chegou a Israel, o país inteiro estava com você. E, agora, você está aqui sozinho, em uma tenda vazia. O país inteiro está com Barak porque todos querem a paz. Você não se sente abandonado?"

Alguns dias depois, Barak voltou de Camp David de mãos vazias. A maior parte dos demais parceiros da coalizão renunciou em seguida. Decorridos dois meses, Arafat e os palestinos lançaram sua guerra de terrorismo contra civis israelenses. Em oito meses, Barak estava fora do cargo, repudiado pelo público israelense devido ao seu fracasso.

Na manhã seguinte à derrota de Barak por Ariel Sharon, que ganhou 62% dos votos contra os 38% de Barak, Haim Yavin me entrevistou de novo. Dessa vez, participei de um painel de discussão em seu estúdio de TV sobre as próximas batalhas de coalizão. Não querendo constrangê-lo, esperei até que eu estivesse fora de quadro para dizer: "Alguns meses atrás, você disse que eu estava sozinho. Você disse que Barak traria a paz. Hoje, Barak está sozinho. Praticamente todo o país o abandonou. E estamos presos numa guerra. Talvez haja algo que eu saiba sobre Arafat que você então não tenha levado em conta?"

"Mas, Natan", disse Haim, "se você tivesse ficado com Barak, poderia ter sido diferente". Imaginei aquela famosa foto de Camp David, em que Barak empurrava Arafat para a sala de negociações. Se ao menos eu, com meus músculos de rato de biblioteca, tivesse conseguido me unir a Barak, o mais importante herói de guerra condecorado de Israel, pressionando Arafat a assinar o acordo, então teríamos paz.

Tive inúmeras conversas do tipo "se ao menos, então" como essa. Era muito mais fácil decidir que um ingrediente ou condição no experimento estava errado do que questionar a hipótese subjacente, mesmo em meio a um fracasso tão dramático.

CLINTON MUDA DE CULPADO

Finalmente, o presidente Bill Clinton descobriu a farsa de Arafat, tendo recepcionado o líder palestino 13 vezes na Casa Branca, mais do que qualquer outro visitante estrangeiro. Entretanto, Clinton continuou a personalizar o problema. Quando a violência eclodiu, Clinton enlouqueceu, culpando Arafat pelo colapso do processo de paz de Oslo e a virada palestina para o terrorismo. Em sua última reunião no Salão Oval em janeiro de 2001, quando o bajulador Arafat chamou Clinton de "grande homem", o presidente gritou: "Sou um fracasso colossal, e a culpa é sua". Clinton disse mais tarde ao mundo que quando Arafat rejeitou a oferta de Barak em Camp David, em julho de 2000, ele rejeitou "o melhor acordo de paz que jamais conseguiria".

Em 2010, com Netanyahu de volta ao poder, Barack Obama na Casa Branca pressionando Israel, e a ex-primeira-dama Hillary Clinton como secretária de Estado tentando, em vão, avançar no processo de paz novamente, Bill Clinton reinterpretou o passado. "Um número crescente de jovens nas FDI são filhos de russos e colonos, as pessoas mais comprometidas contra a divisão da terra. Isso apresenta um espantoso problema", disse ele a repórteres. "É um Israel diferente. 16% dos israelenses falam russo."

Como prova de sua tese, Bill Clinton mencionou uma conversa que ele e eu tivemos com Ehud Barak durante as negociações de paz de Camp

David em julho de 2000. Clinton me descreveu como o único ministro israelense que rejeitou a ampla proposta de paz. "Eu disse", lembrou ele, "Natan, qual é seu problema com o acordo de paz?" Então, Clinton lembrou que eu havia respondido: "Não posso votar a favor disso, sou russo [...]. Vim de um dos maiores países do mundo para um dos menores. Você quer que eu o corte pela metade. Não, obrigado".

Bill Clinton respondeu inteligentemente: "Não me venha com essa. Você veio para cá de uma cela de prisão. Aqui é muito maior do que a sua cela de prisão". Acrescentou que, em comparação com a maioria dos russos, "era possível falar comigo, com muitos deles, não".

Eu gosto da blague. Agradeço o elogio indireto. É uma boa história com bom humor que sem dúvida diverte os muitos públicos bem pagos do ex-presidente. Ela também culpa Israel, sempre com elegância, pelo impasse em curso.

Infelizmente, a conversa nunca aconteceu. Nunca estive em Camp David. Eu estava sentado naquela tenda de protesto, não no retiro presidencial de Clinton. Nunca tive oportunidade de discutir o plano com o presidente Clinton.

Quando ouvi sua acusação pela primeira vez, fiquei furioso. Eu temia que fossem feitas novas acusações a Israel e eu me ressentia dos estereótipos étnicos a mim relacionados e a meus companheiros russos como rufiões. Depois de reler toda a entrevista de Clinton, porém, acho que entendi o que aconteceu. Ele provavelmente se lembrou de nossa longa conversa em Wye, em 1998. Ele estava essencialmente correto ao dizer que me opus às negociações de Camp David dois anos mais tarde e fui o único ministro a renunciar antes de Camp David, embora outros o tenham feito depois. Clinton provavelmente confundiu minha presença em Wye em 1998 com uma discussão em Camp David em 2000, em que perguntava a Barak onde eu estava. Seguindo a lógica americana, sou um ativista de direitos humanos, o que significa que sou um liberal, o que significa que eu deveria ser a favor da paz, o que significa defender concessões máximas a qualquer um. A verdade é que, em 2000 como em 1998 e desde o início de Oslo, eu sabia que Arafat jamais levaria a liberdade para seu povo, elemento essencial de uma paz sustentável.

Os choques múltiplos – as amplas concessões de Barak em Camp David sem nenhuma contraoferta, seguidas pelo retorno de Arafat ao terror – tiraram a credibilidade do governo de Barak junto à maioria dos israelenses. O resultado foi uma anomalia eleitoral em 2001, a única eleição especial de Israel para eleger um primeiro-ministro sem eleições amplas para o Knesset. Quando Ariel Sharon derrotou Barak, Sharon me convidou de volta ao Gabinete como vice-primeiro-ministro e ministro da Habitação e Construção.

DÉCADA DE 1990:
DIFUNDINDO A LIBERDADE, NÃO A DITADURA

É difícil lembrar agora, mas os anos de 1990 foram uma década de esperança e milagres. O Muro de Berlim caiu pacificamente. A União Soviética entrou em colapso pacificamente. A Cortina de Ferro ruiu pacificamente. A Alemanha foi reunificada, o regime de *apartheid* da África do Sul desapareceu e até a Irlanda do Norte parecia estar a caminho da paz. Como um problema após outro foi resolvido pacificamente, o mundo ficou impaciente para resolver o problema israelense-palestino também.

Com o assassinato de Rabin, um judeu, um israelense, um ocidental pareceu matar todo o processo de paz e a própria esperança. Fomos culpados, não o Hamas e seus homens-bomba ou Arafat e suas gangues de assassinos. Cada vez mais, muitas pessoas no mundo todo, incluindo judeus americanos liberais, começaram a se queixar. Elas questionavam por que Israel não podia, magicamente, fazer com que esse problema persistente desaparecesse, junto com a Guerra Fria e tantos outros desafios. Muitos começaram a indagar: "O que há de errado com vocês?".

Eu via as coisas de forma distinta. O que tornava Oslo diferente de todos os demais milagres dos anos de 1990? Estes promoveram a democracia; Oslo promoveu a ditadura. Na Europa Oriental, Rússia e África do Sul, a liberdade disparou. Esse processo de paz dependia de manter os palestinos sem liberdade. Ser escravizado pelo seu próprio ditador ainda é escravidão. Obviamente, a história não garante finais felizes em todos esses lugares, mas no Oriente Médio nós nos condenamos desde o início.

Embora parecesse que estava seguindo o fluxo da história naquele momento, Oslo foi contra a corrente dos anos de 1990. Tenha sido o ingênuo sonho do "novo Oriente Médio" de Peres, presumindo que os terroristas se transformariam em pacifistas, ou a abordagem cínica de Rabin de que "ele é nosso ditador", Oslo violou o espírito da época e os desejos naturais das pessoas. Talvez agora, que o terrorismo se tornou um fato da vida e muitos ocidentais se preocupam com a democracia, as pessoas estejam prontas para começar a entender por que esse plano imprudente estava condenado ao fracasso desde o início.

UM DISSIDENTE NA POLÍTICA

Entrei na política com a incumbência de me concentrar nas questões domésticas de Israel, com minha história pessoal me impulsionando para os assuntos da diáspora. Como membro do Comitê de Segurança, tive que descobrir também como contribuir com os debates sobre a segurança de Israel. Sempre que os generais e os analistas de inteligência passavam para um discurso militar, eu via a nostalgia de todos na mesa de seu período de serviço militar, enquanto eu fingia acompanhar a investida do *insider* no que diz respeito aos acrônimos das FDI.

Meu serviço militar consistiu em três semanas de treinamento de defesa civil. Minha idade e altura qualificaram-me para o serviço perpétuo de servir de vítima numa maca, ajudando outros a se tornarem bons soldados enquanto arrastavam meu "cadáver". Não obstante tal treinamento inadequado, desde o início do meu serviço público, pude experimentar em primeira mão a ameaça do Irã e a preocupação que ela gerou. Mas isso aconteceu quase por acaso.

FINALMENTE ME TORNEI UM ESPIÃO NA RÚSSIA

Em janeiro de 1997, visitei a Rússia pela primeira vez desde a minha libertação. Poderia ter sido uma viagem de trabalho normal, na qualidade do novo ministro da Indústria e do Comércio de Israel visitando nosso novo amigo pós-soviético. Em vez disso, converteu-se em uma jornada emocional e simbólica, fechando muitos círculos para mim.

Em fevereiro de 1986, deixei a União Soviética com quatro escoltas da KGB como um prisioneiro destituído de sua cidadania por mau comportamento. Onze anos mais tarde, voltei para a Rússia como ministro israelense, acompanhado de funcionários e de uma grande delegação de empresários israelenses, recebido com tapete vermelho em meia dúzia de ministérios russos. Em 1980, meu pai havia falecido sem que tivesse me visto uma vez sequer depois da minha prisão. Agora, eu poderia visitar seu túmulo e ver a única contribuição que pude dar para seu enterro desde minha cela de prisão: eu havia proposto a linha que estava gravada em sua lápide, o Salmo 25:13, "Sua alma repousará em paz e sua semente herdará a Terra".

Em dezembro de 1989, os soviéticos me baniram do funeral de Andrei Sakharov, ainda me considerando um traidor. Nessa viagem, visitei o túmulo de Sakharov, encontrei velhos camaradas e companheiros de cela no agora icônico apartamento de Sakharov, e entreguei uma fotografia oficial ao Centro Sakharov, uma imagem do memorial israelense para ele que ajudei a criar. Os Jardins Sakharov ficam na entrada de Jerusalém. Isso faz de Israel o único país que menciona o nome do meu mentor diariamente, em atualizações constantes sobre os engarrafamentos próximos.

Em 1976, eu me desloquei furtivamente por Moscou com dois jornalistas, suas câmeras contrabandeadas, esquivando-nos da polícia secreta, para filmar a luta dos dissidentes. As "invenções caluniadoras" do "filme ilegal" enfureceram tanto os soviéticos que eles incluíram o filme em minha acusação dois anos depois. Os promotores mostraram o filme, *A Calculated Risk*, durante meu julgamento, visando ilustrar como eu "ajudara" os inimigos do comunismo. Em 1997, levei um ônibus cheio de jornalistas internacionais que cobriam minha viagem no mesmo passeio pela liberdade. Retornei aos lugares em que nos organizamos, protestamos e fomos presos, dessa vez desfrutando da proteção da polícia russa.

No final dos anos de 1970, eu havia passado um ano e meio na prisão de Lefortovo em interrogatórios. Vinte anos depois, insisti em visitar a prisão como condição da minha viagem. Avital veio comigo e eu me tornei a primeira – e até agora a única – figura pública a visitar minha *alma mater* ainda em funcionamento em uma viagem turística. Também mostrei a Avital a solitária, que os carcereiros a princípio disseram que não existia mais.

Quando Avital e eu saímos da solitária infernal e da prisão, uma multidão de jornalistas nos cercou. "Por que você está voltando para esse lugar sombrio?", um repórter perguntou. "Não é doloroso?".

Eu respondi: "Pelo contrário. É inspirador demais voltar. Pense sobre isso. Neste mesmo lugar, 20 anos atrás, os líderes do mais poderoso serviço secreto do império mais poderoso do mundo na época insistiam que era o fim do movimento sionista, o fim do movimento dos direitos humanos na União Soviética, que todos os nossos amigos haviam sido presos. Eles alegaram que tudo estava acabado e que se eu não cedesse, jamais sairia dali vivo".

Continuei: "Agora, 20 depois, a KGB não existe. A União Soviética não existe. O comunismo não existe. O Pacto de Varsóvia não existe. Hoje, 200 milhões de pessoas daquela grande prisão chamada de União Soviética estão desfrutando de sua liberdade. O mundo é mais livre e mais seguro atualmente. A Cortina de Ferro caiu e os judeus estão deixando a União Soviética às centenas de milhares. Isso mostra o verdadeiro poder do povo judeu e do nosso exército de estudantes e donas de casa".

Nessa viagem, meus sonhos de infância se tornaram realidade. Graças à atenção dada à visita, a revista de xadrez em língua russa *64*, que eu costumava ler na adolescência de cabo a rabo, publicou minhas partidas de xadrez e meus quebra-cabeças. Minha satisfação em fechar o círculo da minha carreira de enxadrista de forma tão grandiosa competiu com a alegria que tive em fechar outra carreira. Depois de cumprir tantos anos de prisão por falsas acusações de espionagem, retornei à Rússia com uma missão secreta, além da missão oficial: trabalhar para a inteligência israelense.

303

Pouco antes de minha viagem a Moscou, Amos Gilad, diretor de pesquisa de inteligência militar no Aman*, me abordou. Ele e seu auxiliar me pediram para marcar uma reunião curta e confidencial com o mais alto funcionário que eu encontraria, o ministro das relações Exteriores da Rússia, Yevgeny Primakov. Eles queriam que eu o informasse que Israel tinha conhecimento de que tecnologia russa estava sendo vendida aos iranianos. "O ministro negará a acusação", disseram-me. "Mas nós queremos que eles saibam que sabemos e queremos ver sua reação."

Eles começaram a me explicar o que dizer e o que não dizer. Depois de rodadas de exercícios de treinamento, em todas as nuances do que fazer e do que não fazer, eu os interrompi: "Para evitar erros, digam-me exatamente o que querem que eu fale e transmitirei a mensagem palavra por palavra".

Minha reunião oficial com o ministro das Relações Exteriores Primakov correu bem. Aquele acadêmico culto, de profundas relações com a inteligência, acolheu nossa delegação cordialmente. Tivemos uma conversa ampla sobre como melhorar nossas relações culturais, econômicas e diplomáticas. A enfraquecida Federação Russa pós-soviética queria celebrar novos começos históricos com Israel.

Quando nosso breve encontro privado começou, mudei de tom abruptamente. Eu disse a Primakov que todas essas boas intenções não levariam a lugar nenhum se a Rússia continuasse a ajudar o Irã a desenvolver mísseis balísticos letais que poderiam chegar a Tel Aviv. "Não teremos escolha. Teremos que lutar contra o Irã e venceremos. Mas nada restará dessa amizade que nossos dois países claramente desejam."

Primakov pareceu suspirar de alívio. Ele provavelmente temia que eu fosse desafiá-lo sobre algum episódio desagradável da era soviética que estava além de sua alçada. Essa questão era fácil. Como esperado, ele a descartou. "Sinto muito, Natan Borisovich", disse ele. "Alguém está enganando você. Não estamos interessados em apoiar a agressividade do Irã. Definitivamente não estamos interessados em ferir Israel. E não estamos exportando tecnologia militar para o Irã."

---

* N.T.: Em hebraico, acrônimo de *Agaf Ha'Modiin*, Diretório de Inteligência Militar, é o serviço de inteligência das Forças de Defesa de Israel.

Puxando minha folha de dicas do bolso, expliquei como a empresa X no Norte entregara materiais Y no outono de 199Z e facilitara a produção de mísseis balísticos iranianos. Observei cuidadosamente enquanto ele anotava os detalhes.

Eu tinha repassado as informações que meus instrutores haviam incutido em mim, porém eu estava me divertindo. "Veja, não posso te contar mais do que já disse" – acrescentei, improvisando. "Mas, como você sabe, sou formado pelo MFTI, seu principal instituto científico nesse campo. Posso entender que, sem esse equipamento em particular, o Irã só poderia lançar sucata descontroladamente em nossa direção. É a sua tecnologia que o torna perigoso para nós."

Ainda balbuciando negações, Primakov repetiu: "Tenho certeza de que você está equivocado, mas prometo investigar isso".

Dois dias depois, poucas horas antes de nosso voo para casa, Avital e eu estávamos fazendo um tour de despedida pelas lojas de suvenires no Arbat, centro comercial histórico de Moscou. Alguém da embaixada israelense me localizou e enviou uma mensagem que havia sido retransmitida ao nosso embaixador. Primakov queria me ver imediatamente.

Os russos sabiam que eu estava a apenas algumas centenas de metros da sede do Ministério das Relações Exteriores, o que facilitou com que eu me retirasse discretamente do centro comercial por 20 minutos. Pouco tempo depois, eu estava de volta ao majestoso edifício do Ministério das Relações Exteriores da Rússia, um dos famosos "sete arranha-céus" de Stalin que fica na rua Arbat. "Queremos ser francos com você porque sua amizade é importante para nós", disse Primakov. "Verificamos as coisas. Você estava certo. Mas queremos que você saiba que nosso governo não estava envolvido. Uma empresa privada violou nossos protocolos de segurança", afirmou. "Vamos punir os infratores e garantir que isso jamais aconteça de novo."

Quando retornei a Israel, meus novos amigos da inteligência militar aguardavam impacientemente a resposta russa. Eu disse a eles palavra por palavra o que acontecera durante as duas reuniões. Como bons espiões, não demonstraram nenhuma emoção e sumiram.

No dia seguinte, o chefe de gabinete, Amnon Lipkin-Shahak, ligou. "Obrigado, Natan. Você prestou um grande e importante serviço ao nosso país", ele disse.

ATUANDO COMO CANAL EXTRAOFICIAL NA RÚSSIA

Fiquei feliz por ter ajudado e não esperava mais ligações desse tipo. Mas alguém em nossa equipe do serviço de inteligência provavelmente decidiu que eu era um especialista na mentalidade russa e um trunfo para lidar com tais questões. Fui convidado para reuniões ultrassecretas sobre a Rússia e o Irã. Minhas credenciais referentes à segurança foram elevadas ao nível do ministro da Defesa. No final, tornei-me extraoficialmente o ministro com uma responsabilidade especial no que tange às relações com a Rússia.

Ao todo, aprendi muito mais do que esperava sobre o perigo da ameaça iraniana. A maioria dos nossos vizinhos usava Israel como bode expiatório, o inimigo externo de que todo ditador precisa. A República Islâmica do Irã, no entanto, é um regime islamista totalitário, obcecado em lutar contra os Estados Unidos e destruir Israel. A tradicional base do confronto da Guerra Fria – o medo da destruição mútua garantida – não é para o Irã uma desvantagem, mas um bônus. A dimensão apocalíptica na ideologia dos iranianos islamistas vê a possibilidade de seu próprio povo morrer "como um incentivo, não um impedimento", explicou meu falecido amigo, o lendário especialista em Oriente Médio de Princeton, Bernard Lewis. Eles buscam esse "passe livre para o céu".

Enquanto trabalhava extraoficialmente para buscar informações, também colaborei com o vice-presidente dos Estados Unidos, Al Gore, em relação às iniciativas EUA-Israel para impedir proliferação. Após rodadas de negociações, obtivemos um grande sucesso durante uma visita à Ucrânia em 1998. Uma das empresas estatais da Ucrânia, a Turboatom, produzia turbinas a vapor gigantes para usinas nucleares. Tinha um contrato multimilionário para vender duas turbinas aos iranianos. O presidente ucraniano Leonid Kuchma e seu conselheiro de segurança Volodymyr Horbulin cancelaram o pedido.

Liguei para o vice-presidente Gore do escritório de Kuchma, tentando mostrar ao presidente ucraniano que nós, israelenses agradecidos, continuaríamos a solicitar reiteradamente aos americanos que agradecessem aos ucranianos com novos contratos e empregos. Alguns anos depois, diplomatas ucranianos queixaram-se comigo de que os americanos jamais cumpriram suas promessas financeiras.

Nunca tivemos sucesso com os russos. A tecnologia russa continuou a fluir para o Irã, mesmo quando cooperamos com o governo de Boris Yeltsin acerca de outros assuntos de segurança.

Em 1998, o chefe da nova organização russa da KGB, o FSB (Federalnaya Sluzhba Bezopasnosti, ou Serviço de Segurança Federal), visitou Israel pela primeira, e até agora única, vez. Fui solicitado a servir de anfitrião a Nikolay Dmitrievich Kovalyov – que ingressou na KGB em 1974 – em um jantar oficial íntimo no bairro Mishkenot Sha'ananim em Jerusalém. A data aumentou o surrealismo da situação: jantamos em 14 de julho de 1998, o vigésimo aniversário do dia em que denunciei o tribunal soviético e recebi minha sentença de 13 anos.

Eu gostava de lembrar a convidados como Kovalyov sobre esses marcos. Eles gostavam de parecer impassíveis quando eu os alfinetava. Então, declarariam: "Ficou tudo para trás".

"Bem, talvez seja hora de abrir os arquivos, para que outros *refuseniks* e eu possamos ler nossos registros da KGB", respondi, aproveitando minha vantagem. Kovalyov prometeu verificar a questão.

Eu não esperava muito, especialmente porque ele perdeu o emprego para Vladimir Putin quase tão logo retornou de Jerusalém. Eu disse em tom de galhofa: "Esse é o preço que um homem da KGB paga por visitar Israel".

O PRESENTE DE PUTIN

Durante minha visita seguinte à Rússia, em fevereiro de 1999, encontrei Putin em seu novo escritório na infame Lubyanka, a antiga sede da KGB que agora abrigava seu sucessor, o FSB. Expressei minhas preocupações habituais sobre o Irã e a tecnologia russa e minhas objeções usuais às declarações antissemitas feitas por alguns novos líderes russos. Alertei que, historicamente, tal retórica dera sinal verde aos extremistas e incentivara a violência.

Em vez de repetir a negação usual dos legalistas, dizendo que não havia antissemitismo na Rússia, Putin respondeu com inteligência: "Veja, algumas pessoas estúpidas dizem e fazem coisas estúpidas", ele admitiu. "Mas não se engane. Tememos os *pogroms* mais do que você. Para você, trata-se de algumas pessoas sendo espancadas aqui e ali; para nós, é uma perda de

Durante uma visita oficial a Moscou em fevereiro de 1999, para minha surpresa, tive a oportunidade de ler os arquivos preparados para o meu julgamento, 15 mil páginas em 51 volumes, no imponente antigo escritório do meu maior inimigo da KGB, Yuri Andropov.

controle. Se um grupo for bem-sucedido em fazer justiça com as próprias mãos, você tem ideia de quantos outros grupos poderiam seguir seu exemplo? Então não se preocupe, não permitirei nenhuma violência contra os judeus".

Quando a reunião terminou, Putin me surpreendeu novamente. "Sei que você pediu para ver os materiais do seu caso", ele disse. "Se quiser, pode vê-los agora". Perplexo, caminhei com meus funcionários até o imponente escritório do ex-chefe da KGB, Yuri Andropov, que tinha se transformado em um santuário à sua memória. Então lá estava eu, prestes a ler meus arquivos do tribunal, bem perto da mesa do homem que havia autorizado a minha prisão e as prisões de muitos dos meus amigos. Vasculhei os papéis que eu lera pela última vez em 1978 ao me preparar para o julgamento: 15 mil páginas em 51 volumes.

Adiando meu retorno a Israel por um dia, continuei lendo. Sentado ali o dia todo, lendo aqueles arquivos, eu balançava a cabeça e sorria. Lamento que Andropov não pudesse voltar do mundo dos mortos, ver agora todo o burburinho ao meu redor em seu escritório, e depois voltar para a Necrópole da Muralha do Kremlin na Praça Vermelha.

Quando encontrei Putin novamente, ele era presidente. Desacelerar a corrida nuclear do Irã e sua obtenção de mísseis balísticos continuou sendo a prioridade de Israel. Nos relatórios em que descrevi minhas reuniões com Putin e outras autoridades russas, enfatizei que eu acreditava que a Rússia não queria que o Irã tivesse armas nucleares. Os russos temiam seus próprios extremistas muçulmanos na Chechênia e em outros lugares. Mas também era óbvio para mim que Putin estava usando o Irã como uma carta na manga para forçar a aceitação americana da Rússia pós-soviética como uma superpotência. A Rússia parecia disposta a continuar ajudando o Irã a chegar perto de se tornar nuclear, sem cruzar a linha.

Putin e outros líderes russos sempre enfatizaram que os europeus – especialmente os alemães, os franceses e os holandeses – estavam fazendo muito dinheiro vendendo tecnologias aos iranianos. "Por que nós, russos, não deveríamos lucrar também?", eles se perguntaram. "Não repetiremos os erros da Ucrânia."

ENFRENTANDO A AMEAÇA IRANIANA

Quando Ariel Sharon se tornou primeiro-ministro, perdi meu papel informal de agente extraoficial com relação à Rússia. Quando se tratava de questões estratégicas urgentes, Sharon contava com um pequeno grupo de conselheiros de política externa que se ressentiam de *outsiders*.

No entanto, Arik sempre ficava fascinado ao ouvir sobre minhas conversas com Putin e outros líderes russos sobre questões judaicas. Ele estava especialmente interessado na reação de Putin sempre que eu pressionava o líder russo sobre o destino dos oligarcas judeus que caíram em desgraça quando sentiu que eles não estavam mais completamente a seu favor. Eu não me importava se fossem ricos ou não. O que importava era que o homem que me servia chá estava violando seus direitos humanos. Eu duvidava que minhas intervenções pudessem ajudar, mas sabia que tinha que tentar.

Ao mesmo tempo, desenvolvi laços estreitos com algumas importantes autoridades americanas. Assim, as reuniões referentes ao Irã continuaram, geralmente para transmitir mensagens aos nossos aliados mais próximos. Junto com outros israelenses, continuei tentando convencer os americanos de que o Irã era a verdadeira ameaça número 1 ao mundo livre e estava ficando cada vez mais perigoso. Essa discussão começou muito antes de os Estados Unidos invadirem o Iraque e continua até hoje.

Em Israel, há um consenso amplo e multipartidário entre políticos e profissionais de segurança de que o Irã representa a maior ameaça também ao nosso país. O debate gira em torno da forma mais eficaz de nos protegermos: militarmente, secretamente ou economicamente por meio de sanções. Durante esse debate muitas vezes angustiante, uma pessoa se destacou. O lendário diplomata Uri Lubrani, último embaixador de Israel no Irã, previu a queda do xá na década de 1970. Até seu recente falecimento, em 2018, Lubrani seguia antecipando mudanças de regime no Irã. Ele mantinha contato próximo com dissidentes iranianos, no Irã e no mundo. Como se poderia prever, a abordagem de Lubrani fez dele uma figura quixotesca isolada. Também como se poderia prever, endossei sua estratégia, assim como Bernard Lewis, que insistiu: "Só há uma solução para a ameaça iraniana, e ela só pode vir do povo iraniano".

Lubrani e eu ficamos tão amigos que eu sempre guardava em casa uma garrafa da vodca especial de que ele gostava. Discutíamos frequentemente a situação única no Irã, que tinha uma classe média que deveria ser preparada para a dissidência. "A República Islâmica do Irã me recorda os últimos anos da União Soviética", disse-me Mikheil Saakashvili quando visitou Israel como presidente da Geórgia em 2004. "Ali, todo funcionário fala muito criticamente sobre os Estados Unidos em público – e tece muitos elogios aos Estados Unidos em particular." Continuei a citar essa análise. Mas Lubrani e eu estávamos entre os poucos israelenses que apreciavam-na. Significava que o Irã, como a União Soviética de Gorbachev, havia chegado àquela fase final, quando até as elites se tornam duplipensadoras.

GEORGE W. BUSH: O PRESIDENTE DISSIDENTE

Embora minha crença em vincular direitos humanos e relações internacionais encontrasse poucos adeptos em casa, encontrei um defensor surpreendente no exterior: o presidente George W. Bush. Apesar de ter sido criado como membro do *establishment* estadunidense, apesar de um histórico de petróleo e beisebol, Bush compreendia profundamente a mentalidade e a visão dos dissidentes.

Conheci Bush quando ele visitou Israel como candidato presidencial. Para ser honesto, não fiquei impressionado. Ele não conhecia nada sobre a luta dos judeus soviéticos. Ele não sabia nada sobre a contribuição de seu pai para libertar os judeus da Rússia e da Etiópia. Logo após nosso encontro, Bush me enviou uma nota formal de agradecimento. Em um *postscriptum* mais pessoal, acrescentou: "A propósito, meus pais realmente te conhecem e se lembram de você com carinho".

Depois que os terroristas da Al-Qaeda atacaram os Estados Unidos em 11 de setembro de 2001, oito meses após a eleição de Bush, aplaudi sua inflexível postura contra o terrorismo. Eu esperava pouco dos representantes de democracias.

Em 4 de abril de 2002, dias depois que as FDI lançaram a Operação Escudo Defensivo contra as fortalezas terroristas dos palestinos, o presidente Bush abordou a situação. Em seu discurso na Casa Branca, como esperado, exigiu que nos retirássemos imediatamente. Acrescentou, porém, que os palestinos necessitavam de liderança democrática como pré-requisito para negociações sérias. "Eles merecem um governo que respeite os direitos humanos e um governo que se concentre em suas necessidades, educação e saúde, em vez de alimentar seus ressentimentos", insistiu.

Esses foram tempos difíceis. Em meio ao som e à fúria da batalha, teria sido fácil não captar a mensagem direta do presidente. Eu não. Eu me sentia como se precisasse me beliscar enquanto lia. Finalmente, depois de nove anos sendo descartado como um romântico – até mesmo com amigos próximos revirando os olhos sempre que eu falava sobre Oslo, paz e democracia –, a situação mudou. O presidente dos Estados Unidos falou no Rose Garden sobre palestinos, paz e democracia.

Dias depois, voei para Washington para discursar na manifestação pública de apoio à operação defensiva de Israel contra o terror. Comentando na CNN, aplaudi os comentários surpreendentes, emocionantes e subestimados de Bush dando as boas-vindas à democracia como a melhor força para garantir a paz com os palestinos.

Durante minha viagem, encontrei a conselheira de segurança nacional de Bush, Condoleezza Rice. O discurso do presidente recebeu muita atenção, disse ela, mas eu parecia ser o único a reconhecer sua prioridade em relação à liberdade. "Iremos agora prestar cada vez mais atenção a essa abordagem", explicou. Inspirado pelo novo compromisso da administração, decidi escrever uma proposta no estilo do Plano Marshall sobre a qual eu estava refletindo, vinculando o aumento da ajuda aos palestinos e o investimento em sua economia com marcas claras de avanço democrático na construção da sociedade civil. Assim como grande parte do mundo se voltara para o capitalismo e se afastara do socialismo na década de 1990, eu esperava que o mundo se voltasse à democracia no século XXI.

Consegui minha prova final de que esse presidente se identificava com os dissidentes e entendia que os líderes ocidentais deveriam apoiar seu trabalho para construir a democracia quando ouvi Bush elogiar Ronald Reagan em junho de 2004.

Participar do funeral na Catedral Nacional de Washington foi um estranho momento de imagem espelhada: eu parecia estar liderando a delegação israelense ao enterro. Na verdade, eu estava desafiando a ordem direta do meu primeiro-ministro de não comparecer. Quando soube que Ronald Reagan havia falecido, aos 93 anos, presumi que uma delegação israelense de alto nível iria ao funeral. Enviei um artigo ao *Jerusalem Post* honrando a excepcional clareza moral de Reagan ao denunciar a União Soviética como o "império do mal". Enquanto eu escrevia uma carta de condolências à família Reagan, falei com alguém do escritório de Sharon. Ninguém do governo de Israel iria ao funeral para homenagear Reagan. Perguntei qual era o motivo, e recebi algumas explicações técnicas vagas.

Liguei para o presidente de Israel, Moshe Katzav. "Natan, você está certo. Não é bom que Israel não esteja representado. Estou disposto a ir. Mas não quero desafiar o primeiro-ministro. Ele tem que pedir que eu vá." Telefonei para Netanyahu, que era ministro das Finanças. "Claro, é um erro", disse Bibi. "Vamos nós dois. Vou ligar para Arik e providenciar isso."

Quando cheguei em casa, Avital se ofereceu para se juntar a mim, a fim de também demonstrar sua gratidão a Reagan. Bibi então ligou, avisando: "Arik se opõe totalmente à nossa viagem. É constrangedor demais para mim contrariá-lo." Repórteres constantemente colocavam sob escrutínio a intensa rivalidade Arik-Bibi, buscando problemas. "Mas eu vou apoiá-lo se você ainda quiser ir."

Confuso com toda essa resistência, entrei no carro com Avital. No caminho de Jerusalém ao aeroporto, liguei para o secretário do Gabinete, Israel Maimon, para informá-lo que eu não compareceria à reunião habitual de domingo. Maimon ligou de volta em seguida e disse, um tanto formalmente, "o primeiro-ministro Sharon instrui você a não comparecer ao funeral do presidente Reagan". Sharon estava enviando seu embaixador em Washington, Danny Ayalon, para representar Israel. Era isso. Muitos outros ministros quiseram ir, disse Maimon. "Se você for, irá causar ciúmes e confusão."

Liguei para o procurador-geral Elyakim Rubinstein. Felizmente, a viagem para o Aeroporto Ben-Gurion leva tempo e foi possível acomodar nesse ínterim todos os telefonemas. "Se o primeiro-ministro me instrui, como membro do Gabinete, a não comparecer a esse tipo de função, posso ir, no entanto, como um cidadão particular?", perguntei. "Não estou pedindo permissão. Só quero entender a lei." Rubinstein disse que o primeiro-ministro poderia me demitir a qualquer momento. Fora isso, eu era livre para ir.

Então liguei para Maimon para informá-lo que eu estava tirando alguns dias de folga para comparecer ao funeral como cidadão comum. Orientei nosso agente de viagens a pagar as duas passagens de nossa conta pessoal.

Ao entrar na Catedral Nacional, alguém me indicou um lugar que a família de Reagan reservara para mim. Antes que eu percebesse, eu estava sentado na parte da frente da igreja, logo atrás de Margaret Thatcher e Mikhail Gorbachev.

Na primeira reunião de Gabinete após meu retorno, um dos ministros observou quão gratificante tinha sido ver "a delegação israelense" – eu – sentado de forma tão proeminente no funeral. Isso confirmava nosso "relacionamento especial" com os Estados Unidos. Olhei para Arik, que permanecia em silêncio. Respondi que estava honrado em representar Israel, dar a esse herói que ajudou a derrubar o comunismo e libertar os judeus soviéticos a despedida que ele merecia.

313

No final, descobri a explicação mais plausível para o comportamento rancoroso de Sharon. Em sua biografia de 2014 de Sharon, o ex-editor do *Haaretz*, David Landau, observou que, quando Israel invadiu o Líbano em 1982, Reagan ficou furioso. Sharon sabia que muitas das críticas de Reagan à guerra eram dirigidas a ele como ministro da Defesa. Ele nunca perdoou Reagan por sua furiosa pressão para que houvesse uma retirada e não viu razão para homenageá-lo.

Em contraste, no seu discurso de homenagem póstuma a Reagan, o presidente Bush o elogiou por chamar "o mal pelo nome", acrescentando que "não havia céticos nas prisões e *gulags*, em que os dissidentes espalharam a notícia, transmitindo uns aos outros em código o que o presidente americano ousara dizer".

"Meu Deus, Bush está citando meu artigo", pensei comigo mesmo, emocionado novamente por encontrar um ideológico camarada de luta depois de tanto tempo.

A ideia do dissidente-como-defensor-democrático havia capturado a imaginação de Bush. Seu discurso confirmou que, finalmente, alguém poderoso estava ouvindo minha análise sobre como derrotar as sociedades do medo.

MINHA AMIZADE COM O PRESIDENTE BUSH

Fiquei mais surpreso ao saber que Bush havia sido um dos primeiros leitores do meu livro. Nove dias após sua reeleição, em novembro de 2004, Bush me recebeu na Casa Branca. Eu já estava nos Estados Unidos para promover meu livro *The Case for Democracy*. Peter Osnos, meu editor e ex-repórter do *Washington Post*, que havia me ajudado em Moscou, compartilhara as provas do livro com Tom A. Bernstein, amigo do presidente Bush e ex-parceiro dele no clube de beisebol Texas Rangers. Bernstein então repassou o livro ao presidente.

Quando Bush e eu discutimos a obra, ele se concentrou em uma metáfora que meu coautor e eu tínhamos usado, comparando um estado tirânico a um soldado que aponta uma arma para um prisioneiro por horas a fio. No fim, os braços do soldado ficam cansados. Ele abaixa a arma e o cativo foge.

O dissidente Andrei Amalrik havia usado essa metáfora em 1969, quando escreveu seu corajoso ensaio *1984: chegará a URSS até lá?* Agora, o interesse do presidente trouxe a metáfora de Amalrik de volta à vida.

Bush disse: "Sempre senti que a liberdade não é uma invenção americana, mas um presente de Deus para todas as pessoas. Você conseguiu explicar isso racionalmente".

Apreciei a gentileza de Bush, embora eu já não me deixasse enganar por sua atitude de "sou apenas um cara simples do Texas". Seu compromisso claramente era mais profundo que o meu livro. Ele admitiu: "Esse pensamento faz parte do meu DNA presidencial".

Eu disse a Bush que ele era um verdadeiro dissidente. Em vez de seguir as pesquisas de opinião, ele permaneceu fiel às suas crenças e lutou por elas. Os dissidentes são solitários, alertei, mas, no final, a história está do lado deles. Contestando a alegação condescendente de que os palestinos não estavam prontos para a democracia, lembrei-me de quantos especialistas diletantes costumavam decretar que, embora a democracia fosse maravilhosa, nossa causa como dissidentes nunca abalaria a União Soviética. Eu disse que ele estava agindo na tradição de Henry Jackson, Margaret Thatcher e Ronald Reagan, ligando a política externa aos direitos humanos.

A reunião no Salão Oval me impressionou. Contudo, comecei a me preocupar se não tinha violado o protocolo diplomático. Ministros israelenses não devem se reunir com o presidente dos EUA sem informar o primeiro-ministro. Liguei para Sharon. Relatei mais uma vez que Bush iria colocar a democracia no centro da ordem do dia e que talvez fosse a hora de vincular quaisquer outras concessões para a paz a compromissos palestinos concretos em direção à sociedade civil. Arik não ficou entusiasmado, e replicou: "Discutiremos isso quando você voltar". Ele estava no meio de uma enorme luta pelo poder para forçar a retirada de Gaza através do Likud e do Gabinete. Eu já havia condenado essa ação e Arik aguardava a confirmação do apoio de Bush.

Voltei para casa com minha primeira caixa de livros e dei uma cópia a Arik. "Que bom que você convenceu Bush sobre coisas que não existem", disse ele sarcasticamente. Sharon não estava disposto a deixar que ninguém o distraísse de seu plano de retirada de Gaza.

Quando me demiti do governo para protestar contra esse plano de retirada unilateral de Israel, escrevi ao presidente Bush uma longa carta explicando minhas ações. Bush respondeu, enfatizando que ele compartilhava minhas crenças na democratização e que permaneceríamos espíritos pró-democráticos afins. Ainda assim, como presidente, ele tinha que confiar em seu amigo, o "general Sharon".

Minhas relações cordiais com o presidente Bush complicaram meu relacionamento com muitos judeus americanos. Atualmente, inúmeros judeus liberais, como a maioria dos democratas, odeiam o presidente Trump com tanta intensidade que se esquecem do quanto detestavam Bush. Na época, o ódio era virulento. Então, como agora, muitos judeus americanos sequer podiam agradecer ao presidente quando ele apoiou Israel entusiasticamente, ao mesmo tempo que muitos judeus ortodoxos não podiam criticar o presidente porque ele era pró-Israel. Alguns dos mais severos críticos judeus de Bush assumiram que, se aquele desprezível presidente era tão pró-Israel, devia haver algo de errado com Israel.

Eu gostava de citar a frase de Bush de que "a liberdade não é uma invenção americana; é um presente de Deus". Essa expressão universal me pareceu algo que todo judeu liberal deveria aplaudir. Portanto, fiquei surpreso quando a citei num discurso perante uma importante organização judaica e o ambiente na sala se tornou hostil. "Como você pode ser amigo desse homem?", uma mulher obviamente secular, que parecia não entrar em uma sinagoga havia anos, me disse com rispidez. "Você não entende que o deus dele não é o nosso Deus?"

Eu nem mesmo entendia que a postura dele sobre a democracia não era a nossa.

Entendi, entretanto, a crescente frustração com Bush quando sua presidência ficou atolada na Guerra do Iraque. Em 2007, quando um repórter do *Jerusalem Post* me pediu que eu avaliasse Bush, eu o chamei de "um dissidente solitário pela democracia". Ele merecia grande respeito por suscitar a questão democrática num momento crítico da história mundial, no verdadeiro espírito dissidente.

Um presidente deve ser ousado, mas não ousado a ponto de isolar-se. Critiquei a forma como Bush mimava os palestinos e como ele, à semelhança da maioria dos presidentes, não conseguia compreender que os charmosos e generosos sauditas temiam a democracia ainda mais do que temiam o Irã.

Subjacente à minha análise estava meu desacordo fundamental com a crença do presidente Bush de que, ao poderem votar, os cidadãos estariam livres. Uma sociedade livre é indispensável para que eleições verdadeiramente livres ocorram. A fé de Bush nas eleições o deixou despreparado para o caos no Iraque e para a tomada de Gaza pelo Hamas.

No entanto, admirei o apoio consistente de Bush aos dissidentes democráticos. Avalio que Bush tenha se reunido com mais de 100 dissidentes do mundo inteiro. Não importava para ele onde estavam lutando pela liberdade. Poderia ser contra regimes hostis aos Estados Unidos, como a Coreia do Norte e o Sudão, ou potências concorrentes, como a Rússia e a China, ou as chamadas ditaduras amigas, como o Egito. Bush pressionou tanto o Egito para que libertasse o ativista democrático Saad Eddin Ibrahim da prisão, incluindo a suspensão de aumento de ajuda, que o ditador do Egito, Hosni Mubarak, se recusou a visitar a Casa Branca durante seu segundo mandato.

Hoje, por meio de seu *George W. Bush Presidential Center* em Dallas, Texas, Bush tem republicanos e democratas trabalhando juntos para apoiar dissidentes no mundo inteiro. A natureza bipartidária de seu *Human Freedom Advisory Council* (Conselho Consultivo sobre Liberdade Humana), no qual atuo, é particularmente impressionante durante esses tempos partidários. Infelizmente, nenhum de seus dois sucessores imediatos, Barack Obama e Donald Trump, seguiram o compromisso central de Bush de combater as ditaduras, estimulando os dissidentes.

Quando Obama foi eleito presidente em novembro de 2008, participei da excitação que varreu grande parte do mundo liberal. Escrevi um editorial dizendo que o mundo entendeu que Obama pretendia revolucionar a política americana e distinguir sua presidência da de Bush. Em meio às mudanças inevitáveis, implorei a Obama para que seguisse os passos de Bush, apoiando a democracia, reunindo-se pessoalmente com os democratas dissidentes e cuidando deles.

Tive uma discussão com Obama durante sua corrida presidencial, em março de 2007, quando visitei Washington a fim de convidar o presidente

Bush para falar em nossa conferência de dissidentes em Praga. Para ampliar nossa coalizão, convidei líderes democratas a se juntarem a nós. Embora estivesse muito ocupado com sua candidatura recém-anunciada para poder viajar para tão longe, o senador Obama respondeu ao meu telefonema de imediato e gentilmente me convidou para um encontro em seu escritório no Senado.

Obama me impressionou com seu charme, presença e entusiasmo clintonescos. Discutimos a importância da luta pela liberdade nas sociedades do medo. Quando levantei especificamente a questão dos dissidentes iranianos, ele falou apaixonadamente sobre seu apoio a esses heróis. Infelizmente, como presidente, Obama reiteradamente priorizou o envolvimento com regimes ditatoriais em vez de questionar sua atitude com relação aos direitos humanos. No Cairo, em junho de 2009, Obama falou com desenvoltura admirável sobre princípios democráticos, o respeito às mulheres, a defesa dos direitos humanos. No entanto, de alguma forma, nesse longo, bem divulgado e cuidadosamente elaborado discurso, ele ignorou as ações opressoras de Hosni Mubarak, incluindo os blogueiros, críticos e jornalistas pró-democracia que os egípcios haviam mantido na prisão.

Pior ainda, Obama vacilou durante os momentos críticos do Movimento Verde no Irã, em 2009. De acordo com dissidentes iranianos com quem conversei mais tarde, milhões de iranianos encontravam-se em um momento decisivo, vacilantes, preparados para cruzar essa linha psicológica crítica entre duplipensamento e dissidência. Naquele momento, os democratas iranianos precisavam de uma administração americana disposta a afirmar inequivocamente que apoiava seus objetivos e permanecia firme ao lado deles. Barack Obama os decepcionou.

A prioridade de Obama era chegar a um acordo com Teerã sobre seu programa nuclear. Ele temia indispor o regime ao apoiar os dissidentes. Sua passividade nessa conjuntura-chave foi como água fria despejada em uma panela fervente; desencorajou o fervor revolucionário precisamente quando poderia ter encorajado mudanças significativas. Quando confrontei Michael McFaul, conselheiro sênior de Obama em questões de democracia e, mais tarde, embaixador na Rússia, ele alegou que o governo temia pela segurança dos dissidentes iranianos. O apoio americano teria tornado mais fácil aos mulás que rotulassem esses dissidentes como traidores.

Eu reconhecia esse argumento dos meus dias soviéticos. Isso é o que os políticos no mundo livre costumam dizer quando não querem perturbar seus parceiros totalitários. Os dissidentes, que já cruzaram a linha, nada têm a perder e querem ajuda. Mais tarde, veio a público que Obama também impediu a CIA de apoiar os dissidentes secretamente. Em *The Iran Wars* (As guerras iranianas), o veterano correspondente Jay Solomon recrimina as ações de Obama, atribuindo-as ao seu "compromisso obsessivo" com negociações.

Quando Donald Trump foi eleito, também ele quis se distanciar de seu antecessor. No entanto, seguiu Obama ao abandonar os dissidentes. Trump levou a política externa americana de direitos humanos a novas profundidades absurdas. Sua afirmação de que os norte-coreanos apoiam Kim Jong Un com "grande fervor" minou a postura moral dos Estados Unidos, sabotou os dissidentes norte-coreanos e deu legitimidade a um ditador perverso. A recusa chocante de Trump em confrontar o presidente Vladimir Putin sobre a flagrante interferência da Rússia nas eleições presidenciais dos EUA em 2016 enfatizou sua misteriosa falta de vontade de proteger os direitos democráticos dos americanos, que dirá então dos direitos humanos dos russos ou as aspirações democráticas de outros.

Existem grandes diferenças de tom e conteúdo entre Barack Obama e Donald Trump. No entanto, ambos afastaram o mundo da vinculação com os direitos humanos, de volta a uma *realpolitik* cínica. Obviamente, as políticas pró-democracia de Bush não funcionaram no Iraque e no Afeganistão. Mas ele merece crédito pela consistência de sua visão e pelo seu enorme apoio aos dissidentes.

UM *JAMBOREE* DE DISSIDENTES EM PRAGA

Há quem se pergunte: por que se preocupar com os dissidentes? Por que consultá-los? Quanta influência eles podem ter? Os dissidentes são sempre uma pequena minoria. Geralmente, parecem fracos e desconectados.

Mas os dissidentes democráticos desempenham dois papéis fundamentais em suas sociedades. Primeiro, eles funcionam como um teste decisivo. Compreendendo a cisão entre os verdadeiros crentes e os duplipensadores, são capazes de identificar os exércitos invisíveis dos duplipensadores, mesmo quando o regime parece forte do lado de fora. Tendo rompido as ilusões forçadas do ditador, eles podem ajudar os *outsiders* a ver para além da fachada. Em segundo lugar, podem ser agentes de mudança, auxiliando as sociedades na transição do medo para a liberdade.

Em 2007, convoquei uma reunião única de dissidentes democráticos em Praga. Co-organizei o evento com o ex-presidente tcheco Václav Havel e o ex-primeiro-ministro espanhol José María Aznar, no Czernin Palace, de quase 350 anos. Esse grandioso palácio barroco serviu como quartel-general nazista durante a Segunda Guerra Mundial. Ali, em 1948, agentes da KGB, fazendo-se passar por revolucionários comunistas, provavelmente empurraram Jan Masaryk, ministro das Relações Exteriores e mártir democrático, da janela de seu escritório, ocasionando sua morte. O Pacto de Varsóvia, a aliança militar soviética que competia com a OTAN, foi ali encerrado em 1991.

Em meio a toda essa história, o encontro ofereceu vislumbres de um futuro esperançoso. Foi emocionante ficar ao lado de ativistas democráticos dos cinco continentes. Em um canto da sala estava Lyudmila Alexeyeva, cofundadora junto comigo do Grupo Helsinque de Moscou, que ainda lutava pela sociedade civil na Rússia de Putin. Perto dela estava o supe-rastro do xadrez que se tornou dissidente, Garry Kasparov. Juntaram-se a nós velhos amigos e veteranos da luta pelos direitos humanos, como Saad Eddin Ibrahim do Egito, Mithal al-Alusi do Iraque e o palestino Bassem Eid, assim como dissidentes da China, da Bielorrússia, da Síria, da Líbia, do Líbano, do Irã e do Sudão, que encontrei pela primeira vez.

Eu havia convidado o presidente Bush para falar na conferência. A maior parte de seus conselheiros se opôs. Quando verifiquei as coisas com um contato da Casa Branca, ele me disse para não me preocupar. "Existe apenas uma pessoa na Ala Oeste que quer que Bush vá à sua conferência. Felizmente para você, é o próprio presidente". Além de fazer comentários formais, Bush se reuniu em particular com cada dissidente. Eu sabia como essas reuniões eram cruciais.

Apesar de virmos de 17 países diferentes, falávamos a mesma língua da liberdade, a língua dos direitos humanos. Todos nós havíamos conhecido — ou ainda conhecíamos — o mundo da repressão, do medo, do duplipensa-mento e da dissidência democrática não violenta.

Em junho de 2007, José María Aznar, presidente do governo da Espanha na ocasião, e Václav Havel, ex-presidente da República Tcheca, se juntaram a mim para a convocação de um fórum singular de dissidentes democráticos que lutavam ativamente contra a ditadura em seus países. O presidente George W. Bush foi o principal orador nessa *Democracy and Security Conference em Praga.*

Nos fóruns abertos, vimos que não obstante serem oriundos de 17 diferentes países, quase 36 dissidentes falavam a mesma língua de liberdade e de direitos humanos.

Meu amigo de 20 anos, o dissidente palestino Bassem Eid, que também participou da conferência em Praga – nesta foto estávamos no meu escritório da Agência Judaica, que comecei a presidir em junho de 2009.

321

Mais tarde, o mundo ocidental seria surpreendido pelo Movimento Verde no Irã, que começamos a prever em Praga. Da mesma forma, com a mesma precisão que os profetas-dissidentes da União Soviética mostraram, os ativistas em Praga previram terremotos políticos que abalariam as ditaduras de Mubarak no Egito, de Gaddafi na Líbia e de Assad na Síria, no prazo de três a cinco anos.

Ouvindo-os, observando-os, pude sentir a história sendo feita. Isso confirmou minha opinião, e a de Bush, de que a maior arma do mundo livre nessa luta é o incrível poder de suas ideias.

MEUS UNIVERSOS PARALELOS

Os dissidentes que encontrei em Praga em 2007 me fizeram pensar naquele outro fórum em que estive sentado durante a maior parte dos últimos nove anos: o Gabinete israelense. Às vezes, mesmo durante as discussões mais mundanas, eu ainda ficava animado com o pensamento de que aqui estávamos nós, moldando a história. Eu imaginava quantas gerações de judeus pensariam que toda essa cena de uma democracia judaica posta em ação era fantástica. Mesmo durante as discussões mais acaloradas com meus rivais mais agressivos, mesmo depois dos mais decepcionantes votos, jamais perdi a sensação de que com essas pessoas, meus companheiros de luta, estávamos inventando novos paradigmas para o futuro judaico.

No entanto, pensar em meus dois mundos juntos era chocante. Dissidentes que lutam pela liberdade e políticos israelenses existem em universos paralelos, porém raramente falam uns com os outros. E servir no governo me mostrou o quão difícil poderia ser equilibrar meu impulso de *outsider* e minha posição de *insider*.

Quando eu era ministro da Indústria e do Comércio, a criação de laços econômicos com a China se tornava cada vez mais importante. Em 1997, quando um funcionário do Ministério das Relações Exteriores me deu instruções antes que eu recepcionasse um líder chinês, perguntei sobre a repressão política na China. "Sabemos quantos prisioneiros políticos existem ali?" "Não temos esse tipo de informação – e não falamos sobre isso", disse ele tensamente, afastando o olhar. "Deixamos isso para os americanos."

Durante nossa reunião, segui a pauta econômica – ou quase. Quando terminamos, disse que precisava adicionar um item. Afirmei que como preso político em recuperação, que foi libertado porque as pessoas ao redor do mundo estavam preocupadas comigo, eu me preocupava com a situação dos presos políticos e das prisões na China. Meu assessor do Ministério das Relações Exteriores ficou lívido, depois vermelho, depois lívido novamente. Mas o oficial chinês, imperturbável, respondeu polidamente. "Meu caro ministro Sharansky", disse ele, "receio que o senhor esteja desinformado. Venha, visite a China. Eu o convido a se juntar a mim e visitaremos nossas prisões juntos. O senhor verá que elas são civilizadas – e são para criminosos, não dissidentes."

Senti-me mal por colocar meu colega do Ministério das Relações Exteriores numa cilada. E entendi o ângulo do governo: o comércio com a China estava crescendo, de US$ 50 milhões por ano em 1992 para US$ 1 bilhão em 2000, US$ 15 bilhões hoje. Contudo, me senti ainda pior pelos milhões de prisioneiros políticos chineses.

De alguma forma, esse convite nunca veio – e o Ministério das Relações Exteriores nunca mais me convidou para recepcionar visitantes chineses.

A cisão evocou meu passado soviético, quando eu me encontrava nos universos do ativismo sionista e do ativismo dos direitos humanos. Inúmeras pessoas me disseram que eu deveria escolher entre os dois. Escolhi ambos – no mundo real, na minha democracia, era mais difícil equilibrar.

Hoje, o sucesso de Israel em manter a única democracia em um mar de tirania no Oriente Médio mina o poder de seus vizinhos totalitários. Ao mesmo tempo, os dissidentes democráticos que lutam pela liberdade enquanto perpetuam com orgulho as tradições de seu povo, abrem caminho para novos modos de se relacionar uns com os outros, cooperar uns com os outros e talvez até dar início a um verdadeiro processo de paz. Espero que a história prove, mais uma vez, que não temos que escolher entre o universo da nossa identidade e o universo deles da liberdade. Podemos ajudar uns aos outros a defender ambos.

OBSERVANDO A DETERIORAÇÃO DO DIÁLOGO NA UNIVERSIDADE

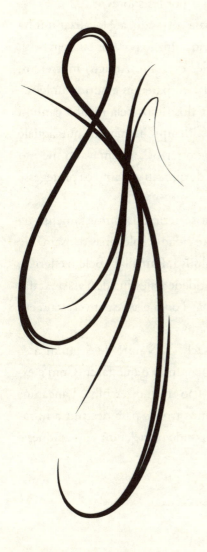

Em 15 de abril de 2002, participei novamente de manifestações em Washington. Dessa vez, eu estava ali oficialmente, como vice-primeiro-ministro de Israel, representando o primeiro-ministro Ariel Sharon e o governo israelense. Juntei-me a 100 mil americanos, a maioria judeus, que se reuniram para apoiar a operação israelense Escudo Defensivo.

Como muitos de nós havíamos alertado, as amplas concessões de Ehud Barak em Camp David em julho de 2000 não trouxeram paz. Ao contrário, Yasser Arafat lançou uma guerra violenta e renovada de terrorismo contra nós, começando em setembro de 2000, o que os palestinos chamaram de Segunda Intifada. O mês de março de 2002 foi especialmente sangrento. Terroristas assassinaram 130 israelenses, incluindo 30 mortos por um homem-bomba durante o *seder** de Pessach no Park Hotel em Netanya.

Durante 17 meses, bombas explodiram em cafés e ônibus; pessoas eram baleadas enquanto dirigiam, se deslocavam, praticavam corrida e tomavam café. Crianças em idade escolar em nosso bairro, como em outros lugares, foram mortas. Eu me vi indo a funeral após funeral, fazendo visita de *shivá*** após *shivá*. Vi pais enterrarem seus filhos e filhos enterrarem seus pais. Minha secretária foi ferida em uma explosão em um ônibus que matou uma pessoa bem perto do nosso escritório. Ela, ferida e apavorada, foi "sortuda" – no vocabulário distorcido que desenvolvemos – por ter sobrevivido.

Toda vez que ouvia um estrondo, eu saía correndo, até localizar minha esposa e minhas filhas. Eu suspirava em alívio culpado por elas estarem bem, sabendo que alguém estaria de luto. E eles estavam. Amigos morreram. Amigos perderam membros. Amigos perderam parentes e outros amigos.

Nesse clima, despedir-se do cônjuge e dos filhos pela manhã ganhou um significado especial, um toque a mais. Sempre temíamos que aquele tchau pudesse ser o último. À medida que o terror aumentava, o mesmo acontecia com as exigências dos israelenses de que seu governo os protegesse de forma mais eficaz.

Sob os acordos de Oslo, Israel havia se retirado completamente da Área A, sem deixar presença militar nas sete cidades palestinas densamente povoadas de Nablus, Jenin, Tulkarem, Qalqilya, Ramallah, Belém e Jericó, juntamente com 80% de Hebron. A Autoridade Palestina de Yasser Arafat exercia ali total controle civil e de segurança. Todas elas se converteram em centros de fabricação de bombas e terrorismo.

No dia seguinte ao massacre de Pessach, o Comitê de Segurança se reuniu. Ficamos acordados a noite toda, pensando o que fazer. Com a escalada da violência e centenas de mortos, não tivemos escolha. Lançamos a Operação Escudo Defensivo, despachamos tropas para destruir a infraestrutura dos terroristas. Nós os atingimos onde planejaram seus ataques e produziram suas bombas.

---

* N.T.: Refeição em que é narrado o êxodo do Egito, na festa de Pessach.
** N.T.: Os primeiros sete dias do luto na tradição judaica.

Como esses terroristas estavam escondidos no coração das cidades palestinas, decidimos que Israel não usaria armas pesadas. Não lançaríamos bombas ou morteiros em áreas povoadas. As FDI enviariam soldados de casa em casa. Entendemos a escolha que estávamos fazendo. Ao tentarmos limitar as baixas civis palestinas, arriscamos as vidas israelenses.

A pior luta irrompeu na casbá de Jenin. Esse campo de refugiados superlotado, próximo à cidade de Jenin, em que viviam 13.500 pessoas, era a base de pelo menos 25% dos terroristas que assassinaram nossos cidadãos. Ali, em meio a intensos combates de casa em casa, soldados israelenses mataram 55 palestinos. A maioria morreu ainda de armas nas mãos. Estando nós tão próximos, os palestinos armaram emboscadas para nossos soldados, matando 23 deles. Esses eram os fatos. Agora a verdadeira história termina e a Grande Mentira começa.

Primeiro, os palestinos contaram pequenas mentiras específicas aos repórteres: que os soldados amarraram um palestino antes de atirar nele, que soldados usaram crianças como escudos humanos, que os soldados jogaram dezenas de palestinos em uma vala comum. Em seguida, líderes palestinos como Saeb Erekat fizeram acusações absurdas sobre 500 mortos e milhares de pessoas enterradas vivas.

Depois, vieram os especialistas confirmando o que esperavam encontrar. Richard Cook, chefe de operações da UNRWA – United Nations Relief and Works Agency for Palestine Refugees in the Near East (Agência das Nações Unidas de Assistência aos Refugiados da Palestina no Oriente Próximo), afirmou que a devastação deixada pelas FDI em Jenin "foi muito maior do que eu esperava". Derrick Pounder, um professor de Medicina Forense britânico, veio a Jenin com a Anistia Internacional. Depois de realizar sua primeira autópsia, ele já estava corroborando o que os repórteres então chamaram de "evidências de atrocidades cometidas por tropas israelenses no campo de refugiados de Jenin".

A limitada investigação não impediu que Pounder dissesse que "alegações de que muitos civis morreram e estão sob os escombros são muito confiáveis". Usando especulações, não evidências, ele prosseguiu: "É inacreditável que só algumas pessoas tenham sido mortas, dados os relatórios que temos, de que um grande número de pessoas estava dentro dos edifícios de três e quatro andares quando eles foram demolidos".

As condenações da ONU foram particularmente duras. Inclusive Terje Rød-Larsen, um mediador justo que eu conhecia bem e respeitava, chamou as ações de Israel de "moralmente repugnantes". Ele disse que Jenin foi "totalmente destruída" e acrescentou que "pessoas especializadas que aqui se encontram e que estiveram em zonas de guerra e terremotos [...] dizem que nunca viram nada igual".

Em duas semanas, Rød-Larsen estava minimizando esses exageros. A essa altura, porém, já era tarde demais. Quando a versão israelense foi completamente corroborada e as mentiras palestinas expostas publicamente, os fatos não importavam mais. O Massacre da Verdade no caso de Jenin tornou-se a história aceita. Conforme admitiu James Reynolds, um veterano correspondente da BBC: "Essas duas palavras" – Jenin e massacre – ficaram ligadas. "As primeiras impressões são muito importantes. E talvez, não obstante todos os outros relatórios realizados no final, elas nunca são apagadas."

A manifestação de Washington, realizada enquanto esse moderno libelo de sangue se espalhava globalmente, foi um típico evento judaico. Muitas pessoas estavam tão convictas da importância de sua participação – e a manifestação foi organizada em questão de dias – que inúmeros oradores acabaram falando por muito tempo. Normalmente, quando sou colocado em uma lista de oradores excessivamente entusiasmados, gosto de ser o cara que mantém um discurso breve. Poucas e bem escolhidas frases são mais bem lembradas e profundamente apreciadas.

Dessa vez, porém, quebrei minha regra. Mesmo quando os organizadores do comício sussurraram para mim no pódio, "Termine, Natan", compartilhei meu relato em primeira mão da batalha de Jenin no contexto. Detalhei para a multidão as razões que levaram as tropas israelenses a entrar na *casbá*, as decisões éticas tomadas antes da operação, as restrições que impusemos aos nossos soldados e o alto preço que pagamos.

Eu me prolonguei porque senti que estávamos em um delicado momento crucial. Essa não foi a primeira acusação contra Israel de uma grave violação dos direitos humanos. Desde 1948, os historiadores discutem sobre o que aconteceu quando forças do Irgun* atacaram a vila árabe de Deir Yassin e dezenas de árabes morreram. Em 1982, os jornais oficiais soviéticos que recebíamos na prisão de Chistopol criticaram Israel pelos massacres de Sabra e Chatila. Anos mais tarde, fiquei sabendo como os sistemas militares, judiciais e políticos de Israel tentaram esclarecer quais israelenses haviam falhado em impedir os falangistas cristãos de matar palestinos no Líbano, e Ariel Sharon foi destituído do seu cargo de ministro da Defesa como punição.

Dessa vez, não precisei me basear em historiadores ou investigadores militares. Eu havia testemunhado tudo do meu assento no Gabinete e participado da delicada tomada de decisão. Se pessoas decentes podiam acreditar em tais mentiras ultrajantes sobre nós, difundindo-as ativamente, pensei, a situação de fato se tornara perigosa demais.

No parque Washington Mall, enfrentei um público fácil. Olhando a multidão, vi muitos dos meus companheiros de batalhas anteriores: aqueles que nos haviam visitado em Moscou, aqueles que marcharam conosco em Washington pela liberdade dos judeus soviéticos e aqueles que nos ajudaram a criar o Fórum Sionista e a fundar o partido Israel Ba'Aliyá. Apesar do nervosismo, apesar da necessidade de assegurar-lhes de que essas acusações eram mentirosas, parecia que estávamos todos unidos novamente, lutando pelo direito de Israel existir.

Mas quanto mais eu olhava para a multidão, à medida que o comício avançava, mais perturbado ficava com essa familiaridade. Se reconheci tantas pessoas da minha geração, onde estavam as gerações seguintes? Onde estavam os filhos dos meus amigos? Qual era a sua reação às mentiras do "massacre de Jenin"?

Essa é a realidade que confrontei um ano e meio depois, quando visitei *campi* universitários norte-americanos. Em um novo filme, *Jenin, Jenin*, foram usadas imagens adulteradas e comoventes entrevistas com "testemunhas oculares" para apresentar a Grande Mentira dos Palestinos como a verdade total. Embora a verdade já tivesse sido exposta em detalhes, esse filme duro e imponente constrangeu milhares de jovens judeus.

---

* N.T.: Forma abreviada de Irgun Tzvai Leumi (Organização Militar Nacional), foi uma organização paramilitar sionista que operou durante o Mandato Britânico da Palestina (1931-1948). Foi classificada por alguns como "organização terrorista", embora o Mandato Britânico tenha banido esse termo para se referir ao grupo em 1947.

Aqui, então, estava a dupla traição. Sacrificar-se pela paz e acabar em guerra já era ruim o suficiente. Isso é culpa do seu inimigo. Entretanto, sacrificar-se pela paz e ser amplamente acusado de causar a guerra era duplamente irritante. Isso é culpa dos seus amigos também.

MEU PLANO MARSHALL

À medida que o terrorismo piorava, a necessidade de reagir de forma construtiva e assumir responsabilidades aumentou. O mundo estava injetando bilhões na Autoridade Palestina, sem nenhuma restrição e sem referenciais de progresso. Eu genuinamente me sentia mal pelos palestinos que sofriam financeiramente quando seus os líderes roubavam a maior parte da ajuda internacional para uso pessoal.

Comecei a questionar se os territórios palestinos poderiam ser administrados de uma maneira que permitisse a transição para a democracia e construísse a independência econômica. Depois de abril de 2002, quando o presidente Bush identificou a democracia como a melhor ferramenta contra o terrorismo palestino, pensei que finalmente tínhamos a chance de fazer da AP um caso exemplar para a visão de Bush.

No final da primavera de 2002, propus um novo Plano Marshall para o Oriente Médio. Eu o baseei vagamente na iniciativa da Segunda Guerra Mundial do secretário de Estado George Marshall, que ajudou a reconstruir a Europa enquanto protegia suas instituições democráticas. "Aqui está nossa oportunidade", eu disse a Ariel Sharon, "de cultivar a sociedade civil palestina, desmantelar o terrorismo e oferecer um modelo para o mundo, tudo feito sob os auspícios das Nações Unidas, dos Estados Unidos, de Israel e dos países árabes que reconhecem Israel".

Eles direcionariam grandes recursos para os palestinos. Porém, cada concessão seria condicional, vinculada a um progresso específico e mensurável em quatro áreas:

- Independência econômica: promoção de empresas palestinas que eram viáveis, lucrativas e protegidas da extorsão de Arafat;
- Campos de refugiados: fechamento das favelas e compromisso com a melhoria da qualidade de vida dos palestinos em novas aldeias,

eliminando esse poderoso símbolo, explorado ao longo de décadas, da suposta natureza criminosa do sionismo;

• Educação e incitação: usar as escolas para cultivar valores democráticos, pondo fim aos apelos à violência contra os judeus na mídia, nas mesquitas e nas escolas;

• Dissidência: incentivar vozes mais democráticas, que exigiam que o mundo livre pressionasse a Autoridade Palestina a parar de punir os críticos sinceros.

Ao longo de décadas, enquanto o Ocidente sustentava a Autoridade Palestina com bilhões, especialistas propuseram vários planos para ajudar a construir um Estado palestino. Minhas propostas difeririam do pacote porque todas as reformas, cada empreendimento e investimento conjuntos promoveriam uma missão central. Cada dólar do Ocidente fortaleceria a independência individual dos palestinos. Nem um centavo fortaleceria os ditadores. O retorno do investimento deveria ser instituições que promovessem uma sociedade civil livre e saudável, nada mais.

Após três anos de transição dessa reconstrução, com uma sociedade civil começando a florescer, as eleições trariam um novo governo, dependente do seu povo e que a ele deveria prestar contas. Negociações de paz entre representantes de dois povos, quando ambos os lados dependem do bem-estar do eleitorado, têm uma chance real de sucesso.

A imprensa israelense tratou com desdém esse projeto quixotesco. Fiz então o que todo israelense que deseja ser ouvido faz: publiquei meu artigo nos Estados Unidos, no *Wall Street Journal*. A democratização, argumentei, deve aumentar a liberdade do povo, não o poder de seus opressores. O Ocidente deve afastar os palestinos de seus líderes, não reforçar o controle dos líderes sobre os palestinos. Em vez de abastecer descuidadamente ditadores e terroristas com mais dinheiro para roubar, o mundo livre deveria ser disciplinado e estratégico. Deveria encorajar empreendimentos conjuntos com empresários independentes, enquanto financia organizações sérias de direitos civis, sindicatos independentes, organizações de mulheres corajosas e grupos estudantis democráticos. Essas são as forças de oposição que constroem a liberdade, e não o governo de um homem só.

Especialistas israelenses vetaram minhas ideias ingênuas. Nossos generais, o pessoal da inteligência e os diplomatas viviam me dizendo que sonhar com uma sociedade civil entre os palestinos era utópico e jamais aconteceria. Nossos amigos europeus, americanos e da ONU continuaram a repassar dinheiro através de Arafat, depois Abu Mazen – financiando os problemas que precisavam ser resolvidos.

Quando me opus à abordagem inicial de paz de Oslo, Yossi Beilin, vice-ministro das Relações Exteriores de Shimon Peres, me disse: "Natan, o desenvolvimento da democracia levará décadas. Nutrir uma sociedade civil palestina é um projeto para 20, 30 ou 40 anos. Estamos trazendo paz agora. Teremos paz nos próximos 3 a 5 anos".

Aí está o fracasso. A palavra de ordem era "processo de paz". Mas a verdadeira abordagem surgiu do *slogan* impaciente e irreal "paz agora".

Aqui estamos, 30 anos depois, com mais tensão, mais sofrimento, mais vítimas e muito mais ódio. Apesar de todo o alarde, o processo de paz ainda não começou. Não virá de um presidente americano ou outro. Tem que emergir de dentro da sociedade palestina.

O FIM DE ISRAEL BA'ALIYÁ

No breve período entre o comício em Washington e meus primeiros confrontos nos *campi*, muitas mudanças políticas ocorreram em casa. Em janeiro de 2003, houve novamente eleições em Israel. Acabou sendo a última disputa eleitoral do Israel Ba'Aliyá. Como alguns de nós esperavam, quanto mais nosso partido conseguia integrar os russos na sociedade israelense, menos os russos precisavam de nós.

O terrorismo tornou-se um acelerador imprevisto. Os intensos debates ideológicos, de vida e morte, colocaram de lado nossas questões de qualidade de vida. Nossa tentativa de unir direita e esquerda desmoronou quando os dois lados se enfrentaram mais brutalmente. Em 2003, apenas dois de nós, Yuli Edelstein e eu, fomos eleitos ao Knesset.

O número 3 da nossa lista era Marina Solodkin. Marina operava milagres no ativismo não legislativo. Quando começou, era uma imigrante relativamente recente, tendo desembarcado em Israel em 1991.

Pensávamos que lhe ensinaríamos algumas coisas. Em vez disso, ela nos ensinou a arte de ser leal ao eleitorado, passando dias e noites respondendo cartas, visitando os pobres e os descontentes e lutando contra falhas ou abusos burocráticos.

Senti que devia aos nossos eleitores mais leais mantê-la no Parlamento. Renunciei ao Knesset logo após as eleições, cedendo meu assento a Marina, que era a próxima da nossa lista. Ao manter Marina no Knesset reconhecíamos que, mesmo com o desaparecimento do Israel Ba'Aliyá, nós, seus líderes, permanecíamos comprometidos com nossos principais eleitores. De acordo com a lei israelense, renunciar à minha cadeira no Knesset não me impedia de servir no Gabinete.

Nosso partido aceitou a proposta de Ariel Sharon de fusão com o Partido Likud governante. Como resultado desse acordo, entrei para o Gabinete com uma posição mais modesta: ministro de Assuntos de Jerusalém e da Diáspora.

Na verdade, quaisquer que fossem as grandes desculpas que a história forneceu, quaisquer que fossem nossas racionalizações e quaisquer observações espirituosas de que nos lembrávamos sobre nosso partido cometendo suicídio ao vencer, as eleições de 2003 trouxeram um resultado desagradável. Nunca é divertido perder.

Em retrospecto, percebo que o momento da morte de nosso partido me ofereceu um grande presente. Durante os dois anos seguintes não tive responsabilidades partidárias, nenhuma responsabilidade relacionada ao Knesset e nenhum grande ministério para administrar. Minha recém-descoberta liberdade me liberou para me concentrar nas questões que me interessavam, especialmente as relações Israel-Diáspora e a conexão entre liberdade e segurança. Nos dois anos seguintes, eu escreveria meu livro com Ron Dermer, explicando meu desacordo com a esquerda e a direita sobre suas tentativas de divorciar quaisquer questões de democracia de uma busca por paz, e me concentraria na crescente luta contra o chamado *novo antissemitismo*.

UM PASSEIO NA UNIVERSIDADE EM 2003

Visitei 13 *campi* universitários norte-americanos no outono de 2003. Não foi um típico tour de palestras. Eu não queria apenas falar em grandes reuniões públicas. Procurei fóruns íntimos para aprender o que os estudantes, especialmente jovens judeus, pensavam sobre Israel, e como a crescente campanha contra Israel os afetava. Na minha primeira visita a um *campus*, um estudante me disse após minha palestra: "Para mim, como um judeu liberal, seria melhor se Israel não existisse".

Ouvi isso na York University, em Toronto, que me concedera em 1982 o título de doutor *honoris causa* na minha ausência e, cinco anos depois, pessoalmente. A cerimônia em 1987 foi muito emocionante e eu estava cercado por inúmeros estudantes de Toronto muito envolvidos na luta pelos judeus soviéticos. Naqueles dias, a luta pela liberdade e pelo orgulho nacional de nosso povo e de nosso país se sobrepunham: nosso liberalismo e o sionismo reforçavam-se mutuamente. Agora, meia geração depois, aquele estudante – junto com muitos outros – estava envergonhado e anunciou um divórcio, separando sua identidade liberal de seu sionismo.

O momento do repúdio abrangente desse estudante de York foi particularmente perturbador. As tropas israelenses lutavam diariamente para nos proteger. Civis israelenses ainda eram alvo das ondas de terror desencadeadas por Arafat. No entanto, quando nós nos defendíamos, a propaganda pró-terror contra nós se intensificava.

Uma vez que a guerra global dos Estados Unidos contra o terror continuou depois de 11 de setembro de 2001, nós do Comitê de Segurança de Israel sentimos que estávamos na linha de frente de uma luta ocidental compartilhada. Estávamos nos defendendo enquanto tentávamos minimizar o sofrimento dos civis atingidos pelo fogo cruzado. Autoridades dos Estados Unidos, do Reino Unido e de outros lugares continuavam a visitar Israel para aprender a lutar eticamente nessa guerra muitas vezes sombria e assimétrica. Ainda assim, ouvir judeus jovens e idealistas em muitos *campi* ecoar as falsas acusações, culpando Israel de cometer crimes de guerra, foi doloroso e revoltante. Tal desconexão sugeria que nossas linhas de comunicação estavam funcionando mal e nossas identidades estavam em conflito.

334

Durante essa viagem, também conheci muitos sionistas entusiasmados. Esses judeus defendiam Israel na universidade com orgulho. Vimos o impacto positivo que o novo programa Taglit-Birthright Israel estava começando a causar nas faculdades. Milhares de jovens judeus ressentiam-se da distância entre a democracia complicada, mas idealista, que visitavam e o monstro maligno em que o Estado judeu havia sido transformado por muitas pessoas.

Eu gostava de conhecer esses ativistas de Israel. Mas estava particularmente curioso sobre os judeus que se sentiam presos no meio. Alguns sentiam uma tensão crescente entre seu compromisso com as ideias liberais e sua lealdade a Israel. Eles chamavam mais atenção. Enquanto alguns judeus radicais de esquerda sentiam-se envergonhados por Israel, muito mais judeus estavam envergonhados de ir a público e reafirmar seu apoio a Israel e ao sionismo.

Durante uma conversa franca com alguns estudantes judeus na Universidade de Harvard, uma estudante da Harvard Business School admitiu que se sentia numa cilada. Ela temia assinar uma petição contra aqueles que boicotavam Israel. Ela temia afiliar-se a organizações pró-Israel. Ela temia se identificar como sionista. Ela acreditava que o *campus* de Harvard era anti-Israel a tal ponto que a identificação pública com o Estado judeu poderia lhe custar caro e prejudicar sua vida acadêmica futura. Ela conhecia pelo menos três professores com influência sobre suas observações finais que provavelmente veriam o ativismo pró-Israel sem nenhuma simpatia. O risco era simplesmente grande demais naquele momento. "Assim que eu estiver estabelecida em minha carreira", ela disse, "poderei começar a falar em nome de Israel."

Eu não podia acreditar. Eu não estava em Moscou; era Cambridge, Massachusetts. Essa não era uma sociedade do medo; esta era a Universidade de Harvard, supostamente o centro do pensamento livre, da abertura, do liberalismo e do profissionalismo. A estudante havia sido admitida em uma das melhores escolas de administração do mundo, mas se sentia compelida a ocultar suas simpatias políticas. Ela fez com que eu me lembrasse de mim mesmo quando estudava em uma instituição de elite semelhante na União Soviética. Ela era uma duplipensadora como eu naquela época, pensando uma coisa e dizendo outra para se encaixar, se dar bem e seguir em frente.

335

Outro liberal pró-Israel que estudava na Universidade de Colúmbia me contou uma história semelhante. Quando fez campanha a favor de Israel, perdeu muitos amigos. Tão logo abandonou a política e, em vez disso, passou a defender a agricultura orgânica, ficou popular novamente. Ele também era um duplipensador da Ivy League, que substituiu seu compromisso para com seu povo por popularidade com seus pares.

Alguns anos depois, em 2010, o pesquisador de opinião pública Frank Luntz convidou 35 estudantes judeus e não judeus do MIT e de Harvard para discutir questões relacionadas ao Oriente Médio. Sem nenhuma provocação, alguns dos não judeus começaram a atacar os "crimes de guerra" de Israel e o "lobby judeu" dos Estados Unidos. A maior parte dos 15 judeus permaneceu em silêncio, suportando o abuso, por horas. Luntz observou que, no mundo pós-moderno, "crianças da esquerda" em particular "foram ensinadas a não julgar. Portanto, os da esquerda não farão julgamentos de valor sobre Israel e os palestinos".

Contudo, algo mais perturbador aconteceu. Quando Luntz entrevistou os jovens judeus em separado, eles defenderam Israel apaixonadamente. Ele perguntou por que não o haviam feito diante de um público aparentemente amigável. Em essência, disseram que, como as pessoas sabiam que eles eram judeus, tinham que escolher com cuidado suas palavras no que diz respeito a Israel. Todos presumiam que eles eram tendenciosos, não importa o que dissessem.

Assistir aos destaques em vídeo desse encontro me deixou chateado. Os judeus estavam desfrutando de anos dourados nas universidades americanos. Nunca houve tantos estudantes e professores judeus, programas de estudos judaicos e presidentes de faculdades judeus. No entanto, esses judeus de Harvard e do MIT agiam como os judeus soviéticos de muitas maneiras. Na União Soviética, sempre consciente de que era judeu, você mantinha seu censor interno ligado. Você sabia que suas palavras e ações seriam julgadas de forma diferente. Agora, nessas universidades de elite, evidenciavam-se os primeiros alertas de uma sociedade do medo, hiperpreconceituosa, sufocante, repleta de antissionismo, o novo antissemitismo, em que as pessoas que pensavam ser os judeus mais livres da história não se sentiam totalmente livres.

Esse nervosismo judaico na mais forte comunidade da diáspora no mundo me deixou grato por minha nova liberdade em Israel. Lá, eu não sentia mais necessidade de fazer essa ginástica mental, preocupando-me com o que os outros poderiam dizer quando eu falasse o que pensava.

Para ser justo, essa maioria silenciada, esses estudantes duplipensadores, enfrentavam uma campanha cuidadosamente orquestrada. Quase toda vez em que eu me levantava para falar em público, avistava o que se tornou uma visão familiar: estudantes bem-vestidos, com *keffiyehs* na cabeça, sentados na frente, prontos para fazer perguntas difíceis. Às vezes, as perguntas eram ferinas, mas justas. Geralmente, eles eram hostis e faziam referências vagas a alguma forma de violência que o questionador havia sofrido. Tenho certeza de que alguns deles realmente sofreram. Mas as perguntas muitas vezes tinham o mesmo fraseado dos que as faziam em diferentes universidades, lembrando precisamente a mesma provação pessoal.

Essas trocas ocorreram mais de uma década antes de os estudantes começarem a falar sobre gatilhos, microagressões e interseccionalidade. Os judeus de hoje são frequentemente bloqueados na intersecção, não são bem-vindos como feministas ou ativistas LGBTQ+ se insistirem em serem sionistas. Até então, esses valentões antissionistas monopolizavam o espaço público, impedindo o debate real, paralisando a conversa com apelos emocionais. Eu podia sentir uma clara divisão entre os judeus ansiosos para aprender com minhas respostas e aqueles que só queriam que todo o problema desaparecesse.

Eu gostava dessa troca com estudantes críticos. Sem duras perguntas, sem um debate vigoroso, nenhum estudante mudaria de opinião. Sem um diálogo real, o duro imaginário de *Jenin, Jenin* – oferecendo acusações maiores que os fatos – continuaria a massacrar a verdade e a alienar os judeus liberais do Estado judeu.

Os estudantes de extrema esquerda, judeus e não judeus, paralisavam qualquer discussão. Na Rutgers University, eu estava conversando com os alunos pouco antes de iniciar minha palestra, intitulada "Direitos Humanos, Justiça e Democracia – Uma Abordagem Judaica". De repente, fui atingido no rosto por uma torta de creme de cereja. Temporariamente cego, ouvi alguém gritar: "Acabem com a ocupação! Palestina livre!". Meu agressor era um judeu que ajudara a fundar a *Central Jersey Jews Against the Occupation.*

Fui levado para os bastidores. Limpei o rosto. Um dos meus constrangidos anfitriões me emprestou seu paletó, dois números maior. Voltando rapidamente ao pódio, com um sorriso largo, eu disse: "Nova Jersey faz tortas muito boas. Espero que aquela tenha sido *casher*".* A plateia aplaudiu.

O tiro saiu pela culatra. A violência desse radical agitou a multidão. Temendo uma reação do público, os agentes habituais escapuliram do auditório. A barulhenta manifestação antissionista do lado de fora, que uniam *hipsters* com judeus da Neturei Karta** de chapéu preto, que odeiam Israel, se dissolveu. A multidão que permaneceu foi tão solidária que pensei que algumas pessoas poderiam se voluntariar para servir às FDI naquela noite. Mas tampouco houve um verdadeiro debate. A oportunidade para educar havia sido perdida.

No dia seguinte à minha visita a Rutgers, vândalos pintaram suásticas com spray nas paredes da Hillel House local e na unidade universitária do Alpha Epsilon Pi, uma fraternidade judaica nacional. Nesse ínterim, os autoproclamados professores liberais, que organizaram uma intensa campanha na internet contra mim como representante de um "Estado nazista, criminoso de guerra", prosseguiram com seus ataques.

ASSOMBRADO POR ESSES NOVOS JUDEUS DO SILÊNCIO

Depois que voltei a Israel, escrevi um artigo chamado "Viajando aos Territórios Ocupados", ou seja, as universidades. Meu porta-voz o publicou no *Maariv*, o principal jornal de Israel. Os jovens editores duvidaram da relevância do ensaio para seus leitores, especialmente por causa de sua extensão. Sendo condescendentes comigo, na qualidade de

---

* Preparado segundo as regras alimentares descritas na lei judaica.
** Judeus ultraortodoxos, que rejeitam o sionismo e se opõem ativamente à existência do Estado de Israel, sendo por isso acusados, por outros grupos judaicos, de serem "pró-árabes".

ministro, prometeram levar o artigo para a reunião editorial no domingo de manhã.

Naquele domingo, durante nossa reunião de Gabinete, fui chamado para atender a um telefonema urgente. Era Amnon Dankner, o lendário editor-chefe do *Maariv*. Seus colegas juniores mais provincianos disseram "não" com base em sua visão estreita *made in Israel*. Ele, no entanto, tinha sido o porta-voz da Agência Judaica na década de 1970 e depois correspondente em Washington. "Natan, estou publicando todo o ensaio", disse ele. "Não porque você é um ministro, mas por causa da mensagem. Isso é chocante. Eu não tinha ideia de que a situação fosse tão ruim."

Ao que parece, poucos líderes da comunidade judaica organizada nos Estados Unidos também haviam se dado conta de que estava ruim assim. Durante minha visita ao *campus*, tentei me encontrar com representantes da Federação Judaica em cada cidade que visitei. Por meio de nossas discussões, vi que, em muitos casos, o *campus* era uma terra de ninguém para organizações judaicas.

Por exemplo, quando me encontrei com meus amigos da Federação de São Francisco, eles se queixaram das políticas do governo de Ariel Sharon. Isso era típico daquele grupo. Depois de algumas idas e vindas, respondi: "Entendo suas frustrações. Aceito algumas de suas críticas e acredito que outras sejam injustas. Mas vamos olhar para algo mais próximo de casa".

Eu queria discutir o assédio de estudantes judeus na Universidade Estadual de São Francisco. Era de conhecimento público que, em maio de 2002, manifestantes pró-palestinos ameaçaram estudantes sionistas em uma manifestação pró-Israel, cantando: "Hitler não terminou o trabalho" e "Vá para casa ou vamos matar você". O grupo pró-palestino da Universidade distribuiu cartazes de um bebê morto, pingando sangue, adornados com as palavras "Sharon", "carne de crianças palestinas" e a explicação doentia, atualizando o libelo de sangue medieval, "Abatidos de acordo com ritos judaicos sob licença americana". Eu tinha provado uma dose do ódio aos judeus ali no dia anterior.

Perguntei: "Algum de vocês contribui para a Universidade Estadual de São Francisco?"

Várias mãos foram erguidas com orgulho.

"Será que o reitor da universidade atenderia vocês?" Um menor número de mãos foi erguido, ainda com mais orgulho.

"Vocês sabiam que, de todas as universidades que visitei, aquela é a mais hostil a Israel? Até o Hillel – a organização dos estudantes judeus – é banido do *campus*. E os líderes do Hillel têm tentado se encontrar com o presidente faz mais de um ano. Eles só tiveram uma chance ontem porque eu, como ministro israelense, simplesmente os levei comigo para o meu encontro com ele."

Enquanto eu detalhava como os alunos judeus se sentiam intimidados, os líderes pareciam chocados. Eles admitiram que pensavam nos alunos como pessoas de fora. Eles definiram que a missão da Federação era atender às necessidades das instituições de sua comunidade local.

O problema era complicado pelo número crescente de vozes dentro da própria comunidade judaica que alegavam que qualquer hostilidade contra Israel na universidade era culpa de Israel. Quando o jornal judeu de Nova York, o *Forward*, traduziu meu artigo e o publicou, a manchete dizia "Tour pelas faculdades dos EUA revela por que o sionismo está fracassando". Essa reviravolta no título apontava o dedo para nós, em vez daqueles que ocupavam o *campus*.

Apesar do título enganoso, meu artigo gerou muitas respostas. Cada vez mais os pais estavam se dando conta de que a crescente obsessão anti-Israel nas universidades ecoava o tradicional ódio aos judeus. Atualmente, a conscientização do problema é muito maior. Desde 2002, a universidade tornou-se o centro das atenções da comunidade judaica organizada, bem como de tantas novas organizações pró-Israel independentes.

Ao resumir a viagem, contei a Ariel Sharon que as universidades estadunidenses haviam se convertido no campo de batalha mais importante fora de Israel para o futuro do povo judeu.

A BANDEIRA DOS DIREITOS HUMANOS É VOLTADA CONTRA NÓS

Eu não conseguia me livrar de um sentimento opressivo. Eu estava assombrado pelo olhar muito familiar nos rostos desses novos judeus do silêncio, que sentiam que precisavam manter seus sentimentos de solidariedade para com Israel na clandestinidade, a fim de se encaixar. Eu me vi jogado para trás no tempo, vendo muitas semelhanças com o mundo totalitário dos duplipensadores do qual eu havia fugido. Eu também estava preocupado com o olhar da minoria de judeus fanáticos antissionistas, que denunciava Israel destilando tal veneno que eu jamais vira antes por parte de outros judeus.

Embora os ataques físicos nos unissem como israelenses, os ataques ideológicos ameaçavam nos dividir enquanto povo. Os que nos atacaram não só apreenderam a bandeira dos direitos humanos de nós, eles a viraram contra nós. Continuei a pensar como isso tinha acontecido, e tão rápido. Quando visitei as universidades pela primeira vez no final dos anos de 1980, me senti em casa. Todas as minhas identidades pareciam estar em sincronia. Longe das tensões de Moscou, em que muitas pessoas continuavam a me pedir que escolhesse entre a luta pelos judeus soviéticos e a luta pelos direitos humanos, gostei de conhecer estudantes que pareciam não ver uma conciliação possível entre seu liberalismo e seu sionismo. A luta pelo Estado judeu, a luta pelos judeus soviéticos e a luta pelos direitos humanos estavam sobrepostas para eles, como para mim.

Apenas uma década e meia depois, os estudantes aparentemente se sentiam forçados a escolher entre apoiar Israel ou fazer campanha pelos direitos humanos. Muitos críticos zombaram quando eu, como ministro israelense, dei uma palestra em sua universidade sobre direitos humanos.

É verdade que a perspectiva que se tinha de Israel e dos palestinos parecia particularmente ruim vista de uma universidade americana. E não era só um problema de imagem ou de relações públicas. Objetivamente, nós realmente enfrentamos – e ainda estamos enfrentando – um sério desafio de direitos humanos. Israel não é apenas uma democracia que impõe controle militar sobre uma população relutante, mas é um país que reiteradamente teve que combater terroristas escondidos em áreas civis densamente povoadas. No entanto, também não é verdade que continuamos a ser a única democracia no Oriente Médio? Não fomos nós que frequentemente impomos restrições ao nosso exército para travar essa difícil guerra da maneira mais moral possível?

Quando falei para públicos judeus simpatizantes, obcecado por essa disparidade entre nossas intenções democráticas e nossa reputação maculada, uma pergunta sempre surgia: "Por que Israel é tão ruim em relações públicas?".

A *hasbará** israelense obviamente teve seus enormes fracassos. Mas ocorreu uma mudança mais profunda. Aqueles que queriam nos destruir tiveram sua recompensa. O clima ideológico era agora mais acolhedor para sua visão de mundo. As piores mentiras dos inimigos mais duros de Israel criaram raízes porque agora estavam sendo plantadas em solo fértil, enquanto a outrora liberal universidade se voltava contra os próprios fundamentos do nacionalismo liberal.

O PÓS-MODERNISMO DESVALORIZA ISRAEL COMO ESTADO DEMOCRÁTICO

Um dos primeiros livros que li depois de deixar a União Soviética advertia sobre os novos riscos à liberdade que emergem da cultura "politicamente correta" da universidade, uma expressão que todos estavam começando a aprender em 1987. Allan Bloom, filósofo da Universidade de Chicago, em *The Closing of the American Mind* (O fechamento da mente americana), afirmou: "Há uma coisa da qual um professor pode estar absolutamente certo: quase todos os alunos que entram na universidade acreditam, ou dizem acreditar, que a verdade é relativa". Os estudantes queriam viver em um "mundo livre de problemas". Aprendendo com os alunos da década de 1960, que agora eram seus professores, começaram a considerar os valores ocidentais como a fonte de muitos dos problemas do mundo, não a base para soluções comuns.

Bloom explicou o que, para mim, havia sido a reação surpreendente de liberais com convicções e crenças aceitáveis e corretas, que condenaram o discurso do presidente Reagan ao chamar a União Soviética de o império do mal. Os alunos de Bloom preferiam falar sobre uma "tensão entre valores", que era mais fluida, "do que a tensão entre o bem e o mal", que era muito categórica, assoberbada por sua "carga de vergonha e culpa". Eles buscavam se libertar pessoal e politicamente dessa retórica de julgamento. "A pessoa não

---

* N.T.: Em hebraico, literalmente "explicação" ou "esclarecimento". O termo é usado pelo governo israelense e seus apoiadores para descrever iniciativas que consistem em explicar as políticas governamentais e descrever os esforços destinados a promover Israel diante de uma imprensa negativa e combater o que consideram tentativas de deslegitimação. Atualmente, o termo mais utilizado é "diplomacia pública".

se sente mal ou desconfortável consigo mesma" quando qualquer conflito ou imperfeição poderia ser resolvido com "só um pouco de ajuste", em vez de ter que separar o certo do errado.

Ao longo dos anos, continuei pensando naquele livro ao ver o poder e a intensidade dessa nova construção de lavagem cerebral. Se tudo era relativo e todas as identidades igualmente falhas, se todos os países ocidentais eram caricaturados como sendo definidos por "machos brancos mortos" culpados pelo imperialismo, racismo e colonialismo, até mesmo o compromisso ocidental com os direitos humanos não importava muito. Não é de admirar que nossos futuros líderes estivessem perguntando: "Que direito temos de impor nossos valores aos outros?".

A leitura do livro de Bloom me ajudou a entender a resistência contínua de tantos liberais ocidentais em suscitar questões de direitos humanos durante as negociações estratégicas dos EUA com a União Soviética de Mikhail Gorbachev e quando eu havia procurado aliados para nossa grande marcha em Washington. Ainda na década de 1970, nossa batalha pela ligação fora travada contra praticantes cínicos da *realpolitik* como Richard Nixon e Henry Kissinger. Agora, forças progressistas rejeitavam ideologicamente a ligação.

Era deprimente ouvir os estudantes das universidades mais sofisticadas do mundo reverberarem a propaganda mais primitiva dos soviéticos, a de considerar que democracias imperfeitas não são melhores do que ditaduras perfeitamente horríveis. Os soviéticos sempre gostaram de minar a autoridade moral do Ocidente democrático contra seu regime imoral, afirmando essencialmente: "Vocês têm suas concepções; nós temos as nossas. Vocês garantem que todos possam dizer o que quiserem; nós garantimos que todos possam comer sempre que necessitarem".

Esse ataque à democracia feriu o Ocidente, feriu os Estados Unidos e, particularmente, feriu a democracia mais vulnerável, Israel. Essa abordagem confundiu os americanos, porém, prejudicou claramente Israel. Se a democracia e os direitos humanos eram apenas valores relativos, então a posição de Israel como a única democracia no Oriente Médio não significava nada. Ano após ano, vimos Israel perder seu valor no mundo como um Estado democrático.

Até mesmo nosso orgulho pela democracia israelense virou um tiro que saiu pela culatra. Vozes liberais radicais se perguntavam: "Quem precisa que o

sionismo importe ideias democráticas liberais do Ocidente para o Oriente?".
Um professor judeu francês liberal, soando como se tivesse acabado de sair
do livro de Allan Bloom, me disse que a ideia sionista estava errada porque
Oriente é Oriente e Ocidente é Ocidente, ou seja, os judeus "ocidentais", com
suas ideias ocidentalizadas, deveriam cair fora do Oriente Médio.

O PÓS-MODERNISMO DESVALORIZA ISRAEL COMO ESTADO-NAÇÃO

Em 2003, percebi como essas ideias eram muito mais perigosas. O
Ocidente realmente havia vencido. A União Soviética perecera. Porém, à
semelhança de alguns misteriosos espíritos que deixam o corpo quando o
coração para de bater, certas ideias soviéticas e marxistas, que solaparam
a confiança dos ocidentais no poder de suas concepções fundamentais, se
infiltraram na atmosfera. Esses fantasmas de noções comunistas mortas estavam moldando a próxima nova tendência intelectual, o pós-modernismo.

Embora meus amigos professores adorem discutir sobre o que o pós-
modernismo significa, creio que o rótulo funciona aqui para resumir essa
ampla rebelião contra muitas ideias e conquistas modernas e ocidentais que
remontam ao Iluminismo dos anos de 1700. Como sugere o rótulo, os pós-
modernistas sempre tiveram mais certeza sobre aquilo a que se opunham
do que sobre o que acreditavam.

Todos concordamos que a mente ocidental não começou a se estreitar
nos Estados Unidos, e sim na Europa. Após o trauma da Segunda Guerra
Mundial, muitos europeus começaram a culpar séculos de guerras religiosas
e nacionais intermináveis e inúteis no que tange a identidades tradicionais
e os preconceitos resultantes. Os pós-modernistas imaginavam uma utopia,
repleta de indivíduos, não de grupos, e livre de quaisquer fronteiras e nações.
A famosa canção "Imagine", de John Lennon, resumiu o sonho político do
pós-modernismo:

> *Imagine there's no countries*
> *It isn't hard to do*
> *Nothing to kill or die for*

And no religion too
Imagine all the people living life in peace

Imagine que não há países
Isso não é difícil de fazer
Nenhum motivo para matar ou morrer
E nenhuma religião, também
Imagine todas as pessoas
Vivendo a vida em paz

Essa visão pós-moderna atacou o pilar da nossa ordem mundial, o Estado-nação. Nos anos de 1800, construtores de nações, de George Washington a Giuseppe Garibaldi, romantizavam suas nações. Agora, os acadêmicos da moda ensinavam que o nacionalismo ocidental era uma ferramenta corrupta, que criava falsas barreiras entre as pessoas enquanto impunha genuíno sofrimento aos impotentes. Essa crença foi outro golpe ideológico contra Israel. Em um mundo no qual todas as fronteiras eram ruins, seu papel como Estado-nação do povo judeu não era mais valorizado.

Tony Judt, um importante historiador pós-moderno da Universidade de Nova York, que orgulhosamente se proclamava "desconfiado da política de identidade em todas as formas, sobretudo a judaica", declarou em 2003 que "o problema com Israel" é que "chegou tarde demais". Escrevendo como se não vivêssemos em um mundo com 191 e mais Estados-nação independentes, ele afirmou que Israel "importou um projeto caracteristica-mente separatista do final do século XIX para um mundo que mudou, um mundo de direitos individuais, fronteiras abertas e Direito internacional. A própria ideia de um 'Estado judeu' – um Estado no qual os judeus e a religião judaica têm privilégios exclusivos dos quais cidadãos não judeus são excluídos para sempre – está enraizada em outro tempo e lugar. Israel, em suma, é um anacronismo".

Que diferença em relação aos anos de 1950 e 1960, quando Israel era o garoto-propaganda da era pós-Segunda Guerra Mundial e pós-colonial, como um Estado judeu democrático. Naquela época, um jovem londrino chamado Tony Judt sentiu-se inspirado a trabalhar como voluntário em um *kibutz*. Agora, Israel não era valorizado por ser democrático, por ser um

345

Estado-nação orgulhoso, prometendo a todos os cidadãos direitos ao mesmo tempo que expressa a cultura da maioria em praça pública.

O *timing* de Israel não estava errado – o *timing* dos pós-modernistas, sim. Na União Soviética, nós dissidentes lutamos contra um regime que escravizava as pessoas ao apagar suas identidades. Sentimos que o Estado-nação liberal-democrático oferecia o melhor enquadramento para a defesa dos direitos humanos. No entanto, exatamente quando a maioria dos dissidentes soviéticos estava se apaixonando por essa ideia de Estado-nação, alguns liberais ocidentais começaram a rejeitá-la.

O pós-modernismo envenenou a atmosfera em torno de Israel com rapidez, especialmente porque Israel era um pequeno posto avançado, liberal, democrático e nacionalista com um grande problema palestino. O vocabulário não muito rigoroso provou ser prejudicial. Na Ucrânia, a palavra "ocupação" costumava causar arrepios. É o termo que evoca nazistas, assassinatos em massa, campos de extermínio, brutalidades da guerra mundial. Percebi que, sempre que a maioria dos europeus ouvia tal palavra, não parava de pensar nos nazistas, cujo desejo de conquista resultou em sua camisa de força sufocante e genocida de ocupação. Poucos críticos se deram ao trabalho de entender o complicado contexto histórico da ocupação de Israel, inclusive os laços profundos dos judeus com as terras bíblicas. Ainda mais injustamente, esses agressores ignoraram os perigosos e difíceis dilemas que Israel enfrentou em sua luta pela sobrevivência. É esse pano de fundo que criou o descontínuo controle de Israel, aqui e acolá, sobre os palestinos.

Da mesma forma, quando alguns americanos ouviam falar sobre o conflito israelense-palestino, eles instintivamente o traduziam como preto e branco, colocando os palestinos como os negros oprimidos e fazendo dos israelenses os racistas brancos do Sul. Todas essas comparações equivocadas reforçavam as demais. Na pressa para demonizar Israel, esquerdistas radicais sobrecarregaram o país com os grandes crimes do Ocidente.

A campanha palestina de atentados suicidas no início dos anos de 2000 reforçou essas impressões equivocadas sobre a ocupação de Israel. As pessoas de bem nas universidades e nas editoras presumiram que aqueles dispostos a se matar para matar outros deviam se sentir realmente oprimidos, sendo tão torturados pelos israelenses que não tiveram opção a não ser atacar. Como

Martin Ennals, o eterno secretário-geral da Anistia Internacional, afirmou em 1974 sobre os palestinos: "O terrorismo ocorre porque os direitos humanos não são concedidos."

Em janeiro de 2002, depois que Wafa Idris contrabandeou uma bomba para Jerusalém enquanto dirigia uma ambulância do Crescente Vermelho e se explodiu em uma loja de calçados na Rua Jaffa, lembro-me de ter lido no *The New York Times* que esse ato perverso foi "um sinal do crescente desespero dos palestinos". Na Inglaterra, o *Guardian* escreveria que Idris, a quem os palestinos homenagearam como sua primeira mulher-bomba, sacrificou-se "no altar da liberdade palestina".

Enquanto isso, também li nossos relatórios de inteligência. Foi descoberto que o marido de Idris havia se divorciado dela depois que um aborto espontâneo a tornou estéril e ela se recusou a deixá-lo ter uma segunda esposa. Considerada uma "desgraça", ela enfrentou uma escolha cruel. Para restaurar a honra de sua família, ela poderia ser morta por um parente ou matar judeus. Essa romantização tipicamente ocidental da brutalidade do Oriente Médio criou a cruel ironia. Ainda que sob ataque terrorista, Israel se converteu, após as reformas na África do Sul no início da década de 1990, no último resquício de colonialismo, imperialismo e racismo.

COMO O NACIONALISMO PALESTINO TORNOU-SE ACEITÁVEL EM UM UNIVERSO PÓS-NACIONAL

A lógica dos pós-modernistas exigia uma ginástica mental de nível olímpico. O salto maior ocorreu porque a rebelião pós-colonial depois da Segunda Guerra Mundial resultou em muitos movimentos nacionais no mundo em desenvolvimento. Claramente, os pós-modernistas não podiam rejeitar tais nacionalismos.

O que fazer? Improvisar.

Os pós-modernistas cantavam "Imagine" apenas se referindo a democracias ocidentais. Ao mesmo tempo, deram às vítimas do mundo um passe-livre em inúmeras frentes. Os pós-modernistas aprenderam do marxismo a dividir o mundo entre opressores e oprimidos. Enquanto o nacionalismo do opressor é sempre mau, o nacionalismo dos oprimidos pode ser uma útil força progressista durante alguns períodos históricos. Vendo o mundo através dessa lente distorcida, os pós-modernistas definiram poderosas democracias ocidentais como inerentemente ruins e as nações impotentes do mundo como sempre boas.

Com isso, e considerando os desafios genuínos de Israel no controle de milhões de palestinos, ocorreram mais duas mudanças. Primeiro, Israel passou a ser definido apenas como um projeto branco, ocidental, asquenazita, ignorando a pele escura da maioria *mizrahit*, bem como as fusões oriental-ocidental do sionismo. Israel também se tornou o símbolo de tudo o que é ruim, tanto como um orgulhoso Estado-nação quanto uma imposição supostamente branca, ocidental, colonialista e racista no Oriente Médio, oprimindo os nativos locais. Em segundo lugar, os palestinos se converteram nas vítimas mais mimadas do mundo, recebendo passe livre inclusive quando seus líderes espalhavam o terrorismo pelo mundo e oprimiam seu próprio povo.

OS PÓS-MODERNISTAS
FAZEM DO ISRAEL DEMOCRÁTICO
O MAIOR OBSTÁCULO À PAZ MUNDIAL

No universo pós-moderno, se existe um valor absoluto, é o da paz a qualquer preço, deixando todos com "nada para matar ou pelo que morrer". O acordo de Oslo jogou com essas ilusões. Chamá-lo de um processo de paz significava que todos os apoiadores de Oslo eram pró-paz. Isso tornava quaisquer críticos de Oslo – ou dos regimes dos supostos parceiros de paz – antimovimentos de paz por definição.

A frustração com o colapso de Oslo, depois de tantas esperanças, deixou a situação de Israel ainda mais difícil. Israel, representante de todos os pecados ocidentais, passou a ser responsável por "matar [...] o processo de paz no Oriente Médio", nas palavras de Tony Judt, expressando a opinião de muitos de seus colegas pós-modernistas.

Tendo crescido em um regime totalitário que, de alguma forma, caiu nas graças de muitos intelectuais ocidentais, vi como as pessoas se iludem tão logo decidem como o mundo deve funcionar. Na União Soviética, falar sobre a "luta pela paz como valor máximo" camuflava a luta real contra o

Ocidente, bem como as tentativas inteligentes dos comunistas de mobilizar ativistas pró-paz no Ocidente contra seus próprios governos.

Assim como "ocupação", a palavra "paz" pode ser usada para descrever situações muito diversas. Os soviéticos tiveram bastante sucesso em manter a paz doméstica impondo a escravidão em massa. Aqueles de nós que se tornaram dissidentes fizeram o que fizeram porque conseguiram ver através das meias-verdades soviéticas, que usavam palavras adoráveis para esconder situações horríveis. Os defensores sempre enfatizam a metade atraente que é verdade, ignorando que há igualmente uma grande parte que é mentira.

Sabíamos que o verdadeiro valor não era paz a qualquer preço, mas paz com liberdade. Agora, anos mais tarde, era decepcionante ver, mesmo depois da queda da União Soviética, que a farsa da paz comunista funcionava. Muitas pessoas sinceras e amantes da paz queriam acreditar que a luta pela paz pode ser isolada da natureza do regime e da liberdade de que todo cidadão merece desfrutar.

Quando eu viajava para o exterior ou recepcionava estrangeiros para vários seminários e conferências, criei um pequeno jogo de salão para que jornalistas e diplomatas expusessem essas meias-verdades e manipulações cuidadosas. "Quem são os inimigos da paz?", eu perguntava.

Eu apresentava uma lista de três ou quatro nomes de homens árabes poderosos junto com o do primeiro-ministro de Israel. Então eu dizia: "Classifiquem o compromisso desses líderes do Oriente Médio com a paz".

Hosni Mubarak, o ditador do Egito, sempre vencia; ele era o campeão da paz. Ao longo dos anos, aprendi que Hafez al-Assad, da Síria, era "confiável" e "disposto a selar a paz". A partir de 2000, ouvi falar sobre quão culto, esclarecido e aberto era Bashar, filho de Assad. Afinal, ele era oftalmologista. Depois de 2003, Muammar al-Gaddafi ganhou o elogio: "Ele entregou suas armas nucleares". Eu geralmente ouvia que Yasser Arafat "estava fazendo o possível, mas enfrentava séria oposição", até que o terrorismo dos anos 2000 expôs essa pose como uma farsa. Após a morte de Arafat, as mesmas racionalizações retornaram para justificar o comportamento de Abu Mazen.

Benjamin Netanyahu e Ariel Sharon (até a retirada de Gaza) eram consistentemente condenados como os piores inimigos da paz. Eu respondia que, como o único líder eleito democraticamente, o primeiro-ministro israelense deve querer entregar a paz a seus eleitores. Meus antagonistas encolhiam os ombros e me explicavam que "a democracia não tem nada a ver com a paz no Oriente Médio".

De repente, a comunidade internacional pareceu estar virada ao avesso: Israel era visto como mau e os terroristas palestinos como bons. As polaridades foram invertidas. As grandes qualidades de Israel – como uma democracia no Oriente Médio cercada por ditaduras, como um Estado judeu que propiciava um lar após séculos de peregrinações, e como um país orgulhoso que se defendia de inimigos imorais – foram transformadas em falhas de caráter que perpetuavam o grande pecado de Israel, a ocupação.

A maioria desses intelectuais não desejava destruir Israel. No entanto, nossos inimigos, que queriam acabar conosco, descobriram que podiam pegar uma carona na novilíngua pós-moderna. Os pós-modernistas forneceram o roteiro. Os terroristas palestinos e os islamistas iranianos os seguiram, escalando a retórica pós-moderna, do ataque à ocupação à negação total de Israel. A linguagem era semelhante, mesmo que as conclusões diferissem.

Um nome importante aqui foi o do acadêmico e sumo sacerdote palestino do pós-modernismo Edward Said, durante décadas um dos expoentes da Universidade de Colúmbia. Seu influente livro *Orientalismo* lançou milhares de ocidentais em viagens de culpa, com a culpa sempre colocada em "nós", nunca sobre "eles". Nesse espírito, ele tratou Israel como um projeto colonialista, negando sua legitimidade como um Estado judeu.

Em seu livro *A Questão da Palestina*, Said alertou Yasser Arafat e os palestinos que, se continuassem presos em um conflito local entre árabes e judeus, acabariam perdendo. Então, mostrou-lhes como explorar as "tendências generalizantes" da mídia moderna para vincular seu conflito local à luta mais ampla contra o racismo ocidental, o colonialismo, o imperialismo e o supremacismo – que ele chamou de "orientalismo".

Com tais acusações arruinando a atmosfera, a Organização das Nações Unidas, instituição que em 1947 reconhecera a necessidade de um Estado judeu, tornou-se o fórum que melhor ilustrava como a retórica pós-moderna converteu-se fácil e naturalmente no antissionismo.

Talvez o exemplo mais dramático tenha ocorrido no verão de 2001. Depois de anos de planejamento pelas Nações Unidas e pela comunidade dos direitos humanos, a Conferência Mundial da ONU Contra o Racismo em Durban, África do Sul, que se destinava a ser um grande passo à frente na luta global contra o racismo, se transformou em um festival de ataques a Israel. Os delegados da conferência principal e os das reuniões paralelas das organizações não governamentais apontaram repetidamente Israel como a principal causa do racismo internacional.

Embora tenha condenado os ataques brutais contra Israel e os judeus, Mary Robinson, a comissária de direitos humanos da ONU que presidiu a conferência, passara anos atacando Israel em termos pós-modernos. Respeitada presidente da Irlanda de 1990 a 1997, Robinson muito rapidamente substituiu a compreensão tradicional e liberal dos direitos humanos como objetivos e fundamentais por uma noção pós-moderna matizada de sovietismo, de que o conceito ocidental de direitos humanos era falho.

Robinson mais tarde lembraria que, "quando comecei em setembro de 1997 [o trabalho na ONU] fiquei bastante surpresa com o número de líderes dos países em desenvolvimento que me disseram: 'Você não sabe que os direitos humanos são apenas um bastão ocidental para nos espancar? É algo politizado, não tem nada a ver com a real preocupação com os direitos humanos'".

Ela reconheceu: "Havia nisso um elemento de verdade".

Ao longo dos anos, Robinson ficou conhecida por relevar a violência palestina enquanto exagerava as falhas de Israel. Em maio de 1998, ela defendeu motins palestinos como uma "assembleia pacífica". Durante a polêmica preparação da conferência de Durban, comparou "as feridas históricas do antissemitismo e do Holocausto, por um lado", com "o acúmulo de feridas causadas pelo deslocamento e, por outro, pela ocupação militar".

Com esse tipo de equívoco moral em primeiro plano, os propagandistas anti-Israel sequestraram a conferência. Yasser Arafat sentiu-se à vontade para comparecer ao que deveria ser uma conferência mundial antirracismo e falar da "conspiração racista e colonialista" de Israel contra os palestinos. Ele alegou que "o objetivo" do governo israelense "é forçar nosso povo a se ajoelhar e fazê-lo se render a fim de continuar sua ocupação, seus assentamentos e práticas racistas, para liquidar o nosso povo". O resultado foi o desastre de Durban, que definiu o sionismo como racismo.

A acusação já vinha de décadas, mas vale comparar o antes com o agora, porque as acusações atingiram um ambiente dramaticamente novo. Em 1975, quando a Assembleia Geral da ONU aprovou a Resolução 3379, chamando o sionismo de racismo, nossa pequena comunidade de ativistas sionistas em Moscou ficou extremamente preocupada. A lei soviética não bania o sionismo, mas proscrevia o racismo. Temíamos que a declaração da ONU desse aos soviéticos um novo pretexto para afirmar que estavam punindo nossa atividade sionista como "racista", para enfraquecer quaisquer protestos ocidentais. A campanha soviética contra nós agora parecia ganhar aprovação internacional.

No entanto, ouvir falar do apoio do mundo livre – por meio da interferência da KGB nas transmissões – nos tranquilizou. Daniel Patrick Moynihan, embaixador dos Estados Unidos nas Nações Unidas, denunciou este "ato infame". O embaixador de Israel Chaim Herzog rasgou a resolução na Assembleia Geral. Mais importante de tudo, o mundo livre votou contra a resolução quase unanimemente. Assim, pelo menos, poderíamos ter certeza de que o mundo livre estava do nosso lado. A propaganda soviética não o enganaria.

Em dezembro de 1991, quando a União Soviética estava em colapso, a Assembleia Geral da ONU realmente rescindiu a resolução. Essa foi apenas a segunda vez na história que as Nações Unidas cancelaram uma decisão anterior.

Infelizmente, dez anos depois, ocorreu um imenso sequestro ideológico. Se na primeira vez em que a ONU equiparou o sionismo ao racismo o Ocidente tratou a questão como um fósforo caindo em uma poça d'água, dessa vez, graças ao pós-modernismo, era como um fósforo caindo em um barril de petróleo. O que Moynihan havia chamado de "Big Red Lie" (Grande Mentira Vermelha) havia entrado na corrente sanguínea internacional. Considerando que em 1975 o mundo livre zombara do ataque, um quarto de século depois, muitos líderes e pensadores pós-modernos do mundo livre aderiram a ele.

O NOVO ANTISSEMITISMO
INVADE O UNIVERSO ACADÊMICO

O pós-modernismo provou ser uma grande placa de Petri* para cultivar o novo antissemitismo – um ódio irracional contra Israel que se baseia no tradicional ódio aos judeus – transferindo-o para o universo acadêmico. O que comecei a chamar de "ilhas da Europa" – universidades em todo o mundo – converteu-se nos centros de controle ideológico para esse ataque. O resultado foi o que podemos denominar a intifada acadêmica.

Agora, os israelenses não faziam nada certo e os palestinos não faziam nada errado. Visitei alguns dos departamentos de estudos do Oriente Médio, muitos dos quais financiados pelo dinheiro do petróleo saudita. O *exposé* de Martin Kramer em 2001 sobre o viés antiamericano e anti-Israel em departamentos de estudos do Oriente Médio, *Ivory Towers on Sand*, observaria que já em 1979, *Science*, o jornal da *American Association for the Advancement of Science* (Associação Americana para o Avanço da Ciência) havia publicado a manchete: "Vale a pena estudar o Omã, o Catar e os Emirados Árabes Unidos". Esses países e os sauditas, explicou ele, financiaram departamentos acadêmicos, buscando um "instrumento de controle" sobre a "opinião pública americana". Atualmente, dezenas de bilhões de dólares depois, esses doadores agressivos desfrutam de uma influência ainda maior.

Esses departamentos difundiam desavergonhadamente teorias pseudocientíficas que apresentavam Israel como o último Estado colonial, cuja própria existência era imoral, independentemente de fronteiras, um Estado que não deveria existir. Sua ideia de um painel de discussão envolvia em geral três ou quatro críticos de Israel – idealmente, um deles seria um israelense furioso representando os pontos de vista mais marginais, antipatrióticos, na sociedade israelense – competindo para superar um ao outro na crítica e no ataque a Israel. Esses absurdos só faziam sentido quando eu os via pela lente do *The Closing of the American Mind*. O universo acadêmico liberal,

---

* Recipiente cilíndrico, achatado, de vidro ou plástico que os profissionais de laboratório utilizam para várias finalidades em pesquisa científica, como por exemplo o crescimento de micro-organismos.

nacionalista e crítico que eu havia encontrado pela primeira vez uma ou duas décadas antes, resistiria a tais distorções.

Continuei me lembrando de uma história que Bloom contou sobre como os alunos se esquivavam da responsabilidade moral. Ele lhes perguntou: "Se vocês tivessem sido um administrador britânico na Índia, teriam deixado que os nativos sob seu governo queimassem a viúva no funeral de um homem que havia morrido?". Aqui estava uma oportunidade para os alunos defenderem o valor fundamental ocidental de proteger uma vida humana. No entanto, a maioria dos alunos, Bloom relatou, "permaneceu em silêncio ou respondeu que os britânicos nunca deveriam ter estado ali em primeiro lugar".

Essa atitude, quando transplantada para o Oriente Médio, era marcante. Esses pós-modernistas sempre racionalizariam o terrorismo palestino, apontando para a necessidade dos "povos nativos" de combater o colonialismo. E se Israel, um país que se vê como parte do mundo livre, não podia se comportar como a Suíça, a conclusão natural teria sido que Israel "nunca deveria ter estado ali em primeiro lugar". Esse novo pressuposto, espreitando no plano de fundo, explicava como aquele aluno de York poderia ter me dito que, para ele como um judeu liberal, seria melhor se Israel não existisse.

ESTRATÉGIAS DE SOBREVIVÊNCIA CONFLITANTES

O fato de que o ataque pró-palestino e pós-moderno contra Israel agitava a bandeira dos direitos humanos dificultava sobremaneira a situação dos jovens judeus. No entanto, explicava outro mistério: como esse ataque ideológico, de todos os ataques ideológicos que sofremos ao longo de milênios, ameaçou tão profundamente a unidade judaica. Ao atingir o Estado-nação judeu em nome dos valores fundamentais do judaísmo da diáspora e das aspirações liberais do sionismo, coloca Israel na defensiva também para muitos judeus, não apenas para não judeus.

Na verdade, a maioria dos judeus em Israel e no exterior, da esquerda à direita, realizou manifestações em todo o país durante esse período traumático, com apoio, simpatia e doações fluindo para o Estado. Mas a intensidade do ataque em lugares que mais importavam para os judeus da diáspora – a academia, a mídia e as organizações internacionais –, fazendo uso de valores que lhes eram importantes, evidenciaram uma vulnerabilidade preocupante. Enquadrar Israel como um violador dos direitos humanos era como lançar um míssil direcionado às almas mais sensíveis do judaísmo americano. E o crescente número de baixas ideológicas indicava que a polarização só iria piorar.

Ao longo das décadas, os direitos humanos – e o *tikun olam*, a reparação do mundo – passaram a ser o valor judaico definidor para muitos judeus americanos liberais. Na verdade, a ideia de direitos humanos remonta à sabedoria da Torá, que afirma que todos nós somos criados à imagem de Deus. Três mil e quinhentos anos mais tarde, o movimento sionista entreteceu aquela tradição biblicamente enraizada, liberal e democrática na cultura política israelense. No entanto, a noção de direitos humanos desempenha um papel diferente nas estratégias de sobrevivência das duas maiores comunidades judaicas do mundo hoje, o judaísmo estadunidense e o judaísmo israelense.

Podemos nos sentir profundamente conectados enquanto povo e acreditar que todos nós compartilhamos uma jornada judaica comum, porém temos que admitir que optar por viver nos Estados Unidos ou em Israel significa escolher viver uma vida judaica em dois ambientes dramaticamente diferentes. Um escolhe a vida como membro da minoria em uma sociedade democrática livre, em que é fácil abandonar seu judaísmo. O outro escolhe a vida como membro da maioria em um Estado democrático judeu cercado por ditaduras hostis que procuram destruí-lo.

Judeus americanos entendem a defesa da liberdade como a preservação de um Estado liberal que não interfere em sua autoexpressão individual ou coletiva. Para eles, defender a identidade significa lutar contra a assimilação, mantendo os judeus comprometidos com o judaísmo, em um país no qual são bem-vindos para se encaixar como americanos enquanto desaparecem como judeus.

Os israelenses se sentem compelidos a defender sua liberdade lutando contra numerosos inimigos que procuram destruí-lo, enquanto mantêm o funcionamento do Estado. Para eles, defender a identidade envolve integrar os mais diversos judeus em uma velha-nova nação judaica israelense.

A Bíblia nos dá a conhecer dois heróis que representam aspectos contrastantes da nossa herança: o rei Davi e o profeta Isaías. Cada qual representa uma estratégia de sobrevivência distinta. Cada qual simboliza diferentes rotas para a identidade judaica. Embora salmista e harpista, Davi começou como um jovem pastor pronto para matar lobos – e gigantes filisteus – quando forçado. Terminou como o rei que, por meio de astúcia e charme, uniu a nossa nação. Ele representa o impulso de construir e defender uma nação soberana em nossa própria pátria.

Isaías representa nosso imperativo ético e nossa mensagem de paz, universalismo e justiça social: sonhos de leões deitados com cordeiros. O livro de Isaías também abraça o particularismo, porém os rabinos modernos e os professores enfatizam suas dimensões liberais.

Embora todo judeu herde ambas as linhagens, as políticas culturais das duas comunidades têm ênfases distintas, como dois partidos políticos concorrentes que equilibram prioridades. Os israelenses representam o partido davidiano, pronto a usar da força bruta para proteger a soberania judaica quando necessário. Os judeus americanos liberais são isaianos, mais movidos pelos ensinamentos proféticos, incluindo duras críticas ao poder, ao particularismo e ao *status quo*. Os davidianos não precisam negar os direitos humanos, mas tampouco os priorizarão. Os isaianos, por outro lado, colocam os direitos humanos na frente e no centro, tanto para seu próprio bem como para o de outros.

Judeus davidianos também existem nos Estados Unidos e judeus isaianos em Israel. Como os próprios Davi e Isaías, ambos os impulsos vivem dentro de cada judeu, expressos em diferentes proporções. Assim como, em democracias saudáveis, apaixonados debates entre partidos rivais acabam por fortalecer o caráter nacional, também um debate construtivo entre israelenses davidianos e judeus americanos isaianos poderia fortalecer nosso povo. Mas isso raramente acontece.

A maior colisão tem a ver com a questão palestina. O que os davidianos – em Israel e no exterior – consideravam uma farsa apologética pós-modernista, traiu o patriotismo judaico básico que todo bom davidiano valoriza. O que os isaianos – no exterior e em Israel – consideravam uma defesa muito violenta de Israel de sua "ocupação indefensável", traiu os valores judaicos liberais básicos que todo bom isaiano aprecia.

Fico entristecido que a maior disparidade parecia estar entre os jovens soldados idealistas servindo seu país e alguns dos jovens e idealistas estudantes judeus americanos, imaginando um mundo melhor. É verdade, quando me juntei aos grupos do Birthright no Monte Herzl, vi israelenses em uniformes militares e participantes da diáspora em seus trajes civis lado a lado, homenageando os tombados nas guerras de Israel. Entretanto, ouvíamos mais e mais histórias sobre a furiosa e surpreendentemente antipatriótica minoria dos rebeldes isaianos. O medo crescente era de que eles não estivessem apenas ganhando as manchetes, mas definindo o futuro dos judeus americanos liberais.

Mesmo quando estavam à margem, essas vozes eram amplificadas por intensa cobertura da mídia e uma excessiva exibição de preocupação por parte da comunidade. Em abril de 2002, quando as tropas israelenses, no auge de sua defesa contra o terrorismo, finalmente cercaram o complexo de Yasser Arafat, um jovem judeu do Brooklyn, Adam Shapiro, visitou o notório terrorista e se transformou em uma estrela internacional. Levando a posição de Isaías ao extremo, Shapiro disse que não estava agindo como judeu, mas "como um ser humano, como um americano que cresceu com liberdade – vendo a injustiça e querendo fazer algo a respeito".

Shapiro era um judeu raro o suficiente para ganhar as manchetes em 2002. Mas decorridos alguns anos, meu colega no Shalem College, o rabino Daniel Gordis, descreveria que jovens estudantes rabínicos, criados em universidades quando Israel estava sitiado pelo terrorismo de Arafat, estavam se voltando contra Israel. Um comprou um *talit* que não havia sido fabricado em Israel. Outro acrescentou a criação do Estado de Israel a uma lista de momentos judaicos a serem lamentados. Alguns inclusive comemoraram seus aniversários em um bar em Ramallah, postando fotos on-line de si mesmos na frente de pôsteres "que exaltavam a crescente violência contra o Estado judeu como pano de fundo, bebendo e sentindo-se totalmente confortáveis".

Deixando as preocupações referentes às relações públicas de lado e focando em nossos problemas como povo, passei a me questionar: "Como a voz de Israel pode ser ouvida entre os judeus em meio a todo esse ruído e fúria?". Em grande escala, apenas através de um diálogo mais efetivo, honesto e até formalizado, valorizando nossas diferenças e aprendendo uns com os outros, poderíamos permanecer juntos, não obstante sermos programados para ver as coisas de forma tão diferente.

Os israelenses claramente subestimaram o dano resultante dentro da comunidade judaica do fato de parecerem ser contra o entendimento liberal da paz, dos direitos humanos e da justiça social. E um número crescente de jovens judeus subestimou os problemas reais enfrentados por Israel, com sua lealdade natural para com seus companheiros judeus cada vez mais obstruídas pela campanha de propaganda contra eles e pela atmosfera mais ampla de opinião crítica do nacionalismo e da excepcionalidade ocidentais.

Também foi uma oportunidade perdida. Em uma cultura política judaica mais saudável, isaianos e davidianos comparariam suas diferenças às distinções entre partidos políticos rivais no parlamento de um país. Um partido defende a liberdade, outro enfatiza a identidade; um destaca o liberalismo, o outro, o nacionalismo. Mesmo em confrontos intensos, cada parte deve ser apreciada como o guardião construtivo de uma dimensão valiosa da nossa herança.

Um debate apaixonado, porém construtivo, entre isaianos e davidianos reequilibraria essas forças importantes. Poderia inclusive forjar novos e emocionantes caminhos maimonidianos para Israel e o judaísmo. No entanto, uma vez que israelenses e judeus da diáspora não compartilham o mesmo palco político, e porque muitas vezes nos tornamos desagradáveis ao discutir hoje em dia, cada um de nós deixa de se beneficiar do ponto de vista distinto do outro. As tensões entre nós pioram.

ALGUMAS RESPOSTAS CONCRETAS A ESSE DESAFIO EXISTENCIAL

Em dúvida, melhorar o diálogo ou mesmo aprender a enxergar nossas diferenças no contexto exigiria uma adequação comum dramática. No âmbito mais imediato, procurei medidas concretas que eu, como político, pudesse tomar a fim de ajudar.

De forma mais prática, como ministro de Assuntos da Diáspora, iniciei um programa por meio da Agência Judaica para começar a enviar *shlihim*, emissários, para esse novo campo de batalha ideológico, as universidades. A ideia era utilizar jovens veteranos do exército israelense, que em geral eram socialmente liberais e apaixonadamente patrióticos, como a maioria de seus pares. Eles ofereciam um toque pessoal e uma perspectiva mais rica para um tema que muitos estudantes e professores adoravam simplificar em demasia. Essa iniciativa se tornaria meu principal programa na Agência Judaica anos depois. Hoje, as entidades que apoiam as universidades de Israel trabalham com estudantes em mais de cem *campi* em todo o mundo.

Ao iniciarmos o programa *campus* por *campus*, minha mensagem aos emissários era clara: não desperdicem seus esforços tentando convencer nossos inimigos de que Israel é melhor do que eles pensam. "Essa não é a sua função", eu disse aos *shlihim*. "Sua função é mostrar aos jovens judeus americanos que eles não têm nada do que se envergonhar com relação a Israel. Podem discordar de uma política ou outra do governo israelense, de um político ou outro, mas Israel e o sionismo são muito maiores do que uma determinada postura ou de um determinado político".

Como primeiro-ministro, Ariel Sharon demonstrou grande interesse em abordar essas tensões judaicas internas. Ele concordou que precisávamos lutar por uma nova unidade judaica interior e uma nova clareza moral em todo o mundo. Voltando os olhos para o Exterior, ele também concordou que o antiquado ódio aos judeus ajudara a alimentar os ataques terroristas contra Israel e os ataques ideológicos que justificavam a violência.

Com seu apoio, expandi meu papel como ministro de Assuntos da Diáspora para atuar também como ministro contra o antissemitismo global. Transformei um pequeno órgão consultivo, que funcionava a partir do gabinete do primeiro-ministro, no Fórum Global de Combate ao Antissemitismo. Para essa importante conferência internacional em Jerusalém foram convocados os principais atores na luta contra o novo antissemitismo. Essa conferência, ainda realizada regularmente, tornou-se meu trampolim para uma luta internacional maior contra esse velho-novo fanatismo.

O NOVO ANTISSEMITISMO VISTO EM 3D

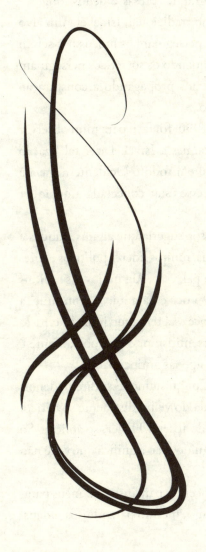

Na União Soviética, era óbvio para todos nós que o antissemitismo era aliado do ditador, uma arma natural nas mãos de nossos opressores. Dos tempos czaristas aos tempos comunistas, sempre que as autoridades precisavam de um bode expiatório para reforçar seu controle sobre a população, o judeu era o alvo perfeito.

Ao ver como a autocracia e o antissemitismo combinavam tão bem, simplesmente parti do pressuposto de que o antissemitismo e as democracias modernas seriam incompatíveis, especialmente depois do Holocausto. É por isso que ver o ódio aos judeus sobreviver ao colapso do comunismo e se mover para o mundo livre, assim que ali cheguei, foi uma das mais profundas decepções da minha vida em liberdade.

Uma segunda lição que aprendi de minha juventude foi preservada e se mostrou lamentavelmente útil. Todos nós na União Soviética entendíamos que o antissemitismo e o antissionismo se misturavam com naturalidade. A hostilidade ao judeu e aos judeus fluía perfeitamente em direção a Israel, o coletivo judeu. O Estado judeu apenas ampliou o alvo para os que odiavam judeus, dando-lhes muito mais bucha de canhão. Todos pudemos ver, de fato, como as restrições relacionadas com a admissão de judeus a universidades soviéticas eram justificadas pela necessidade de restringir a influência sionista. Quando a propaganda oficial do Partido Comunista criticava Israel, os cartuns utilizavam todas as imagens clássicas de ódio aos judeus, retratando Israel como o judeu de nariz grande, presas e dedos longos e famintos. Para além daquele antissemitismo tradicional, Israel era um alvo útil e multifacetado. Quando os soviéticos perseguiam os judeus por serem nacionalistas, éramos os agentes de Israel; quando os soviéticos perseguiam os judeus por serem cosmopolitas, estávamos propagando a conspiração judaica internacional, com Israel no centro.

É por isso que, ao longo da década de 1990, foi fácil para mim observar vestígios de antissemitismo em muitos ataques a Israel. Fazer tal ligação era uma heresia. A sabedoria convencional em todo o Ocidente negava a própria ideia de que a crítica a Israel pudesse estar conectada a qualquer forma de antissemitismo.

Sempre que eu ou qualquer outra pessoa sugeria que alguns ataques a Israel ressuscitavam o antigo ódio aos judeus, muitos líderes políticos e intelectuais agiam como se eu tivesse falado um palavrão. Alguns jovens radicais judeus também resistiram ao argumento. "Você é paranoico", continuei a ouvir. "Você vê antissemitismo em tudo. Você está tentando impedir críticas legítimas a Israel, relacionando-as ao antissemitismo, o que obviamente é algo ruim". Ou, "não somos antissemitas, apenas antiocupação".

É verdade, pensei, somos paranoicos. Conquistamos esse direito depois de milhares de anos de perseguição. A piada do velho dissidente soviético, provavelmente ecoando o livro *Ardil-22*, de Joseph Heller, se aplica: "Só porque você está paranoico sobre ser perseguido, não significa que você não está sendo perseguido".

Percebi que precisaria de provas convincentes para justificar meus paralelismos entre antissemitismo e antissionismo, mesmo para muitos judeus.

Infelizmente, em 2002, quando os ataques à própria existência de Israel se multiplicaram enquanto nos defendíamos contra o terror palestino, esses paralelos tornaram-se ainda mais evidentes e abundantes.

Existe, é claro, todo tipo de palavras, imagens, comparações empregadas para criticar as políticas israelenses. Porém, quando vi a frequência com que antissionistas modernos comparavam os israelenses aos nazistas, isso me soou familiar: os soviéticos igualavam nazismo e sionismo em discursos, charges, livros e panfletos. Tais mentiras foram inclusive apresentadas como parte de pesquisas acadêmicas. Em 1982, Mahmoud Abbas, um palestino de 47 anos, recebeu o título de pós-graduação concedido por uma contribuição significativa no campo da ciência – uma espécie de doutorado soviético – por escrever *The Other Side: The Secret Relationship Between Nazism and Zionism* (O outro lado: a relação secreta entre nazismo e sionismo). Ele defendeu sua tese no prestigiado Instituto de Estudos Orientais da Academia Soviética de Ciências. Considerando o profundo ódio que o povo soviético nutria pelos nazistas após a Segunda Guerra Mundial, essas falsas comparações e conspirações imaginadas ajudaram a demonizar o Estado judeu.

Agora, no mundo livre, eu via os jornais publicarem charges de soldados ou líderes israelenses que se pareciam exatamente com as caricaturas anti-judaicas na Alemanha nazista e os cartazes anti-Israel na União Soviética. Um cartum no jornal liberal britânico *The Independent* transformou o primeiro-ministro de Israel Ariel Sharon em um monstro grotesco que devora crianças palestinas, o sangue escorrendo de seus lábios, enquanto ele pergunta: "O que há de errado? Você nunca viu um político beijando bebês antes?". Isso já era ruim o suficiente. Mas então ganhou o prêmio anual do melhor cartum político da British Political Cartoon Society.

Quando José Saramago, escritor português ganhador do Prêmio Nobel, visitou a Autoridade Palestina em 2002, sua escolha das palavras também foi familiar. Ele disse que Israel impôs "o espírito de Auschwitz" na cidade de Ramallah e que "este lugar está sendo transformado em um campo de concentração". Passar um só minuto na Auschwitz nazista teria confirmado que não havia comparação. Ele estava deliberadamente caluniando Israel.

Havia outra linha familiar de ataque contra os judeus que reconheci. Na quinta linha do passaporte soviético, havia até 150 nacionalidades que poderiam ser mencionadas. Mas quando alguém dizia: "Ele tem uma doença de quinta linha" ou "um problema de quinta linha", todo mundo sabia que isso significava judeu. Em outras palavras, atrás da Cortina de Ferro, nós, judeus, éramos tratados de acordo com um padrão diferente.

Havia 191 países na ONU em 2002. Cada qual possuía sua própria história fundadora, seu sistema político e seu conjunto coletivo de pecados, porque nenhum país é perfeito. No entanto, de alguma forma, Israel era a nacionalidade problemática ali, o único país submetido aos duros padrões duplos que nós, judeus, conhecíamos muito bem. Apenas Israel era um item permanente na ordem do dia do Comitê de Direitos Humanos da ONU, sujeito a mais condenações do que todos os demais países em conjunto – incluindo ditaduras –, não importa quantos campos de matança surgissem em outros lugares, não importa quantos déspotas realmente tivessem cometido limpezas étnicas.

Certa vez, desafiei Louise Arbor, a alta comissária da ONU para os direitos humanos, sobre essa anomalia. Arbor foi ex-professora da Universidade de York e uma jurista canadense séria e idealista. "Existe apenas um país que está na pauta permanente de condenação, Israel", eu disse. "Como você pode permitir esse padrão duplo?"

Arbor admitiu que a situação a incomodava. Tudo provinha dos Estados-membros, não dela, insistiu. A Rússia, a China e alguns membros africanos e asiáticos concordaram entre si em manter a Chechênia, o Tibete, Darfur e os abusos dos direitos humanos árabes fora da pauta. Cada um respeitava as reivindicações alheias por interesse próprio. O único país que essa negociação não protegia era Israel.

"Sim, é muito lógico", reconheci. "Mas isso só prova que o antissemitismo pode soar muito lógico". Contei a ela sobre um livro que eu tinha em casa, "com mil leis da era czarista que, legalmente, tratava os judeus de maneira diferente. Cada um tem sua própria explicação lógica, especialmente para aquele que odeia judeus. Isso não o torna menos antissemita". Apenas se transforma numa questão de dois pesos e duas medidas.

Na União Soviética, os judeus foram o único grupo escolhido por Joseph Stalin para ser submetido a um artigo de alto nível por ele escrito, no qual argumentava que nossa comunidade histórica não era de fato uma nação.

Ou seja, entre as 150 nacionalidades havia somente uma que, apesar de constar na quinta linha da carteira de identidade soviética, era tão ilegítima que quaisquer pedidos para instituições nacionais judaicas específicas eram geralmente rejeitados.

Agora, neste novo mundo democrático em que eu havia entrado, parecia haver um debate permanente sobre a legitimidade de um único país: Israel. Todos esses paralelismos perturbadores entre meu velho mundo e meu novo mundo me auxiliaram a discernir as três principais ferramentas que os antissemitas usam contra os judeus e os e antissionistas usam contra Israel: **d**emonização, padrões **d**uplos (ou seja, dois pesos e duas medidas) e **d**eslegitimação.

Então aí está. O antissemitismo tradicional demonizou os judeus por milhares de anos como filhos de Satanás, como sugadores do sangue de jovens cristãos, como envenenadores de poços d'água, como manipuladores financeiros sedentos de poder. Os judeus foram reiteradamente submetidos a padrões duplos, desde expulsões na Idade Média às cotas universitárias no mundo moderno. No início, os cristãos atacaram a legitimidade do judaísmo como religião e, séculos mais tarde, quando as identidades se tornaram nacionais, os xenófobos atacaram a legitimidade dos judeus como povo.

Agora, vendo os mesmos princípios aplicados ao coletivo judeu e a Israel, o pilar da identidade judaica moderna, ficou claro para mim que não estávamos somente enfrentando o antissionismo, mas sim o antissemitismo.

OS TRÊS Ds

Ao refletir sobre isso, pensei nos filmes 3D de que gostava quando criança. Sem óculos especiais de dois tons, a imagem ficava embaçada. Com os óculos, a tela ganhava vida e tudo podia ser visto claramente. Se o antissemitismo tradicional demonizava, deslegitimizava e patologizava os judeus – muitas vezes tratando-os como a maior ameaça a tudo o que é bom no mundo –, era notável que o novo antissemitismo agia do mesmo modo com relação a Israel. Da mesma forma, se você não usasse os óculos certos, a linha entre críticas legítimas a Israel e ao antissemitismo podiam ficar confusas e, por conseguinte, você não reconheceria esse antigo mal, esses antigos dardos venenosos, e muito menos poderia combatê-lo.

Eu queria ajudar a traçar essas linhas articulando critérios específicos para identificar quando a hostilidade contra Israel se tornou antissemita. Foi quando Ron Dermer, meu parceiro de *brainstorming* e coautor deste e de tantos outros empreendimentos, me ajudou. Começamos a escrever artigos sobre **d**emonização, **d**eslegitimação e padrões **d**uplos, usando essa analogia 3D. "É hora de colocar aqueles óculos 3D", insisti, "para distinguir entre a crítica legítima a Israel e o novo antissemitismo".

A partir de 2005, a Europa marcou o dia da libertação de Auschwitz, 27 de janeiro, como o Dia Internacional da Memória do Holocausto. Três meses antes do Dia da Lembrança do Holocausto judaico, que é comemorado na primavera no hemisfério norte, no aniversário da revolta do gueto de Varsóvia contra os nazistas.

Como ministro da Diáspora, propus que usássemos em Israel o dia da libertação de Auschwitz como o Dia de Combate ao Novo Antissemitismo. Trabalhando com o exército e as escolas, em fóruns públicos e outras organizações educacionais, abordamos essa velha-nova ameaça.

Indo para além de Israel, uma nova organização universitária pró-Israel, a StandWithUs, integrou o teste 3D em sua plataforma educacional. Abe Foxman e a Liga Antidifamação, dirigida por ele, seguiram o exemplo. Tão logo surgiram novos líderes no *campus*, a rede internacional de centros de estudantes judeus Hillel também aceitou o teste.

Ainda assim, descobrimos que definir os critérios era a parte fácil. Era muito mais difícil convencer os outros a aplicar a fórmula. Os políticos ainda constituíam o grande desafio. Muitos alegavam que estávamos tentando suprimir a crítica. Como poderíamos fazê-los perceber que a crítica a Israel pode às vezes ser antissemita?

UM INESPERADO ALIADO DA ESQUERDA

Encontrei um aliado bastante improvável para me ajudar a convencer as pessoas de que o ódio mais plástico do mundo havia sido moldado em uma nova forma. Embora Joschka Fischer tivesse a minha idade e cada um de nós tivesse tido seu despertar ativista por volta de 1968, não poderíamos ter sido mais diferentes. Alemão, Fischer tornou-se um radical de extrema esquerda no final dos anos de 1960, influenciado por Karl Marx e os apelos à revolução que nos sufocavam em Moscou. As pessoas em seu círculo se voltaram para o terrorismo. Fischer participou de várias lutas com o radical Putzgruppe, abreviatura de *Proletarische Union für Terror und Zerstörung* (União Proletária para o Terror e a Destruição). Em 1977, a violência dos radicais passou a enojá-lo, inclusive o envolvimento do grupo no sequestro de Entebbe, que visava aos judeus. Denunciando o terrorismo, juntou-se ao Partido Verde da Alemanha e, por fim, atuou como ministro das Relações Exteriores da Alemanha e vice-chanceler de 1998 a 2005.

Naturalmente, Fischer era um grande fã do processo de paz de Oslo e do novo Oriente Médio de Shimon Peres. Em 1º de junho de 2001, durante uma visita a Israel, ele corria ao lado do Dolphinarium, uma discoteca à beira-mar em Tel Aviv. Poucas horas depois, um terrorista do Hamas entrou em uma fila de jovens que esperavam para entrar na discoteca e se explodiu, matando 21, 16 dos quais adolescentes. Fischer, que acreditava que a nação alemã tinha uma obrigação sagrada de liderar a luta contra o antissemitismo, ficou abalado. Ele prometeu ajudar. Viu que, nessa nova crítica a Israel, os velhos preconceitos estavam desempenhando um papel.

Em 2002, o novo ódio aos judeus não podia mais ser ignorado. A Organização para Segurança e Cooperação na Europa (OSCE) – uma organização com raízes nos Acordos de Helsinque da década de 1970 – abordou o aumento do vandalismo de sinagogas, o assédio a judeus e a incitação antissemita na Europa. Contudo, a maioria dos políticos liberais queria continuar a lutar contra as suásticas e o negacionismo do Holocausto, ignorando a conexão com Israel.

Depois de uma reunião inicial da OSCE realizada em 2003, em Viena, focada muito rigidamente no antissemitismo tradicional, Fischer ofereceu a cidade de Berlim para sediar o encontro seguinte, nos dias 28 e 29 de abril de 2004. Ele fez questão de me convidar, como ministro dos Assuntos da Diáspora de Israel, para discursar na conferência. Esta atraiu mais de 6 mil participantes para a antiga capital de Hitler. Propus meu teste 3D, explicando que eram, em essência, os mesmos critérios tradicionalmente aplicados à identificação de antissemitas.

Muitos políticos temiam abrir a caixa de Pandora de Israel, dos palestinos e do conflito no Oriente Médio. Mas eu me beneficiei de uma ajuda externa oportuna. Além de Fischer, cujas viagens à Autoridade Palestina haviam-no convencido de que o antissionismo e o antissemitismo reforçavam-se mutuamente, eu tinha o movimento pró-palestino. Sua retórica estava tão encharcada de ódio aos judeus que eu simplesmente compartilhei cartuns, manchetes de jornais, artigos e vídeos.

Graças a Fischer e a outros, a conferência de Berlim em 2004 teve o que pareceu um pequeno avanço, mas na verdade foi um grande acontecimento. As notas oficiais sobre a conferência – aprovadas após acalorados debates – relataram que "um número importante de delegações concordou que as críticas a Israel podem, às vezes, se mascarar em antissemitismo ou ser por ele motivado, ainda que todas as delegações também enfatizassem que as críticas às políticas de qualquer governo, inclusive o de Israel, são legítimas e uma característica essencial dos sistemas políticos democráticos".

Por trás do fraseado fraco havia um poderoso ponto de virada. A conferência estava finalmente preparada para aceitar que algumas formas de crítica a Israel podem ser antissemitas. Após anos de resistência, a comunidade internacional visava ao novo antissemitismo – a mudança de ênfase do ódio especial e obsessivo contra o judeu para a projeção do mesmo ódio especial e obsessivo contra Israel, o coletivo judeu.

Depois de Berlim, recorri aos nossos aliados americanos. Continuando a usar o canal de Helsinque, voltei para a agência governamental independente estabelecida para monitorar o cumprimento dos Acordos de Helsinque: a Comissão de Helsinque dos EUA, formalmente conhecida como Comissão de Segurança e Cooperação na Europa. O presidente da comissão, o republicano Chris Smith, e o democrata Tom Lantos prometeram combater esse novo antissemitismo. Após meu testemunho em 16 de junho de 2004, meus amigos americanos aceitaram a linguagem dos três Ds, e então assumiram a liderança no Congresso e no Departamento de Estado.

Em 8 de outubro de 2004, o Congresso aprovou o Global Anti-Semitism Review Act (Emenda da Lei do Antissemitismo Global). Respondendo ao "aumento acentuado da violência antissemita", o Congresso autorizou o Departamento de Estado a monitorar o problema, catalogar incidentes em todo o mundo em um relatório detalhado e nomear um enviado especial para o monitoramento e o combate ao antissemitismo. O prefácio do projeto de lei afirmava: "O antissemitismo às vezes tem assumido a forma de difamação do sionismo, o movimento nacional judaico, e a incitação contra Israel".

Os europeus demoraram um pouco mais. Finalmente, a IHRA, *International Holocaust Remembrance Alliance* (Aliança Internacional de Memória do Holocausto) incorporou o teste 3D no que é agora a definição oficial mais amplamente aceita de antissemitismo no Ocidente: "Antissemitismo é uma certa percepção dos judeus, que pode ser expressa como ódio contra eles". Ao oferecer exemplos oficiais, as diretrizes afirmam que "as manifestações podem incluir a transformação em alvo do Estado de Israel, concebido como uma coletividade judaica. No entanto, as críticas contra Israel semelhantes às direcionadas contra qualquer outro país não podem ser consideradas antissemitas". Outros exemplos incluíam:

- fazer alegações mentirosas, desumanas, demonizadoras ou estereotipadas sobre os judeus como tal ou o poder dos judeus enquanto coletivo;
- negar ao povo judeu seu direito à autodeterminação, por exemplo, ao afirmar que a existência de um Estado de Israel é um empreendimento racista;
- aplicar padrões de dois pesos e duas medidas exigindo de Israel um comportamento não esperado ou requerido de qualquer outra nação democrática; e
- fazer uso dos símbolos e das imagens associados ao antissemitismo clássico (por exemplo, alegações de judeus terem matado Jesus ou libelos de sangue) para caracterizar Israel ou os israelenses.

Reiteradamente, pudemos ver como os três Ds foram inseridos no documento.

Hoje, mais e mais países europeus estão adotando essa definição da IHRA, incorporando todos os três Ds. Em 2019, o decreto do presidente Donald Trump também abraçou essa definição, o que infelizmente a deixou fora dos limites para aqueles que odeiam Trump. Com o aumento do antissemitismo – na velha e nas novas formas, visando a judeus e visando a Israel –, precisamos dos óculos 3D. Somente ao vê-lo com clareza podemos combatê-lo com eficácia, na esquerda e na direita.

A mudança foi profunda por outro motivo. Além de dizer que algumas formas de crítica a Israel podem ser antissemitas, os três Ds ensinaram que nem todas as críticas eram fanáticas. Ao contrário de muitos códigos de discurso na universidade, os três Ds ajudaram a abrir espaço para um debate legítimo ao destacar quando os ataques se transformavam em críticas ilegítimas. O mapeamento de limites também identificava território legítimo. Esse processo era crucial para muitos liberais, especialmente estudantes judeus. Justificadamente, eles queriam a liberdade de criticar o governo israelense sem se sentirem sufocados ou como se fossem cúmplices daqueles que odiavam judeus no mundo inteiro.

ANTISSEMITISMO TRADICIONAL NA TV POR SATÉLITE OCIDENTAL

Na conferência da OSCE em Berlim, destaquei a série de TV *Al-Shatat* para ilustrar como o ódio moderno a Israel alimentava o ódio moderno aos judeus. Descobri essa série de 29 episódios da rede Al-Manar do Hezbollah a contragosto, em um daqueles raros dias em que tentava fugir com minha esposa para uma de nossas pousadas favoritas, longe dos olhos do público. Yigal Carmon, o inesgotável ex-oficial de inteligência, falante do árabe, que aconselhou Yitzhak Shamir e Yitzhak Rabin antes de fundar o MEMRI – *Middle East Media Research Institute* (Instituto de Pesquisa de Mídia do Oriente Médio) – em 1998, me telefonou, todo animado. O MEMRI, que traduz mídia árabe para o Ocidente, começou quando Carmon traduziu um dos discursos pró-*jihad* de Arafat para o inglês e os jornalistas o atacaram por destruir sua ilusão. "Você simplesmente não vai acreditar nisso, Natan", disse-me Carmon. "Dessa vez eles se superaram. É uma espécie de antissemitismo sangrento muito além de todos os seus três Ds."

Realmente chocado com o que vi ao retornar a Jerusalém, muitas vezes eu mostrava um trecho da série ao falar. Uma curta sequência de judeus malvados, cortando a garganta de uma criança cristã por causa de uma folha de pão ázimo, terminava com o sangue daquele pobre e inocente menino jorrando e preenchendo a tela. Sua crueza e brutalidade fizeram com que a maioria dos espectadores se sobressaltasse. Carmon me informou que, como a Eutelsat, a operadora europeia de satélites, transmitia essa estação do Hezbollah, a série foi amplamente distribuída em todo o continente.

A obscenidade das imagens atingiu até o espectador mais desinformado. Os mais sofisticados entenderam como tais mentiras ajudaram a matar judeus em massa no passado. Após apresentar o vídeo, muitas vezes eu mostrava desenhos animados como aquele de um sanguinário Ariel Sharon. Isso demonstrava como muitos, na mídia moderna, estavam indo para muito além do debate aceitável, trazendo à tona o ódio tradicional e profundo aos judeus. Quando mostrei o vídeo da série no Gabinete, meus colegas ficaram estupefatos.

Alguns meses depois, participei de um diálogo Alemanha-Israel sobre antissemitismo. Resolvi mostrar o trecho da série para complementar meu discurso, que eu faria durante o banquete principal da conferência. Um dos meus colegas de Gabinete, o ministro da Justiça Tommy Lapid, expressou sua objeção: "É muito deprimente, Natan", disse ele. "É um jantar festivo". Os organizadores foram mais flexíveis. Como não conseguiram um telão no salão do jantar, o vídeo foi transmitido do lado de fora, antes do meu discurso formal durante o jantar.

O vídeo chocou os participantes. "Isso é o que alguns de seus cidadãos, falantes do árabe, estão vendo", eu os avisei. Citando o jornal que havia lido no avião, a caminho da conferência, eu disse: "Vejam, os manifestantes anti-Israel em suas cidades estão gritando 'israelenses não são humanos', nos demonizando ainda mais". Lapid assistiu, de olhos arregalados, enquanto o público se mexia nas cadeiras, desconfortável.

Na conferência, o líder judeu francês Roger Cukierman me pediu o vídeo. Na época, o mundo não era tão digitalizado, então dei-lhe uma cópia. Quando voltou a Paris, ele o mostrou ao primeiro-ministro francês, Jean-Pierre Raffarin. Raffarin trabalhou com o parlamento e junto aos tribunais para bloquear a série da TV francesa, a fim de evitar ainda mais a animosidade dos muçulmanos da França contra os judeus.

371

Confesso que estraguei a refeição mais elaborada da conferência, com sua porcelana fina e variedade avassaladora de carnes alemãs, servindo a centenas de clientes da Europa e Israel. Em vez de comer todas aquelas salsichas e milanesas vienenses na fina porcelana, minha assessora sênior Vera Golovensky e eu recebemos duas refeições *casher* da companhia aérea, embrulhadas em intermináveis camadas de plástico e papel alumínio. Ficamos sentados, desempacotando a comida, enchendo a linda mesa posta com nosso lixo. Isso foi demais para o agressivamente secular Lapid. Estremecendo e apontando para minha refeição deplorável enquanto ainda estava furioso com o vídeo, ele murmurou: "É óbvio que você não é adequado para a sociedade civilizada".

E, obviamente, a sociedade civilizada era o meu alvo.

MINHA SEGUNDA
E ÚLTIMA RENÚNCIA DO GABINETE

Foi mais difícil para mim renunciar ao Gabinete de Ariel Sharon em 2005 do que ao de Ehud Barak em 2000. Arik e eu trabalhamos juntos por anos e éramos amigos. Um sionista, fortemente comprometido com o povo judeu, ele apoiou com sinceridade minha luta contra o novo antissemitismo. Muitas vezes, era o único ministro a levar para casa os materiais que eu trazia às reuniões de Gabinete, nos quais rastreava o novo ódio aos judeus. Como Amnon Dankner, do jornal *Maariv*, Sharon estava cercado de jovens israelenses bem-intencionados, que não apreciavam a importância de um povo judeu forte tanto quanto nós.

A horrível demonização antissemita feita de Sharon o perturbou. "Parabéns, você superou Bibi, Shimon, todos os seus rivais. Você é o alvo favorito dos antissemitas", eu disse, tentando rir dos ataques. Ele fez uma careta, nada divertida.

Arik era inteligente, determinado e patriótico. Entretanto, ele nutria um zelo ciumento de seu poder e era consciente demais da sua imagem para seu próprio bem. Um exemplo grosseiro de como ele tentou controlar as coisas com mão de ferro, enquanto oscilava entre interpretar o sr. Valentão e o Sr. Bonzinho, ocorreu durante as delicadas negociações de Wye em

1998. Participei delas, juntamente com o primeiro-ministro Netanyahu, o ministro da defesa Yitzhak Mordechai e Arik.

Quando Bibi pediu nossa opinião sobre a exigência de Yasser Arafat de um porto em Gaza, Arik, então ministro das Relações Exteriores, tentou intimidar seu chefe. "Como você se atreve a discutir isso?", ele gritou. "Você sabe que ameaça isso será para nossa segurança?"

Algumas horas depois, houve a primeira sessão oficial de três vias com os palestinos e os americanos. Foi uma reunião fechada. Os americanos continuavam a pedir que evitássemos repórteres durante as conversas. Insistiram com que nossos assistentes nos esperassem em um edifício ao lado.

Gaguejando em meio a todas as trocas de palavras polidas, se bem que desajeitadas, Sharon visivelmente se recusou a apertar a mão de Arafat. Então eu o vi se dirigir à porta de nossa sala de conferências, acenar para um assessor e relatar suas travessuras para seu assistente lá fora. Em minutos, os repórteres favoritos de Sharon estavam fazendo circular a história de como esse herói israelense tinha "corajosamente" rejeitado o terrorista, citando Arik: "Apertar a mão daquele cachorro? Nunca".

Mas uma coisa engraçada aconteceu na própria sala. Os palestinos levantaram a questão do porto. Lembrando-se dos violentos desacordos, Netanyahu recorreu a Sharon para que respondesse, já que ele era o novo ministro das Relações Exteriores e também havia atuado como ministro de Energia e Recursos Hídricos por quase dois anos. Sharon gostou tanto de demostrar sua firmeza ao gritar com o primeiro-ministro naquela manhã que Netanyahu ficou feliz em deixá-lo repetir a performance diante de um público internacional.

Sharon olhou diretamente para os palestinos e gritou: "Se vocês quiserem um porto, me procurem". Netanyahu, Mordechai e eu não podíamos acreditar no que ouvíamos. Frustrado, assim que saímos da sala, eu gritei para ele: "Por que você não apertou a mão de Arafat? Teria nos custado muito menos".

Sete anos depois, o plano de Sharon de retirada unilateral de Gaza e do norte da Samaria destacou suas fraquezas. Ele queria mostrar a todos que era o chefe e podia agir unilateralmente. Ele esperava melhorar a imagem de Israel e a sua própria. E, como quando Bibi lhe passou a palavra em Wye, gostava de enfatizar que ter responsabilidade muda o que você vê. O mundo parece diferente quando você o observa de fora da cadeira do primeiro-ministro em contraposição a quando você está sentado nela.

Ao contrário de Barak, Sharon não agia pelas nossas costas. Ele abria caminho à força, como uma escavadeira. Acreditava que poderia cair nas graças da comunidade internacional – e dos judeus liberais – destruindo 20 comunidades judaicas florescentes em Gaza.

Considerei esse plano de retirada irresponsável e imoral. Por mais que eu gostasse de Arik, sabia que ele não tinha paciência para minhas teorias. Eu continuava a acreditar, como escrevi em minha carta de demissão, "que toda concessão israelense no processo de paz deve ser subordinada a reformas democráticas do lado palestino". Em vez disso, esse "plano diminuirá as chances para o estabelecimento de uma sociedade palestina livre, fornecerá aos elementos terroristas um impulso favorável" e "aumentará o terrorismo".

"Você não entende que o mundo está contra nós há muito tempo?", explicou Sharon. "Agora, o mundo estará conosco. Se a qualquer momento durante os próximos dez anos, os palestinos se atreverem a lançar qualquer coisa a partir de Gaza, seremos capazes de fazer um bombardeio em massa – e ninguém irá se opor porque fizemos o nosso melhor para nos distanciarmos deles".

"Você não terá dez anos, Arik", respondi. "Você não terá nem dez dias".

Eu sabia, embora Sharon estivesse ignorando seus generais e se retirando de cada centímetro de Gaza, que isso não seria suficiente para os palestinos e que nossos críticos, inclusive os da comunidade judaica, ainda não estariam satisfeitos. Os problemas eram mais profundos e as Grandes Mentiras tentadoras demais. Não apenas continuaríamos ocupantes, porém quando fôssemos forçados a nos defender do ataque do Hamas a partir de Gaza, a região se transformaria "no maior campo de concentração mundial".

Por cortesia, informei Arik acerca de minha intenção de renunciar com duas semanas de antecedência. "Quero que você fique no governo", disse ele. "Tudo bem. Você pode continuar votando contra a retirada." Ele não precisava de mim para isso; tinha os votos necessários. "Mas nós precisamos de você. Você nos leva, como um governo, para lugares em que nunca estivemos, mas nos quais deveríamos estar."

Eu simplesmente não pude continuar. Prevendo que essa política de retirada criaria outra base terrorista para nos atacar, e tendo feito todo o possível para impedi-lo como um *insider*, cheguei ao meu limite. Eu não poderia ser parceiro em um governo que implantou outro movimento autodestrutivo.

Netanyahu ouviu falar dos meus planos e me ligou. "Natan, por que você não espera e renunciaremos juntos?" Bibi não queria abandonar as dramáticas reformas que estava implementando como ministro das Finanças. Ele também planejava retornar como primeiro-ministro e queria atiçar a base direitista sem perder o centro. "Bibi", respondi, "se você quiser interromper a retirada, precisa renunciar agora. Daqui a três meses será tarde demais".

Eu me demiti.

Contudo, eu havia aprendido uma ou duas coisas sobre a política. Quando me demiti no ano 2000, jornais de todo o mundo me acusaram de trair a paz. A maior parte das pessoas não quis ouvir minha alegação de que eu temia que Arafat estivesse ludibriando Barak. Dessa vez, decidi tentar publicar meus argumentos primeiro.

Tendo informado Sharon com antecedência, dei ao *The New York Times* uma entrevista exclusiva algumas horas antes de enviar minha carta oficial de demissão. O artigo foi publicado no momento em que me demiti. Dizia: "O sr. Sharansky, cujas ideias sobre a promoção da democracia foram endossadas pelo presidente Bush, disse que se opôs à falta de ligação da retirada de Gaza com reformas específicas para criar mais liberdade na sociedade palestina". O artigo prosseguia dizendo que eu "também me opunha fortemente à intenção do sr. Sharon de separar a economia israelense tanto quanto possível da palestina, argumentando que Israel não encontrará segurança real por meio de fronteiras ou muros, mas apenas em um Estado palestino que seja verdadeiramente democrático e livre, política e economicamente". Fui citado dizendo: "Os problemas deles são nossos problemas", enquanto solicitava cooperação econômica.

Arik e eu mantivemos nosso relacionamento, não obstante toda a dor durante aqueles dias da retirada de Gaza. Infelizmente, fomos privados da oportunidade de sentar e realmente trocarmos nossas opiniões sobre a decisão, o processo e seu impacto. Quatro meses após a retirada, Sharon sofreu um acidente vascular cerebral grave que o deixou em coma por oito anos até sua morte, em 2014.

Imediatamente após minha renúncia, voei para a Alemanha para as reuniões de Bilderberg, em Rottach-Egern. Todos os anos, entre 120 e 150 pessoas consideradas líderes mundiais são convidadas para esse refúgio, com o objetivo de discutir em estrita privacidade os problemas do mundo. É um acontecimento para o *establishment* mundial. Inevitavelmente, exibe a sabedoria convencional do momento, que em agosto de 2005 aplaudia a retirada de Gaza.

Assim que cheguei, bem de acordo com a Lei de Murphy, esbarrei na única pessoa que eu esperava evitar. James Wolfensohn, presidente do Banco Mundial e um generoso filantropo judeu, era próximo a Bill Clinton e um membro entusiasta do clube Bilderberg. Sempre tivemos relações amigáveis. Mas, apenas algumas semanas antes, ele havia sido nomeado como enviado especial para a retirada de Gaza pelo Quarteto do Oriente Médio – o grupo de grandes potências, mais as Nações Unidas, profundamente empenhadas no processo de paz. "Caramba", eu disse a mim mesmo. "Eu vou conseguir."

"Natan, li sua entrevista no *The New York Times*", disse ele. OK. Esse amigável e tranquilo financista australiano-americano estava começando em ponto morto. Boa jogada de abertura. Então, ele realmente me surpreendeu. "É claro que concordo com você. Você está absolutamente correto. Temos que trabalhar juntos economicamente e compartilho suas preocupações sobre a democracia. Mas", acrescentou enquanto eu relaxava, "temos que confiar em Sharon".

Realmente não sei se Wolfensohn acreditava ou não que a retirada iria melhorar as coisas. Como muitos outros, ele esperava que Sharon soubesse de algo que ele desconhecia. Wolfensohn trabalhou arduamente para garantir que o acordo fosse economicamente bem-sucedido para ambos os lados. Alguns meses depois do nosso encontro, ele arrecadou US$ 14 milhões generosos para comprar três mil estufas dos fazendeiros judeus na Faixa de Gaza e repassá-las, intactas, aos palestinos. Dessa forma, os moradores de Gaza poderiam continuar o trabalho que os judeus haviam feito para florescer o deserto.

Durante aqueles dias difíceis anteriores à retirada, Mort Zuckerman me ligou. "Estou contribuindo com o esforço de Wolfensohn. O que você acha?", ele me perguntou.

"Não posso reclamar se esses infelizes fazendeiros judeus que estão sendo expulsos receberão mais compensação que todos vocês", eu disse. "No entanto, se você acha que isso ajudará a paz – ou a economia palestina – apenas observe. Dê alguns meses. Eles destruirão as estufas de propósito, por razões políticas."

Eu estava equivocado. Eles não esperaram tanto tempo. Em poucas horas, os palestinos começaram a saquear as estufas, destruindo-as como símbolos da imposição sionista em sua pátria. Como era de se prever, poucos dias após a retirada de Gaza, os mísseis começaram a ser lançados. Eles não pararam. Em junho de 2007, o Hamas assumiu o controle de Gaza em um golpe violento que desalojou a Autoridade Palestina. Gaza transformou-se na maior base terrorista que ameaça Israel. Terroristas têm lançado milhares de mísseis e imposto anos de trauma às comunidades vizinhas. Ao longo de cinco anos, de 2009 a 2014, Israel teria que montar três grandes operações militares defensivas. Israel suportaria críticas intensas por atacar áreas civis que o Hamas havia convertido em plataformas de lançamento de mísseis contra os cidadãos de Israel.

A retirada de Gaza não ajudou a paz. Não ajudou os judeus. Não ajudou os palestinos de Gaza. E não ajudou a melhorar as relações de Israel com os judeus americanos. Agora é Gaza que está entalada na garganta de muitos críticos de Israel, incluindo muitos judeus americanos nas universidades. As pessoas até insistem que a Gaza da qual nos retiramos completamente ainda está ocupada.

A HISTÓRIA CARTUNESCA DOS ADEPTOS DO "SE AO MENOS... ENTÃO"

Anos depois, perguntei a alguns dos arquitetos da retirada o que pensavam de seu plano. Nesse ínterim, milhares de mísseis de Gaza haviam bombardeado cidades israelenses, chegando a Tel Aviv. O Hamas tomara o poder, transformando a Faixa de Gaza em uma grande base terrorista. E o Relatório Goldstone das Nações Unidas criticou Israel injustamente por defender seus civis contra os ataques que a retirada intensificou involuntariamente. "Ah", responderam os especialistas, "se ao menos Ariel Sharon não tivesse entrado em coma logo após a retirada, então tudo teria sido diferente".

Ouço essa frase melancólica – "se ao menos... então" – com frequência. Quando os israelenses a dizem com relação a Sharon, geralmente imaginam que ele teria feito chover o fogo do inferno sobre Gaza depois que o primeiro míssil foi disparado contra nossos cidadãos. Ninguém sabe o que ele teria feito, mas isso não importa. O que importa é que a tentativa de Sharon de fazer a paz – ou comprar a cooperação palestina e a popularidade de Israel globalmente – claramente falhou. A única questão é qual líder poderia ter feito um trabalho melhor, limpando agressivamente a bagunça.

A maioria dos judeus americanos adeptos do "se ao menos... então" usa a mesma frase, porém busca o resultado oposto. Eles demonstram uma profunda fé em super-heróis históricos que podem mudar a realidade e trazer a paz, sejam quais forem as circunstâncias – quer seu parceiro reconheça seu direito de existir ou não.

Se ao menos Yitzhak Rabin não tivesse sido baleado, então Oslo teria dado certo. Se ao menos Bill Clinton e Ehud Barak tivessem forçado Yasser Arafat, ou se Israel tivesse oferecido mais terra, então a paz poderia ter sido selada. Eles então prosseguem até a conclusão lógica: se ao menos Netanyahu, ou quem quer que esteja liderando Israel, tivesse a coragem de seguir os passos de Rabin ou de Sharon, então haveria paz.

A história não acontece de forma isolada, no qual pessoas boas querem que coisas boas aconteçam. A crença mágica em super-heróis difere da crença dos dissidentes, de que podemos mudar a história. O dissidente também acredita que indivíduos agindo com ousadia podem fazer a diferença. Mas o dissidente constrói o sucesso apelando aos desejos profundos das pessoas de pertencer e serem livres – não as desafiando.

Eu também fico tentado a pensar, "se ao menos" Andrei Sakharov tivesse vivido mais do que seus 68 anos, o que teria acontecido na Rússia.

378

Não sei a resposta. Mas sei que ele se tornou o modelo moral que ajudou os duplipensadores a cruzarem a linha da liberdade interior. Sei também que seu impacto sobreviveu a ele, porque sua maior contribuição não depende de seu carisma ou da sua presença, mas sim de sua visão ampla e de sua harmonia com o fluxo da democracia.

Certa vez, sem nenhuma intenção, insultei Mikhail Gorbachev em uma conferência em Varsóvia, ao analisar os motivos da queda do comunismo. Abordando a questão "Quais são as figuras simbólicas que derrubaram o comunismo?", respondi com hesitação, ciente de sua presença: "Sakharov, Reagan e Gorbachev", acrescentando, "a ordem é importante".

"Mas eu libertei você e os outros da prisão", Gorbachev me disse depois em particular, irritado com seu terceiro lugar. Ele estava mais acostumado a que os ocidentais o idolatrassem, como a revista *Time* fez ao nomeá-lo "homem da década" em dezembro de 1989. "A década de 1980 chegou ao fim, no que parecia um ato mágico, realizado em um palco histórico mundial", relatou o *Times*. "Alçapões se abriram e regimes inteiros desapareceram." Quem foi "a força por trás dos eventos mais importantes dos anos de 1980 e o homem responsável por acabar com a Guerra Fria"? Mikhail Gorbachev! Ronald Reagan sequer foi mencionado.

"Entendo", eu disse a Gorbachev. "E eu realmente aprecio que você tenha me libertado, mas...". Como Sakharov, Reagan entendia que a fraqueza do comunismo se derivava da escravização sistemática de seu povo. Sakharov simbolizou a pressão interna sobre o sistema soviético, enquanto Reagan simbolizava a pressão externa. Essas fortes pressões juntas forçaram o sistema a escolher entre conceder aos cidadãos liberdade ou entrar em colapso.

Gorbachev não queria substituir o sistema; ele queria salvá-lo. Como um verdadeiro comunista, ele não percebeu que não existe um pouco de liberdade. Tão logo ele diminuiu a pressão, tudo começou a desmoronar. Por conseguinte, enquanto Sakharov e Reagan eram agentes ativos, domando as ondas da maré da história, Gorbachev foi arrastado por ela, tentando sem sucesso retardar o processo, ficando inevitavelmente para trás, até que desmoronou. Sem Gorbachev, eu poderia ter passado mais anos na prisão. Mas sem os Sakharovs e os Reagans pressionando o sistema, o comunismo poderia ter sobrevivido até o século XXI.

Para o Ocidente, Gorbachev parecia ser o herói supremo porque era o executor, o rosto público e corajoso da mudança. Na Rússia, ele era bem menos popular. Para aqueles que acreditavam na União Soviética, ele era o homem que a tinha destruído. Para aqueles que já haviam se tornado duplipensadores ou dissidentes, ele foi o homem que tentou salvar o comunismo, dando-lhe uma plástica facial, resistindo à sua morte até o colapso.

Uma lacuna semelhante de *insider-outsider* molda os legados de Rabin e Sharon, arriscando-se a se converter em mais uma barreira que separa o discurso americano judaico-liberal do discurso entre israelenses. Mais americanos adeptos do "se ao menos... então" continuam ansiando por outro super-herói para promover o avanço da paz, seguindo os passos de Rabin e Sharon. A maior parte dos israelenses que acredita no "se ao menos... então" pertence à crescente maioria dos cidadãos no Estado judeu que desistiu dos esforços de paz sem parceiros razoáveis.

Ambos os lados correm o risco de se fechar em posições problemáticas. Um grupo diz: "Não há parceria, mas queremos paz agora. Vamos nos apressar e fazê-la acontecer". O outro grupo diz: "Não há parceria, então vamos esperar e não fazer nada". Um diálogo substancial poderia ajudar. Poderia fazer com que ambos os lados se encontrassem no meio do caminho e respondessem à pergunta premente: Como podemos encorajar o surgimento de um parceiro sério? Para que isso ocorra, cada lado tem que levar o outro mais a sério e estar pronto a se envolver construtivamente.

TEMPO PARA FAZER ACORDOS E TEMPO PARA NÃO FAZER ACORDOS

Criamos o Israel Ba'Aliyá e entrei no mundo da política partidária para acolher as vozes dos imigrantes russos no diálogo israelense. Obtivemos sucesso. É claro que, ao longo dos meus nove anos na política, melhorar o diálogo com os judeus da diáspora sempre foi um dos meus objetivos, independentemente da minha posição.

Relembrando as centenas de distintos projetos em que estive envolvido durante esse tempo, grandes e pequenos, internacionais e locais, econômicos e sociais, gostei especialmente daqueles que conectavam diferentes setores: novos imigrantes e veteranos israelenses; judeus e árabes; judeus religiosos e seculares. Embora eu tivesse orgulho de promover ações afirmativas e eliminar injustiças, eu apreciava particularmente esses programas por serem proativos. Sempre senti que esse diálogo, com todos os diversos grupos, entremeia as diferentes vertentes da comunidade.

Esse tipo de mediação e conciliação ressoava a vida de que eu desfrutara durante meus anos de luta na União Soviética. Quando, graças a Israel, descobri o rico e caótico universo do povo judeu, também descobri que gostava de conectar um grupo ao outro: o mundo dos jovens manifestantes, os *hongweibing*, com os mais velhos e mais cautelosos *bonze*; os *kulturniki* e os *politiki*; as organizações judaico-americanas ativistas e arrivistas; e o *establishment* judaico-americano.

Ganhei o apelido de porta-voz porque gostava de dedicar tempo a explicar aos ocidentais os desafios que os *refuseniks* enfrentaram quando passamos do duplipensamento para a dissidência. Eu também gostava de ajudar meus colegas a entender o que os jornalistas estavam procurando e o que seria uma boa matéria para suas histórias.

Era essencial aprender a conciliar e construir entendimento entre esses vários grupos. Porém, na União Soviética, obviamente não poderia haver transigência com uma organização, a KGB. Qualquer transigência significava trazer de volta o medo: perder a liberdade e perder esse mundo único que só pode existir enquanto você estiver livre.

Em Israel, anos depois, continuei a ouvir o clichê definidor de Oslo: "Você não faz a paz com seus amigos. Você faz a paz com seus inimigos". Faltava algo. Você só faz a paz com seus inimigos se eles estiverem dispostos a se transformarem em ex-inimigos e pelo menos parceiros, se não amigos. É por isso que eu não estava disposto a apoiar todas as concessões que estávamos prontos a fazer a nossos inimigos declarados, que não demonstravam nenhum interesse em se tornar ex-inimigos. É por isso que, em 2005, a perspectiva de expulsar 8.500 israelenses das casas que o Estado os encorajara a construir, para que os líderes palestinos pudessem ali estabelecer a maior plataforma de lançamento de mísseis, era inconcebível. Eu não poderia assumir a responsabilidade por isso. Eu não poderia transigir.

Quando deixei o governo, enquanto cogitava sobre meus próximos passos, eu sabia que continuaria a trabalhar com outras pessoas nessas questões complicadas e prementes. Eu sabia igualmente que meus aliados mais próximos seriam aqueles que desejavam fortalecer nosso compromisso compartilhado com nossa jornada judaica, onde quer que vivêssemos.

Depois de nove anos representando o governo israelense junto aos judeus do mundo, mudei meu ponto de vista privilegiado. Decorridos alguns anos, eu mudaria inteiramente de perspectiva, representando o judaísmo mundial perante o governo israelense. Problemas mais profundos estavam tomando forma entre Israel e os judeus americanos. Não tinha a ver com Arafat ou Oslo ou Sharon ou a retirada de Gaza ou Netanyahu, *per se*. Era o sentimento crescente de um desengajamento mais profundo entre os judeus liberais americanos e os judeus israelenses.

PARTE III
NOVE ANOS NA AGÊNCIA JUDAICA

POR QUE A AGÊNCIA JUDAICA?

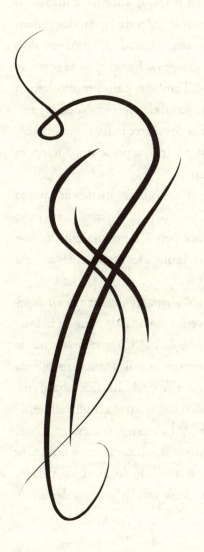

Quando Benjamin Netanyahu lançou sua campanha vitoriosa em 2009, ele me convidou a concorrer junto com ele para o Knesset novamente. Eu disse não. Ele então me ofereceu uma posição em seu Gabinete, se retomasse o cargo de primeiro-ministro. Recusei. Depois que também recusei sua gentil oferta de me tornar o embaixador de Israel nos Estados Unidos, ele me perguntou o que eu estava pensando. Eu disse: "Fiquei nove anos na prisão. Outros nove anos na política são um bom equilíbrio. Atuei em quatro governos e renunciei duas vezes. Fiquei em quatro prisões e nunca desisti. Provavelmente, algo está errado comigo na política".

"Então, você não quer nenhum cargo público?", respondeu Bibi, parecendo aborrecido.

"Bem, na verdade, você apoiaria minha candidatura à presidência da Agência Judaica?", retruquei. "Essa posição me interessa."

Netanyahu ficou atordoado. Normalmente, os presidentes da Agência Judaica tinham o objetivo de se tornarem membros do Knesset ou ministros no Gabinete ou embaixadores em Washington. Eu esperava viver novamente na contramão. Bibi perguntou por quê. "Você acha que haverá outro milhão de judeus se mudando para cá e você poderá levar o crédito por isso?", ele perguntou sarcasticamente.

"Não sei. Duvido", respondi. "Mas posso te dizer que você está certo. A principal ameaça que Israel enfrenta é o Irã. E você deve investir o maior esforço possível para gerenciar essa ameaça. Ainda assim, nós judeus enfrentamos outra ameaça: como evitar que nos transformemos em dois povos diferentes, divididos entre Israel e a diáspora. Passei grande parte da minha vida construindo pontes entre eles. Também passei muito tempo trabalhando com a Agência Judaica e lutando com ela. Sei como essa organização é única, um ponto de encontro entre o governo e a diáspora. Então", concluí, "enquanto você trabalha para conter o Irã, eu posso trabalhar para melhorar as relações entre Israel e a diáspora".

A Agência Judaica? Muitos a considerariam o lugar menos adequado para reparar as relações Israel-diáspora. Os críticos a descartavam como um dinossauro burocrático que teve seu momento de glória em décadas anteriores, fundando e povoando o Estado. Agora, eles argumentavam, ela deveria ser extinta.

Em 1929, David Ben-Gurion e Chaim Weizmann ajudaram a estabelecer a Agência Judaica para servir como o governo regional da comunidade na Palestina até que um Estado fosse criado. Depois de 1948, o governo formal de Israel atribui à Agência Judaica o encargo de reunir os exilados, a mais sagrada das missões sionistas. Agora conhecida como a Agência Judaica para Israel, tornou-se a grande fazedora de milagres do povo judeu, arrecadando bilhões de dólares de todo o mundo para ajudar milhões de judeus a se fixarem em Israel.

A palavra hebraica para imigração, *aliyá*, significa ascensão. A *aliyá* definiu a nova tarefa da Agência Judaica. A aura em torno dessa palavra enfatizava o privilégio do judeu moderno, de se mudar a Israel depois de milênios de desabrigo e ódio.

386

Como a maioria das organizações israelenses, durante os dias do sionismo socialista bengurianiano, a Agência Judaica era hierárquica. Centralizada. Orientada para o território, sempre afirmando o controle monopolista sobre a *aliyá* e o processo de absorção. Tratava as pessoas que ajudava com paternalismo.

Atualmente, sentimos certa vergonha ao saber como o Estado de Israel impôs suas regras sobre os recém-chegados, especialmente os 850 mil refugiados dos mundos árabe e muçulmano. Os representantes da Agência Judaica ditavam onde eles deveriam viver, o que vestiriam e como deveriam ganhar a vida. Mas a Sochnut, como a organização era chamada informalmente em hebraico, também incorporou os valores sionistas positivos de colonização da terra e reunião dos exilados, pés no chão e prontos para trabalhar.

"Antes que houvesse a Hollandia [a empresa sofisticada de colchões] – havia *mitat sochnut* – a cama da Agência Judaica", lembra um nostálgico site israelense. A cama da Agência Judaica era desajeitada, eminentemente funcional e tão sem estilo quanto todo membro de *kibutz* que a fabricava. Era padronizada, uma estrutura de metal de tamanho único com um colchão fino que os imigrantes recebiam em seus centros de absorção administrados pela Agência Judaica. Hoje, quando os israelenses ouvem as pessoas cantando as belas e antigas canções folclóricas sionistas irremediavelmente ingênuas, eles as chamam de *shirei* Sochnut, canções da Agência Judaica, meio com desdém e meio com amor.

Com o passar do tempo, as necessidades mudam. Não eram mais as décadas de 1930 e 1940, quando a Agência Judaica ciou o Estado, ou os anos de 1950 e 1960, quando povoou o Estado. Em 2009, a Agência Judaica parecia um velho veterano de guerra que ainda vivia batalhas havia muito vencidas e cada vez mais esquecidas. Os delegados do sionismo de Israel impulsionaram a ortodoxia da *aliyá* com tanta força que os judeus da diáspora podiam trocar histórias sobre aquela "turnê israelense cheia de culpa", questionando em inglês com forte sotaque, "Por que você não faz *aliyá*?".

Alguns amigos me olharam com maior ceticismo do que Bibi quando ouviram falar do meu pedido. Era como se eu tivesse me oferecido para comandar o Titanic depois que o navio atingiu o iceberg.

Para eles, a Agência Judaica evocava imagens de escritórios idênticos, desprovidos de charme, ao longo de corredores intermináveis, estreitos e mal iluminados, com senhoras que serviam o chá trajando aventais ao estilo soviético, passando gradualmente de um funcionário ocioso e subaproveitado para um indicado político superqualificado. Cada escritório era mobiliado com simplicidade, porém ocupado por burocratas presunçosos fazendo pequenos trabalhos entre pausas para o café cada vez mais longas, confiantes de que o sindicato intimidador protegeria seus empregos agora irrelevantes.

Tendo trabalhado de perto com a Agência Judaica e lutado regularmente contra sua liderança, eu estava familiarizado com todas as reclamações sobre sua burocracia desatualizada, o excesso de pessoal e o baixo desempenho. Sua reputação era pior ainda. Eu me dirigi ao conselho de administração da agência pela primeira vez apenas algumas semanas após a minha libertação. Houve muita festa e cordialidade. De forma um tanto ingênua demais, porém com sinceridade, disse a eles o que muitos me perguntaram ao saber que conversaríamos: "Por que a Agência Judaica ainda não fechou?".

A impressão do primeiro-ministro Netanyahu sobre a organização estava correta. A Agência Judaica permaneceu congelada em sua missão histórica, definida como um sucesso ou um fracasso segundo o critério de quantos imigrantes se estabeleciam em Israel em qualquer dado ano.

Ignorando todos os sinais de alerta, fui em frente, porque também acreditava nos pontos fortes subestimados e únicos dessa organização. A equipe era impressionantemente profissional, em especial durante emergências nacionais. Quando a Cortina de Ferro caiu, representantes da Agência Judaica se espalharam por toda a vasta União Soviética, que cobria um sexto do globo. Mobilizaram centenas de emissários, deram início a dezenas de programas e auxiliaram um milhão de imigrantes russos a se estabelecerem. Por meio de seu conselho de administração e parcerias com a American Jewish Federation, a Agência Judaica arrecadou US$ 1 bilhão em fundos de reassentamento para a Operação Exodus.

Um dos segredos da agência era o idealismo de seus funcionários. Desde líderes leigos na diretoria até secretários e a equipe de limpeza, todos estavam unidos por um senso de *shlihut*, de missão, algo que raramente encontrei em meus vários ministérios governamentais. Essas pessoas concentravam-se todos os dias em trazer os judeus de volta a Israel.

Os funcionários da Agência Judaica também sabiam como recrutar, implantar e gerenciar *shlihim* (emissários) em todo o mundo de forma muito eficaz, criando uma rede viva do povo judeu. Essa rede de israelenses espalhados pelo globo trouxe um toque humano às ideias abstratas do povo judeu e de Israel, especialmente para os muitos judeus que nunca haviam visitado o país. Em 2003, após minha visita às universidades norte-americanas, eu havia recomendado que enviássemos esses emissários aos *campi*. Naturalmente, apelamos à Agência Judaica.

O mais importante para mim naquele momento crítico de transição em 2009 foi que a Agência Judaica reuniu judeus da diáspora e israelenses como nenhuma outra instituição poderia ter feito. A coordenação da agência, seu conselho de administração, propiciava um fórum único no mundo judaico, em que representantes dos partidos sionistas de Israel poderiam dialogar com representantes das comunidades da diáspora, inclusive com os líderes dos movimentos reformista e conservador. Diálogos intercomunitários que eram politicamente impossíveis de organizar no Knesset ou por intermédio do Gabinete ocorreram regularmente através da Agência Judaica.

Eu acreditava que, com sua posição única visando unir o povo judeu e Israel, a Agência Judaica poderia desempenhar um papel poderoso. Tínhamos apenas que ajustar sua missão, atualizando-a de modo a se adequar ao nosso mundo judaico em mudança.

Mesmo que a Agência Judaica fosse um navio defeituoso, liderá-la seria o culminar da minha jornada ideológica, que havia começado com a descoberta desses dois desejos humanos básicos: pertencer e ser livre. A professora Shira Wolosky Weiss e eu descrevemos essa visão de como construir identidade e comunidade em nosso livro de 2008, *Defending Identity: Its Indispensable Role in Protecting Democracy* (Em defesa da identidade: seu papel indispensável na proteção da democracia). Ao liderar a Agência Judaica, eu poderia implementar essas ideias com talvez o mais abrangente kit de ferramentas de identidade no mundo judaico.

Eu me preocupava com o afastamento ocidental da tradição, da comunidade e das raízes. Acreditava que as tensões subjacentes nas relações Israel-diáspora refletiam as relações tensas dos judeus israelenses e dos judeus da diáspora com o judaísmo e o sionismo mais do que alguma hostilidade inerente. Na comunidade judaica e para além dela, senti que precisávamos de um melhor senso de quem éramos antes de descobrirmos como nos comunicar melhor uns com os outros.

Ao mesmo tempo, o retorno de Netanyahu ao governo ocorria num momento particularmente frágil. A situação política parecia condenada a se deteriorar. Barack Obama havia tomado posse em janeiro de 2009, apenas alguns dias depois que Israel terminou a Operação Chumbo Fundido. Foi outra operação militar em Gaza que uniu a maioria dos israelenses, mas intensificou as divisões entre os judeus americanos.

Durante essas três semanas difíceis, J Street, um novo grupo de pressão "pró-Israel e pró-paz", intimamente ligado ao governo Obama, declarou que as ações de Israel eram "contraproducentes" e "desproporcionais em sua intensidade". O rabino Eric Yoffie, presidente da *Union for Reform Judaism* e membro do conselho de administração da Agência Judaica, respondeu no jornal de esquerda *Forward*. Identificando-se como uma "pomba", ele acusou: "Dessa vez J Street entendeu muito errado". Sentindo-se preso entre os extremos, como tantos judeus em Israel e no exterior, o rabino Yoffie escreveu de forma pungente: "Se alguns falcões judeus são desprovidos de simpatia pelo sofrimento palestino, não poucas pombas judaicas demonstraram uma total falta de empatia pela situação de Israel".

Dois meses depois de Obama assumir a presidência, Benjamin Netanyahu retornou ao cargo de primeiro-ministro. Todos nós sabíamos que a volátil relação entre o primeiro-ministro e o presidente prejudicaria as relações entre Israel e a diáspora. Para mim, isso apenas enfatizou o enorme potencial da Agência Judaica como ponte entre Israel e a diáspora.

Netanyahu concordou e apoiou minha candidatura. Dois meses depois, fui eleito presidente da Agência Judaica, uma agência quase governamental com um orçamento de US$ 350 milhões. Para continuar o ímpeto de tantos projetos que eu havia iniciado nos anos de 1990, pedi a Vera Golovensky que fosse minha conselheira sênior. Nós nos conhecemos quando trabalhamos juntos no *Jerusalem Report*. Ao longo dos anos, ela atuou em muitos cargos como minha valiosa conselheira em assuntos da diáspora.

Passei os nove anos seguintes trabalhando junto com outras pessoas para mudar o curso desse enorme transatlântico em apenas alguns graus. Esse ajuste relativamente pequeno permitiu que algumas pessoas me acusassem mais uma vez de cometer alta traição, dessa vez contra o sionismo.

RELAÇÕES ISRAEL-DIÁSPORA EM TRÊS ESTÁGIOS

Sentar-se em meu novo escritório, que fora o antigo posto de comando de David Ben-Gurion, mudou minha perspectiva mais uma vez. Do outro lado dele, no Ben-Gurion Hall, recebi representantes de comunidades judaicas de todo o mundo. No corredor, uma fileira de retratos de Ben-Gurion e de cada um de seus sucessores me cumprimentava. Eles me lembravam, dia após dia, a olhar para a diáspora através dos olhos do primeiro primeiro-ministro, para Israel através dos olhos da diáspora e para a forma em que Israel e a diáspora se relacionavam através dos olhos de meus vários predecessores.

Ao estudar a história da Agência Judaica percebi que, nesse edifício, a construção da relação Israel-diáspora evoluiu através de três estágios. Primeiro, renegamos um ao outro, desconsiderando o valor do futuro da outra comunidade. Em seguida, salvamos um ao outro, convencidos de que cada um não poderia sobreviver sem o outro. Os ricos judeus da diáspora salvaram Israel da destruição física, assim como Israel salvou o povo judeu do desaparecimento.

No atual terceiro estágio, mesmo em meio a tensões crescentes, ambas as comunidades se deram conta de que precisamos uma da outra. Os judeus da diáspora começaram a se voltar para Israel, a fim de inspirar jovens judeus em suas buscas de construção de identidade, enquanto os judeus israelenses confiam nos judeus da diáspora como os aliados mais fidedignos na luta contra a deslegitimação de Israel. Minha missão era ver como a Agência Judaica poderia solidificar esse senso de interdependência, depois tentar construir um diálogo mais saudável entre Israel e a diáspora.

Estágio Um: Eu Nego Você

No primeiro estágio, os sionistas estavam desesperados para construir uma pátria judaica. Esperavam que a diáspora desaparecesse, seja por assimilação ou aniquilação, como disse Theodor Herzl. A maioria dos judeus descartava o sionismo como o movimento marginal que era naquela época. Mesmo aqueles que admiravam os *halutzim* (pioneiros) tiveram dificuldade em levar a sério seu discurso sobre a construção do Estado.

Os grandes movimentos do século XIX e início do século XX resistiram ao sionismo. Os bundistas de língua iídiche acreditavam na construção de um futuro socialista com seus camaradas, trabalhadores do mundo, não criando um Estado judeu sectário no Oriente Médio. A maioria dos judeus ortodoxos e ultraortodoxos acreditava na implantação de práticas religiosas tradicionais, onde quer que vivessem. A maioria dos judeus reformistas acreditava em um futuro na Europa Ocidental ou nos Estados Unidos, dado que definiam o judaísmo como uma religião que estava em constante evolução. Mesmo o movimento conservador americano, que ideologicamente era o mais pró-sionista e orientado para o conceito de nação, produziu poucos imigrantes. A maior parte dos judeus americanos se ressentiu da sugestão de que tinha outro lar além de sua terra prometida, a *goldene medine*, os Estados Unidos.

Durante esses dias pré-Estado, ainda que muitos de seus líderes negassem a diáspora ideologicamente, a Agência Judaica foi a principal ponte a unir os judeus da Palestina com os judeus do mundo. Na década de 1930, a Agência Judaica enviou emissários para diferentes comunidades em todo o planeta, especialmente para a Europa, muitos deles através dos movimentos juvenis sionistas. Os movimentos poderiam ser socialistas como o Hashomer Hatzair e o Habonim, revisionistas como o Betar, ou religiosos como o Bnei Akiva. Não importava. Todos eles transmitiam a mesma mensagem sionista sobre o estabelecimento de um Estado judeu para o povo judeu na pátria judaica, Eretz Israel. Advertindo acerca dos perigos crescentes, os representantes instaram os judeus locais a virem para a Palestina. A maioria dos judeus europeus ignorou esse apelo e acabou pagando com a vida.

Os emissários também ajudaram a organizar a *aliyá* para aqueles que queriam ascender. Às vezes treinavam em *kibutzim* simulados, chamados de *hahshará*, na Romênia, na Polônia e no Marrocos, mas nunca chegaram à Palestina. Às vezes fugiam da perseguição e às vezes eram sobreviventes. Às vezes a imigração era legal e às vezes ilegal. A política britânica na administração da Palestina mudou, mas os emissários da Agência Judaica estavam sempre lá, prontos para ajudar.

As advertências dos emissários se comprovaram proféticas. O Holocausto mostrou quão vulneráveis eram os judeus apátridas. Essa percepção transformou a maioria dos judeus em sionistas, ampliando a definição de modo a significar "apoiador do Estado judeu", não apenas "cidadão atual ou futuro". A maioria dos bundistas do Leste Europeu tinha sido assassinada. Os movimentos ortodoxo e conservador nos Estados Unidos apoiavam Israel com entusiasmo, mas era um apoio moral e financeiro, não convertido em imigração em massa. Judeus reformistas sionizaram-se, aceitando a condição de povo e a necessidade de um Estado. Os ultraortodoxos ainda resistiam teologicamente, mas se ajustavam pragmaticamente às realidades crescentes.

Estágio Dois: Você Conta Comigo

Apoiar o sionismo tornou-se algo tão judaico quanto comemorar o *bar/bat mitzvá*, especialmente após o estabelecimento de Israel em 1948. Com um governo formal agora operante no país, a Agência Judaica avançou para a próxima principal missão sionista: a reunião dos exilados. Além de trabalhar com imigrantes antes e depois de sua chegada, a Agência Judaica canalizou a generosidade do judaísmo mundial nesse projeto essencial de construção da nação. Enquanto arregaçavam as mangas, abriam as carteiras e tentavam resolver os inúmeros problemas enfrentados pelo Estado, judeus em Israel e na diáspora esquivavam-se de quaisquer divisões ideológicas que pudessem surgir sobre quem deveria morar onde.

Recordando o fracasso dos judeus americanos em salvar os judeus europeus durante o Holocausto, os judeus da diáspora juraram: "Nunca mais". Eles estavam prontos a angariar todo apoio financeiro e político necessário para salvar os israelenses, os pobres e os fracos, ainda que inspiradores novos membros de sua família judia. Os israelenses também se lembravam do fracasso dos judeus europeus em se salvar durante o Holocausto. Quando os israelenses disseram "nunca mais", eles entenderam que a única maneira de salvar o povo judeu era construindo seu Estado. Essa dinâmica configurou o segundo estágio nas relações Israel-diáspora, de salvar um ao outro.

Ambos os grupos de salvadores se encontravam e trabalhavam admiravelmente bem juntos no conselho de administração da Agência Judaica.

JAMAIS ESTIVE SÓ

Quando comecei a participar das reuniões do conselho durante meu ativismo relacionado à absorção no final da década de 1980, as paixões ideológicas de ambos os lados haviam arrefecido. Ainda assim, sempre era possível sentir as placas tectônicas se chocando logo abaixo da superfície. A maioria dos israelenses envolvidos era formada de sionistas resistentes, certos de que a diáspora estava condenada. Portanto, todos os judeus deveriam fazer *aliyá*, e aqueles que não o fizessem deveriam doar tanto dinheiro quanto possível para Israel antes de se assimilarem totalmente. A maior parte dos americanos envolvidos era constituída de sionistas "*light*". Embora dedicados a salvar Israel, sabiam que a *aliyá* não era uma opção para eles, e preferiam que não fosse para seus filhos.

Apesar de estar enraizada na condescendência mútua, essa relação produziu excelentes resultados. As instituições nacionais estavam amaldiçoadas por suas estruturas burocráticas. A abordagem aos imigrantes era muitas vezes demasiado paternalista. No entanto, trabalhando juntos, essa mescla de políticos, profissionais organizados e voluntários assentou milhões de pessoas enquanto arrecadava bilhões de dólares para construir Israel.

Vi essa mescla de motivos conflitantes e cooperação focada nas duas últimas levas da *aliyá* de resgate, a imigração de um milhão de judeus da antiga União Soviética e de 100 mil judeus da Etiópia.

394

REVIVENDO MEU ÊXODO COM OS JUDEUS ETÍOPES

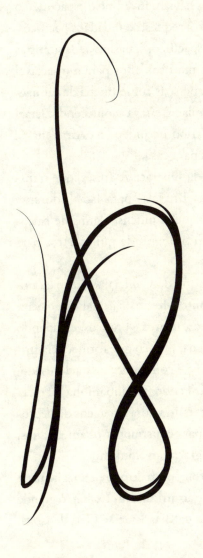

A história da *aliyá* etíope ilustra essa segunda fase das relações Israel-diáspora, tendo a Agência Judaica no centro. Não estou vendendo histórias ingenuamente otimistas. Por intermédio do partido dos direitos dos imigrantes Ba'Aliyá, enquanto liderava vários ministérios e na Agência Judaica, estive envolvido em muitas iniciativas para ajudar os israelenses etíopes a superar os problemas que enfrentaram ao chegar ao país. Alguns de seus desafios eram típicas mágoas de imigrantes. Muitos outros resultaram da enorme disparidade entre a vida material e social na África e em Israel. Alguns desses problemas foram agravados pelos preconceitos raciais de alguns israelenses.

A história da adaptação dos judeus etíopes a Israel é fascinante, muito além do escopo deste livro. Como este livro diz respeito ao diálogo entre o povo judeu e Israel, o presente capítulo examina a imigração dos etíopes, não a sua integração.

Ouvi falar pela primeira vez sobre os judeus etíopes no *gulag*. Quando não está na solitária, o prisioneiro pode ler o jornal oficial do Partido Comunista. É um exercício de dupla leitura. Todo cidadão soviético era especializado em decodificar a propaganda. Você lia as palavras, e depois o verdadeiro significado por trás delas.

Perto do final de 1984, li um longo artigo repleto da retórica habitual condenando as agressões sionistas. Dessa vez, Israel havia cometido um novo crime. Aparentemente, os soldados sionistas haviam invadido o espaço aéreo sudanês, pousado no aeroporto e começado a sequestrar cidadãos pacíficos, alegando que eram judeus com um nome específico, "falashas". Os sionistas inventaram esse estratagema para recrutar mais soldados para a insaciável máquina de Israel, que necessitava de mais pessoas como bucha de canhão.

Fiquei emocionado. Entendi que um milagre estava acontecendo. Israel provavelmente tinha encontrado alguma tribo de judeus na África havia muito tempo perdida e estava trazendo-os para casa.

Quando cheguei em Israel, ouvi falar da Operação Moisés, que transportou 8 mil judeus etíopes do Sudão via Bruxelas para Israel, durante sete semanas intensas em 1984. Muitos daqueles judeus, alguns descalços e todos sonhando com Israel, caminharam milhares de quilômetros para chegar ao Sudão.

Em nossa primeira viagem juntos ao norte da Galileia, Avital e eu nos deparamos com uma *yeshivá* perto do monte Meron, na qual estudavam alguns judeus etíopes. Observando os alunos, negros e brancos, estudando juntos, me recordei que as imagens em preto e branco que formei pela primeira vez sobre Israel em 1967 não podiam se comparar ao Israel ousado, vívido e colorido que eu estava vivenciando. Tendo passado minha infância vendo cartazes de propaganda soviética retratando falsas imagens de negros e brancos juntos graças ao comunismo, só para constranger os americanos, foi emocionante vê-los juntos de verdade, graças ao sionismo.

A verdade sobre o êxodo etíope era mais romântica do que eu imaginara na prisão. Senti como se estivesse lendo uma versão africana do *Exodus*, o grande romance sionista de Leon Uris. Os membros da Beta Israel, a Casa de Israel, eram uma tribo perdida separada do povo judeu. Alguns rastreiam suas origens ao tempo de Moisés, outras ao rei Salomão, outras ainda ao século I a.C. Eles permaneceram isolados por milhares de anos. Em suas tradições encerradas em uma cápsula do tempo, podia-se ver uma continuidade impressionante no que diz respeito à manutenção das leis dietéticas judaicas, a *cashrut*, do calendário judaico e das orações, com algumas variações. Mas eles ansiavam pelo que nós ansiávamos, aquela única palavra, Jerusalém, que nos levaria do exílio para casa.

MINHA CURTA CARREIRA
COMO COMISSÁRIO DE BORDO

Quase sete anos após a Operação Moisés, surgiram rumores sobre outro translado aéreo em massa. Decidi que, se isso realmente ocorresse, eu tinha que estar ali. Liguei para o presidente do conselho de administração da Agência Judaica, Mendel Kaplan, na manhã de sexta-feira, 24 de maio de 1991. Pedi a ele que conseguisse me colocar em um dos aviões.

"Você não trabalha para a Agência Judaica. Não posso levá-lo como um funcionário da agência", explicou Kaplan. "Mas registre-se como jornalista. Se você conseguir credenciais da imprensa, conseguirei uma vaga." Liguei para meus editores no *Jerusalem Report*. A aprovação foi instantânea. Representantes da Agência Judaica me disseram que viriam me buscar em casa naquela noite, por volta das nove horas.

Expliquei animadamente a Avital que deveríamos começar nossa refeição sabática mais cedo, porque eu estaria voando logo após o *kidush*, a bênção sobre o vinho. Ela também estava animada, dizendo: "É *pikuah nefesh*", o princípio judaico que permite suspender as proibições do *shabat* a fim de salvar uma vida.

De alguma forma, enquanto conversávamos, ela percebeu que eu viajaria como jornalista. Seu semblante se anuviou. "O quê? Isso é *hilul shabat*", profanação do *shabat*. "O jornalismo não é essencial. Não salva vidas. Você deve fazer algo útil para que seja *pikuah nefesh*."

Liguei para Mendel Kaplan novamente. "Posso ser um comissário de bordo ou fazer algum outro trabalho para ajudar a equipe da Agência Judaica?", perguntei.

Dessa vez, Kaplan perdeu a paciência. "Natan, você está me deixando louco", ele se irritou. "Temos um milhão de elementos envolvidos nessa operação. Dê a si mesmo o nome que quiser." Dessa forma, eu poderia dizer honestamente a Avital que tinha permissão para ser um comissário de bordo.

Foi assim que comecei minha breve carreira na hospitalidade de companhias aéreas. Com alegria, agi de forma teatral, bajulando os quatro jornalistas israelenses que viajavam comigo no enorme avião vazio. Insisti em servi-los.

Graças às doações de judeus americanos, à CIA, ao presidente George H. W. Bush e a outros intermediários, Israel e o povo judeu tinham subornado as autoridades da Etiópia com US$ 35 milhões para fazerem uma pausa na guerra civil do país. Também pagamos centenas de subornos menores. Durante aquele cessar-fogo de 36 horas, Israel traria para casa 14.325 judeus etíopes.

Nos meses anteriores, ouvindo rumores de que seriam salvos se conseguissem chegar a Adis Abeba, milhares de judeus etíopes iniciaram a jornada de suas aldeias para a capital. Os sortudos vinham de carro ou a cavalo. A maioria vinha a pé, descalça. Muitos tiveram suas cargas aliviadas ao longo do caminho quando bandidos os despojaram de seus pertences. Muitos perderam um filho, uma filha, um pai, uma irmã, um ancião ou um bebê em meio a toda a violência provocada pela guerra civil. Agora eles esperavam a redenção, de nós.

Hoje, mais de 25 anos depois, testemunhar esse êxodo permanece um dos momentos mais profundos da minha vida, juntamente com o dia em que ascendi da prisão da KGB para Israel. Fundi meus sentimentos e memórias sobre minha própria libertação com meus sentimentos e memórias a respeito deles. Isso é especialmente verdadeiro com o passar do tempo. A história que enviei ao *Jerusalem Report* naquela primavera captou a emoção do momento. Muito do que se segue é adaptado desse artigo.

Imediatamente após a refeição do *shabat* na sexta-feira, 24 de maio, fui levado para uma base militar perto do Aeroporto Ben-Gurion. Logo depois, pela segunda vez na minha vida, me vi praticamente como o único passageiro em um enorme avião. Agora, como então, havia apenas quatro pessoas sentadas ao meu redor. Dessa vez, eram colegas, jornalistas israelenses, e nosso destino era a Etiópia.

Minha breve experiência em hospitalidade aérea me levou a atuar como comissário de bordo durante a Operação Salomão, o resgate aéreo dos judeus etíopes, realizado por Israel em maio de 1991.

Cinco anos antes, essas quatro pessoas eram membros da KGB, minha honrosa escolta na jornada de uma prisão soviética rumo à liberdade. Naquele momento de libertação, quando, de repente, depois de nove anos de luta e orações, fui erguido da escuridão do *gulag*, não me disseram para onde estavam me levando. Mas o sol, como o dedo de Deus, apontava o caminho: era um voo para a liberdade. Eles levaram todos os meus pertences – inclusive meu uniforme da prisão, que já era familiar e confortável – e me deram roupas civis desajeitadas e grudentas. Mas eu tinha, no último momento, salvado um item das mãos dos guardas da KGB: o livrinho de Salmos que minha esposa, Avital, me dera e que foi meu companheiro em todos os anos do *gulag*. Ele me manteve aquecido.

Por meio dos salmos triunfantes do rei Davi, Deus estava me trazendo a alegre notícia: Você está livre e venceu. Você está indo para a Terra de Israel. Nas próximas horas, eu aterrissaria em Berlim, me reencontraria com minha esposa em Frankfurt, chegaria a Israel e oraria no Muro das

Lamentações. Eu estava surpreendentemente calmo e confiante o tempo todo – como fica uma pessoa que ouviu a voz de Deus e confiou em Deus e observa com arrebatamento e sem medo como os eventos se desenrolam, cumpridos de acordo com a vontade do grande e insondável desígnio divino.

Agora, cinco anos mais tarde, enquanto voava no escuro em direção a Adis Abeba em um avião da El Al, cujas identificações haviam sido pintadas, fui repentinamente acometido por perguntas e dúvidas: Por que era tão importante para mim estar nesse determinado voo para a Etiópia? A ponto de insistir que meu editor me enviasse, ainda no *shabat*?

Por que eu estava voando em direção à Etiópia? Seria porque eu estava intrigado com esses judeus tão diferentes de mim? Ou seria a fim de melhor compreender os israelenses que estavam prontos a deixar de lado suas diferenças, largar tudo, e correr para resgatar essas pessoas ao mesmo tempo tão distantes e tão próximas? Seria talvez para recuperar o sentido da pureza do sonho sionista, que na dura luz da vida diária em Israel pode às vezes parecer mais uma ilusão?

Que não haja engano: meus primeiros cinco anos em Israel foram completos e felizes. Contudo, também foram anos de descida do céu à terra. As linhas simples e claras da luta entre o bem e o mal ficaram mais confusas, e a cacofonia de argumentos e dúvidas dificultava ouvir a voz de Deus.

Abaixo, Adis Abeba nos recepcionou com luzes estáticas, uma cidade sob toque de recolher. Ao descer do avião, fui recebido por uma surpreendente visão: um rio humano em branco fluiu em direção à aeronave. Fiquei paralisado, enquanto a vasta multidão fluía através da escuridão. Eles se moviam sem pressa. Todos pareciam estar apoiando uma outra pessoa: os homens com barbas bíblicas e faces patriarcais; as mulheres de vestidos bordados, rodeadas de crianças. As crianças de cinco anos carregavam as de um ano nas costas. Em cada testa, um adesivo com um número, para que as famílias não se separassem.

A multidão foi contida por uma corda para garantir que ninguém fosse deixado pra trás na escuridão da terra em que eles viveram por milhares de anos. Soldados israelenses em trajes civis e funcionários da Agência Judaica sinalizavam com lanternas, guiando as pessoas em direção ao avião. Mas esses eram apenas intermediários. Não havia necessidade de procurar analogias. Senti como se Deus estivesse liderando a fila, como no êxodo do Egito.

Durante os anos de luta pelo êxodo da Rússia, a evocação da saída do Egito nos sustentava, os *refuseniks*, especialmente em momentos de solidão e pavor. Enquanto eu caminhava por Moscou à noite, seguido pelos agentes da KGB, ou sentado diante de um interrogador da KGB que me ameaçava de morte, ou suportando centenas de dias e noites no frio da solitária, tentei me lembrar do quadro maior: sua história não começou com seu nascimento ou com o nascimento do regime soviético. Você está continuando um êxodo que teve início no Egito. A história está com você.

Nem sempre era fácil sentir isso. Algumas vezes tive que mobilizar toda a minha imaginação, apelar a todos os meus recursos internos, romper os muros da prisão. A história moderna também veio em meu auxílio: Entebbe, quando Israel enviou aviões para resgatar judeus nas profundezas da África. O grande sacrifício de Yoni Netanyahu, cuja foto estava pendurada na minha parede até minha prisão, e a ousadia dos que o acompanharam. Este evento era minha garantia pessoal de que Israel não me abandonaria, que eu também seria resgatado.

Agora, essas duas imagens se fundiram. Em nossa direção, através de milhares de anos, os judeus se moviam em uma linha ininterrupta do Egito. Dessa vez, eu estava entre os israelenses, parado ao lado do avião vazio, na África, para tirá-los de lá. Toda a luta das últimas duas décadas, dos últimos dois milênios, fluiu em conjunto, até convergir nessa imagem.

As águas do Mar Vermelho se abriram. Dois exércitos combatentes interrompem sua guerra. Soldados etíopes observavam com ressentimento os ônibus de judeus passarem pelas ruas vazias e um avião israelense após outro pousar para transportar os judeus. Com a decolagem do último avião, as águas se juntam novamente, os céus se fecham e a guerra dominou o país mais uma vez. Demorou pouco mais de meia hora para preencher os 200 assentos do avião com 400 judeus etíopes.

Comecei a trabalhar como comissário de bordo, distribuindo água e pão. Os Beta Israel estavam obviamente famintos, porém a serenidade deles era impressionante. Cada vez que nossos olhos se encontravam, eles sorriam, receptivos. Às vezes eu segurava e acariciava uma das crianças chorosas para que seus pais abrissem os kits de alimentação. Mas isso era um pretexto. Eu simplesmente queria mais comunicação e contato.

Claramente, esse também era o desejo deles. Estavam felizes em compartilhar seus filhos comigo. Ambos os lados procuraram todo tipo de tarefas que exigiam trocas. Fomos dominados pelo nosso desejo de intimidade.

Durante todos os eventos daquela noite, nossos passageiros mostraram total confiança nos mensageiros de Israel e estavam calmamente confiantes, não obstante os surpreendentes acontecimentos. Mais uma vez, essa confiança implacável no futuro me lembrou do meu estado de espírito no avião que me retirou da Rússia. Como acontecera comigo, eles agora experimentavam um êxtase puro e não tinham medo.

Também eles saíram quase sem posses. Eu tinha então duas coisas que eles não tinham: eu tinha sapatos, enquanto muitos deles estavam descalços, e eu tinha meu livro de Salmos. Mas eles próprios pareciam figuras vivas saídas dos salmos. Sua jornada era, por si só, um salmo de alegria.

A fé deles parecia ter afastado nosso cinismo. Lembro-me que alguém começou a falar de política, mas a conversa morreu. Parecia profana nessa sagrada arca de Noé aérea, flutuando nas nuvens.

Quando o sol nasceu, começamos a nos aproximar de Israel. O piloto baixou a altitude da aeronave, para que pudéssemos ver a terra. Enquanto descia, houve uma espécie de crepitação, e o capitão anunciou em hebraico: "Estamos sobrevoando Israel". Silêncio. Então, o representante da Agência Judaica anunciou em amárico que abaixo de nós estava a Terra de Israel, usando sua palavra secreta, nossa palavra, "Yeruzalem! Yeruzalem!". Eles começaram a gritar, chorar, aplaudir. Isso continuou até depois de termos desembarcado. Esse vulcão de vozes fez com que eu me recordasse de uma palavra encantada que conectara judeus ao longo de milhares de anos, de Adis Abeba a Moscou. Essa palavra era Jerusalém.

Percebi que pousar com esses judeus me dera a resposta para a questão do que me impelira a fazer essa breve e eterna viagem. Esse era o momento pelo qual eu tinha vindo. Aqui, não havia preto ou branco, instruído ou sem instrução, cínico ou idealista, de esquerda ou de direita, crente ou secularista, imigrante ou veterano. Aqui estava um único *Am Israel*, um povo, retornando à sua terra, cujos aplausos, cantos e uivos africanos se fundiram em uma sinfonia impossível e triunfante.

UM SEJA BEM-VINDO DE TODO ISRAELENSE

Quando o primeiro avião pousou no Aeroporto Ben-Gurion, o primeiro-ministro de Israel Yitzhak Shamir deu as boas-vindas aos novos israelenses. Tendo coreografado esse resgate de forma brilhante, Shamir disse: "Eles são os remanescentes de uma comunidade judaica que durou milhares de anos, e agora estão voltando ao seu país [...]. Eles voltaram para sua terra natal".

Então, outra surpresa. O início dos anos de 1990 foi difícil. Muitos israelenses tornaram-se cínicos acerca do sionismo, traumatizados pela violência durante os motins palestinos, desmoralizados por nossa passividade quando os mísseis Scud de Saddam Hussein nos atingiram durante a Guerra do Golfo, e desanimados pelo pouco carismático Shamir. O sionismo parecia ser um movimento cujo momento havia passado. Havia criado o Estado, muitos concluíram, então se converteu em uma relíquia irrelevante.

No entanto, esse dia e meio eletrizou os israelenses. À medida que avião após avião pousava, os israelenses acorreram ao Aeroporto Ben-Gurion para receber os novos imigrantes, um grupo que agora também incluía cinco novos bebês, nascidos durante o voo de quatro horas e meia. Milhares de israelenses também aplaudiram as quatro centenas de ônibus cruzando o país, transportando esses novos israelenses a 49 centros de absorção que a Agência Judaica montara praticamente da noite para o dia. A euforia parecia lembrar a todos o que Israel tinha a ver com isso. Tínhamos orgulho davidiano em ver Israel reunindo os exilados uma vez mais. E tínhamos um orgulho isaiano ao observar que Israel era o único país democrático que acolhia ativamente imigrantes negros da África.

Joel Brinkley, repórter do muitas vezes cético *The New York Times*, escreveu em 26 de maio de 1991: "No aeroporto esta manhã, era difícil dizer quem estava mais alegre – os etíopes descalços que aplaudiam, ululavam e se curvavam para beijar a pista ao descerem dos aviões, ou os israelenses que os assistiam, irradiantes, maravilhados com essa poderosa imagem que mostrava que seu Estado ainda tem atrativo, não obstante todos os seus problemas".

A REALIDADE INTERVÉM

Essa foi a parte romântica da história. Nada disso deve ser subestimado ou tomado como certo. Tudo começou com a bravura obstinada daqueles judeus etíopes, alguns dos quais pavimentaram o caminho de volta a Jerusalém com seu próprio corpo, mesmo sacrificando suas vidas. Foi orquestrada pela criativa determinação dos israelenses, que honraram sua missão de ajudar os judeus, onde quer que estivessem, e reunisse os exilados, por mais diferentes que fossem ou por mais estranhos que alguns de seus costumes parecessem. Precisava da mobilização total do judaísmo mundial, unindo pessoas do *establishment* e ativistas, como nos bons e velhos tempos de nossa luta judaica soviética.

Entretanto, depois do romance veio a realidade confusa, que muitas vezes põe à prova as ideias mais sublimes. O galante resgate de Israel em 1991 limpou a lista de espera dos Beta Israel. Todos os judeus etíopes elegíveis para a cidadania israelense automática de acordo com a Lei do Retorno fizeram *aliyá* no final da década de 1990. A história daqueles heróis que permaneceram judeus por milênios e desejavam voltar para casa continuaria agora em Israel, apresentando seus próprios desafios de absorção. Contudo, a saga judaica etíope continuou com os Falash Mura, que tentaram imigrar, mas não se encaixavam nos critérios especificados na Lei do Retorno.

Existem duas formas de se obter a cidadania israelense, além de ter nascido ali. Primeiro, qualquer pessoa pode se candidatar a se tornar um cidadão israelense seguindo os procedimentos padronizados de imigração e naturalização, como em qualquer outro país democrático. Ou, de acordo com a Lei do Retorno, qualquer judeu pode imigrar automaticamente. O Estado foi fundado para ser o lar de todos os judeus. Não depende realmente do governo. Todo judeu tem o direito de decidir fazer *aliyá* e se tornar um cidadão de Israel.

Recuperando-se das confusas realidades da assimilação e do horrendo trauma da perseguição na Europa, culminando com o Holocausto, o Knesset em 1970 seguiu as regras de Hitler para definir quem se enquadrava para a *aliyá*. Os nazistas tomavam como alvo qualquer pessoa que tivesse pelo menos um avô judeu, então Israel decidiu aceitar todos os candidatos com pelo menos um avô judeu também, a menos que tivessem se convertido.

A CONFUSÃO DOS FALASH MURA

A pobreza, o ódio, as conversões forçadas, os sonhos frustrados e as tempestuosas realidades da vida judaica ao longo de milhares de anos na Etiópia criaram grupos de pessoas próximos o suficiente da jornada judaica para sentir que eles também tinham o direito de vir a Israel – embora não fossem elegíveis de acordo com a Lei do Retorno.

Os Falash Mura eram descendentes de um grupo de judeus etíopes que se converteram ao cristianismo, frequentemente sob coação, a partir de meados de 1800. Embora a maioria vivesse separada dos judeus, eles nunca se separaram de todo. Ao mesmo tempo, seus vizinhos cristãos tampouco os aceitavam totalmente.

Inspirados pela redenção dos Beta Israel no início dos anos de 1990 – os cínicos diriam que estavam com ciúmes de sua fuga do caos africano –, os Falash Mura se empenharam para emigrar para Israel. Mas aqueles que estavam cinco, seis ou sete gerações distantes da conversão, ou que careciam de um avô judeu, não eram qualificáveis de acordo com a Lei do Retorno. Legalmente, as autoridades israelenses não podiam aceitá-los. Poucos israelenses tinham ouvido falar dos Falash Mura até a Operação Salomão. Alguns podiam provar que tinham pelo menos um avô judeu e estavam qualificados de acordo com a Lei do Retorno. Isso foi fácil: eles estavam dentro. Alguns tinham parentes entre os cerca de dois mil que haviam feito sua rota na direção dos aviões em 1991. Algumas dezenas foram levadas às pressas para o último dos aviões, apesar de terem sido rejeitadas pela imigração. Enquanto comandava a operação, o vice-chefe do Estado Maior Amnon Lipkin-Shahak tinha visto esses imigrantes no aeroporto. Com o tempo correndo, mesmo depois de serem avisados de que não poderiam provar sua ascendência, Lipkin-Shahak declarou: "Todos a bordo. Vamos resolver isso em casa. Minha missão é clara: não deixarei nenhum judeu para trás".

Porém, muitos Falash Mura foram deixados para trás. Tendo caminhado até Adis Abeba, não havia como voltar atrás. Ficaram na cidade, aguardando a redenção. Inspirados pelo êxodo maciço, outros Falash Mura fluíram para a capital, abandonando suas aldeias e desistindo de seu gado e seus meios de subsistência. Por fim, chegaram às miseráveis favelas urbanas, dispostos a esperar.

Muitos judeus etíopes que chegaram a Israel se ressentiam dos Falash Mura. Eles os consideravam amigos de ocasião, que haviam se livrado do ódio aos judeus por gerações desde que seus ancestrais se converteram. Alguns Beta Israel suspeitavam que os Falash Mura os denunciaram ao longo dos anos. Esses céticos temiam que, tendo descoberto uma vantagem em ser judeu, os Falash Mura queriam agora lucrar com essa conexão ancestral diluída. Ao mesmo tempo, aqueles que vieram a Israel e tinham parentes entre os Falash Mura defendiam apaixonadamente que seu novo lar permitisse que seus amigos e parentes também viessem.

O processo de comprovação da qualificação era trabalhoso. Esse não era um país de certidões de nascimento padronizadas e árvores genealógicas formais. Com poucos ou geralmente sem documentos nos quais confiar, representantes da Agência Judaica e funcionários do Ministério do Interior tentariam entrar em contato com parentes ou representantes de comunidades vizinhas que vivem em Israel para verificação. Mais e mais Falash Mura chegaram a Adis Abeba. Cada vez menos eles aceitariam um não como resposta. Em vez de regressarem às suas aldeias, começaram a viver precariamente em uma cidade já pobre e superlotada. Era um desastre humanitário em formação.

Os especialistas do mundo judaico em ajudar judeus fisicamente aflitos entraram em ação, especialmente o *Joint Distribution Committee* (JDC). A Conferência Norte-Americana sobre os Judeus Etíopes provou ser a defensora mais explícita dos judeus etíopes. Essas e outras organizações judaicas ajudaram os etíopes no purgatório da imigração, cujas vidas haviam se transformado em um inferno.

Depois de um tempo, deixei de ver a saga etíope somente a partir da minha cela no *gulag* ou do meu assento de comissário de bordo em um avião da El Al sobrevoando Adis Abeba, testemunhando a lendária cooperação Israel-diáspora. Em 1997, enfrentei essas questões complicadas enquanto presidia o Comitê Interministerial de Imigração, Absorção e Assuntos da Diáspora, em meio às crescentes tensões entre Israel e a diáspora sobre o que fazer com aquelas pessoas de *status* ambíguo que foram deixadas para trás. No topo da pauta estavam os campos delimitados por cerca que se desenvolveram em Adis Abeba, abrigando 3.500 Falash Mura que esperavam por respostas das autoridades israelenses de imigração.

Nosso Comitê ouviu essencialmente dois argumentos opostos. As organizações judaicas americanas e os ativistas israelenses enfatizaram que essas pessoas se sentiam judias. Pertenciam ao nosso povo. Muitas já tinham parentes entre nossos novos israelenses etíopes porque as comunidades se misturaram e seus membros se casaram entre si.

Essas pessoas viviam em condições desesperadoras. O tempo estava contra nós, disseram-nos. Mês a mês, a criminalidade aumentava, a prostituição se espalhava, as preocupações com a aids cresciam. À medida que a raiva, o desespero e a privação aumentaram, a disparidade que essas pessoas teriam que enfrentar entre sua antiga vida africana e a nova vida israelense só iria crescer. "Israel deveria trazer essas pessoas para casa o mais rápido possível", ouvíamos continuamente. "Chega de burocracia. Façam acontecer."

Uma segunda posição, defendida com mais força por autoridades israelenses, começava com um fato incontestável: eles não eram qualificados segundo a Lei do Retorno. Cada caso deveria ser avaliado individualmente. "Se qualquer pessoa pode simplesmente vir a Israel porque se sente próxima de Israel ou quer se mudar para cá, independentemente de ascendência ou conversão, estaremos zombamos da lei", alertaram. "Além disso, olhem para o mapa. Poderíamos ser invadidos por milhões vindo a pé da África, fugindo de toda a miséria de lá".

Também consideramos a opinião do ex-rabino-chefe sefardita e fundador do Shas, Ovadia Yosef. "Deem aos Falash Mura o benefício da dúvida", aconselhou. Seguindo um ensinamento de Maimônides, os rabinos tinham historicamente a tendência de aceitar *zera Israel*, a semente de Israel. Eles estavam felizes em receber de volta descendentes de judeus que foram forçados a abandonar seu judaísmo sob o jugo da espada. Judeus perdidos retornando ao rebanho, ou aqueles cujo *status* não era claro, poderiam passar por *giyur le'humrá*, um processo de conversão menos rigoroso. Ainda envolvia um estudo intensivo testado por um tribunal rabínico e terminava com uma imersão no *mikvá*, o banho ritual. Uma vez convertidos, eles poderiam receber cidadania automática.

Consultei autoridades governamentais, rabinos e ativistas judeus americanos. Chegamos a um acordo que o governo israelense e as organizações judaicas americanas aceitaram. Limparíamos os campos imediatamente. Um processo acelerado lidaria com um grupo após outro. Eles voariam a Israel em viagens aéreas comerciais programadas regularmente, não em outra ponte aérea.

Por não serem qualificados segundo a Lei do Retorno, os Falash Mura entrariam sob a lei de entrada usual. Entretanto, receberiam o pacote completo de benefícios para novos imigrantes. Assim que terminassem o *giyur le'chumrá*, cujo processo poderia ter início imediatamente, eles poderiam se tornar cidadãos. Israel estaria contornando a Lei do Retorno como um gesto humanitário único.

Abordando os temores das autoridades israelenses sobre a criação de um precedente perigoso, as organizações judaicas americanas juraram: não haverá mais campos. O JDC e outras organizações não os reabririam e não empregariam ou financiariam outros. No futuro, os refugiados seriam encaminhados de volta às suas aldeias para solicitar *aliyá* individualmente, e então esperariam.

"Cuidado", alertaram autoridades israelenses experientes. "Mesmo ignorando todas as dores de cabeça de reunificação familiar, observem como o número dos Falash Mura irá crescer aos trancos e barrancos, porque vocês os estão encorajando. Israelenses mais cínicos alertaram: "Não se pode confiar nessas organizações judaicas americanas. Elas continuarão a pressionar e a apelar aos sentimentos". No entanto, ficamos satisfeitos com nossa solução salomônica – enquanto durou.

COMO MINISTRO DO INTERIOR

Dois anos depois, na minha agenda como ministro do Interior, o problema crescente de dois grandes campos deveria ser encarado. Um, pequeno, estava localizado em Adis Abeba. O outro, quase dez vezes maior, com 20 mil pessoas, na província de Gondar. Em 1997, apenas quatro meses depois que o JDC encerrou suas operações etíopes conforme nosso acordo, aquele primeiro campo em Adis Abeba começou a ser construído. Ativistas judeus americanos envolvidos no conflito etíope haviam exercido enorme pressão sobre as organizações para retornar. O "JDC, como uma organização humanitária, não pode ignorar a situação das crianças famintas", explicou Michael Schneider, diretor executivo. À medida que surgiram descendentes distantes de judeus, mais campos foram improvisados, mais candidatos saíram de suas aldeias para as favelas da cidade, e mais comoventes apelos foram registrados. Estimativas iniciais de 10 mil Falash Mura triplicaram, para pelo menos 30 mil.

A exigência dos judeus americanos era familiar: "Não percam tempo com sua burocracia. Traga-os o mais rápido possível". Em um apelo típico, o vice-presidente executivo da *United Synagogue of Conservative Judaism*, o rabino Jerome Epstein disse: "Os judeus sempre foram um povo comprometido com a misericórdia [...]. Temos fé que o Estado de Israel prosseguirá nessa tradição e manifestará valores que sirvam de luz para outras nações".

Dessa vez, mesmo se eu quisesse continuar transportando todos os moradores dos campos para acabar com o problema, não teria recebido o apoio dos meus colegas. Eu não tinha mais credibilidade. As advertências das autoridades de imigração comprovaram-se verdadeiras. E nós aprendemos que as organizações judaicas americanas sacrificariam qualquer promessa que tivessem feito para o governo se suportassem pressão suficiente de seus membros.

Resolvi visitar os campos na Etiópia. Eu não podia fazer essas difíceis escolhas políticas a milhares de quilômetros de distância. Precisava ver as condições que essas pessoas suportavam. "Não. Os ministros israelenses não estão autorizados a visitar esses campos", alertou-me nosso Ministério das Relações Exteriores. "Se você for, isso significará que o Estado de Israel tem uma obrigação especial para com essas pessoas. Mesmo nosso embaixador na Etiópia não os visita." Aqui havia mais um tabu que eu tinha que quebrar.

De qualquer maneira, viajei para a Etiópia em abril de 2000. Visitei os dois principais campos. Visitei algumas das aldeias que essas pessoas abandonaram. Participei de várias entrevistas de imigração.

Visitei favelas em todo o mundo. Em 1994, fiz parte da equipe de observadores internacionais que monitorou a primeira eleição democrática

409

na África do Sul. Optei por monitorar a eleição nas prisões sul-africanas e no município de Soweto. Depois de ver partes de Soweto, saí convencido de que eu acabara de ver a mais angustiante das favelas.

Parte do que vi na Etiópia foi pior. As aldeias das quais essas pessoas provinham ficaram congeladas na Idade da Pedra. Famílias inteiras abarrotadas em pequenas cabanas de um só cômodo, em ruínas, feitas de barro, esterco e palha. Muitas desprovidas de janelas. Mesmo que essas pessoas tivessem a sorte de ter um pequeno fogão a carvão, muitas vezes faltava dinheiro para o carvão. A comida vinha em primeiro lugar, embora muitas vezes lhes faltasse dinheiro para isso também. Crianças em uma das escolas de Adis Abeba que visitei desmaiavam de fome até que a Conferência Norte-Americana sobre os Judeus Etíopes começou a alimentar cada aluno com pão, um pedaço de fruta, um vegetal e alguma proteína todos os dias.

Em meio à sujeira, aos odores, às doenças, à fome e à miséria, era fácil entender por que as pessoas agarrariam qualquer oportunidade para fugir aos campos e a Israel. Dentro dos campos, os trabalhadores milagrosos do JDC traziam ordem: saneamento, cuidados médicos e três refeições por dia.

Em meio a todo esse caos, os Falash Mura estavam iniciando suas vidas judaicas, treinados por ativistas judeus e israelenses. Estavam estudando judaísmo. Aprendendo hebraico. Os homens colocavam *talit* e *tefilin* – o xale de oração e os filactérios – quando oravam na sinagoga. Inclusive passaram a dominar a arte de assar *matzá*, pão sem levedura consumido em Pessach, dentro dos 18 minutos necessários antes que a massa cresça.

Na escola do campo, conversei com alguns dos alunos em hebraico. Eu os observei falando a oração *hamotzi* sobre o pão que lhes era dado. Vi um "aluno da primeira série" sentado pacientemente com as crianças – ele tinha 26 anos e estava ansioso para aprender.

Quando participei da entrevista de imigração de uma família, o grupo de sete pessoas havia aumentado desde o encontro anterior. A recém-chegada era uma jovem que acabara de se casar com um membro da família. Ela alegou que tinha 18 anos, mas parecia ter 12. "Isso é típico", me disse o representante da Agência Judaica. "Ela é oriunda de uma aldeia em que não há judeus, nem mesmo Falash Mura. Assim que a aceitarmos, veja como o processo perderá o controle facilmente. Ela poderá convidar talvez uma dúzia de parentes próximos através do processo de reunificação familiar. Por isso, temos que estar atentos. Mas olhe para ela, olhe para eles. É também por isso que é tão difícil dizer não."

"Espero que tenhamos sucesso o mais rápido possível em trazer todos os judeus para a Terra de Israel", respondi, escolhendo minhas palavras cuidadosamente quando me dirigi a cerca de 1.500 Falash Mura em um acampamento. A maioria dos homens na multidão que aplaudiu usava solidéus; a maioria das mulheres estavam envoltas modestamente em xales.

Durante minha visita, um repórter da BBC me entrevistou. Eu me orgulhava do que estávamos fazendo com os judeus etíopes. Israel era a única democracia que acolhia imigrantes africanos de braços tão abertos. Quando concordei em dar a entrevista, pensei: "A BBC costuma ser hostil. Desta vez, finalmente, cairei nas boas graças dela".

Não exatamente. "Entendo", disse o repórter, "que vocês, israelenses, estão dispostos a trazer não judeus da Rússia porque eles são brancos e não estão dispostos a trazer judeus da Etiópia porque eles são negros".

Não gosto de perder a paciência ou deixar que os repórteres vejam que eles me irritaram. Dessa vez, fiz as duas coisas. Eu o acusei de antissemitismo. Depois de tudo o que fizemos, e considerando o que ninguém mais no mundo fez, como ele ainda poderia implicar com o Estado judeu? Mesmo depois de nossos dramáticos transportes aéreos, e com a confusão sobre o *status* de cada pessoa, ainda abríamos exceções para aqueles que não se qualificavam a emigrar para Israel. E assim mesmo éramos racistas?

O oposto era a verdade, expliquei. As autoridades forçaram a lei para receber essas pessoas em Israel. "Nenhum russo, americano ou francês que solicitasse fazer *aliyá* e fosse considerado qualificado segundo a Lei do Retorno recebeu uma assistência tão especial", eu disse. "Russos que podiam provar suas raízes por três gerações e que se esforçavam para obter permissão a fim de fazer *aliyá* estavam sendo constantemente recusados. E os Falash Mura trazidos para Israel às vezes estavam distantes do judaísmo até mesmo por oito gerações."

"Por que você está com tanta raiva de mim?", retrucou o repórter. "Eu estava mencionando o que as organizações judaicas americanas dizem sobre vocês."

A maioria das "organizações judaicas americanas" não dizia tal coisa. Entretanto, alguns ativistas furiosos que queriam pressionar Israel o faziam. Isso era o suficiente para desmerecer toda a boa obra de Israel. Era irritante que, ao longo dos anos, alegar racismo tornara-se o argumento padrão entre os políticos israelenses que buscam uma manchete fácil ao criticar o governo sobre essa complicada questão. Com essa falsidade difundida tão vagamente em Israel, não é de admirar que os judeus americanos liberais e outros críticos ocidentais ignorassem os esforços de Israel e acabassem gritando "racismo".

Retornei a Israel. Ficou claro, mesmo sem recorrer novamente a uma "*aliyá* de campos", que teríamos de processar muitas mais solicitações, muito mais rapidamente, tanto na Etiópia quanto em Israel. Como ministro do Interior, consegui fundos extras para que a Agência Judaica contratasse mais funcionários. Não havia uma solução mágica. Ainda assim, aumentamos o fluxo de imigrantes de algumas dezenas por mês para algumas centenas. Finalmente, ultrapassamos os 17 mil.

Entre a época da minha visita na primavera de 2000 e o início do período em que comecei a presidir a Agência Judaica em 2009, mais de 27 mil Falash Mura tornaram-se israelenses. No entanto, outra lista "final" permanecia, dessa vez de 8.200. Quando perguntei aos ministros do Gabinete: "Podemos terminar isso já? Podemos deixá-los entrar todos de uma vez? Afinal, eles são os últimos judeus na Etiópia", eles geralmente zombavam: "Você já nos trouxe os 'últimos 3.500' há 20 anos. Quantas vezes o último avião da Etiópia pode aterrissar?".

TENSÃO COM OS JUDEUS AMERICANOS SOBRE A ETIÓPIA

Enquanto meus colegas israelenses não me levavam a sério, meus amigos da diáspora continuavam fazendo lobby para mim. Antes de ingressar na Agência Judaica, e certamente depois, representantes das Federações Judaicas de Nova York, Cleveland, Chicago, Boston e outros lugares continuavam a atuar com vigor no que tange à crise contínua. "Estamos sendo muito pressionados por nossos doadores", diziam. O que geralmente significava uma ou duas pessoas influentes que realmente se importavam com o problema etíope. Em seguida, os executivos suscitariam sua maior preocupação: "Israel, que deveria estar tão orgulhoso do que fez, está se punindo severamente. Nosso povo simplesmente não entende isso", disseram. "Como vocês podem afastar as pessoas necessitadas – que têm uma conexão judaica – do Estado judeu? Não é por isso que Israel foi fundado? Alguns membros de nosso povo acham que vocês tratam a *aliyá* da África de maneira diferente do que a da Europa."

Eles acertadamente me viam como seu aliado. Sempre defendi um processo de imigração acelerado. Mas essa desconfiança permanente, contrária a todos os fatos, que o governo israelense era de alguma forma preconceituoso contra os judeus etíopes por causa da cor da sua pele, me irritava. Em determinado ponto, comecei a alfinetar alguns críticos em resposta.

"Vocês acreditam que eles fazem parte do povo judeu", eu diria. "E vocês parecem muito preocupados com eles. Por que não levam alguns deles para as suas comunidades?", perguntei, sempre com inocência. "Nem mil, nem cem, levem apenas dez para dar o exemplo e demonstrar sua simpatia."

A reação geralmente era um misto de surpresa, confusão e indignação. "Hum, eles não estão pedindo para se mudar para os Estados Unidos. Eles querem voltar à pátria judaica, Israel", costumavam responder. "Você é um sionista. Você e Israel os querem nos Estados Unidos?"

"Não. Eu os quero em Israel", eu retrucava. "Mas Israel não quis que judeus soviéticos fossem para os Estados Unidos. No entanto, naquela época, vocês fizeram um grande esforço para acolhê-los."

O próximo argumento deles geralmente era: "Eles serão absorvidos em uma realidade diferente. Caso se mudem para Israel, permanecerão judeus. Se vierem para os Estados Unidos, muitos deixarão de ser judeus e abraçarão sua identidade negra".

"Não é esse o tipo de processo de assimilação que muitos dos judeus da antiga União Soviética vivenciaram?", eu continuaria.

Sempre que eu entrava em uma dessas rixas, os membros da minha equipe indagariam: "Por que você discutindo com eles? Você realmente quer que eles atraiam os Falash Mura para os Estados Unidos?".

413

Eu não queria. No entanto, fiquei irritado com as insinuações dos ativistas judeus americanos de que o racismo moldou as políticas imigratórias de Israel. Eu queria inverter o jogo e pedir-lhes que comparassem suas próprias atitudes em relação aos brancos russos e aos negros etíopes. Todos nós precisávamos reconhecer que distintas comunidades, em momentos diferentes, exigem escolhas políticas diferentes.

É verdade que tudo era uma bagunça. As autoridades israelenses no século XXI estavam aplicando a Lei do Retorno, que reagiu ao sofrimento dos judeus europeus durante o Holocausto, para uma tribo perdida na África, com sua própria história de perseguições de 2.500 anos e estratégias de sobrevivência. Os judeus americanos frequentemente pensavam sobre sua visão idealizada de Israel, ao invés das restrições legais de Israel. Não tínhamos a confiança mútua necessária – para não dizer de um fórum funcional – para resolver esses problemas de forma construtiva.

Quase três décadas depois da Operação Salomão, o purgatório etíope continua. Precisa terminar. Teria acabado mais rápida e elegantemente se Israel e a diáspora sempre conseguissem aquele tipo de cooperação milagrosa que levou à Operação Salomão. Naquele maio de 1991, Israel e os judeus do mundo exerceram, juntos, o poder nu e cru para fazer a coisa certa. O mundo judaico se uniu para ajudar Israel a fazer o que fora criado para fazer, salvar judeus.

Desde então, as suspeitas recrudesceram em ambos os lados. Alguns ativistas judeus americanos têm um pressentimento de que considerações raciais influenciaram a abordagem do governo israelense aos Falash Mura. Eles estão aborrecidos porque, em vez de ser a fonte de orgulho que deveria ser, Israel ofendeu seus valores liberais. Entrementes, muitas autoridades do governo israelense ressentem-se de que supostamente minam a base legal sólida para a reunião dos exilados – a Lei do Retorno – movendo-se para o obscuro território legal e político, apenas para satisfazer as sensibilidades judaicas americanas.

Atualmente, as principais vítimas dessa desconfiança mútua são os Falash Mura, que estão esperando na Etiópia. Aqueles que chegam a Israel ainda acabam aguardando tempo demais para receber permissão. Outros, que se recusaram a aceitar um não como resposta, ficam infinitamente na espera, aguardando que a política israelense mude novamente.

Esse episódio localizado exemplifica os problemas inerentes a um relacionamento condescendente baseado em "estamos salvando vocês". No mais grosseiro reducionismo do conflito, os ativistas judeus da diáspora estavam essencialmente afirmando: "Damos todo o suporte de que vocês precisam, como vocês ousam nos constranger?" E os israelenses basicamente retrucam: "Estamos dando a vocês um Estado – não tornem o nosso trabalho ainda mais difícil."

Nesse segundo estágio da relação Israel-diáspora, com ambos os lados salvando um ao outro, cada um de nós se considerava o parceiro sênior e o outro claramente o parceiro júnior. O caminho para o terceiro estágio da dependência mútua, quando percebermos que precisávamos uns dos outros como parceiros, ainda deve ser pavimentado.

REFORMANDO A AGÊNCIA JUDAICA
Porque precisamos uns dos outros

Em 1948, quando o Estado de Israel foi estabelecido, muitos judeus da diáspora sentiram que seu parente pobre precisava ser salvo. O Estado foi obrigado a fazer racionamento de petróleo e de alimentos durante a década de 1950, quando a população mais do que dobrou devido à imigração. Com inimigos ao seu redor e o que parecia ser o caos no interior, Israel se transformou no grande caso de caridade do mundo judaico.

Na década de 1990, Israel era um dos países de desenvolvimento mais rápido no mundo. Sua economia tradicional, centralizada e socializada, se modernizou, convertendo-se na plataforma de lançamento para uma nação de *startups*. O padrão de vida em Israel começou a se equiparar ao da Europa. O um milhão de imigrantes russos traziam consigo novas habilidades, experiência profissional e uma sofisticação em ciências básicas, aumentando a competitividade. Em 2000, a economia israelense começou sua incrível sequência de vitórias, com uma média de crescimento de 3,3% todos os anos, superando a maioria dos países europeus.

Israel começou a passar na maioria dos *test drives* essenciais de uma sociedade. Estava na direção certa em termos de justiça social, tolerância, educação, prosperidade e liberdade, enquanto gabaritava o teste que avalia a confiança no hoje e no amanhã: o teste de gravidez. A taxa de natalidade de Israel é de 3,1 a 2,2 para as mulheres seculares – de longe a taxa mais elevada na Organisation for Economic Co-Operation and Development (Organização para a Cooperação e o Desenvolvimento Econômico – OCDE). A Europa Ocidental teve média de 3,1 nascimentos pela última vez em 1931; o Reino Unido e a França, em 1889.

Esse otimismo ajuda a explicar por que Israel ocupa uma posição mais elevada no índice de felicidade no ranking mundial em comparação ao Reino Unido, à Alemanha, aos Estados Unidos, à Bélgica e à França. Os israelenses também têm um forte senso de família e tradição. Israel é a única grande comunidade judaica atualmente em crescimento rápido, um raro lugar no qual judeus não religiosos conseguem transmitir um forte senso de conexão judaica aos seus filhos e netos.

Ao mesmo tempo, os judeus da diáspora, especialmente nos Estados Unidos, sofreram sua própria transformação. As comunidades judaicas fora de Israel eram mais ricas, mais orgulhosas, mais fortes e mais livres, e cada geração mais americana, mais canadense ou mais britânica do que seus pais. Entretanto, na década de 1990, demógrafos judeus começaram a apontar uma tendência, especialmente nos Estados Unidos, que muitos pais e avós, incluindo alguns dos meus amigos, já estavam vivenciando em suas próprias casas. À medida que a geração seguinte se tornava mais americana, o grau de compromisso judaico caía drasticamente. O sociólogo Steven Cohen observou que os jovens adultos estavam "significativamente menos envolvidos na vida judaica em termos de afiliação comunitária, práticas rituais e inclusive amigos". Eles também estavam mais distanciados de Israel.

E CONTARÁS TUA HISTÓRIA AOS TEUS FILHOS

Se a escola hebraica não estimulava, se o *bar/bat mitzvá* não inspirava, se a sinagoga os deixava entediados, o que mais poderia funcionar? Bem, não havia uma geração de crianças cujos pais desempenharam um papel importante na luta pelos judeus soviéticos? Eles desfrutaram de um sucesso de proporções bíblicas. Essa história, agora parte da história da família, poderia engajá-los? Você não pode apenas herdar esse sentimento de pertença ou a conexão com histórias antigas. Crianças só poderão incorporar essa história e senti-la facilmente se seus pais se esforçarem para isso.

Em nossa família, fazemos dois *seder* todos os anos, apesar de vivermos em Israel, em que a maioria das pessoas faz só um. Um deles é o *seder* tradicional de Pessach. Essa celebração da liberdade continua sendo uma das tradições judaicas mais populares. Mais de 70% dos judeus americanos e 97% dos judeus israelenses relataram terem participado de um *seder* no ano passado. Na primavera, no hemisfério norte, cada família repete a história do nosso êxodo do Egito.

Uma *mitzvá* central, um mandamento, daquela noite é: "E contarás a história para teus filhos". As crianças são convidadas a fazer perguntas e a discussão procede à partir daí. Quando lemos sobre os quatro filhos*, aprendemos que o filho sábio pergunta: "O que isso significa para nós?". A sabedoria reside na compreensão de que cada pessoa deve celebrar Pessach de forma íntima, imaginando que acabamos de ser libertados da escravidão naquela noite. O filho perverso se distancia, perguntando: "O que isso significa para você?" – e não "para mim" ou "para nós" –, separando-se de nosso povo, de nossa história. O ingênuo é fácil de entender. Mas a crescente ameaça no mundo judaico hoje é o quarto filho, aquele que nem sabe como formular a pergunta.

O segundo *seder* de nossa família geralmente ocorre cerca de seis semanas antes do tradicional. Marca o aniversário da minha libertação da União Soviética e minha reunião com Avital, em 11 de fevereiro, ou, no calendário hebraico, dia 2 do mês de Adar I.

---

* N.T.: O relato de Pessach exemplifica, através das perguntas de quatro filhos, as possibilidades de entender o significado da saída da escravidão para a liberdade.

Nosso *seder* mais pessoal sempre gira em torno das perguntas de nossos filhos. Avital e eu respondemos, enquanto uso a quipá que um companheiro de cela ucraniano fez para mim no *gulag*, elaborada do pano áspero usado para forrar minhas botas. Quando minhas filhas eram mais novas, elas perguntavam sobre os meus melhores amigos na solitária, as aranhas. Elas perguntavam como usávamos o Código Morse para nos comunicarmos de uma célula para a outra. E ficavam sempre fascinadas com o jeito que encontramos para conversarmos por meio dos "telefones sanitários", enfiando a cabeça no fundo do vaso, depois de drenar a água. À medida que cresceram, suas perguntas ficaram mais sofisticadas. Elas perguntariam a Avital como ela sabia o que estava acontecendo comigo e como eu sabia o que estava acontecendo em geral. Elas questionavam como era possível que tantas pessoas no mundo todo quisessem ajudar.

Quanto mais amadureciam, elas investigavam mais profundamente, perguntando como começamos a construir nossas vidas juntos após um atraso de 12 anos e que impacto duradouro isso teve sobre nós. "Foi difícil retomar a vida normal após a libertação de papai e seu reencontro?", elas perguntavam a Avital – com bastante astúcia.

Agora, estamos na segunda rodada, contando nossa história aos netos. Nossas filhas e seus maridos ajudam seus filhos a fazerem as perguntas. Nossas filhas fazem um trabalho melhor ao respondê-las, encontrando uma linguagem que liga as três gerações. Hoje, com os netos ainda jovens, voltamos a brincar com aranhas e a conversar por intermédio dos vasos sanitários. Ainda não abordamos os tópicos relacionados à mobilização em massa ou à comunicação entre cônjuges separados à força.

Há alguns anos, tentei recontar-lhes a história dos soviéticos como um novo faraó que me condenou à prisão. Mas o contexto se perdeu tão logo usei o termo hebraico para sentença de prisão, *tzav ma'assar*. Foneticamente, *tzav* também significa "tartaruga". "Tartaruga!", gritaram as crianças. "O faraó mandou uma tartaruga para o vovô." Antes que eu pudesse ficar aflito ou frustrado, minhas filhas, com anos de experiência como educadoras nos movimentos juvenis, intervieram. "Rápido, crianças, para debaixo da mesa já!", elas gritaram.

"Agora, saiam", ordenaram, enquanto bloqueavam o caminho. "Foi isso que aconteceu com *sába* – com o vovô –, explicaram. "Ele queria sair e

420

ir para Israel, mas eles o trancaram em uma pequena sala e não o deixaram sair." As crianças ergueram a cabeça, preocupadas.

"Não se preocupem, ele saiu, porque *sávta* – vovó – começou a gritar também. A princípio ninguém a ouviu, mas ela viajou pelo mundo inteiro, pedindo ajuda aos judeus. Quando o povo judeu se uniu, vocês sabem o que aconteceu?", perguntaram minhas filhas.

As crianças balançaram a cabeça.

"Bem, vamos tentar", disseram elas.

Todos gritaram: "Deixa meu avô ir para Israel! Deixa meu avô ir para Israel!" Funcionou. Minhas filhas e genros soltaram meus netos.

Aquela mensagem curta e contundente no estilo do Twitter era exatamente o que as crianças precisavam saber então. O *seder* de Pessach ensina sobre o poder de Deus em nos ajudar escolhendo-nos, libertando-nos. Meu *seder* pessoal ensina sobre o poder de Deus em nos ajudar quando cada um de nós individualmente se levanta e todos juntos trabalhamos como um povo.

Até agora, em nossos dois primeiros ciclos geracionais, toda essa narrativa e lembrança têm funcionado bem. Minha filha mais velha, Rachel, diz que uma das coisas que ajuda é o fato de contarmos a história em partes. Ela explicou, com bastante perspicácia, na revista *Tablet* publicada para o Pessach de 2020, que "como os autores da *Hagadá*, meus pais nunca tentaram nos oferecer versões polidas de suas histórias". Ela acredita que foi "essa falta de intervenção editorial [...] que tornou a história deles tão impactante". Avital e eu "não tratávamos isso como uma história a ser contada para eles, mas sim como blocos construtivos que poderíamos usar nas histórias que contávamos para nós mesmos", então – fragmentadas – para nossos filhos. "A cada nova pergunta e a cada nova resposta, as experiências de meus pais penetravam em meu próprio senso de identidade". No final das contas, é claro, o tempo vai dizer como irá funcionar nos próximos ciclos. Mas isso não acontecerá por si só.

Nos últimos 30 anos, Avital e eu fomos solicitados várias vezes, juntos e individualmente, para contar nossas histórias pessoais e a história mais ampla da luta pelos judeus soviéticos. Um pedido particularmente popular é que dialoguemos com jovens em idade de *bar*/*bat-mitzvá*, individualmente ou com toda a sua classe. É difícil dizer não, especialmente quando o pedido vem de um ex-companheiro de luta – da Rússia, dos Estados Unidos, da

Europa, da Austrália ou de Israel. Inevitavelmente, sempre que nossos amigos que lutaram conosco revivem a luta através de nossa narrativa, eles ficam muito emocionados. Isso desencadeia inúmeras recordações. Costumam sair com os olhos marejados.

Ao longo dos anos, enquanto os filhos deles ouviam a história, pudemos ver que já tínhamos virado História. A maioria das crianças não tinha a conexão emocional com a luta que seus próprios pais travaram. A princípio, ficamos chocados. Como os pais poderiam não ter contado a seus filhos sobre a determinação que demonstraram, os riscos que correram, os sacrifícios que fizeram? As cartas contrabandeadas, os protestos furiosos, as viagens secretas à Rússia? Dezenas de milhares de pessoas passaram anos de suas vidas no movimento. Centenas de milhares, se não milhões, compareceram às manifestações. E eles simplesmente se esqueceram de contar à geração seguinte sobre sua dedicação e sobre nossa vitória compartilhada.

Aos poucos, deixamos de ficar tão surpresos. Acostumamo-nos com a ignorância. Agora, somos convidados a falar para seus netos. É possível ver nos olhos das crianças: a maioria não sente nada. Mas não querem chatear seus avós, então se dispõem a sentar-se e ouvir pacientemente, satisfazendo-os. Avital e eu sempre recorremos às anedotas, testadas pelo tempo, que despertam a curiosidade das crianças, como sobre o Código Morse e os telefones dos sanitários. Mas isso não parece importante para elas.

A certa altura, com pena daquelas crianças e de nós mesmos, resolvemos que já era suficiente. Estávamos cansados de sobrecarregar esse público cativo. Agora, quando solicitados a falar para jovens adolescentes ou para suas classes, Avital e eu propomos: "Primeiro, deixe-os ler um livro, qualquer livro, sobre a luta. Deixe que venham com perguntas. Ficaremos felizes em responder". Desde que adicionamos essa condição, o número de solicitações de palestras caiu drasticamente.

Essa pequena experiência sugere que os pais ou os avós precisam dar a essas histórias um toque pessoal, para que a geração seguinte possa se sentir conectada. Sem o investimento maciço dos mais velhos, os membros da geração mais jovem não dão o primeiro passo para fazer de qualquer parte da história parte de sua identidade. Existem muitas outras distrações. É muito fácil ver tudo à distância.

Por outro lado, olhe para os rostos dessas mesmas crianças e de seus irmãos mais velhos quando visitam Israel. Eles se sentem envolvidos. Ficam animados. Descobrem algo que lhes foi dito que é deles por anos, mas que nunca valorizaram antes. Isso é o que impulsiona o Birthright.

O NASCIMENTO DO BIRTHRIGHT: O PROGRAMA MODELO DE TRÊS ESTÁGIOS

No final da década de 1990, Charles Bronfman e Michael Steinhardt, dois conhecidos bilionários norte-americanos, me abordaram com uma ideia "maluca". Ela já estava fermentando havia algum tempo, graças a Yossi Beilin e outros. Eu conhecia Bronfman como um generoso financiador de muitas iniciativas, incluindo nosso Fórum Sionista. Sua esposa na época, Andrea Bronfman, de abençoada memória, esteve entre os líderes do Montreal Group of Thirty-Five, donas de casa canadenses dotadas de determinação que lideraram a luta para libertar os judeus soviéticos. Eu não conhecia Steinhardt muito bem, um menino rabugento que acabou se dando muito bem na vida

"Percebemos que nossos filhos e seus amigos ficam mais interessados em ser judeus depois de visitarem Israel", eles me disseram. "Queremos garantir que toda criança judia nascida em qualquer lugar do mundo tenha uma viagem gratuita a Israel. Queremos que o governo israelense pague um terço dos custos. As comunidades locais pagarão um terço. E o último terço virá de filantropos privados, nós e nossos amigos."

Totalmente entusiasmado, me converti em seu líder de torcida e lobista no governo. Por mais de um ano, fiz o papel de casamenteiro, conectando esses visionários doadores com várias autoridades israelenses. Muitos no governo consideraram esta estranha ideia antissionista. Ela perturbava a ordem natural das coisas. "Você está maluco? Por que você os está apoiando?", zombaram alguns ministros. "Você quer que os israelenses tenham que pagar mais impostos para que judeus americanos ricos possam trazer seus filhos para cá gratuitamente? Eles podem pagar. Eles deveriam estar nos enviando o dinheiro."

Embora apenas alguns milhões de dólares teriam sido necessários nos primeiros anos do Birthright, o orçamento de Israel era tão apertado que quaisquer novas alocações desencadeavam enormes rixas no governo. Eu acreditava que valia a pena lutar por esse novo programa. Eu acreditava em trazer jovens judeus para Israel em programas intensivos, enquanto valorizava o simbolismo do gesto. O Estado de Israel estaria investindo no desenvolvimento da identidade dos judeus que permaneceram na diáspora, não apenas naqueles dispostos a emigrar. Esse tipo de liderança poderia representar uma mudança revolucionária em direção a um relacionamento mais mútuo.

Bronfman e Steinhardt eram uma nova geração de filantropos guerrilheiros. Não esperaram pela aprovação do *establishment*. Enquanto o governo e as Federações Judaicas vacilavam, os bilionários tomaram a frente. Antes de receber o sinal verde, eles já haviam criado uma fundação, um comitê diretivo, uma equipe educacional de ponta e uma receita básica para a viagem gratuita de dez dias para jovens de 18 a 26 anos, que os participantes mais ou menos ainda seguem hoje.

Enquanto isso, por mais de um ano, continuei fazendo pressão dentro do governo. Não foi fácil. Às vezes, ao conversar com sionistas antiquados, focados na *aliyá*, eu falava na linguagem deles, perguntando: "De que outra forma iremos recrutar imigrantes no futuro se não lhes apresentarmos Israel hoje?". Mas, apesar de muitos estudos que comprovavam a eficácia da experiência, a maioria dos ministros não se convenceu ou continuou desinteressada.

Um dos ministros entendeu. Felizmente, ele era o primeiro-ministro. Netanyahu entendeu que o dinheiro seria bem investido no fortalecimento de nossa unidade como um povo e que os dividendos seriam pagos no futuro.

Fiquei orgulhoso em participar do encontro histórico com Charles Bronfman e Michael Steinhardt no escritório do primeiro-ministro. Vimos, com entusiasmo e algum nervosismo, o primeiro-ministro Netanyahu assinar a carta que transformou essa fantasia em um grande projeto de construção da identidade judaica, o Taglit-Birthright. Em vez de olhar para o povo judeu como uma ferramenta para construir Israel, estávamos usando Israel para construir o povo judeu.

O primeiro grupo chegou ao Aeroporto Ben-Gurion em dezembro de 1999. Nos primeiros três anos do programa – enquanto Israel passava de Netanyahu a Barak a Sharon no cargo de primeiro-ministro –, as pequenas quantias que o governo alocava para o projeto continuavam sendo alvo de ataques no Gabinete. Toda vez, eu conversava com Bronfman e Steinhardt, depois pressionava o primeiro-ministro e o ministro das Finanças para protegerem os fundos.

Finalmente, caiu a ficha. A importância do programa tornou-se tão óbvia que era politicamente incorreto opor-se a ele. Os pedidos orçamentais aumentaram à medida que o programa se expandia, mas o apoio do governo cresceu também.

Em 2006, Birthright havia inspirado dezenas de milhares de jovens judeus, porém ainda era um projeto relativamente pequeno. Ainda não era o rito de passagem judaico padrão que Bronfman e Steinhardt haviam imaginado. Os financiadores sonhavam que, ao nascer, todo jovem judeu receberia um certificado a ser resgatado após cumprir 18 anos, prometendo uma viagem a Israel como "direito por nascimento".

Em dezembro daquele ano, Miriam e Sheldon Adelson começaram a ampliar o programa dramaticamente, quando intervieram para "comprar" as listas de espera. Celebraram o sexagésimo aniversário de Israel em 2008 doando US$ 60 milhões para o Birthright.

Suas doações possibilitaram que 24 mil jovens judeus fossem enviados para um país que o pai de Sheldon, um motorista de táxi, nunca conseguiu visitar, primeiro porque era muito pobre, e depois por motivos de saúde. Desde então, o Birthright tem operado em um nível muito amplo, como um programa de mais de US$ 100 milhões, trazendo de 40 a 50 mil jovens judeus a Israel anualmente. Esse programa mostra que a cooperação é possível, mesmo em nosso mundo polarizado. Financiadores da esquerda judaica, como Charles Bronfman e Lynn Schusterman, trabalham em conjunto com financiadores da direita judaica como os Adelsons, atraindo jovens judeus de todo o espectro político.

Malcolm Hoenlein, o extrovertido vice-presidente executivo da *Conference of Presidents of Major American Jewish Organizations*, muitas vezes disse que a luta pelos judeus soviéticos salvou uma geração de judeus americanos da assimilação. O mesmo pode ser dito sobre o programa Birthright. Ele se converteu no maior e mais bem-sucedido projeto educacional que une a diáspora e Israel. Tornou-se também o exemplo mais proeminente da mudança estratégica do judaísmo americano. A diáspora não estava mais apenas salvando Israel; agora, a diáspora precisava de Israel para salvá-la também.

Em 2009, o Birthright e o Massá, um programa de estágio e aprendizado da Agência Judaica com duração de cinco a dez meses, estavam trazendo dezenas de milhares de judeus para Israel anualmente. No momento em que este livro foi escrito, mais de 750 mil jovens adultos judeus participaram do Birthright – incluindo 100 mil israelenses, por meio do *mifgash*, encontro, com seus pares judeus.

O SEGREDO DO SUCESSO DA EXPERIÊNCIA DE ISRAEL

As estatísticas falam por si mesmas, até porque, como bons empresários, Bronfman e Steinhardt investiram em elaborados mecanismos para acompanhar os resultados e ver o retorno do seu investimento. Mais de 20 anos depois da criação do Birthright, inúmeras pesquisas mostram que 85% dos participantes consideraram a viagem uma experiência transformadora; 74% sentem uma conexão com Israel e são 40% mais propensos a sentirem tal conexão do que os não participantes. Como quer que você julgue estar judaicamente envolvido, o Birthright ajuda.

Educadores, que sabem como é difícil mudar a mente dos jovens, perguntam: qual é o seu segredo? Como tantos participantes podem ter uma experiência de vida transformadora em apenas dez dias de turismo, incluindo o tempo de viagem?

Ao longo dos anos, falei com milhares de participantes do Birthright, em discursos formais e conversas informais. Sempre tenho essa estranha sensação de reconhecimento. O modo como eles falam sobre o efeito do programa sobre eles e os olhares acesos em seus rostos me remetem ao efeito da guerra de 1967 sobre mim e meus colegas judeus soviéticos. É imediato. Eles descobrem, como nós, de uma só vez, suas raízes, seu povo e seu país.

É óbvio que não somos iguais. Nossa assimilação foi forçada. A maioria deles, ou seus pais, simplesmente se afastou. Sempre souberam que eram judeus e simplesmente nunca se importaram com isso. É mais difícil superar a indiferença intencional do que a ignorância imposta.

Enquanto apreciam o passado, os participantes do Birthright também descobrem uma emoção no presente que jamais associaram ao fato de serem judeus. Não é o judaísmo como uma espécie de clube de campo suburbano para pessoas de meia-idade. Em vez disso, eles sentem que pertencem a essa família jovem e empolgante e a uma nação sábia e antiga. Em Jerusalém e Tel Aviv, no Neguev e no Golã, Israel é legal e divertido. No Birthright, eles apenas conseguem vivenciar essa primeira onda de emoções, essa injeção inicial de energia. No entanto, a nova e estranha sensação de que há algo mais profundo em sua identidade, de direito por nascimento, é libertador e verdadeiramente excitante.

Se o Birthright oferece esse primeiro doce sabor, o Massá oferece um sabor mais intenso. Fundado antes de eu me juntar à Agência Judaica em 2003 como parte de uma parceria meio a meio entre o governo e a Agência, o Massá é o centro coordenador de cerca de 200 programas diferentes, com duração de 5 a 12 meses, para jovens adultos de 18 a 30 anos. Eles estudam, ensinam, trabalham como voluntários ou estagiários, encontrando interações significativas em Israel.

Gosto de falar com os participantes do Massá depois que já estão em Israel há alguns meses. Começo perguntando: "Quais são suas reclamações sobre Israel?". A variedade de opções que o Massá oferece – ensinar inglês em escolas árabes, trabalhar como voluntário nos bairros pobres de Tel Aviv, estudar em uma *yeshivá* no bairro judeu de Jerusalém – atrai participantes de todos os espectros políticos e religiosos. As experiências dos participantes geralmente reforçam qualquer tendência política ou religiosa que os levou a escolher seu programa. Afinal, muitas vezes são pessoas que pensam da mesma forma – e são resolutas. Ouvi muitas críticas políticas. Ouvi que Israel abandonou o judaísmo ou que os rabinos dominam Israel, que Israel é muito duro com os palestinos ou que Israel se tornou brando demais.

"Agora me digam", eu pergunto, "o que Israel significa para vocês?" Durante centenas de conversas que mantive com participantes do Massá, religiosos e seculares, de esquerda e de direita, ouço mais ou menos a mesma resposta. Eles dizem: "Encontrei uma família aqui. Eu me sinto mais confortável expressando minhas opiniões aqui do que em qualquer outro lugar do mundo. Aqui, sou amado não por minha política ou por minhas conquistas, mas porque pertenço".

Como uma jovem me explicou: "Em Israel, quando o motorista de táxi, depois de me interrogar sobre três gerações da minha história familiar, me deseja '*shabat shalom*' na sexta-feira, sinto que esse é sinceramente o seu desejo. Quando os taxistas de Nova York murmuram: 'Tenha um bom dia', isso não significa nada".

À medida que a identidade judaica diminuía nos Estados Unidos, os judeus americanos descobriram Israel como uma ferramenta para engrossar seus egos judeus. Não tinha mais nada a ver com salvar Israel, mas sobre como usar Israel para aumentar as chances de que seus netos sejam judeus amanhã ao encontrar significado e paixão hoje.

O mundo judaico para além de Israel enfrenta uma epidemia de assimilação. As pequenas comunidades estão desaparecendo, as grandes estão encolhendo. Tendo visitado dezenas de comunidades judaicas, só vi dois pares de freios que podem combater a assimilação: fé e sionismo. A fim de permanecer judeu, ou você se conecta à tradição ou a Israel. Como em todos os sistemas, se você puder usar ambos, eles reforçam um ao outro. Se você não tem nenhum dos dois, estatisticamente falando, seus netos têm poucas chances de serem judeus, onde quer que você viva, na França, no México, na Austrália ou nos Estados Unidos.

PERCEBENDO QUE PRECISAMOS DE VOCÊ TAMBÉM

Israel podia se dar ao luxo de financiar programas de fortalecimento das comunidades judaicas porque os israelenses não eram mais os parentes pobres. Pelo contrário, Israel estava prosperando. A mídia externa tratava o país como se estivesse à beira do colapso, mas nós, israelenses, vivíamos uma história diferente. Fizemos florescer o deserto e acolhemos os exilados em casa. Economicamente, estávamos ultrapassando um país europeu após o outro, enquanto nos tornamos o décimo primeiro país mais feliz do mundo. Não somos identificados por sermos o alvo de boicote, desinvestimento e sanções (BDS) e deslegitimação, mas sim por irrigação por gotejamento, USBs, Waze, Mobileye, ReWalk, PillCam, firewall da Check Point, aquecimento solar de água, pesquisa médica de tecnologia de ponta para salvar vidas.

Quando fundou o movimento sionista moderno, Theodor Herzl esperava que a criação do Estado judeu eliminasse tanto o antissemitismo quanto a diáspora. Embora ele fosse profético quando se tratava de vislumbrar um Estado judeu, ele estave errado. Apesar de todos os sucessos de Israel, estabelecer um Estado não eliminou o antissemitismo ou a diáspora. Na verdade, o antissemitismo sobreviveu e gerou uma nova ramificação, o *novo antissemitismo*, tendo Israel como alvo, com sua demonização, deslegitimação e duplos padrões. Apesar de forte, estável e bem-sucedido, Israel foi o único país do mundo forçado a defender constantemente a sua própria legitimidade.

Quando o Fórum Contra o Antissemitismo foi formado pela primeira vez a partir do gabinete do primeiro-ministro, a missão de Israel de ajudar o judaísmo mundial – neste caso, defendendo os judeus – foi impulsionada. Tão logo o transformei no *Global Forum for Combating Antisemitism*, o mundo judeu estava defendendo Israel.

Em abril de 2009, participei do protesto contra o novo antissemitismo realizado em Genebra, juntamente com ativistas pró-democracia do mundo todo.

Essa mesma transformação ocorreu nas universidades. Todos nós percebemos que fortes conexões entre judeus e comunidades judaicas no mundo inteiro eram do interesse de Israel. Então, como recompensa secundária, todos esses programas de construção de identidade judaica impulsionaram Israel com entusiasmo. Em pouco tempo, em cada *campus*, "embaixadores" de Israel, da esquerda e da direita, religiosos e seculares, emissários da Agência Judaica nascidos em Israel e estudantes em tempo integral, não estavam apenas defendendo Israel, mas o enaltecendo. Não o faziam por algum tipo de sensação de culpa ou por obrigação, mas por uma necessidade de defender a si mesmos e aquele lugar que era tão central para sua identidade.

Esse processo repetiu-se em outras partes do mundo judaico. Não foi fácil para muitos israelenses parar de esperar que a diáspora se assimilasse, ou começar a apoiar esses programas de identidade judaica. Tommy Lapid, o ministro da Justiça e vice-primeiro-ministro de 2003 a 2004, entrou na política como um sionista clássico, hostil ao judaísmo religioso e desdenhoso da diáspora.

A história de vida de Lapid o levou a zombar de todos esses programas de identidade judaica e das preocupações sobre se o mundo gostava de nós. Nascido em Novi Sad, na Iugoslávia (atual Sérvia), em 1931, quando menino viu a Gestapo levar seu pai. Lapid e sua mãe sobreviveram ao gueto de Budapeste, mas ali ele perdeu a fé em Deus e no mundo. Tornou-se um sionista herzliano, definindo "toda a ideia sionista", como escreveu mais tarde, como uma garantia de que "toda criança judia sempre terá um lugar para onde ir".

Sempre que as discussões do Gabinete giravam em torno de qualquer questão relacionada a religião e Estado, Lapid gostava de pronunciar: "Sou um judeu melhor do que o Rebe de Lubavitch, porque vivo em Israel". Ele adorava observar que nossos filhos servem no exército judeu e que Rebe nunca o fez. Lapid se irritava sempre que eu mencionava mais outro programa de construção de identidade, dizendo: "Um governo moderno não deveria pagar por atividades missionárias antiquadas".

No entanto, quando, como ministro da Justiça, teve que enfrentar a deslegitimação de Israel, ele começou a apreciar nossos parceiros judeus no exterior. Quando apresentei minha ideia de que se aprendesse sobre novo antissemitismo em cada Dia da Lembrança do Holocausto, Lapid me surpreendeu. Falando no Knesset, ele citou meu relatório de minha viagem às universidades. Ao descer do pódio, ele se virou para mim e disse: "Que bom que você nos levou para lá. É bom que estejamos atingindo os alunos. Precisamos deles para que lutem por nós".

Lapid e muitos outros israelenses tiveram que se adaptar. Eles tiveram que compreender as novas necessidades de Israel e ver o potencial da diáspora. Os judeus da diáspora não eram mais apenas o cofrinho e o banco da população israelense, mas, como todo bom membro da família, a primeira linha de defesa de Israel e parceiro perpétuo de luta.

Estávamos entrando no terceiro estágio. mais mutualista, das relações Israel-diáspora, nas quais ainda salvamos uns aos outros, mas também precisamos uns dos outros. Comunidades judaicas fortes da diáspora deixaram de ser ameaças à contagem da *aliyá* no curto prazo, tornando-se investimentos de longo prazo em futuros defensores e imigrantes.

Alguns chegaram a ponto de sugerir o abandono do termo "diáspora", assim como gerações anteriores haviam parado de chamar a diáspora de "exílio". O termo ainda funciona para mim. A diáspora sugere que estamos dispersos, e realmente estamos. O reconhecimento da Terra de Israel como a pátria histórica não nos impede de respeitarmos uns aos outros. Ademais, o "judaísmo mundial" inclui Israel, então "diáspora" distingue entre Israel e as demais comunidades judaicas dispersas globalmente.

Mais importante, assim como muitos judeus da diáspora perceberam que precisavam de sua família israelense em sua grande batalha contra a assimilação, muitos israelenses – especialmente no governo –, perceberam que, mesmo nesses tempos de resplendor, eles precisavam de sua família judia da diáspora na grande batalha contra aqueles que questionam nosso próprio direito de existir.

Não obstante as manchetes que enfatizam nosso distanciamento, as pesquisas continuam a mostrar que 80% a 90% dos judeus israelenses entendem instintivamente que precisamos uns dos outros, da perspectiva prática e existencial. Um Estado de Israel que é somente um Estado de todos os seus cidadãos e não a pátria do povo judeu corre o risco de perder sua legitimidade. Mais de sete décadas de existência de Israel, a legitimidade do Estado não deve ser questionada. Porém, nossos inimigos estão constantemente a questionando, porque entendem os riscos envolvidos.

A comunidade internacional tem reiteradamente reconhecido o direito fundamental do povo judeu a um Estado-nação na pátria histórica dos judeus. Os israelenses só surgiram depois de maio de 1948, o que significa que eles não têm os direitos sobre a Terra de Israel – o povo judeu tem. O povo judeu recebeu a Declaração Balfour em 1917. O povo judeu ganhou a votação nas Nações Unidas em 1947 concedendo o direito legal de estabelecer um Estado. Depois de desafiar o exílio e a opressão, depois de ansiar pela Terra de Israel por dois mil anos, o povo judeu veio de dezenas de países para se juntar aos judeus que nunca partiram.

Se falarmos apenas sobre o povo israelense – um Estado de todos os seus cidadãos –, o que distingue Israel de certos projetos coloniais que desapareceram da face da Terra? A diferença entre a identidade israelense e a identidade judaica é a diferença entre o fato de existir desde 1948 e nosso eterno direito de existir. A diferença está entre os cidadãos que vivem em um pedaço de terra e falam a língua hebraica e os descendentes de um povo que, depois de ter se espalhado globalmente, retornou à sua pátria histórica, com ampla aprovação internacional.

É por isso que, mesmo durante as disputas mais acirradas sobre a diáspora e Israel no Gabinete, meu argumento final permaneceu o mesmo. "Israel pertence a todos os judeus do mundo", eu diria, "e temos a obrigação de mantê-lo como um lar para todo o povo judeu". Por mais acalorada que possa ter sido a luta sobre a implementação, ninguém jamais questionou esse princípio fundamental.

REFORMANDO A AGÊNCIA JUDAICA

Quando me tornei presidente, a Agência Judaica para Israel já coordenava algumas iniciativas de construção de identidade de terceiro estágio que reconheciam a nova interdependência que unia os judeus do mundo. O lançamento do projeto Massá e o financiamento do Birthright ajudaram os judeus da diáspora. O envio de jovens emissários às universidades para combater o novo antissemitismo ajudou Israel. Entretanto, ideológica e estruturalmente, a Agência Judaica ainda se encontrava no segundo estágio. O conselho de administração era formado por judeus israelenses e da diáspora dispostos ainda a salvar uns aos outros. E conquanto a Agência Judaica estivesse organizada em três principais departamentos – *aliyá*, educação e ativismo –, encorajar a imigração para Israel permaneceu o cerne de sua missão. A agência, portanto, avaliava cada programa com base em sua contribuição para a *aliyá*, por mais artificial que pudesse ser a conexão, especialmente ao justificar programas para o governo.

Os três departamentos funcionavam mais como corporações concorrentes do que como uma organização integrada. Essa estrutura encorajou involuntariamente emissários de diferentes departamentos a desperdiçar tempo e recursos preciosos em guerras territoriais, colocando, digamos, o emissário focado na educação comunitária contra o emissário focado na *aliyá*.

Observando os anos que passei lutando pela emigração judaica soviética, muitos na Agência Judaica esperavam que eu fortalecesse o foco da *aliyá*. Em vez disso, derrubei as paredes que dividiam os três departamentos. Eu os fundi em uma organização integrada e cooperativa ao fazer uma mudança ideológica: o fortalecimento da identidade judaica tornou-se a missão central da agência.

Minha lógica era simples. A maioria dos 3,5 milhões de judeus que a agência havia ajudado a se estabelecer em Israel veio na *aliyá* de fuga. Desde 1948, os judeus fugiram da Europa devastada pelo Holocausto, de países árabes marcados pelo antissemitismo, de regimes comunistas e ditaduras africanas. Nós continuaríamos ajudando quaisquer judeus que estivessem fugindo da perseguição, fossem eles os judeus oprimidos do Irã, do Iêmen ou de qualquer outro lugar. Mas, atualmente, a maioria dos judeus vive em comunidades livres. Aqueles que se mudam para Israel fazem *aliyá* por opção. A decisão de viver no Estado judeu expressa o desejo de estar mais intimamente conectado, hora a hora, dia a dia, à história judaica e à vida judaica. Como eu gostava de gracejar perante nosso conselho de administração: "Para ter mais imigrantes, você precisa ter mais judeus", significando judeus mais conectados.

A *aliyá* da fuga exigia velocidade; a *aliyá* por opção exigia paciência. A melhor maneira de encorajar a imigração era fortalecer a identidade judaica.

433

A melhor maneira de combater a assimilação ou de se opor ao boicote anti-Israel ou de encorajar mais ativismo e construção da comunidade era através do fortalecimento da identidade judaica.

Essa mudança testou uma ideia central do sionismo: nosso senso compartilhado de ser um povo. Não podíamos abordar a construção de identidade como uma farsa, esperando que os judeus na diáspora abrissem os olhos e se mudassem para Israel. Tínhamos que nos perguntar: "Vocês podem amá-los onde quer que morem, mesmo que nunca saiam de lá?". Para mim, a resposta era fácil. Meu compromisso com Israel surgiu do meu senso de povo judeu como família, e não o contrário.

A REVOLUÇÃO DA IDENTIDADE

Pode-se questionar se isso é apenas uma questão de marca. Afinal, os programas considerados são da Agência Judaica. Eles servem ao nosso povo ou não? Para provar que não estávamos apenas trocando *slogans*, muitas vezes fiz uma comparação com a revolução copernicana. Até os anos de 1400, a Terra estava no centro de todos os mapas do universo. Todos os planetas e estrelas giravam ao seu redor, assim como pareciam estar fazendo quando olhávamos para o céu.

Copérnico colocou o Sol no centro. Como sabemos a partir da Física moderna, todos os movimentos são relativos. No entanto, de repente, todas as equações que descrevem as trajetórias dos planetas tornaram-se mais simples. Antes, as equações complicadas que descreviam a órbita de cada planeta precisavam ser feitas sob medida. Tão logo Copérnico percebeu que todos os planetas giravam em torno do mesmo centro, os cientistas puderam usar uma equação elegante para descrever as trajetórias.

Da mesma forma, quando a Agência Judaica passou a colocar o fortalecimento da identidade no centro, era mais fácil explicar a conexão lógica entre diferentes programas e avaliar o seu impacto. A principal ferramenta da agência no fortalecimento da identidade judaica era o *mifgash*, as raízes, os mutuamente benéficos encontros entre judeus israelenses e judeus da diáspora. Esse *mifgash* ocorreria em Israel, em comunidades de todo o mundo e em território neutro, com todos os judeus unidos em uma causa comum.

Construiríamos uma espiral de tais experiências judaicas, e nesses *mifgashim* estariam envolvidos judeus de diversas faixas etárias e em diferentes fases de sua vida. Em vez de tudo girar em torno de uma única pergunta – "quando você se muda para Israel?" –, a espiral de experiências convidaria jovens judeus a encontrar seu lugar em um processo cada vez maior, interagindo com os israelenses ao longo do caminho: conhecendo israelenses como monitores nos acampamentos de verão, emissários nas universidades, guias turísticos na viagem do Birthright, ou vizinhos e colegas durante um estágio do Massá em Israel.

Diferentes pessoas poderiam decidir por si mesmas até onde ir nessa espiral, e onde nela entrar ou sair. Alguns iriam até o fim e fariam *aliyá*. Outros seriam ativos em sua comunidade. Alguns se envolveriam na defesa pró-Israel. Outros enviariam seus filhos para obter uma educação judaica básica. Tudo isso alimentava o propósito fundamental da Agência Judaica, de nutrir a família judaica global.

Indo além da construção tradicional e única de identidade, desenvolvemos novos programas para atender a interesses, capacidades e trajetórias das pessoas em suas jornadas judaicas particulares. Assim, por exemplo, a Agência Judaica lançou o projeto Massá em 2004 com 45 programas, que ofereciam aos participantes a opção de trabalhar ou de estudar. Quando saí da Agência Judaica, quase 200 programas diferentes eram oferecidos, entre eles, estudar, cozinhar, dançar e ensinar inglês e até participar de experiências sociais e comunitárias de tecnologia de ponta.

Em nosso mundo centrado na identidade, programas outrora concorrentes tornaram-se complementares. Quando foram lançados pela primeira vez, Birthright e Massá competiam entre si tão intensamente pelo apoio do governo e dos filantropos que os administradores dos projetos se recusavam a compartilhar informações. Hoje, eles colaboram. O Birthright realiza exposições do programa Massá para que seus participantes possam facilmente fazer a transição de permanência de dez dias no país para estágios de longo prazo ou oportunidades de estudo.

Ficou claro que há muitos estudantes que buscam uma experiência depois da participação no Birthright, mas que não estão dispostos a passar um ano inteiro em Israel. Em resposta, criamos o Onward Israel, um programa de seis a dez semanas em Israel, para que também eles possam encontrar seu lugar na espiral.

Mais dramaticamente, esse mundo centrado na identidade atualizou aquele tipo clássico da Agência Judaica, o *shaliah*. Por décadas, o *shaliah* – o emissário – era o último estereótipo sionista vivo. Sua função histórica, muito antes do estabelecimento do Estado, era encorajar a emigração e salvar o maior número possível de judeus, levando-os a Israel.

Nesse novo estágio, procuramos eliminar a tensão histórica entre um Israel forte e uma comunidade forte. Ao contrário, nós, israelenses, estávamos agora interessados em construir a comunidade. A nova missão mudou o papel do *shaliah*, de modo a abranger a construção de identidades individuais, reforçando a conexão que os judeus sentiam com Israel e representando Israel em diferentes contextos.

Não é de surpreender que, quando os emissários deixaram de ser apenas recrutadores de *aliyá* impostos às comunidades, eles se tornaram mais bem recebidos. Novos tipos de emissários começaram a surgir para se adequar à nossa abordagem de construção de identidade, nas sinagogas, nas escolas e nos centros comunitários judeus. Juntaram-se aos emissários tradicionais nos movimentos juvenis, nos acampamentos de verão e, em número cada vez maior, nas universidades. O número de *shlihim* quase dobrou, e sua idade média caiu de 38 para 26.

Um novo programa trouxe construtores de pontes mais jovens, os *shin-shinim*, a abreviatura hebraica para *Shnat Sherut*, ano de serviço voluntário na comunidade. Mais e mais jovens israelenses começaram a fazer esse serviço voluntário antes do alistamento militar, muitas vezes em comunidades abandonadas ou periféricas. Como esses programas internos de ano sabático voluntário, educacional ou social proliferaram em Israel, nós da Agência Judaica perguntamos: "Por que não enviar alguns desses jovens idealistas ao exterior?".

A princípio, as autoridades militares ficaram céticas em relação a esse programa, hesitando adiar o alistamento militar para um projeto faraônico em comunidades judaicas confortáveis em outro continente. Ao longo dos anos, viram que tais jovens, ao retornarem a Israel, estavam mais maduros e alguns oficiais de alto escalão observaram que a experiência causara

Esses jovens e idealistas emissários da Agência Judaica, os *shlichim*, estão entre os melhores construtores de pontes entre Israel e o judaísmo da diáspora.

profundo impacto em seus próprios filhos. O programa se expandiu, de 25 a mais de 200 participantes durante minha gestão. Ele continua se expandindo. A demanda das comunidades aumentou e mais jovens israelenses estão se voluntariando. O programa é extraordinariamente barato – porque em geral esses jovens contam com a hospitalidade em casas de família nos países de destino –, porém muitas vezes muda igualmente a vida de judeus israelenses e da diáspora.

Uma voluntária que concluíra o ensino médio e participou do programa me relatou que durante sua "vida inteira" em Tel Aviv – todos os seus 18 anos de vida – foi menos exposta ao judaísmo do que em seus primeiros três meses em Toronto. Segundo a expressão cada vez mais popular, "ela partiu como israelense e retornou como judia". De volta a Tel Aviv, compartilharia essas novas perspectivas com seus amigos.

Os emissários da Agência Judaica em cada cidade começaram a trabalhar em equipe, reunindo-se regularmente, mesmo que trabalhassem com organizações distintas. Diferentes departamentos pararam de competir uns com os outros. Imaginamos uma grande linha de montagem de identidade, culminando na *aliyá* para aqueles que optassem por esse caminho.

Logo percebemos que uma abordagem mais sofisticada exigia um treinamento mais sofisticado. O tradicional seminário de orientação de duas semanas para emissários não era suficiente. Precisávamos de uma escola para eles, que criamos e que continuo a dirigir.

Com essa nova compreensão das relações Israel-diáspora como uma via de mão dupla, quando os emissários terminavam seu trabalho representando Israel na diáspora, suas missões de construir pontes continuariam, uma vez que eles apresentavam aos israelenses a visão e as sensibilidades da diáspora. Israelenses poderiam explicar melhor a outros israelenses que as diferentes denominações judaicas não eram diferentes rotas de fuga rumo à assimilação, mas caminhos diferentes para expressão comunitária. Essa compreensão nova e mais profunda poderia ser de grande valia para desarmar algumas das tensões em torno de controvérsias, como o atual conflito sobre quem pode orar no Muro das Lamentações.

Para ajudar a manter essas jovens vozes israelenses interessadas e engajadas, nosso Shlichut Institute em Jerusalém expandiu-se para trabalhar com emissários que retornaram a Israel, melhorando o acompanhamento tão logo sua missão no exterior havia formalmente terminado.

Todos esses diferentes tipos de encontros acolheram membros de várias comunidades judaicas em todo o mundo, a fim de que se sentissem parte da história judaica mais ampla. Ao dialogar entre si e compartilhar novas experiências, judeus da diáspora e israelenses poderiam enriquecer suas identidades judaicas adicionando novas dimensões que não teriam experimentado de outra forma. Os judeus da diáspora puderam ver o que é ter uma identidade judaica mais natural e integrada, livre de neuroses, dúvidas e duplipensamento. Quando jovens judeus da diáspora encontravam soldados israelenses, percebiam o que significa assumir responsabilidades para com seu povo, pertencer e contribuir para algo grande, abrangente e nobre – a própria história judaica. Ao mesmo tempo, israelenses descobriam o que é ser judeu quando você está em minoria, não em maioria. O judaísmo parece diferente quando é realmente uma escolha de afiliação, não algo simplesmente assumido, e quando há expressões judaicas pluralistas, não a abordagem israelense de tudo ou nada relacionada à religião.

Graças a todas essas interações, centenas de milhares de judeus mais bem informados e engajados se tornaram nossos embaixadores mais eficientes, explicando a diáspora para os israelenses, os israelenses para a diáspora e Israel para o mundo, enquanto davam apoio a todo tipo de projetos que moldam a sociedade civil judaica.

Da mesma forma, respondendo ao desejo de jovens judeus que queriam ajudar pessoas para além de Israel, lançamos o projeto TEN. Este programa internacional de desenvolvimento coordena centros voluntários em Gana, no México, na Uganda, na África do Sul e em Israel para ajudar os necessitados, criando uma nova geração de ativistas judeus globais. Imaginamos um programa de israelenses e não israelenses trabalhando juntos e aprendendo juntos sobre o *tikun olam*, o reparo do mundo. Ao estudar, eles entenderiam que estão se voluntariando naquela região não apesar da sua judaicidade, mas por causa da sua judaicidade.

Avital e eu visitamos esses idealistas em Durban, na África do Sul, e em Uganda. Ficamos comovidos ao ver jovens mulheres israelenses pós-serviço militar trazendo sorrisos para os rostos de crianças negligenciadas e ao ver um movimento juvenil ao estilo israelense emergente nas favelas mais sombrias do mundo. Muitos participantes relataram ter chegado a uma melhor compreensão daquilo a que as pessoas se referiam quando falavam da noção de povo.

Quando algumas autoridades do governo souberam que estávamos enviando israelenses e judeus da diáspora para países em desenvolvimento, elas subiram pelas paredes. "O *tikun olam* não seria um pretexto para fugir do sionismo?", questionaram. "Por que ir a um terceiro país e não a Israel?"

Minha resposta padrão era sempre a mesma: "Vocês não esperavam que a Agência Judaica trabalhe onde quer que haja uma comunidade judaica? A 'república do *tikun olam*' está repleta de judeus. Frequentemente, eles veem seu idealismo como uma válvula de escape, que os ajuda a fugir do que eles acreditam ser um judaísmo 'de mentalidade estreita'. Isso é fazer o oposto".

Mais uma vez, em nossa era polarizada, um valor fundamental que deveria unir esquerda e direita, religiosos e seculares, converteu-se em um ponto de discórdia. Os liberais continuam tentando fazer dele sua propriedade

439

exclusiva, sem ler a frase inteira: "*Tikun olam be-malchut shadai*", o reparo do mundo no reino de Deus. Em resposta, os conservadores, incluindo políticos israelenses, zombavam de um valor judaico tão importante porque, conforme interpretado, estava muito próximo das ideias liberais do momento, em vez de expressar valores judaicos eternos.

O *tikun olam*, proporcionalmente, foi e é uma ideia judaica central, mas não é o único valor judaico. É também uma ideia sionista central, mas não a única. Algo está errado quando os judeus divorciam o *tikun olam* de sua judaicidade. E algo está errado quando os judeus adotam o *tikun olam* em vez de sua judaicidade.

Com nossa nova abordagem, olhamos de forma mais sistemática e simpática as comunidades da diáspora, avaliando como poderíamos ajudar. Vi a vantagem dos *outsiders* de contemplar uma comunidade com novos olhos quando visitei Toulouse, na França, na qual um terrorista havia matado um professor de 30 anos e três crianças. Visitei essa comunidade sitiada duas vezes. Na primeira, junto com o primeiro-ministro e outras autoridades, fui prestar minhas homenagens. Na segunda, apenas observei e aprendi. O terrorista islâmico havia sondado a escola Otzar Hatorá algumas vezes, descobrindo suas vulnerabilidades. Também vi que os portões elétricos não fechavam e as câmeras de segurança não funcionavam. Porém, quando perguntei aos funcionários da escola sobre essas falhas, eles responderam: "Não temos dinheiro para isso".

Nós, na Agência Judaica, lançamos um projeto especial para proteger as sinagogas e outros edifícios da comunidade judaica em todo o mundo. Foi um grande momento simbólico. Os dois principais doadores vieram de Nova York e Moscou, o Helmsley Charitable Trust e o Genesis Fund. Aumentando o senso de parceria global, os israelenses ofereceram sua expertise em contraterrorismo. Gastamos mais de US$ 11 milhões reforçando a segurança de edifícios da comunidade judaica em 58 países durante os primeiros quatro anos.

Esperávamos gastar mais nos países em desenvolvimento, mas a Europa e a América Latina tinham a maior necessidade. No Yom Kipur de 2019, quando um terrorista alemão atacou a sinagoga de Halle, a porta de segurança e as câmeras que compramos o detiveram – salvando 70 pessoas que estavam ali.

FECHANDO DOIS CÍRCULOS
DOS ANTIGOS BONS TEMPOS

Ainda assim, reorientar o transatlântico da Agência Judaica não foi fácil. Exigia tremendos esforços por parte de líderes leigos e profissionais. O conselho de administração discutia as reformas por meses a fio. Em seguida, os profissionais tiveram que reestruturar a agência, uma operação multimilionária, desenvolvendo novos entendimentos e métodos em seminários e workshops.

Alguns veteranos da Agência Judaica, apoiados por alguns aliados do governo da velha guarda, preocupavam-se que a *aliyá* aparentemente havia perdido seu lugar central. Fui acusado, em uma reunião de Gabinete, de minar a missão central da agência. "Você está enfraquecendo essa instituição sionista única", disse o ministro da Imigração e da Absorção. "Não é mais uma agência de *aliyá*, mas um Ministério do Turismo."

O diretor-geral do gabinete do primeiro-ministro concordou. "Por que o governo israelense deveria financiar um garoto em Nova York em vez de nossos próprios jovens de Kiryat Malachi?", questionou ele certa vez. "Por que eu, e o governo, deveríamos nos importar com eles?" Felizmente, o primeiro-ministro Netanyahu apoiou nossa reforma.

Com cada programa agora se encaixando em uma visão mais ampla e com emissários e departamentos cooperando e não mais em conflito, os números logo começaram a falar por si só. Cada novo emissário e cada novo programa expandiam nosso alcance exponencialmente. Mesmo a taxa média anual de *aliyá* quase dobrou, de 17 mil quando me tornei presidente da Agência Judaica para mais de 30 mil quando encerrei meu mandato.

Muitos fatores além do nosso controle moldam o desejo de qualquer indivíduo de emigrar. Contudo, nossos programas inspiraram mais ex-alunos a escolher Israel. Quando 85% dos graduados do Massá originários da antiga União Soviética fizeram *aliyá*, quando quase 100% dos imigrantes haviam passado por uma ou outra experiência da Agência Judaica, soubemos que a espiral estava impulsionando algumas pessoas, e Israel, para frente.

Ao construir a abordagem de reciprocidade da agência, ou seja, "precisamos uns dos outros", eu estava fechando dois círculos desde meus dias de

Moscou. Primeiro, recordando as lutas dos desistentes, eu estava novamente conectando identidade e liberdade, defendendo um sionismo baseado na escolha, recusando-me a desempenhar o papel tradicional do comissário de comando e controle do sionismo.

Derrubando os muros artificiais entre o universo da educação judaica e o universo da *aliyá*, senti que atingimos um novo equilíbrio sobre a questão *politiki-kulturniki*. Quando enfrentamos a destruição física, devemos ser *politiki*, mergulhando no trabalho político prático para salvar judeus individuais. No entanto, olhando a longo prazo, por mais afortunados que somos pelo fato de a maioria das comunidades judaicas estarem localizadas em democracias, pudemos ser *kulturniki*, aprendendo, desenvolvendo e construindo identidade, fortalecendo nossa família judaica global.

Naturalmente, ainda há o que construir. Decerto temos que trabalhar mais para desenvolver um diálogo construtivo entre Israel e a diáspora. Porém, em vez de ser um dinossauro caminhando para a extinção, a Agência Judaica retornou ao centro do universo judaico, uma vez que a plataforma para o terceiro estágio nas relações entre Israel e as comunidades não israelenses estava em alta e operando. Mais uma vez, a agência abordava as questões-chave que incomodavam o mundo judaico, questões sobre como permanecer judeu e como permanecer juntos como uma família, apesar de estarmos espalhados por todo o globo.

A CONSTRUÇÃO DE PONTES CHEGA AO LIMITE
O fiasco do Kótel

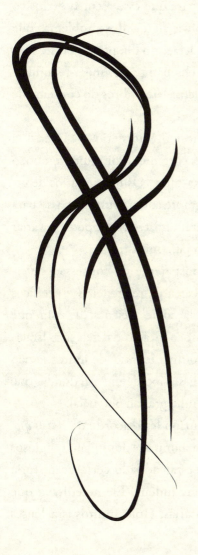

Não obstante nossas tentativas de fortalecer nossa família judaica, algumas questões ainda ameaçavam nos separar. Passei muito tempo tentando administrar a crescente tensão entre Israel e as correntes liberais do judaísmo.

O conselho de administração da Agência Judaica é conhecido por ser um órgão particularmente difícil de liderar. Seus membros são delegados de diferentes partidos políticos israelenses e organizações judaicas da diáspora. Por conseguinte, muitas agendas concorrentes estão ali representadas.

Esse mosaico, que às vezes tornava a condução da diretoria tão frustrante, era também o que a tornava tão significativa. Sempre que os conselheiros se reuniam, o debate me surpreendia. Eu pensava: "Em que outro lugar no mundo judaico uma variedade tão ampla de políticos israelenses e judeus da diáspora dialoga diretamente e toma decisões em conjunto?".

A participação de líderes de movimentos não ortodoxos era particularmente importante. Dos meus anos na política, eu sabia como era difícil organizar qualquer negociação formal entre Israel e os líderes das correntes liberais. Políticos ultraortodoxos estavam sempre prontos a dissolver uma coalizão se sentissem que o governo reconhecia, de qualquer forma, os movimentos liberais.

Desde meus primeiros dias na Agência Judaica, insisti com Netanyahu e seu secretário de gabinete, Zvi Hauser, para que esse recurso exclusivo fosse aproveitado. Poderíamos tentar resolver alguns dos problemas que continuavam surgindo entre o governo de Israel e a diáspora. Hauser e eu colideramos um mecanismo informal que chamamos de "mesa-redonda". Ela incluía representantes do governo israelense e membros do conselho de administração das correntes não ortodoxas.

Usamos a mesa-redonda para convencer o Ministério do Interior a conversar com representantes das diferentes correntes. Por muito tempo, o Ministério do Interior havia sido uma caixa-preta. Os funcionários determinavam a validação da conversão do imigrante como primeiro passo para a concessão de sua cidadania. Os critérios eram misteriosos e podiam variar de um funcionário para outro, de ministro para ministro.

Nossa pressão criou um processo transparente de concessão de cidadania aos convertidos. Concordamos acerca de referenciais específicos para a aprovação de conversões e para a apelação de rejeições. "É assim que devemos trabalhar juntos no novo e recíproco estágio das relações Israel-diáspora", pensei. Não apenas construindo uma identidade juntos, e não apenas criticando um ao outro na mídia. Esse tipo de mesa-redonda, que visava solucionar problemas entre iguais, tinha grande potencial.

Décadas atrás, quando David Ben-Gurion fez o acordo de *status quo* com os ultraortodoxos, ele esperava que a maior parte dos judeus religiosos desaparecesse em breve. Sua sensação de estar do lado certo da história facilitou o acordo com seus compatriotas judeus. Ele acreditava que quaisquer concessões feitas seriam temporárias. Hoje, muitos israelenses

444

partem do pressuposto de que os judeus americanos liberais logo serão assimilados e relegados ao esquecimento. Infelizmente, prever a destruição de seu parceiro tem feito com que muitos, de ambos os lados, agora pensem: "Por que se preocupar em satisfazê-los? Não vale a pena arriscar qualquer capital político".

O que mudou? Décadas atrás, apesar de toda a rigidez ideológica de Ben-Gurion, os ultraortodoxos e os judeus americanos também estavam profundamente inseguros. Após o Holocausto, todo o mundo judeu estava abalado. Depois de 1948, Israel estava fragilizado e teve que enfrentar guerras por décadas. Embora muitos judeus americanos vivessem em conforto, levou décadas até que realmente se sentiram em casa nos Estados Unidos e não em liberdade condicional.

Hoje, Israel é forte. Os judeus americanos sentem-se profundamente americanos. É maravilhoso que tantos judeus atualmente se sintam seguros em suas próprias casas. Mas aquele conforto massivo sem precedentes produziu pelo menos um efeito desagradável: a atual epidemia de arrogância. A arrogância pode ser o grande defeito de caráter em nossa época. Surge quando nos isolamos nas câmaras de eco das mídias sociais que definem tudo o que dizemos como bom e tudo o que eles dizem como mau e ofensivo. Somente o acontecimento de uma conversa que nos dê a possibilidade de nos conhecermos melhor poderá ajudar a superar essa arrogância.

"UM ÚNICO MURO PARA UM ÚNICO POVO"

Minha esperança de que pudéssemos superar nossa arrogância característica me encorajou quando o primeiro-ministro me telefonou há alguns anos, durante outro confronto violento relacionado a mulheres rezando no Muro das Lamentações. Uma vez mais, judeus estavam lutando contra judeus no local mais sagrado dos judeus. Uma vez mais, a imprensa mundial destacou as fotos desses confrontos horríveis. "Não aguento mais ver essas fotos", disse Bibi. "Você tem relações com as várias partes. Poderia descobrir se elas estariam dispostas a negociar?". Então ele cunhou a frase que se tornou nossa luz-guia ao longo de anos de negociações: "Deveria ser um único Muro para um único povo".

O Muro das Lamentações era o lugar certo para começar. A questão de quem poderia ali rezar e como, estava chamando muita atenção e gerando muita comoção. Entretanto, embora se referisse a questões sensíveis de religião e Estado, esse desafio parecia mais fácil de resolver do que os demais. As questões envolviam arranjos práticos sobre onde orar. Não exigiam concessões ideológicas abrangentes ou mudanças teológicas de qualquer das partes, como a questão da conversão e outros pontos críticos.

Ao mesmo tempo, eu acreditava que a solução do problema poderia ter grande significado simbólico. A batalha sobre o Kótel despertou temores de uma cisão entre judeus, porque esse muro tem simbolizado a unidade judaica por tanto tempo e de diversas formas.

O Muro das Lamentações – Kótel significa "muro" em hebraico – é a única estrutura remanescente do magnífico Templo Sagrado dos judeus, construído pela primeira vez pelo rei Salomão no século X a.C. O Kótel atual, o muro de contenção remanescente do Segundo Templo, reconstruído há 2.500 anos, representa as duas faces da identidade judaica: a religiosa e a nacional.

O Kótel é o lugar mais sagrado do judaísmo. Embora os judeus acreditem que Deus está em todo lugar, orar naquele local dá ânimo, uma sensação de estar mais perto de Deus. Foi ali que os judeus colocaram o Mishkan, o Tabernáculo, depois de vagarem por tantos anos. Era por ali que o sumo sacerdote costumava entrar no Santo dos Santos, em uma cerimônia tão significativa que a reencenamos todos os anos no Yom Kipur, nosso dia mais sagrado. O Kótel era o local de peregrinação em que os judeus tinham a *mitzvá*, o mandamento, de "ascender" de todas as partes do mundo três vezes ao ano, ascensão hoje realizada nas festividades de Pessach, Shavuot e Sucót.

Esse local religioso é também o símbolo judaico nacional mais poderoso. O Kótel representa o poder do rei Davi, a sabedoria do rei Salomão, o heroísmo dos macabeus, a angústia do exílio e a alegria redentora de nosso recente retorno a Sião, incluindo o milagre da Guerra dos Seis Dias de 1967.

Essa dualidade religioso-nacional torna o Kótel a atração judaica mais popular do mundo. É a sinagoga mais frequentada e o monumento nacional mais visitado, que atrai dez milhões de fiéis por ano. O Kótel une judeus religiosos e seculares em memórias e sonhos compartilhados. Vários dos soldados mais bem treinados das forças militares israelenses ali prestam seu juramento de defender nosso Estado. Os novos imigrantes geralmente obtêm seus documentos de identidade em cerimônias realizadas no Kótel.

Infelizmente, os dois lados desse único muro são frequentemente subestimados. Um líder judeu americano queixou-se a mim sobre todas as escaramuças incivilizadas relacionadas ao Kótel. "Por que vocês, israelenses, fazem tanto rebuliço em torno daquele maldito muro?", ele perguntou. "Nos Estados Unidos, não há controvérsia sobre o Lincoln Memorial."

Eu respondi: "Bem, ninguém tampouco tenta inserir pedidos escritos a Deus nas fendas do Lincoln Memorial".

Ao mesmo tempo, eu ouvia uma reclamação constante dos políticos ultraortodoxos. Eles resmungavam: "Que atrevimento! Ninguém ousaria tumultuar o Vaticano exigindo que ali houvesse um espaço de oração para protestantes".

Muitas vezes respondi: "A Basílica de São Pedro é um espaço religioso católico. Garibaldi não a utilizou para construir uma identidade nacional italiana".

No Kótel, nos sentimos unidos como nação, ou pelo menos deveríamos. Depois da reunificação de Jerusalém em 1967, o governo israelense naturalmente deu ao Rabinato-Chefe o controle sobre o Kótel. O rabinato administrava outros locais sagrados também. Isso seguia a linha de pensamento de Ben-Gurion, de que a sinagoga que os israelenses não frequentavam era ortodoxa.

Também era lógico que os judeus liberais começassem a protestar contra sua impossibilidade de rezar à sua maneira nesse local judaico nacional mais sagrado. Desde 1988, as Mulheres do Muro têm protestado contra a transformação do Kótel em "uma sinagoga ultraortodoxa". Por três décadas, em Rosh Hodesh, no início de cada mês segundo o calendário judaico, essa coalizão de feministas ortodoxas e liberais se reúne às 7h no Kótel. Algumas mulheres rezam trajando *kipot* e *talitot*, solidéus e xales de oração, que a maioria dos judeus ortodoxos acreditam que devem ser exclusivamente para

447

uso masculino. As mulheres também exigem o direito de ler a Torá no lado feminino da praça do Kótel, que, elas observam, tem apenas um quinto do tamanho do lado masculino.

Alguns ultraortodoxos responderam violentamente ao longo dos anos. Às vezes, a polícia intervém para proteger as mulheres. Outras vezes, prende as mulheres por rezarem lá, por violarem o *min'hag hamakom*, o costume local.

Em um momento particularmente tenso, o rabino do Kótel, Shmuel Rabinowitz, insistiu que a polícia protegesse o costume local prendendo qualquer mulher que lesse o Hallel – as canções de louvor – alto demais. A polícia aquiesceu. Ao tomar conhecimento das prisões, fiquei furioso. Liguei para o comandante local da polícia, que rapidamente explicou que a decisão era do rabino.

Chamei o rabino Rabinowitz ao meu escritório. Ele começou a se justificar, citando decisões da Suprema Corte que ele acreditava haviam lhe dado o poder de autorizar tais prisões por perturbação da paz. "Não me importa", exclamei. "Em algumas horas, os judeus americanos começarão a acordar. Eles lerão que Israel, o Estado judeu, é o único lugar no mundo no qual as mulheres são presas por rezar o 'Hallel'. Ele não se importou.

Aí liguei para Bibi. Ele se importava. A polícia libertou as mulheres imediatamente.

PROCURANDO DENOMINADORES COMUNS

À medida que a controvérsia se intensificou ao longo dos anos, passou a simbolizar os cismas religiosos do mundo judaico. Extrapolou para o Knesset, a Suprema Corte, em uma reunião de Gabinete após outra, e nos bancos das sinagogas, nos jornais, sites e mesas de jantar ao redor do mundo judaico.

Atendendo ao pedido de Bibi, levei o assunto ao conselho de administração. Começamos a fazer a reunião, buscando um denominador comum. Logo ficou claro que, a fim de trazer os ultraortodoxos a bordo, tínhamos que nos encontrar no exterior, fora da maluca dinâmica política de Israel.

448

Jerry Silverman, das Federações Judaicas dos Estados Unidos, organizou uma reunião informal de líderes religiosos em Nova York, incluindo ultraortodoxos e líderes das correntes liberais. Decidimos começar por ali.

Viajei aos Estados Unidos para convencer os dois lados de que um meio-termo era do interesse de ambos. "Você não quer que sua oração seja interrompida", eu disse aos líderes ultraortodoxos. "E aqui vocês são a minoria. Se não resolvermos isso, a opinião pública em Israel e no exterior se voltará contra vocês mais cedo ou mais tarde, ou a Suprema Corte irá forçá-los a compartilhar o espaço de oração com outras pessoas. Por que não tentam acalmar os ânimos agora, enquanto ainda têm controle com a garantia do governo? Caso contrário, correm o risco de perder tudo."

"Sejamos honestos", disse eu aos líderes reformistas, "vocês não têm nenhum poder no Knesset. Seu poder no *The New York Times* não significa tanto em Jerusalém. Se conseguirem um lugar adequado e respeitável para as orações no Kótel, que será seu e administrado em cooperação com o governo, isso pode significar um avanço. Vocês terão um ponto de apoio de legitimidade no Estado judeu".

Violando as normas da política israelense, apresentei abertamente esses argumentos para ambos os lados. Era importante que todos nós soubéssemos desde o início o que estava envolvido, sem acordos de bastidores. Depois de três meses, eu disse ao primeiro-ministro: "Acredito que posso trazer todos para a mesa, desde que todos nós concordemos de antemão que qualquer meio-termo se baseará em dois princípios. Primeiro, o Rabinato-Chefe continuará controlando o espaço central de oração. Em segundo lugar, o não ortodoxo terá um lugar igualmente confortável para rezar no Kótel, que administrará de forma independente, com o apoio do governo". Bibi aceitou as duas condições.

No entanto, encontrar um meio-termo levou três anos e meio excruciantes. As negociações, conduzidas pelo secretário de gabinete, acabaram por incluir a mim, Jerry Silverman, o rabino Rabinowitz do Kótel e líderes das principais correntes do judaísmo nos Estados Unidos e em Israel, bem como as Mulheres do Muro. Os líderes dos movimentos liberais em Israel e as Mulheres do Muro eram membros permanentes da equipe de negociação, aportando importantes perspectivas pragmáticas.

O processo não foi bonito. Vozes se elevaram. Mesas foram golpeadas. Greves foram prometidas.

O que estava em discussão? Com o controle ultraortodoxo do principal espaço de oração do Kótel aceito, estávamos debatendo que tipo de espaço alternativo poderíamos oferecer aos não ortodoxos. A que se pareceria? Quem o controlaria? Haveria uma entrada comum?

Decisões anteriores da Suprema Corte haviam forçado o governo a designar a área mais ao sul ao longo do Muro das Lamentações, à direita de quem está diante dele, para uma oração igualitária. A seção inteira é chamada de Robinson's Arch, porque em 1838 o estudioso bíblico Edward Robinson identificou as pedras que se projetam do muro de contenção como parte de uma grande escadaria que os peregrinos judeus usavam para subir ao Templo há milhares de anos.

A área destinada à oração era pequena. O acesso deveria ser restrito a um sítio arqueológico muito delicado. Arqueólogos cavaram, camada após camada, até que encontraram algumas enormes pedras sagradas, arrancadas dos muros por soldados, que não haviam sido tocadas desde que os romanos destruíram o Segundo Templo 1.900 anos antes.

As pedras do muro contínuo eram tão sagradas quanto as do tradicional Muro das Lamentações, mas essa área não tinha comodidades. Faltava o básico necessário para uma sinagoga ao ar livre, desde um local para guardar os rolos da Torá e os livros de orações até banheiros e acesso garantido para visitantes com deficiência. Alguns judeus liberais realizavam cultos lá ocasionalmente, mas o local não ficava aberto 24 horas por dia, 7 dias por semana, como o Kótel. O acesso era por períodos de tempo limitados, com número limitado de participantes, e mediante permissão especial obtida das autoridades do parque arqueológico Davidson.

Sendo este o Oriente Médio, qualquer desenvolvimento real do lugar enfrentava grande resistência. Os arqueólogos se preocupavam com as antiguidades, enquanto os jordanianos ainda tentavam convencer o mundo árabe de que eles estavam protegendo toda a área do Monte do Templo. Quando começamos a propor o Robinson's Arch como alternativa, o reino Hachemita da Jordânia emitiu uma declaração especial condenando minhas supostas tentativas de estabelecer um novo assentamento "ilegal" na base da sagrada mesquita de Al-Aqsa.

Não importa o quanto melhorássemos o espaço de oração, nunca seria igual em tamanho ou altura ao espaço de oração tradicional. Ficava muito baixo e as antiguidades, embora românticas à sua maneira, não eram móveis. A única maneira de mostrar a igualdade que os não ortodoxos mereciam era ter uma entrada principal e unificada.

Isso também desencadeou uma luta de poder. O portão deveria conduzir à praça principal e os judeus liberais se dirigiriam para seu espaço marginalizado ao lado? Ou deveria haver portões de entrada separados?

A questão da visibilidade se mostrou problemática. Os líderes liberais insistiam que as pessoas que chegavam deveriam se deparar com duas opções igualmente legítimas e acessíveis. Eles não queriam que o "verdadeiro Kótel" ofuscasse uma aparente segunda escolha. Judeus liberais exigiam visibilidade como sinal de respeito. Recusando-se a "sentar no fundo do ônibus", eles afirmaram que não se sentiriam iguais se não parecesse igual.

Ao mesmo tempo, alguns líderes ultraortodoxos exigiam novas barreiras, a fim de que nenhum judeu religioso tivesse que testemunhar os serviços de oração igualitários. Se os judeus liberais entrassem furtivamente por um túnel, isso poderia funcionar. Como um rabino me disse, se tal "abominação" não estivesse oculta aos olhos do público, poderia "prejudicar a alma judaica".

Finalmente, eclodiram confrontos intensos sobre a governança: quem seria responsável pelo espaço de oração igualitária? Os ultraortodoxos estavam preocupados que os judeus reformistas tocassem música no *shabat*, arruinando a atmosfera tranquila do dia. Os judeus liberais temiam ser dependentes dos caprichos dos governos israelenses em constante mudança.

Todo esse debate ocorreu em uma atmosfera inflamada. Rabinos ultraortodoxos e inclusive alguns ministros do governo continuavam a fazer declarações públicas durante as negociações, insultando os reformistas como assimilacionistas, hereges, sequestradores do verdadeiro judaísmo e ameaças ao futuro judaico. Alguns questionaram se eles realmente eram judeus. Um rabino influente chegou ao ponto de dizer que preferiria ver todas as pedras do muro destruídas a ver qualquer uma delas profanada ao "testemunhar" a oração dos reformistas.

Alguns líderes liberais exigiram a eliminação do Rabinato Central, acusando tais rabinos de manter o judaísmo na Idade Média. A retórica dos liberais, de "separados, mas iguais" e "no fundo do ônibus", comparava injustamente suas queixas legítimas, em um Israel livre e democrático, ao medo, humilhação, impotência e opressão que os afro-americanos sofreram nas mãos de racistas sulistas brancos.

Como sempre, o primeiro-ministro foi pego em um dilema democrático. Enquanto a maioria silenciosa de Israel provavelmente era a favor de um espaço igualitário, a questão não era importante o suficiente para a que maioria dos israelenses arriscasse a estabilidade do governo. Apenas os ultraortodoxos priorizavam essa disputa. Eles exerceram de forma inteligente e legítima sua influência democrática como uma minoria apaixonada de eleitores absolutamente inflexíveis nessa questão. Queriam seus parceiros de governo preocupados, cientes de que poderiam derrubar a coalizão para proteger o Kótel.

As negociações se arrastaram. Eleições vieram e passaram, assim como o primeiro secretário de gabinete, Zvi Hauser. O novo secretário, Avichai Mandelblit, me deixou nervoso no começo. O inglês de Mandelblit era grosseiro, em uma situação que exigia requinte. Ele não parecia entender a complexidade do debate, que resistia a *slogans* ou soluções simplistas.

Felizmente, minhas primeiras impressões estavam erradas. Mandelblit demonstrou paciência e uma abertura impressionante diante dos distintos argumentos. Ele manteve os avanços, passo a passo, com sua característica cautela e sabedoria. Mesmo após deixar o cargo, as coisas funcionaram bem. Quando Netanyahu o nomeou procurador-geral, a saída iminente de Mandelblit criou um prazo artificial que acelerou as negociações.

Bibi levava essas negociações muito a sério. Sempre que arriscávamos chegar a um beco sem saída, recorríamos a Bibi, que se mostrava extraordinariamente criativo. Em um impasse sobre a questão do acesso, ele convidou os principais líderes para que viessem a Jerusalém. Faltavam dois dias para Rosh Hashaná, o Ano Novo judaico, uma época terrível para maridos ou esposas viajarem para qualquer lugar, principalmente para o outro lado do mundo. Mas todos compareceram, e a engenhosidade de Bibi nos impressionou.

No entanto, ainda estávamos enrolados com a questão da entrada. Bibi sugeriu convocar um arquiteto. Então, voltando aos seus dias de estudante de Arquitetura do MIT, ele apresentou suas próprias ideias para a gestão do espaço. Sentindo-se imaginativo, disse: "Que tal uma ponte no ar?", propondo uma escada voadora suspensa sobre o fosso do Robinson's Arch, o que instantaneamente provocou dor de cabeça para sua equipe de mediadores. Eles sabiam que os ultraortodoxos queriam a entrada sob a terra, significando um túnel, não algo suspenso extravagantemente no alto.

Esse tedioso processo de negociação gerou algo que poderia ter sido revolucionário: a recém-descoberta confiança mútua entre o primeiro-ministro Netanyahu e os líderes judeus americanos liberais. Eles valorizaram o quanto ele se empenhou no processo. Ele apreciou quão dispostos eles estavam a pressionar suas comunidades para que dessem uma chance às negociações. Com todos coordenando posições, periodicamente enviando mensagens de mídia semelhantes a seus constituintes para serem pacientes, as relações floresceram e um denominador comum emergiu.

Não veio naturalmente. Eu estava trabalhando duro para fortalecer os sentimentos positivos de ambos os lados. Eu acreditava que algo sem precedentes estava acontecendo. Um novo diálogo se desenvolvia.

O ACORDO DO KÓTEL

Devagar, porém com segurança, chegamos a um acordo de quatro partes. O acordo, que os ultraortodoxos aceitaram silenciosamente, mas concordaram em não vetar, afirmava:

1. O Rabinato-Chefe manteria seu monopólio na área principal, "oficial", administrando o muro como uma sinagoga ortodoxa sem protestos e sem interferência.

2. Os movimentos liberais receberiam as melhorias do Robinson's Arch, mediante uma grande reforma que criaria um espaço de oração em um ambiente confortável, legítimo, mas alternativo, para até 1.200 pessoas, no qual homens e mulheres poderiam rezar juntos como quisessem.

3. Embora outras demandas para transmitir igualdade tenham se mostrado impossíveis de atender, uma entrada compartilhada para o sítio enfatizaria a noção de que todos entram na área como iguais, independentemente de onde possam rezar.

4. Um comitê administrativo especial garantiria a autonomia dos liberais no Robinson's Arch, mesmo quando os governos mudassem. A comissão incluiria representantes dos movimentos liberais em parceria inédita com representantes do governo.

No domingo, 31 de janeiro de 2016, o governo votou a proposta. Era o último dia de Mandelblit como secretário de Gabinete. Ele e Bibi queriam encerrar o assunto quando ele ainda estava no cargo. Sentindo a pressão do tempo, Netanyahu realizou a reunião enquanto eu estava em Los Angeles. No espírito do acordo em curso, ele violou os protocolos de segurança usuais. Bibi me convidou a acordar às 3h30 e participar pelo Skype. Não havia precedentes para isso. Seria necessário um laptop na sala do Gabinete, embora em geral não tivéssemos permissão para entrar ali com celulares. Expliquei aos ministros quão importante essa questão se convertera para os líderes judeus da diáspora. Por fim, a pressão de Netanyahu determinou a votação, sendo que 15 de 20 ministros votaram a favor.

Em nossa reunião seguinte do conselho de administração, em 21 de fevereiro, comemoramos nossa conquista. Mandelblit, nosso convidado de honra, já havia assumido sua nova função. Como procurador-geral, ele acabaria por indiciar seu antigo chefe, Netanyahu, por suborno, fraude e violação de confiança.

Após as comemorações, Mandelblit chamou de lado alguns de nós, incluindo os líderes reformistas e conservadores, o rabino Rick Jacobs e o rabino Julie Schönfeld e disse: "Deem-me mais duas semanas de tranquilidade para que as coisas se acomodem. Precisamos lançar as bases aqui com cuidado. Por favor, não comemorem aos gritos". Mandelblit entendeu que os representantes ultraortodoxos precisavam de tempo para "vender" suas concessões aos seus adeptos e tentar reprimir quaisquer rebeliões.

Todos concordamos, inclusive Rick e Julie, que então saíram correndo para outra reunião. No dia seguinte, li manchetes jubilosas do movimento reformista, descrevendo o acordo como "base" para um novo pluralismo e o início de uma "revolução silenciosa". E lá se foi a discrição, ou a "tranquilidade".

As organizações judaicas americanas geralmente planejam missões consecutivas. Logo após a reunião do conselho da Agência Judaica em fevereiro, cerca de 300 membros da *Central Conference of Amerian Rabbis* (Conferência Central de Rabinos Americanos) visitaram Jerusalém. Como resultado, na manhã seguinte à que Mandelblit pediu um comportamento discreto, todos os 300 rabinos reformistas compareceram a uma reunião especial do Comitê de Imigração, Absorção e Diáspora do Knesset. Os líderes do movimento naturalmente celebraram em voz alta e com entusiasmo o acordo referente ao Kótel.

Os ultraortodoxos entraram em erupção. Os jornais divulgaram essa "declaração de guerra". Um membro do Knesset exclamou: "Ninguém conseguiu profanar o Muro das Lamentações por milhares de anos". Ele não permitiria que esse governo o fizesse. Manifestantes se reuniram em frente às residências dos ministros ultraortodoxos, que também foram perturbados na sinagoga.

A euforia do movimento reformista permitiu que alguns burocratas do gabinete do primeiro-ministro culpassem os reformistas quando as coisas azedaram. Isso foi um pretexto. Era óbvio que a pressão sobre o primeiro-ministro aumentaria depois da decisão do Gabinete, especialmente porque cabia a ele implementar o acordo.

Netanyahu parecia disposto a enfrentar a pressão – mas só parecia. Ao longo do ano seguinte, ele continuou pedindo mais tempo para implementar a decisão, evitando uma crise de coalizão. Ele me prometeu. Ele prometeu aos judeus americanos em seus maiores e mais públicos fóruns, a *General Assembly of the Jewish Federations* (Assembleia Geral das Federações Judaicas) e o AIPAC – *American Israel Public Affairs Committee* (Comitê de Assuntos Públicos Estados Unidos – Israel). Ele continuou prometendo que estava prestes a seguir em frente. Então, ele nos surpreendeu.

O FIASCO DO KÓTEL

Se fosse intenção do primeiro-ministro Benjamin Netanyahu concentrar atenção máxima acerca da forma em que traiu seu próprio bom trabalho relacionado ao Muro das Lamentações, ao mesmo tempo que demonstrava a maior má vontade com a diáspora, seu desempenho em 25 de junho de 2017 foi magnífico.

Primeiro, seu *timing* foi excelente. Ele fez questão de paralisar o acordo sobre o Kótel negociado por muito tempo logo que a conferência do nosso conselho de administração acolheu centenas de pessoas de todo o mundo que estavam ansiosas para ver o acordo implementado. Em segundo lugar, ele fez seu anúncio na única reunião de Gabinete do ano que começava com uma apresentação dos judeus americanos, que enfatizaram a importância do acordo. Em terceiro lugar, para alimentar manchetes sensacionalistas, ele divulgou tudo como uma surpresa, nem mesmo preparando a maioria de seus ministros de Gabinete para a mudança. Finalmente, como se a violação do acordo não fosse provocativa o suficiente, ele também tentou ressuscitar naquele dia a polêmica lei de conversão.

O conselho de administração da Agência Judaica se reúne a cada quatro meses. A abertura de nossa sessão de verão em Jerusalém ocorreu em 25 de junho, reunindo mais de 200 líderes de todo o mundo, cuja paciência com Netanyahu estava se esgotando como areia de uma ampulheta.

Nosso painel de abertura contou com 4 dos 30 membros do Knesset que a Agência Judaica havia acolhido na comunidade judaica americana para missões no último ano, muitos deles pela primeira vez. Os membros compartilharam suas impressões sobre os projetos da Agência Judaica que conheceram e suas percepções sobre os judeus americanos. Durante a fase de perguntas, os conselheiros insistiram em uma questão, fazendo as mesmas perguntas básicas de diversas formas: quando o governo finalmente implementaria o acordo do Kótel? O governo não havia feito nada com o projeto por um ano e meio. Bibi continuou a aconselhar paciência, cautela, discrição.

Para a segunda noite, o conselho havia programado um jantar festivo, oferecido pelo presidente do Knesset, para comemorar o quinquagésimo aniversário da reunificação de Jerusalém. Netanyahu seria o convidado de honra. Pressupomos que ele aceitou o convite para anunciar o tão esperado lançamento da reforma do Kótel diante de um público amigo que comemorava o retorno do Muro das Lamentações ao povo judeu em 1967.

Naquela manhã de domingo, 25 de junho, quando o conselho de administração se reuniu, o JPPI – *Jewish People Policy Institute* (Instituto de Política do Povo Judeu) apresentou seu relatório anual ao governo no que diz respeito à relação Israel-diáspora. Stuart Eizenstat e Dennis Ross, copresidentes do JPPI, vieram de Washington, D.C., para apresentar o relatório, que era o primeiro item da pauta da reunião de Gabinete. Tive que correr pela cidade durante uma hora depois da nossa sessão com os membros do Knesset porque o presidente da Agência Judaica é convidado para as reuniões de Gabinete sempre que algum assunto relacionado com a diáspora faz parte da ordem do dia. Esse importante grupo de reflexão, baseado em Jerusalém, que a Agência Judaica parcialmente financia, apresentou uma análise preocupante das relações Israel-diáspora. Fui informado com antecedência sobre qual seria sua recomendação mais premente: implementar com rapidez o acordo do Kótel. O relatório alertou que cada dia de atraso nas melhorias do espaço de oração igualitário afastava os judeus americanos um pouco mais.

Os protocolos do Gabinete determinam que os ministros recebam a ordem do dia e documentos informativos três dias antes de cada reunião. Surpresas na política são em geral mais notícias ruins do que boas. A questão do Kótel nem estava na agenda do Gabinete naquele dia. Ainda assim, quando cheguei ao escritório do primeiro-ministro, os jornalistas do lado de fora me perguntaram sobre os rumores de que Bibi estava prestes a cancelar o acordo. Nenhum dos ministros que aguardava e com quem conversei sabia mais do que eu.

Na realidade, a questão Israel-diáspora que eles temiam naquele dia centrava-se na sessão da Comissão Ministerial de Legislação agendada

457

imediatamente para depois da reunião de Gabinete. Aryeh Deri, líder do Shas e ministro do Interior, planejava propor um projeto de lei naquela reunião que tornava as conversões ortodoxas as únicas conversões legítimas em Israel. Era o mesmo velho projeto de lei sobre "quem é judeu", que já provocara anteriormente tantas lutas amargas. Em uma nova abordagem, Deri alegava que era necessário parar os migrantes ilegais de entrar sorrateiramente em Israel. Ele havia calculado que a maioria de seus colegas ministros não tinha conhecimento das nossas disputas passadas sobre essa questão. Contudo, Bibi deveria saber muito bem o que fazer. Fiquei surpreso que, tendo reiteradamente removido este tópico volátil da agenda nos últimos 20 anos, ele concordou em abrir o debate de novo.

Netanyahu, como sempre, estava atrasado. Quando ele entrou na sala do Gabinete com Deri, era óbvio que algo estava acontecendo. O debate seguiu-se ao primeiro item da ordem do dia, o relatório JPPI. Como presidente da Agência Judaica, fui o primeiro replicante. Fazendo eco à análise do relatório, enfatizei quão perigoso se tornara o atraso na implementação do acordo. Ele estava arruinando a confiança e a boa vontade que havíamos cultivado por tanto tempo com nossos melhores amigos judeus ao redor do mundo. O primeiro-ministro acenou com a cabeça em concordância. Por um momento, permiti-me sentir seguro. Afinal, estávamos trabalhando de perto nessa questão por anos.

Mas, do outro lado da mesa, vi Deri e Bibi trocarem olhares de cumplicidade. Qualquer observador experiente poderia entender: o negócio tinha sido fechado. Netanyahu estava sucumbindo à chantagem ultraortodoxa.

Como cata-ventos políticos sensíveis, embora confusos, a maioria dos ministros reagiu às recomendações do JPPI de forma cautelosa e indireta. Os mesmos ministros, que um ano e meio antes haviam votado a favor do acordo, começaram a me passar um sermão sobre suas falhas, sem repudiá-lo totalmente.

Observando a crescente confusão, Netanyahu finalmente colocou suas cartas sobre a mesa: "Para mim, todo judeu é importante; todos os judeus são iguais", disse ele. "E acredito que Israel seja o lar de todo o povo judeu. Mas", suspirou, "é essencial, com todos os desafios que enfrentamos, mantermos a nossa coalizão, para que possamos continuar lidando com nossos problemas urgentes e garantirmos a nossa segurança. Eu ainda acredito que chegamos a um bom acordo, que deveria ser implementado. Mas temos parceiros de coalizão que pensam diferente. Eles exigem que cancelemos o acordo. Eu me recuso a cancelá-lo. Em vez disso, proponho que congelemos sua implementação".

Congelar? Após 18 meses de atrasos repetidos, um atraso indefinido marcou o recuo total de Bibi.

Assim que seu líder falou, os ministros seguiram seu exemplo. Um ministro ultraortodoxo teceu comentários desagradáveis sobre como "todos os reformistas são J Street". Esse era o código para "liberais que traem Israel". Outros foram mais cautelosos, fazendo eco às palavras de Bibi, sobre o quanto também valorizavam a unidade da coalizão.

Yariv Levin, partidário de Bibi e ministro do Turismo, com quem fiz amizade durante a nossa luta contra a retirada de Gaza, declarou: "Natan, aprendi com você. Você nos ensinou que apenas um forte senso de identidade judaica e sionista pode salvar os judeus da diáspora da assimilação. Essas pessoas certamente não são sionistas. Você, mais do que ninguém, sabe quão pequenas são as cifras da *aliyá* dos Estados Unidos, que dirá de liberais. Eles nem estão interessados no judaísmo. Você nos relatou que poucos enviam seus filhos para escolas judaicas. A assimilação é elevadíssima; eles transformaram o casamento misto em uma religião; e, quando votam, como seus estudos mostram, Israel não é sua primeira prioridade. Não é a segunda e nem a terceira. E durante os últimos oito anos, quando precisamos da ajuda deles para enfrentar a questão do programa nuclear do Irã, não nos apoiaram. E agora devemos arriscar nossa coalizão por eles?".

Levin era um dos observadores mais instruídos da diáspora. Ele poderia apoiar cada ataque com pesquisas de judeus americanos e estudos de identidade. Ele não rejeitava os reformistas, como alguns outros, de maneira desagradável. Porém, a pesquisa já existia há mais de um ano e meio. Por que ele e os outros que votaram com Bibi não apresentaram esse argumento em janeiro de 2016, quando o Gabinete aprovou pela primeira vez o acordo?

Deri acrescentou: "Vou dizer isso aqui, mas repetirei lá fora. Pessoas que não são totalmente leais ao judaísmo, tampouco estarão totalmente com Israel".

Mal me controlando, respondi: "É verdade que, se você olhar o J Street e críticos mais duros como o *Jewish Voice for Peace*, quase todos vêm da esquerda não ortodoxa. Mas 85% dos apoiadores do AIPAC são judeus reformistas e conservadores. Você não percebe que a maioria dos judeus americanos são afiliados a correntes não ortodoxas?".

E acrescentei: "É justo se preocupar com o enfraquecimento de sua conexão e com a assimilação. Porém, a melhor maneira de neutralizar isso é mantê-los mais próximos de Israel. Essa decisão, bem como a tentativa de trazer de volta a lei de conversão, os distancia de nós. Então agora não podemos apenas culpá-los quando questionamos por que eles se assimilam; teremos que dividir a culpa também".

Eu sabia que não mudaria a opinião daqueles que votaram então com Bibi e estavam votando com ele agora. Mas eu queria que minhas objeções fossem registradas.

Quando voltei à reunião do conselho de administração no David Citadel Hotel, todos sabiam que o Gabinete havia votado a favor do congelamento do acordo e que o comitê judicial interministerial estava promovendo a lei de conversão. Essa traição enfureceu os conselheiros. Não era a primeira vez que um primeiro-ministro israelense cedia às pressões do partido religioso a fim de salvar sua coalizão. Na verdade, todos os primeiros-ministros se renderam em algum ponto. Entretanto, mudar tão dramaticamente depois de todas as negociações, depois de toda essa confiança construída entre o primeiro-ministro e os líderes liberais, realmente doeu.

Os líderes judeus americanos se sentiram enganados. Ano após ano, usaram sua credibilidade para acalmar suas comunidades. Mesmo quando começaram a se sentir tolos durante os meses de atraso, continuaram a insistir: "O primeiro-ministro está conosco", solicitando, como ele fez, "só um pouco mais de tempo".

Membros do conselho de administração receberam e-mails e telefonemas furiosos. Alguns doadores suspenderam suas contribuições anuais a Israel. Alguns líderes judeus locais cancelaram missões ao país. Um dos conselheiros inclusive propôs boicotar a El Al ou se afastar dos líderes de Israel até que eles caíssem em si. Tive que descartar esse absurdo publicamente.

Ainda assim, nas difíceis semanas seguintes, continuei a ouvir ecos do grito angustiado de um rabino conservador quando o acordo do Kótel se deparou pela primeira vez com problemas governamentais: "Como posso lutar contra a deslegitimação de Israel, quando o governo de Israel deslegitima a mim?".

Nossos emissários ficaram numa situação particularmente delicada durante essa crise. Quarenta e oito horas depois da reunião do Gabinete, falei em uma teleconferência de emergência com cerca de 150 jovens emissários da Agência Judaica em todo o mundo. "Agora enfrentamos duas lutas", eu lhes disse. "Primeiro, como sempre, vocês estão na linha de frente e as pessoas com quem trabalham estão com raiva. Transmitam a Israel o que vocês ouvem. Vocês devem representar os judeus americanos e expressar seus sentimentos de decepção."

Contudo, também os lembrei de sua missão principal: "Ataquem com firmeza aqueles que pedem boicotes a Israel ou enfraquecem seu apoio a Israel de qualquer maneira. Lembre-os do âmago de nossa mensagem de construção de identidade. Apoiar Israel não é um favor que os judeus americanos fazem para seus primos pobres, mas uma forma de continuar a fazer parte da família judia. Somos uma família que não pode se divorciar. Vocês simplesmente não podem boicotar a si mesmos".

Nossa primeira reação foi óbvia. Votamos, unanimemente, pelo cancelamento do jantar com o primeiro-ministro e decidimos passar grande parte do nosso tempo fazendo pressão no Knesset contra as duas ações de Bibi. O presidente de uma das maiores federações judaicas exclamou: "Se alguém em casa me visse aplaudindo Bibi nesse jantar, eu seria demitido imediatamente".

Em outra ação sem precedentes, a Agência Judaica publicou grandes anúncios nos jornais em inglês e em hebraico condenando o governo israelense e exigindo a implementação imediata do plano Kótel.

Bibi me ligou em meio a toda essa confusão. Ele também estava furioso. "Por que você está sendo tão negativo?", me perguntou. "Eu apenas congelei o acordo; não o cancelei. E podemos avançar nas partes mais importantes. Podemos transformar a área do Robinson's Arch no espaço de oração que você sente que precisa. Foi isso o que prometi", ele insistiu. "Nunca prometi começar a reconhecer as diferentes correntes religiosas."

"Bem, cancelar ou congelar", eu disse, interrompendo-o. "Isso é brincar com palavras. Quem vai acreditar em suas promessas agora que você cancelou a decisão do seu próprio governo? E não há nada na decisão sobre reconhecimento. Diz apenas que os representantes daqueles que rezam na área igualitária participarão de sua administração. Você não só concordou com isso, mas seu acordo foi uma pré-condição para o início dessas negociações há quatro anos. Todos esses anos, foi a base do acordo, e você nunca se opôs. Como pode agora dizer que nunca concordou?"

Bibi pareceu ficar confuso com minhas observações. Eu o ouvi consultar alguém ao seu lado. Então a linha caiu.

Alguns minutos depois, ele ligou de volta ainda mais irritado: "Você ousa dizer, com seus amigos americanos, que somos antissionistas – e eles, que vivem nos Estados Unidos, são de alguma forma sionistas? Retrate-se imediatamente".

Imaginei que algum funcionário tivesse resumido grosseiramente nossos anúncios de página inteira. Puxando um jornal da minha mesa, perguntei: "Você está falando sério?", e li o texto. Nele, afirmava que essas decisões do governo israelense tinham "um profundo potencial para dividir o povo judeu e minar a visão sionista e o sonho de Herzl, Ben-Gurion e Jabotinsky de estabelecer Israel como um lar nacional para todo o povo judeu".

"Não me retrato do que afirmei", respondi e encerrei a conversa abruptamente.

A QUESTÃO DA CONVERSÃO PEGA FOGO

Enquanto o retrocesso de Bibi no acordo do Kótel destruiu cinco anos de trabalho, a ação de seu governo naquele mesmo dia sobre a questão da conversão reacendeu a disputa sobre "quem é judeu", agora com 70 anos de idade. Durante meses, vimos que ela recrudescia perigosamente. Há 20 anos, nós do Comitê Ne'eman, recomendamos diretrizes para transformar a conversão de imigrantes que se tornaram cidadãos de Israel sob a Lei do Retorno em um processo "acolhedor e amigável". Em vez disso, agora, o Rabinato-Chefe estava ficando mais rígido, exigindo que essas pessoas, em sua maioria falantes do russo, vivessem um modo de vida estritamente ortodoxo, tanto durante o processo em si como posteriormente.

Em resposta, um grupo de rabinos ortodoxos envolvidos com o movimento inclusivo Tzohar criou seu próprio tribunal de conversão, que eles habilmente chamaram de *Giyur Ka'Halachá*, conversão pela lei judaica. Cedi meus escritórios no Ben-Gurion Hall para as reuniões que antecederam a fundação. Eu estava conscientemente usando o duplo *status* da Agência Judaica. Essa instituição quase-governamental poderia dar-lhes alguma legitimidade e recursos, ao mesmo tempo que, como representante do povo judeu, permaneceria livre da dependência do governo israelense em relação à política de poder ultraortodoxa.

Embora todos os membros desse tribunal fossem rabinos ortodoxos, o governo tinha muito medo dos partidos ultraortodoxos no tocante ao reconhecimento da legitimidade do tribunal. Agravando a situação, o Rabinato-Chefe começou a questionar conversões feitas por rabinos ortodoxos no exterior, quando novos imigrantes dos Estados Unidos e de outros lugares buscaram sua cidadania de acordo com a Lei do Retorno.

Mesmo alguns dos mais proeminentes rabinos ortodoxos modernos, incluindo o rabino Haskel Lookstein e o rabino Avi Weiss, viram-se incluídos na lista de desafetos; o Rabinato-Chefe não aceitava suas conversões. As autoridades israelenses estavam desaprovando alguns dos mais eficientes educadores sionistas da Diáspora, que prepararam gerações de jovens judeus para o ativismo sionista, incluindo a *aliyá*.

Em um comício do qual participei em julho de 2016 do lado de fora do Tribunal Rabínico Central em Jerusalém, quase precisei me beliscar. Então, eu agora tinha que protestar, no Estado judeu, a favor de rabinos como Lookstein e Weiss, que lideraram protestos que me auxiliaram a chegar ao Estado judeu. Embora eu pudesse apreciar a ironia histórica, havia nisso algo de grotesco. Notei com satisfação que muitos de seus ex-alunos que agora vivem em Israel se juntaram a essa manifestação e a outras.

Procurei uma oportunidade para suscitar a questão com o governo. Quando Naftali Bennett, ministro de Assuntos da Diáspora, emitiu seu relatório anual sobre as novas iniciativas do governo israelense que tinham como intuito alcançar a diáspora, fui convidado a representar a Agência

Judaica na discussão. Elogiando o Ministério por seus muitos esforços de construção de pontes, eu avisei que o que uma mão desse governo estava construindo, a outra estava derrubando.

Observei que a capa do relatório do ministro trazia uma foto do casamento de Ivanka Trump e Jared Kushner. O rabino que tinha convertido Ivanka e oficiado seu casamento fora Haskel Lookstein. O rabino que leu a *ketubá*, o contrato matrimonial judaico, havia sido Avi Weiss. "As conversões de ambos os rabinos foram rejeitadas pelo Rabinato-Chefe", eu disse. Como pensamos que nossos esforços com os judeus americanos dariam frutos quando estávamos deslegitimizando as próprias pessoas que designamos como seus símbolos?"

Ficou claro que essa situação absurda era insustentável. Presumimos que a maioria dos ministros reconheceu isso e estava disposta a corrigi-la. Mas os líderes dos partidos ultraortodoxos leram melhor a situação política do que nós. Quando perceberam a fraqueza de Bibi na questão do Kótel, fizeram a barganha de dois pelo preço de um. O ministro do Interior Aryeh Deri decidiu intimidar Bibi a que desse ao Rabinato-Chefe seu há muito procurado monopólio, aprovado pelo Knesset, encerrando de uma vez por todas a conversa sobre "quem é judeu". Usando um pretexto ridículo, alegando temer "imigrantes ilegais" que fingiam serem judeus, Deri serviu a antiga lei com a mesma linguagem em uma nova embalagem.

No último dia da reunião do conselho de administração, aproveitamos nossa presença em Jerusalém para pressionar o Knesset. Aqui, nos beneficiamos das relações com os legisladores que havíamos nutrido desde que me tornei presidente, mostrando-lhes nossos programas em Israel, nos Estados Unidos e em todos os demais lugares. Provamos aos principais parceiros não ultraortodoxos da coalizão que o projeto da lei de conversão não tinha nada a ver com parar os trabalhadores migrantes. Era uma manobra para deslegitimar as correntes não ortodoxas.

Quando conhecemos Naftali Bennett e Ayelet Shaked, eu disse a eles que, como israelense, fiquei envergonhado que ele, como ministro de Assuntos da Diáspora, e ela, como ministra da Justiça, haviam apoiado esse antigo projeto da lei de conversão com retoques sem entendê-lo. Eles me disseram que eu estava errado, insistindo: "Há provavelmente algum

Em uma irônica reviravolta do destino, neste comício em julho de 2016, em frente à Corte Rabínica Central em Jerusalém, acabei protestando no Estado judeu a favor dos rabinos Haskell Lookstein e Avi Weiss, que lideraram tantos protestos para que eu pudesse chegar ao Estado judeu.

mal-entendido aqui." Eles engoliram o argumento absurdo de Deri, de que essa lei tinha como intuito apenas impedir os "migrantes ilegais".

Verdade seja dita, eles investigaram. Algumas horas mais tarde, depois de confrontar Deri, Bennett me ligou. Ele disse: "Você estava certo. Esse projeto de lei não resolverá nossos problemas de fronteira e causará todo tipo de problemas na diáspora. Não iremos apoiá-lo". À medida que mais parceiros de coalizão se recusavam a promover o projeto de lei, Deri ameaçou derrubar a coalizão, mas não o fez.

Dois dias depois de minhas discussões furiosas com o primeiro-ministro, Bibi me telefonou de novo. Como sempre acontecia, depois de se concentrar no problema urgente do momento, ele apertava uma espécie de botão de *reset* mental. Nosso recente confronto foi deixado de lado para que ele pudesse seguir em frente.

"Olhe", ele disse calmamente, "farei o que puder com o Robinson's Arch. Podemos começar as reformas rapidamente. E quero congelar a lei de conversão. No entanto, os líderes reformistas e conservadores querem mudar o *status quo* religioso através da Suprema Corte. Nenhum governo pode aceitar isso. Portanto, estou disposto a bloquear o projeto de lei no Knesset, desde que suspendam sua luta legal."

"E o que vai acontecer enquanto isso?", indaguei. "Eles devem sempre depender da sua boa vontade?"

"Não. Haverá um limite de tempo para este cessar-fogo", respondeu. "Formarei um comitê com todos os lados participantes e darei seis meses para que elaborem recomendações que serão aceitáveis para todos."

Minha experiência com o Comitê Ne'eman havia me ensinado que, se a disputa sobre "quem é judeu" for travada no Knesset ou na Suprema Corte, todos nós perdemos. Apenas um amplo acordo no espírito de Ya'akov Ne'eman poderia resolver o problema. Mas agora, como eu havia avisado a Bibi, sem nenhuma confiança remanescente, era difícil saber como os líderes liberais reagiriam. Ainda assim, prometi apresentar a eles a proposta de Bibi.

A DESCONFIANÇA JUDAICA
ME ALCANÇA EM MOSCOU

Passei os dois dias seguintes em teleconferências com o primeiro-ministro Netanyahu, o ministro do Interior Deri e o procurador-geral Mandelblit, por um lado, e com líderes dos movimentos não ortodoxos, por outro. Finalmente, na sexta-feira, pouco antes de o primeiro-ministro partir para a Europa em uma viagem diplomática, ele declarou no Aeroporto Ben-Gurion que um acordo havia sido conseguido. Na noite seguinte, após o *shabat*, fiz uma viagem havia muito planejada para visitar os acampamentos de verão patrocinados pela Agência Judaica em Moscou. Uma equipe de filmagem do Arutz 9, o canal de TV em língua russa de Israel, me acompanhou. Eles queriam me entrevistar em vários locais da cidade para um documentário sobre a luta pelos judeus soviéticos.

Levaram-me ao tribunal no qual, em 1978, os juízes soviéticos haviam me condenado ao que acabou sendo nove anos no *gulag*. Dede então, eu não tinha estado ali. Nem sabia onde estava localizado. Meus captores me levavam na ida e volta, dia após dia, em uma caminhonete da prisão sem janelas.

466

Agora, o tribunal estava sendo reformado. Os operários nos cumprimentaram com desconfiança. Ficaram mais cordiais depois que pesquisaram o meu nome no Google e entenderam que eu não estava conectado ao governo russo. Eles me direcionaram para a sala maior, no segundo andar.

Lentamente, caminhando sem firmeza, reconheci meu ambiente. Fiquei emocionado ao me lembrar exatamente onde eu estava. Lembrei-me da mesa à qual os juízes se sentavam, onde meus guardas ficavam, onde o público hostil assistia. Lembrei-me onde meu irmão, Leonid, se sentava, memorizando cada palavra que eu proferia porque a KGB o proibira de fazer anotações. Lembrei-me de ter falado bem devagar, sabendo que ele seria meu único canal de transmissão da mensagem através de jornalistas ocidentais, cuja entrada no tribunal havia sido barrada.

Lembrei-me de como a sala parecia grande quando a transformei em minha plataforma para abordar o mundo. Quando o juiz me perguntou quais seriam minhas últimas palavras antes da sentença, minha resposta foi: "Para minha esposa e o povo judeu, digo: *la'shaná habaá bYrushalaim*, no próximo ano em Jerusalém. Para o tribunal, cuja única função é ler uma sentença preparada, não tenho nada a dizer".

Por que usei essas palavras? Achei que, nos longos anos vindouros de isolamento, o mais importante para mim seria permanecer totalmente confiante de que o povo judeu continuaria nossa luta. Que garantia melhor do que voltar ao nosso antigo juramento "em Jerusalém"?

Naquele momento, eu tinha total confiança no meu povo. Quando comecei minha longa jornada no *gulag*, sabia que permaneceria em diálogo com esses parceiros invisíveis. Eu jamais estaria sozinho durante nossa longa luta pela liberdade.

Enquanto eu estava perdido em minhas memórias, meu celular tocou. Era do gabinete do primeiro-ministro. Os assistentes de Benjamin Netanyahu estavam me pedindo para intervir, porque os negociadores reformistas e ultraortodoxos ainda estavam discutindo sobre o *timing* e os textos das cartas a serem trocadas, detalhando os compromissos de cada lado no cessar-fogo. Os líderes liberais não confiavam o suficiente no primeiro-ministro do Estado de Israel, ou em seus assessores, para prometer suspender o processo judicial sem obter a sua garantia por escrito de antemão. Toda a confiança havia sido perdida.

No momento seguinte, enquanto eu tentava descrever meus sentimentos em 1978 para a equipe de TV israelense, o celular me interrompeu mais três vezes. Eu ia de um lado para outro, passando instantaneamente das lembranças daquele momento emocionante de trabalho em equipe global unindo milhões de estranhos, e a presente praga de suspeita e fúria entre líderes que se conheciam intimamente e haviam trabalhado de perto nessa questão por tantos anos.

Com cada toque penetrante do telefone – sendo despertado dessa atmosfera de unidade e sugado para a nossa desunião agora –, minha raiva do primeiro-ministro aumentou. Durante a maior parte da semana eu estava em piloto automático, reagindo, falando, tecendo estratégias, organizando e protestando. Aqui, bem longe do frenesi – mas não longe o suficiente – e viajando no tempo de volta para a década de 1970, as coisas me atingiram. Eu podia sentir as proporções de nossa perda, todo o desperdício de bom trabalho e boa vontade.

Há pouco tempo, estávamos todos sentados à mesma mesa. O primeiro-ministro podia falar diretamente com o líder do movimento reformista dos Estados Unidos por telefone e, juntos, coordenar suas estratégias de mídia. Agora, nem mesmo tinham fé em uma promessa escrita pelo outro.

BIBI COMO ESTADISTA E POLÍTICO

Claramente, o primeiro-ministro Netanyahu deveria ser culpado. Ele estava ciente da importância do acordo sobre o Kótel e sua natureza histórica. No entanto, ao tomar uma decisão numa manhã de domingo, havia abandonado sua própria iniciativa, zombando de seus próprios esforços e dos nossos, tendo realizado suas declarações eloquentes e compromissos solenes com tantas pessoas. Eu me senti traído.

Os repórteres continuaram a me ligar naquele verão, esperando, finalmente, que eu me posicionasse contra Netanyahu. Porém, eu mantive a linha que adotara por anos. Eu não me esquivei ao criticá-lo sobre qualquer questão que pudesse nos dividir – como nesse caso, o Kótel. Porém, por

Durante meus nove anos na política e nove anos na Agência Judaica, tive uma experiência turbulenta com Bibi Netanyahu. Nossa amizade estava enraizada na ajuda que ele prestou a Avital e a mim durante nossa luta nos anos de 1980, porém isso não impediu nenhum de nós de, subsequentemente, decepcionar ocasionalmente um ao outro no contexto da política. Em maio de 1987, protestamos juntos durante o Solidarity Sunday for Soviet Jewry (Domingo de Solidariedade com os Judeus Soviéticos) em Nova York.

Em 2010, sentamos lado a lado no Conselho de Administração da Agência Judaica.

469

mais decepcionado que eu estivesse com ele, eu também o desapontei. Eu me recusei a atacá-lo pessoalmente ou me envolver no que muitas vezes parecia ser uma vingança pessoal de muitos repórteres.

Em um nível, meu relacionamento com Benjamin Netanyahu é simples. Ele e eu somos amigos há mais de trinta anos. Seu relacionamento com Avital remonta a mais tempo, quando atuou como um estrategista dedicado durante nossa luta. Politicamente, admiro tudo o que ele fez para liberar a economia israelense. Geopoliticamente, respeito sua cautela em ir à guerra e sua capacidade de resistir à pressão internacional por mais uma retirada unilateral autodestrutiva.

No entanto, em meio a tudo isso, Bibi e eu tivemos altos e baixos intensos, com momentos de grande raiva e decepção de ambos os lados. Às vezes, não dei a ele o apoio político que ele esperava. Às vezes, como em junho de 2017, ele se voltou contra mim.

Em última análise, funcionamos com diferentes motores e diferentes combustíveis: ele é um verdadeiro político e sou um dissidente de coração. Não tenho necessidade de detalhar todas as minhas frustrações com essa figura histórica gigantesca, embora imperfeita, ou de acertar contas. Não é esse o propósito deste livro. Mas é justo especular sobre o que motivou Bibi para entender por que ele abandonou o acordo sobre o Kótel. O fiasco foi mais um exemplo de Bibi sendo Bibi, permitindo que o político implacável que ele achava que tinha que ser ofuscasse o estadista erudito que ele fora criado para ser.

Como filho do famoso historiador que editou a *Encyclopaedia Hebraica*, Benzion Netanyahu, Bibi tem uma compreensão única do papel histórico de Israel, seu "lugar entre as nações" – título de seu livro *best-seller*. Ele vê o sionismo como o grande divisor de águas do povo judeu, tendo criado Israel, que garante a nossa sobrevivência. Ele quer que Israel seja um centro de empreendedorismo e tecnologia, uma base democrática estável no Oriente Médio e o grande trunfo estratégico do mundo livre na luta contra o terror e o caos islâmicos. Ele estava muito à frente da maioria das pessoas ao reconhecer a ameaça iraniana e muito mais eficaz na mobilização do poder econômico mundial para retardar a corrida dos mulás para ter armas nucleares.

Além disso, ele apoia seus bons instintos com uma análise cuidadosa e pilhas de livros. Onde quer que eu o visse, relaxando em casa, voando para o exterior ou trabalhando no escritório, normalmente era possível ver alguns livros densos, lidos pela metade, sobre política, economia, história ou biografia que ele folheava. Depois das sessões de trabalho no avião do primeiro-ministro, todos iam descansar, relaxar ou, hoje em dia, enviar mensagens de texto. Bibi ia ler.

Uma vez, vim falar com ele, distraído por alguma controvérsia sobre a qual todo mundo estava gritando tão intensamente que eu não conseguia me concentrar. Apesar de estar no centro dessa tempestade, ele ergueu os olhos do livro que estava lendo, colocando-me à vontade quase hipnoticamente. Em vez de reagir aos gritos, começou a discutir algum assunto mais profundo sobre o presidente Bill Clinton e as negociações no momento.

Observar Netanyahu conduzindo longas sessões de estratégia é como assistir a um controlador de tráfego aéreo orientar pousos e decolagens simultaneamente, por horas a fio. Sua concentração nunca enfraquece, ele se concentra na conversa e mantém todos focados. Ehud Barak raramente tinha paciência para essas maratonas de reuniões; ele tomava suas decisões antes de serem passadas as orientações. Ariel Sharon ocasionalmente cochilava enquanto os especialistas continuavam tagarelando. Não Bibi.

Na tarde de 4 de fevereiro de 1997, estávamos envolvidos em um longo e intenso debate do Comitê de Segurança sobre um assunto militar urgente. De repente, um assessor entregou a Bibi um bilhete. Ele leu, bateu na testa com a palma da mão e exclamou: "Ah". Observando nosso líder geralmente imperturbável ficar pálido, com um esgar de dor no rosto, retomando em seguida a reunião, temi que alguma tragédia familiar tivesse ocorrido. Eu me perguntei se o seu pai de 87 anos, ou sua mãe de 85, tinham falecido.

Na verdade, Zila Netanyahu viveu até o ano de 2000 e Benzion Netanyahu até 2012, morrendo aos 102 anos. O bilhete informava a Bibi que dois helicópteros de transporte da Força Aérea de Israel haviam colidido no ar, e 73 soldados haviam morrido. Foi o pior desastre aéreo da história de Israel. Ao voltar para casa naquele dia, fiquei perplexo como

Bibi refletira instantaneamente que, se anunciasse o ocorrido, nunca terminaríamos nossa discussão, porque os próximos dias seriam consumidos pelo luto nacional. Ele se manteve fiel à sua estratégia, acelerou habilmente a discussão, garantiu que tomaríamos uma decisão e depois nos informou sobre a tragédia.

Vinte e três anos depois, observei Bibi exibir uma disciplina semelhante, desenvolvendo uma estratégia ponderada ao explicá-la de forma eficaz ao público, enquanto o coronavírus ameaçava o mundo. Na primavera de 2020, enfrentando julgamento, negociando 24 horas por dia, buscando um governo de unidade nacional, Netanyahu compartimentalizou soberbamente.

Enquanto, sem dúvida, fazia todo o possível para permanecer no cargo de primeiro-ministro, Netanyahu continuou funcionando com sucesso como primeiro-ministro em uma situação de emergência. Ele alternou entre a política parlamentar e o estadista do coronavírus sem problemas. Sua abordagem colocou Israel muito à frente de quase todos os países quando decidiu fechar as fronteiras, parar a economia, impor isolamento social e tentar desesperadamente "achatar a curva" da propagação dessa terrível pandemia. E ele provou ser o melhor porta-voz de seu governo, explicando ao público noite após noite por que cada indivíduo precisava levar muito a sério a ameaça dessa praga.

Inclusive muitos críticos que haviam pedido a sua renúncia, que se retraíam diante da sua flagrante autopromoção e detestavam seus truques parlamentares, reconheceram sua eficácia em moldar a resposta de Israel a essa doença mortal e explicá-la. Em todo o mundo, muitos cumprimentaram sua habilidade para resumir seus *briefings*, comparando-o favoravelmente em relação à maioria dos outros líderes.

É claro que, como qualquer político, ele também tentou parecer bom. Mas continuei desafiando seus críticos a identificar quaisquer passos estratégicos na luta contra a pandemia que fossem imprudentes por serem motivados politicamente.

Netanyahu luta para vencer na política tão agressivamente quanto luta para manter Israel seguro. Na verdade, equipara os dois. Ele acredita que sua permanência no cargo mantém Israel vivo, uma equação que só se torna mais significativa quanto mais tempo ele continuar no poder. É um político que fará de tudo para garantir a vitória de seu partido e a estabilidade de sua coalizão.

O cálculo de Netanyahu como político tornou-se essencialmente: "Meu país precisa de mim. Para salvar meu país, preciso de minha coalizão. E para salvar minha coalizão, posso me permitir fazer coisas hoje que posso corrigir amanhã".

Continuei observando-o cruzar linhas vermelhas durante a campanha, entendendo que ele estava fazendo o que acreditava que precisava fazer. Eu tinha sentido escrúpulos quando nossa inteligente campanha "*nash kontrol*" em 1999 alimentou a divisão nós-contra eles, russos e *mizrahim*. Mas isso não foi nada comparado à dura retórica de Bibi no dia da eleição de 2015, quando ele irritou os eleitores da direita ao falar, demagogicamente, sobre os árabes "votando em massa".

É triste, porém verdade: esse ato terrível funcionou – então ele continuou a repeti-lo. Acabou sendo uma arma política vencedora. É por isso que ele é um político eficaz. Bibi conhece as pesquisas melhor do que os pesquisadores e a política melhor do que os consultores políticos. Quando ele estava em pé de guerra política, faria praticamente qualquer coisa, inclusive, se pressionado, insultar os árabes ou tentar reabilitar fanáticos kahanistas para atrair mais votos para seus aliados de coalizão, como fez nas eleições de abril de 2019.

Como o impasse político arrastou Israel para três eleições parlamentares de abril de 2019 a março de 2020, a estratégia polarizadora de Bibi continuou mobilizando sua base. Nas eleições de março, ele surpreendeu os céticos, ganhando mais cinco cadeiras do que em setembro, devolvendo o Likud ao seu *status* de longa data como o maior partido de Israel. Foi um retorno impressionante, considerando que Netanyahu havia sido indiciado e declarado politicamente morto por tantos comentaristas.

Bibi obteve êxito, entretanto, não apenas dando prosseguimento às suas impressionantes conquistas econômicas e diplomáticas, mas demonizando seus oponentes. Ele chamava todo rival de esquerdista, cuspindo o rótulo como se fosse um palavrão reservado apenas para colaboradores.

Ao mesmo tempo que o impulsionavam, suas táticas polarizadoras também impulsionavam a oposição. A fúria contra ele uniu forças da extrema esquerda à direita centrista. E sua retórica antiárabe motivou os partidos árabes, geralmente aguerridos, a votar em massa. Em março, o partido árabe israelense Hareshimá Hameshutefet (Lista Conjunta) obteve surpreendentes 15 cadeiras, transformando-se no terceiro maior partido de Israel.

No entanto, no final, quem conseguiu um "governo de emergência nacional", permanecendo no comando? Benjamim Netanyahu.

Claramente, a sociedade israelense era tão polarizada quanto o mundo ocidental. E os políticos israelenses em todo o espectro há muito se revelam grandes mestres em demonizar uns aos outros. Como vimos, a partir do momento em que ganhou sua primeira eleição, em 1996, Netanyahu foi o alvo israelense favorito da mídia. Ainda assim, como líder de Israel por uma década, ele tinha escolha. Poderia ter resistido a tal *bullying* partidário ou o explorado. O fato de ter piorado as divisões entre nós ao invés de tentar curá-las é uma marca negativa em seu registro histórico.

Para ser justo, Netanyahu se concentrava nos resultados, não no processo – vendo a politicagem como uma forma de teatro e a governança como algo real. Ele contava cifras – rendas *per capita*, estatísticas de desemprego, gastos orçamentários – e descartava questões de tom, espírito e atmosfera. Já após sua vitória em 1996, Bibi acreditava em uma limpeza do dia seguinte. Você ganha a competição e então lidera; você fala mal durante a campanha, então entrega a mercadoria quando estiver governando.

Em 15 de abril de 2019, setembro de 2019 e março de 2020, ele continuou com suas políticas de longa data, de trabalhar com aqueles que atacava politicamente, incluindo os árabes e os esquerdistas "malvados" que ele demonizava – no dia seguinte. Também continuou investindo dinheiro generosamente no setor árabe e promoveu ações afirmativas na educação e no mercado de trabalho. Ele fez o que acreditava que Israel precisava fazer agora que tinha novamente o líder de que necessitava.

É assim que ele e os políticos mais bem-sucedidos que observei justificam sua dureza. Eles podem pecar ao longo do caminho, mas fazem o trabalho de defender o povo judeu e o Estado de Israel. Por conseguinte, dão a si mesmos permissão para fazer uma política agressiva, independentemente dos danos que possam causar. E, no dia seguinte ao dia da eleição, começam a limpar sua própria bagunça.

Vi em Bibi essa capacidade de mudar rapidamente, não só com setores, mas com pessoas, da fúria à plena cooperação, de um encontro ao próximo. Seu botão de *reset* está constantemente ligado. O homem que quebrou o recorde de Ben-Gurion, de 4.872 dias como primeiro-ministro, passou mais de nove anos de sua vida gerenciando mais crises por dia do que a maioria das pessoas enfrenta na vida. Ele supervisiona as relações externas e domésticas de Israel. Ele precisa fazer a economia crescer, estabilizar uma sociedade turbulenta, e dar conta de cada problema ou ideia que qualquer ministro pudesse suscitar em um determinado momento. Ele lida com funcionários, rivais, membros do partido, o público e a mídia enquanto ocasionalmente respira. Precisa ficar atento o tempo todo, enfrentando as decisões e as escolhas mais difíceis. Mesmo sua vida privada tornou-se cada vez mais pública, politizada e escrutinada. É um trabalho terrível. Não consigo entender como ele tem feito isso por tantos anos. Ou por que ele continua querendo estender seu governo.

Em meio a esse bombardeio constante, você deve se concentrar na necessidade premente do momento e lidar com ela da melhor maneira possível. Inevitavelmente, você corre o risco de precisar excluir o que fez, o que disse, quem o irritou ou quem te agradou duas, três ou quatro semanas atrás, para não dizer há meses ou anos. Então, a mudança repentina de amigo em inimigo ou de inimigo em amigo não significa que Netanyahu é inconstante. Apenas mostra como ele se concentra na crise do momento.

Bibi não está no universo das lições de moral ou das sensibilidades delicadas, mas da política bruta para um propósito nobre. Se você acredita que pode fazer o melhor por todos, você fará quase qualquer coisa para qualquer um porque é para o bem deles, para o bem comum. É por isso que, quando ele decidiu que era hora de retroceder no tocante ao acordo sobre o Kótel, recuou sem arrependimentos, anulando seu próprio investimento considerável no negócio como dano colateral.

Então, por que ele cedeu à chantagem? As exigências ultraortodoxas não haviam mudado fazia décadas. Quando Netanyahu lutou tão obstinadamente para aprovar o acordo do governo, ele sabia no que estava se metendo. Sua disposição para resistir à inevitável pressão ultraortodoxa estava embutida em suas ações, a menos que sua paciência se esgotasse.

Os cínicos têm uma explicação fácil para sua reviravolta: "Qual é a diferença entre janeiro de 2016 e junho de 2017?", indagaram. Eles decidiram que, em janeiro de 2016, Barack Obama era presidente e Bibi precisava adular os judeus liberais que apoiaram Obama. Em junho de 2017, o presidente Donald Trump estava claramente do lado de Israel, os judeus liberais estavam perdendo poder e Netanyahu estava livre.

Os cínicos estão equivocados. Nem tudo o que ele faz é calculista. Nesse caso, Bibi é um verdadeiro sionista. Manter nossa família judia unida em torno de Israel sempre foi um componente importante de sua visão de mundo. Ele ainda é o mesmo líder que deu luz verde política ao Taglit-Birthright antes da maioria dos outros no governo e que pressionou no que diz respeito ao acordo "quem é judeu" do Comitê Ne'eman.

Ele também é realista. Netanyahu nunca se permitiu nutrir alguma esperança ingênua de que poderia influenciar Obama ao encantar os judeus liberais. Ele podia ver o brilho nos olhos da maioria dos judeus americanos desde a época em que Obama venceu a indicação dos democratas em 2008. Em junho de 2009, quando, como novo presidente, Obama visitou a Turquia, a Arábia Saudita e o Egito – sem planos de visitar Israel –, Netanyahu sabia que as relações seriam complicadas. Ao longo de grande parte das negociações sobre o Kótel, trabalhou com líderes das correntes liberais não obstante seu crescente ressentimento pela falta de apoio durante seus confrontos com Obama. Deixando suas frustrações de lado, ele permaneceu focado no "um muro para um povo".

Outros cínicos alegam que os escândalos crescentes tornaram Netanyahu cada vez mais dependente de seus parceiros de coalizão ultraortodoxos. Contudo, no verão de 2017, não vi sinais de que os escândalos de corrupção o estivessem distraindo. Bibi tem estado sob tal escrutínio há anos. Foi apenas no início de 2018, quando dois ex-assessores se tornaram testemunhas do Estado, que a pressão policial começou a afetar a política de Bibi.

Todos os cálculos políticos estiveram lá o tempo todo; as duas facetas de Bibi sempre estiveram em um cabo de guerra. Então o que aconteceu? Por que Netanyahu – que resistira à chantagem dos líderes ultraortodoxos a respeito do Kótel desde 2013, que em janeiro de 2016 obrigou os líderes ultraortodoxos a aceitar o acordo do Kótel – pulou do barco?

Isso foi especialmente confuso, porque muitos de nós acreditávamos que Aryeh Deri e seus aliados estavam blefando em junho de 2017; eles não pareciam prontos a renunciar. Nos meses seguintes, continuei remoendo esse mistério, imaginando o que tinha mudado no ano e meio entre pressionar o acordo por meio do Gabinete e desistir.

O IRÃ E NOSSO SENTIMENTO DE TRAIÇÃO MÚTUA

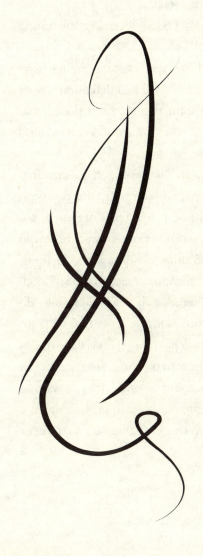

Gradualmente, percebi que mesmo quando alguns judeus americanos liberais começaram a confiar no desejo de Netanyahu de construir um único Muro para um único povo, ele começou a perder fé na lealdade fundamental dos judeus americanos liberais para com seu povo. Sua tolerância ao risco político na questão referente ao Kótel diminuiu à medida que sua frustração com o judaísmo americano liberal cresceu. Tinha tudo a ver com o Irã. Assim como muitos judeus liberais se sentiram traídos por Bibi em relação ao Muro das Lamentações, ele sentiu que eles haviam traído Israel ao apoiarem cegamente o tratado de Barack Obama com o Irã, o JCPOA – *Joint Comprehensive Plan of Action* (Plano de Ação Conjunto Global).

Pouco depois de Obama concluir o acordo em julho de 2015, os Estados Unidos transferiram de US$ 25 bilhões a US$ 50 bilhões em fundos congelados havia muito tempo para o Irã. Isso incluía US$ 1,7 bilhão em paletes de moeda não rastreável e não americana, enviados para Teerã. Parte desse dinheiro fluiu rapidamente para o Hezbollah, no sul do Líbano. "Enquanto o Irã tiver dinheiro, o Hezbollah terá dinheiro", regozijou-se em outubro de 2016 seu líder Hassan Nasrallah. Ao ver aquele grupo guerrilheiro comprometido com a destruição de Israel transformar-se em um exército permanente, Bibi me disse frustrado: "Você entende, judeus americanos liberais realmente não gostam de Israel".

"Claro que gostam", respondi indignado. "Todos eles estão construindo suas identidades judaicas em torno de Israel."

"Não", ele zombou. "Eles amam um Israel que existe na imaginação deles. Mas o verdadeiro Israel, que só pode existir se nos defendermos, os deixa desconfortáveis, porque os torna impopulares com seu presidente. Nós, porém, não temos escolha. Temos que viver no mundo real, não no mundo de suas imaginações."

Certa vez, tive uma dor na perna que o médico explicou ser um sinal de problema na coluna. Essa dor irradiada para diferentes partes do corpo humano reflete o fato de que cada indivíduo é um sistema orgânico, conectado por todo tipo de nervos. Da mesma forma, podemos ver no corpo político judaico que esse desconforto ou conflito em uma área, digamos, sobre o Irã, às vezes causa dor em outro lugar, digamos, relacionado ao Kótel. Esses assuntos polêmicos, que levaram a reiterados clamores de Israel e do exterior sobre "traição" ou pior, refletem tanto as forças centrífugas quanto as forças centrípetas que nos configuram como povo hoje. É verdade que as disputas relacionadas ao Irã e ao Kótel fizeram com que nos afastássemos um do outro em fúria. Mas a raiva e a maneira como os problemas às vezes se confundem ou até alimentam um ao outro provaram quão profundamente interconectados permanecemos como um povo, e por isso é esclarecedor explorar essas controvérsias.

O ACORDO COM O IRÃ PREJUDICA
A SEGURANÇA DE ISRAEL

A determinação fundamentalista da República Islâmica do Irã de ter um "mundo sem sionismo", aliada aos esforços desesperados dos mulás para desenvolver energia nuclear e mísseis balísticos, incomodou a maioria dos israelenses. Houve um consenso impressionante entre os especialistas políticos, militares e de inteligência israelenses de que o Irã representava a maior ameaça à existência de Israel. Do terrorismo contra a comunidade judaica na Argentina ao crescente caos no Oriente Médio, a maior parte dos israelenses reconheceu que a questão ia muito além de armamentos. O Irã aspirava a se tornar uma superpotência regional e um titereiro global do terror, dedicado a combater "o grande Satanás", os Estados Unidos, enquanto tentava destruir o "pequeno Satanás", Israel.

Benjamin Netanyahu tem sido um precursor internacional na luta contra o Irã. Ficou claro para mim que essa era uma missão sagrada para ele. Quando Bibi foi ministro das Relações Exteriores de Ariel Sharon de 2002 a 2003, ele tentou convencer o Ocidente a restringir a transferência de carregamentos e tecnologia para Teerã. Como ministro das Finanças de 2003 a 2005, implorou ao Ocidente que refreasse o Irã com sanções econômicas. Ele orquestrou, praticamente sozinho, uma campanha internacional de espectro amplo contra o programa nuclear e de mísseis balísticos iranianos.

O adido financeiro de Bibi, Ron Dermer, lançou a campanha no Congresso. Ele mobilizou muitos dos antigos contatos de Bibi no Congresso para advertir os Estados Unidos, depois o mundo. Ron era um jovem da Flórida que em 1995 se ofereceu para trabalhar como pesquisador em nossa campanha partidária. Ficamos amigos. Depois que ganhamos, ele fez *aliyá* e acabou se tornando meu parceiro de escrita.

Meu único erro foi apresentar Ron a Bibi, para que Ron pudesse explicar as impressões dos imigrantes russos sobre ele durante a campanha. Bibi disse: "Uau, aquele sujeito realmente não gosta de mim".

Respondi: "Ele está dizendo o que os imigrantes russos pensam. Ele é um pesquisador; esse é o trabalho dele". Em um segundo encontro, a química entre os dois era óbvia. Por fim, perdi Ron como parceiro para Bibi, embora permaneçamos amigos íntimos.

Quando retornou ao cargo de primeiro-ministro em 2009, Netanyahu tinha uma importante missão de política externa: deter o Irã. Havia um debate acirrado sobre o Irã em Israel, mas centrado em como resolver o problema – quase todos os israelenses concordaram que o Irã era perigoso. Alguns defendiam uma solução militar, a destruição aérea dos locais de desenvolvimento nuclear do Irã. Outros confiavam na abordagem de inteligência, uma intervenção secreta para sabotar o desenvolvimento nuclear iraniano a partir de dentro. Bibi coreografou a estratégia econômica, de estrangulamento financeiro do regime, enquanto mantinha todas as demais opções abertas.

Infelizmente, a abordagem de Bibi em relação ao Irã colidiu com a de Obama. Netanyahu acreditava que o regime estava podre demais para ser redimido; Obama acreditava que poderia estar disposto a uma reforma. Mesmo ao fazer a campanha presidencial em 2008, época em que a maioria dos candidatos gosta de parecer mais dura, Obama preferiu se envolver com os mulás a pressioná-los. De forma mais ampla, Bibi – como a maioria dos israelenses – se preocupava em conter a política externa expansionista do Irã, porque causava enorme instabilidade regional. Obama se concentrou apenas em limitar a capacidade nuclear do Irã.

Além das preocupações estratégicas, Obama continuou a decepcionar aqueles dentre nós ao redor do mundo que esperávamos que o presidente americano defendesse os direitos humanos. Quando a popular Revolução Verde do Irã eclodiu, em junho de 2009, os manifestantes buscaram ajuda do moderno, carismático e progressista presidente afro-americano. Ele os decepcionou, e a nós também. A traição de Obama com relação a esses dissidentes confirmou os temores de Bibi sobre seu ponto cego em relação ao regime do Irã.

Antes e depois de os Estados Unidos assinarem o tratado com o Irã, eu me juntei ao coro preocupado que alertava os americanos para que fossem cautelosos. Muitos de nós, que sobrevivemos ao regime soviético, continuamos a pedir aos americanos que se lembrassem como seu país havia derrotado o comunismo. Em 2013, quando especialistas e políticos deram as boas-vindas a Hassan Rouhani, suposta substituição moderada de Mahmoud Ahmadinejad como presidente do Irã, escrevi um artigo no *Wall Street Journal*, relembrando a euforia ocidental com Mikhail Gorbachev. Então, como agora, a sabedoria convencional proclamava: "Se ele parece despreparado para atender a nossas demandas hoje, devemos ir ao seu encontro, para que ele possa atendê-las amanhã". Mas, apontei, "dezenas de milhões" de cidadãos soviéticos, incluindo Andrei Sakharov, entenderam que "somente a pressão ocidental contínua poderia, ao longo do tempo, 'ajudar' o líder e o sistema soviéticos a saírem do jogo". Então, como agora, fomos chamados de fomentadores da guerra por defender a pressão estratégica. Naquela época, mas não agora, "os EUA, para seu crédito eterno, mantiveram-se firmes".

Em 2015, a briga esquentou quando Obama se recusou a vincular as negociações com o Irã às suas maquinações e abusos no Oriente Médio. O Irã, portanto, continuou a espalhar terror por toda a região. Continuou a armar encrenqueiros como o Hamas e o Hezbollah, e as negociações prosseguiram. O Irã ameaçou países com genocídio, e as negociações prosseguiram. O Irã exigiu a destruição mesmo dos Estados Unidos, e as negociações prosseguiram.

"Imaginem o que teria acontecido", escrevi no *Washington Post* em abril de 2015, se, "depois de concluída uma rodada de negociações sobre o desarmamento, a União Soviética tivesse declarado que seu direito de expandir o comunismo em todo o continente não estava em discussão. Isso teria significado o fim das negociações. Ainda hoje, o Irã não sente necessidade de moderar sua retórica pedindo a morte dos Estados Unidos e a exclusão de Israel do mapa".

Em outro artigo no *Washington Post*, em 24 de julho de 2015, lembrei os judeus que eles "enfrentaram o governo dos Estados Unidos há 40 anos e deveriam fazê-lo novamente a respeito do Irã". Foi chocante ver que os corajosos judeus que exigiram que Richard Nixon e Henry Kissinger tornassem a *détente* dependente da questão dos direitos humanos agora estivessem calados. Nós, israelenses, relutávamos em criticar nosso aliado americano. Era constrangedor denunciar um acordo que, segundo insistência de todos, traria paz.

Os Estados Unidos tiveram que escolher. Poderiam apaziguar um regime criminoso – que apoiava o terror global, prometia eliminar Israel e executava mais presos políticos *per capita* por ano do que qualquer outro país – ou poderiam se manter firmes em sua exigência de que o Irã mudasse seu comportamento.

Eu queria saber o que havia mudado. Em tom de provocação, perguntei em outro artigo "quando os Estados Unidos haviam esquecido que são os Estados Unidos?". Eu temia que atualmente, no mundo pós-moderno, quando a afirmação da superioridade da democracia liberal sobre outros regimes soa como uma relíquia pitoresca de um passado colonialista, até mesmo os Estados Unidos pareciam ter perdido a coragem de suas convicções. Unindo-se ao presidente e aos seus pares, a maioria dos judeus americanos liberais facilmente rejeitou a advertência de Israel em relação a uma negociação que nunca abordava o amplo escopo da ameaça iraniana.

As tensões entre Netanyahu e a comunidade liberal judaico-americana atingiram o pico no início de 2015, quando ele aceitou um convite da Câmara dos Representantes dos Estados Unidos, controlada pelos republicanos, para se dirigir ao Congresso naquele mês de março. Uma vez que a maioria dos judeus americanos era a favor de Obama e do acordo com o Irã, eles ficaram furiosos porque Netanyahu estava insultando o presidente democrata ao ir a Washington sem o convite dele. "Como Israel se atreve a forçar que eu escolha entre minha lealdade a seu primeiro-ministro e minha lealdade ao meu presidente?", exclamou furioso um dos ativistas.

Bibi acreditava estar cumprindo sua missão histórica de defender Israel da destruição. Certo de que o acordo de Obama ameaçaria o futuro de Israel, Netanyahu procurou plataformas proeminentes para transmitir sua mensagem. Todas as formalidades – quem convidou quem, quando e onde – pareciam-lhe tolas quando comparadas a essa ameaça existencial.

Em retrospecto, muitos de seus apoiadores viram aquele discurso como o melhor momento de Benjamin Netanyahu. Ali ele fez o que faz de melhor: definir uma estratégia e articulá-la efetivamente para o mundo. Hoje, Netanyahu se sente ainda mais justificado, certo de que a subsequente agressividade do Irã o validou. E sem dúvida fica satisfeito em saber que foi dele a persistência que manteve a questão do Irã na agenda internacional e na agenda de Donald Trump. No entanto, muitos líderes judeus americanos comunitários ainda estão furiosos com aquele discurso e se ressentem da persistência de Bibi. Claramente, mesmo para além do acordo com o Irã, o próprio discurso tornou-se uma questão central que irradiou dor.

No verão de 2015, quando a maioria dos judeus americanos liberais ignorou o consenso israelense e apoiou o acordo com o Irã, Bibi ainda esperava que as realidades desse mau negócio acabariam por convencê-los. Aos olhos do governo israelense e da maior parte da oposição, o acordo foi imprudente. Jogou com a segurança de Israel e do Ocidente. À medida que bilhões de dólares do petróleo fluíam de volta para o Irã, centenas de milhões de dólares do terror fluíam direto para o Hezbollah, graças aos Estados Unidos. Ao gastar generosamente o dinheiro do Irã, o Hezbollah se transformou de uma série de células terroristas em um exército formidável e bem financiado, planejando ataques terroristas também no exterior. Mesmo quando as FDI improvisaram apressadamente protocolos de segurança para se defender contra essa nova ameaça, os judeus liberais estavam resmungando acerca das tentativas contínuas do governo de Israel de polarizar a situação política e crucificar seu amado presidente.

Por mais furioso que eu estivesse com Bibi por causa da mudança do seu posicionamento relacionado ao Kótel, eu podia entender como todos esses ataques de judeus americanos o irritavam. No outono de 2016, enquanto visitava os centros de absorção da Agência Judaica no Norte, recebi uma orientação militar local. Eu não podia acreditar o quanto a situação da nossa segurança havia se deteriorado durante o ano decorrido desde que o tratado fora assinado. A capacidade do Hezbollah de atacar civis, sequestrar soldados e bombardear Israel com mísseis havia aumentado muito. Pior ainda, os comandantes do norte compartilhavam uma nova preocupação: uma possível invasão do Hezbollah poderia isolar a cidade de Metula do restante do país e manter milhares de civis como reféns. No entanto, enquanto eu absorvia essa notícia preocupante, nossos parceiros americanos na Agência Judaica solicitaram uma sessão de *brainstorming* durante a reunião seguinte do conselho de administração, sobre como impedir que o governo israelense afastasse os judeus americanos ao fazer uma campanha agressiva contra o acordo selado com o Irã.

A natureza das reclamações esgotou a paciência de Bibi. Ele sentiu que, mesmo quando Israel enfrentava as consequências perigosas do acordo com o Irã, os judeus americanos liberais ignoraram esses fatos porque preferiram a visão de realidade de Obama. Essas frustrações com a maioria dos judeus americanos indubitavelmente deixaram Netanyahu menos disposto a arriscar sua coalizão – tornando-o mais vulnerável à persistente pressão ultraortodoxa para abandonar o acordo do Kótel em junho de 2017.

Naturalmente, Bibi nunca admitiu essa conexão em público. No entanto, ambos os seus embaixadores nos Estados Unidos, Michael Oren e Ron Dermer, compartilham minha crença de que existe uma conexão direta entre a posição dos judeus liberais sobre o acordo iraniano e o retrocesso de Bibi no tocante à questão do Kótel.

BARACK OBAMA COMO O SONHO JUDAICO AMERICANO; O IRÁ COMO O PESADELO ISRAELENSE

O debate em torno do acordo com o Irã representou um embate clássico entre as prioridades das duas maiores comunidades judaicas, suas estratégias concorrentes de sobrevivência judaica. Apesar de todas as divisões no país, a maioria dos israelenses concordava com Netanyahu que suas três principais preocupações estratégicas eram um Irã nuclear, um Irã nuclear e um Irã nuclear. E a maioria dos israelenses também concordava que o acordo de Obama com o Irã só iria reforçar o país contra Israel.

Ao mesmo tempo, para a maioria dos judeus americanos, o apoio ao presidente Obama não expressava apenas o fato de que dois terços ou mais votaram nos democratas. Barack Obama encarnava à perfeição seu sonho americano, de que essa democracia protegia as minorias e dava iguais oportunidades de sucesso a todos. Era meu sonho também.

Obama foi o primeiro presidente negro. Lembro-me daquela noite emocionante em 2008. Eu também estava orgulhoso de que os Estados Unidos finalmente escolheram um afro-americano que, segundo suas próprias palavras, tinha um "nome engraçado". Sinceramente, me senti mal pela derrota do candidato com quem eu tinha profunda afinidade, o republicano senador John McCain, que sofreu por cinco anos e meio nas prisões do Vietnã do Norte – ele se recusara a ser libertado, a menos que todos os americanos capturados antes dele também o fossem. Nós nos conhecemos quando John ainda era congressista em minha primeira viagem a Washington, em 1986, e nos demos bem imediatamente – como dois ex-presidiários em uma convenção de pregadores – quando ele olhou para mim e disse: "Entendo por que você se recusou a ser libertado nos termos da URSS há dois anos".

Desde o início da campanha das primárias presidenciais, mesmo um sujeito exigente e feroz defensor de Israel como Marty Peretz do *New Republic* apoiou Obama, em parte porque sua história de vida realizara o sonho judaico. Peretz escreveu que a eleição de Obama "daria plenitude ao paradigma e à promessa de uma sociedade aberta". Outros, à esquerda de Peretz, elogiaram Obama como "o primeiro presidente judeu", com Peter Beinart indo a ponto de escrever que "Obama lembra Netanyahu do que Netanyahu não gosta sobre judeus". Beinart se referia a judeus americanos liberais como ele. Matt Nosanchuk, contato judaico de Obama na Casa Branca por três anos, diria que o presidente tem uma "alma judia" e está "muito em sintonia com a maioria [da] comunidade judaica americana – ele está comprometido com a justiça social, prioriza questões como direitos civis e igualdade e valoriza o discurso intelectual".

Testemunhei essa conexão profunda entre tantos judeus americanos e seu presidente liberal em 2011, quando discursei perante a bienal da *Union of Reform Judaism* (União pelo Judaísmo Reformista) em Washington. O fato de Obama ter falado com eles apenas aumentava seu entusiasmo pelo presidente. Sempre que seu nome era mencionado, parecia que ondas de impulsos elétricos despertavam o público.

A dedicação me lembrou o zelo com que o Comitê Central do Likud deu as boas-vindas a Ariel Sharon ou a Benjamin Netanyahu em várias vésperas de eleição, fazendo uma serenata para cada um como "rei de Israel". Mesmo em 2011, quatro anos antes do controverso discurso de Netanyahu ao Congresso, sempre que o nome de Bibi era mencionado na bienal da União pelo Judaísmo Reformista, era como se alguém tivesse jogado um

Jamais estive só

balde d'água na multidão para arrefecer qualquer entusiasmo. Muitas vezes também ouvi vaias.

Em 2015, a menção do nome de Obama para muitos israelenses desencadeou seus instintos mais protetores e patrióticos. Desde o início, muitos duvidaram de Obama, porque ele prometeu "se envolver" com o Irã. Eles se sentiram decepcionados pelo seu discurso no Cairo, sua primeira visita ao Egito e à Turquia, mas não a Israel, e o seu silêncio durante a fracassada Revolução Verde do Irã. Cada interação com Bibi piorou as coisas, e o acordo com o Irã apenas comprovava que a preocupação com a segurança dos céticos era justificada.

Marty Peretz ficou indignado com o "enfoque escandaloso do Oriente Médio", que incluía uma "frieza à nação judaica", uma "indiferença hostil a Israel". Ele denunciou a "alergia clínica ao poder" de Obama. Definiu o presidente como "fraco de espírito e covarde" ao lidar com adversários estrangeiros, e concluiu: "É com Teerã que Obama arquitetou o maior desastre de política externa da sua administração". A maioria dos judeus americanos não se envolveu com Peretz. Era mais fácil se voltar contra o "Israel de Bibi" – que tantos progressistas odiavam – em vez de ser contra o presidente progressista que amavam.

Nessas condições, com a fantasia isaiana dos judeus americanos sobre o primeiro presidente afro-americano ser profundamente judeu de coração em conflito com as preocupações davidianas dos israelenses sobre o acordo com o Irã, foi difícil para Bibi subir o tom e argumentar contra o acordo de Obama.

Participei de muitas, muitas mesas-redondas sobre a relação entre Israel e os judeus da diáspora durante os anos de Obama. Em uma delas, realizada no JPPI, Dan Kurtzer, o primeiro judeu ortodoxo nomeado embaixador em Israel, que agora leciona diplomacia do Oriente Médio em Princeton, insistiu: "Para não perder os judeus americanos, o governo israelense tem que mudar sua atitude em relação ao presidente Obama." Respondi: "Como você se sentiria se eu dissesse: 'Para não perder Israel, você deve mudar sua atitude em relação a Bibi'?".

Judeus americanos e israelenses estavam se esquecendo que somos irmãos, não gêmeos. Cada parte de nossa família não está pronta a reconhecer que escolhemos morar em bairros muito diferentes. A maioria dos judeus mantinha sua estratégia particular de sobrevivência.

Teria sido ingênuo esperar que qualquer diálogo mudasse a atitude do governo israelense ou a dos judeus americanos em relação a Obama. No entanto, um diálogo mais saudável poderia ter ajudado os judeus americanos a levarem mais a sério a advertência de Israel. E os israelenses poderiam ter sido muito mais sensíveis à reputação de que esse "primeiro presidente judeu" e primeiro presidente afro-americano gozava entre os judeus americanos. Esse tipo de intercâmbio só poderia ter ocorrido se tivéssemos primeiro conseguido superar a desconfiança entre as facções nessa luta e confiado na sinceridade alheia.

AS FRUSTRAÇÕES VÃO ALÉM DO IRÃ E DO KÓTEL

Portanto, embora eu estivesse com raiva de Bibi sobre o Muro das Lamentações, reconheci que ele captou a crescente frustração de muitos israelenses com o liberalismo dos judeus americanos. Cada vez mais, parecia que as únicas vezes que alguns judeus traziam Israel à baila era para criticá-lo. Ao mesmo tempo, muitos amigos judeus americanos sentiam que, apesar de toda a sua retórica sobre liderar o povo judeu, esse primeiro-ministro e seu eleitorado continuavam a decepcionar e, inclusive, a trair o povo judeu. Gritos de traição ecoaram por todo o mundo judaico, independentemente de quem quer que falasse sobre qualquer tópico.

Pude senti-lo, por exemplo, no intenso debate sobre os africanos do Sudão, da Eritreia e de outros lugares que entraram em Israel e permaneceram ilegalmente. Com aproximadamente apenas 35 mil trabalhadores migrantes ilegais em um país de quase 9 milhões de habitantes, pensei que esse problema fosse solucionável.

Tentando mediar, convidei representantes de ambos os lados ao meu escritório. O lado a favor, representando a maioria dos judeus americanos e muitos israelenses, via as ameaças de Israel deportar esses imigrantes como uma traição aos valores judaicos. Afinal, não havíamos sido estrangeiros no Egito, no Lower East Side, na Palestina britânica?

O lado contra representava 73% dos israelenses que estavam fartos de migrantes africanos prolongando indefinida e ilegalmente suas boas-vindas. Todos nós sabemos que países estáveis e democráticos se tornaram ímãs para refugiados e têm problemas para administrar essa necessidade quase infinita. Mas Israel é a democracia mais próxima desses países em dificuldade, bem como uma das menores democracias do mundo. Dada a proximidade geográfica de Israel com tantos milhões de refugiados desesperados para chegar à Europa, uma política leniente inevitavelmente colocaria esse pequeno Estado em risco de ficar sobrecarregado. Vendo que esses migrantes fugiam principalmente da pobreza, não da opressão, os líderes de Israel sentiam que permitir a entrada das massas com demasiada facilidade trairia sua responsabilidade de manter Israel estável. Mais uma vez, muitos israelenses se sentiram traídos pelo fato de aqueles judeus americanos sacrificarem as necessidades de Israel para se sentirem liberais "às nossas custas".

Esses símbolos conflitantes estavam esmagando sutilezas e obscurecendo valores comuns. A maioria dos israelenses queria ser humanitária sem passar de certos limites. Quando abordei Bibi com um plano para absorver 100 órfãos sírios em várias aldeias juvenis da Agência Judaica, ele me perguntou: "E para onde eles irão daqui a dois, três, cinco anos?". Nós dois sabíamos que, sob a lei internacional, Israel seria obrigado a deixá-los permanecer no país, se assim o desejassem.

"Se aceitarmos 100 hoje, eles irão nos pressionar para aceitar 100 mil amanhã", disse Netanyahu, enfatizando o quão pequenos éramos e quão perto estávamos de acolher tantos refugiados em potencial. "Mas ficaremos felizes em ajudar não apenas uma centena, mas milhares, até mesmo dezenas de milhares de todas as formas, sem oferecer moradias permanentes." Demonstrando a boa vontade de Israel, Bibi enfatizou que sob sua liderança Israel já prestava assistência médica de emergência em nossos dois hospitais mais ao norte para os sírios que fugiam da guerra civil.

Ao visitar esses hospitais, eu tinha visto a sensibilidade com que médicos e enfermeiras trabalhavam, prestando a centenas de sírios terrivelmente feridos os cuidados médicos mais sofisticados disponíveis, muitas vezes por meses a fio, antes que os pacientes voltassem para suas famílias. Ninguém perguntava de que lado eles ou suas famílias estavam. Esses programas continuaram a crescer, independentemente de custo, com incentivo direto de Netanyahu e subsídio total de Israel. Em última análise, os médicos israelenses trataram mais de cinco mil sírios, sem fazer nenhuma pergunta, até que o regime de Assad condenou o esforço humanitário.

É claro que esse ajuste fino não se encaixava na estereotipificação "esquerda humanista" em contraposição à "direita sem coração" que alimenta a hostilidade partidária.

A LEI DO ESTADO-NAÇÃO: O BOM E O NÃO BOM

Vi uma percepção semelhante de traição mútua no fogo cruzado internacional em relação ao controverso projeto de lei do Estado-nação que o Knesset aprovou em 19 de julho de 2018. O projeto de lei, que levou sete anos para ser aprovado, dividiu gravemente o mundo judaico no que tange à tensão central da minha vida: o quanto enfatizamos nossa identidade particular como um Estado judeu e o quanto enfatizamos nossos compromissos universais democráticos nessa lei especialmente porque a igualdade e a liberdade já estavam asseguradas por outras Leis Fundamentais e pelas decisões da Suprema Corte. Por 62 votos contra 55, com duas abstenções, o Knesset definiu Israel como o Estado-nação do povo judeu e especificou os símbolos do Estado, sua capital, seu idioma e seu calendário oficial.

Novamente, em vez de terem o debate diversificado de que precisávamos, os partidários reduziram a conversa a um confronto de falsas escolhas. Disseram que apenas afirmavam o óbvio, que a força da história do sionismo e os cidadãos de Israel determinaram democraticamente que Israel é um Estado judeu. Aqueles que se opunham ao projeto de lei disseram que era óbvio para eles que Israel não estava mais interessado em ser um Estado democrático judaico.

Fui convidado a ser o orador final em uma conferência sobre o projeto de lei, logo depois de ter sido aprovado. Os organizadores partiram do pressuposto de que, como presidente da Agência Judaica para Israel, eu arrasaria os críticos e apoiaria a lei.

Eu o fiz, inicialmente. Levantei-me e disse: "Se vocês pedissem minha opinião sobre a lei em uma só palavra, eu diria é 'boa'". Os que eram a favor da lei aplaudiram com entusiasmo. "Mas", acrescentei – lembrando-me de uma famosa piada judaica – "em duas palavras: 'nada boa'". Todos ficaram quietos, confusos.

Expliquei minha posição. É claro que Israel tem o direito e a necessidade de afirmar os fundamentos de sua orgulhosa identidade nacional judaica em um mundo de hostilidade pós-moderna que questiona a legitimidade do nosso Estado. O projeto de lei enfatizava a missão do Estado de manter os judeus e o judaísmo vivos, física e culturalmente. Ao cumprir nossa responsabilidade de reunir os exilados, expressa em nossa Lei do Retorno, era legítimo ter uma bandeira com uma estrela judaica, fazer de nossas festividades judaicas feriados nacionais e falar hebraico. Quando outros países afirmam sua identidade nacional de forma semelhante, isso é denominado patriotismo; quando nós o fazemos, é denominado racismo.

Ao mesmo tempo, a lei falhou em afirmar a sagrada simetria de Israel como um Estado democrático-judaico. Como Lei Fundamental, deveria ter reafirmado a promessa na Declaração de Independência de Israel, de proteger a igualdade de todos os habitantes de Israel, evitando essa falsa escolha entre nossa identidade e nosso compromisso com os direitos humanos. Foi errado deixar nossos cidadãos árabes e drusos se sentindo negligenciados, especialmente por uma lei que levou tanto tempo para ser negociada.

Os especialistas que se posicionaram a favor da lei me deram uma longa explicação sobre a complexa dinâmica entre nosso governo e a Suprema Corte e por que a promessa de igualdade que eu queria acrescentar era desnecessária. A Suprema Corte faz esse trabalho de qualquer maneira. A igualdade já estava assegurada por um constante fluxo de decisões judiciais, eles prometeram.

Eles estavam corretos do ponto de vista técnico, mas muito errados simbolicamente. A lei do Estado-nação era desnecessariamente assimétrica, mesmo que houvesse outros contrapesos. Na vida, em geral, se você não encontra respostas simples, eis a dica – há um problema.

Para ilustrar a bagunça que estávamos criando, eu disse: "Peçam aos nossos representantes no *campus* que expliquem todas essas sutilezas para a multidão enfurecida que utiliza essa Lei Fundamental como munição para nos atacar ainda mais como um 'Estado de apartheid'. Vejam quem realmente entende que a lei protege o Estado como judeu, enquanto o tribunal o protege como democrático".

Sem entender o sentido principal e lavando as mãos da responsabilidade pelos judeus da diáspora, os especialistas insistiram: "Isso não é problema nosso. Esse é o seu trabalho".

CASAMENTOS MISTOS:
CATÁSTROFE OU OPORTUNIDADE?

Os israelenses frequentemente ficavam surpresos com os constantes relatos da mídia que enfatizavam o crescente desengajamento do judaísmo e de Israel por parte dos judeus americanos. Com um índice de 70% de casamentos mistos, com tendência a aumentar, muitos judeus americanos liberais pararam de chamar o casamento misto de problema. Chamavam-no de oportunidade. Alguns até o elogiaram como uma bênção.

Quando o popular romancista Michael Chabon recebeu o título de doutor *honoris causa* do Hebrew Union College – Jewish Institute of Religion em Los Angeles, do movimento reformista, sua acusação dirigida aos pós-graduados pareceu cruzar mais uma linha. Ao chamar o "casamento endogâmico" – casamento entre judeus – de um "gueto de dois", Chabon rejeitou o judaísmo, afirmando: "A coisa toda é um gigantesco sistema interligado de distinções". Demonstrando falta de sensibilidade relacionada aos perigos enfrentados por Israel, ele descartou a "segurança" como "uma invenção dos carcereiros da humanidade". E prosseguiu: "Segurança para alguns significa encarceramento para todos".

Quase todos os presentes aplaudiram com entusiasmo, exceto um estudante israelense, que saiu de local indignado. Uma vez que muitos israelenses, seculares e religiosos leram as observações de Chabon, acharam a cena uma traição de suas identidades sionistas e judaicas centrais. Muitos israelenses ativos no movimento reformista entenderam que tais travessuras prejudicariam a credibilidade do movimento em Israel.

A controvérsia confirmou os temores de muitos israelenses de que o judaísmo reformista é uma casa de passagem para aqueles que estão prontos para abandonar o judaísmo. Judeus reformistas se ressentem dessa caricatura. Eles veem sua denominação como uma maneira criativa de viver simultaneamente como modernos ocidentais e como judeus, de geração em geração.

Se estivéssemos discutindo um ou dois assuntos, a crise teria sido administrável. Contudo, parecia que os problemas que continuavam a acionar as principais acusações – "eles traem os valores judaicos" *versus* "eles traem o povo judeu" – estavam se acumulando como matrioscas.

CUIDADO COM AQUELA PALAVRA COM A LETRA "T": TRAIÇÃO

Tendo sido falsamente preso por alta traição e sabendo quantos milhões de vidas foram arruinadas por falsas acusações soviéticas semelhantes, levo a sério palavras como "traído", "traição" e "traidor". Por isso, é tão doloroso ouvir tantas acusações cruzadas de trair valores judaicos ou trair o povo judeu.

Tudo se transforma em um teste de lealdade: o tratamento dado por Israel a todos os trabalhadores migrantes ou aos árabes ou a correntes religiosas não ortodoxas trai os valores judaicos. A ignorância, o casamento misto e a indiferença de todos os judeus americanos traem o povo judeu. "Como você ousa?", berram tantas pessoas do outro lado da cisão, recusando-se a reconhecer que a posição de seus oponentes possa ter alguma validade.

De um lado, em relação ao Kótel, ouvi: "Como você ousa comparar uma questão central à nossa sobrevivência, como parar a campanha do Irã para nos aniquilar, a uma questão simbólica menor como o Kótel, que envolve judeus que não estão dispostos a viver aqui, porém lutam por um espaço alternativo que já está aberto a eles, ainda que não seja oficial?".

Do outro lado, ouvi: "Como você ousa comparar a traição cínica do primeiro-ministro Netanyahu, após quatro anos de negociações e promessas públicas, ao nosso sincero apoio aos nobres esforços do presidente Obama para fazer a paz?". Estamos em apuros quando os lados opostos em uma discussão usam tons igualmente extremistas, exibindo pontos cegos paralelos.

Havia algumas boas notícias escondidas em toda a discussão. As tensões e a fúria eram problemas do terceiro estágio – de estarem tão profundamente interconectados. Assim como a família nuclear às vezes explode porque os familiares estão tão fortemente envolvidos um na psique um do outro, o povo judeu luta com tanta intensidade porque estamos envolvidos como se fôssemos um só. Ficamos bravos um com o outro em vez de desistir.

Décadas atrás, nossa necessidade de salvar uns aos outros colocou de lado quaisquer diferenças. Mas quando os judeus americanos estão enviando seus filhos a Israel para uma experiência judaica positiva, de repente, atitudes negativas oficiais de Israel relacionadas à sua expressão judaica tornam-se muito relevantes e irritantes. Quando os israelenses apelam aos judeus americanos para defender Israel contra a deslegitimação, de repente, as atitudes negativas de alguns judeus em relação a Israel tornam-se relevantes e irritantes.

O CONFLITO SUBJACENTE COM OS PALESTINOS

Um confronto mais básico subjaz inúmeras dessas tensões entre os judeus israelenses e a diáspora. Muitos americanos liberais não podem perdoar os israelenses por se tornarem os opressores aos olhos do mundo. Enquanto isso, muitos israelenses não podem perdoar os críticos judeus americanos liberais por verem os israelenses como vitimizadores de palestinos em vez de vítimas do terror palestino.

O gotejamento constante de ataques terroristas palestinos – junto com ocasionais rajadas de guerra e ataques constantes na mídia, no *campus* e em outros lugares – continua a reduzir a grandiosa história de Israel a esta única dimensão: o conflito israelo-palestino. Os judeus da diáspora esperam que Israel os inspire, não que os decepcione. Os israelenses esperam que os judeus da diáspora os defendam, não que os decepcionem.

Virou moda culpar a rigidez de Israel na era de Netanyahu pelo atual impasse com os palestinos. Essa caricatura ignora mudanças dramáticas na opinião pública israelense. A esquerda ganhou parte da discussão: mais e mais israelenses, inclusive muitos direitistas, entre os quais Benjamin Netanyahu, admitem que é ruim para os israelenses manter o controle sobre

495

milhões de palestinos. Porém, a direita também venceu, em parte: cada vez mais israelenses, mesmo de esquerda, admitem que não podemos nos retirar imediata ou unilateralmente sem um acordo sólido com parceiros de negociação confiáveis que aceitem o direito de Israel de existir.

A maioria dos israelenses acredita em uma solução de dois Estados. O medo generalizado de que não há nenhum parceiro de negociação sério do lado palestino tem desencorajado os primeiros-ministros israelenses de se apresarem a fazer concessões territoriais. No entanto, à medida que o *slogan* da década de 1970, "paz agora", perde terreno em Israel, isso é precisamente o que mais e mais judeus americanos exigem. Eles culpam o "Israel de Netanyahu" pelo "impasse" e presumem que ele defende a existência de um único Estado, quando não oferece grandes quantidades de território como uma estratégia de abertura. Eles exigem que Israel resolva o problema e ponha fim ao seu constrangimento o mais rápido possível.

Israel parece preso em um padrão pós-Oslo: sofre com os ataques terroristas palestinos, muitas vezes direcionados a áreas urbanas povoadas e vulneráveis. Israel vai então à guerra impondo a si restrições que não são seguidas por nenhum outro exército democrático. Judeus de todo o mundo viajam para Israel, trazem apoio moral e generosas doações. Contudo, Israel ainda é condenado como criminoso de guerra por sua reação "desproporcional", deixando cada vez mais judeus progressistas se contorcendo. Quando esses judeus fazem eco às duras palavras dos *outsiders*, os laços familiares fazem com que os gritos dos *insiders* soem ainda mais dolorosos.

"Você está me perdendo [...] e a muitas, muitas pessoas na comunidade judaica", uma judia liberal disse a um grupo de membros israelenses do Knesset na Câmara Municipal em Boston, em 2017. Três anos após o fim da Guerra de Gaza de 2014, ela e muitos outros ainda estavam preocupados com os números desproporcionais. "Não consigo fazer vistas grossas", ela disse, "quando três adolescentes israelenses são brutalmente assassinados e a resposta é matar 2.300 palestinos".

Os parlamentares israelenses, da direita à esquerda, zombaram, chocados com sua unilateralidade. Os membros do Knesset lembraram como milhares dos mísseis do Hamas enviaram milhões de israelenses para abrigos, incluindo alguns de seus próprios filhos e netos. Eles conheciam todas as vantagens militares que Israel sacrificou – e continua sacrificando – para minimizar o número de vítimas civis enquanto combatiam terroristas escondidos por trás de inocentes. "Se eu tiver que escolher entre perder mais vidas de israelenses, sejam eles civis ou soldados, ou perder você, infelizmente, com pesar, prefiro perder você", respondeu um dos parlamentares. Essa resposta à liberal perdida foi praticamente ignorada nos Estados Unidos. Mas viralizou em Israel, despertando os israelenses fartos de serem julgados por judeus hipócritas da diáspora.

Duas vezes durante meus anos na Agência Judaica, Israel foi à guerra para tentar impedir o Hamas de bombardear civis israelenses. Em cada uma delas, trabalhamos 24 horas por dia, certificando-nos de que os abrigos antiaéreos estavam limpos, confortáveis, e que fossem, inclusive, divertidos. Levamos de ônibus milhares de crianças para longe das regiões alvo do Hamas, organizando dias de diversão e casas para hospedá-las. Nossos parceiros da diáspora, particularmente as Federações Judaicas Americanas, foram generosas, como sempre. Financiaram esses esforços com campanhas de emergência, arrecadando milhões de dólares.

Durante o conflito de Gaza em 2014, consegui que um líder judeu americano, envolvido nesses esforços humanitários, fosse fotografado com Benjamin Netanyahu como sinal de agradecimento. Quando ele orgulhosamente enviou a foto para sua família, seu filho bufou: "Por que você foi fotografado com aquele açougueiro?".

O ANTISSEMITISMO NOS UNE OU NOS DIVIDE?

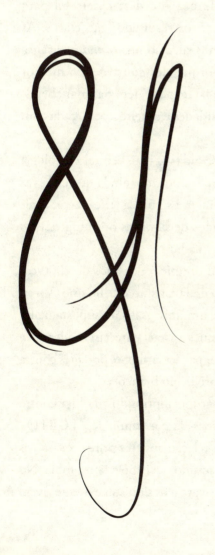

Mais uma vez, as tensões ocorreram de forma mais dramática nas universidades, muitas das quais se tornaram os locais nos Estados Unidos em que os judeus se sentiam muito desconfortáveis pelo fato de serem pró-Israel. Mas primeiro, algumas boas notícias. A infraestrutura pró-Israel no *campus* se desenvolveu de forma impressionante desde 2003, quando visitei pela primeira vez os territórios ocupados da academia estadunidense. Naquela época, as universidades frequentemente pareciam uma terra de ninguém para a comunidade pró-Israel, com o *establishment* judaico ignorando a política do *campus*. Atualmente, muitas organizações judaicas reconhecem as universidades como campos de batalha importantes que moldam o futuro. Naquela época, o Birthright era um pequeno programa que começava a enviar jovens judeus para Israel. Hoje, dezenas de milhares participam de passeios organizados de experiência em Israel todos os anos, que tiveram início com o Birthright.

O Israel Fellows foi o programa da Agência Judaica de crescimento mais rápido durante os anos que ali atuei. Hoje, esse exército de emissários defende Israel em mais de 100 *campi*, em sincronia com as organizações estudantis judaicas, o Hillel local. Frequentemente trabalhando com os egressos do Israel Experience, os emissários lideram o contra-ataque contra as resoluções do BDS, explicando quão injusto – e contraproducente para o processo de paz – é destacar Israel para boicotes, desinvestimentos ou sanções. E os resultados são claros. As resoluções do BDS têm tido muito menos sucesso nos *campi* por causa dos representantes do Israel Fellows, porque eles constroem a melhor defesa: uma consciência generalizada de Israel para além das manchetes, como uma democracia normal com qualidades e defeitos, reforçada com um toque pessoal.

No entanto, o antissionismo tornou-se cada vez mais central à ideologia do *campus*. Mais e mais estudantes odeiam o sionismo, ainda que cada vez menos deles saibam o que a palavra realmente significa. E cada vez mais estudantes judeus relatam que são rotulados de sionistas por progressistas que cospem a palavra como se fosse uma maldição.

O pós-modernismo que enfrentamos no início dos anos de 2000 caricaturava o Estado-nação como culpado de fanatismo e belicismo. Virou moda rejeitar o nacionalismo em favor de um universalismo supostamente voltado para a paz. Atualmente, esses ataques a Israel parecem moderados. Duas novas armas ideológicas provaram ser particularmente potentes contra sionistas e judeus: interseccionalidade e privilégio branco.

A interseccionalidade une todos os grupos oprimidos na luta contra opressão. Quem são os oprimidos? Pessoas de cor, mulheres, LGBTQ+ e... palestinos. E quem é o opressor? Em relação aos três primeiros, são as democracias liberais, oprimidas por seu racismo, sexismo e homofobia. No que tange aos palestinos, os opressores são claros: os sionistas e os que vivem o sonho sionista, os israelenses.

O *slogan* marxista que me perseguiu durante toda a minha infância – "Trabalhadores do mundo, uni-vos!" – foi agora substituído por "Vítimas das democracias racistas, colonialistas, imperialistas, capitalistas, sexistas e homofóbicas, uni-vos!". No marxismo, tal como implementado por Lenin, Trotski e Stalin, a burguesia era inerentemente ruim. Classes inteiras de pessoas – os exploradores capitalistas – eram inimigos. No tribunal da justiça revolucionária, não era necessário buscar provas de crimes específicos: todos aqueles considerados inimigos do proletariado estavam do lado errado da história progressista e eram obviamente culpados.

Seguindo a mesma lógica, a interseccionalidade e o privilégio branco declaram que os considerados opressores são culpados por definição. Todos os que combatem essas diferentes formas de opressão devem se unir na luta contra os opressores ocidentais, o que inclui os sionistas. Em um bizarro ato de transferência, Israel e o sionismo também se tornaram culpados dos pecados ocidentais de racismo, sexismo e homofobia.

BLOQUEADO NA INTERSEÇÃO NA UNIVERSIDADE

A luta atual por justiça social aplica amplamente o cálculo simplista da interseccionalidade. Em 2016, o movimento Black Lives Matter associou o problema de tiroteios policiais no Missouri com o Oriente Médio, por meio do *slogan* "De Ferguson a Gaza". O programa político e ideológico deles acusou Israel de ser um Estado de *apartheid*. Essa mentira – que racializou o conflito nacional israelo-palestino, equiparando-o falsamente à opressão unilateral na África do Sul – transforma a luta israelo-palestina em uma preocupação também afro-americana.

Da mesma forma, muitos radicais no *campus* aceitam a alegação de Mariam Barghouti e de outros ativistas palestinos que "você não pode ser feminista e sionista". "Chamar a si mesma de feminista sionista", argumentou Barghouti, "significa conceder apoio de fato à dominação patriarcal, já que Israel personifica as mesmas funções e técnicas que há muito têm sido, e continuam a ser, usadas contra mulheres". Ao protestar contra a presidência de Donald Trump em 2017, a plataforma do International Women's Strike (Greve Internacional de Mulheres) declarou a "descolonização da Palestina" como parte do "coração pulsante desse novo movimento feminista".

Alguns jovens judeus descontentes, embebidos na aceitação progressista branca de "*wokeness*"* que defende outros grupos e deprecia o seu, romanceiam os palestinos e demonizam seus companheiros judeus, especialmente em Israel. Outros são mais pragmáticos ou intimidados. "Cada um de nós deve encontrar seu caminho para nos engajarmos nesse movimento e nos comprometermos com uma visão do nosso destino coletivo", disse Nancy Kaufman, diretora executiva oficial do National Council of Jewish Women (Conselho Nacional de Mulheres Judias), antes da primeira Marcha das Mulheres em 2017. Kaufman também endossou o direito de "todos" à liberdade de expressão, palavras de código para tolerar críticas severas feministas a Israel.

Em janeiro de 2019, à medida que mais feministas boicotavam a Marcha das Mulheres devido ao seu antissemitismo, outros, como a crítica de cinema e ativista feminista Jan Lisa Huttner, marcharam mesmo assim. "Dada a importância da unidade neste caso, recuso-me a me posicionar 'como judia' nessa controvérsia", disse Huttner à Jewish Telegraphic Agency.

Os estudantes me dizem que há um novo ritual de iniciação no *campus*. Muitos jovens judeus que desejam aderir a grupos de direitos humanos, especialmente aqueles que apoiam o feminismo, direitos LGBTQ+ ou Black Lives Matter, foram informados: "Primeiro, você deve condenar o sionismo". Em essência, muitos esquerdistas radicais estão bloqueando judeus na intersecção. Eles dizem: "Nós amamos os judeus. É apenas o Israel racista que odiamos". Os judeus que se rendem geralmente o fazem em silêncio. Esta é a questão.

Em um nível, a interseccionalidade faz sentido. Na União Soviética, nós, dissidentes democráticos representando diferentes causas nacionais e religiosas, compartilhávamos um sofrimento comum nas mãos dos ditadores. Porém, quando nos unimos no Grupo Helsinque de Moscou, não estávamos apenas nos opondo aos nossos opressores. Baseamos nosso vínculo em

---

* N.T.: Conscientização das questões relativas à justiça social e racial.

nosso interesse mútuo em defender os direitos humanos e lutar por uma sociedade democrática para todos.

Talvez o mais ultrajante no admirável novo mundo interseccional de hoje seja que o rótulo de identidade oprimida legítima é acompanhado por um bônus: um passe livre para violar os direitos humanos de outros de forma agressiva e descarada. A sociedade palestina é homofóbica e sexista. O assassinato premeditado de mulheres, muitas vezes por familiares próximos, leva um abominável nome orwelliano: crime de honra. Ano após ano, esses vergonhosos assassinatos constituem até dois terços dos assassinatos em Gaza e na Margem Ocidental. Mas se a causa palestina recebe passe livre do Ocidente para tais crimes, o que não dizer dos crimes de incitamento e terrorismo anti-Israel.

Aprendi também que Marx não estava morto. Na luta dos progressistas modernos – como no universo marxista, leninista, stalinista –, quaisquer atrocidades cometidas pelo campo progressista não podem ser criticadas, a fim de evitar o enfraquecimento das forças do progresso.

Em 2014, a Arábia Saudita condenou o blogueiro liberal Raif bin Muhammad Badawi a dez anos de prisão, mil chicotadas e uma multa. Seus crimes incluíam apostasia e "insulto ao Islá por meio dos canais eletrônicos". O site de Badawi, Free Saudi Liberals, encorajou os sauditas a viverem de acordo seu lema: "Para mim, liberalismo significa simplesmente viver e deixar viver".

Pouco tempo depois, ao falar com os coordenadores do Israel Fellows nas universidades, eu disse: "Há milhares de estudantes muçulmanos no *campus* que, tenho certeza, nutrem um forte sentimento de solidariedade com Badawi. Quando eles protestam, exigindo sua libertação, é extremamente importante que nos juntemos como judeus e copatrocinemos como organizações judaicas, mesmo que os muçulmanos ou alguns grupos envolvidos tenham sido hostis a Israel. Aqui está uma chance de colocar nossas diferenças de lado e lutar juntos pelos direitos humanos".

Algumas semanas depois, verifiquei as coisas, ansioso para ouvir sobre a construção dessa ponte de direitos humanos. Fui informado de que não sou um bom profeta. Ninguém se manifestou a favor de Badawi em nenhuma das universidades. A máxima dos guerreiros da justiça social, de não criticar a opressão não ocidental, prevaleceu. Protestos contra o fundamentalismo islâmico não se encaixavam no roteiro interseccional; a perseguição de muçulmanos contra muçulmanos manchou a história de que os ocidentais brancos sempre eram os opressores.

"Você quer que iniciemos protestos para libertá-lo?", perguntou ingenuamente um membro do Israel Fellows. "Não, isso não vai ajudar Badawi", respondi. "Os sauditas usarão os protestos para alegar que ele era um agente de Israel e seremos acusados de fazer 'provocação sionista' no *campus*."

É verdade que, quatro anos depois, os ocidentais protestaram contra o assassinato saudita de Jamal Khashoggi. No entanto, ele era um colunista do *Washington Post*, a liderança da Arábia Saudita era próxima do impopular presidente Trump e a raiva provinha mais de jornalistas do que de estudantes. Badawi permanece desconhecido e negligenciado. Na verdade, quando meu antigo advogado Irwin Cotler convenceu o primeiro-ministro canadense Justin Trudeau a agir com ousadia em favor de Badawi, o restante do Ocidente permaneceu em silêncio. E quando a Arábia Saudita retaliou agressivamente em agosto de 2018, suspendendo os investimentos canadenses, chamando de volta seu embaixador no Canadá, e até tirando pacientes sauditas de hospitais canadenses, o Ocidente permaneceu adormecido.

ENVERGONHADO PELO PRIVILÉGIO BRANCO

A pressão sobre os judeus liberais se intensificou por causa da nova acusação de que todos os judeus se beneficiam do privilégio branco. Também nesse caso, o que começou como um raciocínio aceitável foi desviado para demonizar os judeus. Os brancos devem ser sensibilizados para os bônus ocultos de viver em uma sociedade consciente de raça. Muitos consideram suas vantagens como garantidas e não estão totalmente cientes dos obstáculos que outros enfrentam.

Entretanto, cada vez mais, liberais iliberais que gritam "Verifique seu privilégio", especialmente na universidade, classificam todos os judeus como elites europeias brancas que jamais sofreram qualquer discriminação em parte alguma. Os sionistas se convertem em supremacistas brancos, cuja cor de pele privilegiada os torna automaticamente colonialistas e culpados

504

de vários crimes. Décadas atrás, quando a branquitude era mais valorizada, os judeus não eram considerados brancos; atualmente, a branquitude é desvalorizada, então agora somos brancos.

O "enquadramento do sionismo como supremacia 'branca', não 'judaica', permite e fortalece a formação de coalizões entre todos os que se opõem ao colonialismo do colono sionista em particular e à supremacia branca em geral", escreveu um ensaísta do *Al Jazeera* em janeiro de 2019, observando que a acusação rende dividendos de propaganda.

Mais ainda do que a interseccionalidade, o privilégio branco coloca muitos judeus progressistas na defensiva. Alimentando estereótipos antissemitas de que todos os judeus são ricos e poderosos, os progressistas tentam envergonhar os judeus para que se sintam culpados por serem oriundos da elite governante opressora. Da mesma forma, ao caricaturar Israel como o principal Estado racista, colonialista e imperialista, radicais veem o Israel moderno, com sua nova riqueza e poder, como uma fortaleza de privilégio branco.

Às vezes, os defensores de Israel refutam essa mentira, assinalando quantos israelenses de pele escura existem e quantos palestinos de pele clara há. Cuidado com esse argumento: é uma armadilha. Assemelha-se a aos pobres lojistas quando tentaram se salvar de burocratas bolcheviques vingativos gritando: "Sou pobre demais para ser burguês". Essa defesa admitiu que ser burguês era crime. O contra-argumento "não somos todos brancos" trata a branquitude como uma forma de mal, ao mesmo tempo que implica que todas as pessoas da mesma cor de pele – ou gênero, religião ou nação – agem da mesma forma e são igualmente maus ou virtuosos.

A próxima etapa desse processo elenca os judeus e Israel como ferramentas do patriarcado, da mesma maneira que feministas palestinas como Mariam Barghouti habilmente tentam fazer. Mesmo a luta contra o antissemitismo tem sido caricaturada como a perpetuação do poder patriarcal. Essa acusação injeta noções modernas de gênero no que já vimos ser uma luta antiga. Expressa a negação de todas as mulheres judias humilhadas e mortas por antissemitas ao longo dos séculos. Será que aqueles que tentam se esquivar dessa acusação dirão: "Bem, não somos todos homens?". Até onde irão os testes de fidelidade baseados em identidade?

Às vezes, leio essas frases e tenho certeza de que estou exagerando. Então, pesquiso um pouco mais e parece que nossos inimigos saíram dos trilhos. Em março de 2019, Nancy Pelosi, a presidente democrata da Câmara dos Representantes dos Estados Unidos, endossou uma resolução condenando o antissemitismo, respondendo a uma observação insultante da congressista Ilhan Omar, de que os ativistas pró-Israel estavam exercendo pressão "por lealdade a um país estrangeiro". A ativista palestina Linda Sarsour defendeu sua "irmã", Omar, postando no Facebook que a resolução expôs "Nancy" como "uma típica feminista branca defendendo o patriarcado e fazendo o trabalho sujo de homens brancos poderosos".

Apesar de se autodenominar feminista, Sarsour transformou em invisíveis todas as mulheres que se opunham ao ódio aos judeus, considerando a luta contra o antissemitismo uma ferramenta opressiva do patriarcado. E o que é mais deprimente, essa crítica, reverberada por muitos outros, funcionou. Pelosi recuou e a resolução do Congresso, aprovada em 7 de março de 2019, condenou todo e qualquer ódio. Um democrata chamou isso de "resolução característica de falta de discriminação". O congressista Ted Deutch, um democrata da Flórida, perguntou: "Por que somos incapazes de condenar particularmente o antissemitismo? Por que não podemos chamá-lo de antissemitismo e mostrar que aprendemos as lições da História?". Mas é isso mesmo. Palavras carecem de importância. O que importa é quem as proferiu.

Reconheço todos esses estereótipos implacáveis, essa retórica de "bom é ruim e ruim é bom". Cresci com isso. Esses progressistas correm o risco de dar marcha a ré na história. Aqueles de nós que escaparam das garras do comunismo tiveram que crescer na crença liberal fundamental no individualismo. É preocupante ver tantos ocidentais privilegiados fugirem dela – ou pelo menos, ainda que de forma não intencional, transformar em armas as ferramentas da luta de classes de que fugimos.

"NÃO VIEMOS AQUI PARA FALAR COM VOCÊ!"

Em janeiro de 2016, o ator Michael Douglas e eu visitamos faculdades americanas para conversar sobre identidade judaica. Quando chegamos à

Em 2016, o ator Michael Douglas e eu discursamos na Universidade de Brown a favor da identidade judaica e contra o antissemitismo.

Brown University, alguns manifestantes furiosos não queriam falar, certamente não sobre a identidade judaica. Os manifestantes agitavam cartazes defendendo a típica exigência do BDS de boicote a Israel. Antes de nosso evento começar, insisti em sair para conversar com eles, desacatando o conselho da minha equipe de segurança.

Aproximei-me de uma jovem na barulhenta mas pequena multidão de 30 manifestantes. Ela brandia um cartaz que dizia ISRAEL = APARTHEID!

"Com todo o respeito", comecei, "você é jovem demais para conhecer o verdadeiro *apartheid* na África do Sul. Como um ativista de direitos humanos que foi amigo de Nelson Mandela e um observador internacional oficial na primeira eleição livre da África do Sul em 1994, permita-me explicar a você como era e o que fazia o *apartheid* sul-africano. Então, você e seus amigos poderão decidir se o rótulo é adequado a Israel".

A jovem hesitou. Ela olhou para o líder do protesto, que deu a ela um sinal. Recusando-se a fazer contato visual comigo, ela começou a gritar:

"Não viemos aqui para falar com você! Viemos aqui para exigir 'Boicote a Israel!'." Os outros repetiram: "Boicote a Israel! Boicote a Israel!" Agora, as linhas de comunicação não estavam apenas avariadas, estavam sendo cortadas completamente porque eu era do país errado. Tive calafrios.

Seu tom de voz, suas palavras, seu olhar – reconheci tudo isso. Eles me trouxeram de volta às campanhas de condenação que as autoridades oficiais do Partido Comunista costumavam promover na escola e no trabalho. Essas orquestradas explosões de pensamento de grupo fariam com que as pessoas gritassem histericamente, a respeito de Alexander Solzhenitsyn ou Andrei Sakharov ou algum outro inimigo do povo: "Não há o que discutir sobre esse livro! Claro que não o li! É tudo mentira! Não precisamos ler para saber quão traiçoeiro é – veja como eles deixam nossos inimigos felizes. Que vergonha, Solzhenitsyn. Que vergonha, Sakharov. Todos esses renegados deveriam se envergonhar. Nós, o povo soviético, os condenamos!".

Mesmo se eu tivesse conversado com ela, suspeito que não teria sido de grande valia. Ela não estava interessada em um diálogo. Nós, defensores de Israel, muitas vezes tentamos discutir Israel em termos liberais tradicionais, por seus méritos, mas Israel agora é culpado pelo que é, não pelo que faz.

Em minhas palestras na universidade, eu me lembrava com frequência que os comandantes, nas orientações do Comitê de Segurança durante as várias operações militares de Israel, sempre identificavam dilemas morais excruciantes. Citando o código de ética militar de Israel, eles detalhariam como os pilotos, no último segundo, abortaram missões legalmente justificadas e militarmente necessárias a fim de salvar vidas de civis palestinos. Fazer referências a esses momentos – ou observar que lançamos folhetos, advertindo os civis a que abandonassem as áreas que planejávamos bombardear – era algo que deveria ajudar, mas não ajudava. Para nossos inimigos, Israel é um opressor e um intruso que não pertence ao Oriente Médio. Para eles, toda a nossa conversa sobre dilemas morais é equivalente a reclamar de uma multa por excesso de velocidade dada a um criminoso de carreira já condenado à cadeira elétrica.

Bem-vindo ao mundo da universidade irracional, no qual a cultura da denúncia e de quem berra mais alto anula o pensamento. Esses ativistas estudantis não queriam aprender, porque a realidade é mais complicada do que seus *slogans*. E, sejamos honestos, vivemos em uma cultura do cancelamento. As pessoas fazem de conta que as outras não existem – costumávamos chamar isso de "fazer desaparecer" – se os relacionamentos se complicarem ou se um amigo assume um posicionamento político errado. Nesse mundo descartável, é mais fácil simplesmente deletar seu relacionamento com Israel do que defendê-lo, se for impopular ou ocasionalmente falho.

Infelizmente, muitos professores – especialmente os intelectuais que acionam o BDS – são pessoas também de mente estreita e rápidas para julgar. Muitos adeptos progressistas dos boicotes em geral insistem que estão lutando contra a ocupação, enquanto ignoram a franca admissão dos fundadores do movimento BDS que, como afirma o ativista palestino americano Ahmed Moor: "BDS significa o fim do Estado judeu".

Já vimos isso antes. Quando a legitimidade do Estado judeu é negada e – no discurso de alguns dos principais promotores do BDS – não há lugar para um Estado judeu no Oriente Médio, com quaisquer fronteiras, isso é

Enquanto falávamos para um público na lotada sala de conferências, alguns poucos manifestantes anti-Israel gritavam do lado de fora e resistiram a todo convite feito para que dialogassem conosco.

deslegitimação; isso é antissemitismo. O verdadeiro objetivo de muitas das figuras-chave do movimento BDS é a destruição de Israel.

De fato, seu cofundador e líder Omar Barghouti afirmou inequivocamente: "Definitivamente, definitivamente nos opomos a um Estado judeu em qualquer parte da Palestina". Quantas vezes eles devem dizer isso até que os intelectuais acreditem?

Atualmente, muitos autoproclamados progressistas se sentem confortáveis escondidos atrás de títulos que soam nobres como *Students for Justice in Palestine* (Estudantes pela Justiça na Palestina) – uma denominação com implicações genocidas enquanto tantos fundadores e membros desse movimento equipararem um resultado justo à destruição de Israel.

Confesso que me arrepio quando ouço isso. Também quero justiça na Palestina. Porém, venho de um mundo onde tanto os czares quanto os comunistas mascararam seus piores crimes contra os judeus com palavras nobres, clamando por justiça ou, outro termo favorito dos soviéticos e palestinos, solidariedade. De fato, ao longo da história judaica, muitas expulsões de judeus de diferentes partes da Europa foram racionalizadas pela suposta necessidade premente de justiça para essas populações locais.

AS CONTROVÉRSIAS EM TORNO DE TRUMP SEPARARAM AINDA MAIS OS JUDEUS AMERICANOS E OS ISRAELENSES

O surgimento de Donald Trump na cena política ampliou ainda mais a disparidade entre a opinião popular em Israel, preocupada com a segurança, e o bulevar judaico liberal do *The New York Times*. Desde o lançamento de sua candidatura, a vulgaridade, a tendência de provocar dissensão, o materialismo, o egoísmo e a demagogia de Trump repugnavam a grande maioria dos judeus, mesmo aqueles cansados do politicamente correto que ele tão habilmente atacou. No início, a maior parte dos republicanos que eu conhecia aderiu aos democratas em oposição a ele. Sua linguagem era grosseira demais, ele zombava de palavras como "presidencial", "patriótico" e "digno". Atacou mulheres, pessoas com deficiência, imigrantes e muçulmanos. Atacou heróis como meu camarada de luta, o senador John

McCain, por ter sido "capturado" e aprisionado pelos norte-vietnamitas. Tal retórica desencadeou uma reação de horror em todos os cantos da terra.

"Você acha que Trump é antissemita?", perguntei a um influente republicano de Manhattan, que continuava a apoiar o Partido Republicano ao mesmo tempo que resistia a Trump. "Claro que não", respondeu ele, tecendo uma observação acerca das relações estreitas de Trump com judeus, incluindo sua própria filha Ivanka. "Entretanto, todos os antissemitas votarão nele. A retórica, o tom e as palhaçadas dele os legitimam."

Quando Trump assumiu a presidência, tudo ficou mais confuso. Assim como muitos judeus americanos desgostavam tanto de George W. Bush a ponto de não valorizar seu crescente apoio a Israel contra os terroristas palestinos, a maioria dos judeus americanos não suportava Trump, não importa o que ele fizesse. Trump, no entanto, começou a praticar ações que a maioria dos israelenses via como bom senso e que outros presidentes não haviam feito.

Quando Trump entrou na Casa Branca, o Plano de Ação Conjunto Global, o acordo nuclear com o Irã, era um fato consumado. Recusando-se a ceder, Netanyahu continuou a fazer campanha contra ele. A maioria dos líderes e dos especialistas internacionais, inclusive aqueles que originalmente se opuseram, aconselharam Bibi a seguir em frente, parar de reclamar e aceitar a realidade.

Então, em maio de 2018, Trump recuou do acordo, desencadeando rodadas de previsões apocalípticas. O debate sobre a estratégia americana para o Irã continuará por anos, talvez décadas. Mas nós em Israel pudemos ver os resultados positivos dentro de semanas. Um Irã isolado e em guerra tinha menos dinheiro para bancar malefícios em todo o Oriente Médio. "As sanções de Trump sobre o Irã estão atingindo o Hezbollah e isso dói", proclamava uma manchete do *Washington Post* em maio de 2019. O líder do Hezbollah, Hassan Nasrallah, sentiu-se compelido a fazer um discurso de arrecadação de fundos no mês março, solicitando uma "*jihad* de dinheiro".

Da mesma forma, durante décadas, o mundo injetara bilhões de dólares nos bolsos dos líderes palestinos, por mais vil que fosse sua retórica ou violentas suas ações. Trump disse: "Basta". Ele deu um passo tão óbvio que você tinha que ser alguém de fora do mundo diplomático como ele para ver sua lógica: ele condicionou a ajuda adicional à boa vontade da Autoridade Palestina de negociar.

Trump pontuou suas mudanças estratégicas com três gestos simbólicos ousados. Desde o programa político democrata de George McGovern em 1972, democratas e republicanos têm endossado a mudança da embaixada dos Estados Unidos para Jerusalém, respeitando a escolha de Israel de designar aquela cidade como sua capital. Bill Clinton assinou uma legislação bipartidária prometendo fazê-lo, depois continuou adiando a decisão. Em 2017, presidentes de ambos os partidos haviam quebrado a promessa tantas vezes que ela se tornara uma farsa. Então, Donald Trump realmente a cumpriu. Além disso, desde o início da guerra civil síria, a maioria dos israelenses e partidários de Israel deram suspiros de alívio por Israel ter mantido as colinas do Golã. Trump finalmente reconheceu o domínio israelense ali.

Finalmente, em novembro de 2019, o secretário de Estado de Trump, Mike Pompeo, divulgou um comunicado declarando que os assentamentos eram legais. Foi como se tirasse uma nuvem negra de cima de nós. Desde o governo Carter, nossos amigos mais próximos, os americanos, haviam se juntado ao mundo para nos culpar de viver ilegalmente em nossa pátria histórica. Muitos israelenses que buscam a solução de dois Estados ficaram aliviados porque os Estados Unidos não estavam invalidando nossos direitos históricos sobre a terra que eles estavam dispostos a ceder em troca de paz.

Essas ações culminaram com o plano de paz de Trump, lançado em janeiro de 2020. Ironicamente, apesar de demonstrar pouco interesse em promover direitos humanos ou valores democráticos, Trump propôs um "acordo do século", que continha elementos que, se implementados de forma ampla, teriam revertido os cálculos equivocados antidemocráticos de Oslo. Resistindo à tentação habitual de criar um Estado palestino instantaneamente, o plano propunha um período de transição de quatro anos para a desintoxicação econômica, social e política palestina, apoiado por US$ 50 bilhões.

Por certo, eu gostaria que um presidente menos polarizador tivesse feito essas mudanças. E sigo preocupado com o abandono dos curdos por Trump, com sua passividade diante da contínua tomada de poder de Vladimir Putin no Oriente Médio. Mas a pergunta que a maioria dos não americanos faz sobre o presidente americano é "Como é que você tem me ajudado ultimamente?" – então os israelenses apreciam qualquer ajuda de Trump.

Uma vez que a maior parte dos israelenses se sentia tão grata a Trump, o governo israelense relutava em criticá-lo, mesmo quando ele agia de forma insensível em relação aos judeus. Em agosto de 2017, neonazistas e racistas do sul marcharam em Charlottesville, Virgínia. Um fanático de direita atropelou uma jovem contramanifestante, matando-a. Os fanáticos gritavam muitos *slogans* desagradáveis, entre eles, "os judeus não nos substituirão". Muitos judeus americanos temiam que seus piores pesadelos se tornassem realidade quando as feras da intolerância soltas por Trump contra mulheres, muçulmanos e imigrantes visassem também os judeus. Isso é o que a interseccionalidade realmente deveria destacar.

Em vez de dar aos Estados Unidos a liderança moral de que necessitava naquele momento, Trump primeiro murmurou: "Há culpa em ambos os lados" e "eram pessoas muito boas, de ambos os lados". Posteriormente, tentou voltar atrás em seus comentários. Seus partidários afirmam que ele estava apenas falando sobre os dois lados da controvérsia da retirada de monumentos em homenagem a confederados. Contudo, foi um momento sensível, e as palavras de Trump foram as palavras erradas no lugar errado na hora errada, encorajando as pessoas erradas enquanto desmoralizava as pessoas erradas.

A confusão moral de Trump na sequência de Charlottesville foi a gota d'água para muitos judeus americanos. Eles rejeitaram o tom de Trump, seus adeptos e suas mensagens políticas empregando linguagem em código, que sutilmente incitaram os que odiavam os judeus. Os liberais associaram Trump à extrema-direita hipernacionalista, que empurrava a identidade ao extremo, muitas vezes visando e demonizando os judeus com tendências de esquerda.

Na Europa e na América do Norte, os ultranacionalistas se definem construindo muros em torno de suas identidades exclusivas. Para além de quaisquer conflitos locais com judeus liberais que tivessem surgido de país em país, esses ativistas de extrema direita gostam de mirar no antigo bode expiatório favorito da Europa por ser estrangeiro e indesejável, o judeu. É por isso que os supremacistas brancos e membros da Ku Klux

Kan marcharam com tanta raiva contra os judeus, bem como contra os negros, em Charlottesville. E é por isso que os fanáticos da direita alternativa e pró-Trump bombardearam pelo menos 800 jornalistas, judeus e não judeus, com milhares de tuítes antissemitas por ousar criticar seu candidato favorito durante a campanha em 2016. Depois que Julia Ioffe escreveu um artigo sobre Melania Trump, o site *Daily Stormer* a atacou, dizendo que a articulista era uma "judia russa suja" e ela recebeu tuítes como este: "O que está fazendo, *kike*? Você com certeza dará um lindo abajur". Ben Shapiro, à época um "Never Trumper" de direita, foi chamado de "*Kike* Shapiro, Assassino de Cristo", e recebeu ameaças, quando seu segundo filho nasceu, de que toda a família seria jogada em uma câmara de gás.

Em meio a toda essa confusão e raiva depois de Charlottesville, o mundo judaico e o mundo em geral precisavam de liderança. Como líder do Estado judeu, Benjamin Netanyahu deveria ter condenado imediatamente o vacilo moral de Trump diante dos neonazistas de Charlottesville.

Liguei para o porta-voz de Bibi depois de 48 horas. "Você não se dá conta de quão problemático é esse silêncio?", eu disse.

"Espere mais 24 horas", ele me aconselhou.

Finalmente, depois de três dias, Netanyahu tuitou uma declaração genérica, dizendo: "Indignado com expressões de antissemitismo, neonazismo e racismo. Todos devem se opor a esse ódio". Claramente, Bibi não queria enfurecer Donald Trump, por ele rotulado de "o melhor amigo de Israel de todos os tempos".

Embora muitos israelenses não tivessem coragem para criticar Trump, a maioria dos judeus americanos não conseguia agradecer-lhe. A "resistência" repudiava quase tudo o que Trump fazia ou dizia. Mesmo quando ele reconheceu Jerusalém como a capital de Israel, muitos judeus americanos liberais o repreenderam por uma ação que eles mesmos exigiam há décadas.

O rabino Rick Jacobs, líder da Union for Reform Judaism, disse ao *The New York Times* que a ação fora "inoportuna", explicando: "Estamos muito preocupados com que o anúncio vá atrasar ou minar a muito, muito importante retomada de um sério processo de paz". Debra DeLee, presidente do Americans for Peace Now, disse: "Trump está causando graves danos às perspectivas de paz no Oriente Médio, colocando vidas em risco e degradando a liderança dos EUA".

Muitos israelenses se perguntam como o ódio por um presidente de mandato limitado poderia superar o amor eterno dos judeus por Jerusalém. Quando um repórter da rádio me perguntou, ao vivo, o que eu, sendo amigo do movimento reformista, pensava da declaração de Rick, eu a chamei de "horrível". "Para eles, tudo o que Trump faz é ruim. Quando o líder de uma superpotência reconhece Jerusalém, primeiro você deveria acolher o gesto em geral, então, se desejar, expressar desacordo sobre as nuances".

Eu me arrependi especialmente da troca de palavras com Rick. Ao longo das negociações sobre o Kótel ele, como uma pessoa de mente aberta, continuou procurando um meio-termo. Testemunhei, frequentemente, sua profunda dedicação a Israel e ao povo judeu. Ele se deleitava nas pequenas coisas que fazem Israel ser Israel, e nas grandes ideias que criaram o Estado. É verdade que quando se tratava da política israelense, ele geralmente se posicionava e marchava com organizações bem à esquerda de mim. Mas, como eu sempre disse aos nossos jovens educadores da Agência Judaica, "precisamos de mais sionistas patrióticos na esquerda e de mais liberais de direitos humanos na direita".

Rick também é um homem de impressionante integridade intelectual. Com frequência, eu o ouvi falar com franqueza sobre os problemas que seu movimento reformista enfrenta. Afirmando que "o primeiro passo" na cura "é falar a verdade", ele exortou seus colegas a "admitir a dolorosa verdade de que, na maioria de nossas congregações, estamos falhando completamente! Quando chegam ao último ano do ensino médio, 80% de nossos adolescentes reformistas desistiram da vida judaica". Tal coragem autocrítica, lamento dizer, é rara entre líderes judeus.

Rick me telefonou naquela tarde. Ele me instou a considerar sua declaração sobre Jerusalém no contexto. Desde seu comentário inicial, ele havia falado mais positivamente sobre o gesto. Três dias após o anúncio de Trump, Rick fez um sermão profundamente sionista na convenção do movimento reformista, descrevendo "nosso amor por Jerusalém" como "uma poderosa dinâmica em nossa vida comunitária e individual". Havia mais nuances em sua crítica, e ele afirmou que suas dúvidas "nunca, nunca eram sobre o conceito" de reconhecer Jerusalém como capital de Israel, "mas sobre o momento dessas ações".

Mesmo assim, eu disse a ele: "No entanto, todas as suas outras belas declarações não foram citadas no *The New York Times*". Eu estava pensando sobre o registro histórico. George Marshall, secretário de Estado em 1948, tentou impedir o presidente Harry Truman de reconhecer Israel porque essa declaração também seria dada num "momento ruim".

"Você tem que se certificar", eu o aconselhei, "de que, quando eles escreverem a história judaica americana de hoje, não digam que o movimento reformista se opôs ao reconhecimento de Jerusalém como a legítima capital de Israel, repetindo o argumento de Marshall sobre 'momento ruim'".

Eu falava da história americana, mas estava preocupado com questões políticas israelenses mais urgentes. De fato, meia hora depois de conversar com Rick, alguém do gabinete do primeiro-ministro ligou, dizendo: "Veja só! Essas são as pessoas pelas quais você queria que sabotássemos a coalizão!".

Os judeus americanos reclamaram: vocês, israelenses, insultaram nosso ex-presidente, a quem amamos. Agora vocês amam nosso atual presidente, a quem odiamos. Os israelenses rebateram: vocês, judeus americanos, amavam seu ex-presidente, que nos ameaçou. Agora, vocês odeiam seu atual presidente, que nos protege.

Os judeus americanos estavam enfatizando seus princípios judaicos isaianos, mais universalistas e liberais. Estavam defendendo sua visão de *tikun olam* contra um presidente que consideravam uma ameaça aos seus mais caros princípios. Os israelenses estavam enfatizando princípios davídicos, mais orientados à segurança e ao patriotismo. Defendiam sua visão de sionismo contra inimigos que ameaçavam suas vidas e seu Estado.

A ASCENSÃO DO NOVO NACIONALISMO

Os dilemas de Trump que atormentam Israel e os judeus americanos – criticar ou não criticar, agradecer ou não agradecer – enquadram-se num fenômeno global maior. Em muitos países, o ataque pós-moderno à identidade desencadeou uma inevitável contrarreação nacionalista, que tentava restaurar um senso de orgulho nacional. A velha expressão "uma faca afia a outra" está ganhando vida. Um extremo – negar o orgulho nacional como inimigo do liberalismo – continua colidindo com seu oposto – negar o liberalismo como inimigo do orgulho nacional.

Os pós-modernistas empurraram as nobres ideias de paz e universalismo a tal extremo que negaram as identidades tradicionais. Da mesma forma, os nacionalistas começaram com um desejo igualmente legítimo de proteger a identidade e sentir orgulho de seu povo e conforto em sua comunidade. Para os extremistas, no entanto, o nacionalismo pode facilmente substituir abordagens liberais essenciais, ideias e proteção a outrem.

A insistência de Israel em ser um Estado democrático com forte identidade nacional é o que o torna tão impopular entre os pós-modernistas. Mas aquele orgulho nacional é exatamente o que muitos novos partidos nacionalistas acham tão atraente sobre Israel. Nesse fogo cruzado, a política muitas vezes ficou confusa para os judeus. Embora um número crescente de liberais iliberais nem mesmo queria falar conosco, alguns ultranacionalistas desonestos pareciam obcecados em nos abraçar.

O líder da direita alternativa, Richard Spencer, sente prazer em turvar as linhas e difamar o sionismo, parecendo elogiá-lo. Além de impingir sua visão do nacionalismo branco, Spencer emergiu como um dos mais proeminentes amantes de Israel que odeiam os judeus. Enquanto flerta com o imaginário nazista e com os neonazistas, Spencer se autodenomina um "sionista branco", ridicularizando o Israel liberal-democrático como um modelo de seu ultra-etno-nacionalismo excludente.

Logo após a eleição de Trump em 2016, Spencer visitou a Texas A&M University. Ali, um rabino o desafiou a estudar a "radical inclusão" e o amor do judaísmo.

Spencer respondeu: "Você realmente quer inclusão radical no Estado de Israel?". Ele alegou que "os judeus existem precisamente porque você não se assimilou aos gentios [...] quero que meu povo tenha o mesmo senso de si próprio".

O rabino sentou-se, surpreso e intimidado.

Nacionalistas brancos buscando legitimidade e esquerdistas antissionistas procurando deslegitimar o sionismo insistem que o silêncio do rabino provou que Spencer estava certo e expôs o sionismo como iliberal e supremacista branco. Na verdade, o silêncio do rabino refletiu como era difícil manter o equilíbrio nessa era de extremos. Mas caminhe por qualquer rua em Israel e você verá a inclusão radical em ação. Há judeus de todas as cores, unidos por histórias, valores e crenças comuns. O senador nova-iorquino Daniel Patrick Moynihan, que cumpriu quatro mandatos, gostava de dizer que, devido ao fato de os judeus serem um povo raro ligado a uma religião e, ao se converter religiosamente você se junta ao povo judeu, o sionismo era a forma de nacionalismo menos baseado em raça e mais biologicamente diversificada.

O coquetel identitário de etnia, religião e geografia do sionismo é uma das inúmeras misturas válidas subjacentes às democracias modernas. Porém, é muito mais difícil nos dias de hoje defender seu equilíbrio entre liberalismo e nacionalismo no debate ou na vida real; muitos preferem se voltar para o liberalismo ou para o nacionalismo.

Os seres humanos são tribais. Distinção nem sempre é discriminação. Uma comunidade precisa de delimitações para ser uma comunidade, caso contrário não há nada em comum que a contenha e a diferencie das demais. Nesse aspecto, Spencer estava certo: os judeus sobreviveram por milênios por terem delimitações preservando nosso povo. Contudo, nosso nacionalismo acompanha nosso liberalismo e nosso liberalismo acompanha o nosso nacionalismo. Tire um ou outro e você não terá sionismo. A Declaração de Independência de Israel deixa clara a dualidade.

Em novembro de 2019, uma fita de áudio vazada captou Spencer gritando sobre os "pequenos *kikes* f.d.p. Eles são governados por mim" e os "pequenos octoruns f.d.p.", uma calúnia repugnante contra os afro-americanos. Não fiquei surpreso. Spencer não via contradição entre amar o que ele decidira que fosse o nacionalismo de Israel e odiar o liberalismo dos judeus americanos.

Tais desafios continuam a surgir em todo o Ocidente. Há duas décadas, a Frente Nacional, partido de Jean-Marie Le Pen na França, representou a rara voz ultranacionalista capaz de ganhar qualquer poder na Europa pós-Hitler. O partido – agora renomeado Rassemblement National

(Reagrupamento Nacional) e liderado pela filha de Le Pen, Marine – não apenas se tornou forte o suficiente para forçar um segundo turno nas eleições presidenciais em 2017, como foi acompanhado por mais de uma dúzia de partidos populistas nacionais novos ou renovados em toda a Europa. Nas eleições de 2019 para o Parlamento Europeu, a ala da direita ou os partidos nacionalistas da Itália, França, Polônia e Hungria ganharam a maioria, em busca de uma "Europa das pátrias".

Muitos dos novos partidos nacionalistas frequentemente rejeitam o liberalismo pós-moderno que muitas comunidades judaicas da diáspora abraçam, enquanto alguns de seus adeptos são grosseiramente antissemitas. Heinz-Christian Strache tornou-se vice-chanceler da Áustria em 2017, impulsionado por uma rede de fraternidades antissemitas que traficavam estereótipos antijudaicos. As fraternidades ganharam força entre centenas de milhares de austríacos ao descreverem seus pais e avós como vítimas de Hitler, não seus colaboradores. Na Hungria, enormes *outdoors* atacavam o controverso filantropo liberal George Soros, enfatizando seu suposto nariz e queixo de "aspecto judeu". Uma campanha de intimidação e descrédito alertava sobre os judeus e seu controle financeiro, e as críticas tornaram-se antissemitas.

Ao mesmo tempo, esses partidos valorizavam o nacionalismo implacável de Israel. Enquanto muitos europeus progressistas lideravam o ataque a Israel, os governos nacionalistas da Hungria e da Áustria juntaram-se à luta contra o antissionismo nas Nações Unidas e em outros lugares.

Observando o governo israelense fazer amizade com esses nacionalistas europeus, muitos judeus liberais reagiram com raiva: "Como Israel ousa apoiar esses partidos antissemitas! Ser pró-Israel não é desculpa para ser antijudeu!".

Assisti a algumas das discussões do Gabinete e do Knesset lutando com esses dilemas. Alguns ministros insistiram que, em nosso mundo hostil, Israel não podia se dar ao luxo de alienar esses governos amigos. Esses pragmatistas insistiam que os conflitos reais nesses países eram escaramuças locais: conservadores lutando contra liberais, não ultranacionalistas visando judeus. Sugerindo que o governo ignorasse a política local, eles questionaram: "Por que deveríamos sacrificar os interesses nacionais de Israel pelo fato de o debate político entre esquerda e direita na Hungria, na Áustria ou em qualquer outro lugar ter se tornado tóxico?".

Apontando para a infame campanha de pôsteres do partido governante húngaro contra Soros, respondi: "Acredito que George Soros não é amigo de Israel, expressando as coisas de forma delicada. Ele proclama orgulhosamente que não é um sionista. Mas quando os húngaros deixam de atacar seus pontos de vista para atacar seu nariz, isso é um ataque aos judeus".

Então, apelando para os ministros, eu disse: "Todos nós esperamos precisamente que os judeus liberais não sejam enganados por aqueles que afirmam amar os judeus, mas odeiam Israel, como Linda Sarsour. Da mesma forma, é justo que os judeus liberais esperem que o governo israelense não seja enganado por aqueles que dizem amar Israel, mas odeiam os judeus".

Quando o novo antissemitismo começou a crescer há quase duas décadas, desenvolvemos os três Ds para distinguir críticas válidas a Israel dos ataques antissemitas. Agora, com novos partidos ultranacionalistas lutando contra os liberais, precisamos de critérios adaptados também à direita. Precisamos ver quando os críticos cruzam a linha entre ataques legítimos ou tóxicos sobre seus oponentes políticos, alguns dos quais são judeus, e ódio aos judeus.

Percebendo os tiques recorrentes daquele lado do espectro, proponho três critérios possíveis: Eles negam o Holocausto ou o usam contra nós? Tentam proibir a *Halachá*, práticas legais judaicas, como a circuncisão ou o abate ritual? E, de maneira mais geral, em suas lutas políticas fazem uso de algum dos preconceitos históricos contra os judeus? Ao criticar um judeu, uma ação israelense, os judeus ou todo o Israel, eles ressuscitam algum dos libelos históricos que nos atormentam há séculos, especialmente alegações de que os judeus são gananciosos, que buscam hegemonia financeira ou política, tentam controlar o mundo, são culpados de dupla lealdade, mentem, trapaceiam ou têm nariz grande, queixo pontiagudo e olhos redondos? Gil Troy propõe chamar tais critérios de os quatro Hs: **H**olocausto, *Halachá*, **H**egemonia e Difamações **H**istóricas.

É deprimente ver tantos judeus se deixarem enganar pelos conhecidos truques antissemitas: "Eu amo os judeus; só critico Israel" ou "Eu amo Israel; sou apenas crítico daqueles judeus cosmopolitas". No entanto, temos experiência suficiente para ver como o veneno flui de uma plataforma poluída para outra. Veja os islamistas na França ou o Labour (Partido Trabalhista) na Inglaterra. Ali, o antissionismo e o antissemitismo se confundem.

Então olhe para aqueles que odeiam judeus como David Duke, da Ku Klux Klan, com seus discursos sobre o "ZOG" – Zionist Occupation Government, alegando que o governo dos Estados Unidos é secretamente controlado pelos sionistas judeus, enquanto o governo oficial é apenas um regime fantoche. Esse supremacista branco de direita acabou parabenizando uma mulher negra da esquerda, Ilhan Omar, a congressista conhecida pelas infames frases: "tudo tem a ver com os Benjamins" e a "lealdade a um país estrangeiro". Duke a saudou como alguém que odeia Israel e, portanto, que odeia os judeus. Duke e os membros da Ku Klux Klan de extrema direita, bem como o atirador enlouquecido que abriu fogo contra a sinagoga Chabad de Poway perto de San Diego, provam mais uma vez: aqueles que começam odiando os judeus, acabam odiando Israel.

NOSSA NECESSIDADE PREMENTE DE UNIÃO CONTRA O ANTISSEMITISMO

Muitos de nós ficamos bastante felizes em atacar o antissemitismo de nossos oponentes políticos, enquanto o ignoramos entre nossos aliados. Ouvi ministros israelenses e alguns líderes das principais organizações judaicas americanas zombarem dos antissemitas de direita como "lobos solitários" que não têm o alcance dos ativistas da esquerda do BDS. Ouvi liberais e líderes de outras grandes organizações judaicas descartar o antissemitismo de esquerda como um fenômeno marginal de pessoas mentalmente desequilibradas ou de alguns poucos críticos exagerados de Israel.

Quando Bari Weiss, colunista do *The New York Times*, condenou igualmente o antissemitismo da esquerda, da direita e dos islamistas, muitos valentões do Twitter zombaram de sua suposta equivalência moral.

Uma crítica no *Slate* chamou seu livro *How to Fight Anti-Semitism* (Como combater o antissemitismo) de "um exercício bizarro e desmedido de retórica de falso equilíbrio, no qual ela argumenta que os judeus americanos deveriam estar tão exageradamente preocupados com os estudantes universitários que criticam Israel quanto com os aspirantes a *Einsatzgruppen* que atiram em *shuls*".*

Judeus partidários e grandes organizações de mídia não resistiram a essa triagem tola entre antissemitas supostamente benignos (seus aliados) e antissemitas reais e malignos (seus rivais). Em dezembro de 2019, a popular colunista conservadora Caroline Glick argumentou que "ao passo que supremacistas brancos são órfãos políticos", porque "os antissemitas progressistas, islâmicos e negros" se tornaram atores poderosos no Partido Democrata e se reúnem" nos campi das universidades, eles "representam a maior ameaça à vida judaica nos Estados Unidos".

Em contraste, e com a mesma previsibilidade, o jornal *The New York Times*, de tendência esquerdista, publicou um editorial naquele mês, afirmando que "a maior ameaça aos judeus americanos vai além de estudantes universitários que brigam sobre a política israelense: o antissemitismo violento está sendo fomentado mais significativamente por nacionalistas brancos e pela extrema direita".

Essas minimizações de importância – incluindo uma manchete no *Forward* afirmando que "o antissemitismo da direita é a única ameaça real aos judeus" – ignoraram muitos fatos inconvenientes. Primeiro, essa mesma edição do *Forward* de 6 de novembro de 2019, abordou as expressões mais frequentes de violência antissemita nos Estados Unidos. Elas não se originavam de pessoas que nutriam ódio pelos judeus e pertenciam à extrema direita ou de adeptos de esquerda do BDS, mas de arruaceiros que, no dia anterior, haviam agredido e perseguido alguns "judeus ortodoxos do Brooklyn" em uma "série de ataques noturnos". A denúncia desses ataques não favoreceu os interesses de nenhuma facção judaica. Na verdade, uma proeminente rabina radical, Jill Jacobs, tuitou: "Os terríveis ataques contra judeus ortodoxos no Brooklyn & em outros lugares provavelmente se

---

* N. T.: Em iídiche, "sinagogas".

relacionam a tensões de longa data & não se inserem facilmente na categoria esquerda/direita. Não se comparam aos nacionalistas brancos cujas crenças são baseadas no antissemitismo".

Em 240 caracteres, Jacobs culpou as vítimas, usando palavras-código que insinuavam que os judeus ortodoxos estavam gerando "tensões", ela parecia frustrada por esses crimes não se encaixarem em seu paradigma esquerda-direita e concluiu afirmando que a ameaça real, o único verdadeiro antissemitismo com o qual vale a pena se preocupar era o de "nacionalistas brancos". Por conseguinte, muitos judeus americanos minimizaram esses crimes de rua, até dezembro de 2019, quando os assassinatos em um supermercado *casher* de Jersey City e os esfaqueamentos de judeus que celebravam a festa de Hanuká em Monsey, Nova York, chamaram atenção para o problema do ódio aos judeus entre alguns afro-americanos.

Enquanto o antissemitismo de direita estimula neonazistas que poderiam matar, o antissemitismo de esquerda encoraja terroristas palestinos que matam israelenses com muito mais frequência. Mas, novamente, cuidado, porque mesmo apontar esses fatos de alguma forma legitima esse debate ridículo. Em vez disso, deveríamos ter tolerância zero para todas as formas de fanatismo contra todos, independentemente do alvo ou da fonte.

Ódio é ódio. Desprezo essa nova disputa insultuosa, perturbadora e míope sobre qual é pior, o antissemitismo de esquerda ou o antissemitismo de direita. Não consigo pensar em um debate mais intelectualmente desprovido de sentido, moralmente superficial e inútil nos dias atuais. Ninguém se importa que o vergonhoso produtor de Hollywood Harvey Weinstein tenha apoiado causas liberais; seu sexismo era literal e suficientemente criminoso. Ninguém pergunta se um racista é de direita ou de esquerda; se você maltrata ou pré-julga os negros, você é racista, ponto-final.

Nos pântanos do ódio, a lama não muda de cor, não é de um vermelho republicano nem de um azul democrata. A indignação seletiva enfraquece a justiça da indignação, encorajando os que nutrem sentimentos de ódio. De perto, quando você vivencia o ódio aos judeus, ele parece e é sentido do mesmo modo, independentemente do histórico ou da afiliação dos que odeiam.

Considere estes recentes incidentes de ódio aos judeus. Foi alguém da esquerda ou da direita que tuitou a doentia charada, perguntando: "Qual é a diferença entre um judeu e uma pizza? A pizza sai do forno". Quem foi culpado de abusar de um jovem político judeu na Califórnia com gritos de "Acenda o forno?". Quem photoshopou o rosto de um jornalista judeu no corpo de um prisioneiro de Auschwitz? Quem fez uma capa de álbum simulada, com as palavras "Bota fogo nos judeus", com uma imagem distorcida da cantora Adele como "Adelef Hitler"? Quem arrancou o solidéu da cabeça de um garoto de 14 anos no Brooklyn? O primeiro tuíte era de um apoiador de esquerda do BDS. O segundo valentão on-line era um neonazista. O terceiro era um fanático adepto de Trump da extrema direita. O quarto era um ativista do *Students for Justice in Palestine*. E o quinto era apenas um arruaceiro.

Entendo a atração. A luta da direita contra a esquerda e da esquerda contra a direita confirma nossa visão de mundo moldada pela mídia. Os partidários se sentem virtuosos, tendo marcado seus pontos ideológicos. O antissemitismo de direita parece mais ameaçador para os liberais, porque ameaça sua estratégia de sobrevivência universalista. Da mesma forma, o antissemitismo antissionista de esquerda visa particularmente os israelenses, enquanto ameaça a estratégia de sobrevivência mais nacionalista do sionismo.

Toda essa seletividade, escolhendo inimigos convenientes e desculpando aliados incômodos, é como combater um incêndio de óleo quente com água. O fogo se alastra e o vapor dispara. Você falha em fazer a diferença enquanto politiza algo sagrado. Quando os conservadores atacam os progressistas, ou os liberais atacam governos aos quais já se opõem, eles se sentem bem com os pontos políticos que marcam, mas não têm grande impacto. Os progressistas devem combater o antissemitismo no Black Lives Matter que vincula artificialmente Gaza a Ferguson; os aliados de Donald Trump têm que lutar contra o ódio aos judeus na direita alternativa que levou a Charlottesville.

Quando os partidários de uma causa têm a coragem de lutar a partir de dentro, os resultados são impressionantes. "Fico feliz em debater a política do Oriente Médio ou ouvir críticas às políticas israelenses. Mas por que a crítica a Israel deveria ser importante para o feminismo em 2017?", questionou a escritora *millennial* Emily Shire. Quando ela afirmou, em um artigo de opinião no *The New York Times*: "Não vejo razão para ter que sacrificar meu sionismo pelo bem do meu feminismo", muitas feministas silenciadas aplaudiram.

Em 2019, a hostilidade contra os judeus entre algumas líderes da Marcha das Mulheres realizada em março tornou-se flagrante demais para que fosse ignorada, especialmente quando vários de seus líderes apoiavam Louis Farrakhan, um antissemita crasso que compara judeus a cupins. De forma mais notável, a atriz Alyssa Milano, uma das fundadoras do movimento #MeToo e participante da série *Melrose Place*, juntou-se à estrela de *Will & Grace*, Debra Messing, no boicote à Marcha das Mulheres de 2019. Para essas duas atrizes anti-Trump, as líderes da marcha eram tolerantes demais com um antissemitismo apenas ocasionalmente oculto por trás do antissionismo. Milano declarou: "Toda vez que houver qualquer fanatismo ou antissemitismo, ele deve ser desafiado e enfrentado. Estou decepcionada com a liderança da Marcha das Mulheres, que não agiu de forma apropriada". Mais uma vez, muitos se seguiram.

Do mesmo modo, a luta contra os boicotes no *campus* tem sido muito mais eficaz quando as forças pró-Israel da esquerda e da direita se unem, e progressistas pró-Israel podem falar com sinceridade, não com cinismo, sobre não se sentirem seguros e serem alterizados.

No nível governamental, o primeiro-ministro Netanyahu também reagiu com demasiada hesitação ao antissemitismo húngaro. Porém, no final, Bibi explicou ao primeiro-ministro Viktor Orbán por que aquelas caricaturas de George Soros eram perturbadoramente antijudaicas. Quando conheci o presidente da Hungria, János Áder, em uma viagem da Agência Judaica em 2018 a Budapeste, ele me disse: "Respeitamos o primeiro-ministro Netanyahu e o Estado de Israel. Quando o primeiro-ministro explicou que parte da retórica na Hungria hoje o irritava, levamos suas preocupações muito a sério."

É verdade que a retórica anti-imigração de Orbán continuou, e a maioria dos judeus húngaros continuou cautelosa em relação a ele e ao seu partido. Entretanto, ele impediu posteriormente tais caricaturas evidentemente antissemitas e denunciou a colaboração da Hungria com os nazistas durante a Segunda Guerra Mundial como um "erro" e um "pecado".

Judeus liberais na Hungria ajudaram a iniciar a luta contra as caricaturas de Soros e a abordagem ameaçadora, porém sutil, do partido Jobbik de Orbán aos judeus. Contudo, muitos políticos de direita ignoram facilmente as queixas da esquerda porque entre os liberais há poucos votos para os conservadores. Quando um aliado respeitado se pronuncia, isso é levado mais em conta.

NOSSA JORNADA COMUM ESTÁ EM PERIGO?

Já vivi muitas situações que deixaram claro: um diálogo mais saudável pode nos ajudar a lidar com nossas diferenças enquanto trabalhamos juntos. Um melhor trabalho em equipe teria nos ajudado a lidar com os judeus russos desistentes ou a imigração dos Falash Mura ou a crescente tensão entre judeus americanos e israelenses durante as brigas Obama-Netanyahu.

Mas, hoje, quando se trata de unir esforços contra todas as formas de antissemitismo, não estou apenas dizendo que é bom ter um diálogo ou que perdemos algumas oportunidades de resolver problemas com mais facilidade. Enfrentamos uma emergência nacional. O fato de que esse ódio renovado contra os judeus esteja agitando divisões partidárias entre nós, não criando ampla solidariedade, testa nossa própria vontade de prosseguir juntos nessa nossa jornada.

Em tantos momentos marcantes por todo o longo passado judaico de resistência ao ódio e ao trauma, o antissemitismo uniu os judeus. Quando as autoridades sírias sequestraram 63 crianças judias durante o Caso Damasco, quando o governo francês acusou e condenou Alfred Dreyfus por traição, quando a imprensa russa acusou Menahem Mendel Beilis de drenar o sangue de um menino cristão ucraniano, judeus de todos os matizes se reuniram, reconhecendo nosso inimigo comum. Nunca estivemos sozinhos porque eles nunca nos deixaram sozinhos. Entretanto, atualmente, quando o ódio aos judeus na esquerda e na direita se transforma em tendência, nossas afiliações partidárias muitas vezes nos cegam para as ameaças que se avizinham.

O antissemitismo tem sido muitas vezes o último vínculo que nos liga à nossa história. Foi a grande panela de pressão judaica que nos uniu, gostássemos ou não. Na minha infância soviética, minha identidade judaica era uma identidade morta. Como uma língua morta, existia no papel – na minha carteira de identidade – sem nenhuma utilidade prática. No entanto, ao ler os clássicos, cada menção de antissemitismo com que me deparei, do Shylock de William Shakespeare ao *O Judeu Süss*, de Lion Feuchtwanger, parecia uma mensagem em uma garrafa enviada diretamente para mim. Era mais um lembrete de que eu pertencia a esse povo antigo e ainda era alvo desse antigo ódio. Eu compreendia os sentimentos desses heróis no papel enquanto também me identificava com eles.

Agora, 60 anos mais tarde, se não pudermos sequer reconhecer o antissemitismo que visa a outra metade do nosso povo, em tempo real, neste exato momento, se nossas passageiras diferenças políticas de alguma forma acabam com milhares de anos de camaradagem e sinais de alarme instintivos, então nossa jornada comum, juntos, realmente está em risco.

O filósofo francês Jean-Paul Sartre afirmou em 1946: "Se o judeu não existisse, o antissemita o inventaria". O que ele disse é verdade se a sua identidade estiver morta, como aconteceu comigo na União Soviética. Ali, os antissemitas mantinham os judeus cientes da nossa judaicidade. Naquele vácuo, buscamos a solidariedade para que pudéssemos nos defender fisicamente, ao mesmo tempo que procurávamos desesperadamente nos assimilarmos com sucesso – tornando Sartre essencialmente correto.

No entanto, quando descobri Israel, a história e o povo judeus, fui muito além dessa atitude defensiva. Ao abraçar minha herança judaica, ressuscitei minha identidade. Uma identidade judaica construtiva é proativa, não reativa – não se trata apenas de sobrevivência física.

O judeu faz o judeu. Foi assim que encontrei minha extensa família judia. E foi assim que percebi qual é a verdadeira resposta ao antissemitismo. A melhor resposta ao ódio aos judeus não é fugir do judaísmo, mas ser judeu, de todas as maneiras possíveis. O diálogo com seu povo e a construção de parcerias com ele em uma jornada mútua transforma sua identidade de morta para viva.

A Agência Judaica tem um projeto chamado Partnership (Parceria). Começou em 1994 como Projeto P2K, crescendo até o ano de 2000. P2K tornou-se uma plataforma para muitas iniciativas transatlânticas, de pessoa para pessoa, de projetos práticos relacionados ao bem-estar social e à medicina, para seminários mais ideológicos sobre identidade judaica e o futuro do nosso povo. Agora é conhecido como a plataforma Partnership2Gether, ou simplesmente Partnership.

Quando liderei a Agência Judaica, percebi que não tínhamos parcerias com as comunidades na Rússia. Elas careciam da infraestrutura organizacional que facilitava a ligação entre Boston e Haifa, ou entre Montreal e Beer Sheva. É por isso que começamos o projeto de escolas gêmeas. Começamos por conectar três escolas judaicas na Rússia com três em Israel. Para nossa agradável surpresa, tornou-se o programa mais popular na parceria Israel-diáspora. Hoje, o Global School Twinning Network facilita mais de 720 interações de escola a escola, com 1.440 educadores envolvidos em programas de professor a professor, que abrangem 28 mil alunos, que compartilham regularmente seus pensamentos, esperanças e preocupações.

Esse pequeno projeto introduz os alunos no diálogo judaico. Há muitos outros programas, incluindo alguns novos sobre os quais sempre ouço falar em Jerusalém, que encorajam o diálogo entre israelenses ultraortodoxos e seculares. Esses esforços refletem grande sabedoria relacionada à união por meio do diálogo. A mensagem é clara: é melhor começar a construir esse senso de família estendida desde tenra idade.

IMAGINEM UM DIÁLOGO DE UM, UM DIÁLOGO DE NÓS

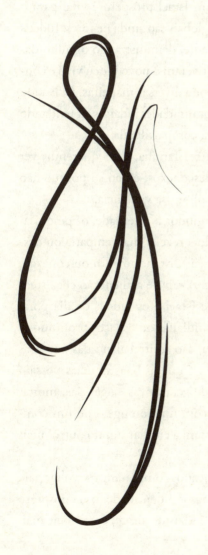

Em meio a tantas divergências sérias no atual ambiente partidário, estamos programados para ver fissuras e ignorar laços. Ainda em 25 de junho de 2017, quando Netanyahu travou o acordo referente ao Kótel e os jornais gritaram "ruptura" e "divórcio", as semelhanças que nos mantiveram juntos persistiram, juntamente com muitas outras novas e bem-vindas. Aquela noite decepcionante, quando o conselho de administração fervilhava com a traição de Bibi, Yoni, o filho de Gil Troy, atravessou a cidade para ir ao *shuk*, a feira-livre de Mahané Yehuda, em Jerusalém. Ele relatou, frustrado, que não conseguia encontrar um lugar desocupado para comprar uma bebida ou comer um lanche.

Por quê? Porque um número recorde de jovens judeus americanos estava visitando Israel naquele verão e construindo laços, principalmente graças ao Taglit-Birthright. A maioria deles descreveu Israel em uma palavra: "INCRÍVEL!". Além disso, apesar da justificada fúria de rabinos e intelectuais sobre a traição de Bibi quanto ao Muro das Lamentações, quando o *ámcha*, o povo – ou seja, a maioria dos participantes do programa Birthright, a maioria dos turistas judeus americanos –, visita o Kótel, ele o considera o destaque espiritual de sua viagem e, muitas vezes, de sua vida.

Adoramos nos concentrar nos extremistas mais barulhentos e raivosos que denunciam Israel. No entanto, pesquisa após pesquisa mostra que 75% dos judeus americanos concordam que um Israel próspero é vital para o futuro judaico. Os resultados israelenses e globais são ainda maiores. Judeus de todo o mundo visitam Israel regularmente, demonstrando orgulho das tradições, dos valores e das ideias que mantiveram o povo judeu vivo e contribuíram para a melhoria da humanidade de diversas maneiras. O Estado de Israel foi fundado para reunir todas as comunidades judaicas, convidando todos os judeus a participar desta aventura compartilhada.

É banal, porém verdadeiro: somos uma família. Não queremos ver o povo judeu se dividir em fragmentos desconexos, e não só porque não queremos que a história judaica termine sob nossa vigilância.

Então, estamos convergindo ou divergindo? Na verdade, os pesquisadores podem ajustar as perguntas de modo a revelar mais empatia ou desconfiança, mais tensão ou cordialidade, mais distanciamento ou conexão. Dois processos ocorrem simultaneamente. A raiva e a alienação coexistem com a cooperação e a comunicação entre Israel e os judeus da diáspora. Seria um erro subestimar as frustrações cotidianas ou os laços profundos.

As más notícias (sinais de divergência) são contrabalançadas por boas notícias (interdependência). Mas o perigo é que as boas notícias possam conter elementos das más: essa intimidade gera novas exigências, muitas vezes perturbadoras. Tal como acontece com um cônjuge – ou um companheiro de cela –, quanto mais vocês passam a confiar um no outro, mais intensamente examinam um ao outro.

Como vimos, quando os judeus americanos começaram a se voltar para Israel no intuito de resolver seus problemas de identidade, o menosprezo de Israel pelos ramos não ortodoxos do judaísmo de repente doeu mais profundamente e causou grande ressentimento. Paralelamente, como os israelenses continuaram a contar com os judeus americanos para ajudá-los na luta contra ameaças de boicote e sanções da ONU, as críticas dos judeus americanos às políticas de Israel tornaram-se mais contundentes e mais ressentidas pelos criticados. Assim, a nova interdependência aumenta os riscos emocionais e agrava irritações menores, especialmente quando mal administradas, causando grandes fissuras. Se a divergência levou as duas comunidades a que distanciassem cada vez mais uma da outra, em uma espiral de desconfiança – inclusive de medo, a um ponto sem volta –, uma convergência, totalmente bem-vinda em si, mas que opere em velocidade maior e num ritmo mais rápido do que no passado, aumenta seus próprios riscos de colisão e danos.

Esteja você otimista ou pessimista sobre o futuro comunitário judaico, uma coisa deve ficar clara: precisamos de um diálogo melhor, mais constante e substancial. No auge da crise do Kótel, em meio à confusão, raiva e frustração habituais naquela semana, em meio a todas as palavras duras e ofensivas que somos tão bons em acumular, Gil me perguntou quem era meu inimigo. Naquela semana, ele estava pensando em muitos suspeitos. Deixei escapar, instintivamente, a "arrogância". Essa noção, que provém de tantos pontos de batalha, de que sabemos mais do que você, que escolhemos um caminho melhor do que você para a sobrevivência judaica e, portanto, não precisamos mais de você, é venenosa, porém se difunde em todo o mundo judaico.

FORMULAR A NOÇÃO DE POVO JUDEU A PARTIR DE TRÊS PERSPECTIVAS

Cada vez mais, ouço uma pergunta que raramente ouvia antes. Judeus preocupados sobre Israel e a diáspora indagam: Porventura compartilhamos hoje um compromisso de ser um só povo, de continuarmos juntos nossa caminhada histórica?

Felizmente, não preciso confiar em estatísticas flexíveis ou teorias sofisticadas para sentir nosso poder de povo. Minha confiança em nosso futuro compartilhado deriva-se do fato de que, nesse momento da minha vida, tive a oportunidade de ver as relações entre o povo judeu sob três perspectivas: o *gulag* soviético, o governo israelense e a Agência Judaica. Meu antigo professor de desenho técnico estava certo – olhar a partir de três dimensões ajuda a captar a profundidade.

Quando se faz parte do governo israelense, você trabalha com políticos que pensam o tempo todo em servir a seu eleitorado. Isso, afinal, está na descrição do cargo e é o caminho, em uma democracia, para que todo político seja reeleito. No entanto, em Israel, esses mesmos políticos também investem muito tempo lidando com pessoas que não são cidadãos de seu país e não têm direito a voto: ou seja, os judeus da diáspora.

Nos últimos 20 anos, não obstante as queixas de que os israelenses não se importam, e em meio à grande pressão para cortar itens orçamentários desnecessários, os governos israelenses têm investido cada vez mais dinheiro no fortalecimento da identidade e das comunidades judaicas da diáspora. Além de subsidiar no exterior programas e projetos educacionais de vivência israelense, o governo atingiu um marco notável durante meu oitavo ano na Agência Judaica. Sua subvenção ofuscou as contribuições das Federações Norte-Americanas para tais programas pela primeira vez. Israel é agora o financiador mais generoso de projetos da Agência Judaica relacionados à diáspora, desafiando ainda mais os pessimistas.

Há um amplo consenso israelense aqui. Apesar das nossas diferenças, os membros de todos os partidos sionistas em Israel concordam que todos os judeus do mundo devem considerar Israel como seu lar. Isso faz com que lidar com os judeus da diáspora não seja apenas parte da incumbência de todo político, mas a preservação e a proteção do povo judeu são amplamente reconhecidas como a missão principal do Estado.

Enquanto eu presidia a Agência Judaica, quando observava as coisas sob a ótica da diáspora, percebi uma cola judaica interna que nos mantém unidos. Embora muitos judeus critiquem duramente Israel, a grande maioria sabe que precisa de Israel se quiser continuar a jornada judaica. Alguns se afastam. Porém a maioria, especialmente nos últimos 20 anos, reconheceu que, a menos que seja ultraortodoxa, Israel é o melhor meio para se conectar com suas raízes judaicas, construir sua identidade judaica e dar a seus netos uma chance de permanecerem judeus. Como sempre explico, a tradição judaica e Israel servem como os únicos freios funcionais contra a assimilação, e é mais eficaz fazer uso de ambos.

Finalmente, examinar as relações Israel-diáspora a partir de uma perspectiva mais ampla é reconfortante. As crises esclarecem tudo. Assim como todos nós lutamos pela liberdade judaica soviética, o povo judeu instintivamente se une quando Israel está em guerra. Judeus de todo o mundo colocam suas diferenças de lado, ignoram suas agendas pessoais e se mobilizam. De repente, somos todos de Odessa, somos todos de Jerusalém, e estávamos todos juntos sobre o Monte Sinai.

Pela minha experiência, a junção das três perspectivas – a preocupação permanente e o investimento crescente de Israel, o novo compromisso da diáspora para com a construção de identidade através de Israel, e nosso compromisso compartilhado com a jornada judaica – revela algo profundo. É verdade que às vezes parecemos um povo dividido por uma religião. E às vezes parecemos um povo dividido por um Estado. Mas permanecemos um só povo.

Apesar das brigas internas, a maioria dos judeus continua a se ver judeu – parte de um povo, preocupado em não se separar. Todas essas lutas, todos esses pontos de conflito Israel-diáspora são, portanto, sinais de alerta.

PARTICIPAR DO DIÁLOGO INTERJUDAICO

É óbvio que nem todos terão os tipos de experiências que eu e outros tivemos e que propiciarão as três perspectivas. Mas, se ficar preso demais a uma só perspectiva produz arrogância, como as pessoas podem ampliar suas visões de mundo? É aqui que acredito ser útil gritar e berrar por ajuda. Ironicamente, ao entrar em um debate acalorado e sem limites, acabei com frequência valorizando quão profundamente comprometidos meus parceiros de luta estavam com nossos objetivos comuns. Muitas vezes, ao tentar convencer os outros que você está certo expõe seu compromisso em manter esse diálogo e fazer com que esse povo siga em frente.

Atualmente, confiamos demais na mídia que enfatiza nossas diferenças e silencia intercâmbios reais: manchetes de notícias, guerras no Twitter, postagens sarcásticas no Facebook. A cultura do cancelamento atual sugere que, se você discordar de mim, acabou, você está fora – mesmo que sejamos concidadãos da mesma democracia.

Em contraste, a tradição judaica ensina que o desacordo pode ser uma forma de permanência conjunta, mesmo que estejamos espalhados pelos quatro cantos do universo. É uma cultura que é "vendável", ao pressionar os outros como um ato de fé neles. Concordamos em discordar sobre alguns assuntos, apenas porque concordamos em concordar acerca de algumas coisas fundamentais, a começar pelo nosso senso compartilhado de pertença ao povo judeu. Como todas as afiliações voluntárias, a comunidade judaica sobrevive como um diálogo de um, o que significa que persiste porque consideramos que somos parte do mesmo povo. É também um diálogo de nós, porque, quando discordamos, não apenas gritamos "Traidor! Agora você é um deles". Em vez disso, começamos a lutar.

O DEBATE DE QUESTÕES PREMENTES DÁ CONTINUIDADE À NOSSA JORNADA JUDAICA

Embora se especializem em pertencer por meio da batalha, os judeus também são bastante bons em chegar às grandes ideias a partir de detalhes. Essa é a isca do Talmude – tantos debates parecem triviais, mas eles vão do pífio ao profundo. Similarmente, em um fórum funcional, substancial e abrangente do povo judeu, o que poderia começar como um diálogo relacionado a questões práticas e concretas pode ajudar a esclarecer os grandes desafios que enfrentamos ao continuar nossa jornada mútua.

Quando comecei minha jornada com o povo judeu na União Soviética, enfrentei as questões específicas que descrevi nos capítulos de abertura deste livro. Devo me juntar aos *kulturniki* ou aos *politiki*? A luta para libertar os judeus soviéticos deve ser a luta para vir a Israel ou para deixar a União Soviética? Devo lutar somente pelos judeus soviéticos ou pelos direitos humanos de forma mais ampla? Essas perguntas pareciam muito complexas e desgastantes no momento, além de profundamente enraizadas naquele tempo e naquele lugar. Contudo, na verdade, eram a ponta do iceberg. Elas me trouxeram para os desafios definidores da vida judaica hoje, que continuam a estimular nossos debates em andamento.

A divisão entre os *kulturniki* e os *politiki*, que primeiro me impressionou como uma discussão mesquinha alimentada por egos frágeis, era muito maior que isso. Era mais uma versão do debate profundo e ainda em curso sobre sionismo e cultura judaica. Hoje, a questão central é: "Até que ponto a identidade israelense recém-emergida depende da identidade judaica tradicional?".

Nossas intensas discussões sobre os desistentes – sobre se Israel e o povo judeu deveriam apoiar apenas os judeus soviéticos que foram para Israel ou a emigração judaica em geral – pareciam girar em torno do valor que atribuímos ao livre arbítrio. Com o tempo, e pelo fato de ter assumido diferentes papéis na jornada judaica, vi isso também como parte de uma questão maior: "até que ponto a identidade judaica depende de uma conexão com Israel?".

Comecei a combinar meu ativismo sionista com meu ativismo de dissidente devido ao meu entusiasmo pelas minhas recém-descobertas liberdade e identidade. Eu queria alcançar ambas. Com o tempo, percebi que a centralidade dessa conexão ia muito além da minha experiência pessoal. Ao aderir ao argumento sobre o equilíbrio entre liberdade e identidade, eu estava participando do debate maior sobre a natureza de Israel como um Estado judeu democrático entre as nações e o debate ocidental sobre liberalismo e nacionalismo.

Embora eu tenha passado minha vida procurando respostas para pontos específicos derivados dessas grandes perguntas, me dei conta de que algo mais estava acontecendo. Por fim, aprendi que, por mais importante que sejam as respostas, o ato de questionar é fundamental para nos manter dialogando uns com os outros. As circunstâncias dessa conversa eterna mudam o tempo todo. Nossas respostas devem mudar com elas, dentro de limites. Mas é a própria conversa, sobre nossa histórica agenda nacional e espiritual, que nos mantém conectados, dinâmicos e vivos.

É por isso que, décadas depois de ouvir pela primeira vez a piada antissemita sobre os judeus sobrevivendo ao Titanic pelo fato de estarem conversando, ainda valorizo sua sabedoria. A participação no debate em curso sobre quem somos e o que podemos ser é a melhor garantia de que continuaremos nossa jornada juntos.

IMAGINEM UM CONSELHO JUDAICO GLOBAL

Há um reconhecimento geral de que precisamos de melhores estruturas para um diálogo construtivo. Vimos o profundo anseio por melhor interação entre as pessoas. Mas há pouco consenso sobre qual formato poderia funcionar. Uma ideia interessante para melhorar nosso vai e vem na escala comunitária, que tem sido cogitada em diferentes fóruns durante anos, é uma espécie de parlamento do povo judeu, um Conselho Judaico Global.

O Parlamento de Israel se reúne três vezes por ano. Imaginem convocar sessões de três dias de um Conselho Judaico Global antes de cada reunião do Knesset. Imaginem delegados de Israel e de todo o mundo judaico debatendo todas as leis propostas que, segundo a determinação dos consultores jurídicos do Knesset, podem afetar os interesses da diáspora, com o conselho emitindo opiniões consultivas não vinculativas. Imaginem obrigar o Knesset a exigir uma imensa maioria especial antes de aprovar qualquer lei que o Parlamento concordasse que poderia prejudicar os interesses judaicos da diáspora. Essa abordagem convidaria aqueles que lutam contra o movimento de boicote BDS na linha de frente em universidades e outros lugares a que se pronunciassem antes de Israel aprovar qualquer legislação relacionada ao BDS. Isso encorajaria os representantes da nação judaica em todo o mundo a expressar suas opiniões sobre um projeto de lei do tipo Estado-nação. Talvez o resultado não mudaria, mas o fato de falar poderia reduzir as frustrações e os constantes ataques de nossos rivais.

Paralelamente, esses delegados também debateriam sobre quaisquer mudanças significativas relacionadas a decisões de organizações judaicas da diáspora que pudessem afetar os interesses israelenses, sendo que qualquer resistência potencial do Knesset seria respeitada o suficiente para exigir uma segunda análise.

Imaginem um Comitê de Segurança dando orientações aos líderes da diáspora, oferecendo uma perspectiva interna sobre os dilemas de segurança e escolhas morais de Israel interagindo com os tomadores de decisão de Israel, não com seus agentes de relações públicas. Imaginem um comitê de ajuda externa lançando projetos de *tikun olam* de ponta e unificadores, a fim de melhorar genuinamente o mundo. Um Comitê de Educação poderia questionar a educação em Israel e na diáspora: por que as escolas judaicas americanas abandonaram o hebraico? Por que as escolas israelenses ensinam tão pouco sobre os judeus da diáspora? Por que ninguém faz um melhor trabalho ensinando sionismo?

Considerem o quanto de bem um diálogo intercomunal significativo poderia realizar – mesmo sem muito poder de decisão, que levaria tempo para se desenvolver. Judeus em todo o mundo poderiam se concentrar em dois objetivos compartilhados e sobrepostos: manter a continuidade judaica em cada comunidade, enquanto mantém Israel seguro, estável e democrático. Em vez de se acusar mutuamente de violar os valores judaicos fundamentais, poderíamos desenvolver projetos conjuntos que expressassem visões comuns. O diálogo honesto, substancial e significativo resultante no cerne da comunidade judaica poderia levar a que menos judeus se refugiassem do pensamento de grupo do *establishment* em organizações marginais ou hostis ou simplesmente se afastando.

Imaginem finalmente abordar uma das frustrações judaicas centrais de nosso tempo. Em vez de desfrutar do clássico privilégio democrático de conceder o consentimento dos governados, tanto os judeus israelenses quanto os americanos se sentem sobrecarregados pela responsabilidade dos implicados, sobrecarregados por defender posições e ações de outros judeus que vivem longe e que não entendem. Como resultado, muitas interações degeneram-se em mútuas acusações e sentimentos de traição. Um contrato social judaico redesenhado poderia explicar melhor por que estamos conectados e que tipos de responsabilidades são implícitas. Em vez de chamá-lo de consentimento dos governados, chamem-no de "pertença à tribo", enfatizando o caráter consultivo, voluntário, mas de aliança da relação. Se os judeus entendessem melhor por que estamos envolvidos uns com os outros e contribuíssem em pelo menos algumas grandes decisões por meio desse conselho, as frustrações diminuiriam.

No momento, nossas estratégias concorrentes de sobrevivência correm o risco de nos separar – mesmo nos deixando cegos com referência a inimigos comuns, que não se importam se somos conservadores ou liberais quando nos chamam de "*kikes*" ou "lenha para o forno". Um diálogo saudável poderia aproveitar essas diferentes estratégias de sobrevivência para criar mais abordagens resilientes, com isaianos nos ajudando a falar com os universalistas e os davidianos nos ajudando a falar com os particularistas.

Poderíamos, por exemplo, construir uma coalizão contra a deslegitimação de Israel, entrelaçando os argumentos liberais e nacionalistas, como fizemos durante o debate na ONU em 1947, sobre se deveria ou não haver um Estado judeu, em vez de ajudar nossos inimigos a colocar a esquerda judaica contra a direita judaica. Poderíamos reexaminar os cursos de conversão, tentando torná-los mais atraentes para cônjuges não judeus, certificando-se de que todos os rabinos ensinassem história judaica e a noção de povo judeu, não apenas a religião, os rituais e a espiritualidade judaicos. Poderíamos tentar desenvolver um currículo combinado, ensinando judeus em todo o mundo sobre a história do povo judeu. E poderíamos encorajar os moderados, em vez de permitir à mídia polarizante indispor os políticos israelenses mais barulhentos e estridentes e os ativistas da diáspora uns contra os outros.

Imaginem o que aconteceria se nossos radicais alienados da universidade pelo menos tivessem algum lugar em que pudessem se sentir ouvidos, e se seus constrangidos colegas pró-Israel tivessem um lugar empenhado em ajudá-los a debater essas questões. Considerem quão melhor teria sido o debate angustiante sobre o Muro das Lamentações se tivesse sido conduzido com transparência e a inclusão de um organismo global bem estabelecido. Da mesma forma, em vez de apenas lamentar a epidemia de casamentos mistos, israelenses e judeus da diáspora poderiam debater juntos sobre estratégias educacionais e espirituais eficazes para a construção de um vigoroso futuro judaico. Poderíamos tentar resolver problemas juntos, em vez de julgarmos uns aos outros como fracassados.

Não consertaremos tudo, mas podemos começar a resolver alguns problemas de maneiras mais saudáveis. E, sim, poderíamos nos dar ao luxo de deixar as coisas ficarem feias. Na verdade, teriam que degenerar. Nossa longa e barulhenta história como povo está fadada a continuar.

Em um Comitê de Educação judaica, os judeus americanos poderiam gritar "hipócrita!" e acusar o governo nacionalista de Israel de endossar uma educação judaica global sem subsidiá-la. Os israelenses poderiam rebater, citando estudos que mostram que mesmo a educação judaica gratuita atrai apenas 20% da comunidade, acrescentando que os judeus americanos estão mais preocupados em engrossar os currículos de seus filhos do que aprofundar suas identidades judaicas.

Lutando em uma dimensão diferente, fazendo alianças que transcendem países de origem, os conservadores sem dúvida gritariam "Traidor!". Eles ficariam furiosos com a cegueira dos liberais frente aos antissionistas de esquerda, que afirmam amar os judeus enquanto demonizam o Estado judeu. Os liberais gritariam de volta, indignados com o fato de os conservadores, incluindo o governo de Israel, conviverem com ultranacionalistas de direita que afirmam amar o Estado judeu enquanto demonizam os judeus. Talvez, tão logo a gritaria terminasse, poderíamos nos concentrar na explicação dos critérios que desenvolvemos para linhas vermelhas definidas, unindo a todos nós em uma política de tolerância zero em relação aos antissemitas, por mais pessoalmente encantadores ou politicamente úteis que pudessem parecer.

Alguns podem perguntar: "De que adianta? Qual é o sentido de nos reunirmos, se iremos gritar uns com os outros? Já vivemos em um mundo com demasiado barulho. Será que esses debates podem gerar soluções?".

Nossa rica história dos grandes congressos judaicos nos séculos XIX e XX nos encoraja. Ao discutirmos sobre nossas posições mais formal e sistematicamente, às vezes chegamos a um meio-termo, como fizemos nos primeiros congressos sionistas e na Conferência de Bruxelas sobre os judeus soviéticos. Uma dessas conversas de alto nível criou o Estado judeu, não obstante as rivalidades às vezes mortíferas; a outra manteve o nosso movimento de disputa focado em "deixe meu povo ir".

Se falharmos em algo, podemos pelo menos tentar construir um consenso comunitário no que tange a quais direções vale a pena explorar e quais são becos sem saída. Essa foi a minha grande lição da estrutura do Comitê Ne'eman. Ela nos ajudou a continuar vivendo com nossas divergências, ao mesmo tempo que estabelecíamos os parâmetros do debate.

Da mesma forma, não obstante todas as frustrações em torno da disputa sobre o Kótel, os anos de diálogo criaram uma base útil para uma solução final. Reduzimos o campo de expectativas de todos os lados. Quando a situação política mudar, estaremos prontos com projetos que especifiquem um espaço de oração, que já está funcionando, mas só precisa de melhor acesso e autorização.

Olhando em retrospecto minha vida desde que me juntei ao povo judeu, imagino que um diálogo contínuo e construtivo como esse poderia ter ajudado durante muitos momentos críticos. Às vezes, o diálogo não acontecia porque as pessoas diziam: "Não temos nada sobre o que conversar". Às vezes, não havia fórum para tratar do assunto. Com discussões regulares, obrigatórias e formais, os resultados não teriam sido perfeitos, mas teriam sido muito melhores.

Há inúmeras perguntas práticas sobre esse fórum: quem votaria, como votariam, quem poderia administrar, como as decisões seriam tomadas e, mais importante, quem representaria as diferentes vozes dos judeus da diáspora nesse fórum. Como o presidente que está de saída, sou frequentemente indagado: "E a Agência Judaica?". Na verdade, existe um diálogo informal entre o conselho de administração e os membros do Knesset. Além disso, a Agência Judaica criou o que é hoje a maior bancada do Knesset, os Amigos dos Judeus da Diáspora.

Poderíamos de fato usar a Agência Judaica e o Knesset para conseguir que esse fórum começasse a se concretizar. Entretanto, no universo organizacional judaico, a melhor maneira de matar uma nova iniciativa é discutir sobre quem vai se sentar à mesa. Como primeiro passo, vamos aceitar o princípio, depois concretizar o conceito. Poderemos discutir os detalhes e a equipe em breve.

APOSENTANDO-ME DA AGÊNCIA JUDAICA

Ao completar oito anos na Agência Judaica, o conselho de administração, bem como o primeiro-ministro, me pediu que eu permanecesse no cargo por mais quatro anos. Eu lhe agradeci por sua fé em mim, porém acredito que a democracia exige renovação e substituição. Doze anos seria demais. Concordei em permanecer por mais um ano, enquanto procurávamos um sucessor. Essa adição agradou o matemático em mim, pois meus nove anos no *gulag* e nove anos na política israelense terminariam com nove anos na Agência Judaica. Tal simetria permitiu que eu dissesse minha frase de efeito

Foto de Nir Kafri, The Jewish Agency

Durante meus nove anos na Agência Judaica, 207.188 judeus imigraram a Israel. Eu nunca me cansava de recepcionar pessoalmente imigrantes como estes – vindos da França – no Aeroporto Ben-Gurion, sempre pensando sobre quantas gerações de orações e esperanças trazia consigo cada um deles.

para agradar ao público: que tendo cumprido nove anos em cada um, não sei onde sofri mais.

Quando passei a tocha para meu sucessor, Isaac "Bougie" Herzog, dei-lhe um conselho. Eu disse: "Para desfrutar do seu trabalho, não apenas por nove anos, mas inclusive por um único minuto, você deve responder a uma pergunta: você ama o povo judeu? Não gosto de teleconferências de horas sobre corte de programas e administração da burocracia de Israel e do mundo judaico. Mas adoro nossos projetos e reuniões com seus participantes. Você tem que desfrutar da sensação de ser um emissário do povo judeu e construir pontes entre Israel e a diáspora".

Você ama o povo judeu? O que essa pergunta significa? Bem, para começar, embora seja verdade que o presidente da Agência Judaica nunca fica sozinho, muitas vezes parecia que eu nunca estava em casa. Fiz mais de 50 viagens ao exterior em meus nove anos na Agência Judaica, percorrendo mais de três milhões de quilômetros para dezenas de comunidades em mais de 20 países. Quando fazíamos teleconferências em Jerusalém com nossos emissários, brincávamos que o sol nunca se põe para o povo judeu, com nossos australianos nove horas à nossa frente e nossos californianos dez horas atrás no fuso horário.

Quando me aposentei, senti como se tivesse conquistado a patente de capitão da El Al. Em vez disso, recebi um avião de brinquedo da El Al com o número 207.188 nele inscrito, o número de pessoas que imigraram para Israel durante meus anos na Agência Judaica. Eu me perguntei quantas delas eu havia cumprimentado no aeroporto. Eu nunca me cansava de vir ao terminal, por mais cedo que fosse ou tarde da noite. Cada vez que via um novo imigrante descer aquelas escadas em solo israelense, eu começava a pensar sobre quantas gerações de orações e esperanças estavam por trás daquele imigrante específico. Eu tentava imaginar o tamanho do círculo histórico e pessoal que se fechava para cada recém-chegado.

O líder da Agência Judaica tem que gostar bastante de ir a conferências com jovens emissários, que se tornavam cada vez mais numerosos a cada ano e, de alguma forma, mais e mais jovens. É importante gostar de conversar com eles noite adentro e depois dançar em círculo e gostar de entrevistá-los quando retornam a Israel, ao se juntarem a um grupo único de israelenses que podem apresentar ambos os mundos.

O governo gentilmente reconheceu os sucessos de nossos programas. Embora a Agência Judaica tivesse criticado as políticas oficiais de Israel como nunca anteriormente, em relação ao Muro das Lamentações e outros assuntos, o orçamento do governo destinado aos nossos programas aumentou também como nunca.

OS JUDEUS PARECEM DIFERENTES HOJE NA MINHA CIDADE NATAL

Às vezes, um momento o catapulta do dia a dia para que você possa ver alguma grande lógica em sua vida, fechando algum círculo de uma forma que você não antecipava, mas que faz sentido quando acontece.

A coisas não correram tão bem em Donetsk, a cidade em que nasci, nos anos pós-comunistas. Quando eu era criança, o que se supunha ser o vínculo inquebrável entre russos e ucranianos era simbolizado em toda a propaganda que aclamava a unidade do povo soviético. Mas Donetsk acabou ficando no meio da guerra prolongada entre a Rússia e a Ucrânia. Quando comecei a presidir a Agência Judaica, a situação na área tornara-se desesperadora.

Tentando ajudar os judeus presos na zona de guerra, acabamos criando um centro de refugiados nos arredores de Dnipropetrovsk, agora chamado Dnipro, a algumas horas de carro de Donetsk.

Em uma de minhas visitas ali, um homem me abordou em meu hotel. "Você é Sharansky, sim?", ele me perguntou.

"Sim."

"Você é o presidente da Agência Judaica."

"Sim."

"E você nasceu em Donetsk", afirmou.

Mais uma vez concordei, sem saber o que estava por vir.

"Eu também", disse ele. "Nós, em Donetsk, somos muito críticos em relação ao seu trabalho."

De verdade? Eu estava surpreso. Normalmente, enquanto viajávamos por essa região alquebrada, quando as pessoas notavam a nossa presença, agradeciam por termos ajudado na medida do possível.

Ele disse: "Não sou judeu. Estamos todos sofrendo também. Ninguém está vindo para me tirar desse pesadelo e me dar uma vida melhor. Estamos todos sozinhos aqui. Apenas judeus recebem ligações de sua organização. Apenas judeus recebem convites para emigrar para outro país e ainda obtêm ajuda para se mudarem. Portanto, apenas os judeus têm para onde ir. Isto é justo? Por que vocês são escolhidos?".

Claro que eu poderia ter contado a esse homem sobre os muitos filantropos judeus e organizações que ajudam os necessitados em todo o mundo, incluindo as vítimas do conflito Rússia-Ucrânia. Mas senti que ele não queria uma palestra naquele momento. Ele estava com problemas. Infelizmente, apesar do colapso da União Soviética, apesar de ficar do lado da Ucrânia contra a Rússia, esse homem fez o que as pessoas com problemas faziam nos bons velhos tempos da União Soviética: ele ressuscitou o velho paradigma antissemita que via os judeus como um clã, que só cuida dos seus membros.

Contudo, em vez de corrigir esse retrocesso aos dias soviéticos, eu estava ocupado demais, absorvendo a ironia de nossa interação. "Meu Deus", pensei. "Que grande mudança em comparação à minha infância." Naquela época, ser exposto como judeu em Donetsk era a pior coisa que poderia lhe acontecer. Quando alguém o associava à quinta linha, que te expunha como judeu em sua carteira de identidade, significava apenas uma coisa: você pertencia ao único grupo excluído. Era uma doença sem cura, uma sentença para uma vida sem esperança, um convite para ser objeto de pena porque não havia ninguém para nos ajudar. Agora, essa palavra "judeu" significava não só que alguém te protegia, mas que havia um povo orgulhoso e um Estado democrático por trás de você.

"Obrigado por me dizer isso", eu disse. Eu estava agradecendo a ele por me lembrar como o mundo mudara, como Israel havia empoderado o povo judeu, como esse empoderamento envolveu a construção de nós mesmos para que pudéssemos beneficiar os demais, e que quando você pertence ao povo judeu, você nunca está sozinho.

EPÍLOGO
O TABULEIRO DE XADREZ ISRAEL-DIÁSPORA

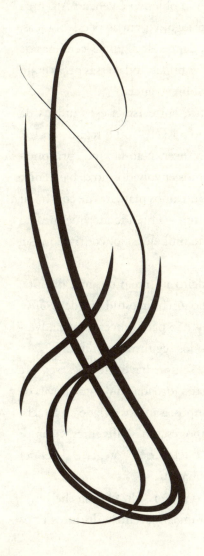

A solitária é um lugar pequeno, escuro e frio, no qual não há ninguém com quem conversar, nada para ler, nada para tocar e quase nada para comer. A lei soviética decretava que nenhum prisioneiro deveria ser deixado no *kartser* por mais de 15 dias seguidos. Qualquer período mais longo era considerado muito perigoso para a psique do indivíduo.

No entanto, quando a KGB queria quebrar um prisioneiro político, não havia limites. Ela poderia mantê-lo preso por 15 dias e outros 15 e outros 15. O período mais longo que passei ali foi de 130 dias seguidos. E, no total, permaneci na solitária por 405 dias.

Meu objetivo, enquanto estava lá, era sobreviver mental e fisicamente, recusando-me a me render. Então eu jogava xadrez na minha cabeça. Joguei um jogo após outro, milhares de jogos. A boa notícia é que eu sempre ganhava. Em cada jogo, eu me identificava com um dos jogadores e tentava vencer meu adversário. Eu verificaria todas as opções que poderiam funcionar para mim e consideraria quais eram razoáveis para o meu oponente.

Quando o jogo terminava, eu virava o tabuleiro na minha cabeça e me tornava o adversário. Então, eu tentava seguir a estratégia rival. A cada vez, eu percebia que havia mais e mais oportunidades para ambos os jogadores. Tive tempo mais do que suficiente para testar cada possibilidade. Afinal, eu não estava com pressa – quanto mais tempo demorasse, melhor.

Em um jogo real contra um adversário, o objetivo é vencer. Ali, meu objetivo era sobreviver. Num determinado jogo, eu era as peças brancas, mas seria as pretas em dez minutos. Então, depois de algumas centenas de jogos, não havia diferença entre as brancas e as pretas, todas essas peças eram minhas aliadas em uma luta mútua para a sobrevivência.

É assim que me sinto sobre a dinâmica entre Israel e os judeus da diáspora. Contra verdadeiros inimigos como a KGB – ou o regime do Irã, o Hamas ou o Hezbollah –, jogamos para vencer. Não fazemos prisioneiros e não transigimos. Porém, quando estamos envolvidos no debate entre Israel e a diáspora, não buscamos a vitória. Buscamos maneiras de continuar nossa jornada juntos em nosso diálogo de um – entendendo que mesmo quando estamos em dois lados diferentes de uma questão, continuamos a fazer parte de um só povo.

Isso sempre acontece. Eu viro o tabuleiro no meio de uma disputa. Tento entender a lógica do outro lado. Como um bom estudante de *yeshivá*, procuro o *hidush*, a inovação, a nova ideia – não para vencer o meu adversário, mas como uma oportunidade para todos seguirmos em frente.

Em uma comunidade, entendemos que sempre haverá tensões, sempre haverá disputas. Porém, queremos continuar a jornada conjunta através da história, e sinto que pertenço a ambos os campos, a ambos os lados, a Israel e à diáspora. Ao mesmo tempo, também fazemos escolhas diferentes, vivemos vidas diferentes e desempenhamos papéis diferentes. Proteger e defender um ao outro não exige que falemos na mesma voz.

Em 2003, publiquei no *Commentary*, o artigo "On Hating the Jews" (Sobre odiar os judeus). Analisei o elo comum subjacente a distintos tipos de antissemitismo em diferentes países e civilizações ao longo dos milênios. Percebi que os judeus sempre nadavam contra a corrente. Somos sempre o outro, os dissidentes perpétuos. Éramos monoteístas no antigo mundo pagão e hereges impenitentes nos mundos cristão e muçulmano. No mundo em modernização da Europa iluminista, éramos tradicionalistas para alguns e ultramodernistas para outros e, é óbvio, éramos Rothschilds e Marxs, tanto os capitalistas definitivos quanto os comunistas definitivos. Na história de Purim, o perverso Hamá resume tudo, dizendo: "Existe um povo, espalhado e disperso entre os povos, em todas as províncias do seu reino, cujas leis são diferentes das leis de todos os povos e que não cumpre as do rei; pelo que não convém ao rei tolerá-lo".

Hamá é apenas um dos muitos inimigos ao longo dos milênios que justifica seu ódio aos judeus enfatizando a separação exasperante dos judeus, sua rejeição dos costumes e conceitos morais da maioria. Essa separação, essa prontidão catalisadora para ser contracultural e pensar de forma não convencional, explica por que os judeus se tornaram o que Leon Tolstoi chamou de "pioneiros da cultura" e "pioneiros da liberdade".

Hoje, nós, judeus, enfrentamos duas poderosas marés que varrem o mundo. Uma delas é a maré do liberalismo iliberal. Ele fala em nome dos direitos humanos universais, mas em sua forma extrema nega o valor de um Estado-nação, enquanto vê Israel como o último remanescente do colonialismo. Mas Israel, o Estado-nação democrático do povo judeu, insiste que sua forte identidade nacional enraizada, consagrada pela vontade do povo, confere-lhe a força para ser a única ilha de democracia no Oriente Médio.

A oposição ao liberalismo iliberal é também a maré do novo nacionalismo, que apela a um sentimento de orgulho nacional perdido e ajuda a mobilizar a energia que os cidadãos obtêm por pertencer. Contudo, em sua forma extrema, é iliberal. A maioria dos membros da comunidade judaica progressista se opõe a essa forma extrema, insistindo que sua forte sociedade liberal preserva sua identidade judaica.

Cada comunidade está fazendo o que faz naturalmente para sobreviver. Mas quando o universo judaico trabalha junto, como um Estado democrático judaico no Oriente Médio e como uma constelação de comunidades judaicas minoritárias nas democracias ocidentais, podemos extrair o melhor de cada um. Ao nos beneficiarmos do melhor do liberalismo e do melhor do nacionalismo, podemos juntos defender a missão conjunta de pertencer e ser livre, tão fundamentais para a felicidade. Essa síntese também pode ajudar a moderar alguns dos extremos que afligem o Ocidente e afeta cada um de nós em nossas respectivas comunidades atualmente. Essa abordagem requer um salto conceitual em todas as sociedades, a aceitação de que somos complementares, não cópias carbono um do outro.

Talvez minha obsessão com o diálogo como ferramenta de sobrevivência seja uma supercompensação pelos meus anos de silêncio no *gulag*, apesar de ter sido apelidado pelo meu irmão mais velho de "um terrível tagarela" quando éramos crianças. Por mais sozinho que eu pudesse parecer na minha solitária, sobrevivi sabendo que não havia sido abandonado pelo meu povo. Iremos prosseguir por todo o tempo que soubermos que o ato de equilíbrio continua, o compromisso persiste e o diálogo sobrevive, garantindo que a partir do momento em que você faz parte do debate judaico, nunca está sozinho.

ESSE DESEJO UNIVERSAL DE PERTENCER E SER LIVRE

Avital vive me perguntando: "Quando você vai se aposentar?". Eu respondo: "Eu me aposentei em 2018." Ela responde: "Não percebi."

Eu admito, presidir o Instituto Shlihut da Agência Judaica para emissários, presidir o ISGAP – Institute for the Study of Global Antisemitism and Policy (Instituto para o Estudo do Antissemitismo Global e da Política), lecionar, ministrar palestras e escrever este livro estava me mantendo um pouco ocupado.

Mas, um dia, tudo parou. Primeiro, não houve viagens ao exterior. Depois, as palestras foram canceladas. Finalmente, eu nem tinha permissão para sair de casa – ou ver meus netos.

Relativamente no início da crise do coronavírus, quando as primeiras escolas judaicas fecharam em Nova York, o diretor de uma delas, o rabino Joshua Lookstein – filho do meu antigo camarada de luta, o rabino Haskel Lookstein – pediu-me para falar via Zoom com alunos e pais de três das escolas. O tema era como lidar com o isolamento.

Em poucos dias, eu tinha um novo bico – como guru de autoajuda. Pessoas enclausuradas, do Alasca à Austrália, pediam-me conselhos. A princípio, parecia absurdo, mesmo obsceno. Como a minha experiência de jogar xadrez na solitária mentalmente se compara a ficar preso em casas cheias de engenhocas conectadas à internet – inclusive xadrez por computador – especialmente porque esse isolamento é imposto para proteger as pessoas, não as prejudicar?

Entretanto, parece que quando os planos das pessoas são alterados, quando suas férias há muito planejadas são canceladas, quando seus sonhos são minados, seus planos de carreira suspensos e seus movimentos dramaticamente interrompidos, elas geralmente espiralam para baixo. Seus sentimentos de decepção, alimentados pela incerteza, muitas vezes se transformam em raiva, e depois, medo: O que acontecerá com meus sonhos? O que será da minha vida? O que está acontecendo com o meu mundo?

Isso me é familiar.

Em meados de março de 2020, meu sucessor na Agência Judaica, Bougie Herzog, me pediu para resumir as cinco dicas que eu continuava a repassar num vídeo do YouTube de três minutos. Essencialmente, minha mensagem era que, sentado sozinho em sua casa contra a sua vontade e seguindo rígidas restrições, você deve:

- Primeiro, lembrar-se de que você é um soldado em uma luta maior e tem um papel importante a desempenhar, que determinará se venceremos ou perderemos.
- Em segundo lugar, não tente controlar o que você não pode controlar – concentre-se no que você pode. Você não tem controle sobre quando essa loucura terminará, mas, enquanto isso, pode assumir planos ambiciosos para desafiar a si mesmo. Aprenda um novo idioma. Leia aquele livro enorme. Limpe seus armários – ou, finalmente, construa aquele novo. Não deixe o coronavírus te levar ao desespero.
- Em terceiro lugar, não pare de rir de si mesmo e do mundo – isso coloca tudo na devida proporção.
- Quarto, use seus *hobbies*, como eu usei o xadrez. Esse é o seu momento de aproveitar a vida.

- Quinto, lembre-se sempre de que você faz parte de algo maior do que você mesmo.

Surpreendentemente, esse pequeno vídeo viralizou, alcançando tantas pessoas mundo afora em poucos dias que me fez pensar por que eu deveria me preocupar em escrever este livro. Afinal, a conclusão dele resume-se à mesma regra: para ter uma vida plena, interessante e significativa, você tem que descobrir como estar conectado o suficiente para defender sua liberdade e livre o suficiente para proteger sua identidade.

Nota dos autores

Este livro, escrito em conjunto, usa a vida de um homem para ensinar algo que nós dois aprendemos por meio de nossas diferentes histórias de vida. Nós dois aprendemos que nos beneficiamos individual e coletivamente ao entrarmos em um diálogo de um, aproveitando nossas divergências para nos mantermos como um só povo. Para esclarecer nosso ponto de vista, este livro enfoca o diálogo entre Israel e o povo judeu vivendo em comunidades dispersas pelo mundo.

Cada história deste livro reconta um episódio da vida de Natan sobre esse diálogo, e é por isso que o escrevemos em sua voz. E, assim como em um filme sobre um vilão com o qual você inevitavelmente acaba simpatizando, neste livro, com histórias girando em torno de Natan, inevitavelmente acabamos simpatizando com ele. Ainda assim, analisamos cada incidente pelos prismas de nossas diferentes origens e experiências.

Cada frase em inglês neste livro foi escrita por Gil. Mas, juntos, ponderamos sobre, e brincamos com cada palavra e cada ideia, repetidamente, às vezes em hebraico, geralmente em inglês, com lapsos ocasionais de Natan para o russo e de Gil para o discurso de um professor acadêmico.

Natan nasceu na ditadura comunista em uma cidade chamada Stalino, em 1948; Gil nasceu na liberdade americana no Queens, Nova York, durante a presidência de John F. Kennedy. Na maior parte dos anos em que Natan sobreviveu na prisão, Gil estudava História em Harvard. Não obstante as imensas diferenças de origem, chegamos a conclusões semelhantes. Os judeus israelenses e os judeus da diáspora vivem realidades distintas. Porém, a maioria de nós quer continuar nossa jornada em conjunto.

Em um diálogo saudável, desafiamos um ao outro enquanto procuramos um ao outro. Isso pode nos ensinar o que Natan aprendeu durante nove anos na prisão e Gil aprendeu ao marchar pelas ruas de Nova York e Boston para libertá-lo. Esse diálogo está enraizado em uma conversa judaica de 3.900 anos, equilibrando os dois desejos humanos básicos de pertencer e ser livre, agora trazidos à vida no debate sionista de décadas. Atualmente, esse diálogo vivaz pode nos ajudar a resistir àqueles que negam a validade do nacionalismo e àqueles que negam os valores do liberalismo. A obtenção do equilíbrio certo não é importante apenas para nós como judeus e como sionistas, mas para todos os cidadãos que valorizam os direitos humanos em todo o mundo.

Agradecimentos

Somos profundamente gratos por toda a ajuda que recebemos para escrever este livro – e somos também gratos porque um pode sempre atribuir a culpa ao outro por quaisquer falhas remanescentes.

Natan se sente extremamente culpado por haver tantas pessoas que ajudaram a moldar cada período de nove anos de sua vida e a quem ele não agradece especificamente – caso contrário, o livro teria dobrado de tamanho, no mínimo. Isso não significa que eles não foram importantes para ele ou que não são lembrados. As inúmeras omissões corroboram nossa afirmação de que este livro não é um livro abrangente em termos de vida e de tempo, mas uma série de instantâneos de uma vida para uma abordagem mais ampla do nosso povo, do poder da comunidade e do valor do diálogo.

Ao longo deste projeto de escrita colaborativa, amigos e parentes queridos leram o manuscrito e ofereceram *feedback* crítico. Agradecemos a eles em ordem alfabética: Aviv Troy, David Cape, Dina Troy, Hanna Sharansky Waller, Linda Adams, Noam Zion, Rachel Sharansky Danziger, Roman Polonsky, Tevi Troy, Yossi Klein Halevi. Dina Kirshner assessorou a verificação de fatos, enquanto Zemira Wolfe-Solomont, Vera Golovensky e Larissa Ruthman ajudaram de muitas formas.

Saudamos o inimitável David Suissa, editor-chefe do *Los Angeles Jewish Journal*, por debater com Gil sobre um título para o livro. Nosso título provisório era "999", mas títulos não devem ser piadas internas. Gil estava descrevendo como, ano após ano, a KGB disse a Natan que ele fora esquecido e abandonado no *gulag*, mas ele sabia que nunca estava sozinho. "É isso aí", exclamou David. "Você tem seu título. Depois de 75 anos de 'nunca mais', devemos lembrar que, quando você pertence ao povo judeu, você 'jamais estará só'." Saudamos também outro lendário editor, Neal Kozodoy, da *Mosaic*, que editou nosso ensaio de julho de 2018, "Can American and Israeli Jews Stay Together as One People?" (Judeus americanos e israelenses podem permanecer juntos como um só povo?). Os desafios caracteristicamente ponderados e as excelentes sugestões estilísticas de Neal aguçaram nosso pensamento em um ponto crítico em nosso projeto, enquanto nos ajudou a focar no tema mais amplo do diálogo, tendo feito nossa apresentação concisa no *Mosaic* de um Global Jewish Council. Agradecemos também aos que responderam ao artigo.

Agradecimentos especiais aos excelentes anteriores coautores de Natan, cujas impressões digitais estão por todo este livro, o embaixador Ron Dermer e a professora doutora Shira Wolosky Weiss. Somos gratos a Steve Linde, do *Jerusalem Report*, por ter permitido que usássemos extensivamente citações de alguns dos trabalhos anteriores de Natan, em especial na descrição do êxodo dos judeus etíopes.

Embora este livro seja o resultado de uma colaboração de três anos entre Natan e Gil, que começou em Jerusalém, sua publicação culmina uma conspiração criminosa de quatro décadas entre Natan e nosso editor Peter Osnos, que começou na Rússia Soviética. Em meados da década de 1970, Peter era o correspondente do *Washington Post* em Moscou e um canal essencial de transmissão de informações para Natan e muitos outros *refuseniks* e dissidentes – para aborrecimento da polícia secreta russa. A amizade deles produziu uma prisão, uma quase prisão, pilhas de arquivos da KGB e agora quatro livros – uma vez que Peter teve a gentileza de mudar do jornalismo para a área da publicação, essa colaboração criminosa que encoraja os países capitalistas pôde continuar.

Como fundador da PublicAffairs e agora consultor do Hachette Book Group, Peter Osnos dominou a arte do editor de propiciar aos seus autores o espaço suficiente para desenvolver suas próprias vozes, sempre assegurando que eles também nunca estão sozinhos. O sempre perspicaz Clive Priddle, editor da PublicAffairs, mais uma vez atuou como um editor magistral e visionário para um dos livros de Natan. Além dessa dupla dinâmica, a equipe espetacular que levou este livro a cabo incluiu Anupama Roy-Chaudhury, assistente editorial de Clive, uma editora novata que ofereceu o tipo de *feedback* atencioso e sofisticado que se espera apenas de um veterano grisalho da indústria; Liz Dana, revisora magistral; Jaime Leifer, o gênio da publicidade; Katie Carruthers-Busser, a habilidosa editora de produção; e os demais membros da equipe Hachette. A *freelancer* Malka Margolies, habilmente usou dois chapéus: o de uma editora experiente, lendo o livro criticamente, pelo menos duas vezes, e o de um guru da publicidade. No processo, ela não só se tornou uma valiosa conselheira, mas uma amiga querida.

Por fim, somos muito gratos pelo apoio e paciência de nossas famílias – que continuavam nos parabenizando por terminar o livro, apenas para descobrir que havia mais, e mais, e mais a ser feito. Cada um de nós é abençoado com uma maravilhosa esposa artista, que não só traz beleza ao mundo e aos nossos universos pessoais, mas alegria e significado para nossas vidas. Nós dois agradecemos profundamente o apoio, o amor e a coragem de Linda e Avital, pois elas começaram a temer que este livro pudesse se tornar outro capítulo de nove anos na vida de Natan.

Gil também agradece a seus quatro filhos – Lia, Yoni, Aviv e Dina –, por servirem como caixas de ressonância e como líderes de torcida, e a seus dois irmãos, Dan e Tevi, que estão sempre ao seu lado, por mais longe que se encontrem fisicamente. Entrelaçadas na dedicatória estão as esperanças para a boa saúde de seu pai, Bernard Dov Troy, e o profundo pesar de que Elaine Gerson Troy, mãe de Gil, tenha vivido apenas o suficiente para ver uma impressão da proposta para a capa do livro, não o livro em si.

Natan também agradece a suas duas filhas, Rachel e Hanna, a seus maridos, Micha e Nachum, e aos seus netos – Eitan, Yehuda, David, Abigail, Uri, Daniel e Ariel – por seu amor solidário e exigente. Eles continuaram lembrando-o da importância de

554

escrever este livro, ao mesmo tempo que o lembravam, diariamente, que há coisas mais importantes do que escrever um livro.

Este livro, que começou na mesa de Natan na Agência Judaica e foi escrito principalmente em torno da mesa de jantar de Natan e Avital, está sendo terminado via Skype, durante este período estranho e enervante de isolamento social devido ao coronavírus. Embora um amigo tenha nos provocado, dizendo que estávamos lucrando com a quarentena por nosso título *Jamais estive só*, o fato de que o apelo do livro por conexão e engajamento se adapta a esse momento não se deve a nenhum golpe de sorte ou a qualquer prestidigitação autoral. Não só descobrimos, por acaso, o título há mais de um ano graças a David, mas nós dois vivemos isso a vida inteira.

É a atemporalidade dessa mensagem que nenhum de nós inventou que a torna tão oportuna – e explica como nós dois, tendo origens tão diferentes, acabamos por viver como vizinhos em Jerusalém. Essa é uma oportunidade atemporal que remonta ao Sinai. Essa mensagem eterna tem sobrevivido a pragas piores – impostas pela natureza e pelas pessoas. No entanto, mais importante, sua alegria que afirma a vida dá sentido às nossas vidas, e à vida de milhões de outras pessoas. E motivou nossa dedicatória, agradecendo a nossos pais pela passagem da tocha, e convidando nossos filhos e netos para levá-la adiante, cada um à sua maneira.

Natan Sharansky
Gil Troy
Jerusalém, maio de 2020

Os autores

Natan Sharansky, ativista dos direitos humanos, foi prisioneiro político na União Soviética e atuou em quatro governos israelenses. É o único cidadão não americano vivo que recebeu a *Congressional Gold Medal* (em 1986) e a *Presidential Medal of Freedom* (em 2006). Sharansky também ganhou o Prêmio Israel em 2018, por sua contribuição excepcional ao Estado de Israel, e o Prêmio Genesis em 2020, por extraordinárias conquistas profissionais, realização, contribuição para a humanidade e compromisso com os valores judaicos.

Gil Troy é professor de história na Universidade McGill, em Montreal. É autor de nove livros sobre a presidência estadunidense e três livros sobre sionismo. Recentemente nomeado um *Algemeiner* J-100, uma das 100 melhores pessoas "de influência positiva sobre a vida judaica", Troy foi comentarista de destaque nos populares documentários da CNN *The Eighties*, *The Nineties* e *The 2000s*.

Sobre o livro:

"Este livro pode ser lido em dois níveis. Um deles é a série de questões públicas que Natan Sharansky aborda com forte convicção: sua crença de que a democracia palestina deve preceder o Estado palestino; sua consequente oposição ao acordo de Oslo e à retirada de Gaza, e também ao acordo nuclear do Irã; sua euforia com o transporte aéreo de judeus etíopes para Israel; sua angústia com a ascensão do antissemitismo e com as divisões religiosas e políticas entre os judeus em Israel e na diáspora. O outro nível é mais significativo, pelo menos para mim, por conhecer Natan há cerca de 45 anos. É a jornada pessoal e intelectual que ele descreve, como ele mesmo explica. Eis um homem excepcional, instruído no duplipensamento soviético, que depois encontra sua identidade judaica e sua ideologia de livre-pensador, separado de sua esposa, com quem tinha acabado de se casar, por uma dúzia de anos e trancado por nove no *gulag*, antes de ascender à alta liderança israelense. As vítimas de trauma sabem que a recuperação, muitas vezes, depende do apoio de pessoas boas. E ele tinha esse amparo, que lhe deu poder para transformar seu sofrimento em uma estrela-guia que orienta seus julgamentos. Você pode discordar aqui e ali, mas não pode deixar de gostar dele, nem deixar de ver as questões através do seu idealismo."

> – **David K. Shipler**, ex-chefe do escritório do *The New York Times* em Moscou e Jerusalém, autor de sete livros, incluindo o best-seller *Russia: Broken Idols, Solemn Dreams* (Rússia: Ídolos quebrados, sonhos solenes) e vencedor do Prêmio Pulitzer pelo seu livro *Arab and Jew: Wounded Spirits in a Promised Land* (Árabe e judeu: espíritos feridos em uma Terra Prometida).

"Aqueles dentre nós que foram presos políticos se perguntam: 'Sim, saímos da nossa cela, mas será que ela em algum momento nos deixa?' Depois de dez anos, ela ainda está comigo – e, durante a leitura deste livro tão impressionante, senti que o mesmo acontece com meu amigo Natan Sharansky. Para mim, sua arte expressa meus sentimentos profundos [...]. Assim como quebramos a fechadura para sair da cela, temos que escapar da caixa política do pensamento para resolver os problemas do Oriente Médio. Então, sim, concordo com a mensagem do livro, precisamos de democracia em toda a região, juntamente com programas econômicos mútuos, para selar uma paz verdadeira. Este livro é uma mensagem social e humana muito importante para a paz e a civilidade no Oriente Médio. Somos parceiros e continuaremos a lutar juntos pelo futuro da nossa região. Esse é o nosso dever histórico como povos do Oriente Médio e também nossa responsabilidade pessoal, de mãos dadas, de enviar essa mensagem. Isso é o que foi feito neste livro, e tenho a honra de agradecer a vocês, meus caríssimos irmãos: nesta luta, vocês nunca estarão sozinhos."

> – **Dr. Kamal Allabwani**, fundador do Syrian Liberal Democratic Union (União Liberal Democrática Síria) e Prisioneiro de Consciência Sírio, 2001-2011.

GRÁFICA PAYM
Tel. [11] 4392-3344
paym@graficapaym.com.br